KB119392

만국사물기원역사

이 책은 2008년도 정부(교육과학기술부)의 재원으로
한국연구재단의 지원을 받아 수행된 연구이다(NRF-2008-361-A00007).

만국사물기원역사

전통과 근대의 지식을 아우른
세계 만물 백과사전

장지연 지음
황재문 옮김

한겨레출판

잊혀진 백과사전, 《만국사물기원역사》

황재문

1

1909년 8월 19일자 《황성신문》에는 거창한 제목을 붙인 책 광고가 하나 실렸다. 《만국사물기원역사(萬國事物紀原歷史)》. 세계 모든 나라의 사물이 언제 처음 나타났는지를 밝힌 책이라는 말이다. 이 광고에서 책을 소개한 부분을 옮기면 다음과 같다.

> **만국사물기원역사**(1책, 250면, 정가 60전)
> 동서양 만국에서 고금의 사물을 처음으로 만든 사람의 이름, 연대, 연혁의 역사를 모으고 분류하여 박학광지(博學廣知)의 자료를 학계의 여러분들께 제공하니, 진실로 참고할 만한 좋은 책이다. 천고의 사물이 책을 펼치면 일목요연하게 드러나니, 일반 신사와 교육가, 연설가와 신문기자, 그리고 각 학교의 학생들이 한 권씩 휴대하지 않을 수 없는 책자이다.

박학광지의 자료. 그러니까 넓디넓은 학식을 담은 책자라는 발언인데, 비록 광고의 일부라 하더라도 이 말에서는 일종의 호기로움 같은 것이 느껴진다. 자신이 세상의 새로운 지식을 이미 다 알고 있다거나 혹은 가까

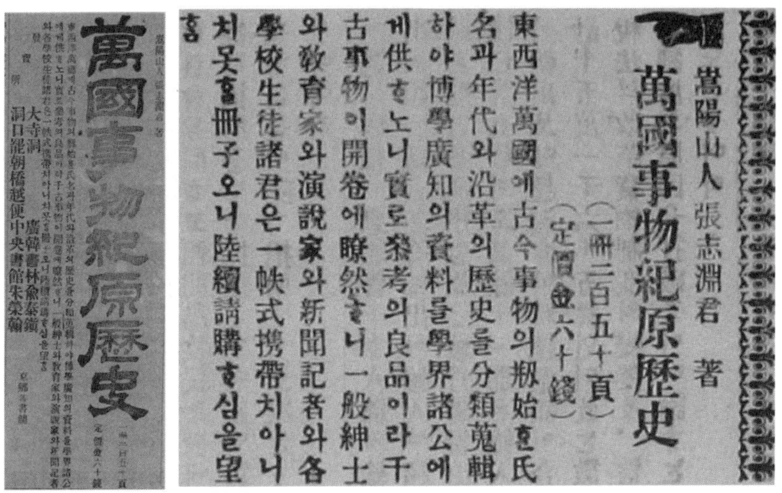
萬國事物紀原歷史

發賣所 大寺洞 廣韓書林兪泰鎭
洞口罷朝橋越便中央書館朱榮翰

萬陽山人 張志淵君 著

萬國事物紀原歷史

(一冊二百五十頁)
(定價金六十錢)

東西洋萬國에古今事物의刱始혼氏名과年代와沿革의歷史를分類蒐輯하야博學廣知의資料를學界諸公에게供ᄒᆞ노니實로叅考의良品이라千古事物이開卷에瞭然ᄒᆞ니一般紳士와敎育家와演說家와新聞記者와各學校生徒諸君은一帙式携帶치아니치못ᄒᆞᆯ冊子오니陸續請購ᄒᆞ심을望ᄒᆞᆷ

1909년 8월 19일과 9월 24일 《황성신문》에 실린 《만국사물기원역사》의 광고.

운 장래에 소유할 수 있으리라고 믿는 것 같은 자신감이 엿보이기 때문이다. 그런데 이 책을 쓴 사람은 젊은 유학생이 아니었다. 이른바 개신유학자로 일컬어지는 인물 가운데 한 사람으로, 당시 40대 중반에 이른 장지연이었다. 장지연은 언제 그리고 어떻게 이 책을 쓰게 되었을까.

2

장지연의 연보에 따르면, 1909년 3월 초에 《만국사물기원역사》를 편찬하기 시작해서 5월 초에 마쳤다고 한다. 1년 전인 1908년 초에 블라디보스토크에 건너가 한글로 발간되는 신문인 《해조신문》의 편집에 참여했는데, 9월에 중국을 거쳐 귀국한 이후로는 집에 머물고 있는 형편이었다. 장지연은 해조신문사에서 심각한 갈등을 겪었고 그로 인해 중국 땅에서도 위협을 당했다고 당시를 술회하고 있는데, 이 때문인지 귀국 이후로는 특별한 외부 활동을 하지 않고 집필에 몰두했다.

그 결과로 1909년에는 여러 편의 글을 쓰면서도 《접목신법(接木新法)》, 《화원지(花園志)》, 《과원지(果園志)》(이상 5월), 《소채재배전서(蔬菜栽培全書)》(7월)를 편찬했으며, 이 가운데 《접목신법》(7월, 광학서포 발행)과 《소채재배전서》(11월, 황성신문사 발행)를 간행했다. 《만국사물기원역사》의 편찬은 이런 과정에서 이루어진 셈인데, 집필 기간으로 보건대 다른 저술들보다 더 관심을 기울였음은 충분히 짐작할 수 있다.

3

《만국사물기원역사》는 28장 498항목으로 구성되어 있다. 1장 천문(天文)으로부터 28장 풍속잡제(風俗雜題)에 이르기까지 항목마다 중국, 한국, 일본, 태서(泰西)에 그 사물이 나타난 일과 시점을 기록했는데, 때로는 이들 지역 모두의 사례를 때로는 한 곳의 사례만을 거론하였다. 기원에 해당하는 사건으로는 신화의 영역과 역사의 영역을 구별하지 않고 다루었으며, 세부적인 사실에 있어서는 오류도 적지 않았다. 오늘날의 관점에서 본다면 정확성이 부족하고 흠이 많은 책이라고도 평할 수 있겠지만, 당시의 지식 수준을 고려해보면 그런 평가는 부당한 면이 있다.

다른 관점에서 보면, 부정확하나마 많은 정보들을 모아 항목별로 나누고 기원의 시간이라는 기준으로 배열한 것은 상당한 노력의 결과라고 할 수 있다. 사실 이 책이 가진 특별함은 바로 여기에 있다고 판단된다. 즉 동아시아 문화나 서구 문화의 어느 한쪽에 치우쳐서 그 우수성을 강조하지 않고, 이들을 하나의 틀 속에서 정리하고 이해하고자 노력했다는 점에 그 의미가 있다는 것이다. 연대 추정이나 인명·지명 표기에서의 오류 같은 한계에도 불구하고, 이러한 의의는 분명히 존재한다.

영향력이라는 측면에서도 분명 한계가 있다. 1910년 5월 27일자 《대한매일신보》에 호서학생친목회 주최의 운동회가 끝난 뒤에 유진태(兪鎭泰)가 5권을 기부했다는 기사 정도를 제외하면, 이 책이 실제 어느 정도 읽히거나 활용되었는지 확인하기 어렵다. 또 최남선 등에 의해 근대적인 잡지가 본격적으로 간행되면서, 이 책의 효용 가치가 많이 떨어졌으리라는 추정도 충분히 가능하다. 이런 사정을 고려하면 오늘날 이 책이 널리 알려지지 않은 것은 자연스러운 일일 수도 있겠는데, 그렇지만 20세기 초의 정보와 지식의 수준이 어느 정도였는지 확인하고자 한다면 이 책은 충분한 가치를 지니고 있다고 해도 좋을 것이다.

4

《만국사물기원역사》의 편찬이 장지연 한 사람의 힘에 의해 이루어진 것인가 하면, 그렇게만 말하기는 어려운 점이 있다. 우선 장지연의 뒤를 이어 황성신문사 사장을 지냈던 남궁훈(南宮薰)이 교열자로 이름을 올리고 있으니, 구체적인 것은 알 수 없으나 남궁훈 및 황성신문사의 협력이 어느 정도 있었으리라고 짐작해볼 수 있다.

이 책을 쓰는 데 더 직접적인 도움이 된 것은, 일본이나 중국을 통해 유입된 세계에 대한 정보를 담은 서적들일 것이다. 그 가운데 니시무라 시게키(西村茂樹, 1828~1902)가 쓴 《서국사물기원(西國萬物紀原)》(1879)은 특히 주목할 만한데, 그 내용 가운데 상당 부분이 《만국사물기원역사》에 수용되고 있기 때문이다. 현재 국립중앙도서관에도 소장되어 있으니, 《서국사물기원》의 존재는 당시 우리나라에도 알려져 있었을 법하다. 다만 장지연이 이를 직접 참고했다고 보기는 어려운데, 이는 무엇보다 서양 인명의 한자 표기가 다르기 때문이다. 아마도 장지연은 이 책을 참고하여 작성된 제3의 문헌을 다시 참고했을 것인데, 그 '제3의 문헌'은 여러 종이었을 가능성이 있다. 같은 인물의 한자 표기가 여러 형태로 나타나는 예가 적지 않은데, 장지연이 서양 문헌을 직접 읽어가면서 저술했을 가능성이 거의 없다고 보면 복수의 문헌을 참고했으리라고 추정하는 편이 자연스럽기 때문이다. 장지연은 1905년(일본)과 1908년(러시아 및 중국)에 외국을 직접 다녀온 경험이 있는데, 이 기간 동안에 필요한 문헌을 구했을 가능성도 있다. 이는 앞으로 더 깊은 연구가 필요한 부분이다.

한편 한국이나 일본, 중국에 관한 서술에 대해서는, 장지연이 문헌자료들을 읽어가면서 서술한 부분이 많은 것으로 보인다. 특히 장지연이 편찬에 참여한 《증보문헌비고(增補文獻備考)》를 적극적으로 활용한 듯한데, 때로는 원문의 오류를 그대로 옮겨오거나 원문을 잘못 해석한 결과로 사실과 어긋난 서술을 한 사례도 나타난다. 이밖에 《지봉유설(芝峯類說)》과 《경도잡지(京都雜誌)》, 그리고 한국과 중국의 유서(類書)들을 참고한 흔적이 다수 나타나는데, 이 경우에도 인용 과정에서의 오류가 보이기도 한다. 오류가 있다는 점은 책의 완성도라는 측면에서는 좋을 것이 없지만, 이는 장지연이 직접 자료를 뒤져가면서 서술했다는 근거가 될 수도 있다. 또 오늘날의 연구자 입장에서는 장지연의 사례를 통해서 당시 지식인의 상식 수준을 가늠해볼 수 있다는 점에서 흥미롭기도 하다.

5

《만국사물기원역사》는 1909년 8월 15일에 황성신문사에서 간행되었다. 1978년에 아세아문화사에서 영인한 것이 바로 이 간행본이다. 그런데 원고 상태의 필사본 1종도 존재하는데, 이는 1979년에 단국대학교 동양학연구소에서 펴낸《장지연전서》 제2권에 영인되어 있다. 이 필사본은 검열을 위해 제출했다가 돌려받아서 일부 내용을 수정한 것으로 추정되는데, 따라서 검열을 거친 원고본이라고 할 수 있다. 그래서 이를 각기 '간행본'과 '원고본'이라고 간추려 지칭할 수 있다.

원고본과 간행본을 비교해보면, 둘 사이에는 약간의 차이가 있다. 즉 원고본의 글자를 잘못 옮겨놓은 사례가 있는가 하면, 원고본에는 없던 내용이 간행본에 추가되거나 원고본에는 있던 내용이 간행본에 누락되는 경우가 보인다. 각각의 사례마다 이유는 조금씩 다를 것이다. 다만 책의 내용을 온전히 이해하기 위해서는 원고본과 간행본을 비교하면서 읽어야 한다는 점은 분명하다. 이 책에서 '번역문' 부분의 주석에서 이본 간의 차이를 언급하고 '원문' 부분에서 이본 사이의 차이를 반영하여 일부 글자를 바로잡은 것은 이를 위해서이다.

6

천문과 지리에서부터 복식, 음식, 건축, 음악, 풍속에 이르기까지 다양한 주제를 다룬 책을 번역하겠다고 나선 것은, 지금 생각해보면 무모한 일이었다. 배경 지식이 없는 상태에서는 정확한 내용을 알 수 없고, 따라서 직역을 해보아야 번역이라고 하기에도 어려운 것이 될 수밖에 없기 때문이다.

그렇지만 운 좋게도 몇 가지 도움을 얻을 수 있어서, 대략이나마 책의 내용을 옮기고 부족하나마 해설도 붙일 수 있었다. 우선 한국연구재단의 인문한국 지원 사업에 참여하여 비교적 오랜 기간 동안 다른 걱정 없이 작업을 할 수 있었던 것이 행운이며, 또 이를 통해 규장각한국학연구원에서 다양한 분야의 연구자들과 함께 연구하고 교류하면서 새로운 지식을 접할 기회를 얻을 수 있었던 것이 행운이었다.

주위에 있는 여러 분야의 전공자들이 원고를 살펴봐주신 덕분에 오류를 많이 줄일 수 있었다. 규장각한국학연구원 인문한국 사업단에 같이 근무하고 있는 여러 선생님들께는 수시로 질문을 해서 필요한 답을 얻을 수 있었다. 복식사를 전공한 안동대학교 이은주 선생님은 직접 뵌 적도 없는 사이임에도 불구하고, 의복 분야의 원고를 검토하여 수정할 곳을 알려주며 격려해주셨다. 종교학을 전공한 이욱 선생님은 《구약전서》를 인용한 부분의 내용을 이해하는 데 많은 도움을 주셨다. 다른 기관으로 자리를 옮긴 분들께도 도움을 받았다. 경제사를 전공한 조영준 선생님은 정치, 상업, 역체 분야의 원고를 검토하고 몇 가지 오류를 알려주셨고, 음악사를 전공한 송지원 선생님은 음악 분야의 원고를 검토하여 잘못을 지적하고 상세한 설명을 들려주셨다. 과학사를 전공한 전용훈 선생님께는 특별히 많은 신세를 졌다. 천문, 과학, 기계와 같은 과학 분야의 원고를 검토해주었을 뿐 아니라, 《서국사물기원》을 찾는 데 도움을 주었고 《만국사물기원역사》의 원문 인용이나 서술에 적지 않은 오류가 있다는 점을 알려주셨다. 덕분에 과학 이외의 분야에 대해서도 장지연이 인용한 책의 원문을 찾아서 한 글자씩 대비해보아야 했는데, 이로 인해 시간은 몇 배 더 걸렸지만 번역의 완성도는 다소나마 높아진 듯하다. 주석의 양이 초고보다 배 이상 늘어나게 된 것은 아마도 이 때문일 것이다. 한겨레출판에도 감사의 말을 전해야 할 것 같다. 내 역량으로 감당하기 어려움을 알면서도 번역을 시도하게끔 만들어준 공이 있기 때문이다. 이 모든 분들께 진심으로 감사의 말을 전한다.

차례

4장 · 문사文事

5장 · 과학科學

6장 · 교육敎育

7장 · 종교宗敎

8장 · 예절禮節

9장 · 의장儀仗

10장 · 정치政治

11장 · 군사軍事

12장 · 위생衛生

13장 · 공예工藝

14장 · 역체驛遞

15장 · 상업商業

16장 · 농사農事 부附 어업과 수렵

17장 · 직조물織造物

18장 · 복식服飾

19장 · 음식飮食

20장 · 건축 建築

21장 · 음악 音樂

22장 · 기계 機械

23장 · 기용器用

24장 · 유희遊戲

25장 · 방술方術

26장 · 식물植物

27장 · 광물鑛物

28장 · 풍속잡제風俗雜題

원문

본문 일러두기

1. 서양어를 한자로 표기한 단어 가운데 인명과 지명 등은 처음 나타날 때 원어와 이 책에서 사용한 한자를 병기했다. 단 원어를 찾지 못한 경우에는 한자만 밝혀두었다.
2. 서양 인명 등이 여러 형태의 표기가 나타나는 경우에는 주석을 붙여서 그 내용을 밝히고, 한자를 병기했다.
3. 그리스(希臘), 이탈리아(義大利) 등과 같이 널리 알려진 단어는 본문에 한자를 표기하지 않았다. 단 일반적인 표기와 다른 경우에는 이를 밝혔다.
4. 원문의 주석은 "— —"로 표시했다.
5. "距今○○年"과 같이 시간적인 거리를 제시한 주석은 〔 〕안에 넣어 본문에 표기하되, 필자의 의도에 맞게끔 위치를 조정했다.
6. 인물의 생몰년과 사건의 연대는 주석에서 밝혔다.
7. 원문에 서기로 제시된 경우에는 "서기", "서력기원" 등을 제외하고 번역했다.
8. 원문의 "發明"은 발견, 해명, 발명과 같이 다양한 의미로 사용되었다. 여기서는 오늘날의 어법에 맞추어 번역했다.
9. 국명이나 왕의 호칭 등의 고유명사는 원문을 존중해 옮겼다. "일본 천황"의 경우가 그런 예에 속한다.
10. 135쪽 도판을 제외한 모든 도판은 독자의 이해를 돕기 위해 이번 책에 새로이 삽입된 것이다.

• 1장 •

천문

—

天文

태극太極

《하도괄지상(河圖括地象)》에서는 "태극이 음양을 낳았다. 음과 양이 나뉘지 않았을 때에는 그 기(氣)가 뒤섞여 있다가, 맑은 것과 탁한 것이 나뉘면서 하늘과 땅이 비로소 갈라졌다"고 했다. 천황씨(天皇氏)의 인(寅)의 해로부터 요임금 원년인 갑진년까지가 4만 5600년이니, 지금 기유년까지는 모두 4만 9842년이다.[1]

《광아(廣雅)》에 "태초(太初)는 기(氣)가 처음 생겨난 것이요, 태시(太始)는 형(形)이 처음 생겨난 것이요, 태소(太素)는 질(質)이 처음 생겨난 것이다. 소박(素朴)이 이미 흩어지고 두 개의 기(氣)가 갈라지면서, 가볍고 맑은 것이 하늘이 되었다"고 했다.[2]

1 《하도괄지상》은 '하도괄지상도(河圖括地象圖)'라고도 부르는데, 한나라 때의 위서(緯書) 가운데 하나다. 기유년은 《만국사물기원역사(萬國事物紀原歷史)》가 간행된 1909년을 말한다.

2 《광아》는 삼국시대 위나라 사람인 장읍(張揖)이 편찬한 책이다. 주공이 지었다는 《이아(爾雅)》를 증보하는 형식을 취하고 있다. 《광아》에서는 "태초는 기의 시초니, 맑은 것과 탁한 것이 아직 나뉘지 않는다. 태시는 형의 시초니, 맑은 것은 정이 되고 탁한 것은 형이 된다. 태소는 질의 시초니, 이미 소박이 있으되 흩어지지

않는다. 음양의 두 기가 접하여 갈라지고 나뉘면, 가볍고 맑은 것은 하늘이 되고 무겁고 탁한 것은 땅이 되며 가운데의 것은 만물이 된다(太初, 氣之始也, 淸濁未分. 太始, 形之始也, 淸者爲精, 濁者爲形. 太素, 質之始也, 已有素朴而未散. 二氣相接, 剖判分離, 輕淸者爲天, 重濁者爲地, 中和者爲萬物)"고 했다.

천신天神

《오경통의(五經通義)》에서는 "천신 가운데 큰 것을 호천상제(昊天上帝)라 하고, 그를 보좌하는 것을 청제, 적제, 황제, 백제, 흑제의 오제(五帝)라 한다"고 했다.[3]

유대인의 기독경에서는 '천부(天父)'라고도 하고 '천주(天主)'라고도 하는데, 유가에서 말하는 '상제(上帝)'가 이것이다.

고구려 말에 하늘을 '한을(汗乙)'이라고 했다. 매년 10월에는 천신에 제사했다.

3 《오경통의》는 한나라의 유향(劉向)이 쓴 책인데, '호천상제'를 '천황대제(天皇大帝)'나 '태일(太一)'로도 부른다고 했다. 오제(五帝)는 오행에 따라 방위별로 색을 부여한 것인데, 이에 따르면 청제-동방, 적제-남방, 황제-중앙, 백제-서방, 흑제-북방이 각기 연관된다.

천의天儀

하도양(賀道養)의 《혼천기(渾天紀)》에서는 "예전에 천체를 기술한 것으로는 세 가지가 있다. 첫째는 혼천의(渾天儀)다. 둘째는 선야(宣夜)인데, 그 법은 하나라 우임금 때 비롯되었다〔지금으로부터 4060년 전〕. 셋째는 주비법(周髀法)인데, 개천(蓋天)이라고도 한다"고 했다.[4]

세종 때에는 여러 종류의 천문관측 기구가 제작되었다. 왼쪽은 '간의'로 고도와 방위, 낮과 밤의 시간을 정밀하게 측정하는 기구이다. 오른쪽은 '혼상'으로 하늘의 별자리를 둥근 구면 위에 표기하여 별자리의 위치를 살펴보게 한 기기이다. 둘 다 문헌자료를 근거로 복원된 것들이다.

《유씨역정(劉氏曆正)》에서는 "전욱(顓頊)이 혼의(渾儀)를 처음 만들었고〔지금으로부터 4414년 전〕, 황제(黃帝)가 개천을 만들었다〔지금으로부터 4600년 전〕"고 했다.[5] 그 후에 순임금이 선기옥형(璿璣玉衡)을 만드시니, 곧 혼의의 법이다〔지금으로부터 4195년 전〕.

세종 14년에 정초(鄭招), 장영실(蔣英實)[6] 등에게 명을 내려서 대간의(大簡儀), 소간의(小簡儀)와 혼의(渾儀), 혼상(渾象)을 처음으로 만들게 하셨다[7]〔지금으로부터 477년 전〕. 다음해에는 또 신법천문도를 돌에 새겨 서운관(書雲觀)에 세우셨다.[8]

일본에서는 레이겐 천황(靈元天皇) 때에 처음으로 천문국(天文局)을 설치했다〔지금으로부터 226년 전〕.

4 하도양의 《혼천기》를 인용한 문헌으로는 《태평어람(太平御覽)》과 《어정연감유함(御定淵鑑類函)》 등이 있는데, 첫 번째를 '혼의(渾儀)'라고 했다. 채옹(蔡邕)은 천체(天體)에 대한 세 가지 설로 주비(周髀), 선야(宣夜), 혼천(渾天)을 들었다. 혼천설(渾天說)은 우주는 마치 새알과 같아서 하늘이 땅을 둘러싸고 있는 것이 알껍데기가 노른자위를 싸고 있는 것과 같다는 설이다. 혼천설에서는 하늘이 끊임없이 돌고 그 위에 해, 달, 별이 실려 있다고 본다. 이러한 해석에 바탕을 두고 천체를 관측

하는 기구인 혼천의가 만들어졌다. 선야설(宣夜說)은 해, 달, 별이 허공에 떠 있으며, 기(氣)에 의해 움직이거나 정지한다는 설이다. 개천설(蓋天說)은 고대 천문서인 《주비산경(周髀算經)》에서 나왔기 때문에 주비법이라고도 부른다. 하늘은 둥글고 땅은 네모지다는 천원지방(天圓地方)의 논리에 바탕을 두고 있으며, 하늘이 동이처럼 땅을 덮고 있다고 이해한다. 《혼천기》에서는 이후의 학설로 방천(方天), 흔천(昕天), 궁천(穹天)의 설도 제시했는데, 혼천설이 가장 믿을 만하다고 결론을 내렸다.

5 송대 이방(李昉)의 《태평어람》, 왕응린(王應麟)의 《옥해(玉海)》, 청대 진원룡(陳元龍)의 《격치경원(格致鏡原)》 등에 전욱이 혼의를 만들고 황제가 개천을 만들었다는 설이 인용되어 있다. 《옥해》에서는 전욱이 혼의를 만들고 황제가 개천을 만들었다는 진나라 시중 유지(劉智)의 설이 전설에 의한 것일 뿐이라는 《천문지(天文志)》의 견해도 함께 수록했다.

6 《만국사물기원역사》에서 "장영실(蔣英實)"은 세 곳에서 인용되는데, 원고본과 간행본에서 모두 "장영(蔣英)"으로 표기했다. 장지연이 장영실이라는 인물을 정확히 알지 못했기 때문으로 짐작된다. 다른 두 곳의 인용 항목은 21장 음악의 음률(音律) 항목과 22장 기계의 물시계(刻漏) 항목이다.

7 간의(簡儀)는 혼천의를 간소화한 천문관측 기기인데, 소간의는 휴대용으로 사용할 수 있도록 만든 것이다. 혼의(渾儀)는 혼천의라고도 하며 혼천설에 따라 제작되었다. 천체의 운행과 위치를 측정할 수 있도록 한 기구다. 혼상(渾象)은 하늘의 별들을 보이는 위치 그대로 둥근 구면에 표시한 천문 기기다.

8 《증보문헌비고(增補文獻備考)》에 '신법천문도'에 대한 기록이 보인다. 1395년(태조 4)에 새긴 천상열차분야지도(天象列次分野之圖)를 의미하는 것으로 보인다. 세종 15년에는 새로 천문도를 새긴 비석을 세우지는 않았으며, 태조 때 세운 비석 뒷면에 일부 수정한 천문도를 새긴 것으로 알려져 있다. 일반적으로 '신법천문도'는 서양천문학 지식을 수용하여 만든 천문도를 가리키는데, 《증보문헌비고》와 《만국사물기원역사》에서는 "새로운 기준 또는 수치를 적용하여 만든 천문도"라는 뜻으로 이 단어를 사용한 듯하다.

해와 달

《설문해자(說文解字)》에서는 "해는 태양의 정(精)이요, 달은 태음의 정(精)이다"라고 했고, 《오경통의》에서는 "해 속에는 삼족오(三足烏)가 있고, 달 속에는 옥토끼와 두꺼비가 있다"고 했다.

《회남자(淮南子)》에 "달 속에 물체가 있는 듯이 보이는 것은 산과 강의 그림자며, 비어 있는 듯이 보이는 것은 바다의 그림자다"라고 했다〔지금으로부터 2000년 전〕.

《당서(唐書)》에 "신라에서는 매년 설날에 해와 달의 신에게 절을 올린다"고 했다.

태서(泰西)에서는 예로부터 해와 달을 신으로 여겼는데, 해는 남신(男神)이라 하고 달은 여신(女神)이라 했다.

그리스의 석학 탈레스(Thales, 地利斯)가 나타나 해와 달이 신이라는 주장을 통렬히 배척했다. 그는 "태양은 별이니, 곧 수증기가 변하여 이루어진 뜨거운 불이다. 달은 스스로 빛을 내지 못하는 물체며 햇빛을 받아서 빛을 낸다"고 처음으로 해명했다[9]〔지금으로부터 2490년 전 무렵〕.

이탈리아 천문학자 갈릴레이(Galileo Galilei, 家利勒阿)가[10] 처음으로 망원경을 이용하여 태양 속에 흑점이 있는 것과 달 표면에 산이 중첩한 것을 발견했다. 그리하여 비록 태양이 지구보다 150배나 크지만 그 중량은 오히려 지구보다 작다고 했다.

9 "암체(暗體)"는 스스로 빛을 내지 못하는 물체를 뜻하는 말이다. "2490년 전"은 대략 기원전 581년 무렵이므로, 탈레스(B.C. 624?~B.C. 546?)의 활동 시기에 포함된다. 그렇지만 이 연대를 제시한 근거가 무엇인지는 분명하지 않다.

10 갈릴레이(1564~1642)의 한자 표기는 家利勒阿, 家利勒斯, 家利勒柯의 세 가지 형태로 나타난다.

일식과 월식

《상서(尙書)》의 주석에서는 "일식은 해와 달이 합삭(合朔)의 위치에 있을 때 달이 해를 가려서 보이지 않게 하는 것이요, 월식은 달이 해와 마주했을 때 동서의 가운데가 끊어지면 해가 빛을 빼앗아 월식이 된다"고 했다.[11] 《춘추정의(春秋正義)》에서는 "해와 달이 만나는 데는 변치 않는 횟수가 있으니, 173일마다 해와 달의 궤도가 한 번 교차한다. 그러한 즉 일식과 월식은 반드시 생기게 된다"고 했다〔지금으로부터 2000년 전 무렵〕.

태서에서는 그리스의 석학 탈레스가 기원전 585년에 아테네(Athens, 雅典)의 아지사(阿地斯)[12]에서 해를 관측하고 일식이 있을 것임을 처음으로 밝혔다.[13]

11 합삭은 달이 태양과 지구 사이에 들어가 일직선을 이루는 일을 뜻한다. 《회남자》에도 월식에 대해 이와 유사하게 서술한 예가 보인다. 두꺼비나 개(天狗), 기린 등의 동물과 연결시켜 일식과 월식을 설명하는 사례도 많이 나타나는데, 여기서는 언급하지 않았다.

12 "아지사"가 어떤 곳인지는 분명하지 않지만, 내용상으로는 탈레스가 태어나고 활동한 "밀레토스(Miletos)"일 가능성이 있다. 그렇지만 한자음과 차이가 있기 때문에 이를 단정하기는 어렵다. 다른 곳에서는 아테네가 "雅典國"이 아닌 "雅典"으로만 표기되고 있는 점을 고려하면 "국아지사(國阿地斯)"가 지명일 수도 있겠는데, 이에 해당하는 지명도 찾기 어렵다. 앞부분에 글자가 빠졌을 가능성도 생각해 볼 수 있다.

13 메디아(Medes)와 리디아(Lydia)의 충돌이 있었을 때, 탈레스가 일식이 있을 것임을 예언하여 두 나라의 화해를 이끌어내었다. 탈레스는 기원전 585년 5월 28일에 일식이 발생할 것이라고 예언하였다.

해 그림자의 측정〔日晷測法〕

《주례(周禮)》에 "일지(日至) 때의 그림자가 1척 5촌이 되는 곳을 지중(地中)이라 한다"고 했다.[14] 대사도(大司徒)가 토규(土圭)의 법으로 해의 그림자를 측정했다.[15] 그림자의 길이가 동지에는 3척이요, 춘분에는 7척 2촌 4분이요, 하지에는 1척 4촌 8분이요, 추분에는 7척 2촌 4분이다.[16] 주공이 일영표(日影表)를 처음 만들었다〔지금으로부터 3000년 전 무렵〕.

조선 세종 20년에 앙부일구(仰釜日晷), 일성정시의(日星定時儀), 규표(圭表)를 처음으로 만드셨다[17]〔지금으로부터 471년 전〕.

14 《주례》 천관(天官)에서 인용한 것이다. 일지는 하지(夏至)와 동지(冬至)다.
15 토규는 해의 그림자를 재거나 땅의 깊이를 측정하는 데 사용한 자다. 길이는 1척 5촌이었으며, 옥으로 만들었다고 한다.
16 원문에는 추분의 해 그림자 길이가 2촌 4분이라 되어 있으나, 앞에 "7척"이 빠진 것으로 보인다. 이를 채워 넣어서 옮긴다. 《태평어람》과 같은 문헌에서는 《역통괘험(易通卦驗)》을 인용하여 "2촌 4분"으로 기록하고 있으나, 이는 잘못인 듯하다.
17 앙부일구는 그림자가 생기는 부분이 오목한 해시계(일구)다. 모양이 솥과 비슷하다고 하여 '앙부'라 했다. 일성정시의는 태양(낮 시간)과 별(밤 시간)의 위치를 관측해서 시각을 측정하던 천문 기구다. 규표는 방위 · 절기 · 시각을 측정하던 천문관측 기기로, 땅에 수직으로 세운 막대인 표와 그 아래에 붙여서 수평으로 누인 자인 규로 이루어졌다.

별

요임금이 희화(羲和)에게 명하여 처음으로 해와 달, 별의 운행을 살펴보게 했으며, 처음으로 네 계절의 중성(中星)을 정했다[18]〔지금으로부터 4260년 전〕. 《주례》에 주공이 보장씨(保章氏)에게 하늘에 있는 별의 움직임을 살피는 일을 맡도록 명했다고 했다[19]〔지금으로부터 3030년 전〕. 곡량적(穀梁赤)이 "열성(列星)은 항성(恒星)이라 일컫는데 경성(經星)이라고도 한다"고 했다.[20] 《광아》에서는 "오성(五星)—수성 · 화성 · 금성 · 목성 · 토성—을 일러 오위(五緯)라고 한다"고 했다.[21] 태사공(太史公)이 "하늘의 별도 모두 주국(州國)의 분야가 있다"고 하여, 28수로 분야를 정했다[22]〔지금으로부터

첨성대는 선덕여왕 때 건립되었으며, 현재 대한민국 국보 31호로 지정되어 있다. 화강암으로 축조되었으며, 높이는 9.17미터, 밑지름은 4.93미터, 윗지름은 2.85미터이다.

2000년 전 무렵〕.

신라 선덕왕 16년에 처음으로 첨성대(瞻星臺)를 만들었다. 돌을 연마하여 대를 쌓되 위는 네모지고 아래는 둥글게 했으며, 높이는 19척이었다. 경주부 동남쪽 3리 위치에 있다〔지금으로부터 1260년 전 무렵〕.

태서의 갈릴레이(家利勒斯)가 태양계의 8개 유성(游星)을 처음 발견했으니,[23] 수성 · 금성 · 지구성 · 화성 · 목성 · 토성 · 천왕성 · 해왕성이 이것이다—위에 보인다.[24]

18 역상(曆象)은 천체의 운행을 헤아리고 관측하는 일을 뜻한다. 중성은 해가 질 때나 뜰 때 하늘의 정남쪽에 보이는 별이다.

19 《주례》 춘관(春官)에서는 "보장씨가 하늘의 별에 대한 일을 관장한다. 해와 달과 별의 변동을 기록하고, 천하의 변천을 살피고 그 길흉을 분변한다(保章氏掌天星, 以志日月星辰之變動, 以觀天下之遷, 辨其吉凶)"고 했다.

20 곡량적이 쓴 《춘추곡량전(春秋穀梁傳)》을 인용한 것이다.

21 오위는 다섯 개의 위성(緯星)이라는 뜻이다. 위성은 오늘날의 용어로는 행성인데, 경성(經星) 즉 항성과 대비시켜서 정한 명칭이다.

22 《주례》와 《한서》 율력지(律曆志)에 "하늘의 별은 모두 주국의 분야가 있다(天星皆有州國分野)"는 구절이 보인다. 분야(分野)는 하늘의 별자리(星宿)들을 춘추전국시대의 주국(州國)들과 짝을 지어 이름을 붙인 것이다.

23 유성은 한곳에 머물러 있지 않는 별이라는 뜻인데, 오늘날의 용어로는 행성이다. 당시에는 이 한자어가 널리 쓰였는데, 《서유견문》에도 이 단어가 보인다. 유성(流星), 즉 별똥별과는 다른 말이다.

24 "위에 보인다(見上)"는 주석이 붙은 이유는, 《광아》를 인용한 부분에 수성, 화성, 금성, 목성, 토성의 다섯 위성에 대한 언급이 있기 때문일 것이다. '위성'은 곧 유성(游星)과 같은 대상을 가리키는 말이다.

일기예보[天氣豫報]

영국의 해군소장 로버트 피츠로이(Robert FitzRoy, 羅拔飛來)가 1805년으로부터[25] 항해에 익숙하여 날씨에 관심을 가졌는데, 일기예보의 제도를 처음으로 발명했다. 세계 여러 나라에서 항해하는 데 도움이 된 바가 적지 않다.

25 "1805년"은 피츠로이(1805~1865)가 태어난 해이므로, 이 부분에는 오류가 있는 듯하다. 피츠로이가 일기예보를 시작한 것은 1854년의 일로 알려져 있다.

역법曆法

《세본(世本)》에서는 "황제의 신하인 용성(容成)이 처음으로 역(曆)을 만들었다"고 했다[26][지금으로부터 4600년 전]. 양천(楊泉)의 《물리론(物理論)》에서는 "신농씨(神農氏)가 농사일을 다스리기 시작하면서 절기와 추위 · 더위가 빠르고 늦음을 나누어서 처음으로 역일(曆日)을 세웠다"고 했다[27][지금으로부터 5100년 전]. 《익부기구전(益部耆舊傳)》에서는 "한나라 무제 때 파군(巴郡)의 낙하굉(洛下閎)이 전욱의 역법을 고쳐서 태초력(太初曆)을 만들었다"고 했다.[28] 유송(劉宋) 때의 하승천(何承天)이 원가력(元嘉曆)을 만들었다.[29] 당나라 현종 때에 일행(一行)이 대연력(大衍曆)을 만들었다. 원나라 세조는 야율초재(耶律楚材)로 하여금 수시력(授時曆)을 만들게 했다.

명나라에서는 대통역법(大統曆法)을 사용했는데, 말기에 아담 샬(Johann Adam Schall von Bell, 湯若望)의 시헌역법(時憲曆法)을 사용하니 곧 지금의 태음력이다. 황제 이래로부터 지금에 이르기까지 역법이 모두 60여 차례 변했다.

기자(箕子) 때로부터 역법이 있었다. 신라 문무왕 14년에 덕복(德福)이 당나라의 인덕 역법(麟德曆法)을 전수받아 그 역법을 처음으로 사용했다[30]〔지금으로부터 1235년 전〕.

고려 태조 때는 선명력(宣明曆)을 사용했는데, 문종 6년에 태사 김성(金成)이 역법을 개정했다.

조선 세종 대에 칠정산법(七政箄法)을 만드시니, 명나라의 대통력과 회회 역법(回回曆法)을 참작한 것이다.[31] 인조 22년에 처음으로 시헌력을 시행했다〔지금으로부터 266년 전〕.

일본에는 긴메이 천황(欽明天皇) 때에 백제에서 역법이 처음 건너갔다[32]〔지금으로부터 1380년 전〕. 지토 천황(持統天皇) 4년에 원가력과 의봉력(儀鳳曆)을 처음 시행했다.[33] 몬토쿠 천황(文德天皇) 천안(天安) 원년에 박사 오호카스가노 마노마로(大春日 眞野麻呂)가 처음으로 새로운 역법을 만들었다[34]〔지금으로부터 1050년 전 무렵〕. 레이겐 천황 때에 아베 야스토미(安倍泰福)가 새 역법으로 고쳤다[35]〔지금으로부터 226년 전〕.

태서에서는 상고시대에 이집트와 그리스 여러 나라에 역법이 있었지만, 매우 불완전했다. 그러다가 로마의 루시우스 왕(Lucius Verus, 羅柯耳斯王)이[36] 역법을 처음으로 정했는데, 304일을 10개월로 나누어서 1년을 삼았다. 폼필리우스 왕(Numa Pompilius, 潘皮利亞王)에 이르러서는 12개월로 나누었다. 그 후에 카이사르(Gaius Julius Caesar, 可查)가 총재로 있을 때에 처음으로 태양역법을 사용했는데, 365일 6시간으로 1년을 삼았다.[37] 로마 교황 그레고리오 13세(Gregorius XIII, 古勒哥利 十三世)[38] 때에 이르러 10일의 차이가 발생하니, 1582년에 역법을 개정하여 1년을 365일 5시간 49분으로 했다. 태서 여러 나라가 지금에 이르기까지 이 역법을 준용하는데, 오직 러시아만은 아직도 옛 역법을 사용하여 14일의 차이가 난다.

26 용성은 전설상의 선인(仙人)이다. 《열선전(列仙傳)》에는 노자(老子)의 스승이라고 했으며, 황제의 스승이라는 말도 전한다.

27 양천은 삼국시대 오나라 출신의 학자다. 오나라가 진나라에 망하자 은거했으며, 이때 《물리론》 16권을 썼다고 한다. 《물리론》에서는 "옛날 신농씨가 처음으로 농사일을 다스리면서 절기를 바로잡고 한난(寒暖)을 살펴서 시기로 삼았다. 그리하여 역일을 세웠다(疇昔神農始治農功, 正節氣, 審寒溫, 以爲早晚之期, 故立曆日)"고 했다.

28 《익부기구전》은 '익부 지방 기구(耆舊, 나이 많고 덕이 높은 사람)들의 전'이라는 뜻이며, 익부는 촉(蜀) 지방의 한나라 때 명칭이다. 진나라의 진수(陳壽, 233~297)가 썼다고 전하는데, 분명하지는 않다. 《익부기구전》에서는 "파군의 낙하굉이 한무제 때에 전욱의 역법을 고쳐서 태초력을 만들었는데, '800년 뒤에는 이 역은 1일이 어긋날 것이다. 마땅히 성인이 나타나 바로잡을 것이다'라고 말했다(巴郡洛下閎, 漢武帝時, 改顓頊曆, 更作太初曆. 曰後八百歲, 此曆差一日, 當有聖人定之)"고 했다. 한 무제의 재위 기간(B.C. 140~B.C. 86)으로부터 800년 후면 대략 700년 전후가 된다. 당나라 현종의 재위 시기가 712~756년이므로, 대연력이 만들어진 시점이 대략 800년 후가 된다. 원문에는 《익부기구전》을 인용한 것이 어디까지인지 분명하지 않은데, 하승천의 원가력이 만들어진 시점이 《익부기구전》의 편찬 시기보다 후대이므로 태초력에 대한 내용만을 인용한 것으로 볼 수 있다. 이에 따라 인용문을 옮겼다.

29 유송은 남북조시대 남조의 송나라(420~479)를 뜻한다. 하승천(370~447)은 수학자 · 천문학자로, 송나라 문제(文帝) 원가(元嘉) 20년(443)에 새로운 역법을 만들어 올렸다. 이를 원가력이라고 한다.

30 문무왕 14년은 674년이다. 《삼국사기》에 덕복이 당나라에서 역법을 배우고 돌아와서 이를 새 역법(新曆)으로 썼다는 기록이 있다. 당나라에서는 인덕 2년(665)부터 이순풍(李淳風)이 고종에게 올린 역법을 사용하고 있었는데, 이것이 곧 인덕력(麟德曆)이다.

31 세종의 명에 따라 이순지(李純之), 김담(金淡) 등이 《칠정산》을 편찬했다. 《칠정산》은 내편과 외편으로 이루어져 있다. 원나라의 수시력과 명나라의 대통력을

손질한 '내편'은 1442년에 완성되어 1446년에 간행되었으며, 회회력을 해설한 '외편'은 정확한 간행 연대를 알 수 없다.

32 《일본서기》에는 긴메이 천황 14년(553)에 백제에 역박사를 청하여 이듬해에 역박사가 왔다는 기록이 있다. 이때 전해진 역법은 원가력(元嘉曆)으로 추정된다. 이를 통해 백제가 신라보다 앞선 시기에 역법을 사용했으리라고 짐작할 수 있는데, 《삼국사기》 등의 문헌에는 이에 대한 기록이 없다. 위에서 기자 이후에 신라의 역법만 거론한 것은 이 때문일 것이다.

33 《일본서기》에는 스이코 천황 10년(602)에 백제의 승려 관륵(觀勒)이 역법과 천문지리서를 갖고 일본에 왔다는 기록이 있으며, 헤이안시대 문헌인 《정사요략(政事要略)》에는 스이코 천황 12년(604)에 역(曆)을 반포했다는 기록이 있다. 그렇지만 《일본서기》에서 처음 정식으로 역법을 채용한다는 기록이 나타나는 것은 지토 천황 4년(690)의 기사다. 의봉력은 당나라의 역법이니, 곧 문무왕 때 신라가 당나라에서 받아들였다고 추정되는 인덕력이다.

34 일본에서 823년간 사용되었던 장경선명력(長慶宣明曆)을 말한 것이다. 천안 원년(857) 무렵에 역박사인 오호카스가노 마노마로가 건의했다고 하며, 실제 사용되기 시작한 것은 862년이라고 한다. 당나라에서 장경(長慶) 2년(822)부터 사용된 장경력(長慶曆)을 받아들인 것이다.

35 아베 야스토미(1655~1717)는 일본의 음양사다. 시부카와 하루미(澁川春海, 1639~1715)가 일본인이 만든 최초의 역법인 정향력(貞享曆)을 만들 때 도왔다는 설이 전한다. 정향력은 레이겐 천황 정향(貞享) 2년(1685)에 제정된 역법이다.

36 원고본에는 "羅婀耳斯王"으로 표기되어 있는데, 어느 쪽이 옳은지는 분명하지 않다.

37 기원전 45년에 개정된 율리우스력(Julian calendar)에 대해 서술한 것이다.

38 원고본과 간행본 모두 "古勤哥利"로 표기했는데, "古勒哥利"의 오기일 가능성이 높으므로 고쳐서 옮긴다. 그레고리오 3세를 "格勒革理"로, 그레고리오 1세를 "古勒哥利"로 표기한 예를 찾을 수 있으며, 음가로 볼 때도 "勒"일 가능성이 높다고 판단되기 때문이다.

한 해의 시작〔歲首〕

헌원씨(軒轅氏) 이래로 삼통(三統)을 번갈아 사용했다.[39] 요임금, 순임금, 우임금은 인월(寅月)을 한 해의 시작으로 삼았으니, 이는 인통(人統)이다.

은나라에서는 축월(丑月)을 사용했으니, 이는 지통(地統)이다. 주나라에서는 자월(子月)을 사용했으니, 이는 천통(天統)이다. 진나라 시황제는 해월(亥月)을 한 해의 시작으로 삼았다. 한나라 이후로는 인월 또는 자월을 한 해의 시작으로 삼는 것을 따랐다—한나라 초기에는 해월을 한 해의 시작으로 삼았다.

우리나라에서는 인월을 한 해의 시작으로 삼았다. 신라 효소왕이 자월을 한 해의 시작으로 삼았지만[지금으로부터 1210년 전], 5년 뒤에 인월로 고쳤다.

태황제 건양(建陽) 원년 병신년에 자월을 한 해의 시작으로 한 양력을 사용했다. 일본과 또한 같다.

유대국에서는 추분을 한 해의 시작으로 삼았다.

태서의 여러 나라에서는, 태양력 1월 1일을 한 해의 시작으로 삼는 곳도 있었고, 유월절(逾越節)—유대인이 이집트를 벗어난 날—의 첫날을 한 해의 시작으로 삼는 곳도 있었고, 예수 그리스도가 태어난 날—태양력 12월 25일—을 한 해의 시작으로 삼는 곳도 있었고, 마리아 천사의 날을 한 해의 시작으로 삼는 곳도 있었다.[40] 1575년에 스페인 왕 펠리페 2세(Felipe Ⅱ, 非立 二世)가 처음으로 태양력 1월 1일을 한 해의 시작으로 정했고, 1654년에 프랑스 왕 샤를 9세(Charles Ⅸ, 沙兒 九世)가 또한 처음 이날을 한 해의 시작으로 정했다.[41] 근세에는 구미 여러 나라가 모두 이를 따른다.

39 헌원씨는 곧 황제다. 위의 '역법' 항목에서 황제 때 처음으로 역법을 만들었다고 했기 때문에, 여기서 "황제 헌원씨 이래"라고 한 것이다.

40 원문은 "馬利亞天使之日"이다. 천사 가브리엘이 마리아에게 잉태 사실을 알린 성모영보 대축일(聖母領報大祝日, 3월 25일)을 뜻한다.

41 프랑스에서 한 해의 시작을 1월 1일로 바꾼 것은 샤를 9세(재위 1560~1574)가 루시용의 칙령(Edict of Roussillon)을 내린 1564년의 일이다. "1654년"이라고 한 것

은 오류다.

기원紀元

황제는 역법을 만든 신묘년〔지금으로부터 4609년 전〕으로 기원을 삼았다. 전욱에 이르러서 다시 을묘년으로 기원을 삼았다. 한나라 문제 유항(劉恒)이 즉위한 지 17년에 처음으로 '후원년(後元年)'이라고 칭했고, 무제 유철(劉徹)이 처음으로 즉위 원년을 '건원(建元) 원년'이라고 칭했다〔지금으로부터 2049년 전〕. 이로부터 역대의 제왕이 즉위하면 의례적으로 원호(元號)를 고쳤고, 공적이나 경사스런 징조가 있어도 또한 원호를 고쳤다. 마침내 이제는 관례가 되었다. 그런데 근세에 캉유웨이, 량치차오 등의 여러 사람이 공자가 탄생한 경술년으로 기원을 삼았으니, 올해가 공자 기원 2460년이 된다.

신라 법흥왕이 처음 연호를 세워서 '건원'이라 했다[42]〔지금으로부터 1424년 전〕.

고려 태조는 '천수(天授)'라고 연호를 세웠다[43]〔지금으로부터 980년 전〕.

단군조선의 개국 기원으로는 지금이 4242년이요, 대한(大韓)의 개국 기원으로는 지금이 518년이다.

일본은 고토쿠 천황(孝德天皇) 을사년에 처음으로 '대화(大化)'라고 하였으니, 이것이 원호를 고친 일의 시초다〔지금으로부터 1265년 전〕. 진무 천황(神武天皇)의 개국 기원으로는 지금이 2569년이다.

서력 530년 무렵에 로마의 수도사 디오니시우스(Dionysius Exiguus, 帶柯尼阿斯)가 예수 탄생 해로 기원 원년을 삼았다. 이로부터 태서의 기독교

국가는 모두 이를 일정한 규칙으로 삼았다. 이스라엘(Israel, 衣斯拉以兒) 사람—유대의 일족—은 천지 창조로 기원을 삼았다. 이슬람교 국가는 마호메트(Muhammad, 馬河邈)가 메카(Mecca, 密加)에서 도피한 해로 기원을 삼으니, 예수가 태어난 후 622년이 된다. 이른바 '헤지라(Hegira, Hijrah, 希齋拉)'가 이것이다.[44]

42 신라 법흥왕은 왕위에 오른 지 23년 만인 536년에 연호를 세웠다. 따라서 여기서 "1424년 전"이라고 한 것은 잘못이다.
43 고려 태조 왕건은 918년부터 933년까지 '천수'라는 연호를 사용했다. 따라서 여기서 "980년 전"이라고 한 것은 잘못이다.
44 헤지라는 '이주'나 '이탈'을 뜻하는 말로, 아랍어로는 히즈라(Hijrah)라고 한다. 중국의 이슬람교도는 '성천(聖遷)'으로 번역하는데, 여기서는 헤지라를 그대로 음차했다.

연年과 월月

《서경(書經)》 요전(堯典)에 "기(朞)는 366일이다"라고 했는데, 그 주석에서는 "하늘 한 바퀴가 365도 4분도의 1이다"라고 했다. 즉 365일 235분이 1년 동안 해가 움직이는 수치요, 달이 움직이는 것은 1일에 13과 19분도의 7에 미치지 못한다. 그러므로 총 29일 499분이면 해와 만나게 된다. 그런 까닭에 12개월을 누적하면, 온전한 날이 348이요 나머지를 합한 것이 5988분이다. 그것을 일법(日法)인 940으로 나누면,[45] 얻게 되는 날수가 6이요 나머지는 348이다. 모두 계산하면 354일 348분이 1년 동안 달이 움직인 수치가 된다—옛날의 태음역법—〔지금으로부터 4266년 전〕.

태서에서는 고대에 달이 차고 기우는 것으로써 1개월을 정했다. 그러다가 그리스의 석학 탈레스가 처음으로 1년이 365일이 조금 넘는 것을 알게 되었다. 오늘날의 천문가는 1년을 365일 5시간 48분 46초로 추정한다.

45 해와 달의 도수(度數)를 계산하는 법을 '일법'이라 한다. 해는 1일에 1도를 움직이고, 달은 1일에 13과 $\frac{7}{19}$도를 움직인다. 따라서 1일마다 해와 달의 움직임은 12와 $\frac{7}{19}$도, 즉 $\frac{235}{19}$도의 차이가 생긴다. 해는 1년 동안 365와 $\frac{1}{4}$도를 움직인다. 이때 각각의 분자 235와 분모 4를 곱하면 940을 얻을 수 있다. 이를 '일법'이라 한다. 앞에서 4분도의 1 즉 $\frac{1}{4}$일을 235분이라 한 것은, 일법의 수 940을 4로 나눈 것이다.

낮과 밤

동양에서는 예로부터 일출을 낮이라 하고 일몰을 밤이라 했으며, 자정(子正)을 하루의 시작으로 삼았다. 그 방법이 오래된 것이다. 신라 때에는 나라 이름이 '라(羅)'인 까닭에 낮을 '나조(羅朝)'라고 불렀는데, 나라의 세력이 왕성함이 밝은 햇빛과 같음을 이른 것이다. 고구려 사람들은 석양 무렵을 '나조(羅朝)'라고 했다.

태서에서는 그리스인은 일몰을 하루의 시작으로 삼았다. 바빌론(Babylon, 巴比倫)과 시리아(Syria, 敍利亞) 사람은 일출을 하루의 시작으로 삼았으며, 아라비아(Arabia, 亞剌伯) 사람은 해가 중천에 뜬 것을 하루의 시작으로 삼았다. 로마인이 처음으로 한밤중—즉 자정이다—을 하루의 시작으로 삼았는데, 많은 나라가 이를 따르게 되었다.

시간

역상가(曆象家)들이 1일을 12시(時)로 정했으니, 곧 자시(子時)에서부터 해시(亥時)까지다. 1시(時)는 8각(刻) 20분(分)이다. 초초(初初)와 정초(正

初)의 2각(刻)은 각기 10분이요, 초일, 초이, 초삼, 초사, 정일, 정이, 정삼, 정사의 8각은 각기 60분이다. 그래서 12시(時)가 모두 각기 10각—60분—이 된다.[46]

태서에서는 이집트인이 일출과 일몰로부터 12시를 나누었고, 그리스인도 또한 이 방법을 사용했다. 유대인은 1일을 아침, 낮, 저녁, 밤의 4시(時)로 나누었는데, 다시 저녁은 2경(更)으로 밤은 3경으로 나누었다. 로마인이 기원전 264년의 1차 포에니(Phonenica, 漂涅) 전쟁 때에[47] 낮과 밤을 고르게 둘로 나누어 각기 12개의 시(時)로 정하니, 곧 이것이 근세에 통용되는 1일 24시의 법이다. 그 법에서는 1시가 60분이 되며 1분이 60초가 된다. 또 1시를 4각(刻)으로 나누니, 1각은 곧 15분이 된다.

46 여기서 설명한 것은 시헌력이 통용되기 전의 시간 계산법이다. 이 시간 계산법에서는 1일을 12시로 나누고, 다시 1시를 $8\frac{1}{3}$각으로 나눈다. 1시는 둘로 나누어서 앞을 초(初), 뒤를 정(正)이라 했는데, 이에 따라 초초각, 초일각, 초이각, 초삼각, 초사각, 정초각, 정일각, 정이각, 정삼각, 정사각의 10각이 생긴다. 1시가 $8\frac{1}{3}$각이므로, 초초각과 정초각은 각기 $\frac{1}{6}$각으로 하고 나머지는 1각으로 했다. 1각은 60분이므로, 초초각과 정초각은 각기 10분이 되는 셈이다. 시헌력이 통용된 이후에는, 1일을 96각으로 나누었다. 그 결과 1시는 균등한 시간의 8각으로 이루어지게 되었다. 즉 시헌력에서의 1각은 오늘날의 시간으로는 15분이 되는 셈이다.

47 활자본에는 "264년"으로 되어 있으나 원고본에 따라 "기원전 264년"으로 고쳐서 옮긴다. 1차 포에니 전쟁은 기원전 264년부터 기원전 241년까지 지속되었다.

7개의 요일曜日

동양에서는 해와 달, 그리고 수성, 목성, 금성, 화성, 토성 5개의 별을 일러 '칠위(七緯)'라고 하는데, 또한 '칠요(七曜)'라고도 부른다. 《주역》에 "7일 만에 돌아와 회복된다"고 했으니, 이는 7일이 되면 한 바퀴를 돌아서 반드시 양(陽)이 회복됨을 말한 것이다.

태서에서 7일로 1주일(週日)을 삼은 것은 《구약전서》 창세기에 처음으로 나타난다. 7개의 요일에는 각기 신의 이름을 붙였는데, 그 내용은 다음과 같다.

일요일은 영어로 '썬데이(sunday, 新地)'라 한다. '신(新)'은 태양의 뜻이요, '지(地)'는 날의 뜻이다. 이날은 태양에 참배하는 날인 까닭에, 태양의 이름을 붙인 것이다.

월요일은 영어로 '먼데이(monday, 文地)'라 한다. '문(文)'은 '문(捫)'과 같으니 달의 뜻이요, '지(地)'는 날의 뜻이다. 이날은 달에 참배하는 날이다.

화요일은 영어로 '튜즈데이(tuesday, 超時地)'다. '티르(teiwaz, Týr, 超時哥)'는 신들의 아버지인데, 이날에 참배하는 까닭에 이름을 붙인 것이다.[48]

수요일은 영어로 '웬스데이(wednesday, 溫時地)'다. '웬스(溫時)'는 '오딘(Woden, Odin, 烏殿)'의 변음(變音)이다. 오딘은 하늘과 전쟁을 주관하는 애꾸눈 신인데, 이날에 참배하는 까닭에 이름을 붙인 것이다.

목요일은 영어로 '덜스데이(thursday, 阿時地)'다. 이날에 우레의 신인 토르(Thor, 沙)에게 참배하는 까닭에 이름을 붙인 것이다.

금요일은 영어로 '프라이데이(friday, 夫及地)'다. 이날에 오딘의 아내 프리그(Frigg, 夫利家)에게 참배하는 까닭에 이름을 붙인 것이다.

토요일은 영어로 '새터데이(Saturday, 沙他地)'다. 이날에 색슨(Saxon, 索遜)의 신인 새턴(Saturn, 施他) 또는 토르의 조상(沙祖)에게 참배하는 까닭에 이름을 붙인 것이다.[49]

48 티르(Týr)는 북유럽 신화에 나오는 전쟁의 신이다. 오딘(Odin)의 아들 또는 거인 히미르(Hymir)의 아들로도 알려져 있으나, 원래는 주신(主神)의 지위를 갖고 있었던 것으로 추정된다. 즉 그리스의 제우스(Zeus)나 로마의 주피터(Jupiter), 인도의

시바(Shiva) 등과 같은 위상을 갖고 있었다는 것이다. 또 로마에서는 군신(軍神) 마르스(Mars)와 동일시되기도 하는데, 마르스는 곧 화성(火星)이기도 하다. 라틴어의 화요일은 "마르스의 날(dies Martis)"이다.

49 토요일은 로마 신화에 나오는 농경의 신 사투르누스(saturn)의 이름에서 유래한 것으로 알려져 있다. 로마의 신 이름에서 유래했다는 점에서, 북유럽의 신들과 관련된 화, 수, 목, 금요일과는 다르다. 원문에 "施他及沙祖"에게 참배했다고 했는데, "沙祖"의 의미는 분명하지 않다. 만약 음차한 것이 아니라면 "沙祖"는 "토르(沙)의 조상(할아버지)"으로 풀이할 수 있을 듯하다. 로마의 사투르누스는 그리스에서 제우스의 아버지인 크로노스(Kronos)와 동일시되기도 하며, 북유럽 신화의 오딘 또는 오딘의 아들인 토르는 제우스와 동일시되기도 한다. 따라서 사투르누스 또는 크로노스는 "토르의 조상"으로 이해할 수도 있다. 음차한 단어일 가능성도 있으나, 이에 해당하는 단어가 무엇일지는 알기 어렵다. "남은 날" 즉 안식일을 뜻하는 "사바스(Sabbath)"도 생각해볼 수 있으나, 이 단어와 신의 이름 사이에는 별다른 관계가 없는 듯하다.

윤閏

요임금 때 뜰에 풀이 하나 자랐는데, 이 풀은 15일 이전에는 날마다 잎사귀 하나가 돋아나고 15일 이후에는 날마다 잎사귀 하나가 떨어졌다. 작은 달—29일에 그믐이 된다—에는 잎사귀가 떨어지려 하지 않았다. 이에 날짜를 알게 되어서 윤달을 두었다[50]〔지금으로부터 4260년 전〕.

《서경》[51] 요전의 주석에 "1년은 12달이며, 1달은 30일이다. 그래서 360일이 1년의 변함없는 수치다. 해가 하늘과 만나면 5일 235분이 넘치는데, 이를 일러 '기영(氣盈)'이라고 한다. 달이 해와 만나면 354일 348분일 뿐이어서 5일 592분이 부족한데, 이를 일러 '삭허(朔虛)'라고 한다. 기영과 삭허를 합하면 1년에 10일 827분이 윤여(閏餘)가 된다. 3년이면 32일 601분이 윤여가 되는 까닭에, 3년마다 1개월의 윤달을 둔다. 5년에 두 번 윤달을 두면 54일 275분이 되고, 19년에 일곱 번 윤달을 두면 기영과 삭허가 고르

게 된다"고 했다.[52]

태양력은 1년을 365일로 하고, 남는 3시간 49분을 누적하여 4년마다 하루의 윤일(閏日)을 두되 2월에 더한다. 그래서 2월이 평년에는 28일이요 윤년에는 29일이다.

—살피건대, 역법의 연혁은 모두 기록할 수 없을 만큼 복잡하다. 그런 까닭에 여기서는 다 거론하지는 않는다—.

50 여기서 언급한 풀의 이름은 흔히 "명협(蓂莢)"으로 알려져 있는데, 역법에 도움이 되었다 하여 역협(曆莢)이나 역초(曆草)로도 불렸다. 원문의 "소진(小盡)"은 작은 달을 뜻하는 말이다. 30일이 있는 큰 달을 대진(大盡)이라 하며, 29일이 있는 작은 달은 소진이라 한다. 또 순삭(旬朔), 즉 초열흘과 그믐을 알게 된다는 것은 그 날이 며칠인지 알게 되었다는 뜻이다.

51 《만국사물기원역사》에는 책 이름으로 "서경"과 "상서"가 모두 나타나는데, 두 가지는 같은 대상을 가리킨다. 원문에 따라 옮기되, 특별한 언급 없이 편명(篇名)만을 제시했을 경우에는 모두 "서경"으로 옮긴다. 이 부분의 원문은 "요전"이라고만 되어 있다.

52 여기서의 일과 분의 계산은 1일을 940분으로 한 것이다. 예를 들면, 달이 해와 만날 때의 1년이 354일 348분이라고 했으므로 정해진 수인 360일과 비교하면 5일 592분이 부족하게 되는 것이다. 윤여는 실지의 한 해가 달력상의 한 해보다 많은 나머지 부분을 뜻하는 말이다.

간지干支

천황씨가 처음으로 고간지(古干支)를 만들었다.[53] 황제가 대요(大撓)에게 명하여 초저녁에 북두성 자루 부분이 가리키는 월건(月建)을 살펴서 천간(天干) 10개와 지지(地支) 12개를 짝 지워서 60갑자(甲子)를 만들도록 했다.[54] 천간은 갑(甲), 을(乙), 병(丙), 정(丁), 무(戊), 기(己), 경(庚), 신(辛), 임(壬), 계(癸)요, 지지는 자(子), 축(丑), 인(寅), 묘(卯), 진(辰), 사(巳), 오

(午), 미(未), 신(申), 유(酉), 술(戌), 해(亥)다[지금으로부터 4600년 전].

53 고간지는 옛날의 간지라는 뜻이니, 곧 "고갑자(古甲子)"를 말한다. 천황씨 때에 만들었다고 전하는데,《이아》 석천(釋天)과《사기》 역서(曆書)에 조금 다른 형태로 기록되어 있다. 예컨대 "갑자(甲子)"는《이아》에서는 "알봉곤돈(閼逢困敦)"으로,《사기》에서는 "언봉곤돈(焉逢困敦)"으로 나타낸다. 우리 문헌에서도 고갑자를 이용하여 간지를 표시한 예가 자주 나타나는데, 이를 통해 고갑자 또한 널리 사용되었음을 확인할 수 있다.

54 월건은 북두칠성의 자루 부분이 가리키는 방향을 뜻하는데, 이것으로 매달의 간지를 삼는다. 초저녁(初昏)이라고 한 것은 술시(戌時)에 북두칠성의 자루 부분을 살폈기 때문이다.

오행五行

《상서》 홍범(洪範)에 "하늘이 우임금에게 홍범 구주(洪範九疇)를 내리시니, 그 첫째가 '오행'이다. 오행은 첫째가 물, 둘째가 불, 셋째가 나무, 넷째가 쇠, 다섯째가 흙이다. 물은 윤택하게 하면서 아래로 흐르며, 불은 타서 위로 올라가며, 나무는 휘어지거나 곧게 하며, 쇠는 순종하거나 변혁하며, 흙은 씨 뿌리고 거둬들인다. 이것이 다섯 가지 덕이다. 윤택하게 하면서 아래로 흐르면 짠맛을 내며, 타서 위로 올라가면 쓴맛을 내며, 휘어지거나 곧으면 신맛을 내며, 순종하거나 변혁하면 매운맛을 내며, 씨 뿌리고 거둬들이면 단맛을 낸다"고 했는데, 이는 하나라 우임금 이후에 기자(箕子)가 밝게 해명한 것이다[지금으로부터 3031년 전].《회남자》에서는 "물은 나무를 낳고, 나무는 불을 낳고, 불은 흙을 낳고, 흙은 쇠를 낳고, 쇠는 물을 낳는다. 자생모(子生母)는 의(義)요, 모생자(母生子)는 보(保)요, 자모상득(子母相得)은 전(專)이요, 모승자(母勝子)는 제(制)요, 자승모(子勝母)는 곤(困)이다"라고 했다.[55] 승(勝)이란 물이 불을 이기고, 불이 쇠를 이기고, 쇠가 나무를 이기고, 나무가 흙을 이기고, 흙이 물을 이기는 것과 같은 것이다.

55 《회남자》의 천문(天文) 편을 인용한 것이다. 천문편에는 "보(保)는 보(寶)와 통한다"와 "곤(困)은 격(擊)의 뜻이다"라는 주석이 붙어 있다.

천세력千歲曆

세종 때에 처음으로 추책법(推策法)을 세우고 26년 갑자년을 상원(上元)으로 삼으셨다. 그런 까닭에 정조 6년에 처음으로 천세력을 만드실 때에 이해〔지금으로부터 466년 전〕로 기원을 삼았다. 정조 6년은 지금으로부터 128년 전이다. 광무 8년에 다시 만들면서 만세력(萬歲曆)으로 고쳤다.[56]

56 추책법은 역수(曆數)를 계산하는 방법을 뜻하는 말이니, 여기서는 세종 대의 《칠정산》을 가리킨다. 세종 26년(1444)은 《칠정산 내편》의 간행을 준비하고 있던 시기인데, 이때 추책법이 처음 마련되었다고 보아 이해를 상원으로 삼은 것이다. 《천세력》은 1782년에 관상감에서 편찬한 역서다. 《천세력》에서는 매년마다 매달의 대소, 24절후의 일시, 매월 초1일, 11일, 21일의 간지(干支)를 한 면에 실었다. 《천세력》은 10년마다 증보하여 편찬하는 것이 원칙인데, 정조 대인 1782년과 1792년에 출간된 기록이 있지만 이후에 더 출간되었는지는 확실하지 않다. 1782년에 출간된 《천세력》은 3책으로 이루어져 있다. 1책에서는 1777년부터 1886년에 이르는 110년 동안을 시헌역법으로 추산했고, 2책에서는 같은 내용을 대통역법으로 추산했으며, 3책에서는 1693년부터 1792년의 100년간을 대통력과 시헌력으로 대조한 중력(中曆)을 덧붙였다. 《만세력》은 1904년에 그 속편으로 간행한 것인데, 이때 역서의 이름을 "만세력"으로 고쳐 간행했다.

측우기測雨器

우리 세종 24년에 구리로 측우기를 처음 만드셨다. 길이는 1척 5촌, 지름은 7촌이었으며, 서운관(書雲觀)의 대(臺) 위에 설치했다[57] [지금으로부터 467년 전].

57 1441년(세종 23)에 최초로 만든 측우기는 길이가 2척, 지름이 8촌이었다. 그렇지만 이 크기만큼 빗물이 차는 일은 거의 없고 몇 가지 불편한 점이 있어, 이듬해인 1442년(세종 24)에 규격을 줄여서 제작했다. 1770년(영조 46)에 강우량을 재는 제도를 부활시켰는데, 그때도 1442년의 규격을 따랐다.

천문관측 기구[觀天器]

중종 20년에 사성(司成) 이순(李純)이 천문관측 기구를 만들었는데, "일륜순(日輪純)"이라는 이름을 붙였다.[58] 또 의(儀), 상(象) 등의 여러 기구를 다시 수리했다[59] [지금으로부터 384년 전]. 또 명종 3년에 혼천의를 만들었다 [지금으로부터 363년 전]. 선조 때 임진년의 병란으로 의와 상 등의 기구가 모두 없어졌는데, 선조 34년에 이항복(李恒福)이 옛 제도에 따라 물시계, 간의, 혼상만 다시 만들었다[지금으로부터 308년 전]. 효종 8년에 김제 군수 최유지(崔攸之)가 혼천의를 만들었는데, 물의 힘으로 절로 움직였다.[60]

일본에서는 덴무 천황(天武天皇)이 천문과 역수에 마음을 두어서 처음으로 점성대(点星臺)를 설치했다. 천도(天度)를 추측하고, 《사기》 천관서(天官書)와 《한서(漢書)》 천문지, 《진서(晋書)》 천문지로 천문학을 교수하게 했다.[61]

58 "일륜순"은 다른 문헌에서는 보이지 않는다. 장지연이 자료를 잘못 해석한 결과로 이러한 명칭을 제시한 것으로 추정된다. 즉 《증보문헌비고》에는 "중종 20년(1525)에 사성 이순이 중국에서 《혁상신서》를 구해왔는데, 그 가운데 '목륜'이라는 천문관측 기구가 있었다. 이순이 책을 참고하여 목륜을 만들어 올렸는데, 제도가 매우 정교했다. 관상감에 두도록 명했다(中宗二十年, 司成李純, 得革象新書於中國, 有觀天之器, 名曰目輪. 純按書製進, 制極精巧. 命置觀象監)"라는 구절이 있는데, 장

지연은 "목(目)"을 "일(日)"로 착각하고 "순(純)"을 위로 붙여서 읽었던 것으로 보인다.

59 《증보문헌비고》에서는 "중종 21년"에 관상감의 요청에 따라 관측 기구의 수리가 이루어졌다고 했다.

60 혼천의는 천문역법의 표준이 되는 기구였다. 1657년(효종 8)에 최유지(1603~1673)가 혼천의를 만들었고, 1669년(현종 10)에는 이민철(李敏哲)과 송이영(宋以穎)이 각각 혼천의를 만들었다. 특히 송이영의 혼천의는 서양식 자명종의 원리를 적용하여 혼천시계로도 일컬어진다.

61 《일본서기》에 덴무 천황 4년(676)에 점성대(占星台)를 세웠다는 기록이 있다. 또 덴무 천황은 천문과 역법을 담당하는 기구인 음양료(陰陽寮)를 설치했다고 한다. "천관서(天官書)"는 사마천(司馬遷)이 쓴 《사기》의 편명(篇名)이다. 천문에 관한 지식을 체계적으로 담았기 때문에, 후대에 널리 활용되었다. 《한서》 이후로부터는 사서(史書)에 천문현상과 관련된 내용을 담는 "천문지"를 두는 것이 관례가 되었다.

새벽과 황혼에 울리는 큰 종[晨昏大鍾]

신라 혜공왕 때에 처음으로 큰 종을 주조하니, 구리의 무게가 12만 근이요 소리가 100여 리까지 들렸다—지금 경주부에 있다—〔지금으로부터 1140년 전〕. 고려 충목왕 때에 종을 주조했다—개성부에 있다—〔지금으로부터 600년 전〕. 조선 태조 3년에 처음으로 종각을 세우고, 새벽과 황혼에 종을 치도록 하셨다.

태종 12년에 또 종을 주조하여 궁궐 문에 걸어놓게 하셨고, 세종 2년에 또 큰 종을 주조하여 사정전(思政殿) 앞에 설치하셨으며, 8년과 14년에도 또 큰 종을 주조하셨다. 중종 때에 김안로(金安老)가 도성 안 서부 흥천사(興天寺)와 중부 원각사(圓覺寺)에 있던 큰 종을 동대문과 남대문에 설치하고자 했는데 실행하지 못했다. 임진년의 병란에 광화문의 종과 종루의 종이 모두 녹아버린 까닭에, 갑오년 가을에 남대문에 종을 걸고 새벽과 황혼에 울리도록 명했다. 정유년 겨울에 명나라 장수 양호(楊鎬)가 명례동 고개 위로 종을 옮겼다—태황제 2년에는 세조 때 주조한 종을 광화문 누상에 걸었다.[62]

일본에서는 고토쿠 천황 때에 종을 주조하여 궁궐에 설치하고, 원통하고 억울한 일을 당한 자가 그 종을 치도록 했다.

62 이 항목은 《증보문헌비고》의 '의상(儀象) 2' 뒤에 부록으로 실린 '신혼대종(晨昏大鍾)' 부분을 정리하여 수록한 것으로 보인다. "고종 21년에 정오, 인정(人定. 밤 10시경, 통행금지를 알림), 파루(罷漏. 새벽 4시경, 통행금지 해제를 알림)에 금천교(禁川橋)에서 포를 쏘도록 명했다"는 기록을 제외하면, 주요 내용은 거의 옮기고 있다. 정리 과정에서 "세조 3년"의 일이 "세종 2년"으로 잘못 옮겨지는 오류도 발생했다. 《조선왕조실록》에도 "세조 3년"에 새 종을 만들어 사정전 앞에 설치한 일이 기록되어 있다. 또 그 뒤에 나오는 "8년"과 "14년"도 모두 세조 대로 고쳐야 한다. 태황제 즉 고종 2년에 광화문에 건 종은, 세조 8년에 주조한 종이다. 김안로가 흥천사와 원각사의 종을 옮기려고 한 것은, 두 사찰이 이미 피폐해졌으되 종은 보존되고 있었기 때문이다.

• 2장 •

지리
—
地理

지구

지구가 둥글다는 설은 "지금으로부터 2490년 전 무렵"에 태서 그리스의 탈레스가 처음으로 명확하게 해명했다. 지구와 태양계는 모두 유성(遊星)에 속한다.[1] 시초에는 구름 모양의 물체였다가 점차 태양과 분리되어 따로 존재하게 되었으니, 그 뜨거움이 태양과 같았다. 지금 지구의 내부가 매우 뜨거워 때때로 폭발하는 것이 그 한 가지 증거라고 한다.

1 유성은 곧 유성(游星)이니, 오늘날의 용어로는 '행성'이다. 당시에는 '유성'이라는 어휘가 널리 쓰였다. 1장 천문의 '별(星辰)' 항목에 보다 자세한 내용이 보인다.

지동설地動說

동양 학자의 지동설로는 다음과 같은 것이 있다. 《춘추원명포(春秋元命苞)》—책 이름으로, 한나라의 학자가 썼다—에서는 "땅이 오른쪽으로 도는 것은 기(氣)가 탁하고 정(精)이 적은 까닭이다"라고 했다.[2] 《상서》 고령요(考靈曜)에서는 "땅에는 사유(四游)가 있다.[3] 동지에는 땅이 솟아서 북

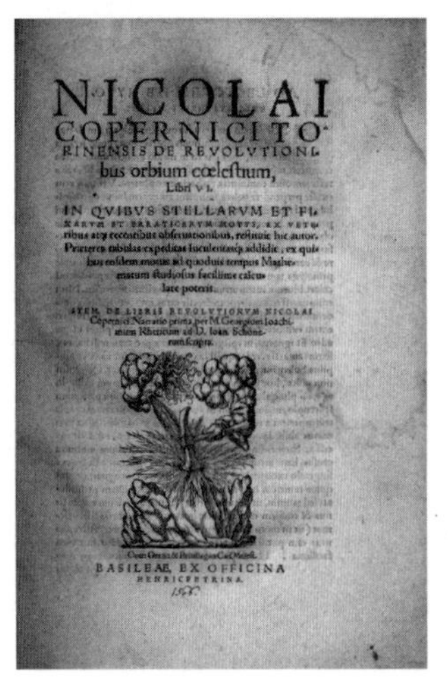
NICOLAI COPERNICI TORINENSIS DE REVOLVTIONIbus orbium cœlestium, Libri VI.

IN QVIBVS STELLARVM ET FI-

BASILEAE, EX OFFICINA HENRICPETRINA.

폴란드의 천문학자 코페르니쿠스가 36년 동안 집필한 《천체운행론》은 본격적인 지동설의 체계를 제시한 저서로 알려져 있다. 이 책은 그의 임종 직전에 출간되었다.

쪽으로 서쪽으로 3만 리를 가고, 하지에는 땅이 가라앉아 남쪽으로 동쪽으로 3만 리를 간다"고 했으며, 또한 "땅이 3만 리 안에서 항상 오르내린다"고 했다[지금으로부터 2000년 전 무렵]. 이는 동양에서 땅이 움직인다는 것을 설명한 견해다.

태서에서는 폴란드(Poland, 波蘭)의 코페르니쿠스(Nicolaus Copernicus, 哥白尼)가 16세기에 지동설을 처음으로 주장하여 《천체운행론(天體運行論)》을 썼다.[4] 그 글에서는 "태양이 지구의 주위를 도는가, 지구가 태양의 주위를 도는가. 이 두 가지 의문은 다음과 같이 풀 수 있다. 얼핏 보면 태양이 지구의 주위를 도는 것 같지만, 실상은 그렇지 않다. 지구에는 날마다의 움직임—자전—과 해마다의 움직임—공전—이 있어서, 태양이 지구를 둘러싸고 움직이는 것처럼 보이는 것이다—지구가 날마다 움직인다는 것은 매일 지축(地軸)을 한 바퀴 도는 것이요, 지구가 해마다 움직인다는 것은 매년 태양을 한 바퀴 도는 것이다—"라고 했다. 그 후에 독일사람 케플러(Kepler, 其布勒兒)가 지구와 여러 유성의 궤도를 처음으로 해명했는데, "지구는 완전한 원형이 아니며, 계란 모양과 같은 타원형이다"라고 했다.

2 《춘추원명포》는 "원명포"로도 일컬어지는데, 춘추의 위서(緯書)로 전한 무렵에 편찬된 것으로 알려져 있다. 책 자체는 전하지 않으며, 다른 문헌에 그 내용이 일부 인용되어 있다. 인용된 부분은 땅이 "음(陰)"에 속하기 때문에 오른쪽으로 돈다고 한 것이다.

3 과거 동양에서는 땅과 별이 모두 계절에 따라 움직이고 오르내린다고 생각했는데, 이를 "사유(四游)"라고 한다. 이에 따르면, 땅은 춘분에 서쪽, 하지에 북쪽, 추분에 동쪽, 동지에 남쪽의 끝까지 움직이며, 동지에 최대로 솟아올랐다가 하지에 최대로 가라앉는다고 한다.

4 1543년에 간행된 코페르니쿠스(1473~1543)의 "*De revolutionibus orbium coelestium*"을 가리킨다. 영어로는 "On the Revolutions of the Heavenly Spheres"로 번역되며, "천구(天球)의 회전에 대하여" 정도로 풀이할 수 있다.

신세계: 아메리카[America, 亞美利加]와 오세아니아[Oceania, 墺斯亞]

지금으로부터 400년 전 무렵인 1492년에 이탈리아 사람 콜럼버스(Christopher Columbus, 可倫布)가 처음으로 아메리카를 발견했다.

오세아니아—즉 오스트레일리아(Australia, 濠太利)[5]—는 지구상에서 가장 큰 섬이니, 그 크기가 유럽과 같다. 1521년에 포르투갈(Portugal, 葡萄牙) 사람 마젤란(Ferdinand Magellan, 馬斯蘭)이 남양(南洋)의 속도(屬島)인 마리아나 제도(Mariana Islands, 馬利亞拉諸島)를 발견했고, 80여 년 후—1605년—에 네덜란드 사람이 그 본도(本島)를 발견하고서 "뉴 홀랜드(New Holland, 新荷蘭)"라고 이름을 붙였다. 그 후에 영국에 귀속되었으니, 지금은 다른 다섯 대륙과 함께 육대주(六大洲)가 되었다.

5 오늘날에는 오스트레일리아의 표기로 '호주(濠洲)'가 많이 쓰이지만, 1930년대까지는 '호태리(濠太利)'로 표기한 예를 많이 볼 수 있다.

수에즈 운하[Suez Canal, 蘇彝士運河]

동양에서 가장 큰 운하는 수나라 양제(煬帝)인 양광(楊廣)이 대업(大業)

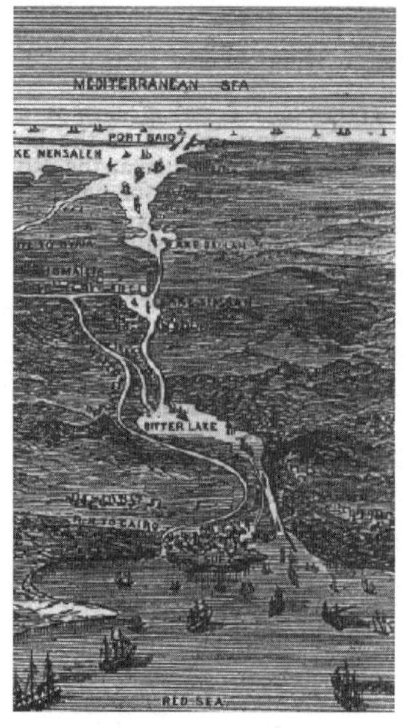

수에즈 운하는 이집트 시나이 반도 서쪽에 건설된 세계 최대의 운하로, 아시아와 유럽을 연결하는 중요한 통로이다. 도판은 1881년의 수에즈 운하를 묘사한 것이다.

원년에 1000여 리를 뚫어 개통한 운하다[지금으로부터 1300년 전]. 수에즈는[6] 아시아와 아프리카(Africa, 亞非利)가 맞닿은 지협(地峽)이다. 프랑스인 레셉스(Ferdinand Marie de Lesseps, 禮聶)가 1851년에 착공했으며, 운하는 지중해로부터 홍해의 수에즈 항에까지 이른다. 모두 10년 만에 완공했다.[7] 이 운하가 개통되기 전에는 동양으로 항해하려는 유럽인들이 아프리카 남단의 희망봉(希望峯)을 돌아서 항해해야 했다. 이 운하가 개통된 뒤에는 항로의 3분의 1을 줄일 수 있게 되니, 전에 비하여 36일을 단축하게 되었다.

6 원고본에는 "수에즈강(蘇彝士河)"으로, 간행본에는 "수에즈 운하(蘇彝士運河)"로 표기되어 있다. 수에즈 지협에 운하를 파서 포토사이드와 수에즈를 연결시킨 것이므로, 여기서는 "수에즈"로만 옮긴다.

7 실제 수에즈 운하의 개통 시기는 여기서 서술한 것과 다소 차이가 있다. 프랑스의 외교관인 레셉스(1805~1894)가 운하 건설 계획을 제출한 시점은 1854년이다. 이후 1859년에 운하 건설이 시작되었으며, 그로부터 10년 뒤인 1869년에 이르러서 완성되었다.

산

옛날에는 지구가 개벽할 때부터 산이 있었다고 생각하여 지구의 성립이 곧 산의 성립이라고 했다. 중엽에 이르러 태서의 지질학이 진보됨에 따라, 비로소 지구가 성립된 것과는 다른 시기에 산이 성립된 것임을 알게 되었다. 산을 이루는 바탕이 되는 물질은 대개 수성암(水成岩)—사암(砂岩), 만암(轡岩), 석탄석(石炭石) 등—이다. 수성암은 태곳적에는 바닷물 속에 잠겨 있었기 때문에, 그 속에 조개껍데기, 산호, 성게를 비롯하여 기타 바다 생물의 유체를 품게 된다. 이런 사실로부터 오늘날의 산꼭대기가 옛날에는 해저였음을 추측할 수 있다.

송나라의 주자(朱子)—주희(朱熹)—가 밝혀 말하기를, "산은 원래 바닷물이 응결한 것이다. 그런 까닭에 높은 곳에 올라가 멀리 바라보면 산이 모두 파도의 형상을 지니고 있는 것이다. 그 바윗돌 사이에서는 왕왕 해산물이나 소라 껍질 등의 흔적을 볼 수 있는데, 이로써 산이 원래 바닷물이 응결한 것임을 증명할 수 있다"고 했다〔지금으로부터 750년 전 무렵〕. 이는 태서의 학술과 부합한다.

홍수

송나라의 학자 호인(胡寅)이 밝혀 말하기를, "요임금 때의 홍수는 많은 비가 와서 생긴 것이 아니라, 개벽 이래로 쌓인 물이 돌아갈 곳을 얻지 못해서 생긴 것이다. 그런 까닭에 홍수는 역수(逆水)라 한다"라고 했다[8]〔지금으로부터 750년 전〕.

《구약전서》에 "노아(Noah, 諾亞)의 시절에 대홍수가 있어서 땅 위에 살던 만물이 모두 물에 빠져 죽었으되, 오직 노아가 작은 배에다 각각의 동식물들을 실어서 겨우 모조리 죽게 되는 것을 면했다"고 했다.

8 호인(1098~1156)은 송나라의 학자로 호는 치당(致堂)이다. 《논어상설(論語詳說)》, 《독사관견(讀史管見)》, 《비연집(斐然集)》 등을 남겼다. 역수는 거슬러 흐르는 물이라는 뜻이니, 물이 순리대로 흐르지 못하고 홍수가 되었음을 말한 것이다.

밭과 도랑〔田野溝渠〕

황제가 처음으로 들판을 구획하여 정전(井田)의 구역을 정하니, 밭이 여기서 비롯했다. 《상서》 익직(益稷)에서는 "하나라 우임금이 봇도랑을 준설하여 하천에 도달하게 하고 아홉 개의 큰 강에까지 흘러가게 했다"고 했다.[9] 《주례》에서는 "장인이 구혁(溝洫)을 만든다. 정전의 사이에 낸 너비 4척의 봇도랑을 '구(溝)'라 한다. 사방 10리의 땅을 '성(成)'이라고 하는데, 성의 사이에 낸 너비 8척인 봇도랑을 '혁(洫)'—음이 혁이다—이라 한다"고 했다.

거(渠)로는 주공이 만든 양거(陽渠)가 최초의 것이다. 그 후에 진(秦)나라 사람인 정국(鄭國)이 300리의 거(渠)를 파서 물대기에 편리하게 했다[10]〔지금으로부터 2300년 전〕.

9 구천(九川)은 중국 구주(九州)에 흐르는 9개의 큰 하천으로, 보통은 양자강(揚子江) · 황하(黃河) · 한수(漢水) · 제수(濟水) · 회수(淮水) · 위수(渭水) · 낙수(洛水) · 약수(弱水) · 흑수(黑水)를 가리킨다.

10 거는 좁고 작은 개울, 또는 해자(垓字)를 뜻하는 말이다. 《여지지(輿地志)》에서는 낙양성(洛陽城)의 바깥쪽에 주공이 만든 양거가 있다고 했다. 진나라 시황제 때 정국이 만든 관개 용수로를 "정국거(鄭國渠)"라고 한다. 원래 한(韓)나라에서 진나라의 국력을 쇠약하게 할 목적으로 정국을 진나라에 보내서 무리한 토목사업을 벌이게 하였는데, 실제로는 진나라의 경작지가 확대되면서 농업 생산량이 늘어나는 결과에 이르게 되었다고 한다. 《사기》의 하거서(河渠書)에 상세한 내용이 보인다.

성곽 부附 주군州郡

《오월춘추(吳越春秋)》에 "곤(鯀)이 성(城)을 쌓아서 군주를 보호하고 곽(郭)을 만들어 백성을 지켰다. 이것이 성곽의 시초다"라고 했다[11]〔지금으로부터 4100년 전 무렵〕. 또 《박물지(博物志)》에서는 "우임금이 처음으로 성곽을 만들었다"고 했다.

로마성은 로물루스(Romulus, 羅馬路)가 기원전 753년에 쌓은 것이다.[12]

강화 전등산(傳燈山)에는 삼랑성(三郎城)이 있는데, 세간에는 단군이 쌓은 것이라고 전한다. 이것이 우리나라 성곽의 시초다.

《광여기(廣輿記)》에 "인황씨(人皇氏)가 살펴서 구주(九州)를 만들었다"고 했으니, 이것이 주군(州郡)의 시초다.[13]

11 곤은 하나라 우임금의 아버지로, 요임금의 명령으로 홍수를 다스리려 했던 인물이다. 홍수를 다스리라는 명을 받을 때 성과 곽을 만들 것을 건의했다고 한다. 《관자(管子)》에서는 성은 안쪽에 곽은 바깥쪽에 쌓는 것이라고 했다.

12 로마의 건국신화를 인용한 것이다. 기원전 753년에 로물루스 형제가 팔라티노 언덕에 성을 쌓았는데, 이것이 로마의 기원이라고 전한다.

13 고대 중국의 아홉 고을 즉 구주의 범위에 대해서는 여러 가지 설이 있다. 《서경》 우공편의 기록에 따라 기(冀), 곤(兗), 청(青), 서(徐), 양(揚), 형(荊), 예(豫), 양(梁), 옹(雍)을 드는 것이 일반적이다.

제방〔堰埭〕

진나라 사람 이빙(李氷)이 촉군 태수(蜀郡太守)가 되었는데, 100장(丈)의 둑을 만들어 수천 이랑의 밭에 물을 대었다[14]〔지금으로부터 2200년 전〕.

상고시대에 이집트가 제방을 쌓아서 나일 강(Nile, Neilos, 尼羅河)의 범람을 막았다—헤로도토스(Herodotos, 希臘多他斯)[15]의 《역사》에 보인다—이것이 제방의 시초다.

14 전국시대에 이빙과 이이랑(李二郎) 부자가 완성한 수리시설인 도강언(두장옌, 都江堰)에 대해 서술한 것이다. 진나라가 촉 땅을 차지한 뒤에 파견한 태수 이빙은 치수(治水)에 힘을 썼는데, 도강언을 완성함으로써 민강(岷江)의 범람을 막을 수 있었다고 한다. 이빙과 이이랑의 치수 이야기는 수신(水神)인 교룡(蛟龍)과의 다툼을 내용으로 한 전설로도 전승되고 있다.

15 《만국사물기원역사》에는 헤로도토스가 총 4회 등장하는데, 다른 세 곳에서는 모두 "希羅都他斯"로 표기했다—4장 문사(文事)의 '종이' 항목에 보이는 "希都羅他斯"는 오기일 가능성이 높다—. 이곳에 보이는 "希臘多他斯"가 다른 인물을 가리키는 것일 수도 있지만, 서술된 내용을 보면 헤로도토스 이외의 인물을 생각하기는 어렵다.

보와 못[陂池]

《예기(禮記)》 월령(月令)에서는 "물을 모아두는 곳을 '피(陂)'라 이르는데, 곧 못(池)이다"라고 했다. 《황람(皇覽)》에서는 "초나라 대부 자사(子思)가 작피(芍陂)를 처음으로 만들었다"고 했다.[16] 둥근 것을 "지(池)"라 하고 네모난 것을 "소(沼)"라 하는데, 지와 소는 요임금 때 처음으로 생겼다. 뒤에 은나라 탕왕(湯王)이 유지(囿池)를 만들었고, 그 후손인 주(紂)는 주지(酒池)를 만들었다. 주나라 문왕 창(昌)은 영소(靈沼)를 처음으로 만들었다.

신라 흘해왕 21년에 처음으로 벽골지(碧骨池)를 쌓았다[지금으로부터 1554년 전].

16 작피는 지금의 안휘성 남쪽에 있다. 수당시대에 안풍현(安豊縣)을 설치했기 때문에, "안풍당(安豊塘)"으로도 일컬어진다. 춘추시대 초나라의 재상 숙손오(孫叔敖)가 건설했고, 이후 전국시대에 수리했다고 알려져 있다. 《후한지(後漢志)》의 주석에서 《황람》을 인용하여 초나라 대부 자사가 만들었다는 견해를 제시한 바 있지

만, 일반적인 견해는 아닌 듯하다.

지구일주 항해〔周航地球〕

하나라 우임금이 치수를 끝내고 해외의 온 세상을 두루 항해하고서《산해경(山海經)》을 썼다[17]〔지금으로부터 4060년 전〕.

포르투갈 사람 마젤란(馬謝蘭)이[18] 처음으로 지구일주 항해를 했다.

17 팔황(八荒)은 팔굉(八紘) 즉 온 세상을 뜻하는 말이다.《산해경》은 중국 고대의 지리서로 다양한 신화를 수록하고 있어서 주목되기도 한다. 우임금 또는 백익(伯益)이 썼다는 말이 전하는데, 현재는 전한 말기 유흠(劉歆)이 교정했다는 18편이 남아 있다.

18 앞의 '신세계' 항목에서는 "馬斯蘭"으로 표기되어 있다.

큰 돌〔大石〕

세계에서 가장 큰 돌은 이집트의 파이배격성(巴爾倍格城)에 있으니, 이집트 왕 세소스트리스(Sesostris, 西蘇士特利)가 아라비아에서 캐 운반한 것이다. 너비는 32척, 길이는 240척이요, 또한 큰 돌기둥 여섯 개가 있으니 각기 높이가 72척, 지름이 7척이다.[19] 또한 로마의 명장 붕표(棚標)의 기공석주(紀功石柱)는 높이가 92척이다.[20]

19 세소스트리스는 헤로도토스의《역사》에 등장하는 전설적인 왕인데, 그 실체에 대해서는 몇 가지 다른 견해가 존재한다. 또 5장 과학의 '지도' 항목에는 "地疏斯脫利"로 표기되어 있는데, 같은 인물을 가리키는 것인지는 단정하기 어렵다. 헤로도토스가 이집트 사제들로부터 들은 바에 의하면, 시리아, 터키, 남부 러시아와 그리스까지 정복했다고 하며 수많은 전쟁포로를 이용하여 엄청나게 큰 돌들을 헤파이스토스 신전으로 운반했다고 한다. "파이배격성"이 어디인지는 분명하지 않

지만, 문맥상으로는 당시의 수도이자 헤파이스토스 신전이 있었다는 멤피스 부근일 듯하다.

20 "봉표"가 누구인지는 정확히 알 수 없다. 기공석주, 즉 공을 기록해놓은 돌기둥은 로마의 기념원주(Colonna)를 뜻하는 것으로 보인다. 대표적인 기념원주로는 트리야누스 기념원주(Colonna di Traiano, 29.77미터)와 마르쿠스 아우렐리우스 기념원주(Colonna di Marco Aurelio, 29.6미터)가 있는데, 이 둘의 높이는 여기서 제시한 92척과 비슷하다.

• 3 장 •

인류
—
人類

인류의 탄생

사람은 인(寅)에 생겨났다. 그런 까닭에 인황씨(人皇氏) 때에는 같은 성을 가진 아홉 사람이 아홉 구역에 나뉘어 살았다.[1] 이들이 인류 탄생의 조상이 되었다고 한다[지금으로부터 2만 7200년 전 무렵].

태서의 학자들은 인류가 처음에는 원숭이 무리와 같은 열등동물이었다고 한다. 또 여러 인종들이 애초에는 모두 하나의 종족이었다고 하는데, 어떤 이는 세계의 인종들이 각기 달랐다고도 말한다.

1 "하늘은 자(子)에 열리고, 땅은 축(丑)에 열리고, 사람은 인(寅)에 난다(天開於子, 地闢於丑, 人生於寅)"는 말이 전하는데, 하늘, 땅, 인간의 순서로 세상이 생겨났다는 뜻이 된다. 소옹(邵雍)의 《황극경세서(皇極經世書)》에서 이를 풀이했다. 또 천황씨, 지황씨, 인황씨의 "삼황(三皇)"—삼황에 대해서는 여러 가지 설이 있으며, 이 또한 그 가운데 하나다—이 세상을 다스렸다고도 하는데, 각기 형제 13인, 11인, 9인이 자리를 이었다고도 한다. "일성(一姓)"은 곧 형제를 뜻한다. 인황씨의 형제 9인에 대해서는 아래의 '형제자매' 항목에서도 언급했다.

언어

서양학자들은 언어에는 다음과 같은 갈래가 있다고 한다.

첫째 이탈리아어, 스페인어, 프랑스어—모두 라틴어(Latin, 拉丁語)에서 유래했다.

둘째 러시아어, 폴란드어, 보헤미아어(Bohemian, 波希密亞語)[2]—모두 슬라브어(Slavic languages, 斯拉夫語)에서 유래했다.

셋째 웨일스어(Welsh language, 威爾斯語), 그리스어, 브리타닉어(Britannic language, 不列顚語)[3]—모두 켈트어(Celtic languages, 塞耳語)에서 유래했다.

이상은 아리안어계(Aryan languages, 亞利安語系)에 속한다.

넷째 아라비아어, 헤브라이어(Hebrew language, 希伯流語), 시리아어(Syriac language, 敍利亞語)[4] —모두 셈어(Semitic languages, 塞美的語)에서 유래했다.

다섯째 터키어, 헝가리어(Hungarian language, 囟牙利語), 몽골어, 몽란어(蒙蘭語)[5]—모두 타타르어(Tatar language, 韃靼語)에서 유래했다.

또 부율씨(夫律氏)는 따로 삼대파(三大派)를 설정했는데, 그 내용은 다음과 같다.[6]

1파는 산스크리트(Sanskrit, 梵語), 정어(精語)—페르시아의 고어(古語)—, 그리스어, 라틴어, 인도어, 유럽어.

2파는 헤브라이어, 아라비아어, 페니키아어(Phoenician language, 非尼西亞語), 바빌로니아어(Babylonian language, 巴比倫語), 아시리아어(Assyrian language, 亞西里亞語), 게즈어(Geez language, 加地治語).[7]

3파는 중국어, 티베트어(Tibetan language, 西藏語), 후인도어(後印度語).[8]

2 보헤미아어는 곧 체코어인데, 19세기 후반까지는 보헤미아어로 일컬어졌다. 슬로바키아어, 폴란드어, 소르브어 등과 함께 서슬라브어군에 속한다.
3 브리타닉어는 웨일스, 잉글랜드 남서쪽의 콘월 지방과 프랑스 브르타뉴 지방에서 사용된 언어다. 브르타뉴 반도에서 사용되었던 브르통어는 잉글랜드에서 이주한 켈트인이 가져온 것으로 알려져 있다. "不列顚"은 브리튼(Britain)의 표기로도 사용되었는데, 영국을 "大不列顚(Great Britain)"으로 표기한 것이 그 예가 된다.
4 시리아어는 시리아, 레바논, 터키, 이라크를 중심으로 한 중동의 기독교도에 의해서 사용되었던 고전어다. 8세기 무렵부터 구어(口語)로는 쓰이지 않게 되었다.
5 일반적으로 타타르어족에 속하는 주요 언어로는 투르크어(터키어), 몽골어, 퉁구스어(Tungus language, 通古斯語) 셋을 든다. 따라서 "몽란어(蒙蘭語)"가 퉁구스어, 만주어(滿洲語), 말갈어(靺鞨語), 여진어(女眞語), 거란어(契丹語) 가운데 하나를 지칭하는 말일 가능성이 있으나, 정확한 것은 알 수 없다.
6 여기서 거론한 3대파는 내용상 인도-유럽어족(Indo-European languages), 아프리카-아시아어족(Afro-Asiatic languages), 중국-티베트어족(Sino-Tibetan languages)을 가리키는 것으로 보인다. 그렇지만 이를 설정했다는 부율씨가 누구인지는 분명하지 않다. 산스크리트와 유럽의 언어 사이에 유사성이 있음을 밝혀 인도-유럽어족의 존재를 제기한 사람은, 영국 산스크리트 연구의 창시자로 불리는 윌리엄 존스(William Jones, 1746~1794)와 비교언어학의 창시자로 알려진 프란츠 보프(Franz Bopp, 1791~1867)다. 인도-유럽어족의 성격을 더 규명한 사람은 프리드리히 막스 뮐러(Friedrich Maximillian Müller, 1823~1900)다.
7 게즈어는 4~13세기경 에티오피아 제국에서 사용되었던 언어며, 셈 어족에 속한다. 지금은 문어로만 사용된다.
8 산스크리트를 비롯한 인도의 언어는 인도-유럽어족에 속하고, 드라비다어파에 속하는 타밀어(Tamil language)는 중국-티베트어족으로 보기에는 무리가 있다. 따라서 "후인도어"는 버마어, 퓨어, 시암어, 라오스어 등과 같이 인도차이나 반도 지역에서 사용된 언어를 가리키는 말일 가능성이 있다.

성과 이름

옛날에 황제가 피리를 불어서 성을 정했으니,[9] 성이 여기서 비롯되었다. 《서경》 하서(夏書)에서 "토성(土姓)을 내린다"고 한 것은 태어난 땅을 내려주어서 성을 삼게 한다는 뜻이다. 요임금이 이기산(伊祈山)에서 태어났

으므로 이기(伊祈)로 성을 삼은 것과 같은 것이다.[10]

단군 때에 여수기(余守己)가 예국(穢國)의 군장이 되어 공이 있었던 까닭에 서씨(徐氏) 성을 내려주었다.[11] 기자의 아들인 기중(箕仲)이 우(于) 땅을 식읍으로 했으므로 선우씨(鮮于氏)가 되었다.[12] 이것이 성씨의 시초다.

마한의 후손은 한씨(韓氏), 기씨(奇氏)가 되었고,[13] 사사(士師) 벼슬을 한 왕수긍(王受兢)은 왕씨 성을 하사받았다.[14]

신라 시조 혁거세는 박(朴)으로 성을 삼았고, 미추왕은 김(金)으로 성을 삼았다.

고구려는 고신씨(高辛氏)의 후예여서 성을 고씨(高氏)라 했고, 가락왕후는 허씨(許氏)가 되었다.

백제는 부여(扶餘)로 씨를 삼았는데, 또 사(沙), 연(燕), 협(劦)—음이 협이다—, 해(解), 진(眞), 국(國), 목(木), 백(苩)—음이 백이다—의 8개 씨가 있었다. 가락왕은 소호 금천씨(少昊金天氏)의 후예여서 성을 김씨(金氏)라 했다. 신라 유리왕 8년에 6부(部)에 이(李), 최(崔), 손(孫), 정(鄭), 배(裵), 설(薛) 6개 씨를 성으로 내렸다〔지금으로부터 1871년 전〕. 이것이 우리나라 성족(姓族)의 시초다.

일본은 인교 천황(允恭天皇) 4년에 처음으로 성씨를 정했다〔지금으로부터 1994년 전〕.

메이지 천황(明治天皇) 3년에 친왕(親王)에게 성을 내리는 제도를 처음으로 시행하여 화족(華族)의 반열에 두었다.

태서에서는 나폴레옹(Napoleon, 拿破崙)이 성씨록(姓氏錄)을 정하고 이후로는 마음대로 성을 바꾸는 것을 금지했다.[15]

9 반고(班固)의 《백호통(白虎通)》 등에 이와 관련된 구절이 보인다. 황제가 왕

업을 일으켰을 때 백성들의 성을 알지 못하므로, 피리를 불어 합치되는 소리(聲)로 성(姓)을 정하여 그 족속에게 붙였다고 한다.

10 《서경》 하서 우공편에서 인용한 것이다. "以所生之土로써 錫(賜)之爲姓"라는 말은 태어난 땅을 내려주고서 그 땅으로 성을 삼도록 했다는 뜻으로 풀이할 수 있다. 그렇지만 요임금에 대한 설명을 본다면, 땅을 나눠주었는지에 관계없이 태어난 곳의 지명을 성으로 삼도록 했다는 의미로 쓴 말일 가능성도 있다.

11 이 항목에서 우리나라 사성(賜姓)에 관한 서술은 《증보문헌비고》를 정리 또는 요약한 것으로 보인다. 《증보문헌비고》에서는 예국 군장 여수기가 중민(衆民)에게 공이 있었기 때문에 중인변(衆人邊), 즉 "彳"을 더하여 "서(徐)"로 성을 삼도록 한 것이라고 했다.

12 기중(箕仲)은 기자의 둘째 아들이다. 우 땅은 우산국(于山國)을 말한다. '조선'과 '우산국'을 합쳐서 선우씨가 된 것이다.

13 《행주기씨보(幸州奇氏譜)》와 《청주한씨세보(淸州韓氏世譜)》에 의하면, 마한의 마지막 왕인 원왕(元王)의 세 아들이 각기 행주 기씨, 청주 한씨, 북원 선우씨가 되었다고 한다. 또 마한이 기자의 후손이 세운 나라라는 설이 있으므로, 이에 따른다면 세 성은 모두 기씨(箕氏)와 연관된 것이 된다.

14 왕수긍은 기자 때 사람이라고 한다. 《증보문헌비고》에서는, 그가 살던 해가 뜨는 "땅(土)"에다가 방점을 위로 올려 가로로 길게 그어 "왕(王)"자를 만들어서 성으로 삼았다고 했다.

15 나폴레옹은 법률 전문가들을 참여시킨 가운데 1804년 3월에 《프랑스 민법전(Civil Code of the French)》을 공포했는데, 이 법전에서 성(姓)의 사용을 제도화했다. 민법으로는 최초의 성문법에 해당하는 이 법전은 근대 시민법의 기본 원리들을 담았다고 평가되며, 1807년에는 "나폴레옹 법전(Napoleonic Code)"으로 개칭되었다.

별호別號

옛날에 소부(巢父)는 둥지(巢)를 만들어서 거주했는데, 이 때문에 사람들이 '소부'라고 불렀다. 이것이 별호의 남상(濫觴)이다. 육국(六國) 때의 왕후(王詡)는 스스로 '귀곡자(鬼谷子)'라고 칭했는데, 이것이 별호의 시초다[16]〔지금으로부터 2300년 전〕.

16 소부는 전설상의 은자(隱者)로 나무 위에 집을 짓고 살았다고 한다. "보(父)"

는 덕이 높은 인물에게 붙이는 존칭이다. 요임금이 천하를 맡기고자 했으나 사양했다고 한다. 왕후(王詡)는 소진(蘇秦)과 장의(張儀)의 스승으로 알려진 인물이다. 육국(六國)은 초, 연, 제, 한, 위, 조의 여섯 나라가 진나라에 대항하던 전국시대를 의미한다. 남상은 술잔에 넘칠 정도의 작은 양의 물이라는 뜻인데, 만물의 시초나 근원을 가리키는 말이다. 이 단어를 "시(始)"와 대비시킨 것은, "소부"를 별호의 기원으로 "귀곡자"를 별호의 시초로 파악했기 때문인 듯하다.

시신의 보존[保元死體] — 페르시아에서는 '미라[Mummy, 蒙美]'라고 부른다.

《구약전서》 창세기에 "요셉(Joseph, 約瑟)이 아버지 야곱(Jacob, 也及)의[17] 얼굴에 엎드려서 껴안고 곡을 하며 입을 맞추고서, 의사에게 그 아버지의 시신에 기름을 바르도록 명하여 40일을 보존할 수 있었다"고 했으니, 그 방법이 여기에서 비롯한 것이다.

17 야곱의 표기는 "也及"과 "也及布"의 두 가지 형태로 나타난다.

남녀와 부부

《주역》에서는 "만물이 있은 후에 남녀가 생겼고, 남녀가 있은 후에 부부가 생겼다"고 했다. 《구약전서》 창세기에서는 "여호와(Yahweh, 耶和華) 신이 아담(Adam, 亞當)이 깊이 잠들었을 때에 그의 갈비뼈 하나를 취하고서 그 자리를 살로 채워 넣었다. 그러고서 갈비뼈로 여자를 만들어 아담의 아내를 삼게 하니, 곧 하와(Hawwāh, Eve, 夏娃)가 이 사람이다"라고 했다.

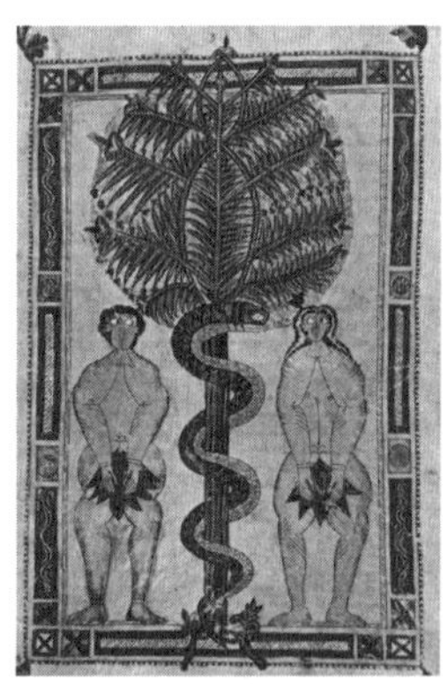

10세기에 제작되었으며, 현재 스페인 엘에스코리알 수도원에 보관 중인 그림책의 일부. 서양에서 인류 최초의 남성과 여성으로 간주되는 아담과 하와를 묘사하고 있다.

형제와 자매

《세기(世紀)》에 "인황씨의 형제 아홉 사람을 구황(九皇)이라 한다. 이들이 아홉 구역에 나뉘어 살았는데, 이로부터 군신(君臣)과 남녀가 생겨났다"고 했으니, 곧 형제의 시초다.[18] 또 여와씨(女媧氏)는 태호(太昊) 복희씨의 누이동생이라고 한다.

《구약전서》 창세기에 "아담의 아내 하와가 카인(Cain, 解因)과 그 동생인 아벨(Abel, 亞伯耳)을 낳았다"고 했고, 또 "아담이 남자와 여자를 낳았다"고 했다. 이것이 형제와 자매의 시초다.

18 "세기"가 어떤 책을 가리키는지는 분명하지 않다. 당나라 사마정(司馬貞)이 쓴 《보사기(補史記)》—사마천의 《사기》를 보완한다는 뜻임—의 삼황본기(三皇本紀)에는 "인황씨의 형제 아홉 사람이 각기 아홉 고을의 군장이 되어 성읍을 세웠다(兄弟九人, 分長九州, 各立城邑)"고 했다. 명나라 주성영(朱誠泳, 1458~1498)의 시에 "거방씨 천명을 받아, 지황씨 이어 창성하게 다스렸네. 산천은 아홉으로 나누고, 사람은 각기 한 곳에 머물렀네. 신하는 헛되이 귀하지 않고, 왕은 헛되이 왕이 되지 않았네. 군신의 정교가 홍하니, 남녀가 이에 떳떳한 도리 갖추었네. 순박한 풍속 진실로 아름다우니, 이름을 고쳐 구황이라 했네(居方受元命, 繼地治以昌. 山川分九區, 人各居一方. 惟臣不虛貴, 惟主不虛王. 君臣政教興, 男女斯有常. 淳風正沕穆, 更號曰九皇)"라고 했는데, 거방씨는 곧 인황씨의 별호이므로 이는 인황씨의 사적을 읊은 것이다. 사마정이 "인황씨는 머리가 아홉이다(人皇九頭)"라고 한 말에 대해서도 형제가 아홉인 것을 말한다는 주석이 붙은 바 있어서, 인황씨의 아홉 형제가 아홉 고을의 왕이 되어서 신하들과 함께 훌륭한 정치를 베풀었다는 이야기가 전승되었음을 알 수 있다.

주종主從과 노복奴僕

《주례》에서는 "태재(太宰)는 만민에게 아홉 가지의 직분을 맡기는데, 한민(閒民)은 일정한 직분이 없이 옮겨 다니며 일을 맡았다"고 했다. 대개 직분이 없는 한민은 옮겨 다니면서 다른 사람을 위해 일을 했을 것이다.[19] 《사기》에 "고점리(高漸離)가 다른 사람의 고용일꾼이 되었다"고 했다.

노비는 은나라에서 비롯되었다. 기자(箕子)가 미친 체하며 종이 되었다고 한다. 《주례》의 주석에서는 "남자종(奴)과 여자종(婢)은 모두 죄를 지어 예속된 자들이다"라고 했으니,[20] 옛날에는 죄를 범한 자는 모두 노비로 삼았던 까닭이다. 우리나라에서 노비를 두는 법은 기자의 삼장법(三章法)으로부터 비롯되었다[21]〔지금으로부터 3030년 전〕.

《구약전서》에 아브라함(Abraham, 亞布拉罕)[22]이 종(僕婢)을 부렸다는 말이 있고, 또 요셉의 형들이 요셉을 이스마엘 사람(Ishmaelites, 依時馬伊兒人)에게 팔았다고 했다. 이것이 서양에서의 노비의 시초다.

19 《주례》 천관에서 인용한 것이다. 구직(九職)은 아홉 가지의 직업 또는 직분이라는 뜻이다. 곡식을 키우는 삼농(三農), 초목을 기르는 원포(園圃), 산택의 재목을 만드는 우형(虞衡), 가축을 치는 수목(藪牧), 기술을 발휘하여 물건을 만드는 백공(百工), 재화를 유통시키는 상고(商賈), 길쌈을 하는 빈부(嬪婦), 열매를 거둬 모으는 신첩(臣妾), 그리고 여기서 언급한 한민이 이에 속한다. 신첩(臣妾)은 "빈천(貧賤)한 남녀"의 뜻으로 풀이할 수 있는데, 노예나 종을 가리키는 것으로 해석하기도 한다. 한민을 "다른 사람을 위하여 일을 한다(爲人執役)"고 풀이한 것은 이전의 주석에 보이는 견해며, 따라서 장지연의 독자적인 해석은 아니다. 한민에 대해서는 다른 여덟 가지 직분을 할 사람이 없을 경우에 임시로 그 역할을 한다는 의미로 풀이하는 경우도 있는데, 이는 "상직(常職)"이 없음을 강조하는 것이다. 한편 조선의 정약용은 《주례》를 바탕으로 하여 새로운 "구직(九職)"을 제시한 바 있는데, 사(士), 농(農), 공(工), 상(商), 포(圃), 목(牧), 우(虞), 빈(嬪), 주(走)의 아홉 가지가 그것이다.

20 당나라 때의 《예문유취(藝文類聚)》와 청나라 때의 《어정연감유함(御定淵鑑類函)》에서 "주례주(周禮注)"를 인용했는데, 여기서는 이를 다시 정리하여 서술한 것으로 보인다. 이들 유서에서는 《주례》의 주석에 "남자는 노(奴), 여자는 비(婢)다(男奴, 女婢)"라는 말이 있다고 했고, 다시 "노(奴)는 죄를 지어 예속된 자다. 남녀의 명칭은 같다(奴罪隸也, 男女同名)"는 후한의 유학자 정중(鄭衆)의 주석 등을 언급했다. 《주례》 추관(秋官)에 "그 노비는 남자는 죄예에, 여자는 용고에 넣는다(其奴, 男子入于罪隸, 女子入于舂藁)"는 구절이 있다.

21 기자의 "팔조법금(八條法禁)" 가운데 3개조가 《한서》에 남아 있다. 이 가운데 셋째가 "남의 물건을 훔친 자는 데려다 노비로 삼으며, 속죄하고자 하는 자는 1인당 50만 전(錢)을 내야 한다"는 것이다.

22 아브라함의 표기는 "亞布拉罕"과 "亞布剌罕"의 두 가지 형태로 나타난다.

유모와 산파産婆

《예기》 내칙(內則)에 "대부(大夫)의 아이에게는 식모(食母)가 있다"고 했는데, 식모는 곧 유모(乳母)다. 주나라 때에 이미 있었던 것이다.

《구약전서》에 이삭(Isaac, 衣常)—아브라함의 아들—의 아내인 리브가(Rivqa, Rebecca, 利伯加)에게[23] 유모가 있었다고 했다. 또 야곱(也及布)의 아내인 라헬(Rachel, 拉傑兒)이 출산할 때에 산파가 있었다고 했다.

23 리브가의 표기는 "利伯加"와 "里伯加"의 두 가지 형태로 나타난다.

창기娼妓 부附 첩妾

옛날에 천자와 제후에게는 희첩(姬妾)이 있고 경(卿)은 측실(側室)을 두었다고 하는데, 대개 오제(五帝)의 제도일 것이다. 《구약전서》에 또한 "아브라함(亞布拉罕)이 첩을 두었다"고 했다.

《만물원시(萬物原始)》에 "홍애기(洪涯妓)는 삼황의 때에 창가(娼家)에 들어갔다"고 했다[지금으로부터 5000년 전 무렵]. 또 《한무외사(漢武外史)》에 "한나라 무제가 처음으로 영기(營妓)를 두어서 아내가 없는 군사를 맞이하게 했다"고 했다.[24]

우리나라에서는 《동사고기(東史古紀)》에 "김유신이 젊을 때에 창가(娼

家)에서 유숙했다"라고 했다.[25] 이것이 우리나라 창기의 시초다[지금으로부터 1300년 전 무렵]. 《고려사》에 "이의민(李義旼)의 아들 이지영(李至榮)이 양수척(楊水尺)을 기적(妓籍)에 편입시키니, 이로부터 양수척의 여자는 모두 기생이 되었다. 그런 까닭에 기생을 '수척'이라고 부른다"고 했다[지금으로부터 730년 전 무렵]. 이는 우리나라에서 관기를 기적에 편입시킨 일의 시초다.

《구약전서》에 "야곱의 아들 유다(Judah, 猶打)가 며느리인 다말(Tamar,他馬耳)을 의심하여 창기라고 여겼다"고 했으니, 서양에서 창기의 기원 또한 오래된 것이다. 당시에 이스라엘(Israel, 衣時拉逸耳)의 창기는 얼굴을 덮는 그물로 얼굴을 가렸다.[26] 이집트의 창기는 헤로도토스(希羅都他斯) 이전에 있었다.

24 《강희자전(康熙字典)》에 《만물원시》와 《한무외사》가 인용되어 있다. 영기는 군영의 기생이라는 뜻이다.

25 《동사고기》가 어떤 책인지는 분명하지 않다. 장지연의 다른 글에서도 "동사고기"에 대한 언급을 찾아볼 수 있다. 8장 예절의 '혼례' 항목에 언급된 "동사(東史)" 또한 같은 책일 듯하다.

26 《구약전서》 창세기에서 인용한 것이다. 다말은 원래 유다의 큰아들 엘의 아내였는데, 엘이 죽자 둘째 아들 오난의 아내가 되었다. 오난 또한 일찍 죽으니, 당시의 관습에 따라 셋째 아들 셀라와 결혼해야 했다. 유다가 이 결혼을 꺼려서 시간을 끌자, 다말은 창기의 모습으로 변장하여 유다와 관계를 맺고 자손을 낳았다. 유다가 며느리 다말을 창기로 의심한 것은 다른 사람의 말을 들었기 때문인데, 결국은 다말이 유다 자신의 아이를 갖게 된 것임을 알게 된다. 여기서 과거 이스라엘 창기의 모습을 설명한 것은, 다말의 변장에 대한 서술이 있기 때문이다.

어린 사내아이의 머리 모양[童丱]

곡량적이 "아이가 태어나면 기관(羈貫)을 한다"고 했는데,[27] 기관은 다듬

변발은 주로 북방 민족의 풍습으로, 두발을 땋아 늘이는 머리 모양을 말한다. 도판은 청나라 시절 한 노비가 주인의 변발을 다듬고 있는 모습을 촬영한 것이다.

은 머리를 교차시키는 것을 말한다. 또 동초(童丱)는 '총각'이라고도 한다.

27 《춘추곡량전》에서 인용한 것이다.

두발頭髮

옛날에는 두발을 풀어헤쳤다. 우리나라에서는 단군이 처음으로 머리를 묶었고, 삼한 때에는 상투를 노출했다.

고려 충렬왕이 몽골의 제도를 좇아서 변발치액(辮髮薙額)을 했는데, 지금의 청나라 사람과 비슷했다.[28] 뒤에 공민왕이 다시 옛날의 제도로 되돌렸다〔지금으로부터 600년 전 무렵〕.

태서에서는 옛날에는 두발을 길게 늘어뜨렸고, 머리를 깎은 사람을 노예로 배척했다.

그리스와 로마 사람은 머리 뒤에 두발을 짧게 드리웠으며, 부인네들은 높이 틀어 올리는 머리 모양을 숭상했다. 17세기 말에 이르러서 그러한 머리 모양이 비로소 폐지되었다.

28 변발치액은 이마까지 머리를 깎고 남은 머리를 땋아 늘이는 것을 말한다. 몽골에서는 얼굴과 머리 부분의 경계선에 있는 모발은 밀어버리고 남은 머리는 양쪽 귀 뒤에 두 가닥으로 땋아 늘였는데, 이를 "개체변발(開剃辮髮)"이라고 한다. 청나라 사람, 즉 만주족의 경우에는 후두부의 모발만 남기고 남은 머리를 한 가닥으로 땋았다.

수염

머리는 깎고 수염은 기르는 것이 예로부터 이어진 태서의 법도였다. 동양에서는 머리와 수염을 모두 아끼고 지키는 것을 효로 삼았거니와, 서양에서도 이슬람교의 나라들에서는 수염 깎은 사람을 노예로 여겼다. 아시리아(Assyria, 亞西尼亞)[29]의 여왕 세미라미스(Semiramis, 密拉美斯)[30] 때에, 여왕이 몸소 전쟁터에 나갔던 까닭에 적이 주목할까 두려워하여 모두 수염을 깎도록 명령했다.[31]

그리스에서는 알렉산드로스 왕(Alexandros the Great, 歷山大王)[32] 시대에 전쟁을 할 때 적에게 수염을 붙잡힐까 염려하여 수염을 깎도록 했다. 그렇지만 얼마 지나지 않아서 예전의 제도로 돌아갔다.

로마 사람에게는 수염을 깎도록 하는 금령(禁令)이 있었다.[33] 이탈리아 땅에는 랑고바르드 국(Langobard, 藍拔國)이 있었는데, 랑고바르드는 '긴 수염'이라는 뜻이다.[34] 이로 말미암아 수염을 기르는 풍습이 성행했다. 그러다가 프랑스의 루이(Louis, 路易) 13세와 14세 때에는 왕이 어릴 때 즉위하여 아직 수염이 없었기 때문에, 백성들이 왕을 본받아 모두 수염을 깎았다. 일시에 그 풍습이 유럽 각국에까지 미쳤다.

29 '언어' 항목에서는 '아시리아어'를 "亞西里亞語"로 표기했다.

30 간행본에서는 "密拉斯美"로, 원고본에서는 "密拉美斯"로 표기했다. 원고본의 표기가 바른 것으로 보이지만, 맨 앞에 빠진 글자가 있는 듯하다.
31 간행본에는 "剃髮"이라 되어 있지만 잘못이다. 원고본에 따라 "剃髥"으로 고쳐서 옮긴다.
32 간행본과 원고본 모두 "歷山大王"으로 표기했지만, "亞"가 빠진 것으로 보인다. 알렉산드로스를 "亞歷山大"로 표기하는 방법은 당시 널리 사용되었다.
33 원문에는 "剃髥의 禁令"이라 되어 있는데, 정확한 의미를 알기 어렵다. 고대 로마에는 수염을 길렀던 시기와 수염을 깎았던 시기가 모두 있었기 때문이다. 여기서는 뒷문장과의 관계를 고려하여 "수염을 깎게 하는 금령"으로 옮겼다. 로마 군대에서는 적군과 구별하기 위해 면도를 했다고 한다.
34 이탈리아 북부의 밀라노 주변 지역에 있었던 나라다. 게르만족의 한 갈래인 랑고바르드족이 569년에 이곳에 들어와서 랑고바르드 왕국을 건설했다. 랑고바르드족은 성인 남성이 턱수염을 길게 기르는 풍습을 지니고 있었는데, "랑고바르드(Langobard)"는 "긴 턱수염(long beard)"이라는 뜻의 말이라고 한다. 랑고바르드는 롬바르드(Lombards)로도 불린다.

세 시대

서계(書契)가 아직 없었던 태곳적으로부터 오늘날에 이르기까지 인류 진화의 단계는 세 시대로 나뉜다.

첫째는 석기시대다. 돌, 뼈, 나무, 뿔 등으로 도구를 만든 시대니, 태고 가운데서도 가장 오래된 시대다. 당시에는 아직 금속의 쓰임새를 알지 못했으며 부싯돌을 많이 이용했다. 그렇지만 돌을 잘라서 썼을 따름이며 갈아서 쓰는 방법은 아직 알지 못했다. 또 이 시대를 둘로 나누기도 하는데, 앞의 시기는 구석기시대라 하고 뒤의 시기는 신석기시대라 한다—곧 돌도끼와 돌칼의 시대다.

둘째는 청동시대(青銅時代)다. 이미 황금, 구리, 주석을 발견했으므로, 구리와 주석을 녹여서 도검(刀劍)과 같은 도구를 만들었다.

셋째는 철기시대다. 이후로 점차 철을 주조하는 방법을 알게 되었으니, 이로부터 문화가 점차 진보했다.

벌열閥閱

민족과 계급은 중국의 주나라 시대에 비롯되었으나, 인재를 등용하는 데 있어서는 여기에 구애되지 않았다. 그러다가 삼국시대 위나라 때 벌열로 사람을 등용하는 폐단이 비로소 생기게 되었다.

신라에는 성골, 진골의 칭호가 있었고, 고려에 이르러서 문무 양반의 명칭이 처음으로 생겼다.

이집트 왕 파라오(pharaoh, 傅蘭哇)는 국민을 세 등급으로 나누었는데, 벌열의 경계가 매우 엄격하여 다른 계급과 혼인하는 것을 허가하지 않았다.

• 4 장 •

문사
—
文事

서계書契와 문자文字

옛날에는 아직 문자가 없어서 새끼줄로 매듭을 지어 일을 기록했다. 그러다가 복희씨가 처음으로 서계를 만들었으니, 이는 나무에 글자를 새긴 것이다〔지금으로부터 5200년 전〕. 대개 글자의 쓰임새는 생각을 대신 표현하는 것으로, 그것을 다른 사람의 눈앞에 두어서 한 번 보면 그 의사를 깨달을 수 있도록 한다. 그런데 사람으로 하여금 그 뜻을 가장 쉽게 깨달을 수 있게 하는 것은 그림이다. 그런 까닭에 태곳적에는 그림으로 문자를 삼아서 생각을 통하게 했다. 그 후에 여기에서 점차 진보하여 그림을 변형하여 상형문자가 되었고, 다시 진보하여 자음과 모음으로 소리를 표현하는 문자가 되었다.

지금으로부터 5000년 전 무렵에 사황씨(史皇氏)의 형제 세 사람이 있었다.[1] 한 사람은 천축국의 산스크리트 문자를 만들었다. 한 사람은 가로국(伽盧國)의 문자를 만들었는데, 왼쪽으로 써 나가는 문자였다.[2] 또 한 사람이 곧 창힐(蒼頡)이니, 중국의 한자를 만들었다.

신라의 설총(薛聰)은 처음으로 이두(吏讀)를[3] 만들어서 공사의 문서에 두루 사용하게 했다〔지금으로부터 1260년 전〕. 우리 조선의 세종께서는 자모 28자로 국문을 처음으로 만드셨다.

일본에서는 오진 천황(應神天皇) 때 백제의 박사 왕인(王仁)이 건너가서 《논어》와 《천자문》으로 황자(皇子)를 가르쳤다. 이것이 일본에서의 문자의 시초다〔지금으로부터 1625년 전〕. 쇼무 천황(聖武天皇) 때 기비노 마키비(吉備眞備)가[4] 당나라의 음운을 배워서 가타카나(片假名) 45자를 처음으로 만들었다.

태서에서는[5] 아담의 아들 셋(Seth, 塞)이 처음으로 상형문자를 만들었다고 한다. 어떤 사람은 기원전 2122년 무렵에 이집트 왕 메네스(Menes, 美尼斯)의 아들 아토디스(Athothis, 亞多德斯)가 만든 것이라고도 한다.[6] 현재의 로마자는 기원전 1493년에 페니키아의 왕자 카드모스(Kadmos, 加多馬斯)가 그리스에 이르러 당시의 문자를 처음 전했는데,[7] 이후로 여러 차례의 개량을 거쳐서 마침내 구미 여러 나라에서 널리 쓰게 되었다. 오늘날 여러 나라에서 사용하는 문자의 수는 다음과 같다.

영국 26자, 프랑스 23자, 스페인 27자, 그리스 24자, 사격납와니아(斯格拉窩尼亞)[8] 27자, 독일(德意志) 27자, 이탈리아 20자, 러시아 41자, 라틴 23자, 헤브라이 22자, 산스크리트 50자, 페르시아 32자, 터키 33자, 아라비아[9] 28자.

1 사황씨는 곧 창힐이다. 황제의 사관이었다고 전한다. 또 성(姓)은 후강(侯岡)이며 이름은 힐(頡)이고, 창제(倉帝)로 일컬어지기도 한다. "창힐(倉詰)"이라고 해야 옳다는 견해도 있지만, 여기서는 원문에 따라 "창힐(蒼頡)"로 표기한다.

2 원나라 성희명(盛熙明)이 쓴 《서법고(書法考)》에서는 "가로는 서역에서 문자를 만들었는데, 그 글자가 왼쪽으로 간다. 모두 음운으로 상생하여 글자를 이루는데, 여러 번방(藩邦)의 글자는 모두 그것이 변한 것이다(伽盧創書於西域, 其書左行. 皆以音韻相生而成字, 諸蕃之書, 皆其變也)"라고 했다. 중국에서는 몽골 문자 등이

모두 가로국 문자에서 변형된 것으로 파악하기도 했다. "좌선법(左旋法)"은 왼쪽으로 써 나간다는 뜻으로 해석할 수 있는데, 산스크리트 문자가 왼쪽에서 오른쪽으로 써 나가기 때문에 이와 대비시켜서 쓴 표현으로 보인다.

3 원문에는 "俚讀"로 표기되어 있으나, 일반적인 표기에 따라 "吏讀"로 고쳐서 옮긴다. 간행본에는 "音 두"라는 주석이 붙어 있는데, 원고본에는 이 주석이 없다.

4 원문에는 "眞吉備"로 표기되어 있으나 잘못이다. 기비노 마키비(吉備眞備, 695~775)는 나라시대의 학자이자 정치가다. 그가 가타카나를 만들었다는 설은 사실과 거리가 먼 속설이다. 그런데 중국, 대만, 홍콩 등의 교과서에까지 한동안 이러한 설이 실린 바 있었다. 이는 동아시아에 널리 퍼져 있던 오류인 셈이다.

5 서양의 문자에 대한 서술은《대한학회월보》6호(1908.7)의 '잡록' 란에 수록된「태서문자의 기원과 총수(泰西文字의 起原及總數)」의 내용과 거의 같다. 단 '亞當(대한: 西當)', '亞多德斯(대한: 亞多多德斯)', '亞剌比(대한: 西剌伯)' 세 곳에 글자 차이가 있으며, 말미의 나라 이름 표기도 일부 차이가 있다. 또 "지금의 로마자를 만든 사람은 미상이다"와 같은 일부 정보는「태서문자의 기원과 총수」에만 있고, 로마자가 그리스에 전해진 시기를 기원전 1493년으로 단정한 것과 같은 설명은《만국사물기원역사》에만 있다. 표기상의 차이에 주목하면 이 책의 표기가「태서문자의 기원과 총수」의 것보다 정확도가 높은 듯하며, 둘 사이의 직접적인 영향 관계는 단정하기 어렵다.

6 이집트 상형문자를 처음 만든 인물이 누구인지는 밝혀지지 않았으며, 이집트에서 상형문자가 처음 사용된 시기 또한 정확히 알 수 없다. 그렇지만 현전하는 유물로 판단한다면 기원전 3100년 전후의 것으로 추정되는 나르메르 팔레트(Narmer Palette)에 사용된 문자가 최초의 것이라고 할 수 있다. 나르메르는 상이집트와 하이집트를 통일하여 1왕조를 세운 인물로 알려져 있으며, 메네스(Menes)와 같은 인물로 추정된다. 다만 메네스가 어떤 인물인지에 대해서는 논란이 있는데, 나르메르의 아들이자 두 번째 파라오로 흔히 알려진 호르 아하(Hor-Aha)가 곧 메네스라고 주장하는 견해도 있다. 메네스가 이집트 1왕조를 건설한 시기에 대해서도 다양한 견해가 제시된 바 있는데, 오늘날에는 기원전 3100년 무렵으로 보는 것이 일반적이다. 19세기에는 기원전 5800년 무렵으로 보는 견해로부터 기원전 2300년 무렵으로 보는 견해까지가 공존했다. 여기서 "기원전 2122년 무렵"이라고 한 것이 누구의 학설로부터 온 것인지는 분명하지 않은데, 오늘날 알려진 바에 의하면 그 무렵의 이집트 왕은 인테프 1세(Intef I, 재위 B.C. 2134~B.C. 2117)였다. 메네스의 아들을 아토디스(Athothis)라고 지목한 인물은 기원전 3세기경의 대사제이자 역사학자였던 마네토(Manetho)다. 마네토는 수도 멤피스를 건설한 인물이 아토디스라고 했다.

7 테베(Thebes)를 건설했다고 하는 그리스 신화의 영웅 카드모스(Kadmos 또는

Cadmus)는 페니키아의 왕인 아게노르(Agenor)와 왕비 텔레파사(Telephassa)의 아들로 태어났다고 전한다. 제우스가 약탈한 누이동생을 찾아 그리스로 들어왔다고 하는데, 헤로도토스는 카드모스가 기원전 2000년 무렵의 인물이라고 기록한 바 있다. 카드모스는 여신 아테나에게 세발솥을 바쳤는데, 여기에 페니키아 문자가 적혀 있었다고 한다. 카드모스가 처음으로 그리스에 문자를 들여온 인물로 일컬어지는 것은 이 때문이다. 원문에 "當時 文字ᄅᆞᆯ 見ᄒᆞ고 始傳ᄒᆞ얏ᄂᆞᆫᄃᆡ"라고 했는데, 이를 직역하면 당시의 문자를 보고서 처음 전했다는 의미가 되는데 뜻이 분명하지 않다. 여기서는 "見ᄒᆞ고"를 제외하여, 페니키아 문자를 그리스에 전했다는 의미로 이해되도록 옮겼다.

8 니시무라 시게키(西村茂樹)가 쓴 《서국사물기원(西國事物紀原)》에는 "斯哥拉窩尼(スカラウオニイ)"의 문자가 27자라는 내용이 있는데, "사격납와니아(斯格拉窩尼亞)"와 같은 어휘를 표기한 것으로 보인다. 그렇지만 어떤 나라를 가리키는지는 분명하지 않다.

9 '아라비아'의 표기로는 '亞剌伯', '亞剌比亞', '亞拉比亞'의 세 가지 형태가 나타난다. 여기에서는 '亞剌比'라고 표기했는데, 이는 '亞'가 누락되었기 때문일 것으로 보인다.

서체[書]— 전서篆書, 팔분서八分書, 예서隸書, 초서草書, 비백서飛白書

용서(龍書)는 복희씨가 만들었다. 수서(穗書)는 염제(炎帝)가 만들었다.[10] 조적전(鳥迹篆)은 황제의 신하 창힐이 만들었다. 과두전(蝌蚪篆)—충서(虫書)—은 전욱이 만들었다.[11] 도해서(倒薤書)는 은나라 때 무광(務光)이 만들었다.[12] 대전(大篆)은 주나라 선왕(宣王) 때에 사주(史籒)가 만들었다.[13] 소전(小篆)은 진나라 이사(李斯)가 만들었다. 조충전(雕虫篆)은 한나라 양웅(揚雄)이 만들었다. 비백서(飛白書)는 동한의 채옹(蔡邕)이 만들었다.[14] 옥근전(玉筋篆)은 당나라 이양빙(李陽氷)이 만들었다.[15] 유엽전(柳葉篆)은 진나라 위관(衛瓘)이 만들었다.[16] 수로전(垂露篆)은 조선(曹善)이 만들었고, 수침전(垂針篆)은 조희(曹喜)가 만들었다.[17] 영락전(纓絡篆)은 유덕승(劉德昇)이 만들었다.[18] 팔분서(八分書)는 진나라 시황제 때에 왕차중(王次仲)이 만들었다.[19] 예서(隸書)—곧 지금의 해자(楷字)다—는 진나라 시황제 때의 옥리(獄吏) 정막(程邈)이 만들었는데, 정막이 예인(隸人)이었던 까닭에 "예서"라는 이름이 붙었다[20] [지금으로부터 2150년 전].

장초(章草)—지금의 초서(草書)—는 한나라 두백도(杜伯度)가 만들었는데, 장병(張竝)이 만들었다고도 한다[21] [지금으로부터 1820년 전 무렵].

팔체서(八體書)는 진나라 시황제가 고문(古文)을 모두 폐지하고서 다시 사용하도록 한 것이다. 첫째는 대전(大篆)—주나라의 사주가 만들었다—이요, 둘째는 소전(小篆)—이사, 조고(趙高) 등이 만들었다—이다.[22] 이 둘은 모두 간책(簡冊)에 사용되었다. 셋째는 각부(刻符)이니, 부전(符傳)에 사용되었다.[23] 넷째는 모인(摹印)이니, 인새(印璽)에 사용되었다. 다섯째는 충서(虫書)이니, 번신(幡信)에 사용되었다.[24] 여섯째는 서서(署書)이니, 문제(門題)에 사용되었다.[25] 일곱째는 수서(殳書)이니, 창에 글자를 새기는 데 사용되었다. 여덟째는 예서(隸書)이니 관아에서 통용되었다.

촉체(蜀體)는 원나라 때 조맹부(趙孟頫)의 서체인데, 고려 충선왕 때 처음 우리나라에 전래되었다.[26] 액체(額體)는 곧 설암(雪庵)의 병위삼첩(兵衛森帖)이다.[27]

10 염제가 어떤 인물인지에 대해서는 논란이 있으나, 여기서의 염제는 신농씨를 가리킨다. 신농씨는 벼 이삭을 보고 수서를 만들어 정령(政令)을 반포했다고 한다.

11 과두는 올챙이를 뜻하는 말이다. 과두전은 과두서(蝌蚪書)라고도 불리는데, 머리는 크고 꼬리는 가는 올챙이의 모양과 비슷하다고 하여 이런 이름이 붙었다고 한다.

12 무광은 은나라 초기의 은사(隱士)다. 탕임금이 걸왕(桀王)을 칠 방법을 물었지만 응대하지 않았고, 이후에 왕위를 물려주려 하자 돌을 지고 강에 뛰어들어 죽었다고 한다. 무광이 왕위를 사양하고 은거할 때 부추를 심어서 먹었는데, 바람이 불면 부추 잎이 차례로 눕는 것을 보고 도해서(倒薤書)를 만들었다. 무광은 《태상

자경(太上紫經)》3권을 도해서로 썼는데, 무광이 멀리 간 사이에 이 책을 얻은 이가 있어서 그 서체가 전해지게 되었다고 한다.

13 사주는 주나라 선왕 때의 태사다. "사(史)"가 벼슬 이름을 뜻한다고 보는 견해도 있고, 성(姓)을 뜻한다고 보는 견해도 있다. 전자의 견해에 따르면, "태사(太史) 주(籀)"로 옮길 수 있다.

14 채옹은 성문을 장식하는 장인들이 백분(白粉)을 쓸어내는 빗자루로 글자를 쓰는 것을 보고서 비백서를 창시했다고 한다. 비백서에서는 붓이 지나간 자리에 일부 여백이 남게 되는데, 글씨를 보는 사람으로 하여금 그것이 날아오르는 듯한 느낌을 주게 된다고 한다. "비백(飛白)"이라는 명칭이 붙은 것은 이 때문이다.

15 옥근전은 옥저전(玉箸篆)이라고도 불리는데, 그 형상이 옥으로 만든 젓가락(玉筋, 玉箸)과 비슷하기 때문에 이러한 이름이 붙었다고 한다. 소전(小篆)의 일종으로 이해되기도 하므로, 이 서체가 이사로부터 이양빙에게 전해졌다고 말하기도 한다.

16 위관(220~291)은 위진시대의 인물로, 한나라 장지(張芝)의 필법을 이어받아 서예가로 명성이 높았다고 한다. 유엽전이라는 명칭은 서체가 버들잎의 형상과 유사하기 때문에 붙은 것이다.

17 조희는 한나라 명제(明帝) 때 비서랑(秘書郎)에 올랐던 인물이다. 소전(小篆)을 잘 써서 명성이 높았으며, 후대에 "특히 '현침'과 '수로'의 서법에 뛰어났다(尤善懸針 · 垂露之法)"는 평을 받기도 했다. 조희는 "실에 매달린 바늘 같은 서체"인 현침전(懸針篆)과 "세로획의 끝을 이슬처럼 둥글게 하는 서체"인 수로전(垂露篆)을 창안했다고 알려져 있다. 여기서 언급된 "조선(曹善)의 수로전(垂露篆)"과 "조희(曹喜)의 수침전(垂針篆)"이 어떤 문헌에서 나온 것인지는 확인되지 않는데, 자료를 정리하는 과정에서 오류가 생겼을 가능성도 있다.

18 유덕승은 후한 때의 서예가로, 행서(行書)를 창안한 인물로 알려져 있다. 유덕승은 밤에 별자리를 보다가 영락전(纓絡篆)을 만들었다고 전한다. 영락(纓絡)은 구슬을 꿰어서 만든 장신구, 즉 목걸이를 뜻하는 말이다. 영락전의 형상은 끈에 구슬을 꿰어놓은 것과 유사하며, 별자리에 별들을 그려 넣은 것과도 비슷하다.

19 왕차중은 진나라 때의 서예가다. 당시의 복잡한 서체를 간편하게 바꾼 팔분서를 창안했는데, 이 명칭은 예서 2푼과 전서 8푼을 합쳤다는 뜻에서 붙은 것이라고 한다. 진나라 시황제는 그 재주를 보고서 왕차중을 불러들였지만, 세 번 불러도 왕차중이 오지 않자 노하여 잡아오도록 명령했다고 한다. 끌려오던 왕차중은 큰 새로 변하여 달아났는데, 그때 두 개의 깃털이 땅에 떨어졌고 그 산에 대핵(大翮)과 소핵(小翮)이라는 이름이 붙었다고 전한다. 그렇지만 왕차중이 동한 때의 인물이라는 설도 있다.

20 정막은 진시황에게 죄를 지어 10년 동안 옥살이를 했는데, 이때 복잡한 글자

체를 정리하여 예서를 만들었다. 진시황은 정막이 정리하여 만든 3000자의 글자를 보고서는 그의 죄를 사면했으며, 곧 어사로 등용했다고 한다.

21 두백도는 동한(東漢)의 서법가로, 이름은 두조(杜操)다. 백도(伯度)는 그의 자(字)인데, 조조(曹操)의 이름자를 피하여 두백도로 일컬어졌다. 한나라의 장제(章帝)가 그의 글씨를 칭찬했기 때문에, 그의 서체에 "장초"라는 이름이 붙었다고 전한다. 그렇지만 창안자와 명칭의 유래에 대해서는 논란이 있다. 서한(西漢) 원제(元帝) 때 사람인 사유(史游)가 장초를 창안했으며 그가 쓴 "급취장(急就章)"으로 인해 장초라는 명칭이 붙었다는 견해와 한나라 장제가 주장(奏章)을 이 서체로 써서 올리라고 명했기 때문에 장초라는 명칭이 붙었다는 견해가 있으나, 이 또한 분명하지는 않다. 장초는 예서와 초서의 중간적 성격을 지니고 있는데, 특정한 창안자 없이 여러 사람이 예서를 좀 더 자유로운 서체로 변화시키는 과정에서 나타난 것으로 이해하는 것이 오늘날의 일반적 견해인 듯하다. 장병이 어떤 인물인지는 분명하지 않은데, 혹 장지(張芝, ?~192)를 잘못 옮긴 것은 아닌지 의심된다. 후한 때의 서법가인 장지는 장초에 뛰어났다고 전하는데, 때로는 장초를 변화시켜 "금초(今草)"를 창안했다고 일컬어지기도 한다.

22 진시황은 중국을 통일한 이후에 승상 이사(李斯, B.C. 280~B.C. 208)로 하여금 서체를 통일하도록 했다. 이사는 대전(大篆)을 바탕으로 필획을 줄이거나 자형을 단순화했는데, 이를 통해 이루어진 표준 서체가 곧 소전이다. 당시 이 사업에는 이사 이외에도 중거부령(中車府令) 조고(趙高, ?~B.C. 207)와 태사령(太史令) 호무경(胡毋敬)이 참여했다.

23 부전은 관문을 출입할 때 사용하는 부신(符信)을 뜻한다. 병부(兵符)를 뜻하는 말로도 사용된다.

24 번신은 관직명을 써서 부신(符信)으로 삼는 깃발을 뜻하는 말이다.

25 문제는 건물의 문 위에 써서 붙인 글씨를 말한다. 편액(扁額)이 이에 속한다.

26 조맹부(1254~1322)는 원나라 때의 서예가로, 자는 자앙(子昻), 호는 송설도인(松雪道人)이다. 그의 서체는 왕희지의 영향을 받은 것으로 알려져 있는데, 그의 호에 따라 흔히 송설체(松雪體)로 일컬어진다. 그의 서체에 "촉체"라는 명칭이 붙은 이유는 분명하지 않다. 이익(李瀷, 1681~1763)의 《성호사설》에서는 촉체(蜀體)란 원래 촉(蜀) 지역 출신인 소식(蘇軾)의 서체에서 유래한 명칭이라고 했으며, 촉 지역에 본래 이와 같은 서체가 있었을 것인데 소식이 이를 발전시켰을 것이라고 추정했다. 또 조재삼(趙在三, 1808~1866)의 《송남잡지(松南雜識)》에서는 "촉 지방에 있는 무산 열두 봉우리의 수려함을 보고서 그것을 본떴다(見蜀巫山十二峯之秀麗而象之)"는 이유에서 이런 명칭이 붙은 것이라고 했다.

27 액체라는 명칭은 누각의 편액에 주로 사용되었기에 붙여진 것으로 추정된다. 설암은 원나라 때의 승려인 이부광(李溥光)인데, 한때 궁중의 편액에 그의 글씨가

널리 사용되었다고 한다. 이익의 《성호사설》에 "설암(雪庵)"에 대한 설명이 보인다. "병위삼첩(兵衛森帖)"은 설암의 글씨로 알려진 서첩이다. 이익은 세상에 전하는 "병위삼화극(兵衛森畫戟)"의 서첩에 대해 언급하면서 "삼화극(森畫戟) 세 글자와 기타의 점획이 결상(缺傷)된 것을 뒤에 많이 때우고 메워서 한 솜씨에서 나온 것은 아니다"라고 지적했다. "병위삼화극(兵衛森畫戟)"은 당나라 시인 위응물(韋應物, 737~804)의 《군재우중여제문사연집(郡齋雨中與諸文士燕集)》에 나오는 말인데, 이 시에 "호위병들은 화려한 창이 삼엄하고, 연침(宴寢)에는 맑은 향기가 어렸네(兵衛森畫戟, 宴寢凝清香)"의 시구가 있다.

육경六經[28]

《주역(周易)》이 이루어진 과정은 다음과 같다. 복희씨가 처음으로 8괘(卦)를 만드셨고, 신농씨가 다시 64괘를 만들었다. 황제, 요임금, 순임금이 이를 펼쳐서 이역(二易)으로 나누었고,[29] 주나라 문왕이 이를 넓혀서 비로소 《주역》을 지었다. 주공(周公)이 사(辭)를 짓고,[30] 공자가 단(彖), 상(象), 계사(繫辭)를 지었다.[31] 모두 2만 4207자다.

《상서》는 우(虞), 하(夏), 상(商), 주(周) 4대의 기록이다.[32] 공자가 산정(刪定)하셨는데, 모두 41편에 2만 5700자다.[33] 진나라 시황제가 분서(焚書)를 한 이후에 복승(伏勝)이 입으로 외워서 전한 것을 '금문(今文)'이라 하고, 공자 사당의 벽 속에서 나온 것을 '고문(古文)'이라 한다.[34]

《시전(詩傳)》은 풍(風)·아(雅)·송(頌)의 셋으로 나누어지는데 모두 311편이다. 공자가 산정(刪定)하신 것이다. 모두 3만 9124자다.[35]

《주례》는 주공(周公)이 지었다. 모두 6관(官)에 4만 5806자다.[36]

《예기》는 공자의 문도(門徒)들이 지은 것이니, 모두 49편에 9만 9020자다[37]—《중용(中庸)》과 《대학(大學)》은 모두 이 가운데 포함되어 있다. 《중용》은 3505자요, 《대학》은 1733자다.

《춘추(春秋)》는 공자가 지었는데, 노나라 242년간의 역사를 기록한 것이다. 《좌씨전(左氏傳)》과 합쳐서 모두 19만 6845자다.[38]

—그 밖에 《논어(論語)》는 1만 2700자요, 《맹자(孟子)》는 3만 4685자요, 《효경(孝經)》은 1903자다.

28 일반적으로 6경으로는 《시경》, 《상서》(서경), 《예기》, 《악경(樂經)》, 《주역》(역경), 《춘추》를 꼽는다. 음악을 다룬 《악경》은 분서갱유 이후에 사라졌고, 《예기》에 '악기(樂記)'가 전할 뿐이다. 그래서 실제 전하는 것은 5경이라고 할 수 있다. 《만국사물기원역사》에서는 전하지 않는 《악경》 대신에 《주례》를 포함시켜 6경에 대해 서술했는데, 이수광의 《지봉유설(芝峯類說)》에서도 같은 방식으로 6경에 대해 서술했다. 또 《지봉유설》에서도 6경과 《논어》, 《맹자》의 글자 수를 제시했는데, 구체적인 수치에는 차이가 있다. 《지봉유설》에서 제시한 글자 수는 다음과 같다. 주역(2만 4107자), 서경(2만 5700자), 시경(3만 9234자), 예기(9만 9010자), 주례(4만 5806자), 춘추좌씨전(29만 6845자), 논어(1만 1705자), 맹자(3만 4685자). 한편 송나라 때 인물인 왕응린(1223~1296)의 《소학감주(小學紺珠)》에도 경서의 글자 수가 보이는데, 《시경》이 3만 9224자로 된 점을 제외하면 《만국사물기원역사》와 일치한다.

29 이역(二易), 즉 두 개의 역(易)이 뜻하는 바가 무엇인지는 분명하지 않다. 64괘를 써서 하나라에서는 연산역(連山易)을 만들고 은나라에서는 귀장역(歸藏易)을 만들었다고 하는데, 지금은 전하지 않는 연산역과 귀장역을 가리키는 것일 가능성도 있다. 연산역, 귀장역, 주역을 합쳐서 삼역(三易)이라고 부르기도 하기 때문이다. 그렇지만 황제, 요임금, 순임금과 연산역, 귀장역 사이에서 직접적인 관련성을 찾기는 어렵다. 또 주역을 오늘날의 상경(上經), 하경(下經)과 같이 둘로 나누어 명명했기 때문에 "이역(二易)"이라고 했을 가능성도 생각할 수 있지만, 이 또한 분명한 근거를 찾기는 어렵다.

30 《주역》의 작자에 대해서는 여러 견해가 존재한다. 사마천은 문왕이 64괘와 괘사(卦辭), 효사(爻辭)를 만들었다고 했고, 마융은 이미 64괘가 성립된 이후에 문왕이 괘사를 짓고 주공이 효사를 지었다고 했다. 여기서는 마융의 견해를 따른 것으로 보이는데, 그렇다면 여기서의 "사(辭)"는 "효사"를 가리키는 말이 된다. 그렇지만 "괘사"와 "효사"를 합쳐서 부른 말일 가능성도 있다.

31 《주역》의 '십익(十翼)' 또는 그 일부분을 공자가 지었다는 의미다. '십익'은 공자 혹은 이후의 학자들이 쓴 것으로 알려져 있는데, 단전(彖傳) 상·하, 상전(象傳) 상·하, 계사전(繫辭傳) 상·하, 문언전(文言傳), 설괘전(說卦傳), 서괘전(序卦傳), 잡괘전(雜卦傳)으로 구성되어 있다. 주역의 내용에 대한 체계적인 해설에 해당하

는 부분이다.

32 《상서》는 곧 《서경》이다. 한나라 이전에는 "서(書)"라고만 일컬어졌는데, 이후 "상서"(한나라 이후), "서경"(송나라 이후)의 명칭이 함께 사용되었다. "상서(尙書)"는 '숭상할 만한 기록' 또는 '오래된 기록(上古之書)'이라는 뜻에서 온 말로 알려져 있으며, "서경"이라는 명칭은 유가의 주요 경전이 되면서 붙은 것이라고 한다. 우(虞)는 유우씨(有虞氏) 즉 순임금을 뜻하는 말인데, 여기서는 요순의 시대를 가리킨다. 상(商)은 곧 은(殷)이다. 곧 요순으로부터 하·은·주의 삼대까지를 기록한 책이라는 말이다.

33 "산정(刪定)"은 불필요한 자구나 문장을 삭제하고 순서를 정리하여 바로잡는다는 말이다. 현재 전하는 《상서》는 우서(虞書) 5편, 하서(夏書) 4편, 상서(商書) 17편, 주서(周書) 32편으로, 총 58편이다. 여기서 "41편"이라고 한 근거가 무엇인지는 분명하지 않다. 원래 "금문상서"는 29편(또는 28편)이었고, "고문상서"를 발굴하면서 16편이 추가되었다고 한다. 현재 전하는 58편은 동진(東晋)의 매색(梅賾)이 조정에 바친 것으로 알려져 있는데, 그것이 원래의 《상서》와 어느 정도 일치하는지에 대해서는 논란이 있었다.

34 한나라 때에는 진시황의 분서갱유로 사라진 《상서》를 복원하기 위해 노력했다. 문제 때에 조조(晁錯)로 하여금 진나라에서 박사를 지낸 복생(伏勝)을 찾아가서 《상서》를 배워 오도록 했는데, 이후 조조는 자신이 받아쓴 것을 올렸다. 당시의 서체로 썼기 때문에, 이를 "금문상서"라 한다. 이후 경제 때에 노(魯) 공왕(恭王)이 공자의 옛 집을 헐다가 벽 속에서 《상서》를 발견했다. 이 책은 춘추시대의 서체인 과두문자(蝌蚪文字)로 기록되어 있었기 때문에, "고문상서"라고 일컬어졌다.

35 《사기》에는 원래 3000여 편이었던 것을 공자가 311편으로 정리했다고 기록했는데, 오늘날 실제로 남아 있는 것은 305편이며 6편은 제목만 전한다. 풍, 아, 송 가운데 아(雅)는 다시 대아(大雅)와 소아(小雅)로 나뉜다.

36 《주례》는 주나라의 관직을 풀이하는 형식을 취하고 있는데, 천관(天官), 지관(地官), 춘관(春官), 하관(夏官), 추관(秋官), 동관(冬官)의 여섯 부분으로 이루어져 있다. 총 360개의 관직에 대해 기록하고 있다.

37 《예기》는 한 사람이 쓴 것이 아니며, 편마다 저자가 다르다고 알려져 있다. 진시황의 분서갱유 이후에 사라졌다가 한나라 때 조금씩 세상에 나타났다. 대덕(戴德)이 편찬한 《대대례기(大戴禮記)》 85편과 대성(戴聖: 대덕의 조카)이 편찬한 《소대례기(小戴禮記)》 49편이 전승되었는데, 한나라의 학자 정현(鄭玄)이 《소대례기》에 주석을 붙이면서 "예기 49편"이 확립되었다고 한다. 《대대례기》와 《소대례기》의 관계나 편별 저자에 대해서는 아직도 논란이 있다.

38 《좌씨전》은 좌구명(左丘明)이 《춘추》를 풀이한 것으로, "춘추삼전(春秋三傳)"의 하나다. 공자는 자신의 비평을 담은 엄격한 용어를 사용하여 간략하면서도 깊은

뜻을 담는 방식으로 《춘추》를 저술했는데, 이 때문에 《춘추》의 의미를 풀이한 주석서들이 다수 나타났다. 이 가운데 가장 대표적인 것을 "춘추삼전"이라고 일컫는데, 좌구명의 《좌씨전》 이외에 공양고(公羊高)의 《공양전(公羊傳)》, 곡량숙(穀梁俶 또는 穀梁赤)의 《곡량전(穀梁傳)》이 여기에 속한다. 그 가운데 《좌씨전》이 가장 널리 읽혔으며, 이를 줄여서 "좌전(左傳)"이라고 부르기도 했다.

역사서[史]

《세본》에서는 "황제가 처음으로 사관(史官)을 두었는데, 창힐과 저송(沮誦)이 그 직분을 맡았다. 하나라 우임금은 좌사(左史)와 우사(右史)를 나누어서 설치했다"고 했다. 우임금의 시대는 지금으로부터 4060년 전이다.

신라에서는 진흥왕이 김거칠부(金居漆夫)에게 처음으로 《국사(國史)》를 짓도록 명했다[지금으로부터 1415년 전]. 고구려에서는 영양왕 10년에 이문진(李文眞)에게 국사인 《유기(留記)》를 처음으로 짓도록 명했다.[39] 백제에서는 근초고왕이 박사 고흥(高興)에게 사기(史記)를 짓도록 했다[40][지금으로부터 1538년 전]. 고려에서는 김부식(金富軾)이 처음으로 삼국사(三國史)를 지었다[지금으로부터 780년 전].

일본에서는 리추 천황(履中天皇)이 처음으로 국사(國史)를 두었다[41][지금으로부터 1507년 전]. 또 스이코 천황(推古天皇) 18년에 처음으로 《천황기(天皇紀)》와 《국기(國紀)》를 편찬했다[지금으로부터 1290년 전]. 겐메이 천황(元明天皇) 때에 오노 야스마로(太安麻呂)가 《고사기(古史記)》를 편찬했다.[42] 또 여러 지방의 풍토기(風土記)를 지었다.[43] 미야케노 후지마로(三宅藤麻呂) 등이 처음으로 《일본서기(日本書紀)》를 찬술했다.[44]

태서에서는 헤카타이오스(Hekataios, 希加德亞斯)의 《계보(系譜)》와 헬라니코스(Hellanikos, 希拉尼加斯)가 쓴 아테네와 그리스 여러 나라의 역사, 이집트 · 페르시아 · 페니키아(非尼西)의 역사가 가장 오래되었다.[45] 그렇지만 헤로도토스의 《역사》가 "역사가의 시조"로 가장 많이 일컬어진다. 그 책이 이루어진 것은 기원전 447년이다.

39 《유기》는 고구려 초기에 있었던 100권의 역사서다. 영양왕 때 이문진은 이를 정리하여 5권의 《신집(新集)》을 편찬했다. 《삼국사기》에 이러한 기록이 있으나, 둘 모두 현재 전하지 않는다. 원문에는 "始修"라 했는데, 여기서 "修"가 저술의 뜻인지 또는 개정이나 정리의 뜻인지는 분명하지 않다. 다만 신라의 《국사》에 대해서는 원고본("始修")과 간행본("始述")에 달리 표현되어 있는데, 간행을 할 때 저술의 의미가 드러나도록 수정한 것일 가능성도 있다. 그렇지만 백제의 역사서 편찬에 대해서도 "修"라고 한 것을 보면, 의미에 따라 글자를 달리 쓴 것은 아닐 가능성이 높다. 고구려의 역사서로 "유기(留記)"만을 거론한 것은 《증보문헌비고》 권221의 '춘추관(春秋館)' 항목을 참고했기 때문일 듯한데, 《증보문헌비고》에서는 "신집"이라는 명칭은 거론하지 않고 이문진으로 하여금 국초부터 있었던 《유기》를 "산삭하여 짓도록(刪修)" 했다고 서술했다.

40 백제의 고흥이 쓴 역사서는 《서기(書記)》다. 장지연이 책 이름을 착각한 것으로 보인다.

41 리추 천황 4년(403) 8월에 제국(諸國)에 "國史(ふみひと)"라는 명칭의 서기관(書記官)을 두어서 정세를 보고하게 했다고 한다. 여기서의 국사(國史)는 역사서가 아니라 관직의 이름인 셈이다.

42 《고사기》의 서문에는 겐메이 천황 5년(712)에 완성되었다고 기록되어 있다. 저자인 오노 야스마로의 이름은 오호노아소미야스마로(太朝臣安萬侶)로 표기되기도 한다.

43 겐메이 천황 때 각 지방에 《풍토기》를 작성하여 올리라는 명령을 내렸는데, 이때 만들어진 책을 이후의 것과 구별하여 "고풍토기(古風土記)"라고 한다. 현재 《이즈모 풍토기(出雲国風土記)》를 비롯한 5종이 남아 있다. "풍토기"는 일종의 지방지로 이해할 수 있다.

44 《일본서기》가 완성된 것은 720년으로 알려져 있다. 《속일본기(續日本紀)》에 이해 5월에 토네리 친왕(舍人親王)이 천황의 명에 따라 완성한 기(紀) 30권, 계도(系圖) 1권의 "일본기(日本紀)"를 올렸다는 기록이 나타나는 것이 그 근거다. 이 때문에 "일본서기"가 원래부터 사용된 명칭인지, 만약 아니라면 언제부터 사용된 것인지에 대해서는 논란이 있다.

45 헤카타이오스(B.C. 550~B.C. 476)는 그리스의 역사가로 그리스의 신화와 전

통에 대해 비판적으로 검토한 《계보(Genealogiai)》를 남겼다. 이집트와 중동 등을 여행하고서 《세계안내기(Travels round the Earth)》를 쓰고, 지도를 제작하기도 했다. 그의 저술은 현재 전하지 않으며, 헤로도토스가 그의 활동에 대해 언급한 바 있다. 헬라니코스(B.C. 490?~B.C. 405)는 그리스의 역사가로, 현재는 단편적으로만 남아 있는 약 30편의 책을 썼다고 전한다. 도시의 기원과 풍속 등을 주로 다루었으며, 아티카의 통사에 해당하는 《아티카기(Atthis)》가 그 가운데 대표적인 것이라고 알려져 있다. 원문에는 "페니키아"가 "非尼西"로 표기되어 있는데, 다른 곳의 표기를 고려하면 "非尼西亞"에서 "亞"가 빠진 것일 가능성이 높다.

시가詩歌

사언시(四言詩)는 요임금 때의 '강구요(康衢謠)'와 순임금의 '갱재가(賡載歌)'에서 비롯되었다.[46] 오언시(五言詩)는 한나라의 소무(蘇武), 이릉(李陵)에서 비롯되었다.[47] 칠언시(七言詩)는 한나라 무제의 '백량대시(栢梁臺詩)'에서 비롯되었다.[48]

우리나라에서는 기자(箕子)의 '맥수가(麥穗歌)'로부터 시가가 비롯되었다. 그 후로는 곽리자고(霍里子高)의 '공후인(箜篌引)'과 고구려 유리왕의 '황조시(黃鳥詩)'가 시초가 된다[49]〔지금으로부터 1920년 전〕.

서양에서는 그리스에 가장 오래전부터 시가 있었다. 리랍사(里拉斯)의 노래, 애아리마사(埃亞里馬斯)의 노래, 해랍사(海拉斯)의 노래와 같은 것이 가장 오래되었으나, 모두 전하지 않는다.[50] 시선(詩仙) 호메로스(Homeros, 何馬)[51]의 '일리아드(iliad, 衣里壓)'와 '오딧세이(odysseia, 柯地施)'가 가장 오래된 것으로 여겨진다—일본에서는 가키노모토노 히토마로(柿本人麻呂, 柿本人磨), 야마베노 아키히토(山部赤人, 山邊赤人) 등이 《만엽집(萬葉集)》을 편찬했는데, 세상에서 "가성(歌聖)"이라고 칭했다.[52]

시에는 서정(敍情), 서사(敍事), 희곡(戲曲)의 세 종류가 있다.

서정시는 리랍사의 '신의 아들을 조상하는 노래(吊神子)'와 해랍사의 '물에 빠진 왕자를 조상하는 노래(吊王子溺水之歌)'와 같은 종류다. 서사시는 트로이 전쟁(trojan war, 土來戰爭)을 기술한, 호메로스의 '일리아드' · '오딧세이'와 같은 시의 종류다. 희곡시는 그리스의 아테네 사람 애가니아(埃柯尼亞)의 '신에게 제사하는 노래(祭神詞)'가 여기에 해당한다. 또 기원전 470년에 아리스토파네스(Aristophanes, 亞里斯德花尼斯)가 처음으로 희극을 썼고, 아이스킬로스(Aeschylos, 衣斯其拉斯)에 이르러 처음으로 비극이 씌었다.[53] 이들은 모두 희시(戲詩)의 비조(鼻祖)다.

46 '강구요'는 《열자(列子)》에 전한다. "강구(康衢)"는 사방이 뚫린 큰길을 뜻하는 말인데, 요임금이 나라를 다스린 지 50년 만에 평복으로 거리에 나왔더니 아이들이 이 노래를 부르고 있었다고 한다. 노래의 내용은 다음과 같다. "우리 백성들이 살아감은 모두가 당신의 지극한 덕 덕분이네. 깨닫거나 알지 못하는 사이에 황제의 법도를 따른다네(立我烝民, 莫匪爾極. 不識不知, 順帝之則)"라고 했다. '갱재가'는 《서경》 우서(虞書) 익직 편에 전한다. 순임금과 신하인 고요(皐陶)가 창화(唱和)하여 지은 것으로, 천하를 잘 다스린 기쁨을 노래한 것이다. 갱(賡)은 잇는다는 말이며 재(載)는 짓는다는 말이니, 곧 갱재(賡載)는 창화하면서 짓는다는 뜻이다.

47 한나라 무제 때의 인물인 소무(B.C. 140~B.C. 80)와 이릉(?~B.C. 74)의 증답시(贈答詩)를 오언시의 시초로 이해한 것인데, 실제로는 위작(僞作)일 가능성이 높다고 알려져 있다. 작품 전체가 오언으로 된 것으로는, 반고의 '영사(詠史)'가 가장 오래된 작품으로 알려져 있다.

48 한나라 무제가 원정(元鼎) 2년(B.C. 115)에 백량대(栢梁臺)를 세우고 여러 신하들을 불러 함께 시를 지었다. 무제가 첫구를 읊었고, 25인의 신하들이 각기 1구씩을 이어서 지었다고 한다. 칠언시의 시초이자 연구(聯句)의 시초로 알려져 있으며, 이를 본뜬 시체(詩體)는 백량체(栢梁體)라고 일컬어진다.

49 '맥수가'는 《사기》에 전한다. 기자가 망한 은나라의 도읍을 지나면서 궁실은 폐허가 되고 벼와 기장만 자라는 것을 보고서 탄식하며 지은 노래라고 한다. 노래의 내용은 "보리 이삭 자라나고, 벼와 기장 기름지네. 교활한 저 아이는 나와는 사이가 좋지 않네(麥秀漸漸兮, 禾黍油油兮. 彼狡童兮, 不與我好兮)"라고 되어 있다. '공후인(箜篌引)'은 '공무도하가(公無渡河歌)'라고도 하는데, 작가 문제 등에 대해

서는 아직 논란이 있다. 그런데 여기서 장지연이 제시한 우리나라 시가의 기원에 대한 견해는 이후에 바뀌었던 것으로 보인다. 장지연이 1916년에 편찬하여 1918년에 간행한 시선집인 《대동시선(大東詩選)》에서는 기자의 '맥수가'를 제외하고 '공후인'을 맨 앞에 내세웠기 때문이다. 한편 21장 음악의 '가무(歌舞)' 항목에서는 공후인의 작가를 "곽리자고의 아내"라고 하였다.

50 리랍사, 애아리마사, 해랍사가 어떤 인물인지는 분명하지 않다. 호메로스 이전의 고대 그리스 시인 가운데 이와 유사한 이름은 아직 찾지 못했다. 신화 속의 인물일 가능성도 고려해볼 만하다. 특히 "리랍사"가 에로스(Eros), "해랍사"는 힐라스(Hylas)를 가리키는 단어일 가능성을 생각해볼 수 있다. 에로스는 신의 아들이며, 힐라스는 티오다마스 왕(King Theiodamas)의 아들로도 언급되므로 왕자다. 뒤에는 리랍사가 "신의 아들을 조상하는 노래(吊神子)"를 지었고 해랍사가 "물에 빠진 왕자를 조상하는 노래(吊王子溺水之歌)"를 지은 것처럼 서술되어 있는데, 리랍사나 해랍사는 작가가 아니라 노래에서 다루어진 대상이었을 가능성도 있기 때문이다. 힐라스가 헤라클레스와 함께 여행하다가 님프들에 의해 물속으로 끌려들어갔다는 이야기는 이후 수많은 예술 작품의 소재가 되기도 했는데, 이를 고려하면 "물에 빠진 왕자"는 곧 힐라스일 가능성이 있는 듯하다.

51 호메로스의 한자 표기는 "何馬"가 일반적인 형태이나, 17장 직조물의 '요(臥褥)' 항목에는 "何馬時"로 표기한 예가 보인다.

52 일본 시가에 대한 서술이 서양 시가에 대한 서술 아래에 주석으로 처리되어 있는데, 초고에는 없던 내용을 추가하면서 주석 자리에 써넣은 것일 가능성이 있다. 20장 건축에서는, 원고본의 마지막 부분에 '연화석' 항목의 일본 관련 내용을 써넣고 원래의 위치를 지정했는데 간행본에서 그에 따라 서술 위치를 바로잡은 예가 있다. 원고본과 간행본 모두 인명을 "柿本人磨", "山邊赤人"으로 표기하고 있는데, 잘못된 것은 아니지만 일반적인 표기는 아니다. 보통의 표기인 "柿本人麻呂", "山部赤人"을 함께 제시했다.

53 애가니아가 어떤 인물인지는 분명하지 않다. 또 최초의 희극이 나타난 시점을 기원전 470년이라고 한 근거가 무엇인지도 분명하지 않다. 그리스 최초의 희극 작가로 알려진 이는 에피카르모스(Epicharmos, B.C. 530?~B.C. 440)인데, 그가 첫 작품을 쓴 시기는 기원전 470년보다 앞선다. 원문의 "아리사덕화니사(亞里斯德花尼斯)"는 아리스토파네스(B.C. 450?~B.C. 388?)의 표기가 분명해 보이는데, 그가 태어난 것은 "기원전 470년"보다 뒤의 일이다. 아이스킬로스(B.C. 525~B.C. 456)는 90편에 이르는 비극을 쓴 작가다. 기원전 472년에 쓴 것으로 알려진 《페르시아인》을 비롯하여 7편의 작품이 현재까지 전한다. 아이스킬로스가 비극을 쓴 시기와 혼동하여 "기원전 470년"이라고 했을 가능성도 배제하기는 어렵다.

운서韻書

문자에 압운(押韻)을 하는 법은 중국 요임금의 '갱재가'로부터 비롯되었다.[54] 평성, 상성, 거성, 입성의 사성법(四聲法)은 양나라의 심약(沈約)으로부터 비롯되었다[55]〔지금으로부터 1400년 전〕. 자서(字書)는 주공의 《이아》에서 비롯되었다. 한나라의 허신(許愼)이 《설문해자》를 썼다〔지금으로부터 1900년 전〕. 진(陳)나라의 고야왕(顧野王)은 《옥편(玉篇)》을 편찬했다[56]〔지금으로부터 1360년 전〕.

54 '갱재가'는 순임금이 신하인 고요가 창화한 노래이므로, 여기서 "요임금(唐堯)"이라고 한 것은 잘못이다. 위의 '시가' 항목에서는 "순임금(虞舜)"의 작품이라고 서술했다.

55 심약(441~513)은 남북조시대의 학자로, 송(宋)·제(齊)·양(梁)의 시기에 활동했다. 그는 《사성보(四聲譜)》에서 당시 중국어에 내재되어 있던 성조를 처음으로 체계화하였는데, 이는 이후 근체시를 비롯하여 성률(聲律)을 갖춘 문학이 발전하는 데 중요한 자산이 되었다.

56 고야왕(519~581)은 남북조시대의 인물로, 남조의 양(梁)나라와 진(陳)나라에서 활동했다. 《옥편》은 543년에 완성되었다고 알려져 있는데, 당시에는 양(梁) 왕조가 세워져 있었다. 따라서 "양나라의 고야왕"이라고 하는 것이 좀 더 정확한 표현일 것이다. 《옥편》은 542개 부수로 나누어서 1만 6917자의 한자를 수록하여 널리 활용되었으며, 우리나라에서는 오늘날에도 한자사전의 대명사로 사용되기도 한다.

조칙詔勅, 제고制誥, 장章, 주奏, 표表, 소疏

《서전(書傳)》에 "순임금이 용(龍)에게 '너를 납언(納言)으로 삼는다'고 명했다"고 했는데, 여기서의 '명(命)'이 곧 '조(詔)'다.[57] 진나라에서 그 명칭을 제(制)로 고쳤으니, 조(詔)는 진나라 때 기원한 것이다. 한나라 초기에는 네 가지 등급(品)을 정했다. 첫째는 책서(策書)이니, 왕이나 제후를 책봉하는 것이다. 둘째는 제서(制書)이니, 교명(敎命)을 베푸는 것이다. 셋째는 조서(詔書)이니, 벼슬아치들에게 조고(詔誥)하는 것이다. 넷째는 계칙(戒勅)이니, 여러 고을에 칙유(勅諭)하는 것이다.[58]

《서전》에 "말로써 펴서 아뢴다"고 했으니, 이것이 곧 장주(章奏)의 기원이다. 한나라의 제도에는 신하들이 천자에게 상주하는 방법에 네 가지가 있었다. 첫째는 장(章)이며, 둘째는 주(奏)이며, 셋째는 표(表)이며, 넷째는 소(疏)다. 그 제도는 거의 같았다.[59]

57 《서전》은 곧 《서경》이다. 우서(虞書) 순전(舜典)에서 인용한 것이다. 용(龍)은 순임금 신하의 이름이다. 납언(納言)은 벼슬 이름으로, 왕의 명령을 백성에게 전하고 백성의 말을 왕에게 아뢰는 직분을 맡았다. 조(詔)는 제왕의 뜻을 알릴 목적으로 쓰는 글을 뜻하는 말이니, 《서전》에 언급된 명(命)이 이러한 글의 시초가 된다는 뜻이다.

58 제서는 제도(制度)에 관련된 사항에 대해 명령하는 글이며, 교명(敎命)은 임금이 내리는 훈유(訓諭)다. 조고는 황제의 명령을 널리 알리는 일이다. 칙유는 황제가 백성에게 널리 알려 공포하는 일을 뜻한다. 여기서는 황제의 명령을 담은 글인 조(詔)가 명령의 대상과 내용에 따라 네 가지 등급으로 나누어짐을 설명하고 있다.

59 《서경》의 우서 순전에서 인용한 것이다. 위에서는 제왕이 아랫사람들에게 내리는 명령인 조(詔)에 대해 서술했는데, 여기서는 반대로 아랫사람들이 제왕에게 올리는 글에 대해 서술했다. 여기서 언급된 장(章), 주(奏), 표(表), 소(疏)는, 산문의 문체로는 주의류(奏議類)로 분류된다. 한나라 때의 제도로는 보통 장(章), 주(奏), 표(表), 의(議)의 네 가지가 언급된다. 남북조시대 양나라 사람인 유협(劉勰)이 쓴 《문심조룡(文心雕龍)》에서는, 장(章)은 사은(謝恩, 제왕의 은혜에 감사함을 드러냄)을 하는 것이며, 주(奏)는 안핵(按劾, 다른 사람을 탄핵함)을 하는 것이며, 표(表)는 진정(陳情, 자신의 마음을 아뢰어 청원함)을 하는 것이며, 의(議)는 집이(執異, 이의를 제기함)를 하는 것이라고 했다. 또 소(疏)는 신하가 황제를 향하여 정견을 아뢰거나 간언을 올리는 글이라고 했다. 즉 이들의 차이는 문체보다는 내용에 있는 것이라 하겠는데, 여기서 "그 제도는 거의 같다"고 한 것은 이 때문일 것이다.

서간[書牘], 격문[檄], 이문[移]

《주역》에 "글로는 말을 다 전하지 못하며, 말로는 뜻을 다 전하지 못한다"고 했는데, 여기서의 글[書]이 곧 간독(簡牘)이다. 간독은 춘추시대에 기원했다.[60] 격문(檄文)은 전국시대에 처음 나타났는데, 장의(張儀)의 '격초서(檄楚書)'가 그것이다.[61] 이문(移文)은 한나라 사마상여(司馬相如)의 '난촉부로문(難蜀父老文)'과 유흠(劉歆)의 '이태상사(移太常辭)'가 그 효시다.[62]

60 《주역》 계사전에서 인용한 것이다. 앞의 '육경' 항목에서 공자가 계사를 지었다고 했으니, 이에 따라 춘추시대에 간독이 기원했다고 한 것이다.

61 장의(?~B.C. 309)는 연횡책(連衡策)을 내세워 6국의 재상이 된 인물이다. 《사기》 장의열전(張儀列傳)에 그의 '격초서(檄楚書)', 즉 초나라에 보낸 격문이 보인다. 장의는 초나라에서 벽옥(碧玉)을 훔쳤다는 죄목으로 태형을 받고 추방되었는데, 이러한 모욕을 받고서 더욱 분발하여 진나라의 재상이 되었다. 이때 장의는 초나라 재상에게 격문을 보내서 경고했는데, "일찍이 내 그대를 따라 술을 마셨을 때 나는 그대의 벽옥을 훔치지 않았건만 그대는 나를 매질했소. 그대는 그대의 나라를 잘 지키시오. 내 장차 그대의 성을 훔칠 것이니(始吳從若飮, 我不盜而璧, 若笞我. 若善守汝國, 我顧且盜而城)"라는 짤막한 글이었다.

62 이문의 이(移)는 옮긴다는 뜻이니, 《문심조룡》에서는 이를 "풍기와 습속을 변화시킨다(移風易俗)"는 뜻으로 풀이했다. 백성의 마음을 돌이키도록 하는 데 목적이 있으므로, 격문과 유사한 점이 있다. 이문은 공이(公移, 공문서)나 동등한 관아끼리 주고받는 문서로도 풀이되지만, 여기서는 《문심조룡》에서 제시한 격이(檄移)의 문체라는 의미로 사용하고 있다. '난촉부로문'은 촉 땅 부로(父老, 동네의 나이 많은 어르신)들을 논박하는 글이라는 뜻인데, 《한서》 사마상여전(司馬相如傳)에 유래와 내용이 전한다. 사마상여(B.C. 179~B.C. 117)는 무제의 정책에 반대하는 촉 땅의 사람들과 조정의 신하들로 하여금 뜻을 바꾸도록 하기 위하여 이 글을 썼다고 한다. '이태상사'는 '이태상박사사(移太常博士辭)'라고도 하는데, 《한서》 유흠전(劉歆傳)에 유래가 전한다. 유흠(劉歆, B.C. 53~25)은 학관에서 다룰 책을 두고 태상박사들과 논란을 벌였는데, 그들의 생각을 돌리기 위하여 이 글을 썼다고 한다.

부賦, 송頌, 잠箴, 명銘

부와 송으로는, 《시전》에 부(賦), 비(比), 흥(興), 풍(風), 아(雅), 송(頌)의 육의(六義)가 있었다.[63] 초나라의 굴원(屈原)이 처음으로 초사(楚辭)를 지어서 천고 사부(詞賦)의 시조가 되었다. 송(頌)으로는, 황제가 처음으로 '용곤송(龍袞頌)'을 지었다. 상나라에는 상송(商頌) 12편이 있었는데, 이것이 송의 시초다. 잠(箴)은 주나라 신갑(辛甲)의 '우인지잠(虞人之箴)'에서 기원했다.[64] 명(銘)은 우임금의 정명(鼎銘)과 탕임금의 반우(盤盂)의 명(銘)에서 비롯되었다.[65]

63 《시전》은 곧 《시경》이다. 육의는 《시경》의 여섯 가지 체(體)를 뜻한다. 부(賦), 비(比), 흥(興)은 일종의 창작 방법으로 이해할 수 있으며, 풍(風), 아(雅), 송(頌)은 《시경》의 체재에 해당한다. "부(賦)"와 "송(頌)"이 여기에 언급되어 있어서, 이를 인용했을 것이다.

64 '잠(箴)'은 원래 침(鍼)에서 온 말이니, 잘못을 범하지 않도록 경계하는 글을 뜻한다. 주나라 무왕 때에 태사 신갑이 모든 관원들로 하여금 잠을 지어서 왕의 잘못을 규간(規諫)하도록 했는데, 이를 "백관잠(百官箴)"이라고 한다. 《좌전》에 그 가운데 하나인 '우인잠(虞人箴)'이 실려 있다. 따라서 "신갑의 '우인지잠'"은 "신갑이 우인으로 하여금 짓도록 한 잠"이라고 해야 정확한 표현일 것이다.

65 명(銘)은 새긴다는 뜻이니, 각종 기물(器物)에 자신을 경계하거나 남의 공덕을 송축하는 등의 목적으로 새겨 넣은 글을 가리킨다. 《문심조룡》에서는 "(글을 새겨 넣은) 그릇을 보면서 명분을 바르게 한다(觀器而正名)"고 풀이했다. 정(鼎)은 세 발이 달린 솥이다. 우임금이 구주의 금속을 모아 정을 만들었다고 한다. 반우(盤盂)는 반우(盤杅)라고도 하는데, 물 같은 것을 담는 그릇의 일종이다. 탕임금의 반우에 새긴 글의 내용은 "진실로 날로 새로워지려거든, 날마다 새롭고 또 날로 새롭게 하라(苟日新, 日日新, 又日新)"로, 《예기》에 전한다.

서序, 론論, 책策

《이아》에서는 "서(序)는 '시전소서(詩傳小序)'에서 기원했다"고 했다. 논(論)은 공자의 《논어》와 장주(莊周)의 '제물론(齊物論)'에서 비롯되었다. 책(策)은 한나라의 동중서(董仲舒)가 처음으로 썼다.[66]

66 《이아》에서는 서(序)는 서(緖)의 뜻이라고 했다. 서는 주로 책의 앞에 두지만 맨 뒤에 두기도 하는데, 책의 뒤에 둔 대표적인 사례로는 사마천의 '태사공자서(太史公自序)'가 있다. 장주는 곧 장자다. 동중서(B.C. 179~B.C. 104)는 무제 때의 학자다. 《한서》 '동중서전(董仲舒傳)'에는 동중서가 '천인삼책(天人三策)'을 올린 일이 실려 있다.

연주체連珠體

연주(連珠)는 곧 변려(騈儷)의 문장이니, 한나라의 양웅이 처음으로 썼다.[67]

67 연주체는 뜻을 직접 드러내지 않고 비유와 같은 방법으로 가탁하는 것을 특징으로 하는 문체로, 문사가 아름답고 말이 간결하여 고시(古詩)의 풍흥(諷興)의 뜻에 합치한다고 일컬어졌다. 또한 대구와 같은 방식을 활용하는 형식상의 특징이 있는데, 여기서 "변려(騈儷)의 문장"으로 풀이한 것은 이 때문일 것이다. 한편 "연주(連珠)"는 "관주(貫珠)"의 뜻에서 온 말로 알려져 있는데, 서사증(徐師曾)의 《문체명변(文體明辨)》에서는 "연(連)이 관(貫, 꿰다)의 뜻이니, 구슬이 꿰어진 것처럼 정리(情理)를 꿰뚫는다"고 풀이한 바 있다. 연주체의 기원에 대해서는 전국시대부터 있었다는 견해도 있는데, 이는 《북사(北史)》 이선전(李先傳)에 "한비자(韓非子)의 연주론(連珠論) 22편"이라는 말이 보이기 때문이다. 그렇지만 일반적으로는 양웅에서 기원하여 반고, 가규(賈逵), 부의(傅毅) 등이 발전시켰다는 견해가 통용된다.

비갈碑碣

무회씨(無懷氏)가 태산(泰山)에서 봉(封) 제사를 지내고 돌에 공적을 새겼으니, 이것이 돌에 글씨를 새긴 일의 시초다[68]〔지금으로부터 5000년 전〕. 공동산(崆峒山)에 요임금의 비(碑)와 우임금의 갈(碣)이 있는데, 모두 주문(籀文)으로 새겨져 있다.[69] 이것이 비갈의 시초다.

광개토왕의 묘비 사진으로, 일제강점기 때 일본인들이 우리 고적의 도판을 모아 펴낸 《조선고적도보》에 수록된 것이다.

고구려 광개토왕의 묘비가 회인현(懷仁縣)에 있다[70]〔지금으로부터 1490년 전 무렵〕. 이것이 우리나라 묘비 가운데 가장 오래된 것이다—일본에서는 스이코 천황의 이요비문(伊豫碑文)과 야마토국(大和國) 호류사(法隆寺)의 약불배명(藥佛背銘) 등이 모두 가장 오래된 것이라 한다.[71]

68 무회씨는 중국 전설상의 제왕으로, 복희씨 이전의 인물이라고 한다. 봉(封)은 흙을 쌓아올려 하늘에 지내는 제사다. 《관자》에서 인용한 것이다.

69 사적(事蹟)을 기념하는 목적으로 글을 새겨서 세운 돌을 비갈이라 한다. 비석은 윗부분이 네모난 것이며, 갈석은 윗부분이 둥근 것이다. 주문은 은나라의 사주(史籀)가 만든 서체니, 곧 대전(大篆)이다.

70 《증보문헌비고》 권36에서는 광개토왕 비문의 발견 경위를 서술하고 그 내용을 실었는데, 비석은 300년 전 무렵에 발견되었으며, 1882년에 청나라 성경 장군(盛京將軍) 좌종당(左宗棠)이 일꾼을 고용하여 발굴했다고 했다. 우리나라에 광개토왕릉비 발굴 사실을 처음 소개한 것은 1905년 10월 5일자 《황성신문》의 외보(外報) 기사인데, 《증보문헌비고》의 서술은 그 기사와 거의 유사하다. 한편 장지연은

1905년 7월에 일본의 박물관에서 비문의 탁본을 관람한 바 있다.

71 일본의 비갈에 대한 서술이 광개토왕 비문에 대한 서술 아래에 주석처럼 처리되어 있는데, 이는 주석이 아니라 초고에 없던 내용을 뒤에 추가한 것으로 추정된다. 원고본의 필체나 여백을 통해 이를 짐작할 수 있다. 이요비문은 이요 온탕비문(伊予溫湯碑文)이라고도 한다. 스이코 천황 4년(596)에 쇼토쿠 태자(聖德太子)가 이요의 온천을 방문한 일을 기록한 비문이라고 하는데, 실물은 없어졌지만 비문이 인용되어 전한다. 호류사는 쇼토쿠 태자가 601~607년에 세운 사찰이다. 약불배명은 약불상의 등 부분에 새긴 글을 뜻한다. 따라서 "스이코 천황 때의 것인 이요비문과 약불배명"의 의미로 풀이할 수 있는데, 여기서는 원문대로 옮겼다.

뇌문誄文, 애사哀辭, 만장挽章

뇌문은 《주례》에서 비롯되었다.[72] 그 뒤에 유하혜(柳下惠)의 아내가 처음으로 뇌문을 지었는데, 그 글에 "선생의 과장하지 않음과 선생의 마르지 않음이여, 시호(諡號)는 마땅히 '혜(惠)'라 해야 할 것이로다"라고 했다.[73] 애사도 뇌문과 유사한 부류인데, 한나라의 최원(崔瑗)과 마융(馬融)이 처음으로 지었다.[74] 만장으로는, 한나라 초기 전횡(田橫)의 식객이 '해로가(薤露歌)'를 지어서 집불(執紼)의 말을 담았다.[75] 만장은 이에서 비롯되었다.

72 《주례》 춘관 태축(太祝)에 뇌(誄)에 대한 언급이 보인다. 서사증의 《문체명변》에서는 뇌(誄)는 누(累)의 뜻이니, 그 덕행을 거듭 열거하여 칭송하는 것이라 했다.

73 유하혜는 춘추시대 노나라의 인물로, 성은 전(展)이며 이름은 획(獲)이다. 유하(柳下)는 식읍(食邑)의 이름이며, 혜(惠)는 시호다. 세 번이나 벼슬을 잃었지만 노나라를 떠나지 않았는데, 바른말을 하여 벼슬을 잃고서도 백성들을 생각하는 마음을 버리지 않았기 때문이라고 한다. 그가 죽은 뒤에 문인들이 뇌문을 쓰려 했는데, 그의 아내가 남편의 덕을 가장 잘 아는 사람은 자신이라고 하면서 뇌문을 썼다고 한다. "불벌(不伐)"은 자신의 공을 세상에 드러내거나 과장하지 않는다는 뜻이며, "불갈(不竭)"은 일의 형편을 보아서 그치거나 그만두지 않는다는 뜻이다. "불갈(不竭)"은 "불알(不謁: 더 이상 아뢰지 않음)"로 된 데도 있다. 유하혜의 아내가 쓴

뇌문은 사뇌(私誄)의 시초로 일컬어지기도 한다.

74 최원(78~143)과 마융(79~166)은 모두 후한 때의 사람이다. 이들보다 앞선 시기의 인물인 반고(班固, 32~92)가 '양씨애사(梁氏哀辭)'를 지었으므로, 이를 애사의 기원으로 보기도 한다. 뇌문은 시호를 정하는 것과 관련된 글이지만, 애사에는 그와 같은 쓰임새가 없다. 또 애사에는 재주가 있으나 등용되지 못했거나 덕이 있으나 장수하지 못한 등의 슬픔을 표현한 사례가 많다.

75 "불(紼)"은 영구를 끌도록 묶은 줄을 가리키는 말이므로, "집불"은 죽은 이를 위하여 운구한다는 뜻이다. 한나라 고조가 건국할 무렵에, 제나라 왕 전횡은 유방(劉邦)이 보낸 세객을 삶아 죽인 일이 있었다. 유방이 황제로 등극하자 보복을 두려워한 전횡이 500여 부하들과 함께 전횡도(田橫島)로 도망했는데, 유방은 전횡이 반란을 일으킬까 두려워하여 용서하고 낙양으로 불러들였다. 그렇지만 전횡은 낙양을 앞두고 자결했으며, 그의 부하 500여 명도 그를 따라 죽었다. 이에 그의 식객이 슬픔을 견디지 못하여 애도하는 뜻을 담아 해로가와 호리곡(蒿里曲)을 지었다고 한다.

소설小說

패관소설(稗官小說)은 주나라, 진나라의 시대에 처음 나타났다.

서양에서는 로마 네로 황제(Nero, 札羅)의 총애 받는 신하인 아비타(Arbiter, 亞比他)가 풍자 이야기 1편을 지었으니, 이것이 소설의 원류다.[76]

76 네로 황제(재위 54~68)의 한자 표기가 "札羅"로 되어 있으나, 이는 "礼羅", 즉 "禮羅"의 오기로 보인다. 로마의 집정관을 지낸 페트로니우스 아비타(27?~66)는 네로 황제의 총애를 받아 "우아(優雅)의 심판관(arbiter elegantiae)"이라 불렸다. 방랑하는 주인공의 눈을 통해 벼락출세한 자들의 통속적인 생활을 풍자한 작품인 《사티리콘(Satyricon)》을 남겼는데, 이 작품은 후대에 널리 유행한 악한소설(惡漢小說, Picaresque novel)의 원형으로 평가되기도 한다.

신문[新聞紙]

476년경 서로마가 장차 망하려 할 즈음에 신문 1종이 처음으로 나타났다.

인쇄하여 파는 것은 허가되지 않았지만, 이것이 신문의 효시다.[77] 그 뒤 1556년에 이탈리아의 베네치아(Venice, Venezia, 威尼斯) 사람이 처음으로 신문을 인쇄하여 발행했다.[78] 1605년에는 벨기에(Belgium, 比國)의 앤트워프(Antwerp, 安德范)에서 처음으로 간행했다.[79] 1615년에는 독일의 프랑크푸르트(Frankfurt, 法蘭克福)에서 처음으로 일보(日報)가 나타났는데, 이 신문사는 지금도 존재한다.[80]

살피건대, 1631년에 프랑스 의사 테오프라스트 르노도(Théophraste Renaudot, 柯夫拉斯勤諾)는 환자의 오락을 위하여 신문을 창간했다.[81] 영국의 수도 런던에서는 1622년에 신문이 창간되었고,[82] 미국의 보스턴(Boston, 波斯頓)에서는 1704년에 신문이 창간되었다.[83] 일본에서는 메이지 2년에 신문 간행을 허가했다.

77 476년은 서로마 제국이 멸망한 해다. 로마에서 나타난 신문류는 보통 "악타 디우르나(Acta Diurna)"라고 일컬어지는데, 기원전 131년 무렵에 처음 나타나서 서로마 제국이 멸망할 때(즉 476년)까지 지속된 것으로 알려져 있다. 초기에는 돌이나 금속에 새겨서 공공장소에 게시하는 형태였으며, 점차 필요에 따라 그 내용을 써서 전하는 사례도 생겼다고 한다. 기원전 59년 무렵 로마의 집정관 카이사르는 원로원의 의사록을 "악타 세나투스(Acta Senatus)"로, 평민원의 의결사항을 "악타 포풀리(Acta Populi)"로 공시하게 했다. 악타 디우르나는 집권자들이 선택한 뉴스를 실었다는 점에서 관보(官報)의 성격을 지니고 있었으며, 검투경기, 주술, 저명인사의 경조사, 공직 인사 등이 주로 다루어졌다. 이러한 사실을 고려하면, "(기원전 131년 무렵부터) 476년경 서로마가 장차 망하려 할 때까지 신문이 있었는데" 정도로 서술하는 것이 옳을 것이다. 아마도 장지연이 잘못 이해한 부분이 있었던 듯하다.

78 간행본에는 "1506년"으로 되어 있으나, 원고본에 따라 "1556년"으로 고쳐서 옮긴다. 베네치아 정부에서 전황(戰況)을 알릴 목적으로 1556년부터 간행하기 시작한 '노티치에 스크리테(Notizie scritte)'에 대해 서술한 것이다. 노티치에 스크리테는 부정기적이기는 했지만 연속적으로 발행되었기 때문에 근대 신문의 효시로도 일컬어진다. 원문에서는 "인행(印行)" 즉 인쇄해서 발행했다고 했지만, 원래는 손으로 쓴 필사 신문이며, 때로는 인쇄하여 판매하거나 청중을 모아놓고 낭독하기

도 했다고 전한다. 당시의 가격이 1가제타(gazetta)였기 때문에, 이로부터 신문 또는 간행물을 뜻하는 "가제트(Gazette)"라는 단어가 나타나게 되었다고 한다.

79 벨기에의 한자 표기는 "비로지(比路支)"다. 27장 광물의 '석탄' 항목에 이와 같은 표기가 보인다. 이 부분은 아브라함 베르호에벤(Abraham Verhoeven, 1575~1652)이 앤트워프(당시에는 남부 네덜란드 지역이었으며, 지금은 벨기에에 속함)에서 간행한 《Nieuwe Tydinghen(새로운 소식들: New Tidings)》에 대해 서술한 것이다. 베르호에벤은 1605년에 전쟁 소식을 전하는 인쇄물 뉴스를 발행했으며, 1620년 무렵에는 연속 간행하는 책자의 형태로 신문을 간행했다. 이 때문에 《Nieuwe Tydinghen》의 창간 시점에 대해서는 1605년설과 1620년설이 제기되어 논란이 되고 있는데, 오늘날에는 1620년으로 보는 것이 일반적인 견해인 듯하다. 이는 정기적인 인쇄물로 간행되었던 최초의 신문이 무엇인지에 대한 논란과 연관된 것이기도 한데, 독일의 요한 카롤루스(Johann Carolus, 1575~1634)가 1605년부터 스트라스부르크에서 발행한 《Relation aller Fürnemmen und gedenckwürdigen Historien》이 최초의 것이라고 일반적으로 인정된다.

80 1615년에 프랑크푸르트에서 발행된 신문은 주간지였다. 1610년에 스위스 바젤에서 주간 신문이 창간되었으며, 이후 유럽 각지에서 주간 신문이 간행되었다. 프랑크푸르트와 바젤에서 간행된 신문의 이름은 전하지 않는다. 최초의 일간 인쇄 신문은 1650년에 라이프치히에서 창간된 《아인코멘데 차이퉁(Einkommende Zeitung)》으로 알려져 있다.

81 루이 13세의 주치의를 지낸 테오프라스트 르노도(1586~1653)는 1631년에 주간 정치 신문 《가제트(La Gazette)》를 창간하여 프랑스 현대 신문의 창시자로 일컬어진다. 인명 표기인 "柯夫拉斯勤諾"에는 잘못된 부분이 있는 것으로 보이는데, 앞에 빠진 글자가 있을 듯하며 "근(勤)"은 "륵(勒)"의 오기일 것으로 추정된다.

82 영어 신문은 1620년 12월 2일 요리스 베슬러(Joris Veseler)가 암스테르담에서 처음으로 발행했다. 이후 1621년에 영국 런던에서 이와 유사한 형태의 신문이 발행되었으며, 1622년에는 체제를 개편하고 편집인(editor)을 두게 되었다고 한다.

83 미국에서는 벤자민 해리스(Benjamin Harris, 1673~1716)가 1690년에 보스턴에서 발행한 《The Public Occurrences(Publick Occurrences Both Forreign and Domestick)》을 최초의 신문이라고 할 수 있지만, 첫 호를 내고는 곧 발행 금지되었다. 그래서 얼마 뒤인 1704년에 창간된 주간 신문 《Boston News Letter》가 최초의 신문으로 일컬어진다.

인쇄술(1) 목판木板

옛날에는 글을 죽간(竹簡)에 기록했으므로, 서적을 "간편(簡編)"이라고 불렀다.[84] 종이 만드는 기술이 발명된 뒤에도 종이에 글씨를 쓸 뿐이었으며, 인쇄법은 아직 존재하지 않았다. 그래서 한나라의 학자들은 오경(五經)을 돌에 새겨서 백호관(白虎觀)에 세워 놓았다.[85] 오계(五季)의 때에 이르러 재상 화응(和凝)은 일찍이 어린 시절에 이웃 사람의 서적을 빌리고 싶었지만 빌리지 못한 일에 유감을 품었는데, 높은 벼슬에 오르고 난 뒤에 처음으로 목판에 새겨서 서적을 간행하는 법을 실행했다.[86] 이로부터 서적이 널리 퍼지게 되었다〔지금으로부터 1000년 전 무렵〕.

신라 애장왕이 처음으로 대장경을 목판에 새겨서 해인사(海印寺)에 두었다[87]〔지금으로부터 1115년 전〕.

일본에서는 쇼토쿠 천황(稱德天皇) 때에 동판 인쇄가 처음 나타났다[88]〔지금으로부터 1140년 전 무렵〕.

1430년에 구텐베르크(Johannes Gutenberg, 古典伯)가 서적 인쇄법을 창안했다.[89] 1474년에는 영국인 윌리엄 캑스턴(William Caxton, 偉良考克斯登)이 웨스트민스터(Westminster, 偉斯德明斯德)에서 '격물서(格物書)'를 인쇄했으니, 이것이 목판의 기원이다[90]—또 살피건대, 14세기에 영국인이 빈민성서(貧民聖書)를 처음으로 판각했다고도 한다.[91]

또한 바빌로니아(Babylonia, 巴比倫尼亞)의 연화석(煉化石)에 오목한 글자를 새긴 것이 있으니, 곧 와각(瓦刻)의 시초다.[92]

84 죽간은 종이가 발명되기 이전에 글을 쓰기 위해 사용한 대나무 조각을 말한다. 대나무의 마디를 잘라내고 적당한 길이로 다듬은 뒤에 세로로 쪼개서 얇은 나

무 조각 모양으로 만들어서 사용했다. 죽간을 묶어놓은 모양을 본떠서 책(冊)이라는 글자가 만들어졌다.

85 백호관은 한나라 때 낙양 북궁(北宮)에 있던 건물의 이름이다. 79년에 장제(章帝)가 이곳에 학자들을 모아놓고 오경(五經)의 해석에 대해 토론하게 했는데, 이는 금문학(今文學)과 고문학(古文學)을 둘러싼 이견을 해소하기 위한 것이었다. 이때 정리된 의견을 반고로 하여금 기록하게 했는데, 이것이 곧 《백호통》이다. 이 책은 "백호통의(白虎通義)"나 "백호통덕론(白虎通德論)"이라고도 일컬어진다. 한편 돌에 새긴 경전을 "석경(石經)"이라고 하는데, 후한의 영제(靈帝)가 채옹(蔡邕)으로 하여금 7개의 경전을 돌에 새겨서 낙양의 태학 앞에 세우도록 한 것이 널리 알려진 사례다.

86 "오계"는 당나라 말기의 오대(五代), 즉 후량(後粱), 후당(後唐), 후진(後晉), 후한(後漢), 후주(後周)의 왕조가 있던 시대를 가리키는 말이다. 화응(898~955)은 자신의 문집을 인쇄하여 벗들에게 나누어주었다고 한다.

87 해인사는 신라 애장왕이 802년에 창건한 사찰이다. 《증보문헌비고》에는 당나라에 사신을 보내서 팔만대장경을 구입하여 오게 했으며, 해인사에 120간(間)의 각(閣)을 세워서 이를 보관하게 했다는 기록이 있다. 《택리지》, 《송남잡지》 등에도 애장왕이 팔만대장경을 구입했다는 말이 보인다. 다만 《누판고(鏤板考)》(1796) 권5에는 애장왕 때 대장경을 새겼다는 "구전(舊傳)"을 소개하고 있는데, 사실과는 거리가 있는 것으로 평가된다. 또 "지금으로부터 1115년 전"은 794년 무렵이 되는데, 당시에는 원성왕이 왕위에 있었다.

88 770년경에 인쇄된 것으로 추정되는 '백만탑다라니(百萬塔陀羅尼)'에 대해 서술한 것이다. 당초에는 구리판에 주조한 것으로 알려졌으나, 이후에 목판본임이 확인되었다. 장지연이 동판 인쇄라고 서술한 것은, 아직 목판본임이 확인되기 이전이었기 때문이다. 현재 호류사에 보관되어 있다. 1966년에 석가탑에서 '무구정광대다라니경'(751년 무렵)이 발견되기 전까지는, 일본의 백만탑다라니가 세계에서 가장 오래된 목판 인쇄본으로 알려져 있었다.

89 서적 인쇄법을 창안한 "古典伯"이 어떤 인물인지는 분명하지 않지만, 구텐베르크(1397?~1468)를 가리키는 것으로 추정된다. 다만 "1430년"이라고 한 이유가 무엇인지는 분명하지 않다. 유럽의 목판 인쇄 기술은 아시아로부터 전래된 것으로 알려져 있으며, 최초로 목판 인쇄를 한 사람이 누구인지는 분명하지 않다. 15세기에 들어서서 그림과 글씨를 함께 사용한 목판 인쇄가 이루어져서 'Saint Christopher〔성크리스토퍼의 도하(渡河)〕'(1423)를 비롯한 카드, 성화(聖畵) 등이 인쇄되었지만, 15세기 중엽에 금속활자와 인쇄 기계를 이용한 활판 인쇄가 보급되면서 목판 인쇄는 서적 제작보다는 판화 분야에서 주로 활용되었다.

90 윌리엄 캑스턴(1422~1491)은 영국 최초의 인쇄업자로 알려져 있으며, 독일에서 인쇄술을 익혀서 영국에 도입했다. 1474년 무렵에 최초의 영어 인쇄본

인 《Recuyell of the Historyes of Troye(트로이 역사의 회상)》(캑스턴 번역)을 간행했으며, 1476년에는 웨스트민스터 성당 근처에 인쇄소를 설립하여 100종 이상의 책을 출판했다. 인쇄소 설립 초기에 출판한 책으로는 초서(Jeoffrey Chaucer)의 《The Canterbury Tales(캔터베리 이야기)》와 번역서인 《Dictes or Sayengis of the Philosophres(철학자들의 언명과 말)》(1477) 등이 있다. "격물서"는 아마도 《Dictes or Sayengis of the Philosophres》를 가리키는 말인 듯하다. 그런데 캑스턴은 인쇄기계를 사용했으며, 따라서 캑스턴에게서 "목판의 기원"을 찾은 것은 잘못이다.

91 "빈민성서"는 곧 《Biblia Pauperum(Paupers' Bible, 가난한 자의 성서)》을 가리킨다. 글자를 읽지 못하는 사람을 위하여 만들었기 때문에 "문맹자성서"로 번역되기도 한다. 13세기 말부터 만들어지기 시작한 것으로 알려져 있으며, 성서의 내용을 그림으로 그리고 짧은 글로 설명하는 형식을 취했다. 양피지에 손으로 필사하는 방식의 초기 문헌은 가격이 높아서 가난한 사람들이 소유할 수 없었으며, 15세기 무렵에 네덜란드와 독일을 중심으로 한 지역에서 목판 인쇄본이 나타나면서 가격이 낮아졌다고 한다. 따라서 서양 목판 인쇄의 기원으로 "빈민성서"를 거론한 것은 적절하지만, "14세기 영국"이라는 표현은 부정확한 것으로 보인다.

92 장지연은 "바빌론"과 "바빌로니아"를 특별히 구분하지 않고 "巴比倫"으로 표기한 것으로 보인다. 여기서 유일하게 "巴比倫尼亞"의 표기가 나타난다. 와각(瓦刻)은 기와에 글씨나 문양 등을 새기는 것을 뜻하는 말이다.

인쇄술(2) 활판活板

연동활자(鉛銅活字)의 주조는 우리 조선 태종께서 처음으로 하셨다. 태종은 서적 인쇄가 널리 이뤄지지 않는 것을 근심하여 처음으로 동활자를 주조하셨으니, 활자가 여기에서 비롯되었다. 이 활자를 '정해자(丁亥字)'라고 부른다[93] 〔지금으로부터 503년 전〕.

—살피건대, 이후 역대 조정에서 주조한 활자로는 세종 때의 경자자(庚子字), 임자자(壬子字), 세조 때의 을해자(乙亥字), 을유자(乙酉字), 성종 때의 신묘자(辛卯字), 계축자(癸丑字)가 있었다.[94] 그렇지만 선조 때의 임진란 후에는 이 활자들이 거의 다 흩어지고 없어졌기 때문에 목활자로 책

왼쪽 도판은 미국 국회도서관에 소장된, 구텐베르크가 금속활자로 인쇄한 성서. 이 성서는 대중적으로 책을 인쇄하는 시대를 여는 아이콘이 되었다. 오른쪽 도판은 14세기 영국에서 목판으로 인쇄한 《빈민성서》의 한 쪽으로, 문맹자들의 이해를 돕기 위해 그림이 함께 그려져 있다.

을 찍어내었는데, 매우 정밀하지 못했다. 그러다가 현종 무신년에 다시 교서관 동활자(校書館銅活字)를 주조했고,[95] 정조 대에 규장각(奎章閣)의 동활자(銅活字)를 더 주조하여 생생자(生生字)라고 불렀다.[96] 철종 무오년에는 다시 정리자(整理字)와 한구자(韓構字)를 주조했다.[97]

임진년 전란 때에 가토 기요마사(加藤淸正)가 우리나라의 활자를 가져가서 《군쇼치요(群書治要)》, 《다이조이치란슈(大藏一覽集)》, 《소위순 가훈(家訓)》 등의 여러 서적을 인쇄했는데, 도쿠가와 이에야스(德川家康)가 죽은 뒤에는 이 활자를 남륭씨(楠隆氏)에게 전하여 다수의 서적을 인쇄했다고 한다. 그 활자의 수는 총 9만여 자였다. 현재 도쿠가와 가문의 난키 문고(南葵文庫)에 보관된 활자는 대자(大字) 1000여 자와 소자(小字) 3만 1564자인데, 모두 23개의 궤에 넣어 보관한다고 한다.[98]

1440년에 네덜란드 사람 라우렌스(Laurens Janszoon Coster, 羅連拉斯)가 너도밤나무의 껍질을 깎아서 로마자를 새겼는데, 몇 글자를 합하여 몇 단어를 만들었다. 그리하여 보통의 먹물로 종이 위에 찍어내니, 이것이 활판 인쇄의 효시다.[99] 그렇지만 금속활자를 발명한 사람은 독일(日耳曼) 사람인 구텐베르크(Johannes Gutenberg, 古天堡)였다. 구텐베르크의 발명이 있었던 해는 1436년이다.[100]

93 "태종 때 만든 동활자"는 곧 태종 3년 계미년(1403)에 주조한 "계미자(癸未字)"다. 한때 계미자를 "정해자"로 부르기도 했는데, 이는 성현(成俔)의 《용재총화(慵齋叢話)》에 태종 정해년(1407)에 주조했다는 기록이 있었기 때문이다. 그렇지만 《용재총화》의 기록은 잘못된 것으로 밝혀졌으며, 따라서 "정해자"라는 명칭도 잘못 붙여진 것이라고 할 수 있다. 또한 말미에 있는 "지금으로부터 503년 전"이라는 서술 또한 잘못된 것인 셈이다.

94 경자자에서 계축자에 이르는 활자에 대한 서술 또한 성현의 《용재총화》에 제시된 활자에 대한 기록과 유사한데, 정확히 일치하지는 않는다. 또 현재 밝혀진 사실과 어긋나는 부분도 있다. '임자자'의 경우를 살펴보면, 성현은 문종이 임신년(1452)에 경자자를 녹여서 만들게 한 활자라고 기록하고 있는데, 장지연은 이를 세종 대의 일로 기록했다. 실제로 이 활자는 문종 즉위년(1450)에 만든 경오자(庚午字)로 밝혀져 있다. 또 '신묘자'는 성종 15년(1484)에 만들어진 갑진자(甲辰字)로 고치는 것이 옳다. 성현이 활자의 주조 연대를 착각했고, 장지연이 이러한 잘못을 그대로 따른 것이다. 또 역대 활자에 대한 서술이라는 관점에서는, 가장 널리 사용되었던 '갑인자(甲寅字, 1434)'를 누락시켰기 때문에 불완전한 것이라고 할 수 있다.

95 교서관 동활자는 "무신자(戊申字)"로 일컬어진다. 현종 무신년에 만들었기 때문이다. 또 "사주갑인자(四鑄甲寅字)"로도 불리는데, 세종 대에 만들어진 갑인자를 네 번째로 개주한 것이기 때문이다.

96 생생자는 1792년에 만든 목활자다. 따라서 이를 "동활자"라고 한 것은 잘못이다. 3년 뒤인 을묘년(1795)에 이르러 정조는 생생자를 바탕으로 동활자를 주조하도록 명하는데, 이 명령에 따라 이듬해에 완성한 동활자가 곧 "정리자(整理字)"다. 정리자는 "을묘자"로도 일컬어진다. 원문에 "규장각의 동활자를 더 주조하여(加鑄奎章閣銅字)"라고 한 것은, 정조 대에 교서관이 규장각에 편입되면서 교서관 활자가 곧 규장각 활자가 된 상황과 연관된 것으로 보인다. 즉 새로 동활자를 주조함으로써 이미 사용되던 규장각 동활자(즉 교서관 동활자)의 수를 더 늘리도록 한 것이다.

97 철종 무오년(1858)에는 여러 종의 활자를 만들었는데, 이는 1857년에 주자소에 화재가 발생하여 보관 중이던 활자가 거의 쓸 수 없게 되었기 때문이다. 여기서 언급한 "정리자"와 "한구자"는 각기 이전에 만들어진 활자체를 바탕으로 다시 주조한 활자들이다. 즉 정리자는 정조 대에 처음 만들었으며, 여기서 언급한 철종 대

의 것은 "재주(再鑄) 정리자"다. 한구자는 숙종 대에 처음 만들었으며, 정조 6년(1780)에 다시 주조되었다. 여기서 언급한 철종 대의 활자는 곧 "삼주(三鑄) 한구자"다.

98 일본의 활자에 대한 서술은 원고본에는 보이지 않고 간행본에만 있다. 초고 작성 이후에 보충하게 된 듯한데, 그 경위는 정확히 알 수 없다. 오탈자가 상대적으로 많고 "加藤清正이가"와 같이 구어적인 표현이 나타나는 점을 고려하면, 제대로 교정을 거치지 못할 정도로 급하게 작성되었을 것으로 짐작된다. 원문의 "군서치요(軍書治要)"는 "군쇼치요(群書治要)"의 잘못이며, "대장일각(大將一覺)"은 "다이조이치란슈(大藏一覽集)"의 잘못이며, "남규문고(南奎文庫)"는 "난키 문고(南葵文庫)"의 잘못이다. 이들은 모두 고쳐서 옮긴다. 또 "소위순 가훈(家訓)"은 어떤 책인지 확인되지 않는데, 오탈자가 포함되어 있을 가능성이 높다. 가토 기요마사 등이 약탈해간 조선 활자는 9만여 자에 이르는 것으로 알려져 있다. 이중 일본에 현존하는 활자 가운데 가장 대표적인 것인 스루가반 활자(駿河版活字)가 포함되어 있다. 도쿠가와 이에야스가 조선 활자를 사용하여 스루가(駿河)에서 책을 간행했기에, 이런 이름이 붙은 것이다. 스루가반 활자 또는 스루가에서 간행된 서적들은 난키 문고, 호사 문고(蓬佐文庫) 등 여러 곳으로 분산되었다. 난키 문고는 도쿠가와 요리미치(德川頼倫, 1872~1925)가 1902년에 세웠으며 관동대지진 이후에 폐쇄되었다. 《만국사물기원역사》에서는 1909년 당시에 스루가반 활자를 소장하고 있던 난키 문고의 보관 상황을 서술한 것이다. 한편 난키 문고가 폐쇄된 이후 소장문헌들은 대부분 동경대학으로 이관되었다고 알려져 있는데, "스루가반 활자"의 상당수는 현재 돗판인쇄주식회사(凸版印刷株式会社)에서 소유하고 있다.

99 라우렌스(1370~1440)는 네덜란드 암스테르담 서쪽의 하를럼(Haarlem)에서 활동한 인물이다. 라우렌스는 처음에는 손자들을 즐겁게 하기 위하여 너도밤나무를 깎아서 활자를 만들어 모래 위에 글자를 찍었고, 이후 이 원리를 활용하여 활자 인쇄를 발명하기에 이르렀다고 한다. 라우렌스가 목활자를 발명했다는 설이 사실인지에 대해서는 논란이 있으며, 목활자를 발명한 시기에 대해서도 엇갈린 견해가 존재한다. 그런데 적어도 《만국사물기원역사》에서 제시한 "1440년"은 문맥상 부자연스러운 것으로 보이는데, "1440년"의 발명이 활판 인쇄의 효시라고 하고서 바로 뒤에서는 금속활자 발명 시기를 "1436년"으로 제시했기 때문이다. 둘 가운데 하나는 잘못된 연대일 가능성이 높다. 참고로 니시무라 시게키의 《서국사물기원》에서는 라우렌스의 발명 시점을 "1422년"으로, 구텐베르크의 발명 시점을 "1444년"으로 제시한 바 있다. 한편 라우렌스의 활자 발명 여부와 시점의 문제는 유럽에서 활자 인쇄가 처음 이루어진 곳이 하를럼인가 혹은 마인츠(Mainz)인가에 대한 판단과도 관련된 것이어서 적어도 해당 지역에서는 여전히 논쟁적인 주제로 남아 있다.

100 구텐베르크의 활자 인쇄 발명에 대한 서술이 앞의 '인쇄술(1) 목판' 항목과 달

리 나타난다. 즉 앞에서는 "古典伯"이 1430년에 발명했다고 한 반면에 여기서는 "古天堡"가 1436년에 발명했다고 했다. 구텐베르크가 활판 인쇄술을 완성한 시점이 언제인지는 정확히 밝혀지지 않았는데, 1430년대 초에 고향인 마인츠를 떠나 1434년 무렵에는 스타라스부르크에서 기술을 연구하고 있었다는 점과 1448년에 마인츠로 돌아와서 인쇄소를 차렸다는 점 정도가 확인될 뿐이다. 이러한 사실로 미루어볼 때 "1430년"과 "1436년" 모두 발명 이전의 시점일 가능성이 높아 보인다. 인명 표기와 발명 시점이 달리 되어 있는 점을 고려하면, 장지연은 "古典伯"과 "古天堡"가 다른 인물이라고 인식했을 가능성도 있다.

인쇄술(3) 인쇄기〔印書機〕, 석판石板, 아연판〔鉛板〕

1471년에 영국의 캑스턴(William Caxton, 加古斯頓)이 자신이 지은 《트로이 역사(土來史)》를 기계로 인쇄했는데, 책값이 매우 저렴했다[101]—이전에는 책값이 매우 높았다. 그래서 프랑스 왕 루이 11세가 파리 의학회에서 책 1권을 빌렸을 때에는, 증서와 함께 약간의 은그릇을 저당 잡히고 다시 귀족 한 사람을 보증 세워야 했다. 책이 이처럼 귀한 것이었다.

인쇄기(printing press, 印書機架)는 1804년에 미국의 고판(高判)이 처음 만들었다.[102]

석판 인쇄법은 1796년에 독일 사람이 처음으로 창안했다.[103]

아연판 인쇄법(鉛板澆法)은 1844년에 미국인이 처음으로 창안했다. 그 방법은 다음과 같다. 우선 낱개의 활자들을 한 곳에 배열해둔다. 그러면 잠깐 사이에 아연판 덩어리를 얇게 녹여 내보내는데, 이를 기계에 나누어 붙이고 인쇄하게 한다. 또 증기기관 기계를 이용하여 책을 인쇄하면, 기계에 넣을 때는 1장의 백지였던 것이 기계에서 나올 때는 인쇄, 자르기, 접기, 장정까지 마친 상태가 된다. 편하고 빠르기가 비할 데 없으니, 1시

간에 2만 5000장을 인쇄해낼 수 있었다.[104]

101 윌리엄 캑스턴이 《Recueil des histoires de Troye》를 영어로 번역하여 《트로이 역사》로 간행한 것은 1474년의 일이다. "자신이 지었다(所著)"고 했지만, 실상은 번역한 것이다. '인쇄술(1) 목판' 항목에서는 이름이 "偉良考克斯登"으로 표기되어 있다. 캑스턴에 대해서는 '인쇄술(1) 목판' 항목 주석에서 서술했다.

102 고판이 누구인지는 분명하지 않다. 유럽에서는 구텐베르크식 인쇄기가 350년 이상 사용되었는데, 19세기 초에 이르러서 변화가 나타났다. 1803년 무렵에 영국인 스탠호프(Charles Stanhope, 1753~1816)가 만든 철제 인쇄기가 그 가운데 하나다. 또 독일의 쾨니히(Friedrich König, 1774~1833)는 평판 인쇄기(1809)와 원압 인쇄기(1814)를 제작하여 수동식 인쇄기의 단계를 벗어나도록 했다. "고판"이 스탠호프나 쾨니히일 가능성도 있지만, 두 사람 모두 미국인은 아니다.

103 제네펠더(Aloys Senefelder, 1771~1834)의 석판 인쇄 기술 발명을 말한 것이다. 석판 인쇄술에 대해서는 13장 공예의 '석판술' 항목에 좀 더 구체적으로 서술되어 있다.

104 미국인 호(Richard March Hoe, 1812~1886)의 윤전 인쇄기 발명에 대해 설명한 것으로 보인다. 호는 1844년에 윤전 인쇄기를 발명하여 1847년에 특허를 얻었다. 초기에는 시간당 8000장을 인쇄할 수 있었으며, 이후 양면인쇄가 가능한 방식으로 개량하여 시간당 1만 8000장까지 인쇄할 수 있게 되었다. 호의 윤전 인쇄기는 기존의 평평한 받침대를 원통으로 만들어서 그 겉면에 활자를 부착하도록 한 것이 특징이다.

속기법速記法

태서의 유명한 정치가인 키케로(Marcus Tullius Cicero, 司塞羅)가 카틸리나(Catilina, 加底林)에서 모반할 때 기호(標識)를 이용하여 말을 기록했다. 대개 간단한 기호를 문자 대신으로 사용한 것이다.[105]

105 티로(Marcus Tullius Tiro, B.C. 80?~B.C. 4)가 개발한 속기법(shorthand)인 'Tironian notes(티로식 필기법)'에 대해 서술한 것이다. 원래 노예 신분이었던 티로는 자기만의 속기 방식을 사용하여 주인인 키케로(B.C. 106~B.C. 43)의 말을 기록했으며, 이후에는 키게로를 보좌한 공을 인정받아 자유민(freedman)이 되었다. 로

마의 정치가인 카틸리나(B.C. 108?~B.C. 62)가 모반을 일으키자 키게로는 카틸리나를 탄핵하는 연설을 했는데, 티로가 자신의 속기법을 이용하여 이 연설을 기록에 남겼다고 한다. 장지연은 "카틸리나"를 지명으로 착각하여 "키케로가 카틸리나에서 모반을 일으킨 것"으로 잘못 서술한 것으로 추정된다.

종이

옛날에는 서계에 죽간을 엮어 이용하는 일이 많았다. 때로는 비단을 사용했는데, 이를 "번지(幡紙)"라고 일컬었다. 가난한 사람은 비단 대신에 부들을 사용했다. 후한의 채륜(蔡倫)은 자(字)가 경중(敬仲)인데, 상방령(尙方令)의 벼슬에 올라서 나무껍질, 삼베 자투리, 낡은 베, 그물을 이용하여 처음으로 종이를 만들었다〔지금으로부터 1800년 전 무렵〕. 천하에서 모두 사용하여, 이 종이를 "채후지(蔡侯紙)"라고 불렀다. 종이는 이로부터 비롯되었다.

서이집트에서는 파피루스(papyrus, 把皮拉斯)가 풀을 이용하여 처음으로 종이를 만들었다.[106] 그런 까닭에 오늘날 영어에서는 종이를 "페이퍼(paper, 披把)"라고 한다. 10세기에 아라비아 사람들이 면화로 종이 만드는 방법을 발명하여 유럽에 전했다. 14세기에는 독일에서 삼베로 종이 만드는 방법을 발명했다. 18세기 이후에 비로소 짚과 기타 식물로 종이 만드는 방법을 발명했다.

그리스의 역사가 헤로도토스(Herodotos, 希都羅他斯)의 말에 따르면, 그리스에서는 일찍부터 짐승 가죽으로 종이 만드는 방법을 알았다고 한다.[107] 양피지는 "페르가메네(pergamene, 披耳家曼)"라고 불렀는데, 대개 소아시아의 페르가몬(Pergamon, 披耳家馬斯)에서 발명한 것이었다.[108] 그

헤라클레스에 관한 시를 기록한 3세기 그리스의 파피루스 필사본. 옥스퍼드 새클러 도서관 소장본이다.

리스에 양피지가 없었을 때에는 파피루스(papyrus, 把布耳斯) 풀의 잎으로 책을 만들었다.[109] 지금 성서(聖書)를 "바이블(bible, 擺布耳)"이라 부르는 것은 이 때문이다.[110]

로마 사람들은 나무껍질로 책을 만들었는데, 그것을 말아서 보관했다. 그래서 라틴어에서는 책을 "리버(liber, 拉衣巴)"라고 불렀는데, 곧 나무의 내피(內皮)라는 뜻이다. 영어에서는 책을 "북(book, 卜)"이라고 부른다. "북"은 원래 "비치(beech, 比支)"니, 곧 너도밤나무(beech)가 와전된 것이다. 또 영어에서 종이 낱장을 "리프(leaf, 里夫)"라고 부르는데, "leaf"는 곧 나뭇잎이라는 뜻이다. 1809년에 미국인 디킨슨(Dickinson, 翟根生)이 처음으로 종이 제조 기계를 만들었다.[111]

우리나라에서는 닥종이(楮皮紙)와 죽청지(竹淸紙), 맥고지(麥藁紙), 상피지(桑皮紙) 등을 만들었다. 일본에는 송피지(松皮紙)가 있고, 중국에는 측리지(側理紙)—곧 태지(苔紙)다—와 섬등지(剡藤紙)가 있었다.[112]

106 원문에 "西埃及國 把皮拉斯가 草로써 始造紙"로 되어 있는데, 식물의 이름인 파피루스를 인명으로 착각하여 이처럼 서술한 것으로 추정된다. 또 "서이집트(西埃及國)"는 "서양의 이집트(西洋埃及國)"에서 "양(洋)"이 누락된 것일 가능성이 있다. 따라서 이 부분은 "서양에서는 이집트에서 파피루스라는 풀을 이용하여 처음으로 종이를 만들었다"는 정도로 고치는 것이 자연스럽지만, 여기서는 수정하지 않고 원문에 맞추어 옮겼다.

107 한자음을 고려하면, "希都羅他斯"는 "希羅都他斯"의 오기로 추정된다. 《만국사물기원역사》에는 "헤로도토스"의 한자 표기로 "希臘多他斯", "希羅都他斯"의 두 가지 형태가 나타난다. 헤로도토스의 《역사》에 동물의 가죽에 글을 쓰는 일이 많았다는 내용이 보인다.
108 양피지(羊皮紙)는 양, 소, 염소 등의 가죽으로 만든, 글을 쓰는 데 사용하는 재료다. 양피지를 뜻하는 그리스어 'pergamene'는 발명지인 '페르가몬(Pergamon 또는 Pergamum)'에서 유래했다. 'pergamenum'(라틴어), 'parchment'(영어), 'parchemin'(프랑스어), 'Pergament'(독일어) 등의 단어도 이와 연관된 것으로 알려져 있다. 페르가몬은 소아시아 북부의 도시국가로, 오늘날의 명칭은 베르가마(Bergama)다. 양피지를 처음 만든 사람은 페르가몬의 왕 에우메네스 2세(Eumenes II)인데, 이집트가 파피루스 수출을 금지했기 때문에 파피루스를 대신할 수 있는 것으로서 양피지를 개발했다고 한다. 에우메네스 2세 시기의 페르가몬은 그리스 문화의 중심지 역할을 했는데, 이집트의 알렉산드리아에 이어 두 번째로 큰 도서관을 보유할 정도로 성장하고 있었다. 이에 이집트에서는 페르가몬의 성장을 견제하기 위하여 페르가몬으로의 파피루스 수출을 금지했다고 전한다.
109 파피루스는 지중해 연안 습지에서 자라는 식물로, 고대 이집트에서는 그 줄기의 껍질은 벗겨내고 속을 찢은 뒤에 엮어 말려서 필기 재료로 사용했다. 바로 윗단락에서는 "把皮拉斯"로, 여기서는 "把布耳斯"로 표기했는데, 장지연은 이들이 서로 다른 대상—즉 사람의 이름과 풀의 이름—을 가리키는 단어라고 이해했을 가능성도 있다.
110 "바이블"은 페니키아의 항구도시 비블로스(Byblos, 오늘날 레바논의 베이루트 북쪽 40킬로미터 지역)에서 온 말이다. 비블로스에서는 이집트의 파피루스를 그리스에 파는 중계무역이 이루어졌으며, 때문에 비블로스는 당시 파피루스의 집산지였다. 도시 이름 또한 파피루스에서부터 유래한 것이라고 전한다.
111 디킨슨(1782~1869)은 영국인이다. 여기서 미국인이라고 한 것은 잘못이다. 디킨슨은 1809년에 환망식 초지기(丸網式抄紙機)를 개발하여 이전의 장망식 초지기(長網式抄紙機)를 대체할 수 있도록 했다. 이보다 앞선 시점인 1799년에 이미 프랑스의 로베르(Louis-Nicholas Robert, 1761~1828)가 연속된 종이(continuous paper)를 생산하는 기계로 특허를 받은 바 있다. 프랑스의 정치적 상황으로 인해 로베르의 기계는 영국에서 개량되었는데, 디킨슨의 환망식 초지기 발명으로 생산성이 매우 높아졌다고 한다. 22장 기계의 '각종 기기' 항목에서는 로베르와 디킨슨을 함께 언급했다.
112 죽청지(竹淸紙)는 죽청지(竹青紙)라고도 한다. 대나무 줄기 속 안벽의 얇고 흰 꺼풀을 죽청 혹은 대청이라고 하는데, 죽청지는 죽청처럼 희고 얇지만 질긴 종이다. 맥고지는 밀짚이나 보릿짚의 섬유로 만든 종이다. 상피지는 뽕나무 껍질을 원료로 만든 종이로, "상지(桑紙)"라고도 한다. 송피지는 닥나무에 소나무 속껍질

을 섞어 만든 종이다. 측리지는 가는 털과 같은 물이끼(水苔)를 섞어서 만든 종이다. 진(晉)나라 왕가(王嘉)의 《습유기(拾遺記)》에서는 후대의 사람들이 "척리지(陟理紙)"라고 잘못 부르기도 했다고 했으며, 무늬가 종횡으로 나타나기 때문에 "측리(側理)"라는 명칭이 붙었다고 했다. 섬등지는 절강(浙江) 섬현(剡縣)에서 생산된 등지(藤紙)로, 당나라 때 많이 사용되었다고 한다. 백등지(白藤紙), 황등지(黃藤紙), 청등지(青藤紙) 등이 있었으며, 공식 문서에 사용될 만큼 품질이 좋았다고 한다.

먹, 먹물[墨汁]

먹은 형해(刑奚)가 처음으로 만들었다.[113] 상고시대에는 먹이 없어서 죽정(竹挺)에 옻을 찍어서 글씨를 썼다. 중고시대에는 돌로 먹물을 갈아 내었으니, 이는 연안 석액(延安石液)의 부류였다. 이보다 뒤인 위진시대에 처음으로 묵환(墨丸)이 나타났으니, 곧 옻이나 소나무의 그을음으로 만든 것이었다. 진(晋)나라 사람들이 요심연(凹心硯)을 사용한 것은 먹을 갈아서 먹물을 담아두고자 한 것이었다.[114] 그 뒤에 나자묵(螺子墨)과 유미묵(隃麋墨)이 널리 유행했다.[115]

일본에는 스이코 천황 때에 고구려에서 먹과 종이 만드는 기술이 전래되었다고 한다. 이에 의거하면, 우리나라에서 종이와 먹이 발명된 것은 이미 오래된 일임을 알 수 있다.

연안(延安)의 고노현(高奴縣)에는 석지수(石脂水)가 있어서 기름이 물 표면에 옻처럼 검은 빛으로 떠다니는데, 그것을 모아서 등잔에 부어넣었다.[116] 송나라 때 그것을 태워 먹을 만들었는데, 이를 연안 석액이라 일컬었다. 조씨(晁氏)의 《묵경(墨經)》에서는 "옛날에는 송연묵(松烟墨)과 석묵(石墨)의 두 종류를 사용했다. 석묵은 진위(晋魏) 시기 이후로는 사용했다는 말이 없지만, 송연묵은 여전히 만들어진다. 한나라 때에는 부풍(扶風)

의 유미(隃糜)와 종남산(終南山)의 송연묵(松煙墨)이 있었다"고 했다.[117]

서양에서 어느 시대에 먹물이 발명되었는지는 알지 못한다. 그렇지만 그리스로마시대에는 목탄이나 나무 그을음으로 검은 아교물을 만들었다. 15세기 중반에 네덜란드 사람 라우렌스(羅速拉斯)가[118] 활판 인쇄를 발명하니, 보통의 먹물로는 인쇄하기에 불편했다. 그런 까닭에 마침내 1종의 먹물을 발명했다. 화학의 진보에 따라 오늘날과 같이 개량되기에 이르렀다.

113 원고본과 간행본 모두 "형해(刑奚)"로 되어 있으나, "형이(邢夷)"의 오기로 보인다. 조재삼의 《송남잡지》에서도 《아희원람(兒戱原覽)》을 인용하여 "형해"가 먹을 만들었다는 설을 제시하고 있으나, 중국의 문헌에서는 "형이"가 먹을 만들었다는 설만 보인다. 형이는 주나라 선왕(宣王) 때의 인물인데, 시냇가에서 손을 씻을 때 우연히 물에 떠 있는 송탄(松炭)을 만졌다가 손이 검게 물드는 것을 보고서 먹을 만들었다는 전설이 전해진다.

114 상고시대의 죽정에서부터 요심연 사용 이유에 이르기까지의 내용은 원나라 도종의(陶宗儀)의 《철경록(輟耕錄)》 권29에 서술된 것과 거의 같다. 《철경록》에서는 "上古无墨, 竹挺点漆而書. 中古方以石磨汁, 或云是延安石液. 至魏晋時, 始有墨丸, 乃漆烟 · 松煤來和爲之. 所以晋人多用凹心硯者, 欲磨墨貯瀋耳"라 했다. 죽정은 붓이 발명되기 이전에 필기도구로 사용되었던 대나무 꼬챙이다. 요심연은 가운데가 오목한 벼루다.

115 나자묵은 나묵(螺墨)이라고도 하는데, 원형으로 된 옛 먹의 일종이다. 유미묵은 유미환(隃糜丸)이라고도 하는데, 이 또한 원형이었다고 한다. 사슴뿔로 만든 아교와 섞어서 만들기 때문에 유미묵이라 불렀다는 설이 있지만, 그것이 잘못된 설명이라는 주장 또한 존재한다. 또 유미(隃糜)는 곧 유미(隃麋)로, 먹의 산지로 이름이 높았던 한나라 때의 유미현(隃麋縣)에서 온 말이라는 견해도 있다.

116 석지수는 돌에서 나오는 기름 같은 물이라는 뜻이니 곧 석유다. 《유양잡조(酉陽雜俎)》 등에서는 "석지수"라 했으나, 심괄의 《몽계필담》에서는 "석유"라는 명칭을 사용했다. 연안은 산시성(陝西省)에 있다. 27장 광물의 '석유' 항목에 《몽계필담》이 인용되어 있다.

117 《묵경》은 송나라 때 조관지(晁貫之)가 쓴 책이다. 《묵경》의 '송(松)' 항목에 여기 인용된 부분이 실려 있는데, 마지막 부분의 표현이 "한나라 때에는 부풍의 유미, 종남산의 소나무(송연묵)를 귀하게 여겼다(漢貴扶風隃糜終南山之松)"고 되어 있어, 조금 차이가 있다. 석묵은 흑연류의 광물인데, 이를 재료로 제조한 먹을 가리키기도 한다. 송연은 소나무 그을음을 말하는데, 송연묵은 송연을 이용하여 만든

먹이다. 유연묵(油煙墨)이 나타나기 전에는 송연묵이 많이 사용되었다.
118 라우렌스의 활판 인쇄 발명에 대해서는 앞의 '인쇄술(2)' 항목에 서술되어 있다. 한자 표기가 "羅速拉斯"로 되어 있지만, "速"은 "連"의 오자로 보인다. '인쇄술(2)'에서는 "羅連拉斯"로 표기했다.

붓

순임금이 처음으로 붓을 만들어서 옻으로 네모난 죽간에 썼다고 한다—《물원(物原)》. 옛날에는 방책(方策)에 칼로 글자를 새겼는데, 이를 "삭(削)"이라 했다.[119] 진나라 시황제 때에 몽염(蒙恬)이 처음으로 붓을 만들었는데, 산뽕나무로 붓대를 만들고 사슴 털로 재료를 삼고 양털로 바깥 부분을 만들었다고 한다—《박물지》.[120]

태서에서는 모세(Moses, 摩西)의 시대에 석필(石筆)을 사용하여 돌 표면에 기록을 했다. 그 후에 역사가 차나방(遮那方)과 시인 와지아(哇支兒) 등이 모두 갈대 대롱을 목탄 먹물에 적셔서 양피지에다 썼을 뿐이다. 6세기 이후에 처음으로 깃대(羽管)로 붓(펜)을 만들었고, 1803년에야 비로소 금속으로 붓(펜)을 만들었다. 유럽 각국이 모두 이를 채용했는데, 이는 1830년 이래의 일이다.[121]

119 송나라 왕응린의 《곤학기문(困學紀聞)》에서는 "옛날에 붓이 없었을 때에는 서도(書刀)로 방책에 글자를 새겼는데 이를 '삭(削)'이라 한다. 노나라는 《시경》, 《서경》을 만든 나라이므로, 《주례》 고공기(考工記)에서는 노나라의 삭이 '뛰어나다(良)'고 한 것이다"라고 했다. '삭'은 '노삭(魯削)'이라고도 일컫는다. 방책은 종이가 발명되기 전에 중국에서 사용되던 서책(書冊)을 말한다. '방(方)'은 사각형을 뜻하며 '책(策)'은 죽간(竹簡)을 뜻한다.
120 몽염(?~B.C. 209)은 진나라의 장군이다. 《박물지》는 진(晉)나라의 장화(張華)가 저술한 책인데, 현전하는 이본에는 몽염이 붓을 만들었다는 기록이 남아 있지 않다. 후대의 저술 가운데 《박물지》를 인용하며 몽염의 붓 제작설을 거론한 예가

보이는데, 이는 가탁한 진술일 가능성이 높아서 사실로 인정되지는 않는다. 원문에 "鹿毛로 爲材ᄒᆞ고 羊毛로 爲皮ᄒᆞ니라"고 했는데, 몽염의 붓에 대한 후대의 주석에서는 "鹿毛爲柱, 羊毛爲被"라고 풀이한 데도 있다.

121 서양에서의 붓(필기구)의 기원에 대한 서술은 펜(pen)의 변천사에 해당하는데, 갈대 펜(reed pen), 깃털 펜(quill pen), 금속 펜(dip pen)에 이르기까지의 과정이 서술되어 있다. 금속 펜이 처음 만들어진 시기에 대해서는 이견이 있지만, 생산 시설과 관련시킬 때는 1803년으로 보는 것이 일반적이다. 1822년에 존 미첼(John Mitchell)이 처음으로 상업적인 대량 생산 시설을 갖추었으며, 뒤이어 그의 동생인 윌리엄 미첼(William Mitchell)이 공장을 세웠다. 이후 버밍햄 일대에 금속 펜을 생산하는 공장들이 들어서게 되는데, 그것이 어느 정도 완성되는 시기는 1830년 무렵이다. 갈대 펜을 사용했다는 차나방(遮那方)과 와지아(哇支兒)가 누구인지는 분명하지 않다.

연필

옛날에는 죽간에 옻으로 글을 썼다. 때로는 나무판을 사용하거나 연필(鉛筆)로 쓰기도 했다. 그래서 "도필(刀筆)"이나 "연참(鉛槧)"과 같은 말이 있었다. 참(槧)은 오늘날의 분판(粉板)과 같은 종류다.[122]

서양의 연필은 16세기 이후에 처음으로 만들어졌다.[123]

122 도필과 연참은 모두 글을 쓰는 일을 가리키는 말이다. 도필은 죽간에 글자를 새기거나 잘못된 곳을 긁어내는 데 쓰던 칼을 뜻하는 말이며, 연참은 연분필(鉛粉筆)과 나무로 깎은 서판(書板)을 합쳐서 이르는 말이다. 《서경잡기(西京雜記)》 등에 "연참"의 용례가 보인다. 분판은 기름에 갠 분을 발라 결은 널조각으로, 붓글씨를 익히는 데 사용되었다.

123 연필의 발명은 흑연의 개발과 관련되어 있다. 1564년 영국의 컴브리아(Cumbria) 보로데일(Borrowdale) 근방에서 거대한 흑연 광산이 개발되었는데, 얼마 뒤에 이 광산에서 캔 흑연을 나무쪽에 끼우거나 종이, 실로 감싸서 사용한 것이 연필의 시초라고 알려져 있다. 오늘날 사용하는 연필의 기원과 직접 연관된 것이어서, 앞에서 거론한 동양의 연필과는 차이가 있다.

벼루

이지언(李之彦)의 《연보(硯譜)》에 "황제가 옥 1개로 묵해(墨海)를 만들었는데, 그 위에 '제홍씨(帝鴻氏)의 벼루(帝鴻氏之硯)'라는 전문(篆文)을 새겼다"고 했다.[124] 이것이 벼루의 시초다.

124 이지언은 송나라 때의 사람이다. 묵해는 벼루의 별칭이다. 제홍씨는 곧 황제다. 《연보》에는 "黃帝得玉一紐, 治爲墨海, 其上篆文曰帝鴻氏之硯"으로 되어 있으며, 소이간(蘇易簡)의 《문방사보(文房四寶)》에도 같은 내용이 전한다. 간행본에서는 "치(治)"를 "시(始)"로 잘못 옮겼는데, 여기서는 원고본에 따라 바로잡아 옮긴다.

서적관書籍館[125]

동양의 서적관으로는 다음과 같은 것이 있었다. 하나라 우임금 때 완위산(宛委山)에서 금간옥자(金簡玉字)를 찾아내었으니, 곧 황제가 책을 간직해 둔 곳이었다.[126] 형주(荊州)의 소유산(小酉山)에 있는 석실(石室)은 진나라 사람이 책을 간직해두었던 곳이다.[127]

고려 성종 9년 서경에 수서원(修書院)을 처음 설치하고, 여러 학생들로 하여금 서적을 발췌하면서 쓰도록 하여 보관하게 했다.[128] 이것이 우리나라 서적원(書籍院)의 시초다. 충숙왕 원년에 박사 유연(柳衍) 등을 중국 강남에 파견하여 경적(經籍) 1만 800권을 구입하도록 했다. 또 원나라에 사신을 보내 원나라 군주에게 청함으로써 송나라의 비각(秘閣)에 소장되어 있던 서적 4071책을 구해왔다[지금으로부터 596년 전].

이집트 멤피스(Memphis, 甸希斯)의 오시만디아스(Osymandyas, 柯山底亞)

서적관은 고대의 서적관이다.[129] 그리스에서는 피시스트라투스(Pisistratus, 皮斯時脫拉他斯)의 집정 시기에 처음으로 설치했다.[130] 로마에서는 아시니우스 폴리오(Asinius Pollio, 亞斯尼亞皮利柯)로부터 비롯되었다.[131]

125 '서적관'과 '장서루'는 모두 오늘날의 도서관에 해당하는데, 둘을 별도의 항목으로 서술한 이유가 무엇인지는 분명하지 않다. 다만 '서적관' 항목에서는 도서의 구입과 보관 기능을 중심으로 서술하고 있으므로, "장서고(藏書庫)" 정도로 이해할 수도 있을 듯하다. 아래에 서술한 "장서루"는 도서의 보관과 열람 기능을 모두 갖춘 것이어서, 오늘날의 도서관에 더 가까운 것으로 보인다.

126 완위산은 절강성 소흥(紹興)의 동남쪽에 있는 산으로, 회계산(會稽山)의 지봉(支峰)이다. 하나라 우임금이 홍수를 다스릴 때, 꿈에서 지시한 바에 따라 완위산에서 제사를 지내고 석실에서 금간옥자를 얻었다고 한다. 금간옥자는 금으로 만든 간책에 옥으로 쓴 글씨라는 뜻인데, 비결서(秘訣書)나 진기한 서적을 가리키는 말로도 사용된다.

127 소유산은 유양산(酉陽山)이라고도 하는데, 후난성(湖南省) 원릉현(沅陵縣)에 있다. 《형주기(荊州記)》에 "소유산 위의 석굴에 1000권의 책이 있는데, 세상에 전하기를 진나라 사람이 여기서 공부하다가 남겨두었다고 한다(小酉山上石穴中, 有書千卷, 相傳秦人於此而學, 因留之)"는 말이 있다.

128 서경(西京)은 곧 평양이다. 《고려사》 성종 9년(990) 12월조에 수서원 설치를 명한 기사가 보이는데, 《고려사》에는 "여러 학생들로 하여금 역사서를 발췌하여 쓰도록 명했다(令諸生抄書史籍)"고 되어 있어 조금 차이가 있다.

129 멤피스는 카이로 남쪽 나일 강 서쪽에 있던 고대도시로, 고대 이집트 시기에는 수도 또는 문화 중심지로서의 구실을 했다. "오시만디아스"는 고대 이집트 19왕조의 3대 왕인 람세스 2세(재위 B.C. 1279?~B.C. 1213?)의 별칭이다. 유럽에 알려질 무렵에 람세스 2세는 "오시만디아스"라는 이름으로 일컬어졌는데, 영국 시인 셸리(Percy Bysshe Shelley, 1792~1822)의 작품 '오지만디아스(Ozymandias)'를 그 대표적인 예로 들 수 있다. 테베에 있는 람세스 2세의 신전 라메세움(Ramesseum)에 일종의 도서관이 마련되어 있었으며, 공식 문서보다는 종교적인 성격의 문헌을 많이 소장하고 있었다고 전한다. 기원전 1세기 무렵의 그리스 역사가인 디오도로스 시켈로스(Diodoros Sikeliotes)는 이 도서관을 "마음의 진료소(the dispensary of the mind)"라고 언급하기도 했다.

130 피시스트라투스는 기원전 561년에서 기원전 527년까지 아테네를 지배했던 참주(僭主, tyrannos)다. 기원전 540년 무렵 아테네에 최초의 공공도서관을 설립했다고 알려져 있다.

131 아시니우스 폴리오(B.C. 76~A.D. 6)는 로마의 웅변가이자 작가로, 마케도니아

부총독을 역임했다. 그가 마케도니아에서 얻은 전리품을 바탕으로 하여 로마 최초의 공공도서관이 설립되었다. 플리니우스(Gaius Plinius Secundus, 23~79)가 "아시니우스가 로마 최초의 공공도서관을 설립했다"고 언급한 바 있다. 《만국사물기원역사》에서 "亞斯尼亞와 皮利柯"로 표기한 것은 두 사람의 이름으로 착각한 결과인 듯한데, 여기서는 이를 수정하여 옮긴다.

장서루藏書樓

오늘날 세계에서 가장 큰 장서루는 프랑스 수도 파리에 있는 왕실도서관(王家書樓)이니, 1595년에 루이 14세(Louis XIV, 路易 十四)가 창건했다.[132] 크고 작은 책이 총 170만 권, 필사본이 17만 5000권, 크고 작은 그림이 30만 종, 옛 화폐가 15만 종, 판화가 130만 장인데, 해마다 약 4만 5000종의 책이 새로 더해진다고 한다.[133]

예로부터 최고의 장서루는 아테네—그리스의 수도—에 있었다. 기원전 540년 무렵에 피시스트라투스(Pisistratus, 畢西斯到得)가 창건했으며, 지금까지 남아 있다.[134] 이 밖에 알렉산드리아(Alexandria, 亞歷山大)에 있는 장서루는 기원전 47년에 창설한 것이다.[135] 영국 박물원 장서루는 길이가 32마일이며, 110만 부 이상의 책을 소장하고 있다.

132 왕실도서관의 설립 연대로 제시된 1595년은, 루이 14세의 생몰년(1638~1715)이나 재위 기간(1643~1715)과 어긋나며 실제 설립 시기와도 맞지 않는다. 프랑스 왕실도서관은 1368년에 샤를 5세가 개인 장서를 궁으로 옮긴 데서 기원을 찾을 수 있으며, 1480년에 이르러서 루이 11세가 정식으로 도서관을 세웠다. 루이 14세 때인 1666년에는, 서적 구입의 폭을 크게 넓혀 인도·중국 등의 서적도 소장하게 되었다고 한다. 프랑스혁명 이후에 국립도서관으로 바뀌었다.

133 원문의 "초득서(抄得書)"는 필사본으로, "강판도상(鋼板圖像)"은 판화로 풀이했다. 정확한 의미를 파악하기는 어렵지만, 오늘날 프랑스 국립도서관의 장서 수와 비교하면 각기 필사본과 판화를 가리키는 것으로 추정할 수 있다. 유길준의 《서유견문》에서는 프랑스 국립도서관의 장서가 200만 권에 이른다고 기록한 바 있다.

134 원문의 "自古 第一"이 구체적으로 어떤 뜻인지는 분명하지 않다. 가장 오래되었다는 정도의 의미로 풀이하는 것이 자연스럽지만, 앞의 '서적관' 항목에서 더 오래된 사례를 거론한 것과 어울리지 않는다. 피시스트라투스의 도서관에 대해서는 '서적관' 항목에서도 거론했는데, 한자 표기가 "皮斯時脫拉他斯"와 "畢西斯到得"으로 다르게 나타난다. 같은 인물이라고 생각하지 못했을 듯하다.

135 알렉산드리아 도서관은 기원전 288년 무렵에 프톨레마이오스 1세(Ptolemaeos I, 재위 B.C. 305~B.C. 285)가 설립했다. 이후 기원전 235년 프톨레마이오스 3세 때는 사라피스 신전에 별관이 설립되었다. 여기서 "기원전 47년"을 설립 시기로 서술한 이유가 무엇인지는 분명하지 않다. 기원전 47년에는 알렉산드리아에 전쟁이 있었던 시기인데, 당시 로마 황제 카이사르는 배에 불을 붙이는 전술을 사용했으며 그 결과 알렉산드리아 도서관 또한 화재를 입었다.

전필인서電筆印書

1878년에 영국인 애질생(艾迭生)이 전필인서의 방법을 처음으로 만들었다.[136] 전기의 힘을 빌려 붓으로 글자를 쓰면 그 힘이 천만 겹의 종이를 뚫을 수 있어서 마치 목판에 글자를 새기는 것과 같으니, 여기에 잉크를 뿌려주면 곧바로 인쇄가 이루어진다.

136 전필인서는 "전기 붓으로 하는 서적 인쇄"로 풀이할 수 있는데, 무엇을 가리키는지는 분명하지 않다. 이어지는 설명을 참고하면, 몇 가지 가능성을 생각해볼 수 있다. 첫째로는 월터 3세(John Walter, 1818~1894)가 1868년 무렵에 개발한 월터 윤전기(Walter Press)를 들 수 있다. 이 윤전기는 《더 타임즈(The Times)》의 인쇄에 사용되었고, 이후 현대 윤전기의 원형이 되었다. 둘째로는 1878년 무렵에 체코의 칼 클리치(Karel Václav Klíč 또는 Karl Klietsch, 1841~1926)가 개발한 그라비어 인쇄(gravure printing), 즉 음각 인쇄를 들 수 있다. 클리치는 브루노, 부다페스트, 빈 등에서 화가, 사진사, 삽화가로 활동했는데, 영국에서 그라비어 인쇄 방법을 좀 더 정밀하게 향상시켰다. 그라비어 인쇄의 개발을 가능하게 한 발명이 영국에서 이루어진 바 있는데, 1862~1864년에 윌슨 스완(Joseph Wilson Swan)이 발명한 카본 인화지(carbon tissue)가 그것이다. 셋째로는 1884년에 독일계 미국인 머건탈러(Ottmar Mergenthaler, 1854~1899)가 발명한 자동 주조 식자기인 라이노타이프(Linotype)를 들 수 있다. 넷째로는 미국인 에디슨(Thomas Alva Edison, 1847~1931)

이 1874년에 발명한 전기로 구동되는 타자기다. "에디슨"은 22장 기계에 3회 등장하는데, 모두 "衣底順"으로 표기되어 있다. 이상의 네 가지 사례 가운데 "애질생(艾迭生)"이라는 한자 표기에 상대적으로 가까운 인명은 "에디슨"이며, "전기 붓으로 글자를 써서 천만 겹의 종이를 뚫을 수 있다"라는 설명에 가장 가까운 것은 그라비어 인쇄의 개발일 듯하다. 그렇지만 넷 모두 여기서의 서술과 어긋나는 부분이 있어서, 어느 쪽이 옳다고 단정하기는 어렵다.

• 5 장 •

과학

―

科學

과학(科學)의 설(說)은 근대 태서의 학자가 발명한 것인데, 실상은 동양 성현의 격물학(格物學) 또는 육예(六藝)의 술(術)에 지나지 않는다. 태서의 사람들이 근대에 새롭게 발명하여 교육계의 교육 과정으로 만든 까닭에, 그것을 "과학"이라고 했다.[1]

1 장 제목 아래 별도의 설명을 붙인 것은 이 부분이 유일하다. "과학"이라는 말 자체를 풀이해야 할 필요가 있었기 때문일 것이다. "격물학"은 격물치지(格物致知)의 학문을 뜻하며, "육예"는 학생을 교육하는 예(禮), 악(樂), 사(射), 어(御), 서(書), 수(數)의 여섯 가지 과목을 뜻한다. 이는 곧 동양의 전통적인 학문을 가리키는 말인 셈이다. 두 번째 문장의 "泰西人은"은 원고본에는 "特西人은"으로 되어 있는데, 원고본을 따를 경우 "다만 서양(태서) 사람들이" 정도로 번역할 수 있다. "과정(科程)"은 교과 과정을 뜻하는 말이니, 근대의 서양인들이 과목을 나누어 교육했던 데서 "과학(科學)"이라는 말이 유래했다는 뜻이 된다.

공기[火氣][2]

그리스의 철학자 아낙시메네스(Anaximenes, 亞拉克斯美尼斯)—기원전 700년의 사람[3]—는 공기(火氣)가 만물의 근원이라고—공기가 희박하면 불이 되고 응축되면 땅이 되고 물이 되니, 비록 성기거나 조밀하고 짙거나 열은 차이가 있지만 만물은 공기가 아닌 것은 없다— 했다. 또 "땅과 해와 달이 모두 공기다"라고 말했다.[4]

1645년에 이탈리아 사람 토리첼리(Evangelista Torricelli, 脫利塞里)가 처음으로 공기(火氣)의 압력을 발견했다.[5] 1647년에 프랑스 사람 파스칼(Blaise Pascal, 巴斯加耳)이 공기(火氣)의 고저(高低)로 말미암아 압력의 정도가 결정됨을 발견했다.[6]

2 "화기(火氣)"는 공기를 뜻하는 말이다. 따라서 오늘날의 단어인 "공기"로 바꾸어서 번역하는 것이 자연스럽다. 그런데 "空氣"라는 어휘도 사용하고 있어서, 항목 내에 "火氣"와 "空氣"가 함께 나타나게 되었다. 두 단어를 구별하기 위하여, 여기서는 각기 "공기(火氣)"와 "공기"로 표기한다.

3 아낙시메네스(B.C. 585?~B.C. 525)에 대해 "기원전 700년의 사람"이라는 주석을 붙인 이유가 무엇인지는 분명하지 않다. 이어지는 인용은 아낙시메네스의 견해와 가깝지만, "기원전 700년"은 오늘날 알려진 활동 시기와는 차이가 있다. 불이 만물의 근원이라고 주장한 헤라클레이토스(Heraclitus of Ephesus, B.C. 540?~B.C. 480?)도 "기원전 700년의 인물"은 아니므로, "火氣"와 "火"를 착각했을 가능성도 생각하기 어렵다.

4 "공기가 희박하면"은 "散則爲火"(원고본) 또는 "敗則爲火"(간행본)를 풀이한 것이다. "산(散)"은 흩어진다는 뜻이며, "패(敗)"는 부패한다는 뜻이다. 아낙시메네스는 공기로부터 만물이 기원했다고 생각했는데, 공기의 밀도 변화에 따라서 땅과 물, 별과 불이 생겨났다고 설명했다. 따라서 원고본의 "산(散)"이 올바른 표현일 것으로 보인다.

5 토리첼리(1608~1647)는 세 곳에 언급되는데, 그 한자 표기가 "脫利塞里"(5장의 공기), "脫些利"(22장의 기압계), "脫里塞里"(22장의 배기종)로 각기 달리 나타난다. 토리첼리의 기압 발견에 대해서는 '기압계' 항목에 자세하게 서술되어 있다.

6 파스칼(1623~1662)이 진공의 문제와 관련하여 글을 발표하고 논쟁을 벌인 것은 1647년 무렵이다. 그렇지만 퓌드돔 산에 올라가 고도에 따른 수은 기둥의 높이 변화를 관측한 "파스칼의 실험"을 한 것은 1648년 9월의 일이다. 원문에서 "火氣의 高低"가 뜻하는 바가 명확하지는 않은데, 만약 고도에 따른 기압 변화 문제를 말한 것이라면 "1648년"이라고 해야 정확한 서술이 될 수 있다.

물의 구성〔水分子〕

18세기 말에 프랑스 사람 라부아지에(Antoine Laurent Lavoisier, 拉布亞塞)가 처음으로 물이 산소(養氣)와 수소(輕氣)로 이루어진다는 것을 발견했다.[7]

7 라부아지에(1743~1794)는 산소(oxygen, 1778년 발견)와 수소(hydrogen, 1783년 발견)의 명칭을 붙였으며, 분해와 합성 실험을 통해 물의 구성에 대해 분명하게 밝혔다. 그렇지만 물의 구성에 관한 실험은 그보다 앞선 시기에 영국의 프리스틀리(Joseph Priestley, 1733~1804)와 캐번디시(Henry Cavendish, 1731~1810)가 각기 실시한 바 있다.

비중

시라쿠사(Siracusa, 斯拉喬斯)의 물리학자 아르키메데스(Archimedes, 亞其美底斯)가 물속에 있는 물체의 줄어든 중량이 물체가 물속에 들어가면서 흘러넘친 물의 중량과 같음을 처음으로 발견했다. 당초에 아르키메데스가 이를 발견했을 때에는, 우연히 욕실에서 목욕통에 들어갔다가 목욕통 속에 가득하던 목욕물이 자신의 몸이 들어감으로 인해 흘러넘치는 것을 보고 이 이치를 깨달았다. 그러고는 기쁨을 이기지 못하여 자신이 벌거벗었음을 완전히 잊어버리고 "내가 발견했다. 내가 발견했다"고 크게 소리치면서 나체로 욕탕에서 뛰어나가 길거리로 달려갔다고 한다.[8]

8 22장 기계의 '펌프(唧筒)' 항목에서는 시라쿠사의 한자 표기가 "斯剌鳩士"로 나타난다.

불

수인씨(燧人氏)가 나무를 마찰하여 불을 일으켜서 처음으로 사람들에게 화식(火食)을 가르쳤다.[9] 이로부터 계절마다 새로 불을 내놓았으니, 봄에는 느릅나무와 버드나무의 불을 취하며 여름에는 홰나무와 박달나무의 불을 취하는 등의 일이 이것이다.[10]

서양 사람들의 경우에는, 그리스의 신대기(神代記)에서 "프로메테우스(Prometheus, 布魯美阿斯) 신이 횃불 한 자루를 손에 쥐고 산 위에 올라서 태양의 불을 옮겨왔으니, 이로부터 비로소 인류가 불을 얻게 되었다"고 한다.

9 수인씨는 불을 일으키는 기술과 화식을 가르쳤다는 전설상의 제왕으로, 삼황(三皇) 가운데 한 사람으로 언급되기도 한다. 일반적으로는 복희씨, 신농씨, 여와씨가 삼황으로 일컬어진다. "찬목출화(鑽木出火)"는 뾰족한 것으로 나무를 뚫어서 불을 얻는다는 말인데, 곧 나무를 뚫을 때 마찰로 인하여 불이 일어나도록 함을 뜻한다.

10 《주례》에 계절마다 불을 바꾸는 일, 즉 "개화(改火)"에 대한 언급이 보인다. 이에 따르면 계절에 따라 사용하는 나무의 종류가 각기 다르니, 이는 나무의 색과 그 계절의 색깔(方色)을 맞춘 것이다. 그런데 여기서 봄에 푸른 느릅나무, 버드나무를 사용하는 것은 이와 일치하지만, 여름에 홰나무와 박달나무를 쓴다고 한 것은 이와 어긋난다. 《주례》에서는 여름에는 붉은 살구나무와 대추나무를, 가을에는 흰 빛의 상수리나무를, 겨울에는 검은 빛의 홰나무와 박달나무를 사용한다고 했다. 따라서 "夏(여름)"는 "冬(겨울)"으로 수정해야 옳을 것이다.

전기

그리스의 석학 탈레스가 호박(琥珀)을 마찰시켜 다른 물체를 잡아당기는 힘이 있음을 처음으로 알아냈으니, 이것이 곧 전기 발견의 시초다. 1600년에 영국 의사 길버트(William Gilbert, 基耳拔)가 호박을 마찰시켜 생성되는 인력(引力)에 처음으로 "일렉츄릭틔(electricity)"라는 이름을 붙이니, 이것이 곧 전기다.[11] 1660년에 독일의 게리케(Otto von Guericke, 基列其)가 발전체와 발전체가 서로 충돌함을 발견하고 처음으로 전기 발생장치(電氣機)를 만들었다.[12] 프랑스 사람 뒤페(Du Fay, 超肥)는 전기에도 두 종류가 있다는 학설을 제창했다.[13] 미국사람 프랭클린(Benjamin Franklin, 夫蘭克連)은 전기가 원래는 한 종류지만 다만 작용할 때는 두 종류가 됨을 밝혔다. 하나는 다른 물체를 끌어당기는 힘이며 하나는 서로 밀어내는 힘이니, 그 모습으로부터 "적극"과 "소극"의 명칭을 부여했다. 또한 프랭클린은 천상의 천둥과 번개가 지상의 전기와 같은 것임을 밝혔다.[14] 1820년에 덴마크(Denmark, 丹麥國)의 외르스테드(Oersted, 衣耳士鐵)가 전기와 자기 사이에 친밀한 관계가 있음을 발견했다.[15]

11 길버트(1544~1603)는 1600년에 쓴 《De Magnete(자석에 대하여)》에서 처음으로 "전기"에 해당하는 단어를 사용했다. 길버트는 호박(amber)을 이용하여 연구를 했는데, 호박을 뜻하는 그리스어 "elektron"와 라틴어 "electrum"에 착안하여 전기를 뜻하는 형용사 "electricus"를 만들었다고 한다. 전기에 해당하는 말을 간행본에서는 "일렉츄릭틔"로, 원고본에서는 "electoricity〔electricity〕"로 기록하고 있다.

12 독일의 게리케(1602~1686)는 1660년 무렵—1663년으로 파악하는 견해도 있다—에 기본적인 형태의 기전기(起電機, Electrostatic generator)를 발명했다. 게리케의 기전기는 황(sulphur)을 넣은 구(球)를 회전시키면서 거기에 손을 대어 전기를 일으키도록 고안되었는데, 마찰기전기의 시초로 일컬어진다.

13 뒤페(1689~1739)는 전기에 두 종류가 있음을 발견하고, 이를 각기 "vitreous(유리적인 것)"과 "resinous(수지적인 것)"으로 명명했다.

14 프랭클린(1706~1790)의 한자 표기가 간행본에는 "夫을蘭克連"으로 되어 있으나, 원고본에는 "을"이 없다. "을"은 인쇄 과정에서 잘못 들어간 것으로 짐작된다. 22장 기계의 '피뢰침(避雷柱)' 항목에는 "芙蘭其連"으로 표기되어 있다. "적극"(positive)과 "소극"(negative)은 곧 양전기와 음전기다.

15 코펜하겐 대학의 교수 외르스테드(1777~1851)는 전류가 흐르는 동안에 자석이 제대로 남북을 가리키지 않는다는 사실을 발견하고, 전기와 자기 사이에 직접적

인 관련성이 있음을 추론했다. 그의 연구는 전자기학(electromagnetism)의 기초를 마련했다고 평가된다.

마찰 전기

전기의 근본은 오직 한 종류지만, 현상의 나뉨에 따라 그 효험이 또한 달라진다.

(갑) 마찰 전기는 전기를 일으킬 수 있는 물체를 마찰하여 일어나는 전기이니, 그 발명은 그리스인 탈레스에게서 비롯했다.

(을) 갈바니 전기(Galvani-, 家兒法哇尼 電氣)—곧 볼타 전기(Volta-, 窩兒他 電氣)다—는, 곧 전지 안에서 화학적 작용으로 일어나는 전기다. 1786년에 이탈리아의 의사 갈바니(Galvani, 家兒法哇尼)가 개구리 다리에 경련이 일어나는 것을 보고서 발명했다. 또 1793년에는 같은 나라의 물리학자 볼타(Volta, 窩兒他)가 전지로 전기를 일으키는 방법을 발명했다.[16]

(병) 패러데이 전기(Faraday-, 花喇德 電氣)는 전기와 자기가 서로 감응하는 것이다. 그 방법을 이용하면, 미약한 볼타 전류로 하여금 코일을 지나가게 함으로써 강하고 맹렬하게 감응하는 전류를 일으키도록 할 수 있다. 이는 1821년에 영국인 패러데이(Faraday, 花喇德)가 발견한 것이다.[17]

16 갈바니(1737~1798)는 해부 실험 도중에 죽은 개구리의 다리가 경련을 일으키는 현상을 발견했는데, 이를 "동물전기(animal electricity)"로 이해했다. 갈바니의 실험은 이미 우리나라의 신문에도 소개된 바 있는데, 이 발견과 관련된 일화는 학생들이 처음 발견했다거나 부인을 위해 요리를 하다가 발견했다거나 하는 등의 다양한 형태로도 전해지고 있다. 한편 "갈바니"는 22장 기계의 '전등' 항목에는 "家耳哇尼"로 표기되어 있다. 볼타(1745~1827)는 갈바니의 실험에 대해 관심을 가지고 그 원리를 연구했지만, 동물전기라는 해석에 대해서는 비판적이었다. 볼타는 개

구리의 다리(생물체의 몸)가 아니라 금속 사이의 접촉에 전기 발생의 원인이 있다고 생각했으며, 이런 해석은 결국 볼타 전지의 발명으로 이어지게 되었다.

17 영국의 패러데이(1791~1867)는 1821년 전자기 회전(electromagnetic rotation) 실험에 성공했다. 1820년 무렵 외르스테드가 전류의 자기 작용을 발견함으로써 당시 유럽에서는 전자기에 대한 관심이 높아졌는데, 패러데이는 역으로 자기에서 전류를 발생시키는 문제에 대해 연구한 것이다.

산술算術

황제 때에 예수(隸首)가 처음으로 산술을 만들었다.[18] 《주역》에 대연(大衍)의 수가 50이라 했다.[19] 주공이 구장(九章)의 수를 발명하여 보씨(保氏)로 하여금 나라의 자제들을 가르치게 했는데, 곧 육예(六藝)의 하나였다.[20] 그 뒤에는 당나라의 일행(一行)과 송나라의 강절(康節) 소옹(邵雍)이 모두 산술을 분명하게 밝혔다.[21]

서양에서는 그리스의 학자 탈레스가 이집트의 사제(僧侶)에게서 산술을 배워 자기 나라에 전했는데, 이로부터 산술이 점차 진보했다. 구구 곱셈법(乘算九九)의 표는 그리스 사람 피타고라스(Pythagoras, 皮斯哥剌斯)가 만들었다.[22]

18 예수는 황제의 사관(史官)으로, 처음으로 숫자를 만들었다고 한다. 《세본》 이래로 여러 문헌에 이에 대한 기록이 보인다. 한나라 서악(徐岳)의 《수술기유(數術記遺)》에는 예수가 사용했다 하는 계산법에 대한 언급이 보인다. 또 예수가 처음으로 주산(珠算)을 만들었다는 이야기도 전한다.

19 《주역》 계사전에 "대연의 수는 50인데, 그 용(用)은 49다(大衍之數五十, 其用四十有九)"라는 말이 있다. 그 주석 가운데 하늘이 생긴 수를 3, 땅이 생긴 수를 2로 잡아서 그 합한 수인 5를 각각 10까지 늘려 만들어지는 수가 50이라는 풀이가 보인다.

20 《후한서》 정현전(鄭玄傳)의 주석에 "《구장산술》은 주공이 지은 것이니, 모두 9편이다(九章算術, 周公作也. 凡有九篇)"라는 말이 보인다. 《구장산술》은 동양에서 가장 오래된 수학서로, 저자와 저술 시기는 밝혀지지 않았다. 다만 위나라의 유휘

(劉徽)가 263년에 쓴 《구장산술주(九章算術註)》가 있어서, 그보다 앞선 시기에 편찬된 것임을 알 수 있을 뿐이다. 밭의 넓이를 구하는 데서부터 방정식에 의한 풀이까지 다양한 문제와 산법(算法)을 다루고 있다. 《주례》 지관 보씨에서는 "보씨는 왕의 잘못을 간하고 나라의 자제를 기르는 일을 맡는다. 육예로 가르치는데, 첫째는 오례요, 둘째는 육악이요, 셋째는 오사요, 넷째는 오어요, 다섯째는 육서요, 여섯째는 구수다(保氏掌諫王惡, 而養國子以道. 乃敎之六藝, 一曰五禮, 二曰六樂, 三曰五射, 四曰五馭, 五曰六書, 六曰九數)"라고 했다.

21 일행(683~727)은 당나라 현종 때의 인물로, 724년에 대연력(大衍曆)을 완성했다. 소옹(1011~1077)는 북송의 학자로 역(易)을 바탕으로 하여 특유의 수리철학을 완성했다. 그의 저서인 《황극경세서》는 수리(數理)로 천지만물의 생성과 변화를 설명했는데, 후대에도 큰 영향을 주었다. 강절은 소옹의 시호(謚號)다.

22 "피타고라스"는 《만국사물기원역사》에 4회 언급되는데, 그 표기는 "皮斯哥剌斯", "披沙哥剌斯", "披阿哥剌斯"의 세 가지 형태로 나타난다.

대수학代數學

4세기 중에 이집트 알렉산드리아 항의 디오판토스(Diophantos, 柯漢德斯)가 처음으로 발명했다. 아라비아 사람들이 이를 배웠으며, 15세기 말에 비로소 유럽에 유입되었다.[23] 피사(pisa, 坡阿) 사람 레오나르도(Leonardo Fibonacci, 那拉德)가 이탈리아에 전했다.[24] 로마자를 숫자를 대신하는 부호로 삼은 것은 1590년에 프랑수아 비에트(Francois Viete, 法蘭斯時堯他)로부터 비롯되었다.[25]

23 원고본과 간행본 모두 "14세기"로 기록했지만, 이는 명백한 오류다. 오늘날 알려진 바에 따라 "4세기"로 바로잡아 옮긴다. 디오판토스(246?~330?)는 알렉산드리아에서 활동한 그리스 수학자다. 원문에 "柯漢德斯"로 표기되어 있는데, 음가를 고려하면 앞부분에 한 글자가 누락되었을 것으로 추정된다. 디오판토스는 방정식 문제와 해법을 다룬 《Arithmetica(산수론)》 13권을 남겼는데, 오늘날에는 6권만이 전한다. 디오판토스의 책은 이후에 아라비아어로 번역되어 수학의 발전에 크게 기여하였다. 유럽에서는 1460년대에 이 책에 대해 언급한 사례가 있었지만, 당시

에는 본격적인 연구는 이뤄지지 않은 듯하다. 1570년에 이르러서야 이탈리아의 봄벨리니(Rafael Bombelli, 1526~1572)가 처음으로 라틴어로 번역했다고 한다.

24 레오나르도 피보나치(1170?~1250?)는 오늘날에는 "피보나치"로 불리지만, 당시에는 "피사의 레오나르도(Leonardo da Pisa)"로 일컬어졌다. 아라비아 등지에서 수학을 배우고 피사로 돌아와서 《주판서(珠板書)》(1202)를 저술했다. 이후 몇 세기 동안 이 책은 유럽의 수학 발달에 큰 영향을 주었다. 원고본의 "坡阿人 那拉德"는 "피사 사람 나르도"의 음차로 보이며, 간행본의 "始"는 "拉"의 오자인 듯하다.

25 프랑수아 비에트(1540~1603)는 프랑스의 수학자로, 관리로 일하면서 수학을 연구했다. 그는 1591년에 간행한 《In Artem Analyticien Isagoge(해석학 입문)》에서 숫자를 문자로 표시하는 "문자방정식"을 도입했는데, 이후에 데카르트가 이를 보완함으로써 오늘날과 같은 형태의 방정식 표기가 나타나게 되었다.

기하학幾何學

그리스의 석학 탈레스가 이집트에서 땅 위의 그림자를 관찰하여 피라미드의 높이를 측량했고, 또 기하학에서의 여러 가지 난제를 풀어냈다. 대개 기하학은 이집트의 상고시대에 이미 존재했는데, 다만 직각삼각형의 빗변의 제곱과 한 변의 제곱 및 다른 한 변의 제곱의 합이 같다는 사실은 피타고라스(披沙哥剌斯)가 밝힌 것이다.

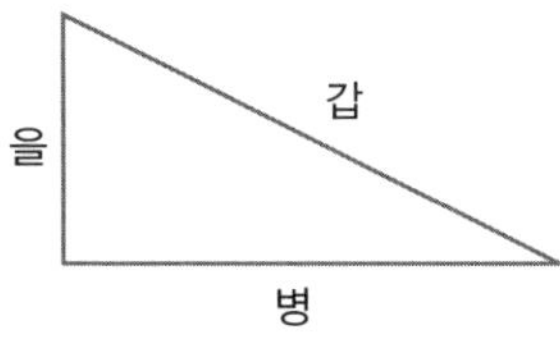

갑빗변(甲弦)의 제곱(自乘)과 병(丙)의 제곱, 을(乙)의 제곱의 합이 같다는 공식은 다음과 같다.

$$갑^2 = 을^2 + 병^2$$

숫자(數學)

서양 사람들이 산수에 사용하는 숫자는 두 종류가 있다. 하나는 아라비아숫자(亞剌伯數字)요, 하나는 로마숫자다. 로마숫자는 로마자 가운데 V, X, L, C, M의 여러 글자를 따서 사용한 것이다.[26] 아라비아숫자(亞剌比亞數字)는 곧 1, 2, 3, 4, 5, 6, 7, 8, 9인데, 이는 그리스 문자에서 변화된 것이라고 한다.[27]

26 로마숫자는 모두 7개의 문자를 사용한다. 여기서 언급한 5개 문자 이외에도 I, D가 사용된다. 그 내용은 다음과 같다. I=1, V=5, X=10, L=50, C=100, D=500, M=1000.

27 아라비아숫자는 인도의 문자에서 유래한 것이다. 그리스 문자에서 전와(轉訛)된 것이라고 한 이유는 분명하지 않지만, 니시무라 시게키의 《서국사물기원》에도 이와 같은 언급이 있는 것으로 보아 당시에 널리 퍼져 있던 오류인 듯하다. 기원전 3세기 무렵에 이미 인도인들은 1에서 9까지의 숫자를 사용하고 있었으며, 이후 아라비아인들이 이를 사용하고 다른 지역에 전파하면서 "아라비아숫자"라고 불리게 되었다. 이후 레오나르도 피보나치의 《주판서》를 계기로 유럽에서도 아라비아숫자가 사용되었다고 한다.

지도

동양에서는 삼대 이래로 천하 주국(州國)의 판도(版圖)를 천부(天府)에 보관해두었으니,[28] 대개 그 유래가 이미 오래된 것이다. 《주례》에서는 "대사도(大司徒)는 천하 토지의 지도를 관장하여, 구주 지역의 넓이를 안다"고 했다.[29]

일본에서는 나카미카도 천황(中御門天皇) 향보(享保) 연간에 여지도(輿地圖)를 처음으로 제작하고 측오표(測午表)를 세웠다[30] [지금으로부터 193년 전].

《구약전서》 여호수아기(Joshua, 約書亞紀)에 “너희들이 그 땅을 그려 오되, 일곱 부분으로 나누어서 하라”라고 했으니, 이것이 지도의 남상(濫觴)이다.[31] 이집트에서는 기원전 1400년 무렵에 이집트 왕 세소스트리스(Sesostris, 地疏斯脫利)가 사방을 정복하여 강토를 크게 넓히고 새로 점령한 곳의 지도를 만들었다고 하니, 이것이 지도의 시초다.[32]

28 “판도”는 호적과 지도를 뜻하는 말인데, 여기서는 지도 또는 강역도(疆域圖)의 의미로 풀이할 수 있다. 《주례》 천관에 이와 같은 용례가 보인다. “천부”는 천자의 관아 또는 곳집을 뜻하는 말이다. 주나라 때에는 대부(大府), 왕부(王府), 내부(內府), 외부(外府), 천부(泉府), 천부(天府), 직내(職內), 직금(職金), 직폐(職幣)의 구부(九府)가 있었다고 한다.

29 《주례》의 원래 이름은 “주관(周官)” 또는 “주관경(周官經)”이다. 원문에는 “주관(周官)”으로 되어 있지만, 여기서는 “주례”로 옮긴다. 《주례》 지관 대사도(大司徒)에서 인용한 것이다. 광륜(廣輪)은 넓이를 이르는 말이다. 이때 ‘광’은 동서(東西)를, ‘륜’은 남북(南北)을 뜻한다.

30 향보는 1716~1735년에 해당한다. “여지도”는 도쿠가와 요시무네(德川吉宗)가 수학자로 명성이 있었던 다케베 가타히로(建部賢弘, 1664~1739)를 불러들여서 1719년부터 1723년 사이에 만든 “향보 일본도(享保日本圖)”를 가리키는 것으로 보인다. 이보다 앞선 시기부터 막부에서는 일본 지도를 제작한 바 있으므로, 이를 일본 지도의 기원으로 보기는 어렵다. “측오표”는 해의 남중고도를 측정하는 기구인데, 향보 연간에 도쿠가와 요시무네가 이를 세우도록 명했다는 기록이 있다.

31 《구약전서》 여호수아기 18장에서 인용한 것이다. 원문에 출처가 “亞紀”로 표기되어 있지만, 여호수아기의 한자 표기인 “約書亞紀”에서 앞의 두 글자가 누락된 것으로 보인다.

32 세소스트리스는 헤로도토스의 《역사》에 등장하는 전설적인 왕인데, 2장 지리의 ‘큰 돌(大石)’ 항목에서는 “西蘇士特利”로 표기되어 있다. 그런데 여기서 언급한 내용은 중왕국 12왕조의 정복군주인 세누스레트 1세(Senusret I, 재위 B.C. 1971~B.C. 1926)에 대한 것으로 보인다. 세누스레트 1세 또한 “세소스트리스”로 불리기도 했다. 어느 쪽을 가리킨 것인지는 분명하지 않지만, 두 파라오의 재위 기간은 여기서 언급한 “기원전 1400년 무렵”과는 일치하지 않는다.

지구의地球儀

지구의는 기원전 6세기 무렵에 그리스 철학자 아낙시만드로스(Anaximandros, 亞拉克斯曼)가 처음으로 만들었다고 한다.[33]

33 아낙시만드로스(B.C. 610?~B.C. 546?)는 밀레토스 학파에 속하는 철학자다. 그가 만든 것으로 알려진 지구의는 일종의 "세계지도"로 이해되기도 하는데, 지중해와 흑해를 사이에 두고 유럽, 아시아, 리비아 등의 위치를 표시했다고 한다.

천구의天球儀

천구의는 에라토스테네스(Eratosthenes, 郁多塞時)가 처음으로 만들었다.[34]

34 에라토스테네스(B.C. 276?~B.C. 195?)는 고대 그리스의 지리학자, 천문학자다. 원고본과 간행본 모두 "郁多塞時에"로 표기되어 있는데, 이때의 "에"는 "가"의 오자일 듯하다. 그렇지만 이름을 "郁多塞"으로 표기하고자 했을 가능성도 있는데, 이 경우에는 "에라토스테네스(郁多塞)의 때에"의 뜻이 된다.

토지 측량술〔測地術〕

주공이 토규(土圭)를 사용하여 해의 그림자와 땅의 표면을 측정한 일은 《주례》에 실려 있다. 주공보다 앞서 하나라 우임금은 수해(竪亥)로 하여금 동쪽 끝에서 서쪽 끝까지 걷게 했는데, 5억 10만 9808걸음이었다고 한다. 왼손에는 산가지를 쥐고 오른손으로는 청구(青邱) 북쪽을 가리키게 했다고 한다—《산해경》에 있다—. 이것이 곧 토지 측량의 시초다[35]〔지금으로부터 4140년 전 무렵〕.

서양에서는, 이집트의 나일 강이 매년 범람하여 밭의 경계가 없어지는 까닭에 물이 빠진 뒤에는 반드시 토지를 측량하여 경계를 다시 정했다. 이것이 토지 측량 발달의 시초다.

35 수해는 하나라 우임금의 신하로, "잘 걷는 사람(健行人)"이었다고 한다. 우임금이 수해에게 직접 걸어가면서 세상 끝까지의 거리를 재도록 명령했다는 것인데, 인용된 부분은 일부 표현에서 《산해경》의 내용과 조금 차이가 있다. 즉 《산해경》에서는 "오른손"에 산가지를 쥐고 "왼손"으로 청구 북쪽을 가리켰다고 했으며, 거리를 잰 결과가 "5억 10만 9808보"가 아닌 "5억 10만 9800보"라고 했다. 인용 과정에서 오류가 있었던 것으로 보인다. "산가지(算)"를 쥐고 간다는 것은 걸음의 수를 헤아려가면서 걸었다는 뜻이다.

·6장·
교육
—
教育

학교

나라에 설치한 것을 "학(學)"이라 하고, 고을에 설치한 것을 "교(校)"라 한다. 중국에서는 요순의 시대에 순임금이 대학(大學)과 소학(小學)을 처음 설립하여 주자(胄子)—주(胄)는 원(元)의 뜻이다—를 교육했는데, 대학을 "상상(上庠)"이라 하고 소학을 "하상(下庠)"이라 했다.[1] 하나라 우임금은 "동서(東序)"—대학—, "서서(西序)"—소학—라 했다. 은나라에서는 "좌학(左學)", "우학(右學)"—소학—이라 했다. 주나라에서는 "동교(東膠)"—대학—, "우상(虞庠)"—소학—이라 했다. 또 천자가 세운 것을 "벽옹(辟雍)"—음은 옹이다. 벽옹은 벽(璧)과 같이 물로 에워싼 까닭에 붙여진 이름이다—이라 했고, 제후가 세운 것을 "반궁(泮宮)"—물의 한쪽 면은 막혀 있지 않은 까닭에 반수(泮水)라 한다—이라 했다.[2]

우리나라에서는 기자(箕子)가 처음으로 학교를 설립했다. 8조(條)의 가르침을 익히게 했으니, 곧 윤리와 예의와 법률 등이었다〔지금으로부터 3030년 전〕.

고구려에서는 소수림왕 2년에 처음으로 태학(太學)을 설립하여 자제를 교육했다〔지금으로부터 1500년 전〕.

신라에서는 진덕여왕 5년에 처음으로 대사(大舍) 두 사람을 두었는데, 곧 국학(國學)의 관직이었다—신문왕 2년에 다시 국학경(國學卿)을 두었다〔지금으로부터 1260년 전〕.

백제에서는 근초고왕 29년에 처음으로 고흥(高興)을 박사로 삼았다.

고려에서는 태조 13년 서경에 처음으로 학교를 설립하고 수재(秀才) 정악(廷鶚)을 서학박사(書學博士)로 삼았다. 또 따로 학원(學院)을 세워서 육부(六部)의 생도를 가르치게 했다. 성종 때에는 여러 고을의 자제들을 뽑아 서울에서 학업을 닦게 했다. 11년에 국자감(國子監)을 창립했다.[3]

일본에서는 덴지 천황(天智天皇)이 처음으로 학교를 세웠다〔지금으로부터 1240년 전 무렵〕. 덴무 천황이 처음으로 도읍에는 대학을, 여러 지방(國)에는 국학(國學)을 설치했다. 몬무 천황(文武天皇)이 대학료(大學寮)에 박사(博士)와 조교(助教)를 두었다.

서양에서는 그리스에서 학교가 비롯되었다. 플라톤(Plato, 布拉圖)의 아카데미(Academy, 亞加德美)가 가장 오래된 것이다.[4]

1 "주자"에는 "맏아들"이라는 뜻과 "적자(嫡子)"라는 뜻이 있다. 원고본과 간행본 모두 "夏庠"이라고 했으나, "下庠"의 오기다. 바로잡아 옮긴다.

2 벽옹과 반궁은 모두 대학에 해당한다. "벽(璧)"은 둥근 옥을 일컫는 말이다. "반궁"은 학교를 둘러싼 연못이 반원의 형태를 이루고 있다는 뜻인데, 천자의 "벽옹"과는 달리 완전한 원의 형태가 되지 못하는 것이다. 우리나라에서는 성균관과 문묘를 합쳐서 "반궁"이라 했는데, 성균관이 제후의 대학(국학)에 해당되기 때문이다. 또 성균관에서 일하는 이들이 거주하던 성균관 주변 지역을 "반촌(泮村)"이라고 했는데, 이 또한 여기서 유래한 말이다.

3 《증보문헌비고》에는 태조 13년(930) 12월에 태조가 서경에 행차했는데 서경에는 아직 학교가 없었기에 학교를 세우고 박사관(博士官)을 두도록 했다는 기록이 있다. 이때 서학박사(書學博士)로 서경에 머물게 된 정악으로 하여금 별도로 "학원"을 세워 학생들을 가르치도록 한 것이다. 성종 11년은 992년이다. 국자감은

이탈리아 르네상스의 3대 거장 중 한 사람인 라파엘로의 〈아테네 학당〉. 로마 바티칸궁 서명실의 프레스코화로, 그리스 시대의 아카데미를 그린 작품이다.

개경에 세워진 국립대학인데, 992년 무렵에 원래 개경에 있던 학교를 개편하여 설립한 것으로 추정된다.

4 플라톤(B.C. 427~B.C. 347)은 스승 소크라테스가 처형된 뒤에 여러 지역을 여행했는데, 40세 무렵에 아테네로 돌아와서 "아카데미"(Academy, Acadēmeia)를 세웠다고 한다. 이 학교는 플라톤이 죽은 뒤에도 유지되었으며, 529년에 유스티니아누스 대제에 의해 폐지되었다. 원문에 플라톤의 아카데미가 "爲最"하다고 했는데, 이는 "가장 오래되었다" 또는 "최고였다"로 풀이할 수 있다. 여기서는 학교의 기원을 서술한 것으로 이해할 수 있으므로 "가장 오래되었다"는 뜻으로 옮겼다.

지방 학교[鄕學校]

고려 태조 13년 서경에 따로 학원을 창설하고 육부의 생도를 가르쳤으니, 이것이 향교의 남상(濫觴)이다. 그 뒤 성종 6년에 12목(牧)에 경학박사(經學博士)를 두어 자제를 교육하게 했다.[5] 또 11년에는 "짐이 도성에는 상서(庠序)를 열고 외방에는 학교(學校)를 둘 것이다"라고 전교(傳敎)했는데, 이때에는 12목에만 학교를 설치했다. 예종 초년에 "3경(京) 8목(牧)의 통판(通判) 이상 관리와 주(州)와 현(縣)의 수령은 학교의 일도 아울러 관장하게 하라"고 명했으나, 아직 학교가 널리 설치되지는 않았다. 인종 5년 3월에 비로소 여러 고을에 학교를 설립하도록 명했으니, 이것이 향교 설립의 시초다〔지금으로부터 781년 전〕. 공민왕 원년에 진사 이색(李穡)이 상소하여 "외방의 향교(鄉校)와 서울의 학당(學堂)에서 재주를 시험하여 12도(徒)에 올리고, 12도에서 성균관(成均館)에 올려서, 예부(禮部)에 추천하게 하소서"라고 했는데, 이것이 향교에서 인재를 시험하여 선발한 일의 시초다.[6]

우리 조선에서는 태조 원년에 여러 도(道)의 안찰사(按察使)로 하여금 학교가 흥성한가 피폐한가에 따라 고을의 수령을 고과(考課)하는 법을 정하게 하셨다. 이해에 제주와 공주(孔州), 북쪽으로는 갑산(甲山)에 이르기까지의 여러 고을에 모두 학교를 세우고 선비를 모아서 자제들을 가르치게 했다. 유학제조(儒學提調) 권근(權近)이 향학사목(鄉學事目)을 정했다.[7]

《예기》에서는 "옛날에 당(黨)에는 상(庠)이 있고 술(術)에는 서(序)가 있었다"라고 했다.[8] 이로 보건대 중국의 향교는 그 유래가 이미 오래된 것이다. 《한서》에서는 "삼대에는 향리마다 가르치는 곳이 있었으니, 하나라에서는 교(校), 은나라에서는 상(庠), 주나라에서는 서(序)라 했다"고 했다. 진(晋)나라 효무제(孝武帝) 태원(太元) 9년에 상서령(尚書令) 사석(謝石)이 여러 고을로 하여금 널리 향교를 수선하게 했다〔지금으로부터 1525년 전〕.

5 성종 때 여러 고을에서 학생을 뽑아 서울에서 학업을 닦게 했는데, 성종 5년에 이들 가운데 원하는 사람은 고향에 돌아갈 수 있도록 했다. 자기 고을로 돌아간 이들을 가르칠 사람이 필요했기에, 성종 6년에 12목에 경학박사를 설치하여 학식이 있는 이들을 파견한 것이다.

6 《고려사》 권74에 이색(1328~1396)의 상소 내용이 인용되어 있는데, 상소한 시점은 공민왕 원년(1352) 4월로 되어 있다. "12도"는 일종의 사립학교인데, 중간에 사립학교를 거쳐서 성균관으로 올라갈 수 있도록 청한 것이다. 《고려사》에 제시된 이색의 상소 내용은 다음과 같다. "청컨대, 지방의 향교와 서울의 학당에서 재주를 시험하여 12도에 올려보내고, 12도에서는 또 이를 모아 시험하여 성균관에 올려보내되, 기한을 정하고 덕성과 기예를 연마케 한 다음에 예부에 추천하게 하소

서. 합격한 자에게는 전례에 따라 벼슬을 주고 불합격자에게는 출신(出身)의 자격을 주어야 할 것입니다. 벼슬에 있으면서 과거에 응하는 사람을 제외하고는, 국학생이 아니면 과거에 응시하지 못하게 해야 할 것입니다(請外而鄕校, 內而學堂, 考其才而陞諸十二徒, 十二徒又摠而考之, 陞之成均, 限以日月, 程其德藝, 貢之禮部. 中者依例與官, 不中者亦給出身之階, 除在官而求擧者, 其餘非國學生不得與試)."

7 각 도에 파견된 안찰사는 고을 수령이 행한 정사를 평가하는데, 태조 원년에 안찰사로 하여금 그 고을에 학교가 흥성한가를 기준으로 삼아 수령을 평가하도록 했다는 뜻이다. "공주(孔州)"는 경원의 옛 이름이다. 태조 때 권근이 상소를 올려 권학사목(勸學事目) 8조를 제시했는데, 그 가운데 향학사목이 있었다.

8 《예기》에 "옛날의 학교로는 집에는 숙이 있고, 당에는 상이 있으며, 술에는 서가 있고, 나라에는 학이 있었다(古之敎者, 家有塾, 黨有庠, 術有序, 國有學)"고 했는데, '당'과 '술'은 모두 고을의 단위다. '당'은 500호(戶) 정도로 이루어진 가장 작은 단위다. '술'은 '수(遂)'라고도 하는데, 5개 현(縣)을 합쳐서 일컫는 단위로 대략 2만 5000호(戶) 정도에 해당한다.

사범학교師範學校

신라 경덕왕 6년에 국학(國學)에 제업박사(諸業博士), 조교(助敎), 사업(司業)을 두었으니, 이것이 사범학교의 시초다.[9]

고려 성종이 경학(經學)에 통달한 사람을 선발하여 12목에 각기 한 사람씩 파견해서 가르치는 일을 하도록 했다. 인종 때에는 국자학(國子學), 태학(太學), 사문학(四門學)에 박사(博士)와 조교(助敎)를 두어서, 학문과 행실이 뛰어나 사범의 일을 감당할 만한 사람으로 하여금 경전을 나누어 가르치게 했다.[10] 이것이 사범학의 시초이지만, 아직 사범학을 전문으로 하는 학교를 설립하지는 못했다.

태황제(太皇帝) 23년에 육영공원(育英公院)을 설립했지만 얼마 지나지 않아 폐지했다. 32년 4월에 비로소 한성사범학교(漢城師範學校)를 설립했다.[11]

한나라 문제 때에 문옹(文翁)이 촉군태수(蜀郡太守)가 되었는데, 촉 땅이

외지고 황량함을 보고서 고을의 하급 관리 가운데 장숙(張叔) 등 10여 명의 명민하고 재주 있는 이들을 뽑아 서울에 가서 박사에게 수업을 받도록 했다. 이들이 학업을 마치고 고을로 돌아오자 사범이 되게 하고, 학교를 설립하여 자제들을 교육하도록 했다. 이로부터 천하에서 이를 본받아 행했다[지금으로부터 2080년 전 무렵].[12]

1699년에 독일의 프랑케(Francke, 法蘭克)가 학교를 설립하고 교원을 양성했으니, 이것이 사범학의 시초다.[13]

9 《삼국사기》에 경덕왕 6년(747) 국학에 제업박사와 조교를 두었다는 기록—신라본기—과 경덕왕이 경(卿)의 명칭을 사업(司業)으로 고쳤다는 기록—잡지—이 있다. 제업박사의 역할은 정확히는 알 수 없지만, 당시 국학에서 가르치던 여러 과목의 교수를 나누어 맡았던 것으로 짐작된다. 경은 장관의 역할을 했던 것으로 알려져 있는데, 경덕왕 때에 "사업"으로 명칭을 고쳤다가 혜공왕 때에 다시 원래대로 "경"으로 바꾸었다. 장지연은 제업박사, 조교, 사업이 모두 사범의 역할을 맡았던 것으로 이해한 듯하다. 원문의 "권여(權輿)"는 "시초"로 번역했는데, 권여는 사물의 시초를 뜻하는 말이기 때문이다. "권(權)"은 저울대, "여(輿)"는 수레 바탕을 뜻한다. 저울을 만들 때는 저울대부터 만들고, 수레를 만들 때는 수레 바탕부터 만든다.

10 성종 때 12목에 경학박사(經學博士)를 파견한 일—앞의 '학교'와 '지방학교' 항목에서 모두 거론됨—과 인종 때 국자감을 정비하면서 박사, 조교를 둔 일을 말한 것이다. 인종 때에는 국자감 안에 국자학 · 태학 · 사문학 · 율학(律學) · 서학(書學) · 산학(算學)의 "경사 육학(京師六學)"을 두었다. 이때 국자학 · 태학 · 사문학에는 박사와 조교를 두었고, 율학 · 서학 · 산학에는 박사만 두었다.

11 태황제는 곧 고종이다. 육영공원은 1886년(고종 23) 9월에 개교되었고 1894년에 폐교되었다. 육영공원은 젊은 현직 관료 중심의 좌원반(左院班)과 양반 자제 중심의 우원반(右院班)으로 구성되었는데, 외국어 교육 중심의 근대식 학교이기는 하나 사범학교로서의 성격은 찾기 어려운 듯하다. 한성사범학교는 1895년(고종 32) 4월에 교사양성을 목적으로 한 "한성사범학교관제"의 공포와 함께 개교되었다.

12 문옹(B.C. 156~B.C. 101)은 서한 경제(景帝)에서 무제(武帝)의 시기에 활동했던 인물로, 지방의 교육을 진흥시킨 관리로서 널리 알려져 있다. 《한서》 문옹전(文翁傳)에서는 "경제 말(景帝末)"에 촉군 태수가 되었다고 했으며, 따라서 여기서 "문제 때"라고 한 것은 잘못이다. 또 문옹전에서는 문옹이 촉의 태수가 되어서 "촉 땅

이 외지고 황량하여 오랑캐의 풍속이 있음을 보았다(見蜀地辟陋有蠻夷風)"고 했다.
13 프랑케(1663~1727)는 독일 경건주의(Pietism) 운동의 지도자다. 1691년에 할레 대학(University of Halle)의 교수가 되었으며, 1695년부터는 고아를 비롯하여 소외된 아이들을 위한 학교를 설립하여 운영했다. 점차 학교의 규모가 확대되면서, 프랑케가 설립한 학교에는 고아원, 그리고 학생들을 가르칠 교사의 양성을 위한 신학교(seminary)도 갖추어지게 되었다고 한다.

성균관成均館 부附 국자감國子監, 수학원修學院

성균(成均)은 중국 오제(五帝) 때의 학교다. 《주례》에서는 "대사악(大司樂)이 성균의 법을 관장하여 나라의 학정(學政)을 일으킨다"고 했다.[14]

고려 성종 11년에 처음으로 국자감(國子監)을 설치했다. 인종 때에는 학식(學式)을 정했는데, 국자학의 학생은 문무관 3품 이상인 사람의 아들과 손자, 훈관(勳官) 2품으로 현공(縣公) 이상인 사람의 아들로 하고, 태학의 학생은 문무관 5품 이상인 사람의 아들과 손자, 3품인 사람의 증손자, 훈관 3품 이상으로 봉작이 있는 사람의 아들로 했다. 《고려사》 식화지(食貨志)에 "국자좨주(國子祭酒)는 녹이 233석(石) 5두(斗)요, 사업(司業)은 153석 5두요, 국자박사(國子博士)는 30석이요, 태학박사(太學博士)는 27석이다"라고 했다.[15]

충선왕 초년 5월에 국자감을 성균관으로 개칭했으니, 이것이 성균의 시초다. 김순(金恂)을 처음으로 성균좨주로 삼았다.[16]

중국에서는 진(晋)나라 무제 함녕(咸寧) 4년에 처음으로 국자학을 설치했고, 수나라 양제가 처음으로 "국자감"이라고 일컬었다. 이어서 당나라에서는 사성관(司成館)이라 고치고, 좨주를 대사성(大司成)으로 고쳤다. 광택(光宅) 원년에는 성균감(成均監)으로 고쳤다—태학에서는 경학에 뛰어난 국

내의 인재를 교육했고, 국자감에서는 귀족의 자제를 교육했다.[17]

우리 조선에서는 태학과 국자감을 합하여 성균관만을 설치했다. 광무 11년에 처음으로 수학원을 설치했는데, 이는 곧 옛날 국자감과 같은 교육기관이다.[18]

14 《예기》 문왕세자(文王世子)의 주석에 "오제는 대학을 일러 '성균'이라 했다(五帝名大學曰成均)"는 말이 보인다. 《주례》의 인용문은 춘관에 보인다.

15 인종 때 국자감을 개편하면서 설치한 "경사 육학(京師六學)"에는 국자학 · 태학 · 사문학 · 율학(律學) · 서학(書學) · 산학(算學)의 6개 학과가 있었다. 그 가운데 유학을 교수하는 국자학, 태학, 사문학에는 신분에 따른 입학 자격의 제한이 있었다. 《만국사물기원역사》에서는 '성균관' 항목에서 국자학과 태학을 거론하고, '소학교' 항목에서 사문학을 언급했다. 훈관(勳官)은 작호만 있고 직무상의 일이 없던 벼슬아치를 말한다. 국자감 관리의 녹봉에 대한 서술은 《고려사》 식화지의 녹봉(祿俸) 문무반록(文武班祿)에 보인다. 좨주는 종3품에 해당하는 벼슬인데, 그 명칭은 모임이나 향연에서 존장자가 땅에 술을 부어서 감사의 제사를 지낸 데서 유래했다.

16 "충선왕 초년"은 1298년을 가리킨다. 이해에 아버지인 충렬왕으로부터 선위를 받아 1월부터 8월까지 왕으로 지내면서 개혁 정책을 시행했는데, 다시 원나라의 간섭으로 충렬왕이 왕위에 오르고 충선왕은 원나라에 소환되었다. 이후 1308년에 충렬왕이 죽자 다시 충선왕이 즉위했다. 충선왕은 1298년에 "국가감"을 "성균감"으로 개칭하고 김방경(金方慶)의 아들인 김순(1258~1321)을 성균좨주로 삼았다. 다시 즉위한 1308년에는 "성균감"을 "성균관"으로 개칭했다. 이보다 앞서 1275년(충렬왕 1)에는 원나라의 간섭에 의하여 국자감을 국학으로 개칭한 바 있는데, 충선왕이 왕위에 오르자 "성균감"과 "성균관"으로 명칭을 바꾼 것이었다. 이후에는 공민왕 때인 1356년에 "국자감"으로 고쳤고, 1362년에 다시 "성균관"으로 고쳤다.

17 《신당서》 백관지(百官志)에는 "수공(垂拱) 원년에 국자감을 개칭하여 성균감이라 했다"는 기사가 있다. "광택"은 당나라 예종의 두 번째 연호로 원년은 684년이며, "수공"은 당나라 예종의 세 번째 연호로 원년은 685년이다. 따라서 《만국사물기원역사》의 서술에는 1년의 오류가 있는 셈이다. 수공과 광택 연간에는 무측천(武則天)이 실권을 장악하고 있었기 때문에, 이를 모두 무측천의 연호로 풀이하기도 한다. 원문의 "귀유(貴遊)"는 관직이 없는 왕공과 귀족 또는 귀족 일반을 가리키는 말인데, 여기서는 "귀족"으로 옮겼다.

18 수학원은 왕족과 귀족 자제들을 위해 설립된 근대적 교육기관이다. "광무 10년"

즉 1906년 10월에 개설되었으며, 1910년까지 유지되었다. 따라서 "광무 11년"이라고 한 것은 잘못이다. 중국 제도의 설명 말미에 제시한 태학과 국자감의 기능에 의거하여 수학원을 "국자감과 같은 성격"으로 파악한 듯하다.

소학교小學校 부附 사문학관四門學館

소학교에 대해서는 전편—학교 이하를 보라[19]—에서 이미 기록했다. 중국 북위의 선무제(宣武帝) 때에 사문(四門)에 소학교를 설립하고 소학박사(小學博士) 40인을 두었는데, 곧 《예기》에서 말한 "사교(四郊)의 학교"다[20] [지금으로부터 1400년 전].

고려 인종 때의 학식(學式)에서는 사문학(四門學)의 학생은 훈관 3품 이상으로 봉작이 없는 사람과 4품으로 봉작이 있는 사람, 그리고 문무관 7품 이상인 사람의 아들로 한다고 정했다. 이것이 곧 오늘날 소학교의 효시다.

우리 조선 태종 11년에 처음으로 사부학(四部學)을 세우시니, 곧 예전의 사문학관이다.[21]

19 원고본에는 "見學校 외", 간행본에는 "見學校 下"라는 주석이 붙어 있다. 이는 "학교 항목 등을 보라"와 "학교 항목 아래를 보라"로 풀이할 수 있는데, 그 의미는 거의 비슷하다. '학교' 항목에서 시대에 따른 대학과 소학의 명칭 변화를 제시한 바 있으며, '학교' 이후의 항목에서는 소학(교)의 사례에 해당하는 예를 일부 언급했다.

20 《북사》에 선무제(재위 499~515) 정시(正始) 4년 즉 507년 6월 사문에 소학을 세웠다는 기사가 보인다. 《예기》에 천자가 설치한 사학(四學)에 대한 언급이 있는데, 이는 곧 주나라 때 사교(四郊)에 설치한 우상(虞庠)이다. 앞의 '학교' 항목에서는 주나라의 소학이 우상이라고 했다. "사문"은 도성을 둘러싼 네 개의 문이며 "사교"는 도성을 둘러싼 네 방향의 들판이니, 그 의미가 크게 다르지 않다.

21 조선시대 서울의 사부(四部)에 설치되었던 관학인 "사부학당"에 대해 서술한 것이다. 조선에서는 서울을 동·서·남·북·중의 5부로 나누고 여기에 각기 1개씩

의 학교를 세우고자 했는데, 이는 고려의 개경에 세워진 오부학당의 제도를 계승한 것이었다. "태종 11년(1411)"에는 오부학당의 학제를 정비했는데, 학생의 정원과 연령 등을 정하고 성균관과의 관계를 규정했다. 북부학당은 결국 설립되지 못했고, 실제로 조선시대에는 동부·서부·남부·중부의 사부학당이 운영되었다. 다만 세종 때에는 "오부학당에 어포(魚腊)를 내려주었다"는 기록이 있는데, 이를 근거로 북부학당은 잠시 운영되다가 폐지된 것으로 이해할 수도 있다. 본문 말미의 "곧 예전의 사문학관이다(卽古四門學舘이라)"라는 표현은 간행본에만 보이는데, "소학교"의 관점에서 조선의 "사부학당"이 고려의 "사문학"을 계승한 것이라는 점을 분명히 한 것이다. 그런데 조선의 사부학당(또는 오부학당)은 성균관의 부속학교적인 성격을 지니고 있었으며, 소학교보다는 중등학교에 가까운 것으로 이해된다. 또 고려의 개경 오부학당 제도를 계승한 것이어서, "예전의 사문학관"이라고 말하기는 어렵다. 《만국사물기원역사》에서는 "사교의 학교-사문의 학교-사문학-사부학"의 순서로 소학교의 역사를 제시한 셈이지만, 이러한 도식은 실제 운영 상황과는 거리가 있는 것으로 보인다.

사립학교私立學校

옛날 가숙(家塾)의 제도가 여기에 해당한다. 신라의 설총(薛聰)이 우리말로 구경(九經)을 풀이하여 후배들을 가르치고 이끌었으니, 이것이 사숙(私塾)의 시초다[지금으로부터 1220년 전 무렵].

고려 문종 때에 태사(太師) 최충(崔沖)이 구재(九齋)를 설치하여 후진을 가르쳤으니, 이것이 사립학교의 시초다. 당시 사람들이 이를 "시중최공도(侍中崔公徒)"라고 칭했다. 또한 같은 시기에 시중 정배걸(鄭倍傑)의 웅천도(熊川徒), 참정 노단(盧旦)의 광헌공도(匡憲公徒), 좨주 김상빈(金尙賓)의 남산도(南山徒), 복야(僕射) 김무체(金無滯)의 서원도(西園徒), 시중 은정(殷鼎)의 문충공도(文忠公徒), 평장(平章) 김의진(金義珍)의 양신공도(良愼公徒), 평장 황영(黃瑩)의 정경공도(貞敬公徒), 유감(柳監)의 충평공도(忠平公徒), 시중 문정(文正)의 정헌공도(貞憲公徒), 시랑(侍郎) 서석(徐碩)

의 서시랑도(徐侍郎徒), 귀산도(龜山徒)가 있었는데, 이를 합하여 "12도(十二徒)"라고 일컫는다[22](지금으로부터 780년 전).

22 "시중최공도"는 곧 "문헌공도"다. 최충의 사숙은 악성(樂聖), 대중(大中), 성명(誠明), 경업(敬業), 조도(造道), 솔성(率性), 진덕(進德), 대화(大和), 대빙(待聘)의 9개 학반으로 나누어 운영되었는데, 이것이 구재다. "웅천도"는 곧 "홍문공도(弘文公徒)"다. 귀산도의 설립자는 누구인지 밝혀지지 않았다. 원문에는 광헌공도를 세운 "노단(盧旦, ?~1091)"이 "노단(盧坦)"으로, 서원도를 세운 "김무체(金無滯)"가 "김무진(金無津)"으로 각기 잘못 표기되어 있는데, 여기서는 이를 바로잡아 옮겼다.

석전釋奠

석전(釋奠)은 "석채(釋菜)"라고도 한다. 주나라의 제도에 무릇 학교를 세우면 반드시 선성(先聖)과 선사(先師)에 석전을 올린다고 했으니, 대개 제례다. 《예기》 월령에 "2월의 상정일(上丁日)에 악정(樂正)에게 명하여 습무(習舞)하고 석채하도록 한다"고 했다. 무릇 이 제사에는 채소—흰 쑥(蘩)이나 물풀(蘋)과 같은 것이다—를 쓰고 폐백은 없기 때문에 "채(菜)"라고 했다.[23] 주나라에서는 사대(四代)의 학교를 세웠는데, 우상(虞庠)에서는 순임금이 선성이 되고, 하서(夏序)에서는 우임금이 선성이 되고, 은교(殷校)에서는 탕임금이 선성이 되고, 주교(周膠)에서는 문왕이 선성이 되었다.[24]—한나라 고조가 공자에게 태뢰(太牢)의 제사를 지냈는데, 이는 곡부(曲阜)의 공자사당에서 제사 지낸 것이며 학교에서 제사 지낸 것이 아니다—. 처음으로 국학에서 공자에게 제사 지낸 일은, 한나라 경제(景帝) 때에 촉군태수 문옹(文翁)이 성도(成都)에 학궁(學宮)을 세우고서 공자를 으뜸으로 제사하고 열두 선생의 화상을 벽에 그려 두었던 것을 들 수 있다. 이 일이 만세 석전의 근원을 열었다. 한나라 평제 원시(元始) 연간에 공자께 시호를 추증하여 '포성선니공(褒成宣尼公)'으로 추봉(追封)하니, 이것이 시호를 추증하는 일의 효시다.—원제 때에 공패(孔覇)에게 포성군(褒成君)의 작호를 내리고 공자의 제사를 받들었는데, 이는 자손이 봉작을 받은 일의 시초다[지금으로부터 1908년 전 무렵].

동한 명제 영평(永平) 2년에 조칙을 내려 태학을 비롯한 천하의 학교에서 모두 주공과 공자를 제사하여 선성과 선사로 삼게 했는데, 이는 학교에서 공자를 제사한 일의 시초다. 《삼국지(三國志)》에서는 위나라 군주 조방(曹芳)의 정시 연간에 처음으로 주공의 제사는 멈추고 오로지 공자만을 벽옹에서 제사하고, 안회(顔回)로 선사를 삼아 배향했다고 했다. 이것이 공자와 안자(顔子)를 배향한 일의 시초다[25][지금으로부터 1670년 전 무렵].

당나라 태종 정관(貞觀) 21년에 좌구명(左丘明), 복자하(卜子夏), 공양고(公羊高) 등 22인을 종사(從祀)했으니, 이것이 여러 현인들을 종사한 일의 시초다. 현종 개원(開元) 초에 처음으로 안회, 민자건(閔子騫) 이하 10철(十哲)을 소상(塑像)을 세워 배향했으니, 이것이 10철을 배향한 일의 시초다. 또한 70자(七十子)와 21경사(二十一經師)를 사당의 벽에 소상으로 새겼으니, 이것이 70자(七十子)를 종향(從享)한 일의 시초다. 37년에는 '문선왕(文宣王)'의 시호를 추증했는데, 이와 함께 제자들도 공(公), 후(侯), 백(伯)으로 추증했다[지금으로부터 1200년 전 무렵].

송나라 진종(眞宗) 함평(咸平) 5년에는 다시 '지성(至聖)'을 더하여 '지성문성왕(至聖文聖王)'의 시호를 추증했는데, 이때 숙량흘(叔梁紇)과 안씨(顔氏)를 추봉했다[26][지금으로부터 918년 전].

신종(神宗) 원풍(元豊) 6년에는 맹자를 추국공(鄒國公)으로 추봉하고, 안자와 함께 배향하도록 했다. 이는 맹자를 배향한 일의 시초다. 또한 순황(荀況), 양웅(揚雄), 한유(韓愈)를 종사(從祀)했다[지금으로부터 840년 전].

철종(哲宗) 원우(元祐) 2년에는 자사(子思)를 배향했으니, 이것이 자사를 배향한 일의 시초다.

휘종(徽宗) 정화(政和) 2년에는 왕안석(王安石)과 왕방(王雱)을 종사하여 맹자의 다음에 두도록 했다—뒤에 좨주 양시(楊時)의 말에 따라서 왕안석을 제외했다.[27]

도종(度宗) 함순(咸淳) 3년에는 안회, 증자, 자사, 맹자의 4현(四賢)과 10철(十哲), 송나라의 소옹(邵雍), 사마광(司馬光)을 배향했다.

원나라 성종(成宗) 대덕(大德) 11년에는 다시 '대성(大成)'을 더하여 '대성지성문선왕(大成至聖文宣王)'으로 추봉했다.

인종(仁宗) 황경(皇慶) 2년에는 주돈이(周敦頤), 정호(程顥), 정이(程頤), 장재(張載), 주희(朱熹), 장식(張栻), 여조겸(呂祖謙), 허형(許衡)을 종사(從祀)하고, 또 맹자의 부모를 함께 추봉했다.

명나라 세종 가정(嘉靖) 9년에는 장부경(張孚敬)의 의론을 좇아 사전(祀典)을 바로잡았다. 공자의 소상은 나무 위패(木主)로 바꾸었고, 시호를 제외하고 "지성선사공씨지신위(至聖先師孔氏之神位)"라고만 쓰도록 했다. 여러 제자들의 시호도 함께 제외했다. 또 계성사(啓聖祠)를 세웠다.[28]

신라 진덕여왕 2년에 무열왕(武烈王) 김춘추가 당나라에 갔다가 국학에 나아가 석전을 보았는데, 귀국해서 처음으로 석전의 예를 행했다[지금으로부터 1261년 전].

성덕왕 16년에 태감(太監) 수충(守忠)이 당나라에서 문선왕과 10철(十哲), 72자(七十二子)의 화상을 베껴 왔는데, 태학에 안치했다[29][지금으로부터 1192년 전〕.

고구려에서는 기자를 제사하여 선성으로 삼았다. 그 후 태학을 세운 뒤의 석전 의례에 대해서는 역사 기록이 남아 있지 않다.[30]

고려 성종 2년에 박사 임성로(任成老)가 송나라에서 《문선왕묘도(文宣王廟圖)》와 《제기도(祭器圖)》와 《칠십이현찬기(七十二賢贊記)》의 여러 책을 가져왔다[31]〔지금으로부터 926년 전〕.

문종 27년에는 태복경(太僕卿) 김양감(金良鑑)이 송나라에 사신으로 갔다가 국자도상(國子圖像)을 모두 베껴 와서 국자감의 벽에 61자(六十一子)와 21현(二十一賢)의 화상을 그리고 석전에 종사했다.

현종 11년에는 문창후(文昌侯) 최치원(崔致遠)을 문묘에 종사했고, 13년에는 홍유후(弘儒侯) 설총을 종사했다[32]〔지금으로부터 890년 전〕.

충숙왕 6년에는 문성공(文成公) 안유(安裕)를 종사했다.[33]

우리 조선 태종 2년에는 충의백(忠義伯) 정몽주(鄭夢周)를 종사했다.

광해(光海) 2년에는 김굉필(金宏弼), 정여창(鄭汝昌), 조광조(趙光祖), 이언적(李彥迪), 이황(李滉)의 다섯 현인을 종사했고, 이후로 이이(李珥), 성혼(成渾), 김장생(金長生), 송시열(宋時烈), 송준길(宋浚吉), 김인후(金麟厚), 김집(金集), 조헌(趙憲) 등의 여러 현인을 모두 종사했다.

일본에서는 몬무 천황 때에 처음으로 태학료(太學寮)에 가서 선성에 석전을 올렸으니, 석전이 이로부터 시작되었다[34]〔지금으로부터 1200년 전〕. 뒤에 쇼토쿠 천황이 '문선왕'의 시호를 처음으로 사용했고, 도쿠가와 요시나오(德川義直)가 에도(江戶)의 오카(忍岡)에 공자묘(孔子廟)를 세우고 석전의 의례를 행했다.

23 《예기》 문왕세자(文王世子)에 "무릇 처음 학교를 세우면 반드시 선성과 선사

에 석전을 올린다(凡始立學者, 必釋奠於先聖先師)"는 구절이 있다. 상정일(上丁日)은 매달 첫 번째의 정일(丁日)을 말한다. 악정(樂正)은 악관(樂官)의 우두머리를 뜻하는 말인데, 이때의 '정(正)'은 곧 '장(長)'의 뜻이다. "습무(習舞)하고 석채(釋菜)하도록 한다"는 것은 석전에서 베푸는 의례를 말한 것이다.

24 상(庠), 서(序), 교(校), 교(膠)는 모두 학교를 뜻하는 말이다. 각기 요순, 하, 은, 주 4대에 해당하는 학교에 순임금, 우임금, 탕임금, 문왕을 선성으로 모셨다는 뜻이다.

25 조방(재위 239~254)은 위나라 3대 황제인데, 황제로서의 시호가 없기 때문에 즉위 전의 왕위에 따라 흔히 "제왕(齊王)"으로 일컬어진다. 정시의 연호는 240년에서 248년까지 사용되었다. 《삼국지》 위지(魏志)에 정시 2년(241) 12월에 "태상으로 하여금 벽옹에서 공자께 태뢰의 제사를 올리도록 했는데, 안연을 배향하도록 했다(使太常, 以太牢祀孔子於辟雍, 以顏淵配)"는 대목이 있다. "벽옹"은 천자가 세운 대학인데, 앞의 '학교' 항목에 이에 대한 서술이 있다. 그런데 공자를 선성으로 안회를 선사로 삼는 관례가 확립된 것은 당나라 태종 정관 2년(628)의 일인데, 이는 방원령(房元齡) 등의 건의에 따른 것이었다. 그 사이에는 때로는 주공을 선성으로 공자를 선사로 삼는 방식의 석전도 시행되었던 것으로 알려져 있다.

26 "숙량흘"은 공자의 아버지이며, "안씨"는 공자의 어머니다. "추봉(追封)"은 죽은 뒤에 작위를 봉한다는 뜻이다.

27 왕방(1044~1076)은 왕안석의 아들로, 자는 원택(元澤)이다. "맹자의 다음에 둔다(位次孟子)"는 것은, 공자와 맹자 다음의 세 번째 성인으로 공인한다는 뜻이 된다. 왕안석과 왕방의 종사는 채경(蔡京, 1047~1126)과 왕불(王黼, 1079~1126) 등이 권력을 잡았던 시기에 추진되었다. 양시(楊時, 1053~1135)는 송나라의 학자로 왕안석의 학문을 배척했으며, 문하에서 주희, 여조겸 등의 인물을 배출하여 정주학(程朱學)의 형성에 중요한 역할을 한 것으로 평가된다.

28 "사전(祀典)"은 제사를 지내는 예전(禮典)을 뜻하는 말이다. 계성사(啓聖祠)는 계성묘(啓聖廟)라고도 하는데, 성현의 아버지를 모신 사당이다. 공자의 아버지인 숙량흘을 비롯하여 안무유(顏無繇, 안회의 아버지), 공리(孔鯉, 자사의 아버지), 증점(曾點, 증자의 아버지), 맹격(孟激, 맹자의 아버지) 등을 모셨다.

29 문선왕은 곧 공자다. 수충이 공자를 비롯한 현인들의 초상화를 가져온 것은 717년(성덕왕 16) 9월의 일이다.

30 고구려의 석전에 대해 원고본에서는 "아직 들리는 바가 없다(未聞ᄒᆞ얏고)"고 했는데, 간행본에서는 이를 "역사기록이 남아 있지 않다(史闕되얏고)"로 바꾸었다. 원고본의 표현은 있었는지 없었는지 알 수 없다는 뜻으로, 간행본의 표현은 당연히 있었을 것이지만 그에 대한 기록이 현재는 전하지 않는다는 뜻으로 풀이할 수 있다.

31 《고려사》에는 983년(성종 2) 5월에 임노성(任老成)이 대묘당도(大廟堂圖) 1폭,

대묘당기(大廟堂記) 1권, 사직당도(社稷堂圖) 1폭, 사직당기(社稷堂記) 1권, 문선왕묘도(文宣王廟圖) 1폭, 제기도(祭器圖) 1권, 칠십이현찬기(七十二賢贊記) 1권을 바쳤다는 기사가 보인다. 따라서 여기서 언급한 "임성로(任成老)"는 "임노성(任老成)"의 오기다. 이러한 오류는 《증보문헌비고》를 참고했기 때문으로 추정되는데, 《증보문헌비고》에서는 관련 기사 2개 항목에서 모두 "임성로(任成老)"로 표기했다.

32 《고려사》에는 1020년(현종 11) 8월에 최치원을 내사령(內史令)에 추증하고 문묘에 배향했으며, 1022년(현종 13) 1월에 설총을 홍유후로 추봉하고 문묘에 배향했다고 기록되어 있다. 또한 이보다 뒤인 1023년(현종 14)에 최치원을 문창후로 추봉했다고 했다. 《증보문헌비고》에서는 "태조의 왕업을 은밀히 협찬한 공(密贊祖業功)"이 있었기 때문에 최치원을 배향한 것이라는 말도 함께 제시했다.

33 안유는 곧 안향(安珦, 1243~1306)이다. 안향은 초명(初名)이 '유(裕)'였지만, 뒤에 '향(珦)'으로 고쳤다. 그런데 조선시대에는 문종의 이름자인 '향'자를 피해야 했으므로, 초명인 '유'로 표기하는 것이 일반적이었다. 여기서 '안유'로 표기한 것은 이 때문이다.

34 701년에 거행된 최초의 석전에 대한 기록이 《속일본기》에 보인다. 몬무 천황 때 제정된 대보율령(大寶律令)에는 석전의 시기 등에 대한 내용이 포함되어 있다.

서원書院

서원은 옛날에 산림의 선비가 번화하고 떠들썩한 도시의 학교를 꺼려서 산수 사이에 숙당(塾堂)을 열고 도를 강론한 데서 유래했으니, 그러한 일은 당나라 이발(李渤)의 백록동서실(白鹿洞書室)에서 비롯되었다. 송나라 주희가 처음으로 서원을 창건했다[35]〔지금으로부터 740년 전 무렵〕.

우리 조선에서는 중종 36년에 신재(愼齋) 주세봉(周世鵬)이 풍기군수(豊基郡守)가 되었을 때 문성공 안유의 옛 터에 사우(祠宇)를 세워 "백운서원(白雲書院)"이라는 이름을 붙이고서 재주가 빼어난 이들로 하여금 학문을 강습하게 했으니, 이것이 우리나라 서원의 효시다. 후에 명종 경술년에 문순공(文純公) 이황이 이 고을에 부임하여 조정에 편액을 써서 내려주기

소수서원은 경북 영주시 순흥면 내죽리에 위치한 조선 최초의 사액서원이다. 사적 제55호로 지정되어 있다.

를 청했는데, "소수서원(紹修書院)"이라는 편액을 내려주셨다. 이것이 서원에 편액을 내린 일의 시초다. 명종 9년에는 정몽주의 옛 터—영천(永川) 오천서원(烏川書院)—에 서원을 창건했다. 이후로 사우와 서원의 폐해가 매우 커졌기 때문에, 태황제 8년에는 모두 철폐하고 47개의 서원만 남겨두었다.

35 이발(773~831)은 형인 이섭(李涉)과 함께 여산(廬山) 오로봉(五老峯) 아래에서 독서를 하며 생활한 바 있는데, 이때 이발은 흰 사슴을 길렀다. 이 때문에 이발은 "백록선생(白鹿先生)"으로, 그 땅은 "백록동(白鹿洞)"으로 일컬어지게 되었다. 남당(南唐) 때에 이곳에 여산국학(廬山國學)이 세워졌으며, 송나라 때에는 주희(1130~1200)가 강서성(江西省) 남강(南康)에서 벼슬을 하던 1179~1181년 무렵에 이곳에 백록동서원(白鹿洞書院)을 세웠다. 원고본의 "其制가 唐 李渤의 白鹿洞書院에 始흠이나"는 간행본에서는 "其事가 唐 李渤의 白鹿洞書室에 始흠이나"로 바뀌었는데, 이는 이발의 숙당은 아직 서원에까지 이르지 못했음을 분명히 하기 위한 의식적인 수정일 가능성도 있다.

양현고養賢庫 부附 섬학전贍學錢

고려 예종 14년 가을 7월 처음으로 국학에 양현고를 설립하여 선비들을 육성하도록 했다. 고종 30년에는 최이(崔怡)가 쌀 300곡을 양현고에 헌납

했다.

충렬왕 30년에 찬성사(贊成事) 안유가 백관들로 하여금 은과 베를 내놓게 하여 "섬학전"이라고 일컬었는데, 왕이 또한 내고(內庫)의 재물을 내놓았다. 안유는 자신의 노비 100여 명을 학교에 충원시켰다[36]〔지금으로부터 604년 전〕.

일본에서는 간무 천황(桓武天皇)이 처음으로 권학전(勸學田) 102정(町)을 대학에 두었다[37]〔지금으로부터 1115년 전〕.

36 최이(?~1249)는 무인정권기의 실권자로, 최충헌의 아들이다. 원래 이름은 우(瑀)였으나 뒤에 이(怡)로 고쳤다. 안유는 곧 안향이다. 내고는 왕궁에 직속되어 왕실의 재정을 담당하던 기관이다. 안유는 국학이 쇠퇴하는 것을 근심하여 섬학전을 마련할 것을 건의했는데, 이에 따라 6품 이상의 관리는 은 1근씩을, 7품 이하의 관리는 품계에 따라 차등을 두어 베를 출연했다. 섬학전은 양현고에 귀속시켜 "섬학고(贍學庫)"라 했는데, 본전은 두고 이자로 학교를 운영하도록 했다. 왕 또한 이 뜻에 찬동하여 내고의 재물을 출연한 것이다.

37 간무 천황은 795년에 대학료의 학생들을 위하여 에치젠(越前)의 토지 102정(町)을 준다는 조서를 내렸다고 한다. 간무 천황은 불교 세력의 영향력을 벗어나기 위하여 헤이안(平安)으로 천도했는데, 권학전을 내린 것은 천도한 다음해의 일이다.

맹인학교盲人學校

1784년에 프랑스 수도 파리 사람인 아위(Hauy, 憂威)가 맹인 여성 한 사람을 초빙하여 많은 맹인을 교육했으니, 이것이 곧 맹인학교의 남상이다. 이 맹인 여성은 1780년에 오스트리아에서 프랑스로 이주한 사람인데, 오목한 글자로 지도를 만들어 다른 사람을 가르쳤으며 풍금 또한 가르쳤다.[38]

—살피건대, 동양에서는 예로부터 눈이 먼 사람으로 하여금 음악을 학습하게 하여 악공(樂工)으로 삼았는데, 이를 "고사(瞽師)"라고 일컬었다.

우리나라에서는 무당이나 점쟁이의 일에도 종사했다.

38 아위(1745~1822)는 다양한 언어를 구사하는 인물로 유명했으며, 1771년 무렵부터 맹인 교육에 관심을 가졌다고 한다. 그 결과로 1784년에는 파리에 맹인학교인 "Institut National des Jeunes Aveugles"를 세웠다. "맹인 여성(盲女)"은 곧 오스트리아의 음악가 파라디스(Maria Theresa von Paradis, 1759~1824)다. 파라디스는 귀족의 딸로 태어나 2~7세 사이에 시력을 잃었지만, 뛰어난 기억력과 청력을 갖추었기 때문에 피아니스트로 성장할 수 있었다. 아위는 연주를 위해 파리에 온 파라디스의 도움을 받아 볼록한 모양의 초기 점자를 만들었다. 따라서 여기서 "오목한 글자(凹字)"라고 한 것은, 엄밀한 의미에서는 잘못된 표현이라고 할 수 있다.

농아학교聾啞學校

1659년에 영국의 신학자 윌리엄 홀더(William Holder, 威廉何他)가 알렉산더 포프햄(Alexander Popham, 亞歷山大波咸)이라는 듣지도 말하지도 못하는 귀족을 교육하여 말을 주고받을 수 있도록 했으니, 농아의 교육은 여기에서 비롯되었다.[39] 또 18세기 말에는 종교가인 에페(Épée, 衣披)가 프랑스 수도 파리와 보르도(Bordeaux, 波耳德)에 처음으로 농아학교를 건립했다.[40]

39 신학자로서 음성학과 음악 이론에 밝았던 윌리엄 홀더(1616~1698)는, 1659년에 태어날 때부터 들을 수 없었던 알렉산더 포프햄(1650~?)—로크의 후원자로 널리 알려진 알렉산더 포프햄(1605~1669)의 사촌—을 교육하여 "분명하고 또렷하게" 말을 할 수 있도록 만들었다고 주장했다. 그렇지만 포프햄의 가족들은 홀더가 얻은 성과에 만족하지 못했고, 농아교육 시스템을 개발한 수학자 존 월리스(John Wallis, 1616~1703)에게 교육을 부탁했다고 한다. 이 때문에 알렉산더 포프햄의 교육에 있어서 누구의 공이 큰 것이었는지를 둘러싸고 논쟁이 벌어지기도 했다. 그런데 윌리엄 홀더가 영국에서 최초로 농아를 교육한 인물이기는 하지만, 유럽에서 처음으로 농아를 교육한 인물은 아니다. 이보다 앞선 시기의 인물인 스페인의 베네딕트파 수도사 페드로 폰스 드 레옹(Pedro Ponce de Leon, 1520~1584)이 농아를 가르쳤다고 알려져 있기 때문이다. 한편 원문의 "盲啞"는 "聾啞"의 오기로 판단되므로, 여기서는 바로잡아 옮긴다. 또 인명인 "亞歷山大波咸"을 지명으로 착각한 것일 가능성도 있는데, 이 또한 바로잡아 옮긴다.

40 에페(1712~1789)는 "청각장애인의 아버지(Father of the Deaf)"로 일컬어지는

프랑스 교육자다. 우연히 수화로 의사소통을 하는 어린 자매를 만나고서 감명을 받아서, 1760년 무렵 파리에 최초의 "청각장애인을 위한 무료학교"를 설립했다. 이 학교는 오늘날에도 남아 있는데, 현재의 명칭은 "Institut National de Jeunes Sourds de Paris"다.

박람회博覽會

1790년에 프랑스가 처음으로 권업박람회(勸業博覽會)를 개최했으니, 이것이 박람회의 효시다. 또 회화전람회(繪畫展覽會)는 이보다 앞선 시기에 개최되었다.[41]

41 최초의 공식적인 산업박람회는 1798년에 파리에서 개최된 "L'Exposition publique des produits de l'industrie française(프랑스 산업 생산품 박람회)"였다. 여기서 "1790년"이라고 한 것은 오류인데, 원고를 정리하는 과정에서 "八"자가 누락된 것으로 추정된다. 미술품을 전시하는 회화전람회는 1756년 영국 런던에서 "Society of Arts(영국 예술협회)"가 처음으로 개최했으며, 이후 다른 나라에서도 이를 본받아 개최했다. 한편 첫 번째 만국박람회는 1851년에 영국 런던에서 개최되었다.

사회학〔羣學〕

프랑스의 철학자 콩트(Comte, 堪德)가 사회학(羣學)이라는 전문 분야를 개설했는데, 대개 인사(人事)와 군교(群交)의 원리와 법칙을 다루는 학문이었다. 뒤에 스펜서(Spencer, 斯賓塞)가 마침내 이 학문을 완성했다.[42]

42 "군학(羣學)"은 19세기 말에서 20세기 초까지 "사회학"을 가리키는 말로 널리 사용되었다. 콩트(Auguste Comte, 1798~1857)는 《실증철학강의(the Course in Positive Philosophy)》(1830~1842)의 4권에서 "sociology"라는 명칭을 처음으로 사용했다. 사회학의 기원을 단정하기는 어렵지만, 명칭의 발생을 기준으로 하여 콩트를 사회

학의 창시자로 이해하기도 한다. 스펜서(Herbert Spencer, 1820~1903)는 영국의 철학자로, 당시 동아시아에 큰 영향력을 발휘한 사회진화론을 정립한 인물이다.

철학哲學

서양의 철학은 그리스의 탈레스가 처음으로 열었으며, 피타고라스(Pythagoras, 披阿哥剌斯)에 이르러서 처음으로 "철학"으로 발명되었다.[43] 소크라테스(Socrates, 疏格剌底)에 이르러 점차 완성되어 갔으며, 아리스토텔레스(Aristoteles, 亞里斯多)에 이르러서 온전하게 완성되었다.

16세기에 영국의 철학자 베이컨(Francis Bacon, 倍根)이 실험철학(實驗哲學, empirical philosophy)을 제창하니, 이로부터 고대철학이 크게 변하여 근세철학을 이루었다. 같은 나라의 학자 로크(John Locke, 陸克)와 스펜서 등이 모두 이 유파에 속한다. 또한 독일의 칸트(Immanuel Kant, 堪德), 피히테(Johann Gottlieb Fichte, 非德), 셸링(Friedrich Wilhelm Joseph von Schelling, 塞凌), 헤겔(Georg Whilhelm Friedrich Hegel, 希傑耳) 등과 프랑스의 철학자 데카르트(René Descartes, 德卡兒)가 형이상학(形而上學)으로써 각각 기치를 세우고 경쟁했다.

43 "philosophy"는 지혜에 대한 사랑을 뜻하는 그리스어(φιλοσοφία)에서 온 말이다. 피타고라스가 이 용어를 처음으로 사용했다는 주장도 있는데, 여기서 "처음 철학으로 발명되었다"고 한 것은 피타고라스가 이 용어를 처음 사용했다는 의미로 이해할 수 있다. "피타고라스"는 《만국사물기원역사》에 4회 언급되는데, 그 표기는 "皮斯哥剌斯", "披沙哥剌斯", "披阿哥剌斯"의 세 가지 형태로 나타난다.

체조體操

체조는 그리스에서 비롯되었다. 원어로는 "gymnós(gymnastics, 占拿斯的)"라고 부르는데, 곧 그리스어다. 그 방법이 레슬링, 달리기, 권투 등을 나체로 또는 얇은 옷만 입고서 하는 것이었기 때문에, 이와 같은 이름을 붙인 것이다.[44] 대개 전쟁의 일을 익히고 배우는 것이었다.

—살피건대, 체육은 고대 스파르타(Sparta, 斯巴達)에서 비롯되었다. 무릇 갓 태어난 아이는 문안관(問案官) 앞에 끼고 나와서 신체검사를 행하게 되는데, 만약 건강하지 못하면 곧바로 죽였다. 이것이 후세 신체검사의 남상이다.

44 그리스어 "gymnós"는 원래 나체(裸體)를 뜻하는 말이다. 원문의 "角力"은 힘을 겨룬다는 뜻이니, 씨름 또는 레슬링으로 번역할 수 있다.

대학교

10세기에 아라비아인이 스페인의 코르도바(Córdoba, Cordova, 科耳斗法)—학교의 이름—에서 과학을 연구하고 처음으로 대학교를 건립했는데, 이것이 유럽 각국 대학교의 효시다.[45] 그렇지만 이때에는 다만 교사와 학생이 모여 학술을 주고받았을 따름이요, 학교 건물을 세우지는 않았다. 12세기에 이르러서 볼로냐(Bologna, 保羅喀那)에 법과대학이 세워졌고, 살레르노(Salerno, 阿來爾那)에 의과대학이 세워졌고, 파리와 옥스퍼드(Oxford, 娛克司法達)에 신학과 철학대학이 세워졌다. 그렇지만 이 또한 전문대학에 지나지 않았다.[46] 과학이 온전하게 갖추어진 대학교로는[47] 독일의 왕인 빌헬름 2세(Friedrich Wilhelm II, 維廉 第二) 때에 세워진 니아배라(尼阿培羅)가 시초다.[48] 그렇지만 그 효시는 1348년에 독일의 카를 4세(Karl Ⅳ, 嘎羅 第四)가 창립한 프라하(Prague, 柏拉克) 대학교다.[49] 이로부터 교회당과 사원의 사이에 점차 사립대학이 잇달아 세워졌다.

45 "科耳斗法"에 "학교의 이름"이라는 주석이 붙어 있는데, 동시에 지명(地名)이기도 했다. 코르도바(Córdoba)는 이슬람 왕조인 후(後) 우마이야(Umayyad) 왕조의 수도였으며, 10세기의 아브드 알 라흐만 3세(Abd-ar-Rahman III, 재위 912~961)와 알 하캄 2세(Al-Hakam II, 재위 961~976)의 치세 때에 정치적·문화적으로 크게 번영했다. 아브드 알 라흐만 3세는 코르도바 대학을 설립했으며, 알 하캄 2세는 40만 권 이상—40만~100만 권의 규모—의 장서를 갖춘 도서관을 마련했다고 한다. 당시 코르도바에서 운영되었던 대학교—아직 "대학"으로 부르기에는 부족하다는 견해도 있다—들은 당시 학문의 발전에 큰 기여를 한 것으로 알려져 있는데, 특히 의학, 수학, 천문학 등의 분야에서 뛰어났고 그리스 고전의 번역까지 했다고 한다.

46 교수와 학생이 모여 대학교를 형성한 시점과 국왕 또는 국가에 의해 대학교가 공인된 시점이 같지 않기 때문에, 대학교의 개교 시점에 대해서는 이견이 존재한다. 그렇지만 일반적으로는 볼로냐 대학교는 1088년에, 살레르노 대학교는 1231년에, 파리 대학교는 1215년에, 옥스퍼드 대학교는 1249년에 개교했다고 언급된다. "전문대학(專門大學)"은 일부 학문 분야만 다루는 대학이라는 의미로 해석할 수 있는데, 이는 다음에 거론되는 "科學의 完全ᄒᆞᆫ 大學校"과 대비되는 용어일 것이다.

47 "科學의 完全ᄒᆞᆫ 大學校"는 "과학이 빠짐없이 갖추어진 대학교"로 풀이할 수 있다. 5장 과학에 제시된 주석에 의하면 "과학(科學)"은 "교과 과정" 또는 "교과목"을 뜻하는 것으로 볼 수 있으며, 따라서 이 말은 여러 전공분야가 다 갖추어진 대학교, 즉 종합대학교를 가리키는 것으로 이해할 수 있다.

48 "尼阿培羅"가 무엇을 뜻하는지는 분명하지 않다. 독일에서 가장 이른 시기에 설립된 대학은 1386년에 루프레히트 1세가 설립한 하이델베르크 대학교(Ruprecht-Karls-Universität Heidelberg)인데, "尼阿培羅"가 "하이델베르크"의 음차일 가능성은 낮다. 근대 대학교의 효시로 알려진 베를린 대학교(Universität zu Berlin)는 프로이센의 프리드리히 빌헬름 3세(Friedrich Wilhelm III, 재위 1797~1840)가 왕위에 있던 1810년에 설립되었다. 베를린 대학교는 1826년에 "프리드리히-빌헬름 대학교(Friedrich-Wilhelms Universität)"로 명칭이 변경되었으며, 학교가 있던 거리의 이름을 따서 "운터덴린덴 대학교(Universität unter den Linden)"라는 별칭으로 불리기도 했다. "尼阿培羅"는 "베를린", "프리드리히 빌헬름", "운터덴린덴"의 음차일 가능성도 낮은 듯하다. 또 프리드리히 빌헬름 2세(Friedrich Wilhelm II, 재위

1786~1797) 때에 세워졌으면서 "尼阿培羅"와 가까운 음을 가진 대학교도 찾기는 어려운 듯하다. 오히려 종합대학교를 뜻하는 보통명사인 "Universität"의 음차일 가능성을 생각해볼 수 있을 듯하다. 일부 누락된 글자가 있다고 가정하면, "(우)니베르(지테트)"의 형태로 음차할 수 있기 때문이다. 이를 실제의 사실과 연결시켜 생각해보면, "프리드리히 빌헬름 3세 때에 설립된 (베를린) 대학교"라는 정도가 되면 어느 정도 자연스러운 기술이 될 수 있다. 만약 이와 같은 가정이 가능하다면 "維廉 第二"는 "維廉 第三"의 오기(誤記)로 파악할 수 있을 것이다.

49 카를 4세(재위 1346~1355 보헤미아 왕, 1347~1378 신성로마제국 황제)는 룩셈부르크가 보헤미아 왕 요한의 아들로 프라하에서 태어나 1347년에 신성로마제국의 황제가 되었다. 그의 치세 이후에 프라하는 유럽 문화의 중심지가 되었다. 1348년 4월 7일에 프라하 대학을 설립했다. 당시의 명칭은 "Univerzita Karlova v Praze(프라하 카를 대학교, Charles University in Prague)"였다. "카를"의 한자 표기가 "嘎羅"로 된 점은 특이한데, 이는 22장 기계에 보이는 "카를 5세"의 한자 표기인 "査理"나 "鬱理斯"와는 차이가 있다.

• 7장 •

종교

—

宗教

유교儒教

유교의 교조(教祖)인 공자는 중국 주나라 영왕(靈王) 21년 경술년 8월 27일에 노나라의 창평향(昌平鄉)에서 탄생했다[1] [지금으로부터 2460년 전]. 육경(六經)을 저술하여 유교의 교조가 되셨다.

1 주나라 영왕(재위 B.C. 572~B.C. 545)은 동주(東周)의 12대왕이다. 공자가 태어난 경술년은 기원전 551년이다.

도교道教

도교는 중국 주나라 때—"상나라 무정(武丁) 경진년"이라고도 한다— 노자(老子) 이담(李聃)이 초나라 고현(苦縣)에서 탄생시켰는데, "청정무위(淸淨無爲)"의 뜻으로 《도덕경(道德經)》 5000언을 써서 도교의 교조가 되었다.[2] 또한 그 지류는 신선수련(神仙修煉)의 술법을 행했는데, 동한 사람 장도릉(張道陵)이 그 가운데 하나다. 후세 도가의 무리가 그를 "장천사(張天師)"라고 일컬으면서 공경하여 받들었다[3] [지금으로부터 1750년 전].

고구려 영류왕 6년에 처음으로 도교가 전래되었지만, 그 후에는 숭배하는 이가 드물었다[4]〔지금으로부터 1285년 전〕.

2 《사기》 노장신한열전(老莊申韓列傳)에서 "노자는 초나라 고현 여향(厲鄕) 곡인리(曲仁里) 사람이다. 성은 이(李)이며, 이름은 이(耳)다. 자는 백양(伯陽)이며, 시호는 담(聃)이다"라고 했다. 그렇지만 노자의 생애에 대해서는 분명하지 않은 부분이 많은데, 여기서는 생년과 관련된 사례를 한 가지 제시했다. 무정(武丁) 즉 상나라의 고종(高宗)이 왕위에 있던 경진년은 기원전 1299년인데, 이해에 노자가 백발인 채로 태어났기 때문에 이름을 "노자"라고 했다는 말이 전한다. 《사기》에서 공자가 노자에게 예에 대해 묻고자 했다고 서술한 것과 비교하면, 시간적인 차이가 큰 것이다.

3 장도릉(張道陵, ?~156?)은 후한 말기 사람으로, 원래 이름은 장릉(張陵)이다. 곡명산(鵠鳴山)에서 연단술을 익히는 등으로 도를 닦았으며, 병을 치료하는 능력을 지닌 것으로 세상에 알려졌다. 그가 창시한 종파를 당시에 "오두미도(五斗米道)"라고 불렀으며, 그에게는 "장천사"라는 경칭이 붙었다. 이후 아들인 장형(張衡), 손자인 장로(張魯) 또한 장천사로 일컬어졌는데, 오늘날까지도 그 명맥은 이어지고 있다.

4 《삼국사기》에는 영류왕 7년(624) 2월에 당나라에 책력을 내려줄 것을 청했는데, 당나라에서 도사를 보내서 《노자》를 강(講)하게 했다는 기사가 있다. 또 보장왕 2년(643)에 연개소문의 건의에 따라 당나라에 도교 수입의 뜻을 밝혔으며 그 결과로 당나라에서 숙달(叔達) 등 8명의 도사를 보내주었다는 기사가 있다. 여기서 "영류왕 6년"이라고 쓴 것은, 아마도 영양왕 28년 즉 영류왕 즉위년을 제외하고 계산했기 때문으로 추정된다. 이러한 계산에 따르면 《삼국사기》의 영류왕 7년은 곧 "영류왕 6년"이 된다.

불교佛教

불교는 지금으로부터 2938년 전인 주나라 소왕(昭王) 24년 임자년 4월 8일에 인도 사위국(舍衛國, śrāvastī)의 태자 석가모니(釋迦牟尼)가 석란도(錫蘭島, Simhaladvipa)에서 탄생했는데, 윤회(輪廻) · 지옥(地獄)의 설과 정변(正遍) · 정각(正覺)의 뜻으로써 불교의 교조가 되었다.[5]

고구려에서는 소수림왕 원년에 순도 화상(順道和尙)이 불상과 불경을 갖고 왔으니, 이것이 우리나라 불법 전래의 시초다[6]〔지금으로부터 1540년 전〕.

신라에서는 눌지왕 때에 승려 묵호(墨胡)와 아도(阿道)가 고구려에서 와 일선군(一善郡)에 이르렀다. 법흥왕 15년에 처음으로 불법을 행했다[7]〔지금으로부터 1432년 전〕.

백제에서는 침류왕 초년에 오랑캐 승려 마라난타(摩羅難陀)가 진(晋)나라에서 건너왔는데, 불법이 이로부터 비롯되었다〔지금으로부터 1526년 전〕.

일본에서는, 긴메이 천황 13년에 백제의 성왕이 금동불상과 불경(經論), 깃발(幡蓋) 등을 보냈으니, 이것이 불법의 시초다[8]〔지금으로부터 1384년 전〕. 40년 뒤에는 백제의 승려가 또 건너왔으며, 다시 12년 뒤에는 백제의 장인이 건너와 비로소 원흥사(元興寺)를 건립했다.[9]

중국에서는 한나라 무제 원수(元狩) 원년에 휴도왕(休屠王)의 "하늘에 제사하는 금인(金人)"을 얻어서 감천궁(甘泉宮)에 두고 향을 사르며 예배했는데, 곧 불상이었다.[10] 후한의 명제(明帝)가 꿈에 금인(金人)을 보고서 비로소 불법을 구해왔으니, 이것이 중국 불법의 시초다〔지금으로부터 1845년 전〕.

5 "사위국"은 "슈라바스티(śrāvastī)"의 한역어이며, "실라벌성(室羅筏城)"이라고 표기하기도 한다. 사위국은 석가모니가 25년간 설법한 땅이며 태어난 곳은 아니다. 따라서 석가모니를 사위국의 태자라고 서술한 것은 잘못인데, 이와 유사한 사례가 남효온(南孝溫)의 '유금강산기(遊金剛山記)'에도 나타난다. 남효온은 "서융(西戎)의 태자"인 석가모니가 사위국에서 태어났다고 서술했다. 석가모니는 가비라국(카필라바스투, Kapilavastu, 迦毘羅)의 성주인 정반왕(Śuddhodāna, 淨飯王)과 마야(Māyā, 摩耶) 부인 사이에서 태어났다. 가비라국은 오늘날의 네팔 남쪽에 있는 작은 나라였다. 따라서 이 부분은 "가비라국의 태자"라고 해야 옳다. 또 "석란도(錫蘭島)"는 "심할라드비파(Simhaladvipa)"의 한역어이며, "사자국(獅子國)"이라고 표기하기도 한다. 오늘날의 스리랑카섬이다. 석란도를 석가모니의 탄생지라고 한 것

또한 오류다. 원문의 "정편(正偏)"은 "정변(正遍)"—"遍"은 "변"으로 읽는다—의 잘못인데, 여기서는 바로잡아 옮긴다. 두루 일체를 아는 깨달음을 뜻하는 말이다. 정각(正覺)은 올바른 깨달음이라는 뜻이다.

6 《삼국사기》 고구려본기에는 소수림왕 2년(372)에 전진(前秦)의 왕 부견(符堅)이 승려 순도(順道)를 파견하여 불상과 불경을 전했다는 기사가 있다. "소수림왕 원년"이라고 한 것은, 《삼국사기》와는 달리 소수림왕의 즉위년(고국원왕 41년)을 제외하고 다음해부터 원년으로 파악했기 때문인 듯하다. 앞의 '도교' 항목 등에도 이와 같은 사례가 보인다. 그런데 이러한 계산은 일관된 것은 아닌 듯한데, 한 예로 《삼국사기》에 같은 해의 일로 기록된 태학의 설립이 6장 교육의 '학교' 항목에서 "소수림왕 2년"의 일로 서술된 것을 들 수 있다.

7 《삼국사기》 신라본기 법흥왕 15년조에 이차돈(異次頓)의 죽음과 불교 공인의 사건이 실려 있는데, 그 서두에 눌지왕(재위 417~458) 때의 "묵호자(墨胡子)"와 비처왕(재위 479~500)—소지왕— 때의 "아도(阿道)"의 일이 기록되어 있다. 묵호자와 아도가 같은 사람이라는 견해도 있다.

8 "경론(經論)"은 경전인 경(經)과 경을 풀이한 논(論)을 합친 말이다. "번개(幡蓋)"는 불보살의 위엄과 덕을 나타내는 깃발이다. 백제 성왕이 불상을 보낸 일은 《일본서기》에 보인다. 그런데 일본의 불교 전래 시기에 대해서는 여기서 제시한 "긴메이 천황 13년설(552년설)"과는 다른 견해도 존재하는데, 대표적인 것이 《원흥사가람연기(元興寺伽藍緣起)》 등의 기록에 바탕을 둔 "538년설"이다. 뒤에 제시한 "지금으로부터 1384년 전"은 525년에 해당하며, 따라서 잘못된 표기다. 연대 계산을 잘못한 것으로 짐작되지만, 일본 불교의 기원 시점에 대한 이견 때문에 생긴 혼란일 가능성도 배제하기는 어렵다.

9 일반적으로 일본 최초의 사찰로 일컬어지는 것은 "법흥사(法興寺, 호코지)"다. 법흥사는 도읍을 옮기면서—평성천도(平城遷都)— 함께 이전되었는데, 이전된 이후의 이름이 곧 "원흥사(元興寺, 간고지)"였다. 스슌 천황(崇峻天皇) 원년인 588년에 법흥사(원흥사)를 짓기 시작했고, 스이코 천황 원년인 593년에 완성했다고 한다. 《일본서기》에는 비다쓰 천황(敏達天皇) 6년(577)에 백제에서 승려와 비구니를 보냈다는 기록과 스슌 천황 원년(588)에 백제에서 사공(寺工), 노반박사(鑪盤博士), 와박사(瓦博士), 화공(畵工) 등을 보냈다는 기록이 남아 있는데, 여기서 언급한 "백제의 승려"와 "백제의 장인"은 곧 이들을 가리키는 것으로 보인다. 그런데 두 사건이 일어난 시점을 "後四十年"과 "其後十二年"이라고 서술한 것은 이러한 연대와 잘 맞지 않는 듯한데, 그대로 계산하면 각기 592년과 604년이 되기 때문이다. 앞의 "後四十年"을 "이후 긴메이 천황 40년"으로 풀이하면 《일본서기》의 기록과 유사한 연대를 얻을 수 있지만, 긴메이 천황의 재위 기간이 총 32년이므로 이러한 해석 또한 난점이 있다.

10 "휴도왕"은 흉노의 왕이다. 한나라 무제 때 곽거병(霍去病)이 군사를 이끌고 휴도국을 공격하여 왕을 죽였다.

사찰 寺刹

신라 눌지왕 때에 승려 아도 화상(阿道和尙)이 일선군 도개부곡(桃開部曲)의 냉산(冷山)에 처음으로 도리사(桃李寺)를 창건했다.[11] 또 진흥왕 4년에는 흥륜사(興輪寺)를 창건했으며, 도승법(度僧法)을 시행했다[12]〔지금으로부터 1417년 전〕.[13] 고구려 광개토왕 원년에 아홉 개의 사찰을 창건했는데, 이것이 우리나라 사찰의 시초다[14]〔지금으로부터 1519년 전〕.

중국에서는 불경이 처음 전래된 한나라 명제 때에 낙양(洛陽)에 처음으로 백마사(白馬寺)를 세우고 불상을 안치했다—위의 '불교' 항목에 보인다.

일본에서는 스슌 천황 원년에 처음으로 원흥사를 세웠다—위의 '불교' 항목에 보인다.

11 일선군의 냉산은 오늘날의 경상북도 구미시 해평면 송곡리의 태조산(太祖山)이다. 불교를 전하기 위해 서라벌에 갔다가 돌아오던 아도 화상이, 겨울인데도 복숭아꽃과 오얏꽃이 활짝 핀 곳이 있음을 보고 절을 세우고 "도리사"라는 이름을 붙였다고 한다.

12 《삼국유사》 흥법(興法) 편에 "진흥왕 5년" 즉 544년에 흥륜사를 창건한 일이 기록되어 있다. 또 탑상(塔像) 편에는 "(진흥왕이) 도첩을 주어 승려가 되게 했다(度人爲僧尼)"는 기록이 보인다. "도승법(度僧法)"은 곧 도첩제다.

13 "지금으로부터 1417년 전"은 소지왕(炤知王, 재위 479~500)이 왕위에 있던 492년이 된다. 여기에 제시된 도리사 창건이나 흥륜사 창건과 모두 연대가 맞지 않는다. 오류가 있는 듯하다.

14 《삼국사기》 고구려본기에 "광개토왕 2년" 즉 392년에 평양에 사찰 아홉 개를 지었다는 기록이 보인다. 여기서는 즉위년을 제외하고 계산하여 "광개토왕 원년"이라고 했을 것이다. 그런데 《삼국사기》에는 이보다 앞선 시기의 사찰 창건 기록이

존재하는데, 고구려본기에 있는 "소수림왕 5년" 즉 375년의 초문사(肖門寺)—혹은 성문사(省門寺)— 와 이불란사(伊弗蘭寺) 창건 기사가 그것이다.

부도탑浮屠塔

신라 선덕왕(善德王) 12년에 처음으로 황룡사 구층탑(黃龍寺九層塔)을 만들었다[지금으로부터 1265년 전]. 이것이 우리나라 사찰 탑의 효시다[15]—탑의 높이는 225척이다. 장륙금상(丈六金像)과 더불어 두 가지 보물로 일컬어졌다—.[16] 또 10년에는 자장 법사(慈藏法師)가 당나라에서 부처의 머리뼈, 어금니, 사리 100낱과 금점가사(金点袈裟)를 갖고 돌아왔는데, 양산군에 통도사(通度寺)를 창건하고 이를 안치했다. 지금에 이르기까지 보존되어 있다.[17]

15 《삼국유사》 탑상(塔像) 편의 황룡사 구층탑 조에 자장 법사의 건의에 따라 황룡사 구층탑을 세운 내력이 기술되어 있다. 이에 의하면, 636년(선덕여왕 5)에 당나라에 건너간 자장 법사는 오대산에서 문수보살의 가르침을 얻었고, 다시 신인(神人)을 만나서 황룡사에 구층탑을 세우라는 말을 듣게 되었다. 643년에 자장 법사가 신라에 돌아와 탑을 세울 것을 건의했고, 백제의 장인 아비지(阿非知)가 이를 완성했다. 자장 법사는 오대산에서 얻은 사리(舍利) 100낱을 이 탑의 기둥 속과 통도사의 계단(戒壇), 대화사(大和寺)의 탑에 나누어 봉안했다고 한다. 탑이 완성된 시점은 645년(선덕여왕 14)이라고 했다. 또《삼국사기》 신라본기에도 645년 3월에 탑이 완성되었다는 기사가 보인다. 이에 의거하면, 원문에 제시된 "선덕왕 12년" 즉 643년은 탑을 세우기 시작한 시점으로 이해할 수 있다.

16 《삼국유사》 탑상편의 황룡사 구층탑 조에서는 '찰주기(刹柱記)'를 인용하여 "철반(鐵盤) 위로는 42척이며, 아래로는 183척이다"라고 했다. 이를 합하면 225척이 된다. 목탑인 황룡사 구층탑은 장지연 당시에도 남아 있지 않았으므로, 이 기록을 근거로 높이를 제시했을 것이다. 또 같은 곳에는 신라의 세 보물(新羅三寶)에 대한 전설이 제시되어 있는데, 이 보물들이 있으면 신라를 침범할 수 없기에 다른 나라가 신라를 칠 계획을 포기했다고 한다. "신라의 세 보물"은 진흥왕 때 만든 황룡사 장륙존상(丈六尊像), 진평왕이 하늘로부터 받았다는 허리띠(天賜玉帶), 그리

고 황룡사 구층목탑이다.

17 자장 법사가 당나라에서 부처의 사리와 가사를 얻은 일은《삼국유사》탑상편 황룡사 구층탑 조와 의해(義解) 편 자장정률(慈藏定律, 자장이 계율을 정하다) 조에 제시되어 있다. 또《삼국유사》탑상 편 전후소장사리(前後所將舍利, 전후에 갖고 온 사리) 조에서는 "자장 법사가 갖고 온 부처의 머리뼈, 어금니, 사리 100낱과 부처가 입던 비라금점가사(緋羅金點袈裟, 붉은 비단에 금점을 수놓은 가사)가 있었는데, 사리는 셋으로 나누어 일부는 황룡탑과 대화탑에 두고 일부는 가사와 함께 통도사의 계단(戒壇)에 두었다"고 했다. 이상의 기사들을 살펴보면,《만국사물기원역사》에서 사리 100낱을 모두 통도사에 안치한 것처럼 서술한 것은 정확한 표현은 아닌 듯하다. 또 "10년"이 무엇을 뜻하는지도 분명하지 않다. 자장 법사가 사리와 가사를 갖고 귀국한 것은 "선덕여왕 12년"의 일이며, 황룡사 구층탑을 세운 것은 "선덕여왕 12년" 또는 "선덕여왕 14년"의 일이다. 통도사를 세운 것은 이보다 뒤인 646년(선덕여왕 15) 무렵으로 알려져 있다. 관련 기사 가운데 찾을 수 있는 "10년"은 자장 법사가 당나라로 건너간 시점인 "정관 10년"이 유일한 것인 듯한데, 이는《삼국유사》탑상편의 황룡사 구층탑 조 서두에 제시되어 있다. 혹 이를 사건 전체의 연대로 착각한 것일 가능성도 있다. 한편 불보사찰(佛寶三寶)로 일컬어지는 통도사의 대웅전에는 불상이 없는데, 이는 자장 법사가 가져온 부처의 사리가 모셔졌기 때문이라고 한다.

황룡사 구층탑은 신라의 3대 보물 중 하나로,《삼국유사》에 의하면 당나라에서 유학을 마치고 돌아온 자장의 요청으로 건조되었다고 한다. 1238년 몽골 침입 때 불탔으며, 도판은 추정으로 복원한 모형이다.

불경 목판〔佛經印板〕

신라 애장왕 2년에 합천군 가야산 해인사를 창건했는데〔지금으로부터 1115년 전〕, 팔만대장경(八萬大藏經)을 판목에 새기고 그 위에 옻칠을 하여 70여

간의 시렁에 간직했다.[18] 우리 조선 세조 무인년에 50건을 인출(印出)하셨는데, 모두 3200여 책이었다.[19] 우리나라에 불경이 처음으로 전래된 것은, 신라 진흥왕 15년에 중국 승려인 명관(明觀)이 진(陳)나라에서 불경 1700권을 갖고 온 일이었다.[20] 또 고려 충렬왕의 왕비인 정화궁주(貞和宮主) 왕씨(王氏)가 승려 인기(印奇)에게 명하여 송나라에서 대장경을 찍어 와서 강화도의 전등사(傳燈寺)에 보관하도록 했다.[21]

중국에서는 한나라 명제 때에 불경 42장(章)을 백마에 싣고 왔으니, 이것이 중국 불경의 시초다—위의 '불교' 항목에 보인다.

18 《삼국사기》 신라본기에 애장왕 3년 8월에 해인사를 창건했다는 기사가 보인다. 여기서는 즉위년을 제외하고 "애장왕 2년"으로 표기했을 것인데, 곧 802년이 된다. 애장왕의 대장경 간행에 대해서는 4장 문사(文事)의 '인쇄술(1) 목판' 항목에도 언급된 바 있는데, 《증보문헌비고》 등에 당나라에서 팔만대장경을 구입했다는 기록은 있으나 직접 간행했다는 기록은 보이지 않는다. 다만 《누판고》에는 이러한 "구전(舊傳)"이 언급되어 있으나, 사실과는 거리가 있는 것으로 보인다. 또 '인쇄술(1) 목판' 항목과 마찬가지로 "지금으로부터 1115년 전"이라고 했는데, 이에 해당하는 794년 무렵에는 원성왕이 왕위에 있었으므로 오류로 보인다.

19 세조 무인년은 1458년이다. 당시 해인사에 보관되어 있던 고려대장경 판목을 이용하여 인출했는데, 50벌을 인쇄하는 것은 많은 경비가 요구되는 큰 사업이었다. 이 때문에 세조는 1년 전인 1457년 인쇄에 필요한 물자를 준비하도록 명하는 등 깊은 관심을 보였다. 《조선왕조실록》의 1458년 7월 27일 기사에는 인경 경차관(印經敬差官) 정은(鄭垠)이 대장경 3벌을 바쳤다는 기사가 보이는데, 이는 이때 완성된 50벌 가운데 일부를 직접 올린 일을 기록한 것이다.

20 《삼국사기》 신라본기에는 "진흥왕 26년" 9월에 진(陳)의 사신인 유사(劉思)와 승려인 명관(明觀)이 불경 1700권을 가져왔다는 기사가 있다. 여기서 "진흥왕 15년"이라 한 것은, 즉위년을 제외하고 계산하여 "진흥왕 25년"으로 쓰려다가 생긴 오기로 추정된다.

21 정화궁주(?~1319)는 훗날 충렬왕이 되는 태자 심(諶)과 결혼했으나, 1274년에 충렬왕이 원나라의 제국대장공주와 결혼한 뒤에 궁주로 격하되었다. 1282년(충렬왕 8)에 정화궁주는 인기가 가져온 대장경을 보관하도록 하고 옥등(玉燈)을 시주했는데, 이로부터 절의 이름이 "전등사"로 바뀌었다고 한다. 전등사의 원래 이름은 "진종사(眞宗寺)"였다.

팔관회八關會 부附 백고좌 강회百高座講會

신라 진흥왕 개국(開國) 원년에 혜량(惠亮)이 승통(僧統)이 되었는데〔지금으로부터 1409년 전〕, 백고좌(百高座)의 강회(講會)와 팔관회의 법식을 처음으로 열었다.[22] 매년 11월에 대궐 뜰에 승려들을 모으고, 바퀴 모양의 등 하나를 가운데에 놓고 향등(香燈)을 사방에 벌여 놓았다. 또 두 개의 채붕(綵棚)을 매고서 온갖 기예(百戲)와 가무를 올렸다.[23] 고려 때에 이 풍속이 널리 행해졌다.

22 혜량은 고구려의 승려로, 신라에 건너와 승통(僧統)이 되었다. 《삼국사기》 열전 거칠부전(居柒夫傳)에 이에 대한 기록이 보인다. 거칠부가 고구려를 정탐하러 갔다가 불법을 강의하던 혜량을 만났는데, 혜량이 은밀히 불러서 신라로 돌아가도록 했다. 551년(진흥왕 12, 개국 원년)에 거칠부가 고구려 땅을 공격했을 때 다시 혜량을 만나 함께 신라로 갔는데, 진흥왕이 거칠부의 추천에 따라 혜량을 승통으로 임명했다고 한다. "지금으로부터 1409년 전"은 500년 무렵이 되는데, 혜량이 신라로 간 것이 551년 무렵이므로 오류로 보인다. "백고좌의 강회"는 100좌의 자리를 마련하고 100명의 법사를 청하여 매일 한 분씩 설법하게 한 법회다.

23 팔관회의 광경에 대한 서술은 《증보문헌비고》의 악고(樂考)에서 인용한 것으로 보인다. 《증보문헌비고》의 신라 산악(散樂) 조에 진흥왕 때의 팔관회 광경이 이와 같이 묘사되어 있다. "윤등(輪燈)"은 바퀴 모양의 등인데, 팔관회가 원래 불교의 가르침과 관련된 행사이므로 불교적인 의미를 담은 윤등을 사용한 것이다. 채붕은 나무로 단을 만들고 오색 비단 장막을 늘어뜨린 장식 무대다.

기독교基督敎 부附 그리스정교〔希臘敎〕, 신교, 구교

예수(耶蘇)는 "구세(救世)"를 뜻하는 칭호다.[24] 예수 그리스도(Jesus Christ, 耶蘇基督)는 《구약전서》와 《신약전서》의 두 성서로 경서를 삼았다. 그리스도가 세상에 내려온 것은 실로 서력 기원전 4년—신라 시조왕 57년이요,

한나라 애제(哀帝) 원수(元壽) 2년이다— 경신년 겨울 12월 25일이다. 33년 2월 29일에 예루살렘(Jerusalem, 耶路撒冷)에서 십자가의 화를 입었고, 같은 해 3월 31일에 부활했다고 한다.[25]

343년에 교회의 법제를 결정하여 교황(敎皇)을 높이고 받들었다.[26] 607년에는 교황의 권한을 확장하여, 교황의 발가락에 키스하는 법을 창안했다.[27] 731년에는 교황 그레고리오 3세(Gregorius III, 格勒革理 第三)가 동로마 황제에게 힘써 항거했는데, 이로써 로마 교회와 그리스 교회가 처음으로 나뉘었다.[28] 1370년에는 로마에서 한 사람의 교황이 더 교황의 자리에 올랐고,[29] 1409년에는 다시 한 사람의 교황이 더 교황의 자리에 올랐다.[30] 이때 영국의 사제인 위클리프(John Wycliffe, 味格力弗)가 천주교를 힘써 배척했으니, 이것이 신교의 시초다.[31] 또 보헤미아(Bohemia, 波希米) 사람 후스(Hus, 黑斯) —"胡斯約"이라고도 쓴다—가 앞장서서 신교를 창설했다가 피살되었는데, 보헤미아 사람인 지슈카(Zizka, 西斯喀)가 군대를 일으켜 전쟁을 벌였고 화친의 조약을 맺었다.[32] 1508년에는 마틴 루터(Martin Luther, 馬爾丁路德) —"魯特"이라고도 쓴다. 1483년에 태어났다—가 "참된 도(眞道)"를 깨닫고 라틴 신약서를 저술했다.[33] 신교와 구교의 다툼이 더욱 격렬해졌는데, 그의 벗인 필리프 멜란히톤(Philipp Melanchthon, 菲立麥蘭敦), 스위스 사람인 울리히 츠빙글리(Ulrich Zwingli, 烏爾利東盈黎), 칼뱅(Jean Calvin, 甲爾文) 등의 세 유파가 있었다.[34] 1619년에 독일의 황제가 된 페르디난트 2세(Ferdinand Ⅱ, 匪地難多 第二)가 가톨릭교(Catholic, 加特力敎)—구교—에 빠져서 보헤미아의 신교도와 전쟁을 시작했는데, 1648년에 비로소 화의가 이루어졌다.[35] 이로부터 신교를 자유롭게 행할 수 있게 되었다.

중국에서는 당나라 태종 때에 처음으로 경교비(景教碑)를 세웠다[36][지금으로부터 1270년 전 무렵].

일본에서는 고나라 천황(後奈良皇) 12년에 처음으로 천주교가 들어왔는데[지금으로부터 334년 전], 오토모 요시시게(大友義鎭)가 숭상하여 받들었다. 42년 뒤에 오다 노부나가(織田信長)가 처음으로 천주각(天主閣)을 세웠는데, 높이가 7층이었다.[37]

우리나라에서는, 선조 때 임진년 후에 일본에서 우리나라 사람에게 처음으로 전해졌다.[38] 그 후 인조 때에 명나라로부터 그 서적이 처음으로 들어왔다[지금으로부터 280년 전].

24 "예수"는 헤브라이어 "여호수아(Jehoshua)"에서 유래했는데, 이 단어는 야훼 또는 유일신을 뜻하는 접두어 "Je-"와 구원 또는 구세(救世)를 뜻하는 "hoshea"가 합쳐진 것이다. 또 "그리스도"는 "마쉬아흐(헤브라이어)"에서 "크리스토스(Χριστός, 고대 그리스어)"를 거쳐서 형성된 단어인데, 그 의미는 "기름을 부은" 또는 "기름 부음을 받은 사람"으로 풀이할 수 있다. 즉 그리스도는 왕, 예언자, 제사장, 메시아 등과 같이 종교적 예법에 따라 높일 만한 존재를 뜻하는 말인 셈이다.

25 예수가 언제 태어났는지에 대해서는 여러 가지 견해가 존재한다. 기원전 4년 탄생설이 그 가운데 설득력 있는 견해로 알려져 있는데, 이에 따를 경우 기원후 30년을 몰년으로 잡는 것이 일반적이다. 여기서 기원전 4년에 세상에 내려왔다고 말한 근거는 제시하지 않았는데, 본문과 주석에 제시한 연대에 혼란이 있음을 보면 복수의 자료를 참고했을 가능성도 있는 듯하다. 본문에서 제시한 "기원전 4년"은 경신년이 아닌 정사년이며, 주석에 제시한 "신라 시조왕(혁서세) 57년"과 "한나라 애제 원수 2년"은 기원전 1년이며 간지로는 경신년이다. "경신년"을 논외로 한다면, 본문에서는 기원전 4년 탄생설을 제시하고 주석에서는 기원전 1년 탄생설을 제시한 셈이 된다. 또 본문에서는 33년에 십자가의 화를 입었다고 했으니, 이는 기원전 4년 탄생설에서 일반적으로 제시하는 "30년"과는 어긋난다. 한편 간행본에 표기된 "원시(元始) 2년"은 기원후 2년인데, 이는 원고본에 제시된 "원수(元壽) 2년"의 오기로 추정된다.

26 343년에 35대 교황 율리오 1세(Julius I, 재위 337~352)는 사르디카 공의회(Council of Sardica)를 소집하여 로마교구의 우월권을 확립했다. 율리오 1세는 아리우스파(Arianism)에 대항하는 주교들의 힘을 모았는데, 이 회의를 통해 로마 교구

는 다른 교구를 감독할 수 있는 권한을 얻게 되었다. 사르디카(Sardica) 또는 세르디카(Serdica)는 오늘날 불가리아의 수도인 소피아(Sofia)의 옛 이름이다.

27 607년의 교황은 66대인 보니파시오 3세(Bonifatius III, 재위 607. 2~607. 11)였는데, 그는 로마 교황을 "만국의 주교(Universal Bishop)"로 인정하는 칙령을 비잔티움 제국(동로마 제국)의 황제 포카스(Phocas, 재위 602~610)로부터 받았다. 교황의 발에 입맞춤하는 의식이 시작된 것은 709년의 일로 알려져 있는데, 이 무렵 유스티니아누스 2세(Justinianus II, 재위 685~695, 705~711)가 88대 교황 콘스탄티노(Constantinus, 재위 708~715)의 발에 입맞추는 의식을 행한 일이 알려져 있다. 그런데 이보다 앞서 53대 교황 요한 1세(Joannes I, 재위 523~526)의 발에 동로마 황제 유스티누스 1세(Justin I, 재위 518~527)가 입맞춤한 일이 있었고, 7세기에 마련된 《로마 전례서(Ordo Romanus)》에도 이와 유사한 내용이 포함되어 있었다고 한다.

28 동로마 제국의 황제 레오 3세(Leo III, 재위 717~741)는 726년에 성화상에 대한 숭배를 금지하는 성상파괴령(iconoclasm, 聖像破壞令)을 내렸다. 그런데 성화상에 대한 숭배는 서유럽 지역에서 선교 활동에 널리 활용되고 있었기 때문에, 이 명령은 동로마 교회와 로마교구 간의 갈등의 요인이 되었다. 이에 731년에 교황이 된 그레고리오 3세(재위 731~741)는 이 명령을 거부했다. 이 사건을 계기로 관계가 악화되었으며, 이는 1054년의 동·서 교회 분리의 중요한 요인이 되었다.

29 원문에는 1370년으로 되어 있으나, 1378년의 오기로 보인다. 아비뇽 유수(Avignonese Captivity)가 종결된 1378년에는, 두 사람의 교황이 공존하는 일이 벌어졌다. 이해에 로마에서는 우르바노 6세(Urbanus VI, 재위 1378~1389)가 새로운 교황으로 선출되었는데, 로마 복귀를 원치 않았던 추기경들이 클레멘스 7세(Clemens Ⅶ, 재위 1378~1394)를 교황으로 선출하여 아비뇽에 머무르게 했다. 이러한 분열의 상황은 1417년까지 이어졌다.

30 로마와 아비뇽에 이미 두 사람의 교황이 존재한 상태에서, 1409년에는 피사에 모인 추기경단이 새로운 교황으로 알렉산더 5세(Alexander V, 재위 1409~1410)를 추대했다. 이에 따라 일시적으로 동시에 세 사람의 교황이 존재하는 상황이 벌어지게 되었다.

31 위클리프(1320~1384)는 에드워드 3세(Edward III, 재위 1327~1377)의 궁중 사제가 되어, 교황의 권력으로부터 벗어나 영국의 정치와 종교의 독립을 중시하는 정책을 폈다. 1378년 이후 복수의 교황이 존재하면서 교황의 권력이 약화되자, 이를 계기로 가톨릭 교리를 비판했다.

32 얀 후스(1372~1415)는 체코의 종교개혁가로, 위클리프의 견해를 받아들이고 교황을 비롯한 고위 성직자들의 세속화를 강력하게 비판했다. 1414년에 콘스탄츠 공의회(Council of Konstanz)에 소환되어 이단 사상으로 지목되는 부분을 취소할 것을 요구받았으나 거부했고, 그 결과로 1415년에 콘스탄츠 교외에서 화형

을 당했다. 후스가 처형된 이후, "후스파"는 신성로마제국 황제이자 보헤미아 왕인 지기스문트(Sigismund)의 군대와 전쟁을 벌이게 되는데, 이것이 곧 후스 전쟁(Hussitenkrieg, 1419~1434)이다. 이 전쟁에서 활약하며 교황과 황제의 군대를 물리친 장군이 곧 얀 지슈카 트로크노바 칼리차(John Zizka of Trocnov, 1360~1424)다. 이후 바젤 공의회(Council of Basel)에서 후스파와의 화의가 제안되었으며, 1436년에 화의가 성립되었다.

33 마틴 루터(1483~1546)는 1507년에 사제가 되었으며, 1508년에는 비텐베르크 대학(University of Wittenberg)에 파견되어 연구와 강의를 했다. "1508년"을 언급한 이유는 분명하지 않은데, 연대 표시의 오류가 없다면 루터가 대학에서 연구하면서 깨달음을 얻었던 시점을 말한 것으로 이해할 수 있다. 종교개혁과 관련한 루터의 주요 활동으로는 "95개조 의견서(Anschlag der 95 Thesen)"의 발표(1517년)와 독일어 번역본《신약성서》의 간행(1522)을 들 수 있는데, 이를 고려하면 원문의 "拉丁新約書를 著ᄒᆞ고(라틴 신약서를 저술했고)"는 "라틴어로 된《신약성서》를 독일어로 번역한 일"을 부정확하게 표현한 것일 가능성도 있다.

34 필리프 멜란히톤(1497~1560)은 독일의 인문학자로, 1518년 비텐베르크 대학의 그리스어 교수가 되어 루터의 협력자로서 활동했다. 종교개혁의 신앙과 신학을 체계적으로 정리한 저술을 남기기도 했다. 울리히 츠빙글리(1484~1531)는 스위스의 종교개혁가로, 취리히 대성당의 설교자가 되어 명성을 얻었다. 이후 취리히에서 종교개혁에 나섰는데, 가톨릭을 고수하는 주들과의 전쟁에 종군목사로 참여했다가 전사했다. 칼뱅(1509~1564)은 프랑스 출신의 종교개혁가로, 프랑스에서의 박해를 피해 스위스 바젤로 건너가서《그리스도교 강요(Institutio christianae religionis)》(1536)를 저술했고 이후 스위스의 종교개혁 운동에도 참여했다. 원문에는 칼뱅의 국적을 직접 언급하지는 않았지만 "스위스 사람"으로 이해한 듯한데, 스위스에서의 활동이 많았기 때문에 착각한 것일 듯하다.

35 독일을 무대로 신교와 구교 사이에 벌어진 종교 전쟁인 "30년 전쟁(1618~1648)"에 대해 서술한 것이다. 페르디난트 2세(1578~1637)는 보헤미아 왕(1617년)과 헝가리 왕(1618년)을 거쳐 1619년에 신성로마 제국의 황제가 되었다. 페르디난트 2세의 종교적 압박에 맞선 보헤미아 사람들은 프리드리히 5세를 국왕으로 추대하고 싸우다가 패했지만, 이후에 신교 측을 지지하는 덴마크, 스웨덴, 프랑스 등이 차례로 참전하면서 국제 전쟁으로 확대되었다. 결국 페르디난트 3세(재위 1637~1657년) 때인 1648년에 맺어진 베스트팔렌 조약(Peace of Westfalen)으로 전쟁은 마무리되었다. 원문의 "행성(行成)"은 화친한다는 뜻이다. 또 "독일의 황제가 되었다(帝日耳曼)"고 한 것은 신성로마 제국의 황제가 된 일을 가리킨다. 한편 원문의 "匪地難多 第一"은 "匪地難多 第二"의 오기(誤記)이므로, 여기서는 고쳐서 옮긴다. 페르디난트 1세는 1526년 보헤미아 왕을 거쳐서 1556년에 신성로마 제국 황제가 되

었는데, 구교를 지지하는 입장이었지만 주민들의 신앙 문제에는 개입하지 않았다.

36 "경교(景教)"는 기독교의 종파인 네스토리우스교(Nestorianism)의 중국식 명칭이다. "경교비"의 정식 명칭은 "대진경교유행중국비(大秦景教流行中國碑)"이며, 781년에 건립된 것으로 알려져 있다.

37 고나라 천황(재위 1526~1557) 12년은 곧 1537년이다. 오다 노부나가(1534~1582)는 1576년부터 아즈치성(安土城)을 짓기 시작했는데, 천주각은 1576년에 착공하여 1579년 무렵에 완성된 것으로 알려져 있다. 1579년은 1537년으로부터 "42년 뒤"가 된다. 그런데 이 연대는 "지금으로부터 334년 전"인 "1575년"과 어긋나며, 일반적으로 알려진 기독교의 일본 전래 시기와도 맞지 않는다. 1549년에 예수회 선교사 프란시스코 하비엘(Francisco Xavier)이 규슈의 가고시마(鹿兒島)에 도착하면서 일본에 기독교가 전해졌다고 알려져 있기 때문이다. 오토모 요시시게(大友義鎮, 1530~1587)는 일본 전국시대의 인물로, 선교사들로부터 세례를 받은 "기리시탄 다이묘(大名)"로 알려진 인물이다. 한때는 북 규슈의 패자로 군림할 만큼 세력을 떨쳤다고 한다. 훗날 가신들의 불만으로 인해 불교에 입적했는데, 이때 이름을 오토모 소린(大友宗麟)으로 바꾸었다.

38 원문에 "我人이 始傳ᄒᆞ고"라고 되어 있는데, 의미가 분명하지는 않다. 임진란 때 잠시 조선에 왔다가 일본에 머물러 있던 포르투갈 신부 세스페데스(Gregorio de Cespedes, 1551~1611)가 조선인 포로들에게 영세를 준 일이 있는데, 이를 가리키는 것으로 보인다.

회회교 回回教, 이슬람

회회교는 마호메트(Mahomet, 馬哈麥)의 종교다. 아라비아는 인도양(印度海) 연안의 페르시아 만 서쪽에 있으며, 홍해를 끼고 있는 나라다. 원래는 별과 달을 신으로 섬겼다. 570년에 무함마드(Muhammad, 慕罕默德)—"마호멧(馬哈默)"이라고도 쓴다—가 메카(Mecca, 麥加)에서 태어났는데〔지금으로부터 1389년 전〕,[39] 효웅(梟雄)으로 성장했다. 모세, 예수 그리고 자기 나라 종교의 세 종교를 합하여 하나의 종교를 만들고서, "이슬람(Islam, 伊西蘭)"이라는 이름을 붙였다. 그가 말하기를 "상제(上帝)를 위하여 한 방울의 피를 뿌리고 하루 동안 무기를 손에 들 수 있는 사람은, 그 공로가 단식하면서 예배하는 사람보다 높다. 또 전사한 사람은 천당에서 귀족으로 산다"고 했는데, 신도가 날로 많아졌다.[40] 629년에는 '대교사(大教師)'의 자리에 올랐다. 이웃나라를 침략하여 병탄하고 동로마의 수도를 무너뜨려서, 그 세력이 매우 확장되었다.[41] 지금은 터키를 포함한 여러 나라가 모두 "회회교"를 받든다. 그 경전은 "코란 경(Quran, Koran, 可蘭經)"이라고 칭한다.

39 1909년을 기준으로 하면, 570년은 "1339년 전"이다. "1389년 전"은 계산상의 오류로 보인다.

40 무함마드(Muhammad, Mahomet, 570~632)는 다신교의 세력이 강했던 메카에서 태어났으며, 40세가 되던 610년에 처음으로 신의 계시를 들었다고 한다. 622년에는 박해를 피해 메카를 떠나 메디나로 옮겼는데, 이 사건을 "헤지라(Hijrah)"라고 하며 이해는 이후 이슬람력의 원년이 되었다. 이후 메카 세력 등과의 싸움을 거쳤고, 630년에는 메카에 다시 입성했다. "이슬람(Islam)"은 유일한 신(알라)에 절대적으로 복종하는 것을 뜻하는 말이다. 이슬람은 회흘족(回紇族, 위구르족)을 통해 중국에 알려졌는데, 이 때문에 동아시아에서는 보통 "회회교" 또는 "회교"로 일컬어진다. 이 항목에서 "무함마드"의 한자 표기는 세 가지 형태로 나타나는데, 이 가운데 "慕罕默德"은 "무함마드(Muhammad)"를, "馬哈麥"과 "馬哈默"은 "마호멧(Mahomet)"을 표기한 것으로 추정된다. 영어로도 다양한 표기가 보이기 때문에, 이러한 현상이 나타났을 것이다. 또 "아라비아"의 한자 표기로는 "亞剌伯", "亞剌比亞", "亞拉比亞"의 세 가지 형태가 나타나는데, 여기서는 "亞拉比亞"로 표기했다. "효웅"은 사납고 용맹스러운 인물을 뜻하는 말인데, 다소 부정적인 의미가 내포되어 있다.

41 무함마드가 동로마 제국을 직접 공격한 일은 없는 듯하며, 가산(Ghassān) 왕국과의 싸움에서 충돌한 일이 있을 뿐이다. 가산 왕국은 시리아 남부에서 요르단 지역에 있던 아랍계의 국가였으며, 629년에 무타(Mu'tah)에서 무함마드의 군대와 큰 싸움을 벌였다. 동로마의 수도를 무너뜨리고 세력을 확장했다는 것은 무함마드 사후의 이슬람 세력 확장에 대해 말한 것일 가능성도 있다. 1453년에 오스만투르크 제국의 군대가 동로마 제국의 수도인 콘스탄티노플을 점령했는데, 오스만투르크 제국은 이슬람 국가였다.

일본 에도시대 최고의 우키요에 작가 중 한 사람인 우타가와 토요쿠니 3세가 그린 그림으로, 아마테라스 오오가미의 탄생을 묘사하고 있다.

신교神敎

일본에서는 예로부터 아마테라스 오오가미(天照大神)를 받들었는데, 이를 "신교"라 일컬었다. 진무 천황이 영주(靈疇)를 세우고 처음으로 천신을 제사했는데, 지금으로부터 2569년 전의 일이다.[42]

42 영주(れいじ)는 제사 지내는 장소, 즉 제단(祭壇)을 뜻하는 말이다. 천황의 즉위 의례인 대상제(大嘗祭)와 궁중의 제사 의례인 신상제(新嘗祭)를 행할 때 영주를 세운다고 한다.

다신교多神敎

다신교는 그리스, 로마에서 숭배했던 신이다. 그리스와 로마에서는 고대로부터 12천신(天神)을 받들었다.[43]

43 다신교(多神敎, polytheism)는 다수의 신을 믿고 숭배하는 종교를 뜻하는 말이다. 여기서는 그리스와 로마의 종교를 뜻하는 고유명사로 사용했을 가능성도 있지만, 그럴 경우에는 아래에 나오는 '그리스의 종교(希臘敎)' 항목과 내용이 중복된다. 다신교의 예로 그리스, 로마의 사례를 제시하고자 했다고 볼 수도 있는데, 이때 본문은 "다신교는 그리스와 로마에서 고대로부터 12천신을 숭배했던 것과 같은 종교를 말한다"는 정도로 의역할 수 있을 것이다. 12천신에 대해서는 '그리스의 종교(希臘敎)' 항목에 보다 상세한 서술이 보인다.

세례洗禮

《신약전서》에서는 "요한(John the Baptist, 約翰)이라는 이는 그리스도 이전의 사람인데, 일찍이 물로 세례를 베풀었다"고 했다.[44]

44 요한은 흔히 "세례 요한"으로 불린다. "죄를 회개하라"고 외치면서 요르단 강물에서 세례를 주는 세례 운동을 펼쳤는데, 예수도 그에게서 세례를 받았다고 한다.

할례割禮

할례는, 남자는 음경의 포피(包皮)를 베어내고 여자는 음순(陰唇)을 베어내는 것이다. 《구약전서》 창세기에서는 "신이 아브라함(Abraham, 亞布剌罕)에게 이르기를, '네 자손 대대로 마땅히 약속을 지키고 어기지 말 것이니, 너희 가운데 남자는 모두 할례를 받으라'고 했다"라고 했다.[45] 이것이 그 효시다.

45 《구약전서》 창세기 17장에서 인용한 것이다. 할례는 신과 약속의 징표로 여겨졌기 때문에, 유대인들은 창세기의 구절에 따라 남자아이가 태어나면 8일 만에 할례를 받도록 했다. 또 무슬림들도 자신들을 아브라함의 자손으로 생각하기 때문에 할례를 받았다고 한다. 아브라함의 표기는 "亞布拉罕"과 "亞布剌罕"의 두 가지 형태로 나타난다.

브라만교Brahmanism, 婆羅門教

브라만은 인도 고대의 종교다. 브라마(Brahmā, 婆蘭瑪)는 천지가 개벽할 때의 첫 번째 사람인데, 몸에 네 개의 머리가 있어서 사방을 본다고 전한다.[46] 지금 티베트, 인도 등의 여러 나라에서 이 종교를 많이 숭배한다. 또 "라마교(Lamaism, 喇嘛教)"라고도 부른다.[47]

46 브라마는 창조를 관장하는 남신(男神)으로, 한역어로는 "범천(梵天)"이라고 일컬어진다. 네 개의 머리와 네 개의 팔을 가지고 있다고 한다. 네 개의 머리는 네 개의 "베다(Veda)"를 상징하며, 네 개의 팔은 사방을 상징한다.

47 "브라만교"와 "라마교"는 같은 종교가 아니다. 라마교는 곧 티베트 불교인데, 주술적인 성격을 지닌 티베트 고유 종교 본(Bon)교와 인도로부터 건너온 밀교가 결합하여 성립되었다. 티베트 이외에 북인도, 몽골, 중국 등에도 전해졌다.

유대교 Judaism, 猶太教

유다(Judah, 猶太)는 서아시아의 작은 나라다. 기원전 1400년 무렵에 모세가 이집트에서 학업을 마치고 처음으로 율법을 정하고 유일신을 받들었으니, 곧 유대교의 교조다.[48] 지금도 유다의 사람들은 옛 종교를 숭상하고 있으며, 구미의 여러 나라에도 유대교를 믿는 사람이 많다.

48 원문에서 "졸업(卒業)"이 뜻하는 바가 무엇인지는 분명하지 않다. 여기서는 모세가 파라오의 딸에게 양육되면서 교육받았기 때문에 "학업을 마치다"라는 의미로 풀이했는데, 혹 신에 의해서 정해진 과업이나 왕업을 완수했다는 의미일 가능성도 있다.

그리스의 종교[希臘教][49]

그리스는 태서에서 가장 오래된 나라다. 그 나라의 사람들이 12천신(天神)을 공경하고 받들어서 종교로 삼았는데, 남신이 여섯이요 여신이 여섯이다.[50] 1년에 4대 제일(祭日)이 있어서, 남녀노소가 춤추고 노래하면서 신을 숭배한다.

49 "희랍교(希臘敎)"는 위의 '기독교' 항목에서는 기독교의 일파인 그리스 정교를 지칭하는 말로 사용되었다. 여기서는 그리스의 고유 신앙을 뜻하는 말로 이해하여, "그리스의 종교"로 풀이했다.

50 그리스인들은 올림포스(Olympos) 산에 12명의 신들이 산다고 믿었다. 또 이 신화는 로마에까지 이어졌는데, 이 과정에서 신의 이름이나 역할에는 일부 변화가 있었다. 또 올림포스 12신의 명단 또한 시대와 논자에 따라 다소 차이가 나타나기도 했다. 일반적으로는 남신으로는 제우스(Zeus)〈유피테르(Iuppiter)〉, 아폴론(Apollon)〈아폴로(Apollo)〉, 포세이돈(Poseidon)〈넵투누스(Neptūnus)〉, 헤르메스(Hermes)〈메르쿠리우스(Mercurius)〉, 아레스(Ares)〈마르스(Mars)〉, 헤파이스토스(Hehphaistos)〈불카누스(Vulcanus)〉의 여섯이 있었고, 여신으로는 헤라(Hera)〈유노(Iūno)〉, 아테나(Athena)〈미네르바(Minerva)〉, 아르테미스(Artemis)〈디아나(Diana)〉, 아프로디테(Aphrodite)〈비너스(Venus)〉, 데메테르(Demeter)〈케레스(Ceres)〉, 헤스티아(Hestia)〈베스타(Vesta)〉의 여섯이 있었다고 한다. 〈 〉에 표기한 것은 로마신화에서의 이름이다.

조로아스터교[火敎]

조로아스터(Zoroaster, 瑣羅斯得)는 기원전 600년 무렵에 페르시아 화교(火敎)의 교조가 되었다. 그 경전은 곧 "페르시아 성서"다. 그 종교의 설은, 선한 신과 악한 신이 세상 사람을 다스리면서 끊임없이 다툰다는 것이다.[51]

51 조로아스터(B.C. 630?~B.C. 553?)는 페르시아의 현자로, 흔히 "조로아스터"로 일컬어지지만 원래 이름은 "스피타마 자라투스트라(Spitama Zarathustra)"다. 20세 무렵에 종교 수행을 했고, 30세 무렵에 아후라 마즈다 신의 계시를 받아서 새로운 종교를 창시했다고 한다. 그가 창시한 조로아스터교에는 배화(拜火) 의례가 있었기 때문에, "화교" 또는 "배화교"로 일컬어지기도 한다. "페르시아 성서(波斯聖書)"라고 한 조로아스터교의 경전은 곧《아베스타(Avesta)》다. 이 경전은 고대 페르시아의 언어인 아베스타어로 기록되어 있는데, "아베스타"는 원래 "지식"을 뜻하는 말이다. 조로아스터교에서는 이 세상에서는 광명과 선의 신이자 창조의 신인 아후라 마즈다(Ahura Masda)와 암흑과 악의 신인 앙그라 마이뉴(Angra Mainyu)가 끊임없이 투쟁한다고 말한다.

• 8 장 •
예절
—
禮節

조하 朝賀

《관자(管子)》에서는 "황제가 합궁(合宮)에서 정사를 돌보았다"고 했으니, 이것이 조회(朝會)의 시초다.[1] 《통전(通典)》에서는 "요순의 시대에는 제후가 1년에 한 번 조근(朝覲)했다. 한나라 고제(高帝) 7년에 장락궁(長樂宮)이 완성되니, 제후와 뭇 신하들이 조하(朝賀)하는 의례를 비로소 정했다"고 했다.[2] 이것이 조하의 시초다〔지금으로부터 2108년 전〕.

신라 진덕왕 5년에 처음으로 정월 초하루에 백관의 조하를 받았으니, 새해를 축하하는 예법이 이로부터 시작되었다[3]〔지금으로부터 1259년 전〕.

백제 고이왕 27년 정월에 처음으로 남당(南堂)에서 정사를 돌보았으니, 곧 조하의 시초다[4]〔지금으로부터 1600년 전〕.

일본에서는 쇼무 천황 4년 정월에 처음으로 면복(冕服)을 입고 조하를 받았다〔지금으로부터 1180년 전〕.

1 "합궁"은 황제 때에 조회를 받고 정사를 돌보던 정전(正殿)이다. 《시자(尸子)》에서는 "황제 때는 합궁(合宮)이라 했고, 순임금 때는 총장(總章)이라 했고, 은나라에서는 양관(陽館)이라 했고, 주나라에서는 명당(明堂)이라 했다"고 했다.

2 조근은 조현(朝見)과 같은 말로, 신하가 조정에 나아가 임금을 뵙던 일을 가

리킨다. "고제"는 한나라 고조(高祖)인 유방(劉邦)이다. 장락궁은 장안성에 건립한 궁궐의 이름이다.

3 《삼국사기》 신라본기에 "(진덕왕) 5년 정월 초하루에 왕이 조원전에 나아가 백관의 신년 하례(正賀)를 받으니, 신년 하례의 예가 이로부터 시작되었다(五年, 春正月朔, 王御朝元殿, 受百官正賀, 賀正之禮始於此)"고 했다.

4 《삼국사기》 백제본기에는 고이왕 28년의 일로 기록되어 있다. 여기서는 즉위년을 제외하고 연대를 계산하여 제시한 것이다. 간행본에는 "고이왕 22년"으로 되어 있으나 오기(誤記)로 보이므로, 원고본에 따라 "고이왕 27년"으로 옮겼다. "남당"은 원래 마을의 부족집회소에서부터 발전한 기관인데, 나라가 점차 커지면서 중앙 정청의 성격을 지니게 되었다. 연맹왕국의 성격을 지닌 신라와 백제에는 모두 남당이 존재했다. 남당에는 임금과 신하들의 좌석을 구별하는 좌석표인 궐표(橛標)가 있었으며, 이에 따라 임금이 가장 높은 자리에 앉고 신하들은 각각의 높낮이에 따라 정렬했다.

숭호만세嵩呼萬歲

《시전(詩傳)》에 "소호(召虎)가 절하고 머리를 조아리며, 천자의 만년을 기원했네"라고 했다. 이것이 '만세'의 남상이다.[5] 한나라 무제가 숭산(嵩山)에서 봉선(封禪)의 제사를 지냈는데, "만세"라고 하는 것 같은 소리가 들린 것이 세 번이었다.[6] 이로부터 매번 조하에서는 만세를 세 번 불렀다〔지금으로부터 1300년 전〕.

5 《시경》 대아(大雅)의 강한(江漢)에서 인용한 것이다. 소호는 주나라 선왕 때의 장수로, 소(召) 땅에 봉해졌기 때문에 "소백호(召伯虎)"라고도 하며 시호가 목(穆)이어서 "소목공(召穆公)"으로도 일컬어진다. 선왕이 공을 치하하여 상을 내렸는데, 소호가 절을 올리며 사양했다고 한다.

6 《한서》 무제기(武帝紀)에 여기서 언급한 "만세"의 일이 보인다. 무제가 봉선의 제사를 지낸 것은 원봉(元封) 원년의 일인데, 여기에 따라갔던 이졸(吏卒)들이 모두 세 차례의 높은 만세 소리를 들었다고 한다. "봉선"은 천자로서 천지에 올리는 제사다. 흙을 쌓아올려 하늘에 지내는 제사를 "봉(封)"이라 하고, 땅을 깨끗이 하고 산천에 지내는 제사를 "선(禪)"이라 한다.

맹약盟約

《상서》 감서(甘誓)에서는 "감 땅에서 크게 싸울 때 육경(六卿)을 불러 '내가 맹세하여 너희에게 고하노라'고 말했다"고 했는데, 이것이 맹약하는 글(盟書)의 시초다〔지금으로부터 3800년 전〕. 《춘추》의 전(傳)에 "무릇 제후의 회맹(會盟)에서는 제물로 바치는 동물을 잡아서 피를 마시고, 회맹을 주관하는 이는 소의 귀를 잡는다. 이는 회맹을 배신하는 자는 이 소와 같이 될 것이라는 말이다"라고 했다. 《주례》에 "사맹(司盟)"에 대한 기록이 있다.[7]

7 《주례》의 원래 이름은 "주관(周官)" 또는 "주관경(周官經)"이다. 원문에는 "주관(周官)"으로 되어 있지만, 여기서는 "주례"로 옮긴다. 《주례》 추관에 사맹에 대한 서술이 보인다. 사맹은 맹약을 담당하는 관리라는 뜻인데, 맹약의 말과 의례에 대한 일을 담당했다고 한다.

연향燕享

연향은 《주례》에서 비롯되었다.[8]

신라 진평왕 37년 2월에 사흘 동안 대포(大酺)를 베풀었는데, 이것이 대포의 시초다[9]〔지금으로부터 1344년 전〕.

고구려 민중왕 2년 3월에 뭇 신하들에게 잔치를 베풀었는데, 이것이 연향의 시초다〔지금으로부터 1864년 전〕.

8 《주례》 추관 장객(掌客)에 "세 번의 향, 세 번의 식, 세 번의 연을 베푼다(三饗, 三食, 三燕)"는 구절이 있다. 그 주석 가운데는 향(饗)과 식(食)은 손님을 대접하는 것이며 연(燕)은 은혜로운 뜻을 보이는 것이라는 풀이가 보인다. 또 빈객의 위계에 따라 향, 식, 연의 횟수가 달라지는 것이 예법이라는 주석도 있다. 손님을 대접하는

예법 종류에 구분을 두지 않고 "연향(燕饗)"이라고 할 때는 잔치로 풀이할 수 있으며, 이를 연향(燕享)이라고도 한다.

9 《삼국사기》 신라본기 진평왕 37년의 기사에 보인다. "대포"는 큰 잔치라는 뜻으로, 임금이 백성들에게 술과 음식을 나누어주던 일을 말한다.

적전籍田 부附 친잠親蠶

적전은 요순에서 비롯되었고, 《주례》에 처음으로 갖추어졌다.[10] 친잠도 《주례》에 처음으로 나타났는데, "내재(內宰)가 음력 2월에 내명부와 외명부들을 이끌고 북쪽 들판에서 처음으로 누에를 치도록 하는 조칙을 황후에게 전한다"고 했다.[11]

고려 성종이 처음으로 적전을 설치했다〔지금으로부터 920년 전〕.

10 적전(籍田)과 친잠(親蠶)은 농사와 양잠을 장려하던 의례다. 왕은 적전에서 직접 경작을 했고, 왕비는 친잠을 통해 직접 누에를 치는 모범을 보였다. 적전에 대한 이른 시기의 언급은 《주례》와 《예기》에 나타난다.

11 《주례》 천관 내재에서 인용한 것이다. "명부(命婦)"는 작위를 받은 여성을 가리키는 말이다. 빈(嬪)이나 귀인(貴人)과 같이 궁중에 있던 여관(女官)을 내명부(內命婦)라 하고, 왕족 또는 남편의 품계에 따라 봉작을 받은 여성을 외명부(外命婦)라 했다.

순수巡狩

순수는 황제로부터 비롯되었다—《태일밀추(太一密推)》에 나온다.[12]

12 "순수"는 천자가 천하를 돌아다니며 천지산천에 제사하고 여러 고을의 정치와 민심의 동향을 살피던 일을 뜻한다. 《태일밀추》는 현재 전하지 않는데, 송나라의 이방이 편찬한 《태평어람》에서는 "황제태일밀추"를 인용하여 순수의 시기와 지역에 대해 언급했다.

탄일誕日

고려 성종 원년에 왕이 태어난 날을 "천춘절(千春節)"—뒤에 "천추절(千秋節)"로 고쳤다—이라 했으니, 성절(聖節)에 이름을 붙이는 일이 이로부터 비롯되었다[13] [지금으로부터 927년 전].

일본에서는 고닌 천황(光仁天皇) 6년 10월에, 천황이 태어난 날을 처음으로 "천장절(天長節)"이라고 일컬었다[14] [지금으로부터 1130년 전].

태서에서는 고대에 그리스도가 인간으로 태어난 날—12월 25일[15]—을 경축일로 삼았으니, 그 풍속이 이미 오래된 것이다. 대개 서양에서는 태어난 날에 죽은 이의 공덕을 추억하고 제삿날(忌辰)은 두지 않는다. 그래서 미국인들은 매년 2월 22일을 워싱턴(Washington, 華盛頓)의 기념경축일로 삼았다.[16]

이러한 법은 대개 인도에서부터 기원한 것이다. 인도에서는 불교의 교조인 석가모니의 생신인 4월 8일을 명절(令節)로 삼았었다.

13 982년(성종 1)에 "천춘절"이라는 명칭을 붙였는데, 이듬해인 983년(성종 2) 12월에 그 명칭을 "천추절"로 고쳤다. 《고려사》에 기록이 보인다. "성절"은 임금이나 성인이 태어난 날을 뜻하는 말인데, 여기서는 '왕의 생일'로 풀이할 수 있다.

14 "천장절"이라는 명칭은 당나라의 현종에서부터 유래한 것이다. 729년에 현종이 황제의 생일에 "천추절"이라는 명칭을 붙였는데, 748년에 이를 "천장절"로 고쳤다고 한다. "천장절"이라는 명칭은 《노자》의 한 구절인 "천장지구(天長地久)"에서 따온 것이라고 한다. 일본에서 '천장절'이라는 명칭을 사용하기 시작한 고닌 천황 6년은 775년이다.

15 원고본에는 "12월 24일"로 되어 있는데, 간행 과정에서 이를 바로잡은 것으로 추정된다. 간행본에는 "12월 25일"로 되어 있다.

16 미국의 초대 대통령인 조지 워싱턴(1732.2.22.~1799.12.14.)의 생일인 2월 22일은 미국의 기념일이다. 1879년에 콜럼비아 주에서 공식적인 기념일로 지정했으며, 1885년에 이르러 전국으로 확대되었다. 또 16대 대통령인 링컨(Abraham Lincoln,

1809.2.12.~1865.4.15.)의 생일 또한 2월이기 때문에, 이날을 "Presidents' Day(대통령의 날)"로 명명하고 기념일로 삼게 되었다. 오늘날에는 2월 22일 대신에 2월의 세 번째 월요일을 "Presidents' Day"로 지정하고 있다.

향음주鄕飮酒 부附 양로養老

향음주는 주나라의 제도이니, 《예기》에 상세하다.[17] 양로례(養老禮)도 이와 같다.[18]

신라 유리왕 5년에 왕이 나라 안을 순수하다가 추위와 굶주림으로 죽어가는 노파 한 사람을 보고서 옷과 음식을 내려주었다. 이어서 늙거나 병들어 자기 힘으로 살아갈 수 없는 사람들에게 미곡 등을 내려주도록 명령했다. 이것이 양로의 시초다[19]〔지금으로부터 1875년 전〕. 파사왕 14년에는 왕이 고소부리군(古所夫里郡)에 갔는데, 친히 나이 많은 이들을 위문하고 곡식을 내려주었다. 눌지왕 7년에는 남당에서 양로례를 베풀었는데, 왕이 몸소 음식을 집어주고 곡식과 비단을 내려주었다〔지금으로부터 1536년 전〕.

고구려 태조왕 66년에 홀아비, 홀어미, 고아, 자식 없는 늙은이, 늙어서 자기 힘으로 살아갈 수 없는 이들에게 옷과 음식을 지급하도록 명했다〔지금으로부터 1781년 전〕.

17 "향음주"는 향촌의 선비, 유생들이 덕망과 연륜이 높은 이를 모시고 술을 마시며 잔치를 하던 향촌 의례다. 《예기》 향음주의(鄕飮酒義)에 향음주례의 뜻과 절차가 상세하게 제시되어 있다. 또 《주례》 지관에서는, 향음주례를 향학에서 학업을 닦은 이를 관직에 천거하고서 이들이 향촌을 떠나기에 앞서 베푼 송별연으로 기록하고 있다. 우리나라에서는 고려 때에 이를 시행했다는 기록이 있으며, 조선 성종 때 《국조오례의》가 간행된 이후 일반화되었다. 조선에서는 명나라의 예를 따라서 연장자를 존중하는 방식을 취했다.

18 《예기》 왕제(王制)에서 양로의 예법에 대해 상세히 다루었다. 순임금, 하나라, 은나라에서의 양로의 뜻을 편 방법을 제시하고, 주나라에서 이를 아울러 마련한 절

차에 대해 서술했다. 50세로부터 90세에 이르기까지 10세 단위로 방식을 조금씩 달리했다고 한다.

19 《삼국사기》 신라본기의 내용을 축약하여 인용한 것이다. 이 기사의 말미에 "이해에 민속이 환강(歡康)하여 처음으로 '도솔가'를 지으니, 이것이 가악(歌樂)의 시초다(是年, 民俗歡康, 始製兜率歌, 此歌樂之始也)"라는 서술이 있다. 이 부분은, 가사는 전하지 않지만 "가악의 시초"로 언급되는 '도솔가(兜率家)'의 배경설화로 널리 알려져 있다.

제사祭祀 부附 천신薦新

제사의 예법은 황제로부터 비롯되었다. 천신에 대해서는, 《예기》 월령에 "음력 2월에는 새끼양(羔)을 사당에 올리고, 음력 3월에는 상어(鮪)를 올린다"고 했다.[20] 이것이 천신의 시초다. 한나라 혜제(惠帝) 때에 숙손통(叔孫通)이 처음으로 앵두를 올렸다.[21]

20 "천신"은 새로운 것을 올린다는 뜻이니, 곧 그 시기에 새로 생산된 것을 사람이 먹기에 앞서서 사직(社稷)이나 조상에게 올리는 의식이다. 인용문은 《예기》 월령의 중춘(仲春)과 계춘(季春)에서 뽑은 것이며, 원래 한 문장으로 된 것은 아니다.

21 숙손통은 한나라 초기의 학자로, 한나라의 궁중의례를 정비하는 데 중요한 역할을 했다. 《사기》의 '유경숙손통열전(劉敬叔孫通列傳)'에 혜제(재위 B.C. 195~B.C. 188)에게 종묘에 앵두를 올리도록 건의한 일화가 실려 있는데, 여러 과일을 올리게 된 것이 이로 말미암아 생겨났다고 했다.

교천郊天

황제가 하늘과 땅에 봉선의 제사를 올렸다. 전욱이 남정(南正) 중(重)에게 하늘에 관한 일을 맡도록 명했다.[22] 이것이 하늘과 땅에 올리는 제사의 시초다.

단군이 강화에 제단을 쌓고 하늘에 제사했다〔지금으로부터 4240년 전〕.[23]

22 "교천"은 임금이 천신에게 올리는 제사를 말한다. 봉선은 천자가 올리는 제사다. 하늘에 지내는 제사를 "봉(封)"이라 하고, 땅에 지내는 제사를 "선(禪)"이라 한다. "남정"은 벼슬 이름이다. 《국어(國語)》에 전욱이 남정 중에게 사천(司天)의 직임을 맡겼다는 말이 보인다.
23 원고본에는 "4240년 전"으로, 간행본에는 "4214년 전"으로 되어 있다. 여기서는 원고본을 따랐다. 단군이 강화도 마니산에 참성단(塹星壇)을 쌓고 하늘에 제사 지낸 일에 대해 서술한 것이다.

사직社稷 부附 산천 망질山川望秩

《통전》에서는 "전욱이 공공씨(共工氏)의 아들 구룡(句龍)을 토지의 신(社主)으로 삼고, 열산씨(烈山氏)의 아들 주(柱)를 곡식의 신(稷)으로 삼았다"고 했다. 이것이 사직의 시초다[24]〔지금으로부터 4414년 전〕. 은나라 때에 이르러서는 주(柱) 대신에 주기(周棄)를 곡식의 신으로 삼았다.[25]

신라에서는 선덕왕 4년에 처음으로 사직을 세웠다[26]〔지금으로부터 1127년 전〕.

고구려에서는 고국양왕 9년에 국사(國社)를 세웠다〔지금으로부터 1525년 전〕.[27]

일본에서는 가이카 천황(開化天皇) 7년에 처음으로 천사(天社)와 국사(國社)를 세웠다〔지금으로부터 2060년 전〕.

산천 망질은 황제로부터 비롯되었다.[28]

24 "사(社)"는 토지의 신이며, "직(稷)"은 곡식의 신이다. 공공씨는 전욱과 천하를 놓고 다투었다는 신화적인 인물인데, 홍수의 신으로 알려져 있다. 전욱에게 이기지 못하자 머리로 불주산(不周山)을 쳤는데, 그로 인해 하늘과 땅이 기울어졌다고 한다. 공공씨의 아들인 구룡은 치수(治水)에 공이 있었으며, "후토(后土)" 즉 토지의 신으로 일컬어졌다. 죽은 뒤에는 나무의 신이 되어 나무의 생장을 주관했다고도 한다. 열산씨는 여산씨(厲山氏)라고도 하는데, 신농씨 또는 신농씨의 후예라고 전한다. 열산씨의 아들인 주(柱)는 온갖 곡식을 자라게 하는 능력이 있었다고

한다. 《통전》에는 "전욱이 공공씨의 아들인 구룡을 토지신으로, 열산씨의 아들인 주를 곡식의 신으로 제사했다(顓頊祀共工氏子句龍爲社, 烈山氏子柱爲稷)"고 되어 있다.

25 주기는 "주나라의 기"라는 뜻인데, 곧 주나라의 시조인 후직(后稷)이다. 《사기》에 따르면 성은 희(姬)이고 이름이 기(棄)이며, 요임금 때에 농사를 관장했다고 한다. 농경신 또는 오곡의 신으로 일컬어졌으며, 은나라 이후에는 "직(稷)"으로서 제사를 받게 되었다. 《통전》에서는 은나라의 탕왕 때에 가뭄이 들었기 때문에 곡식의 신(稷)을 주기로 바꾸었다고 했다. 또 토지의 신(社)인 구룡도 바꾸고자 했으나, 구룡의 뒤를 이을 만한 이가 없어서 실행하지 못했다고 한다.

26 선덕왕 4년은 783년이다. 《삼국사기》와 《증보문헌비고》에 이해에 사직단을 세웠다는 기록이 보인다.

27 고국양왕 9년은 391년이며, 1909년으로부터 "1518년 전"이 된다. "1525년 전"이라고 한 것은 잘못이다.

28 "망질(望秩)"은 섶을 태우며 멀리 산천의 신에게 차례로 제사를 지내는 일을 뜻하는 말이다. 《통전》에 황제가 산천에 제사를 지낸 일이 많았다는 기록이 있다. 송나라 고승(高承)의 《사물기원》에서는 《통전》을 근거로 하여 산천 제사의 기원으로 황제를 거론했다. 《서경》의 우서 순전에 순임금이 망질을 올렸다는 말이 보인다.

종묘宗廟 부附 신주神主

요순의 때에 처음으로 오묘(五廟)를 건립했다. 《주례》의 고공기(考工記)에서는 "하나라에서는 '세실(世室)'이라 했고, 은나라에서는 '중옥(重屋)'이라 했다"고 했다.[29]

신주에 대해서는, 《설문해자》에서 "석(祏)"이라 했다. 주나라 무왕이 처음으로 문왕의 목주(木主)를 만들었다.[30]

신라에서는 남해왕 3년에 처음으로 시조묘(始祖廟)를 건립했다. 이것이 종묘의 시초다[지금으로부터 1894년 전]. 혜공왕이 처음으로 오묘(五廟)의 제도를 정했는데, 미추왕으로 김씨 성의 시조를 삼았다. 태종무열왕과 문무왕의 두 임금은 고구려와 백제를 평정한 공이 있으므로 "세실"로 삼았으며, 여기에 아버지와 할아버지까지를 합쳐서 다섯이 되도록 했다[31] 〔지금으로부터 1140년 전〕.

고구려에서는 대무신왕이 시조 동명왕묘(東明王廟)를 세웠다[32] 〔지금으로부터 1900년 전〕.

백제에서는 시조 온조왕 원년에 동명왕묘(東明王廟)를 세웠다. 또 시조 우태묘(優台廟)를 세웠다. 17년에는 국모묘(國母廟)를 세웠다[33] 〔지금으로부터 1920년 전〕.

29 "종묘"는 군주 또는 귀족이 조상의 신위(神位)를 모시는 사당이다. 원래 "종(宗)"은 "존(尊)" 즉 높인다는 뜻에서 온 말이며, "묘(廟)"는 "모(貌)" 즉 모습이나 형상에서 온 말이라고도 한다. 하후씨(夏后氏)는 하나라 또는 하나라의 우임금을 가리키는 말이다. 종묘의 명칭은 시대에 따라 바뀌기도 했는데, "세실"(하나라), "중옥"(은나라), "태묘"(太廟, 명나라 · 청나라) 등이 사용되었다. 《예기》 왕제(王制)에서는 천자는 칠묘(七廟), 제후는 오묘(五廟), 대부(大夫)는 삼묘(三廟), 사(士)는 일묘(一廟)로 한다고 했다. 칠, 오, 삼, 일은 각기 사당에 모시는 조상의 위패 숫자를 뜻한다. 천자의 경우를 예로 들면, 가운데에는 시조의 위패를 모시고, 왼쪽 줄(昭)에는 2세, 4세, 6세 조상의 위패를 모시며, 오른쪽 줄(穆)에는 3세, 5세, 7세의 위패를 모신다.

30 "석(祏)"은 곧 위패다. 원문에 글자의 음이 "석"이라는 주석이 붙어 있다. "목주(木主)"는 나무로 만든 위패나 신주를 뜻하는 말이다.

31 혜공왕 때 오묘의 제도를 정한 일은 《삼국사기》에 기록되어 있는데, 연대를 밝히지는 않았다. 그렇지만 《동국통감(東國通鑑)》과 《증보문헌비고》에는 혜공왕 12년의 일로 기록되어 있다. 시조인 미추왕과 세실인 태종무열왕, 문무왕은 세대가 내려가도 계속 사당에 모시도록 했고, 여기에 현재 왕위에 있는 왕의 아버지와 할아버지의 2대를 더 모시도록 했다는 것이다. "세실"은 여러 세대를 두고 제향을 올리는 위패를 모시는 신실(神室)을 뜻하는데, 세실로 모셔지게 되면 정해진 세대가 지나더라도 옮기지 않고 종묘에 위패를 모시게 된다. "오묘(五廟)"에서 모시는 다섯 조상을 정하는 방법은 이후에 변화되기도 하는데, 여기서는 신라 혜공왕 때의 사례만을 제시하고 있다.

32 《삼국사기》 고구려본기에서는 대무신왕 3년 3월에 동명왕묘를 세웠다고 했다.

33 온조왕 때 동명왕의 사당(東明王廟)과 국모의 사당(國母廟)을 세운 일은 《삼국사기》 백제본기에 보인다. 우태의 사당(優台廟)을 세운 일은 《삼국사기》 잡지(雜

志)에 보이는데, 송나라 때의 문헌인《책부원구(册府元龜)》의 기록을 인용했으며 이름을 "구태(仇台)"로 표기했다. 또《증보문헌비고》에서도 "구태(仇台)"로 표기했는데, 그 아래에 구태는 곧 우태(優台)일 것으로 추정하는 주석을 붙였다.

묘제 墓祭

중국에서는 삼대 이전에는 묘제가 없었다. 그러다가 진나라 시황제에 이르러서 처음으로 묘소 옆에 침전(寢殿)을 세웠다. 한나라에서는 이를 "능침(陵寢)"이라 일컫고, 물품과 의복을 산 사람과 같이 설치했다. 정월과 8월의 상정일(上丁日)에 상릉(上陵)의 예를 행했다. 이것이 묘제의 시초다[34]〔지금으로부터 2100년 전〕.

《한서》에서는 장량(張良)이 황석(黃石)과 함께 제북(濟北)의 곡성산(穀城山)에 안장되었는데, 매번 복날과 납일(臘日)에 묘소에 제사 지낼 때 황석에게 제사를 올렸다고 했다.[35] 또 주읍(朱邑)은 동성(桐城)에 안장되었는데, 백성들이 무덤을 만들고 사당을 세웠으며 때에 맞춰 제사를 지냈다고 했다.[36]

우리 조선에서는 고려의 풍속을 이었기에, 제삿날에는 산속의 사찰에 가서 재(齋)를 베풀었다.

중종 병자년에 비로소 사찰에서 재를 올리는 풍습을 없애고 산의 능묘에서 제사를 베풀었다.

기신제(忌辰祭)는 송나라 때의 현인들이 처음으로 의기(義起)했다.[37]

34 "묘제"는 묘소에서 지내는 제사를 뜻하는 말이다.《후한서》제사지(祭祀志)에 진시황 때 만들고 한나라에서 계승한 묘제에 대한 서술이 보인다. "침전"은 왕릉에 제사를 지내기 위하여 봉분 앞에 지은 집이다. '정(丁)'자 모양으로 짓기 때문에 "정자각(丁字閣)"이라고도 한다. "상정일"은 첫 번째 정일(丁日)이라는 뜻이다.

"상릉"은 제왕이 조상의 능묘에서 지내는 제사를 뜻하는 말이다.

35 《전한서》 장량전(張良傳)에서 인용한 것이다. "복랍(伏臘)"은 여름의 삼복(三伏)과 겨울의 납일을 뜻하는데, 삼복에 지내는 제사인 복사(伏祀)와 납일에 지내는 제사인 납향(臘享)을 합친 말로 쓰이기도 한다. "납일"은 납향을 지내는 날을 뜻하는데, 중국에서는 보통 동지 뒤의 세 번째 술일(戌日)이다. 다만 시대와 지역에 따라서 바뀌기도 했다. 장량(?~B.C. 186)은 하비현(下邳縣)에 은신하고 있을 때 기이한 노인으로부터 병법서를 받았는데, 그 노인은 자신이 제북의 곡성산 아래에 있는 누런 돌이라고 말했다. 그래서 이 노인을 "황석공(黃石公)"이라 한다. 훗날 장량은 곡성산 아래에서 실제 누런 돌을 발견했는데, 장량이 죽자 이 돌(黃石)을 무덤에 함께 안장했다고 한다.

36 《전한서》 순리전(循吏傳)에 주읍(?~B.C. 61?)의 일이 실려 있다. 주읍은 젊을 때에 동향(桐鄕), 즉 동성 고을의 색부(嗇夫)로 일하면서 청렴했고 백성들에게 많은 은혜를 베풀었다. 뒷날 세상을 떠날 때 동성의 백성들이 자기 후손들보다 제사를 더 잘 지내줄 것이라고 하면서 자신을 동성에 장사지내 달라고 유언했다. 주읍의 아들이 그의 유언과 같이 했더니, 동성의 백성들은 주읍의 묘소와 사당을 세우고 오랫동안 제사를 올렸다고 한다.

37 "기신제"는 왕실에서 역대의 국왕이나 왕후의 기일(忌日)에 능(陵)에서 지내는 제사를 말한다.

관례冠禮 부附 가원복加元服

《예기》 곡례(曲禮)에서는 "남자가 20세가 되면 관례를 치르고 자(字)를 받는다"라고 했다. 또 《예기》 교특생(郊特牲)에서는 "관(冠)은 세 번 씌운다. 위모(委貌)는 주나라의 제도요, 장보(章甫)는 은나라의 제도요, 무퇴(毋追)는 하나라의 제도다. 관례의 시초는 하나라 말기에 비롯되었다"라고 했다[38] 〔지금으로부터 3700년 전〕.

가원복(加元服)은 제왕의 관례다. 한나라 무제 때에 "관례"를 "가원복"이라고 고쳐서 불렀다〔지금으로부터 2050년 전〕.[39] 대개 주나라 제도에 성왕(成王)의 관례를 치를 때의 축사—주공이 지었다—에서 "좋은 달 좋은

날에 비로소 원복(元服)을 씌운다"고 한 데서 이 말을 취한 것이다.[40]

고려에서는 광종 16년에 왕이 아들 주(伷)에게 원복을 씌우고 정윤(正胤)으로 책봉하여 세웠다. 정윤은 곧 태자다[지금으로부터 944년 전].

일본에서는 세이와 천황(淸和天皇) 6년 1월에 원복을 씌웠으니, 관례가 이로부터 비롯되었다.

중고시대의 유럽에서는, 제왕의 즉위 초기에 반드시 로마의 교황에게 나아가서 교황이 친히 관(冠)을 씌워주기를 구했다.[41]

38 관례를 치를 때 관(冠)을 세 번 갈아 씌우는데, 이를 삼가례(三加禮)라고 한다. 초가(初加)에는 치포관(緇布冠)을, 재가(再加)에는 피변관(皮弁冠)을, 삼가(三加)에는 작변관(爵弁冠)을 씌운다. 위모(委貌), 장보(章甫), 무퇴(毋追)는 각각 주나라, 은나라, 하나라 때의 치포관(緇布冠)인데, 그 명칭 뿐 아니라 모양이 달라졌다고 보는 견해도 있다. 위(委)는 안(安)의 뜻이니 위모는 용모를 편안하고 바르게 한다는 뜻이며, 장(章)은 명(明)의 뜻이니 장보는 장부(丈夫)를 밝게 드러낸다는 뜻이며, 무(毋)는 발어사이고 퇴(追)는 추(椎)의 뜻이니 무퇴는 그 모양으로부터 이름을 붙인 것이라고 설명하는 견해도 있었다. "追"는 "퇴", "추", "수"의 세 가지 음을 갖고 있는데, 관의 이름으로 쓰일 때는 "퇴"로 읽는다. 《예기》 교특생에는 "제후에게 관례가 있게 된 것은 하나라의 말기다(諸侯之有冠禮, 夏之末造也)"라는 구절이 보인다. 《의례(儀禮)》 사관례(士冠禮)에도 여기 인용된 《예기》 교특생의 구절과 유사한 내용이 있다.

39 간행본에는 "3700년 전"이라고 되어 있지만, 무제의 재위 기간(B.C. 141~B.C. 87)과 맞지 않는다. 원고본에 따라 "2050년 전"으로 고쳐 옮긴다.

40 "원복"은 수복(首服)이니, 곧 머리에 쓰는 관(冠)을 뜻하는 말이다. 《통전》에 주나라의 문왕은 12세에 관례를 치르고 성왕은 15세에 관례를 치렀다고 했는데, 성왕의 관례에 주공이 축사를 했다고 했다. 《의례》 사관례에서는 시가(始加, 삼가 가운데 초가를 뜻함)에서 빈(賓, 관례 의식을 주관하는 사람)이 읽는 축사를 제시했는데, 그 서두에 "좋은 달 좋은 날에 비로소 원복을 씌운다(令月吉日, 始加元服)"는 구절이 있다.

41 남성이 치르는 관례(冠禮) 또는 가원복(加元服)이나 여성이 치르는 계례(笄禮)는 일종의 성인 의식이다. 따라서 유럽에서 교황이 왕관을 씌워주는 의식과 의미상으로 상당한 차이가 있다. 다만 관(冠)을 씌워주는 행위 자체는 유사할 수 있는데, 여기서 이러한 공통성에 주목하여 동아시아와 유럽의 사례를 한 항목에서 제

시한 것으로 보인다.

혼례婚禮

해질 무렵(昏時)에 예를 행하기 때문에 "혼례"라고 일컫는다.[42] 포희씨(包羲氏)가 처음 제도를 만들었는데, 한 쌍의 사슴 가죽으로 예물을 삼았다.[43] 납채(納采), 문명(問名), 납길(納吉), 납징(納徵), 청기(請期), 친영(親迎) 등의 육례(六禮)는 은나라 때에 비로소 갖추어졌다.[44] 그런 까닭에 "제을(帝乙)이 누이동생을 시집보냈다"고 한 것이다[45][지금으로부터 3600년 전 무렵].

《동사(東史)》에 단군이 비서갑(非西岬) 하백(河伯)의 딸을 아내로 맞아들였다고 했으니, 이것이 혼례의 시초다.[46] 신라 시조 원년에 알영(閼英)을 왕비로 세우니, 이것이 왕비를 책봉한 일의 시초다. 또 가락국 시조 수로왕은 허씨—이름은 황옥(黃玉)이다—를 맞아들여 왕비로 삼았다[지금으로부터 1867년 전].

고려에서는 의종 때에 책후(册后)와 가례(嘉禮)의 여러 의례를 처음으로 정했다.

《구약전서》 창세기에 "아브라함의 종이 그 주인의 명령을 받들어서 금은 장식품과 의복을 주인의 며느리 될 처녀인 리브가(里伯加)와 그녀의 부모에게 보냈다"고 했으니, 곧 아내를 맞아들이는 고대의 예법이다.[47]

42 "혼례"라는 명칭이 "혼시(昏時)"에 행례(行禮)하기 때문에 생겨난 것이라는 뜻인데, 이는 "혼(昏)"과 "혼(婚)"을 연관 지은 것이다.

43 포희씨는 곧 태호(太昊) 복희씨다. 복희씨가 여피(儷皮), 즉 암수 한 쌍의 사슴 가죽으로 혼례의 예물을 삼았다고 한다.

44 납채는 신부 집에서 신랑 측의 혼인 의사를 받아들이는 절차이며, 문명은 신부의 출생 연월일 또는 신부 어머니의 성명을 묻는 절차다. 납길은 신랑 집에서 혼

인의 길흉을 점쳐서 길조(吉兆)를 얻으면 이를 여성의 집에 알리는 일이다. 납징은 '납폐(納幣)'라고도 하는데, 혼인을 정한 증명으로 여성의 집에 예물을 보내는 일을 말한다. 청기는 신랑 집에서 신부 측에 혼인 날짜를 정해줄 것을 요청하는 일을 말한다. 친영은 신랑이 직접 신부 집에 가서 신부를 맞이하는 일이다.

45 《주역》의 태괘(泰卦) 육오(六五)의 효사(爻辭)에 "제을귀매(帝乙歸妹)"의 구절이 있다. 제을은 은나라의 30대 왕이다. "귀(歸)"는 마땅히 돌아갈 곳으로 간다는 말인데, 시집가는 것을 뜻한다.

46 "동사"가 어떤 책인지는 분명하지 않다. 장지연이 《대한자강회월보》 2호(1906)에 쓴 글인 "국조고사(國朝故事)"에도 이와 유사한 내용이 보이는데, 인용처를 "고기(古記)"로 제시했다. 이때의 "고기"는 같은 글에서 언급한 "동사고기"의 줄임말일 것이다. 한편 《응제시주(應製詩註)》, 《세종실록지리지》 등에 단군이 비서갑 하백의 딸과 혼인하여 부루(夫婁)를 낳았다는 언급이 보인다.

47 《구약전서》 창세기 24장을 인용한 것이다. 아브라함(Abraham)의 표기는 "亞布拉罕"과 "亞布剌罕"의 두 가지 형태로, 리브가(Rivqa, Rebecca)의 표기는 "利伯加"와 "里伯加"의 두 가지 형태로 나타난다.

중매[媒]

《노사(路史)》에 "여와(女媧)가 태호 복희씨를 보좌하여 신령에게 기도했는데, 부녀자를 위하여 혼인을 바르게 했으므로 '신매(神媒)'라고 부른다"고 했다. 이것이 중매의 시초다.[48]

48 《노사》는 송나라의 나필(羅泌)이 쓴 책이다. 《노사》 권11의 여황씨(女皇氏)에서는 "여와는 어려서부터 태호 복희씨를 보좌하며 신지(神祇: 명산대천의 신령)에게 기도했는데, 여성을 위하여 성씨를 바르게 하고 혼인의 일을 맡고 중매를 통하게 했다. 이로써 만민이 배우자를 얻는 일을 중하게 했으니, 이를 일러 '신매'라 한다(女媧少佐太昊, 禱于神祇, 而爲女婦正姓氏. 職婚姻, 通行媒, 以重萬民之判. 是曰神媒)"고 했다.

장례에 쓰는 관곽〔葬棺槨〕

옛날에는 사람이 죽어도 장사 지낼 줄을 모르고 구덩이에 내버려두었는데, 후세에는 삼태기와 흙수레를 이용하여 흙을 덮었다.[49] 순임금 때에 비로소 와관(瓦棺)을 사용했고, 은나라 때에 목관(木棺)을 사용했다. 이것이 관곽(棺槨)의 시초다—근래에 독일사람 희립백(希立伯)이 닉파이고성(匿波爾古城)에서 와관 몇 개를 발굴했는데, 기원전 3000년 무렵의 오래된 물건이었다. 이에 의거하여 고대 이집트에서 와관을 사용했음을 알 수 있다.[50]

일본에서는 고토쿠 천황이 처음 장례법을 정했다〔지금으로부터 1258년 전〕. 몬무 천황은 처음으로 화장법(火葬法)을 사용했다〔지금으로부터 1210년 전 무렵〕.

유럽에서는 석기시대에도 이미 상례(喪禮)가 있었다. 그런 까닭에 오래된 굴속에서 석기시대의 기구가 많이 발견된다. 이에 의거하면, 오래전의 시대에도 있었음을 알 수 있다.

49 간행본에는 "音里音리卽유木얼거"라는 주석이 붙어 있는데, 이 주석은 본문과 주석을 뒤섞은 것이어서 문맥이 통하지 않는다. 원고본에는 "虆(音유) 梩(音리, 卽물거)"로 되어 있는데, 곧 "虆梩"라는 어휘에 대해 글자마다 주석을 붙인 것이다. "유(虆)"는 흙을 담는 삼태기(土籠)이며, "리(梩)"는 흙수레(土轝)다. 주석에서 사용한 "물거"의 뜻은 정확히 알 수 없으나, 흙수레를 가리키는 말로 추정된다. 토여(土轝), 토거(土車) 같은 단어의 오기일 가능성도 있다.

50 희립백과 닉파이고성이 무엇을 표기한 것인지는 분명하지 않다.

천장遷葬

《여씨춘추(呂氏春秋)》에서는 "옛날에 주왕(周王) 계력(季歷)을 와수(渦水)

의 끝자락에 장사 지냈는데, 난수(欒水)가 무덤을 침식하여 관의 앞부분이 드러났다. 그런 까닭에 문왕이 부득이 개장(改葬)했다"고 했는데, 이것이 천묘(遷墓)의 시초다.[51] 또 공자의 아버지 숙량흘의 무덤이 방산(防山)에 있었는데, 공자가 어려서 부모를 여읜 까닭에 무덤의 위치를 알지 못했기 때문에 개장(改葬)하여 무덤을 조성했다.[52]

51 "천장"과 "천묘"는 모두 이장(移葬)을 뜻하는 말이다. 계력은 주나라 태왕(太王) 고공단보(古公亶父)의 셋째 아들이자 문왕(文王)의 아버지다. 왕계(王季) 또는 주공계(周公季)로도 일컬어진다. 난수는 난하(灤河)라고도 하는데, 회하(淮河)의 지류인 와수의 끝부분에 있는 강이다. "관전(棺前)의 화(和)"는 관제(棺題), 즉 관의 앞쪽 끝에 튀어나온 부분을 뜻한다. 《여씨춘추》의 원문에는 문왕이 개장을 하기까지의 과정이 조금 더 서술되어 있다. 아버지의 관 앞부분이 무덤 밖으로 드러났을 때 문왕은 '돌아가신 아버지께서 신하와 백성들을 한번 보고자 했기에, 하늘이 짐짓 그들을 볼 수 있게 한 것'이라고 여겼고, 그리하여 관을 얼마간 무덤 밖에 내놓았다가 새로 장사를 지냈다고 한다. 이 일화는 여러 문헌에 언급되어 있는데, 그 가운데는 관을 내놓은 기간이 사흘이라고 한 사례도 있다.

52 숙량흘은 공자가 3세 때에 세상을 떠났으며, 어머니인 안징재(安徵在)는 공자가 17세 때에 세상을 떠났다. 공자가 아버지의 무덤을 몰랐다는 설은 사마천의 《사기》 등에 전하는데, 청나라 때에는 이는 사마천 등이 문헌기록을 잘못 해석한 것일 뿐이며 사실과는 다르다는 반론이 제기된 바 있다. 반론의 요지는 공자가 아버지의 무덤 위치를 몰랐던 것이 아니라 아버지의 무덤이 구장(丘葬) 즉 가매장된 상태였는지의 여부를 알지 못했던 것이었을 뿐이라는 것이다. 즉 안장된 무덤은 이장하지 못하던 시대에 살던 공자가 부모를 합장할 수 있을지 확인하려고 아버지의 무덤이 안장된 것인지 구장된 것인지를 알고자 했는데, 이것이 무덤의 위치를 몰랐다고 잘못 전해진 것이라고 했다.

부봉賻賵[53] 부附 조문[弔]

부조(賻助)는 주나라 때에 시작되었다. 《춘추설(春秋說)》에서는 "산 사람을 아는 경우에는 부(賻)를 하고, 죽은 사람을 아는 경우에는 봉(賵)을 한다.

부는 재화이며, 봉은 수레와 말이다"라고 했다. 이것이 부봉의 시초다.[54]

조문(弔)도 또한 주나라의 예법이다. 《주례》에 "태복(太僕)이 삼공(三公)과 고경(孤卿)의 조문을 맡는다"고 했다.[55]

53 "음은 몽이다(音 봉)"라는 주석이 붙어 있는데, 오기의 가능성도 있는 듯하다. 오늘날의 사전에는 "賵"의 음이 "봉"으로 되어 있다.

54 "춘추설"은 이른바 "논어위(論語緯)"의 하나인 "춘추설제사(春秋說題辭)"다. 《춘추설제사》에 부봉에 대한 언급이 보이기 때문에, 부조가 주나라 때에 시작되었다고 한 것이다.

55 《주례》 하관(夏官) 태복(太僕)에서 인용한 것이다. "삼공"은 태사(太師), 태부(太傅), 태보(太保)의 세 직책을 뜻한다. "고경(孤卿)"은 소사(少師), 소부(少傅), 소보(少保)의 세 직책을 뜻하는데, 이들은 삼공을 보좌하는 역할을 한다.

정려묘旌閭墓 부附 증직贈職

《상서》에서 "주나라 무왕이 상나라를 이기고서, 비간(比干)의 무덤에 봉분을 하고 상용(商容)의 마을에 경의를 표했다"고 했으니, 곧 정표(旌表)의 시초다.[56]

신라 경덕왕 14년에 웅천주(熊川州) 판적향(板積鄕) 사람인 향덕(向德)에게 효행으로 인하여 벼 300곡, 집 한 채, 그리고 약간의 구분전(口分田)을 하사했다. 또 그 일을 기록한 비석을 세우도록 명했다[57]〔지금으로부터 1154년 전〕.

눌지왕 3년에 박제상(朴堤上)이 일본에 들어가 죽임을 당했는데, 벼슬을 추증하고 후하게 구휼했다.

56 《상서》 즉 《서경》의 주서(周書) 무성(武成)에서 인용한 것이다. 간행본에는 인용서가 "상서(商書)"로 되어 있는데, 이는 잘못이다. 비간(比干)은 상나라(은나라) 주왕(紂王)의 숙부인데, 주왕에게 간언하다가 죽임을 당했다. 목야(牧野)의 전투에서 이겨 상나라를 멸망시킨 뒤에, 주나라 무왕은 비간의 무덤에 봉분을 새로 쌓아

그의 충절을 기렸다. 상용은 상나라의 현인으로 주왕에게 간언하다가 쫓겨났다. 주나라 무왕이 그의 마을 앞에서 현인에 대한 존경의 뜻으로 식례(式禮)를 베풀었다고 한다. 이때의 '식(式)'은 수레 앞에 가로 맨 나무(軾)를 뜻하는데, 식례는 경의를 표하기 위하여 몸을 구부려 식(軾)에 기대는 것을 말한다.

57 향덕의 일은 《삼국사기》 열전에 전한다. 웅천주는 삼국통일 직후에 설치된 9주의 하나로, 지금의 공주를 중심으로 한 지역이다. 755년(경덕왕 14)에 신라에는 흉년이 들고 역병이 돌았는데, 향덕이 자신의 넓적다리 살을 어머니에게 먹였고 어머니의 종기를 빨아내었다고 한다. 1곡은 10말이니, 300곡은 곧 3000말이다.

사궤장賜几杖

신라 문무왕 4년에 김유신에게 안석과 지팡이를 하사했으니, 이것이 사궤장의 시초다[58](지금으로부터 1238년 전).

58 궤(几)는 안석이며, 장(杖)은 지팡이다. 사궤장은 나이가 들어 벼슬에서 물러나는 신하에게 임금이 안석 역할을 하는 받침상과 지팡이를 내려주던 일을 말한다.

시법諡法

시법은 중국의 주공(周公)으로부터 시작되었다(지금으로부터 3010년 전 무렵).

우리나라에서는 고구려 시조 동명왕으로부터 시작되었다(지금으로부터 1940년 전).

신라에서는 지증왕 때부터 시작되었다(지금으로부터 1400년 전 무렵).

백제에서는 문주왕으로부터 시작되었다(지금으로부터 1420년 전 무렵).

일본에서는 고켄 천황(孝謙天皇) 때에 오미노 미후네(淡海三船)가 처음으로 진무(神武) 이래 역대 천황의 시호를 정했다(지금으로부터 1200년 전 무렵).

《예기》에서는 "어릴 때 이름을 짓고 관례 치를 때 자(字)를 짓는 일과 죽은 뒤에 시호를 정하는 법은, 주나라의 제도에서 비롯되었다"고 했고, 표기(表記) 편에서는 "선왕(先王)은 시호로써 성명(聲名)을 높이되, 특별히 잘한 일 한 가지로써 절문(節文)을 삼는다—혜(惠)는 선(善)의 뜻이다. 잘한 일 하나를 취하여 시호로 삼음을 말한 것이다—"라고 했다.[59]

59 둘 모두 《예기》에서 인용한 것이다. 앞의 것은 단궁(檀弓)편에서, 뒤의 것은 표기편에서 인용했다. 후자의 경우 세상을 떠난 이에게 뛰어난 행적이 많더라도 그 가운데 한 가지만을 취하여 시호를 짓는다는 뜻인데, 이는 과장된 이름을 취하거나 공을 높이는 것이 바람직하지 않다고 여겼기 때문이다.

악수握手

우리나라에서는 삼한시대로부터 다른 사람을 만나면 두 손으로 땅을 짚어 공경하는 예를 표했는데, 지금까지 그런 풍속이 남아 있다.

서양에서는 고대에 간혹 무기를 손에 감추고 있다가 다른 사람을 만나면 해를 입히는 습속이 있었다. 그런 까닭에 중세의 시기에 이르러서는 다른 사람과 만날 때 오른손을 드러내어 상대방의 손을 잡는 예를 행했으니, 이는 무기는 없으며 반갑게 맞이한다는 뜻을 표시한 것이다.

공경을 표하는 예법[敬禮]

《주사(周史)》에 "기자가 백성들에게 예의를 가르쳤다"고 했으니, 우리나라의 예속(禮俗)은 이로부터 비롯되었다.[60] 《삼국지》 위지(魏志)에서는 "부여 사람은 말을 전할 때 손으로 땅을 짚는다"고 했다. 《통전》에서는

"신라의 풍속에 다른 사람을 만나면 반드시 무릎을 꿇고 양손으로 땅을 짚어 공경함을 드러낸다"고 했다. 《북사》에서는 "백제 사람은 배알(拜謁) 할 때에 양손으로 땅을 짚는 것을 예법으로 삼는다"고 했다. 오늘날 영남의 습속에는 아직 이러한 풍속이 남아 있다—《삼국지》 위지에 "일본인은 말을 전할 때 쭈그려 앉거나 무릎을 꿇고서 양손으로 땅을 짚어 공경함을 드러낸다"고 했다.[61]

60 《증보문헌비고》 권84의 예고(禮考)에서 예속을 말한 대목에서도 《주사》의 인용이 보이는데, "기자가 중국인 오천 명을 이끌고 조선에 들어갔는데, 그 시서예악이 모두 따라서 건너갔다. 기자가 시서(詩書)로 가르쳐서 중국 예악의 제도를 알게 했다(箕子率中國五千人, 入朝鮮, 其詩書禮樂, 皆從而往. 教以詩書, 使知中國禮樂之制)"로 되어 있다.

61 일본의 '경례(敬禮)'에 대한 서술은 《삼국지》 위지 왜인전(倭人傳)에서 인용한 것이다. 원고본과 간행본 모두 주석으로 처리되어 있지만, 내용상 본문에서 서술하는 것이 좀 더 자연스러울 듯하다. 초고에는 없던 내용을 간행 과정에서 보완했기 때문에 이와 같은 형식으로 나타난 것일 가능성이 있다.

• 9장 •
의장
儀仗

노부鹵簿[1]

노부는 한나라 초기에 처음으로 나타났다. 숙손통전(叔孫通傳)의 주석에 "초하루에 고황제의 의관을 내고 법가(法駕)를 준비했다"고 했는데, 이것이 노부의 시초다[2]〔지금으로부터 2120년 전〕.

1 "노부"는 황제나 임금이 행차할 때의 의장(儀仗), 또는 의장을 갖춘 행렬을 뜻하는 말이다. 원래 노(鹵)는 방패를 뜻하며, 부(簿)는 행렬의 차례를 장부에 적는다는 말이다.

2 《사기》 숙손통전의 주석에 있는 응소(應劭)의 말을 인용한 것이다. 숙손통이 혜제에게 건의하는 장면에 "초하루에 고제의 의관을 내고 법가를 준비하는데, 이를 일러 '유의관'이라 한다(月旦出高帝衣冠, 備法駕, 名曰游衣冠)"는 주석이 있다. 숙손통은 한나라의 조의(朝儀), 즉 조정의 의례를 마련하는 데 중요한 역할을 한 인물이다. "법가"는 왕이 타는 수레의 일종이다.

경필警蹕[3]

《주례》에 "하관(夏官)의 예복(隸僕)은 궁중에서 필(蹕)을 맡는다"고 했는데, "필"은 사람들이 다니는 것을 금지함을 말한다. 대개 경필은 주나라

때에 비롯되었을 것이다.[4]

3 "경필"은 임금이 거둥할 때에 일반인의 통행을 금지한 일을 뜻하는 말이다.
4 《주례》 하관 예복(隸僕)에서 인용한 것이다. 《주례》의 주석 가운데는 "궁중에 일이 있으면 필을 한다(宮中有事則蹕)"는 정현(鄭玄)의 말과 "필은 통행을 금지하여 길을 깨끗이 하는 것인데, 지금의 경필과 같다(蹕, 謂止行者淸道, 若今時儆蹕)"는 정중(鄭衆)의 말이 보인다. 경필(儆蹕)은 경필(警蹕)과 통용된다. "하관"은 주나라 때의 육관(六官) 가운데 하나로, 주로 군사에 관한 일을 맡아보았다. 후대에는 병부(兵部)로 계승되었다.

절節 부附 황월黃鉞

절은 신절(信節)이니, 《주례》에 장절(掌節)이 처음으로 나타난다.[5] 《여복지(輿服志)》에 "월(越)은 큰 도끼이니, 황제가 처음으로 만들었다. 황금으로 장식했는데, 나갈 때는 수레에 실었다가 그것으로 살육(殺戮)을 행했다"고 했다.[6]

5 "신절"은 천자의 사자가 갖는 신표(信標), 즉 일종의 증명물이다. "장절(掌節)"은 주나라 때의 관직으로, 절(節)에 대한 업무를 맡았다. 《주례》 지관 장절의 주석에서는 절(節)은 길을 가는 데 소용된다고 했는데, 이를 통해 절(節)이 일종의 통행 증명의 기능을 갖고 있었음을 알 수 있다.
6 "황월(黃鉞)"은 천자가 정벌할 때 사용하는 상징적인 도구다. 정벌에 나선 장수에게 주기도 했는데, 이는 정벌과 처벌의 권한을 위임한다는 의미다. 송나라 고승(高承)의 《사물기원》에서도 황제가 처음으로 황월을 만들었다는 《여복지》의 내용을 인용했다. 다만 《사물기원》에서는 황제가 치우(蚩尤)를 정벌하려 할 때에 현녀(玄女)가 금월(金鉞)을 주었다는 일화도 함께 언급했다.

표미豹尾

표미거(豹尾車)는 주나라에서 비롯되었는데, 승여(乘輿)의 앞에 걸어두

었다.[7]

7 "표미"는 표범의 꼬리라는 뜻인데, 여기서는 의장용 깃발인 "표미기(豹尾旗)"를 가리키는 것으로 보인다. "표범"은 군자표변(君子豹變) 즉 군자는 잘못이나 옛 관습을 바꾸는 데 있어서 표범이 털갈이를 하는 것처럼 완전하고 신속하게 한다는 뜻을 담고 있으며, "꼬리"는 겸손함의 의미를 나타낸다. "승여"는 임금이 타는 수레를 뜻하는 말이다.

모두髦頭 부附 독纛, 삽선翣扇

진(秦)나라 문공(文公)이 처음으로 모두(髦頭)를 제정하여 앞에서 달리게 했다[8][지금으로부터 2240년 전 무렵]. 독은 곧 아당(牙幢)이니, 또한 진나라의 제도다.[9]

삽선은, 순임금이 처음으로 선(扇)을 만들었고, 주나라 무왕이 처음으로 삽(翣)을 만들었다. 오직 천자만이 사용한다.[10]

8 "모두"는 왕이 궁궐에서 나설 때 선두에서 달리던 무사 또는 그 무사의 관복(冠服)을 가리키는 말이다. 진나라 문공이 남산(南山)의 나무를 베자 나무에서 푸른 소가 튀어나와 강물 속에 숨은 일이 있었다. 훗날 그 소가 물 밖으로 나오니 군사들이 이기지 못했는데, 머리를 풀어헤친 무사가 말을 타고 나타나자 소가 두려워하며 강물 속으로 다시 달아났다. 이로부터 그와 같은 모습의 무사를 행렬의 앞에 배치했다고 한다.

9 "독(纛)"은 대가(大駕, 임금의 수레) 앞이나 군대 행렬의 앞에 세우는 군기(軍旗)인데, 대장을 상징하는 깃발이다. "아당(牙幢)"은 임금이나 대장이 거처하는 곳에 세우는 깃발인데, 끝부분을 상아로 장식하기 때문에 이와 같은 이름이 붙여진 것이다. 아기(牙旗)라고도 한다.

10 "삽선"은 선삽(扇翣)이라고도 부르는데, 긴 자루가 달린 의장용의 부채다. 먼지를 막고 해를 가리는 용도로 사용했다. 발인할 때 상여의 앞뒤에 들고 가는 부채 모양의 장례기구도 삽선(翣扇)이라고 하는데, 이는 여기서 언급한 삽선과는 다르다.

개蓋

《고금주(古今註)》에 "화개(華蓋)는 황제가 처음으로 만들었고, 곡개(曲蓋)는 강태공(姜太公)이 만들었다"라고 했다〔지금으로부터 3030년 전〕. 또한 "산선(繖扇)"이나 "산(傘)"이라고도 부른다. 양산(凉傘)과 우산(雨傘)이 있다.[11]

11 "개(盖)"는 햇볕을 가리도록 고안된 양산 모양의 의장이다. "화개(華盖)"는 수레 위에 덮는 의장이다. 치우와 싸울 때 황제의 위에 항상 오색의 구름이 있었으므로 화개를 만들어서 이를 가렸다고 한다. "곡개"는 손잡이가 둥근 모양이어서 붙은 이름이다. 일산 모양으로 된 것은 산(繖)이라 하고, 부채 모양으로 된 것은 선(扇)이라 한다.

• 10장 •

정치
—
政治

조세租稅

헌원씨(軒轅氏)가 처음으로 정전(井田)을 구획하고, 공전(公田)과 십분의 일의 세(稅)를 정했다. 이것이 조세의 시초다.[1] 진(秦)나라 효공(孝公) 12년에 천맥(阡陌)을 열고 처음으로 전부(田賦)를 정했다. 이것이 후세 전부(田賦)의 시초다[2][지금으로부터 2250년 전 무렵]. 진(晋)나라 성제(成帝) 함화(咸和) 초년에 처음으로 백성들의 농지를 측량하여, 1무당 3승(升)의 쌀을 세금으로 거두었다. 이것이 전세미(田稅米)의 시초다[3][지금으로부터 1580년 전].

한나라 고제 4년에 처음으로 산부(算賦)—15세 이상 56세까지의 사람이 120문을 세금으로 내었다—를 시행했다. 효소제(孝昭帝) 4년에 구부(口賦)—7세로부터 14세까지의 사람이 23문의 구전(口錢)을 내었다—를 징수했다[지금으로부터 1990년 전].[4] 이것이 인구세(人口稅)의 시초다.[5]

—살피건대, 역대의 조세와 부세는 복잡하여 여기에 전부 다 기록하지는 못한다.

우리나라에서는 기자가 평양에 도읍을 정하고서 처음으로 정전을 구획하여 조세와 부세의 제도를 정했다. 신라 성덕왕 21년에 처음으로 백성에게 정전(丁田)을 지급했다[6]〔지금으로부터 1186년 전〕.

고구려에서는 세(稅)로 베 5필과 곡식 5석을 받았다. 유인(遊人)은 3년에 한 번 세금을 내는데, 10인이 함께 세포(細布) 1필을 내었다. 조(租)는 호(戶)마다 1석을 내는데, 그 아래는 7두(斗)였으며, 가장 아래는 5두였다.[7]

백제에서는 베, 비단, 삼베, 쌀로 부세를 받았는데, 그 해의 풍흉을 헤아려 차등을 두어서 거둬들였다.[8]

일본에서는 고토쿠 천황이 처음으로 호적과 전무법(田畝法)을 만들었다. 또 조용조(租庸調)의 법과 이장(里長)을 정했다[9]〔지금으로부터 1265년 전〕. 또 몬무 천황 10년에 처음으로 전세법(田稅法)을 정했다〔지금으로부터 1203년 전〕.

서양에서는 로마에서 처음으로 조세 제도를 정했다.

1 "헌원씨"는 곧 황제다. "정전제(井田制)"는 하·은·주의 삼대에 시행되었다고 하는 토지제도인데, 황제로부터 비롯되었다는 설도 전한다. 주나라에서는 사방 1리(里)의 토지를 '정(井)'자 형태로 9등분해서 중앙을 공전(公田)으로 하고 나머지는 사전(私田)으로 했는데, 공전을 공동으로 경작해서 그 생산물을 세금으로 내도록 했다고 한다.

2 "천맥"은 "밭 사이의 길"을 뜻한다. 천(阡)은 남북으로 난 길이며, 맥(陌)은 동서로 난 길이다. "천맥을 열었다(開阡陌)"는 기록은 《사기》의 진본기(秦本紀), 상군열전(商君列傳), 진시황본기(秦始皇本紀) 등에 나타나는데, 보통 정전제를 폐지하고 새로운 토지제도를 마련했다는 의미로 해석된다. 이에 대한 반론도 존재하지만, 여기서는 정전제를 대신하는 새로운 토지제도를 만들었다(開置)는 의미로 인용한 것으로 보인다. 진나라 효공에게 발탁되어 변법(變法)을 추진한 상앙(商鞅, ?~B.C. 338)이 추진한 것이라고 한다. "전부(田賦)"는 토지에 부과하는 세금을 뜻하는 말이다. 《사기》의 진본기에는 효공 14년에 처음으로 부(賦)를 거두었다고 했는데, 이때의 부는 공부(貢賦) 또는 군부(軍賦)를 뜻하는 것이라고 보는 견해도 있다. 시기에 대해서는 분명히 제시하지 않았지만, 정전제를 폐지한 이후에 전부(田賦)를 징수하게 되었다는 것이 이 부분의 요지다.

3 《진서》 식화지에는 "성제가 처음으로 백성의 밭을 측량하여 십분의 일을 취하고 땅 1무마다 3승의 쌀을 세금으로 거두었다(成帝始度百姓田, 取十分之一, 率畝稅

米三升)"고 했는데, 이는 동진(東晋) 성제 함화 5년, 즉 330년의 일로 기록되어 있다. 성제가 실시한 제도를 흔히 "도전세미(度田稅米)"라고 일컫는데, 토지를 측량하여 쌀로 농지의 세금을 걷은 데 주요한 특징이 있다.

4 《후한서》의 의하면, 구부(口賦)를 징수한 것은 소제(昭帝) 원봉(元鳳) 4년 즉 기원전 77년의 일이다. 따라서 1990년 전이라고 한 것은 잘못이다.

5 한나라 때의 인구세 또는 인두세(人頭稅)로는 "산부"와 "구부"의 두 가지가 있었다. "산부"는 성인에 대해서 매긴 것인 반면, "구부"는 미성년에 대해서 매긴 것이다. "산부"의 첫 번째 시행에 대해서는 《한서》 고제기(高帝紀)에 4년 8월의 일로 기록되어 있다. "구부"는 "구전(口錢)"이라고도 일컬어졌는데, 《한서》 소제기(昭帝紀)와 《통전》에 효소제(孝昭帝) 원봉 4년에 처음으로 시행했다고 기록되어 있다. 효소제의 연호로는 "시원(始元, 원년은 B.C. 86)", "원봉(元鳳, 원년은 B.C. 80)", "원평(元平, 원년은 B.C. 74)"이 있는데, 여기서 언급된 "효소제 4년"은 정확히 표현한다면 "효소제 원봉 4년"이 되어야 한다. 한편 구부의 액수는 시대에 따라 변동이 있었는데, 효소제 때는 "20문"이었다. "23문"으로 증액된 것은 무제 때의 일이다.

6 "정전제(丁田制)"는 정(丁), 즉 성년의 남자에게 일정한 토지를 나누어주고 조세를 부담하게 한 제도다. 《삼국사기》 신라본기 성덕왕 21년 8월조에 기록이 보인다.

7 고구려의 조세제도에 대한 서술은, 사람 단위로 베와 곡식을 납부하는 "인두세(人頭稅)"와 호(戶) 단위로 매기는 "조(租)"가 있었으며, "유인"이나 "중등 이하의 호(戶)"에 대해서는 세액을 줄여주는 제도가 있었다고 요약할 수 있다. "유인(遊人)"이 어떤 존재인지에 대해서는 아직 논란이 있다. 《수서(隋書)》 고려전(高麗傳)에서 인용한 것인데, 해석에 혼란을 줄 여지가 있다. 원문의 "十人이 共細布一疋과 戶租一石이오"는 《수서》의 "十人共細布一匹. 租戶一石"을 옮긴 것인데, 이는 "(유인은) 10인이 함께 세포(細布) 1필과 호조(戶租) 1석(石)을 내었다"로 잘못 풀이될 수도 있기 때문이다.

8 《주서》 이역전(異域傳)에서 인용한 것이다. 직물과 곡물을 걷는 현물세(現物稅)의 형태를 취하되, 풍흉을 따져서 세액을 조정한 점이 특징적이라고 할 수 있다.

9 고토쿠 천황(재위 645~654) 때 시도된 개혁 정책인 다이카 개신(大化改新)에 대해 서술한 것으로 보인다. 646년에 공포된 4개 항의 "다이카 개신의 조(詔)" 가운데 3조에는 호적과 토지제도에 대한 내용이 포함되어 있다. 조사를 통해 호적과 계장(計帳)을 작성하고 이를 기준으로 농민에게 일정액의 농지(口分田)를 지급하도록 했는데, 이를 "반전수수법(班田收授法)"이라고 한다. "조·용·조(租庸調)의 법"은 "다이카 개신의 조(詔)" 가운데 4조에서 백성(公民)들이 조세와 노동력을 제공하도록 한 것을 말하는 것으로 보이는데, 이 제도가 실제 시행된 것은 이보다 후대의 일로 보는 견해도 있다.

호포戶布

《주례》에 "집터에 뽕나무 따위를 심지 않으면 이포(里布)를 내고, 농토를 경작하지 않으면 옥속(屋粟)을 내며, 백성으로 직무로 하는 일이 없으면 부가(夫家)의 세금—곧 부세(夫稅)와 가세(家稅)다—을 낸다"고 했다.[10] 이것이 곧 호포의 시초다.

진(晋)나라 무제(武帝)가 오나라를 평정한 후에 처음으로 호조식(戶調式)을 정했다. 정남(丁男)의 호는 해마다 비단 3필, 무명 3근을 거두었고, 여성과 차정남(次丁男)의 호는 그 반을 거두었다[11]〔지금으로부터 1640년 전 무렵〕.

10 《주례》 지관 재사(載師)에서 인용한 것이다. 정현(鄭玄)의 주석에서는 "택불모자(宅不毛者)는 뽕나무나 삼(麻)을 심지 않은 것을 말한다"라고 했으니, 집 주변에 뽕나무나 삼과 같은 식물을 재배하지 않은 것을 "불모"라고 일컬었다는 것이다. 또 "부세"는 백무지세(百畝之稅)이며, "가세"는 병사와 수레를 내고 요역을 제공하는 일(出士徒車輦, 給繇役)이라고 했다.

11 진나라 무제는 곧 삼국을 통일한 사마염(司馬炎, 236~290)이다. "오나라를 평정했다(平吳)"는 것은 곧 삼국을 통일한 일을 말한다. "호조식"은 호(戶)를 단위로 한 세제다. 여기서 "정남"은 16~60세의 남자를, "차정남"은 13~15세와 61~65세의 남자를 가리킨다.

환곡還穀

《관자》에서는 "현(縣)·주(州)·리(里)에서 공전(公錢)을 받고, 가을에 나라의 곡식 가운데 삼분의 일을 덜어서 저장한다"고 했다.[12] 이것이 환곡의 시초다〔지금으로부터 2590년 전 무렵〕.

한나라 선제(宣帝) 때에 처음으로 상평창(常平倉)을 설치하여 사들이고 파는 쌀값을 고르게 했다[13]〔지금으로부터 1970년 전〕. 이후로부터 대대로 상평(常平)을 설치했다.

송나라 태종 순화(淳化) 5년에 처음으로 혜민창(惠民倉)을 설치했다〔지금으로부터 940년 전〕.[14] 송나라 효종(孝宗) 순희(淳熙) 연간에 주희가 처음으로 사창(社倉)을 설립하니, 이것이 사환(社還)의 시초다[15]〔지금으로부터 730년 전〕.

우리나라에서는 고구려 고국천왕 16년에 매년 봄 3월부터 가을 7월까지 관곡을 내어서 식구의 많고 적음에 따라 차등을 두어 백성들에게 꿔주었다가 겨울 10월에 돌려받되 이를 일정한 법식으로 삼도록 관리에게 명했다. 이것이 우리나라 환곡의 시초다[16]〔지금으로부터 1720년 전〕.

고려에서는 초기에 이창(里倉)—후에 의창(義倉)으로 이름을 고쳤다—을 설치했는데, 궁핍한 백성에게 곡식을 꿔주는 것을 일정한 법식으로 삼았다.[17]

일본에서는 겐메이 천황이 처음으로 의창에서 곡식을 내놓는 법을 제정했다. 또 관리에게 녹봉을 주는 제도를 정했다[18]〔지금으로부터 1200년 전〕.

12 《관자》 산지수(山至數) 편에서 인용한 것이다. "천하를 잃지 않으려면 어떻게 해야 하는가(終身有天下而勿失, 有道乎)"라는 환공(桓公)의 질문에 대한 답 가운데 이러한 말이 있다.

13 "조적(糶糴)"은 국가기관에서 쌀을 비축하고 배포하는 행위를 뜻하며, "균평(均平)"은 고르게 한다는 말이다. 원래 상평은 상시평준(常時平準)에서 온 말인데, 이를 실현하기 위해 풍년에는 국가가 곡식을 사들여서 가격을 높이고 흉년에는 국가가 곡식을 풀어서 가격을 낮추었다.

14 송 태종 순화 5년은 994년이다. 원문의 "距今 九百四十年(940년 전)"은 "距今 九百十四年(914년 전)"의 오자일 가능성이 있다.

15 사창은 사(社)에 설치한 창고라는 뜻인데, '사'는 중국의 행정 단위로 지금의 면(面) 정도에 해당한다. 사창은 민간자치적 성격을 지니고 있어서, 앞에 서술한 상평창이나 혜민창과는 차이가 있다. 조선에서도 세종 때에 주자의 전례를 따르는 사창의 설치가 논의되었으며, 국영 구호기관인 의창과는 별도로 촌락을 기반으로

한 구호기관으로서 설치된 바 있다.

16 고구려의 진대법(賑貸法)에 대한 서술인데, 《삼국사기》 고구려본기에 보인다. 《증보문헌비고》에서는 이 일이 후세의 "조적" 또는 속칭 "환상(還上)"의 법이 되었다고 했다. 고구려 고국천왕 16년은 194년이므로, 여기서 "1720년 전"이라 한 것은 잘못이다.

17 《고려사》 식화지에는, 태종 때 "흑창(黑倉)"을 설치했으며 986년(성종 5)에 저장하는 쌀의 양을 늘리고 "의창"으로 이름을 고치게 했다는 기사가 있다. 여기서도 "이창"을 "흑창"으로 수정하는 것이 옳을 듯하다. 다만 정약용의 《목민심서(牧民心書)》와 《경세유표(經世遺表)》에는 고려 초기에 "이창"을 설치했다고 서술되어 있는데, 이때의 "이창"은 고유명사라기보다는 마을마다 설치한 창고라는 정도의 뜻을 가진 보통명사로 사용된 것일 가능성이 있다. 만약 이러한 해석이 성립될 수 있다면, "이창"은 주희가 주장한 "사창"과 유사한 의미를 내포할 수도 있다.

18 일본에 처음으로 의창이 도입된 것은 다이카 개신이 진행되던 7세기 중반 무렵이었다. 그렇지만 그것이 제도화된 것은 겐메이 천황 때로, 이때 다이호 율령(大宝律令)에 따른 율령제가 정착되었다고 한다. 다이호는 몬무 천황이 사용한 연호인데, 다이호 원년(701)에 율령이 완성되었기에 이런 명칭이 붙은 것이다.

국기國旗

근세에는 만국이 교통하니, 상선과 전함들은 국기를 이용하여 각기 그 나라의 휘장을 표시한다.

우리나라에서는 원래 태극을 존중하고 숭상했다. 그래서 관아의 문에 모두 태극을 그렸다.

태황제 13년에 일본과 수호조규(修好條規)를 맺은 뒤로는 나라의 휘장을 태극장(太極章)으로 정했다. 태황제 22년에 북미합중국과 통상조약을 맺고 사절을 보낼 때 태극 휘장을 사용했다. 이로부터 세계에서 두루 사용하게 되었다.[19]

일본에서는 고메이 천황(孝明天皇) 6년에 처음으로 나라의 휘장인 일장

태극기가 그려진 구한말의 그림엽서들. 왼쪽 엽서는 1900년경 미국에서 발행되었으며 고종 황제의 어진이 함께 실렸고, 오른쪽 엽서는 1899년경 독일에서 발행된 것으로 숭례문과 함께 태극 문양이 그려져 있다.

기를 정하여 선박마다 세워두게 했다〔지금으로부터 51년 전〕.

19 태황제 13년은 곧 고종 13년이니, 이른바 '강화도조약'이 맺어진 1876년을 뜻한다. 고종 22년은 1885년이다. 1882년 5월에 제물포에서 조미수호통상조약(朝美修好通商條約)이 체결되었으며, 이듬해인 1883년 4월에 미국의 초대공사 푸트(Lucius Foote)가 입국했다. 조선에서는 1883년(고종 20) 7월에 민영익(閔泳翊)을 전권대신으로 한 사절단을 파견했는데, 이를 "보빙사(報聘使)"라고 일컫는다. 따라서 "고종 22년"은 미국에 파견된 사절과는 다소 거리가 있는 연대인 셈인데, "고종 20년"의 오기일 가능성도 생각해볼 수 있다. 한편 태극기의 기원과 관련해서는 논란이 있지만, 정식 국기로 채택된 시점은 1883년 1월로 알려져 있다. 이는 여기서 제시한 "태황제 22년"보다 앞선다. 국기가 필요하게 된 것이 조약체결 등과 같은 새로운 국제관계의 형성과 관련되었을 것임은 어느 정도 짐작할 수 있는데, 장지연 또한 조약과 관련하여 이를 이해하고 있는 셈이다.

증권證券, 인지印紙

인계세(印契稅)는 동진(東晋)에서 비롯되었다〔지금으로부터 1600년 전 무렵〕. 송나라 개보(開寶) 3년에 백성들이 밭이나 집을 전매(典賣)할 때 인계세를 징수했다[20]〔지금으로부터 940년 전 무렵〕. 이것이 인지의 효시다.

서양에서는 스페인의 펠리페 2세(Felipe II, 非立 二世) 때에 정부에서 발행하는 인지를 붙여서 공사(公私)에 사용하게 했다.

20 《문헌통고(文獻通考)》에서는 "세계(稅契)는 동진에서 비롯되어 여러 시대에서 계승했다. 그렇지만 역사기록이 간략하여 제대로 살피지는 못한다(稅契始於東晉, 歷代相承, 史文簡畧, 不能盡考)"고 했다. 또 송나라 태조 개보 2년, 즉 969년에 처음으로 인계전(印契錢)을 걷었다고 했다. 아마도 《만국사물기원역사》에서 제시한 "개보 3년"은 오기일 것이다. 송나라 때부터 본격적으로 시행된 "인계세"는 "인계전(印契錢)"이라고도 하는데, 매매 계약의 성립과 동시에 관아에 납부했다고 한다. 이때 인계세를 징수한 관아에서는 매매 거래의 쌍방에게 일종의 공증 증서인 인계를 교부했다. 《문헌통고》에서는 잡정렴(雜征斂) 즉 잡세(雜稅)의 일종으로 파악하고 있다.

투표법投票法

기원전 509년에 아테네 사람 클레이스테네스(Clisthenes, 克力斯敦)가 도시 가운데에 투표 상자를 설치하고, 치안을 방해하는 사람의 이름을 써서 상자에 넣게 했다. 이것이 투표의 시초다.[21]

1797년에 합중국에서 대통령 선거에 투표를 사용했다. 가장 많은 표를 얻은 존 애덤스(John Adams, 阿但斯約翰)가 총통(摠統)이 되고, 다음으로 많은 표를 얻은 제퍼슨(Thomas Jefferson, 遮非森)이 부총통(副摠統)이 되었다.[22]

21 "오스트라키스모스(Ostrakismos)"로도 일컬어지는 "도편추방제(陶片追放制, ostracism)"에 대해 서술한 것이다. 평민 지도자인 클레이스테네스가 참주(僭主)가 다시 나타나는 것을 막기 위하여 실시했는데, 기원전 487~485년 무렵에 처음 실시된 것으로 알려져 있다. 원고본에는 항목의 제목 밑에 주석으로 처리되어 있다. 그렇지만 본문에 포함될 만한 내용이기 때문에, 초고 작성 이후에 추가로 기록해 넣었을 것으로 추정된다.

22 미국에서 처음으로 투표가 이뤄진 대통령 선거는 "1796년" 12월에 치러진 제2대 대통령 선거다. 1789년 4월과 1792년 12월에 실시되었던 대통령 선거에서는, 선거인단에서 만장일치로 조지 워싱턴을 선출하여 투표가 이뤄지지 않았다. 제2대 대통령 선거에서는 최다득표자인 존 애덤스(1735~1826)가 대통령이 되었고, 차점

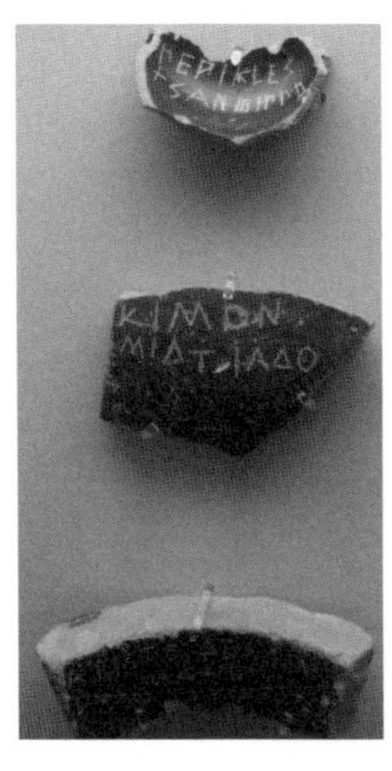

도편추방제는 고대 아테네에서 독재자의 출현을 방지하기 위해 국가에 해를 끼칠 가능성이 있는 사람의 이름을 조개껍질이나 도자기 파편에 적어 내게 한 제도였다. 사진의 유물은 이때 사용된 도자기 파편들로, 고대 아고라 박물관에 소장되어 있다.

자인 토머스 제퍼슨(1743~1826)이 부통령이 되었다. 존 애덤스가 대통령에 취임한 시점이 "1797년"인데, 여기서는 취임 시기와 선거 시기를 착각하여 "1797년"으로 서술한 것일 가능성도 있다. 한편 대통령의 이름을 한자 표기대로 옮기면 "Adams John(阿但斯 約翰)"이 되는데, 여기서는 일반적인 표기에 따라 존 애덤스로 옮겼다.

상준賞準

《서전》에 "덕이 많은 사람에게는 힘써 벼슬을 주고, 공이 많은 사람에게는 힘써 상을 준다"고 했으니, 포상하는 법은 아마도 요순의 제도일 것이다.[23] 《주례》에서는 "왕에 대한 공은 훈(勳)이라 하며—주공(周公)처럼 왕업을 이루도록 보좌하는 것이다—, 나라에 대한 공은 공(功)이라 하며—이윤(伊尹)처럼 백성과 나라를 보전하는 것이다—, 백성에 대한 공은 용(庸)이라 하고—후직(后稷)처럼 백성에게 은택이 미치는 것이다—, 일에 대한 공은 노(勞)라고 하고—우임금처럼 노고를 함으로써 나라를 안정시키는 것이다—, 다스림에 대한 공은 역(力)이라 한다—고요(皐陶)

와 같이 법을 제정하여 치세를 이루는 것이다—"고 했다.[24] 때로는 기명(器皿)을 만들어서 공적을 새겼고, 때로는 돌에 새겨서 기념했다. 또 때로는 음악이나 활과 화살, 수레와 말, 의복, 관작(官爵)—공후백자남(公侯伯子男)이다—, 모토(茅土)—토지다—로 상을 내렸다.[25]

고구려에서는 공로에 대해 상을 내릴 때 밭을 하사하여 포상했다.

서양에서는 1344년에 영국의 왕 에드워드 3세(Edward III, 衣滑 三世)가 귀족의 지위를 발명자에게 상으로 주는 법식을 제정했다.[26] 1591년에 여황제 엘리자베스(Elizabeth I, 衣沙伯利)가[27] 인쇄술을 발명한 사람에게 귀족의 지위를 주었고, 그의 권리와 재산을 황제가 보호했다.

23 《서전》 상서(商書) 중훼지고(仲虺之誥)에서 인용한 것이다. 원문은 "德懋懋官, 功懋懋賞"인데, '무(懋)' 자를 앞의 것은 "무성하다(茂)"로 뒤의 것은 "힘쓰게 하다(勸勉)"로 풀이하는 것이 일반적인 해석이다. 그렇지만 "덕을 닦는 데 힘쓰는 사람에게는 벼슬을 내려서 권면(勸勉)하고, 공을 세우는 데 힘쓰는 사람에게는 상을 내려서 권면한다"와 같이 둘 모두 "힘쓰다(勉)"의 의미로 풀이하기도 한다.

24 《주례》 하관(夏官) 사훈(司勳)에서 인용한 것이다. 주공은 주나라 문왕의 아들이며 무왕의 동생이다. 무왕과 성왕(成王, 무왕의 아들)을 도와 주나라 왕업의 기초를 다졌다. 이윤은 은나라의 재상으로, 탕왕(湯王)을 도와 하나라의 걸왕을 몰아내었다. 후직은 주나라의 시조로 알려져 있는데, 요순의 시대에 농사를 관장하는 장관이 되어 이후 농경신으로 받들어졌다. 우임금은 하나라의 시조인데, 순임금 때에 대홍수를 다스렸다. 고요는 순임금의 신하로, 형벌을 제정하고 감옥을 만들었다.

25 "모토"는 제왕으로부터 받는 영지를 뜻하는 말이다. 한나라에서는 제후를 봉할 때 오행설(五行說)에 따라 그 방향의 색깔을 가진 흙을 흰 띠풀로 싸서 주었는데, 모토는 이에서 유래한 말이다.

26 "화족(華族)"은 귀족을 뜻하는 말이다. 원문은 "華族位의 賞을 發明者의 例로 定ᄒᆞ고"로 되어 있는데, 문맥이 잘 통하지 않는다. 니시무라 시게키가 쓴 《서국사물기원》의 '상준(賞准)' 항목에도 에드워드 3세가 언급되어 있는데, 이를 참고하면 발명자에게 주는 상의 의미로 해석할 수 있다. 에드워드 3세가 어떤 사람에게 상을 주었는지는 분명하지 않다. 에드워드 3세가 가터기사단을 창설하여 가터 훈장을 준 것이 1348년인데, 그 준비는 1344년 무렵에 시작되었다고도 한다.

27 "엘리자베스"는 모두 3회 나타나는데, 한자 표기는 "衣沙伯利", "衣阿伯里",

"衣沙伯里"로 각기 다르다.

국채國債

옛날에 주나라 난왕(赧王)이 백성들에게 빚을 얻었기에 피채대(避債臺)가 있었다.[28] 그렇지만 이는 일종의 사채(私債)다〔지금으로부터 2100년 전 무렵〕. 당나라 덕종(德宗) 때에는 부유한 상인의 돈을 빌려서 군비(軍費)를 지불했는데, 판탁지(判度支) 두우(杜佑)가 "돈을 빌리는 명령(借錢令)"을 발포하면서 군대를 철수한 뒤에 갚기로 약속했다. 이것이 국채의 시초다[29]〔지금으로부터 1150년 전 무렵〕.

고려 말엽에 나라의 씀씀이에 부족했으므로, "돈을 빌리는 명령(借錢令)"을 시행했다. 건양 원년 을미년에 일본에서 300만 원의 차관을 들여왔으니, 이것이 외채의 시초다—탁지대신(度支大臣)은 어윤중(魚允中)이었다.[30]

일본에서는 메이지 2년 무렵에 오쿠마 시게노부(大隈重信), 이토 히로부미(伊藤博文) 등이 해관세(海關稅)를 담보로 하여 영국인 호라시오 넬슨 레이(Horatio Nelson Lay, 聶兒宋利)에게 외채 100만 파운드—500만 원—를 9푼의 이자로 차입하여 도쿄-요코하마 간 철도를 부설했다. 이것이 일본 외채의 시초다.[31] 뒤에 대장경(大藏卿) 마쓰가타 마사요시(松方正義)가 공채증권을 발행했다.

서양에서는 중고(中古)의 시기에 상비병을 설치했는데, 봉급이 부족하여 이자를 내고 국민들에게 돈을 빌렸다. 이것이 국채의 시초다.

28 난왕은 동주(東周)의 마지막 왕으로, 부호들에게 군자금을 빌려서 진나라를

쳤으나 실패했다. 이 일이 있고 나서 난왕은 빚 갚기를 독촉하는 이들을 피하여 궁궐 안의 높은 누대에 숨어 지냈는데, 당시 사람들이 그 누대를 "피채대" 또는 "도채대(逃債臺)"라고 불렀다. 왕이 사적으로 빚을 얻은 것이므로, 여기서는 "私債의 類"로 파악했다.

29 당나라 덕종 때 주도(朱滔), 왕무준(王武俊), 전열(田悅) 등의 반란이 있었다. 이에 재정을 담당하던 두우(735~812)가 군비를 마련하기 위하여 부상의 돈을 빌렸다. 간행본에는 "사우(社佑)"로 되어 있으나 잘못이다.

30 건양(建陽) 원년은 1896년(병신년)이다. 양력을 채용하여 건양의 연호를 쓰기로 한 것은 1895년 을미년 8월 이후의 일이므로, 여기서는 "건양 원년 을미년"이라 한 것이다. 1895년에 일본에서 300만 원의 차관을 들여온 것을 최초의 외채라고 한 것은 잘못이다. 일본에서 최초의 차관을 들여온 것은 1882년의 일이며, 임오군란 이후 일본에 사절로 간 박영효가 17만 원의 차관을 들여왔다. 1895년에도 먼저 30만 원의 차관이 들어오고, 뒤이어 300만 원의 차관이 들어왔다.

31 일본 최초의 상업철도인 '도쿄 신바시(新橋)-요코하마(橫濱) 철도'는 영국인 에드먼드 모렐(Edmond Morel, 1840~1871)의 기술 지도 아래 1872년에 개통되었는데, 이를 위해 메이지 정부에서는 1870년에 영국으로부터 100만 파운드의 차관을 도입했다. 이때 차관 도입을 제안하고 주선한 인물은, 한때 청나라에서 외교관으로 활동했던 영국인 호라시오 넬슨 레이(1832~1898)였다. 당시 영국공사였던 파크스(Harry Smith Parkes, 1828~1885)와의 친분을 바탕으로 하여, 레이는 관세와 철도 수입을 담보로 하여 공채 모집 계약을 맺었다. 레이는 연리 12퍼센트에 달하는 높은 이율로 일본 정부와 차관 도입 계약을 맺었으나, 실제 공개모집에서는 9퍼센트 이율의 자금을 공모했다고 한다. 이때 도입된 100만 파운드 가운데 실제 철도 부설에 사용된 금액은 30만 파운드 정도로 알려져 있다. 다만 레이의 한자 표기로 사용된 "섭아송리(聶兒宋利)"가 정확한 것인지는 의문스러우며, 빠진 글자가 있을 가능성이 높은 듯하다. 또 레이가 이미 중국에서 "李泰國"이라는 이름으로 알려져 있었던 점을 고려하면 다른 인물일 가능성도 생각해볼 수 있는데, 이때의 차관 도입에 연관된 인물 가운데는 "섭아송리(聶兒宋利)"와 유사한 음을 가진 인물은 아직 발견하지 못했다.

의회議會

아테네의 재상 솔론(Solon, 梭倫)이 기원전 593년에 국회의사(國會議士) 제도를 창설하고 공민회의령(公民會議令)을 발포했다.[32] 이것이 후세 의

회의 시초다.

32 솔론(B.C. 640?~B.C. 560?)은 정치가이자 시인으로, 그리스 7현인의 한 사람으로 일컬어진다. 기원전 594년에 집정관 겸 조정자(eponymous archon)로 선출되어 개혁 정책을 폈는데, 이를 흔히 "솔론의 개혁"이라 일컫는다.

•11장•

군사
—
軍事

병사

《위공병법(衛公兵法)》에 "황제가 처음으로 구정(丘井)의 법을 세우고, 이것으로 병사들을 통솔했다"고 했다.[1] 이것이 병사의 시초다.

모병(募兵)은 춘추전국시대에 비롯되었다.

1439년에 프랑스의 샤를 7세(Charles VII, 沙耳王 七世)가 처음으로 상액병(常額兵)을 설치하고 봉급을 주었다.[2]

1 《위공병법》은 당나라의 장군 이정(李靖, 571~649)이 쓴 병법서다. 이정은 뒤에 위국공(衛國公)에 봉해졌다. 이정은 태종과 문답하면서 역대의 진법에 대해 설명했는데, 이 가운데 황제의 구정에 대한 언급이 나타난다. 땅을 "정(井)" 자의 모양으로 구획하면 모두 9개의 네모 형태(方)가 생기는데, 상황에 따라 여기에 각기 진을 베풀거나 비워두었다고 한다. "구(丘)" 또한 과거에 땅을 구획하던 방법인데, 《주례》 지관에 언급된 바를 고려하면 정(井)보다는 큰 단위로 이해할 수 있다. 이정의 설명은 황제가 처음 정전(井田)을 구획했다는 설과 관련된 것으로 보이는데, 운용과 관련된 구체적인 내용은 팔진(八陣)이나 구진(九陣)과 같은 후대 진법을 소급한 것일 가능성이 높다. "제병(制兵)"은 군대를 편성하여 통할(統轄)한다는 뜻이다.

2 "상액병"은 일정한 봉급을 주고 평상시에도 전쟁에 대비할 수 있도록 한 병사로 풀이할 수 있으니, "상비군(standing army, 常備軍)"이나 "상비병(常備兵)"의 일종으로 이해할 수 있다. 고대 유럽에서는 전쟁이 있을 때만 병사를 소집했으나, 이 제도의 도입으로 인하여 평상시에도 일정한 수의 병사를 유지할 수 있었다. 샤를 7세

(재위 1422~1461)는 잔 다르크의 도움으로 영국과의 백년전쟁(1337~1453)을 마무리했다. 샤를 7세는 백년전쟁 이후에 15개 기사 군단을 설치하여 상비군을 확보했는데, 이와 함께 제후들이 사적으로 군대를 양성하는 것은 금지했다.

대표전사〔代戰士〕[3]

《구약전서》에 "다윗(David, 他比德)이 이스라엘(Israel, 衣色) 족의 대표 전사가 되고, 골리앗(Goliath, 哥里亞德)이 펠리시테(Pelishte, 彼里斯德) 족의 대표 전사가 되었다"고 했다. 이것이 그 시초다.[4] 로마의 호스틸리우스(Tullus Hostilius, 何斯底利亞斯) 왕 때 알바 롱가(Alba Longa, 亞耳巴倫家)와 전쟁을 했는데, 호라티우스(Horatius, 何斯剌底亞斯) 형제 세 사람이 대표 전사가 되어 전쟁에서 이겼다.[5]

3 "대전사"는 한쪽 편을 대표하는 전사를 뜻하는 말로 보인다. 고대에는 전면전을 하는 대신에 각각의 편을 대표하는 전사를 뽑아 승패를 가리기도 했는데, 이를 '대전사'로 표현한 것이다. 니시무라 시게키의 《서국사물기원》에서는 이를 "단신격투(單身格鬪)"로 표현했다.

4 "펠리시테"는 "필리스티아" 또는 "블레셋(Pleshet/Peleset)"으로 일컬어지는 민족이다. 이집트를 공격했다가 패배한 뒤에 팔레스타인 지역에 머물러 살았는데, 화장(火葬)의 풍습이 있었고 철기를 사용했다. 이집트를 벗어나 팔레스타인에 이주한 이스라엘인들과는 적대적인 관계였다. 다윗과 골리앗의 싸움은 《구약전서》 사무엘 상서 17장에 나타나는데, 이 싸움에서 다윗은 갑옷을 입은 거인 골리앗을 죽이고 승리를 거두었다.

5 호스틸리우스(재위 B.C. 673~B.C. 642)는 로마의 3대 왕이다. "알바 롱가"는 아에네아스의 아들 아스카니우스가 세웠다고 전하는 고대 이탈리아의 도시로, 로마의 남동쪽에 있었다. 로마와 알바 롱가는 각기 세 사람의 대표 전사를 뽑아서 이들 간의 결투로 승부를 가리기로 했는데, 로마에서는 호라티우스 가문의 삼형제(the Horatii)를, 알바 롱가에서는 큐라티우스 가문의 삼형제(the Curiatii)를 각기 대표 전사로 내세웠다. 결투 끝에 호라티우스 형제 가운데 한 사람인 풀비우스 호라티우스가 유일하게 살아남았으며, 이에 따라 전쟁은 로마의 승리로 끝을 맺게 되었다고 한다. 이후 알바 롱가의 주민들은 로마로 옮겨졌다고 한다. 호라티우스 형제

의 이야기는 프랑스의 화가 다비드(1748~1825)의 작품인 〈호라티우스 형제의 맹세(Oath of the Horatii)〉(1784)를 비롯한 예술 작품의 소재로도 활용되었는데, 이는 이 이야기에 국가 또는 왕을 위한 헌신이라는 영웅적 요소가 있었기 때문일 것이다. 그렇지만 호라티우스 가문의 딸과 큐라티우스 가문의 아들이 이미 약혼한 사이였기 때문에, 이 이야기에는 혼약을 맺은 가문끼리의 결투라는 비극적 요소도 내포되어 있었다.

활과 화살

활은 황제의 신하 휘(揮)가 처음 만들었는데, 황제가 그 공을 포상하여 "장(張)"이라는 성을 하사했다. 또 《산해경》에서는 "소호(少昊)의 아들인 반(般)이 궁정(弓正)이 되어서 활과 화살을 처음으로 만들었다"고 했다.[6]

화살은 황제의 신하 이칙(夷則)이 만들었다. 혹은 모이(牟夷)가 만든 것이라고도 한다.

서양에서는 그리스의 아폴로(Apollon, 亞波羅) 신이 발명했다고 한다.[7]

고시(楛矢)는 숙신씨(肅愼氏)가 발명한 것인데, 그 시기는 우리나라 기왕(箕王)의 시대다.[8]

단궁(檀弓)은 조선에서 처음으로 만들었다.[9]

일본에서는 준닌 천황(淳仁天皇)이 처음으로 활과 화살을 만들었다[10][지금으로부터 1140년 전].

6 《신당서(新唐書)》에서는 "장씨(張氏)"의 기원을 언급했는데, 소호 청양씨(少昊靑陽氏)의 다섯째 아들인 휘가 궁정이 되어 활과 화살을 처음 만들었으며 이로 인해 장씨 성을 하사받았다고 했다. "궁정"은 활과 화살을 만드는 일을 담당하는 벼슬이다.

7 원문에는 "希臘人 西波羅神이 發明흠"이라고 되어 있는데, "서파라신(西波羅神)"을 그리스 사람의 이름으로 이해했을 가능성이 있다. 그렇지만 내용으로 볼 때 아폴로를 뜻하는 것은 분명해 보인다. 22장 음악의 '비파' 항목에 아폴로를 "亞波羅

神"으로 표기하고 있으며, 따라서 "西"가 "亞"의 오자일 가능성이 높다. 여기서는 바로잡아 옮긴다.

8 "고시"는 광대싸리로 만든 화살인데, "호시"로 읽기도 한다. 숙신씨는 만주 동쪽의 부족이며, 식신(息愼)이나 직신(稷愼)으로도 불렸다. 《후한서》에 무왕이 상나라를 이기자 숙신씨가 고시(楛矢)와 석노(石砮, 돌화살촉)를 공물로 바쳤다는 기록이 남아 있는데, "我國箕王의 時代"라고 덧붙인 것은 이 기록에 의거하여 연대를 환산한 것으로 짐작된다. 《증보문헌비고》의 교빙고(交聘考)에는 주나라 무왕이 기자를 왕에 봉했다는 기사와 숙신씨가 고시를 공물로 바쳤다는 기사가 나란히 실려 있다.

9 "단궁"은 박달나무로 만든 활이다. 《삼국지》 위지에서는 예(濊)의 특산물로 언급했다.

10 준닌 천황(재위 758~764) 5년에 갑옷, 활, 화살을 만들었다는 기록이 있다. 그렇지만 중국의 문헌인 《삼국지》 위지 왜인전에 일본의 활에 대한 기록이 나타나기 때문에, 준닌 천황 때 처음으로 활과 화살을 만들었다는 설은 성립하기 어렵다.

쇠뇌〔弩〕

신라 문무왕 때 노사(弩師) 구진천(仇珍川)이 처음으로 쇠뇌를 만들었는데, 능히 1000보를 쏠 수 있었다. 당나라 고종이 듣고서 그를 초빙했다[11]〔지금으로부터 1240년 전〕. 《고사고(古史考)》에서는 "황제가 처음으로 쇠뇌를 만들었다"고 했다. 손빈(孫臏)이 이것을 가지고 방연(龐涓)을 물리쳤다.[12]

11 《삼국사기》 신라본기 문무왕 9년의 기사에 구진천의 일이 실려 있다. "노사"는 쇠뇌를 만드는 기술자를 뜻하는 것으로 짐작된다. 당나라 고종이 구진천을 불러 쇠뇌를 만들게 했는데 30보밖에 날아가지 않았다. 이에 구진천이 신라의 나무를 구해줄 것을 요청하여 다시 만들었지만, 이 또한 60보밖에 날아가지 않았다. 고종이 일부러 성능이 좋은 쇠뇌를 만들지 않는다고 의심했지만, 끝내 구진천은 소문과 같은 1000보를 날아가는 쇠뇌를 만들지 않았다고 한다.

12 《사기》 손자오기열전(孫子吳起列傳)에 손빈이 쇠뇌를 써서 방연을 물리친 일이 보인다. 방연이 손빈을 추격하여 해가 진 뒤에 마릉(馬陵)에 이르렀는데, 방연이 나무에 있는 글씨를 보려고 횃불을 들자 손빈의 복병이 일제히 "쇠뇌"를 쏘았다고 한다. 결국 방연은 이 싸움에서 패하여 자결했다.

중국에서 발견된, 기원전 3세기의 유물로 추정되는 쇠뇌. 활의 일종이지만 활보다 멀리 쏠 수 있고, 더 살상력이 강한 무기로 무력 충돌이 있을 때 자주 사용되었다.

칼[劍刀] 부附 비수匕首

유서(類書)에 "치우(蚩尤)가 처음으로 맥도(陌刀)를 만들었다"고 했다. 아마도 칼(刀劍)은 옛날 청동기시대에 처음 생겼을 것이다.[13] 《주례》에서는 "도씨(桃氏)가 검을 만들었다"고 했다. 검에는 두 개의 검척(劍脊)이 있고, 도(刀)에는 하나의 칼날이 있다.[14]

비수는 단검이다. 그 머리 부분이 "숟가락(匕)"과 같기 때문에 이러한 이름을 붙인 것이다.

일본에서는 준닌 천황이 처음으로 갑옷과 칼을 만들었다[지금으로부터 1140년 전].

13 "유서"는 《잠확유서(潛確類書)》를 가리키는 것으로 추정된다. "맥도"는 고대의 참마검(斬馬劍) 또는 장도(長刀)로 알려져 있는데, 손잡이 또는 날 부분이 긴 칼이었을 것으로 추정된다. 한편 원문에는 "처음으로 맥도를 만들었다고 하나(始作陌刀라 ᄒᆞ나)"로 표현되어 있는데, 이때의 "-하나"가 역접의 뜻을 나타내기 위한 것인지 혹은 "-하니"의 오기인지는 분명하지 않다. 다만 3장 인류(人類)의 '세 시대(三時代)' 항목에 청동기시대에 칼(刀劍)과 같은 기구를 만들었다고 한 바 있으므로, 장지연이 칼은 청동기시대에 처음 나타났다는 생각 또는 지식을 갖고 이와

같이 서술했을 것임은 짐작할 수 있다.

14 《주례》 고공기(考工記)에 도씨가 만든 검에 대한 설명이 보인다. 이 설명과 유사한 형태의 검은 한나라 때까지 제작되었으며 오늘날 실제로 발굴되기도 하는데, 이를 "도씨검(桃氏劍)"이라고 일컫는다. 한반도에서도 도씨검이 다수 발굴되었는데, 이는 고대에 중국과 교류했던 흔적으로 해석되기도 한다. "검척"은 칼날의 등 부분이니, 검의 몸통 중앙에 솟아난 부분을 가리킨다.

창〔戈戟〕 부附 모矛, 수殳, 삭矟, 창槍

과(戈), 극(戟), 모(矛), 수(殳)는 모두 황제가 만든 것이다. 혹은 치우가 처음 만들었다고도 한다. 과(戈)는 구부러진 날—옆으로 뻗은 것이다—이 있는 창이요, 극(戟)은 세 갈래로 갈라진 창이다. 모(矛)는 "모(冒)"이니 날의 아래에 창자루가 붙은 것이요,[15] 수(殳)는 날은 없고 자루만 있는 것이다. 삭(矟)은 또한 모(矛)의 일종이다. 창(槍)은 본래 나무로 만들었는데, 후세에 철로 만든 것을 "철창(鐵槍)"이라고 일컬었다.

15 《석명(釋名)》에서의 풀이를 인용한 것이다. "창 모(矛)"와 "덮을 모(冒)"의 음이 같기 때문에, "모(冒)" 자를 이용하여 풀이를 한 것이다.

아기牙旗 부附 정기旌旗, 휘모麾旄, 신번信旛

아기는 곧 장군기다. 무릇 군영 안에는 반드시 아기를 세우는 까닭에 "아문(牙門)"이라고 부른다.[16] 황제 때에 처음 생겼다. 정기와 휘모도 또한 황제가 처음으로 만든 것인데, 모(旄)와 휘(麾)는 지휘를 하는 데 사용된다. 《서전(書傳)》에서 "무왕이 왼편에는 황월(黃鉞)을 짚고 오른편에는 백모(白旄)를 쥐고서 지휘했다"고 한 것이 바로 이것이다.[17]

신번은 곧 오늘날의 휘장이니, 각기 그 나라의 이름을 깃발 위에 썼다. 그 법도가 또한 중국의 삼대에서 비롯되었다.

16 "아문"은 군문(軍門)을 뜻하는 말이니, 군중(軍中) 즉 군영의 내부를 가리킨다. 관청을 뜻하는 아문(衙門)이라는 말이 "아문(牙門)"으로부터 유래했다는 설도 있다.

17 "서전"은 곧 《서경》이다. 《서경》 주서 목서(牧誓)에서 인용한 것이다. "황월"은 천자가 정벌할 때 사용하는 상징적인 도끼인데, 그 기원은 앞의 9장 의장(儀仗)의 '절(節)' 항목에서 다루었다.

징과 북[金鼓]

옛날에는 정벌할 때 반드시 징과 북을 사용했다. "금(金)"은 쇠로 만든 징(金鉦)과 쇠로 만든 방울(金鐸)이며, "고(鼓)"는 북(鼙鼓)이다. 이들은 군대를 나아가고 물러나게 하는 신호로 쓰였다.[18]

18 북과 징은 전투 중인 군사들에게 명령을 전달하는 도구로 활용되었다. 보통은 전진의 명령을 내릴 때는 북을 사용하고, 후퇴의 명령을 내릴 때는 징을 사용했다.

뿔피리[角]

뿔피리는 황제가 만든 것이다. 치우와 전쟁을 할 때 뿔피리를 불어서 도깨비를 놀라게 했다고 한다.[19] 혹은 원래 강호(羌胡)에서 온 것이니, 말을 모는 데 사용했다고도 한다.[20]

19 황제가 태산에서 뿔피리를 불었을 때 그 소리가 마치 두 마리의 봉황이나 용의 울음 같았다고 한다. 황제와 치우가 탁록(涿鹿) 들판에서 싸울 때 치우는 도깨비들을 이끌고 왔는데, 황제가 뿔피리를 불자 도깨비들이 놀라서 달아났다고 한다.

20 "강호"는 서장(西藏) 티베트 계통의 유목 민족이다. 원문에는 "馬를 驚케 홈"

이라 했는데, 이때 "경(驚)"은 놀라고 두렵게 한다는 뜻이다. 즉 자신의 뜻대로 말을 몰기 위해 뿔피리를 사용했다는 말이다.

갑옷과 투구[甲冑]

갑옷에 대해서는, 《세본》에 "여(輿)—소강(少康)의 아들—가 처음으로 만들었다"고 했다. 《주례》에서는 "함인(函人)이 만든 갑옷은 서갑(犀甲)과 시갑(兕甲)이다"라고 했다.[21]

두무(兜鍪)는 투구다.[22] "옛날에 갑옷을 입고 투구를 썼다"라고 했다.[23]

21 《주례》 고공기의 "함인은 갑옷을 만든다. 서갑은 7속이며, 시갑은 6속이며, 합갑은 5속이다(函人爲甲, 犀甲七屬, 兕甲六屬, 合甲五屬)"라는 부분을 인용한 것이다. "함인"은 갑옷과 투구를 만드는 사람을 뜻하는 말이다. 서갑과 시갑은 각기 무소가죽과 외뿔소가죽으로 만든 갑옷으로 추정된다. 인용서가 "周官"으로 되어 있지만, 여기서는 《주례》로 바꾸어 옮긴다. 《주례》의 원래 이름은 "주관(周官)" 또는 "주관경(周官經)"이었다.

22 투구를 나타내는 단어로는 두무 이외에도 무(鍪), 수개(首鎧), 회(盔), 두모(兜牟) 등이 사용되었다. 《훈몽자회(訓蒙字會)》에서는 "무(鍪)" 자를 "투구모, 卽兜鍪"로 풀이했다.

23 인용처를 제시하지는 않았지만, 《춘추(春秋)》 희공(僖公) 22년의 "옛날에 갑옷을 입고 투구를 쓴 것은 나라를 흥하게 하기 위해서가 아니라 무도한 자를 정벌하기 위해서였다(古者被甲嬰冑, 非以興國也, 則以征無道也)"라는 구절에서 인용한 것으로 보인다. "갑옷을 입고 투구를 쓴다(被甲嬰冑)"는 구절을 제시함으로써, 갑옷과 투구가 있었음을 보인 것이다.

안장[鞍]— "안장 안" 또는 "길마 안"이다.

옛날에는 승공(繩鞚), 혁제(革鞮), 피천(皮韉)만 있을 따름이었으나, 후에는 가죽 안장과 쇠 재갈이 이들을 대신하게 되었다.[24] 강태공의 《육도(六韜)》에 "말에 안장을 갖추지 않았다"고 했으니, 아마도 안장은 주나라 때

에 이미 있었을 것이다.[25]

서양에서는 4세기에 처음으로 발명되었다. 부인용 안장은 1380년에 영국 황제 리처드 2세(Richard II, 理察 二世)의 황후가 처음으로 사용했다.[26]

고삐(轡)는 말을 모는 이가 잡아당기는 끈이니, 우리 풍속에서는 이를 "가죽(革)"이라고 부른다. 굴레(勒)는 "잇는다(絡)"는 말이니, 말의 머리에 이어서 잡아당기는 것이다.[27] 《자휘(字彙)》에서는 "어(御)가 있는 것을 '륵(勒)'이라 하고, 없는 것을 '기(羈)'라 한다"고 했는데, 어(御)는 입 속에 재갈로 물리는 쇠다. 재갈(鑣)—음은 표다—은 "싼다(包)"는 말이니, 굴레의 옆에 있는 쇠다. 말의 입을 싸서 다물게 하는 것이다.[28] 가(珂)는 말의 굴레에 장식으로 쓰는 옥이다—3품 이상은 9개의 옥돌을 쓰고, 5품은 5개의 옥돌을 쓴다[29]—. 장니(障泥)—다래—에 대해서는, 《위지(魏志)》에서 "황색 바탕에 금실로 장니 1개를 짜서 만들었다"고 했다. 아마도 한나라와 위나라의 시기에 비롯되었을 것이다.[30] 비단 장니, 표범가죽 장니가 있었다. 채찍(鞭)은 "책(策)"이라고도 부르는데, 곧 채찍(箠)이다. 옛날에는 가죽 채찍으로 죄인을 때렸는데, 또한 그것으로 말을 몰기도 했다. 《좌전》에 "왼쪽에 채찍(鞭)과 각궁을 쥐었다"고 한 것이 바로 이것이다.[31]

말의 편자(馬蹄鐵)는 본래 강호(羌胡)의 제도다. 로마의 황제[32] 티베리우스(Tiberius, 底伯里亞斯) 때에 처음으로 만들었다.[33]

24 "승공"은 새끼로 만든 고삐다. "혁제"는 가죽으로 만든 상모다. "피천"은 가죽으로 만든 언치(안장이나 길마 밑에 까는 깔개)다. 원문에는 한자의 음과 뜻을 밝힌 주석이 있는데, 공(鞚)은 "고삐 공", 제(鞮)는 "상모 제", 천(韉)은 "언치"라고 풀이했다. 원고본에는 "엇치"로 풀이되어 있으나, 잘못인 듯하다.

25 《육도》에 "거기장군은 군마가 갖춰지지 않거나 안장과 굴레가 마련되지 않으면 주살한다(車騎之將, 軍馬不具, 鞍勒不備者, 誅)"는 구절이 있다. "말에 안장이 갖춰지지 않다(馬不具鞍)"고 인용한 것은 다소 부자연스럽다.

26 리처드 2세(1366~1400, 재위 1377~1399)의 첫 번째 왕비인 "보헤미아의 앤(Anne of Bohemia, 1366~1394)"이 고안한 "여성용 곁안장(sidesaddle)"에 대해 서술한 것이다. 보헤미아의 앤은 신성로마제국 황제 카를 4세의 맏딸이자, 카를 4세의 뒤를 이은 지기스문트(Sigismund)의 누이였다. 그녀는 영국 백성들로부터 좋은 평판을 얻었으며, 보헤미아식의 머리 모양이나 새로운 디자인의 수레가 영국에 유행하게 되는 데에도 중요한 역할을 했다. 앤은 아이를 낳지 못한 채 페스트에 걸려 세상을 떠났는데, 이때 리처드 2세는 큰 충격을 받았다고 한다.

27 원문에는 "비(轡)"를 "곳비(고삐)"로, "륵(勒)"을 "굴레"로 풀이한 주석이 붙어 있다. 《석명》에서는 "'륵'은 '락'이다. 그 머리에 이어서 끌어당기는 것이다(勒, 絡也. 絡其頭而引之)"라고 했는데, 굴레의 풀이는 이를 인용한 것으로 보인다. "륵(勒)"과 "락(絡)"의 음이 유사한 점에 주목하여 뜻을 풀이한 것이다.

28 《초학기(初學記)》에서는 "'표'는 '포'다. 옆에 있으면서 그 입을 싸는 것이다(鑣包也. 在旁, 包斂其口也)"라고 했는데, 이는 《석명》의 풀이를 계승한 것이다. "包斂", "包頷"(원고본), "包含"(간행본)은 모두 싸서 다물게 한다는 뜻으로 풀이할 수 있다.

29 《수서(隋書)》 지(志)에 "말의 옥으로는, 3품 이상은 9개의 옥돌을 쓰고, 4품은 7개의 옥돌을 쓰고, 5품은 5개의 옥돌을 쓴다(馬珂, 三品以上九子, 四品七子, 五品五子)"라고 했다.

30 "장니"는 말다래라고도 하는데, 말을 탄 사람의 옷에 흙이 튀지 않도록 말의 안장 양쪽에 늘어뜨려놓는 기구다. 《태평어람》 등에서는 인용처를 "위백관명(魏百官名)"으로 제시했다.

31 《좌전》의 희공(僖公) 23년 기사에 "왼쪽에 채찍과 각궁을 쥐고 오른쪽에 활집과 화살집을 매었다(左執鞭弭, 右屬櫜鞬)"는 말이 보인다.

32 원고본에는 "西歷羅馬帝"로 표기되어 있는데, 간행본에서는 "帝"가 누락되었다. "西歷"의 뒤에 연대(또는 세기)를 제시하고자 했으나 누락되었을 가능성이 있다. 또는 "서쪽으로 건너가서" 정도의 의미로 쓴 말일 가능성도 배제하기는 어렵다. 여기서는 일단 "西歷"은 제외하고 "帝"는 반영하여 옮긴다.

33 말편자의 기원과 전파에 대해서는 다양한 설이 존재한다. 다만 로마의 경우에 한정해서 본다면, 시인 카툴루스(Gaius Valerius Catullus, B.C. 84~B.C. 54)의 기록에 "노새의 신발"이라는 말이 나오므로 이를 근거로 기원전 1세기 이전에 있었으리라고 추정하는 견해가 우세하다. "底伯里亞斯"는 로마의 2대 황제인 티베리우스(Tiberius Caesar Augustus, B.C. 42~A.D. 37, 재위 14~37)를 가리키는 것으로 추정되지만, 카툴루스보다 후대의 인물이어서 옳은지는 단정하기 어렵다. 황제가 아닌 호민관이었던 티베리우스 그라쿠스(Tiberius Sempronius Gracchus, B.C. 163~B.C. 132)를 가리키는 것일 가능성도 생각해볼 수 있다.

녹각鹿角[34]

녹각철(鹿角鐵)은 "질려(蒺藜)"라고도 부른다. 후한 때에 처음 나타났다.

34 "녹각"은 철질려다. 철질려는 끝이 날카롭고 뾰족한 풀인 질려(남가새) 모양의 무쇠 5개를 노끈으로 연결하여 만든 방어용 무기다. 적이 침입하는 길에 뿌려서 적의 침입을 저지하는 데 사용되었다.

운제雲梯[35]

비루(飛樓)와 운제는 성을 공격하는 데 쓰는 기구다.[36] 강태공의 《육도》에 처음으로 나타난다. 노나라의 공수반(公輸般)이 운제를 이용하여 송나라의 성을 공격했다[37] 〔지금으로부터 2400년 전 무렵〕.

35 "운제"는 성을 공격할 때 사용하던 높은 사다리다. 높이가 구름에 닿을 만큼 높다고 하여 이러한 이름이 붙었다. 나무로 틀을 짜고 좌우에 각각 3개씩 총 6개의 바퀴를 달아 이동할 수 있도록 했다고 알려져 있다.

36 "비루"는 성 안의 동정을 엿볼 수 있게 만든 이동식 누대다. 《육도》에서는 "성 안을 엿보는(視城中)" 기구로 비루와 운제를 거론했다.

37 《여씨춘추》에 공수반이 운제를 만들어서 송나라를 공격하고자 했던 일이 언급되어 있다. 공수반이 초나라를 위해 송나라를 공격하는 데 쓸 운제를 만들었는데, 이 소식을 들은 묵자(墨子)가 초나라 왕을 방문하여 공격을 중지시켰다는 것이 그 요지다. 초나라 왕을 설득시키기 위해 묵자는 모의 전투를 벌였는데, 공수반으로 하여금 운제를 이용하여 공격하게 하고 묵자 자신은 성을 방어하는 방식이었다. 결국 묵자가 아홉 차례의 공격을 물리쳤고, 이에 초나라는 송나라를 공격하지 않게 되었다고 한다. 이 고사를 반영하면 "노나라의 공수반이 운제를 이용하여 송나라의 성을 공격하려고 했다"는 정도로 서술하는 편이 자연스러울 것이다.

화포火砲와 불화살火箭 부附 대포大砲, 석포石砲

손무자(孫武子)의 화공(火攻) 가운데 다섯 번째인 "화추(火墜)"는 곧 오늘날의 화전법(火箭法)이니, 쇠뇌와 화살을 이용하여 불을 쏘아 보내는 것이다.[38] 또 《주량보찬(周亮輔纂)》에서는 "손자가 화포와 화차(火車), 화우(火牛), 화연(火燕)의 부류를 처음으로 만들었다"라고 했다.[39] 이것이 화포의 시초다[지금으로부터 2420년 전 무렵].

원나라 세조 때에 처음으로 대포를 만들었는데, 무게가 150근이었다. 발사하면 소리가 천지를 뒤흔들고 포탄이 땅속 7척 깊이까지 들어갔으니, 가는 곳마다 모두 이겼다. 이름을 "양양포(襄陽砲)"라고 했다.[40]

석포(石砲)로는, 당나라의 이밀(李密)이 운괴(雲旝) 300개를 만들어서 기구로 돌을 발사했는데 이름을 "장군포(將軍砲)"라 했으니, 이것이 석포의 시초다.[41]

우리나라에서는 고려 때에 최무선(崔茂宣)이 처음으로 화포 제조법을 창안했다. 그래서 우리 조선의 양성지(梁誠之)가 그의 사당을 세울 것을 청했다.[42]

인조 9년에 사신 정두원(鄭斗源)이 명나라로부터 돌아오면서 서양제 대포를 구해와서 각 군문에 처음으로 두게 되었다. 곧 옛날식의 모슬홍이포(毛瑟紅夷砲)가 이것이다.[43]

영국에서는 에드워드 3세(Edward III, 衣滑 三世) 때—14세기 중엽—에 처음으로 대포를 사용했다.[44]

크루프(Krupp, 克虜泊)는 독일사람 크루프(Krupp, 克虜泊)가 만든 것이다. 강철 대포의 무게가 120톤에 이르러, 세상에서 저명했다[45][지금으로부터 100년 전 무렵].

38 "화추"는 적의 군영에 불을 떨어뜨려 넣는다는 뜻이다. 《통전(通典)》 등에서 손자의 화공 가운데 다섯 번째로 "화추"를 제시했다. 그런데 손자의 화공 유형 가운데 다섯 번째의 것으로는 '화대(火隊)'를 드는 것이 일반적이다. 즉 보통은 화인(火人), 화적(火積), 화치(火輜), 화고(火庫), 화대(火隊)의 다섯 가지 화공법을 거론하고, 각기 사람, 군수품, 운수품, 창고, 부대(의 대오)를 그 공격 대상으로 삼는다고 풀이한다. "화전법"은 불화살을 이용한 공격법을 뜻하는 말이다.

39 《주량보찬》이 어떤 책인지는 분명하지 않는데, 책 이름이 아닐 가능성도 있다. 《속통전(續通典)》과 《연감유함(淵鑑類函)》 등에는 "손자의 화추는 주량보가 편찬한 《손자》에서는 '화대'로 되어 있다. 주석에서는 '군진에 임했을 때에는 화포와 화차 이외에 또 화연이 있어서, 그 대오를 불살라서 어지럽게 한 연후에 공격한다'고 했다(孫子火墜, 周亮輔纂孫子, 作火隊. 注云, 臨陣之時, 火礮 · 火車之外, 又有火燕, 焚燒其隊伍使亂, 因而擊之)"는 대목이 있기 때문이다. 이를 고려하면 "주량보찬"은 주량보(周亮輔)가 편찬한 《손자》로 볼 수 있으며, 인용문은 주량보가 《손자》에 붙인 주석에서 가져온 것이 된다. 또 《황성신문》 1898년 3월 9일자에 게재된 "화기의 기원은 화공에서 비롯되었다(火器之源始于火攻)"라는 기사에도 이와 유사한 내용이 보이는데, 이 기사에서는 주량보(周亮輔)를 사람 이름으로 이해한 것으로 보인다.

40 원나라에서 송나라의 양양(襄陽)을 공격할 때 사용한 무기이기 때문에 "양양포"라는 이름이 붙은 것이다. 양양포는 화약을 사용한 대포가 아닌 일종의 거대한 투석기였는데, 1273년 무렵에 양양포가 전투에 투입되면서 승부의 추가 기울어졌다고 한다. 원래 페르시아에서 도입되었기 때문에, 양양포와 같은 대포는 "회회포(回回砲)"로도 일컬어졌다. 양양포는 추를 이용하여 150근 즉 90킬로그램 정도의 돌을 발사했는데, 발사된 돌이 7척 즉 2미터가 넘는 깊이까지 박힐 정도로 위협적이었다고 한다. 여기서 "무게가 150근"이라고 표현한 것은, 아마도 양양포에서 발사되는 돌의 무게인 150근을 장지연이 대포의 무게로 잘못 이해했기 때문일 듯하다. 한편 원나라에서는 양양포와 같은 거대한 투석기와 함께 포탄을 발사하는 대포도 사용했다고 한다. 현존하는 대포 가운데 가장 오래된 것으로 인정되는 "지순삼년동포(至順三年銅炮)" 즉 1332년에 동으로 만든 대포가 전해지고 있는데, 여기에는 "제300호(第三百號)"라는 글씨가 새겨져 있어 이미 원나라에서는 많은 대포를 보유하고 있었음을 짐작할 수 있다.

41 "운괴"는 돌을 발사하여 성을 공격하는 기계다. 원고본과 간행본에서는 모두 "운회(雲禬)"로 표기했으나 잘못이다. 《신당서(新唐書)》 이밀전(李密傳)에는 이밀(582~619)이 전무광(田茂廣)으로 하여금 운괴 300개를 만들도록 했다는 기록이 보인다.

42 《조선왕조실록》 세조 2년 3월 28일조에 양성지의 상소 내용이 기록되어 있는데, 이 상소에서 최무선(1325~1395)이 "만세토록 백성들의 해를 제거한" 공을 세웠으므로 사우(祠宇)를 세울 만하다고 했다.

43 진하사(進賀使)로 명나라에 갔던 정두원(1581~?)은 1631년에 귀국했는데, 화포, 천리경, 자명종 등의 물품과 《홍이포제본(紅夷砲題本)》, 《천문도(天文圖)》 등의 서적을 서양인 육약한(陸若漢, Jean Rodriguez)으로부터 구해왔다. 《조선왕조실록》에서는 이때 가져온 화포를 "서포(西砲)"로 표현하고 있다. "홍이포(紅夷砲)"는 네덜란드의 화포라는 뜻인데, 당시에 네덜란드인을 "홍모이(紅毛夷)" 즉 붉은 머리털의 오랑캐라고 불렀기 때문에 이런 이름이 붙은 것이다. "모슬(毛瑟)"이라는 말이 앞에 붙은 이유는 분명하지 않은데, 당시 중국에서 "모슬"은 소총의 이름(또는 독일인 소총 제작자의 이름)인 "모제르(Mauser)"를 표기하는 말로 사용되었다.

44 에드워드 3세(재위 1327~1377) 때인 1346년에 벌어진 크레시 전투(Battle of Crécy)에서 영국군이 대포를 사용한 일을 말한 것이다. 크레시 전투는 백년전쟁(1337~1453) 초기의 가장 중요한 전투로 알려져 있는데, 당시 영국군은 새로운 무기와 전술을 내세워서 프랑스군을 상대로 큰 승리를 거두었다. 전투의 승패를 결정지은 것은 영국군의 장궁과 프랑스 용병의 석궁의 대결이었지만, 당시에 영국군은 5문 정도의 고정형 대포도 함께 사용했다고 한다. 또 같은 해에 벌어진 칼레 포위전(Siege of Calais)에서도 이 대포들이 사용되었다.

45 빌헬름 1세 때 프로이센 군대의 주요 무기였던 크루프의 강철 대포에 대해 서술한 것이다. 크루프사의 2대 경영주 알프레드 크루프(1812~1887)가 강철 대포를 완성한 것은 1842년인데, 이 대포는 1851년(런던)과 1855년(파리)의 만국박람회를 통해 세계적으로 인정받게 되었다고 한다. 따라서 "100년 전 무렵"이라고 한 것은 정확한 표현은 아닌 듯하다.

탄환彈丸 부附 진천뢰震天雷, 폭열탄爆裂彈

탄환으로는, 서양에서는 16세기에 철환(鐵丸)을 처음으로 주조했다. 그렇지만 동양에서는 원나라 세조 때에 이미 철환이 있었다.[46]

폭열탄으로는, "밤브(bomb, 波毋)"와 같은 종류는 서양에서는 15세기에 이탈리아 리미니(Rimini, 密尼)의 공작 시기스몬도 말라테스타(Sigismondo Malatesta, 斯支士曼 馬刺德斯)가 새로 발명했다.[47] 우리나라에서는 선조 임진년에 병마절도사 박진(朴晋)이 처음으로 진천뢰를 사용하여 일본과 싸웠는데, 그 무기는 군기시(軍器寺)의 포장(砲匠) 이장손(李長孫)이 처음으로 만들었다. 대완구(大碗口)로 발사하면 능히 500~600보를 날아가서 떨어졌는데, 얼마 지나지 않아 불붙은 포환이 안에서부터 폭발했다.[48] 그 뒤에는 다시 이를 계승하여 연구한 사람이 없었기 때문에, 결국 그 연구가 적막하게 되었다—《징비록(懲毖錄)》에서는 "박진이 경주성에 주둔한 적을 공격할 때 진천뢰를 발사하니, 그 포환이 성 안으로 날아가 객사(客舍)의 뜰 가운데에 떨어졌다. 적이 어떤 물건인지를 깨닫지 못하여, 앞다투어 모여들어 구경하면서 굴려보기도 하고 자세히 들여다보기도 했다. 갑자기 불붙은 포환이 안에서부터 폭발하니, 소리는 천지를 뒤흔들고 맞은 자는 선 채로 죽었다. 마침내 적이 성을 버리고 달아났다"고 했다.

46 서양에서는 1346년의 크레시 전투에서 이미 철환이 사용된 바 있으므로, 서양의 철환 사용을 "16세기"라고 한 것은 잘못이다. 니시무라 시게키의 《서국사물기원》에서는 1535년에 투르크에서 동환(銅丸)을 처음으로 사용했다는 말이 보이는데, 이를 고려하면 장지연이 "동환의 사용 시기"와 착각하여 이와 같이 서술했을 가능성도 있다. 또 "원나라 세조 때"에 대해서는 특별한 설명이 없는데, 만약 앞에서 언급한 "양양포"를 가리키는 것이라면 이 또한 잘못이다. 양양포는 150근에 이르는 거대한 돌을 발사하는 무기였기 때문이다. 그렇지만 원나라 세조 때에 양양포가 아닌 다른 대포에서 철환을 사용했을 가능성은 있는데, 장지연이 이를 말하고자 한 것인지는 분명하지 않다.

47 시기스몬도 판돌포 말라테스타(1417~1468)는 이탈리아의 콘도티에로(condottiero, 용병 대장)였으며, 1432년 이후로는 리미니(Rimini), 파노(Fano), 체제나(Cesena)의 영주가 되었다. 당시에 "리미니의 늑대(the Wolf of Rimini)"라는 별칭으로 널리 알려졌다고 한다. 리미니는 "密尼"로 표기되어 있으나, 음차된 형태로 볼 때 오자가 있는 것은 아닌지 의심된다. 원고본과 간행본 모두 "義大利 密尼公爵"으로 기록하고 있는데, 원래 "義大利 利密尼公爵"이었다가 반복되는 "利" 자가 누락되었을 가능성도 생각해볼 수 있다.

48 "대완구"는 중국 화포를 개량하여 만든 청동제 화포다. 포신(砲身) 부분이 커서 사발 모양처럼 보이기 때문에, 이런 이름이 붙었다. 별대완구, 대완구, 중완구,

소완구 등으로 구분하기도 한다.

화약火藥

화약은 중국의 중고(中古) 시대부터 이미 있었지만, 염초를 만드는 방법은 근대에 마련되었다. 우리나라에서는 인조 때에 평안도 사람 성근(成根)이 처음으로 그 방법을 터득했는데, 원풍부원군(元豊府院君) 이서(李曙)가 이를 책으로 간행했다.[49] 후에 한세룡(韓世龍)이라는 이가 일본에서 제조법을 배웠는데, 성근의 방법보다 더 정밀했다.[50] 숙종 임신년에 판서 민취도(閔就道)가 역관 김지남(金指南)으로 하여금 청나라 사람들의 염초 달이는 방법을 은밀히 구하도록 했다. 그 기술을 비로소 전수받게 되니, 재상 남구만(南九萬)이 제조(提調)로 있을 때에 그 제조법을 널리 알렸다.[51]

서양에서는 13세기 말에 영국의 수도사 베이컨(Roger Bacon, 倍根)이 처음으로 화약 만드는 방법을 발명했다.[52]

49 원문에 "이완풍서(李完豊曙)"가 간행했다고 했으나, '完'은 '元'의 오기다. 1635년에 국문으로 번역 간행한 《신전자취염초방언해(新傳煮取焰硝方諺解)》에 대해 말한 것이다. 이 책은 이서가 쓴 《화포식언해(火砲式諺解)》와 합쳐서 간행되었으며, 1685년에 중간되었다. 별장(別將) 성근은 후금에 포로가 되었던 이들이나 조선에 도피해온 명나라 사람들에게 물어서 염초 제조법을 개량했으며, 이를 당시 군기시 제조였던 이서에게 보고했다고 한다.

50 원문에 "漢世龍"이라 되어 있으나, "漢"은 "韓"의 오기다. 한세룡은 효종 · 현종의 시기에 왜어 역관(倭語譯官)으로 활동한 인물이다.

51 1692년에 민취도(1633~1698)가 청나라에 사신으로 갈 때 김지남(1654~?)은 역관으로 수행했다. 민취도의 지시에 따라 김지남은 염초 달이는 방법을 알아내고자 했는데, 어느 시골집을 찾아가서 사례금을 주고 그 방법을 몰래 배웠다. 우여곡절 끝에 염초 달이는 방법을 습득했으나, 민취도의 벼슬이 옮겨진 때문에 귀국 후 한참 동안 이를 실제 사용하지는 못했다. 1698년에 도제조 남구만의 건의로 그 방법에 따라 화약을 제조하도록 했으며, 김지남이 쓴 《신전자초방(新傳煮硝方)》을 간

행하도록 했다.
52 22장 기계의 ‘기구(輕氣球)’ 항목에서는 로저 베이컨(1214~1294)을 “羅查倍根”으로 표기했다. 로저 베이컨은 흑색화약 제조법의 발명자로 알려져 있으나, 몇 가지 자료가 존재함에도 불구하고 사실 여부에 대해서는 논란이 있다.

총[亞毋脫朗][53]

19세기 중엽에 위렴좌(威廉佐)의 아무탈랑(亞毋脫朗)이 발명했다.[54]

전당(前膛)은 나폴레옹(Napoleon, 拿破崙)이 사용한 것이다.[55] 탄환과 탄약을 전당으로 넣고서 기괄(機栝)을 의지하여 부싯돌을 쳐서 불을 일으키면, 이어서 탄환이 발사된다. 그런 까닭에 명중하기도 하고 명중하지 않기도 하며 그 힘이 미치는 거리는 600피트 정도에 불과했다.[56] 후당(後膛)은 약장(藥障)을 넣는 총관(銃管) 안을 모두 나선형으로 만들어서 기울기를 뜻대로 했는데, 탄환의 힘은 4200피트의 거리에까지 미치고 1분에 20차례 탄환을 발사할 수 있었다.[57] 후당총(後膛銃)은 1664년에 헐이(歇爾)가 발명했다.[58]

53 “아무탈랑”이 어떤 단어를 음차한 것인지는 분명하지 않다. 그렇지만 이 항목에 서술된 내용을 보면, 장총의 한 종류 또는 기원에 대해 서술하고자 한 것으로 짐작된다. 주석에서 “총”이라고 풀이했으므로, 여기서는 우선 “총”으로 옮긴다.
54 “위렴좌”와 “아무탈랑”이 어떤 단어를 음차한 것인지는 분명하지 않다. “19세기 중엽”에는 1848년에 프러시아군이 채택한 드라이제 소총(Dreyse needle gun 또는 Dreyse rifle)을 비롯하여 영국의 마티니-헨리총, 프랑스의 샤스포총, 독일의 모제르총, 미국의 스프링필드총과 같은 다양한 후장식 소총(breechloading rifle)이 개발되었다. 이 가운데 마티니-헨리 총은 스코틀랜드 출신의 알렉산더 헨리(Alexander Henry)가 개발한 강선시스템을 채택하여 스위스의 마티니(Friedrich von Martini)가 개발한 것인데, 표기상으로는 “위렴좌”나 “아무탈랑”과 어느 정도 관련이 있는 것처럼 보이기도 한다. 그렇지만 “19세기 중엽”이라는 표현이 오기일 가능성도 있는데, 이는 이후에 서술한 사건들이 모두 “19세기 중엽”보다 앞선 시점

의 일이기 때문이다.

55 "전당"은 약실(藥室, Chamber)이 앞쪽에 있는 총을 뜻하니, 곧 전장총(前裝銃)이다. 총은 대포를 경량화하면서 점차 개인화기로서 자리 잡게 되는데, 초기에는 전장총이 주로 사용되었으나 점차 탄환을 장전하기에 편리한 후장총이 개발되었다. 또 점화 장치가 점차 개량됨에 따라, 화승(火繩)을 이용한 초기의 화승총(火繩銃) 대신 톱니바퀴식 발화장치(pill lock), 부싯돌을 이용한 스냅하운스(snaphaunce)와 부싯돌식 발화장치(flint lock), 그리고 근대적인 뇌관식 격발장치(雷管式擊發裝置, percussion lock)를 이용한 총이 개발되었다. 또 한편으로는 탄환을 총신 내부에서 회전시켜 정확도를 높이기 위해 총신 내부에 강선을 만들어 넣게 되었다. 이에 따라 총은 화승총인 아퀘부스(Arquebus)로부터 머스킷(musket)으로, 다시 라이플(rifle)로 발전하게 되었다. 나폴레옹의 군대가 사용한 총은 머스킷인데, 총신 내부에 강선을 만들어 넣어 사격의 정확도를 높이는 방식으로 개량된 것이었다고 한다.

56 "기괄"은 원래 쇠뇌의 시위를 걸어 화살을 쏘는 장치인 노아(弩牙)와 전괄(箭栝)을 합쳐서 일컫는 말이다. 기(機)는 활 양 끝의 활시위를 거는 곳을, 괄(栝)은 화살 끝으로 활시위를 받는 곳을 뜻하는 말이다. "명중하기도 하고 명중하지 않기도 한다(或中或不中)"는 것은 명중률이 낮다는 의미다. 여기서 서술한 총의 특성은, 나폴레옹의 군대가 사용한 총의 특징이라기보다는 일반적인 전장식 소총의 특징에 대한 서술로 추정된다.

57 원문에는 "창관(創管)"으로 되어 있으나, "총관(銃管)"의 오기로 추정된다. 총관은 총에서 대롱처럼 긴 부분인 총열(銃列)을 가리키는 말이다. "정편(正偏)"은 바르고 기울어진 정도, 즉 기울기를 뜻하는 것으로 보인다. 따라서 "正偏을 任意홈으로"는, 총열 안에 나선형의 홈인 강선(腔線)을 만들어 탄환의 궤도를 뜻한 바대로 한다는 의미로 풀이할 수 있다. 이 부분은 후장식 소총(後裝式 小銃, breechloading rifle)에 대한 일반적 설명으로 보이는데, 이제마(李濟馬, 1838~1900)가 청일전쟁 당시 일본에서 사용한 무라다 소총(村田小銃)에 대해 말한 대목에 이와 유사한 서술이 나타나기도 한다. 무라다 소총은 1880년에 무라다 쓰네요시(村田經芳)가 개발한 일본 최초의 근대식 소총으로, 이후 1889년과 1897년에 부분적으로 개량되었다.

58 "헐이"가 어떤 인물인지는 분명하지 않다. 최초의 후장총은 1774년 무렵 영국군 장교 퍼거슨(Patrick Ferguson) 소령이 개발한 퍼거슨 소총(Ferguson rifle)으로 알려져 있다. 또 총에 원시적인 형태의 강선을 만든 것은 16세기의 일로 알려져 있다. 연대는 원고본에 "一六〃四年"으로 표기된 것을 따랐다.

총검〔銃劍〕[59]

17세기 중엽에 프랑스 사람 바욘(Bayonne, 巴約尼)이 처음으로 만들었다.[60]

59 원문에 "총창(銃劍)"이라고 되어 있으나, "총창(銃槍)"의 오기로 보인다. 내용상 총검, 대검을 뜻하는 것으로 파악된다.
60 "바욘"은 프랑스 남부의 도시 이름이다. 여기서 인명으로 파악한 것은 잘못이다. 대검(帶劍, bayonet)이라는 단어는 이 도시의 이름에서 유래했다고 한다. 대검의 유래에 대해서는 두 가지 설이 있다. 하나는 바욘 출신의 병사가 긴급한 상황에서 총에다 칼을 꽂은 데서 유래했다는 것이며, 다른 하나는 사냥꾼들이 맹수에 대비하기 위해서 총에 칼을 꽂은 데서 유래했다는 것이다.

단총短銃

단총은 1545년에 이탈리아 사람 피스토이아(Pistoia, 皮斯土也)가 만들었다.[61]

일본에서는 고나라 천황 때에 포르투갈 사람이 조총(鳥銃)의 제도를 처음으로 전했다[62]〔지금으로부터 370년 전〕.

우리나라에서는 선조 계사년에 일본 귀화인인 김충선(金忠善)이 처음으로 만들었는데, "조총"이라고 이름을 붙였다[63]〔지금으로부터 315년 전〕.

61 권총이 처음 만들어진 해는 1515년이라는 설도 있다. "피스토이아"는 이탈리아의 도시 이름이며, 인명이 아니다. 앞의 "바욘"과 마찬가지로, 장지연이 지명과 인명을 혼동한 것이다. 또 간행본과 원고본 모두 "皮斯士也"로 표기하고 있으나, 이는 "皮斯土也"의 오기로 판단된다. "皮斯土也"로 고쳐서 옮긴다. "권총(pistol)"의 어원에 대해서는 몇 가지 설이 있는데, 처음 만들어진 도시 이름인 피스토이아(Pistoia)에서 유래한 것이라는 설이 그 가운데 하나다.
62 "조총"은 화승총(arquebus)의 일종이어서, 앞에서 서술한 권총과는 직접적인 연관성을 찾기 어렵다. 다만 아퀘부스(arquebus)는 초기의 머스킷보다는 총신이 짧은 것이 특징이므로, 단총 즉 총신이 짧은 총이라는 식의 외형적인 공통점은 존

재한다. 그렇지만 권총과 조총의 총신 길이에는 상당한 차이가 있음도 사실이다. 당시 일본에서는 조총을 "뎃포(鐵砲)"라고 불렀다.

63 선조 계사년은 1593년이다. 우리나라에 조총이 처음 전래된 것은 임진왜란 이전인 1589년의 일인데, 황윤길 등이 일본에 사신으로 갔다 오는 길에 쓰시마 도주로부터 몇 자루의 조총을 받아왔다고 알려져 있다. 조총의 제작자로 김충선(1571~1642)을 거론한 사례는 다른 문헌에서는 찾아보기 어려운 듯하다. 김충선은 임진왜란 초기에 항복한 왜장으로, 일본 이름은 "사야가"였다. 김충선의 문집에는 이순신에게 올린 편지 가운데 조총에 대한 언급이 나타나는데, 그 내용이 조총의 제작법에 대한 것은 아니다. 항복한 왜병들을 조총 제작과 사격 훈련에 활용했다는 기록이 《조선왕조실록》 1593년 6월 16일자 기사 등에 보이는데, 왜병의 이름을 구체적으로 지목하지는 않았다. "조총(鳥銃)"이라는 명칭은 나는 새도 맞힐 수 있다는 뜻에서 취한 것이라고 전한다.

공기총[風銃]

16세기에 독일사람 쿠터(August Kotter, 基德)가 발명했다.[64]

또 증기총(瀛銃)은 아르키메데스(Archimedes, 亞其美底斯)가 발명했다.[65]

64 니시무라 시게키의 《서국사물기원》에서는, 고대 그리스의 크테시비오스(Ktesibios, 格的西彪)가 발명했다는 설이 있으나 믿기 어려우며 16세기에 뉘른베르크(Nuremberg, 紐連堡)의 "俱的爾(グ-テル) "가 발명했다고 서술했다. 뉘른베르크의 총기 기술자인 쿠터(August Kotter)는 1520년경에 강선을 넣은 총을 만들었다고 알려진 인물이다. 한편 스웨덴의 왕립 무기 박물관(Livrustkammaren)에는 최초의 공기총이 소장되어 있는데, 이는 1580년 무렵에 만들어진 것이라고 한다.

65 시라쿠사가 포위되었을 때 아르키메데스는 증기를 이용한 대포를 발명했다고 한다. 이 아이디어는 뒤에 레오나르도 다빈치가 만든 증기총인 "아르키토네르(Architonnerre)"로 계승되었다고도 한다. 아르키토네르는 22장 기계의 '증기기' 항목에 언급되어 있다.

면화약綿火藥

1848년에 독일사람 쇤바인(Schonbein, 先倍因)이 발명했다—혹은 "송평(宋平)"이 처음 만든 것이라고도 한다.[66]

66 "면화약(nitrocellulose)"은 정제한 솜을 황산과 초산의 혼합액으로 처리하여 만든 화약으로, 무연(無煙) 화약의 원료가 된다. 독일의 화학자인 쇤바인(1799~1868)은 스위스 바젤 대학에 재직 중이던 1845년에 면화약을 발명했다. 여기서 "1848년"이라고 한 것은 잘못인 듯하다. "宋平"은 다른 인물이 아니라 쇤바인의 또 다른 한자 표기일 것으로 추정된다.

봉화烽火

《사기》에서는 "유왕(幽王)이 제후들에게 '급한 일이 있으면 봉화를 들겠다'고 약속했다"고 했다. 이것이 봉화의 시초다[67]〔지금으로부터 2690년 전〕.

우리나라에서는 신라 때에 처음으로 나타났다.

67 유왕은 주나라의 12대 왕으로 난폭하고 주색을 좋아했다고 전한다. 포사(褒姒)를 웃게 하기 위해 여러 가지 일을 벌였는데, 그 가운데 거짓으로 봉화를 올린 사건이 있었다. 이 일로 평소에 웃지 않던 포사가 크게 웃어서 유왕이 즐거워했지만, 이와 같은 일이 반복되자 실제 급한 일이 발생해도 제후들이 달려오지 않게 되었다고 한다. 《사기》 주본기(周本紀)에 이와 같은 내용이 보인다.

십팔기十八技

무예(武技)은 본래 중국 진·한 시대에 처음으로 생겼다. 명나라 장수 척계광(戚繼光)이 그 기법을 미루어 발전시켰는데, 곤봉(棍棒), 등패(籐牌),

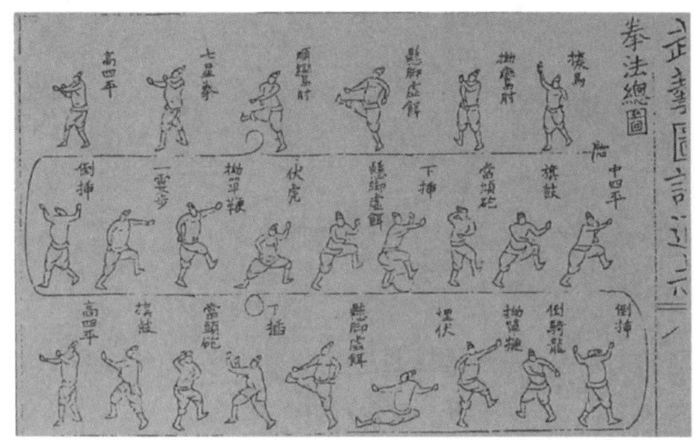

조선 정조 때 편찬된 《무예도보통지》는 한국 무예서의 결정판이라 평가받는 책으로, 기존의 18기 무예에 6기 마상 무예를 포함해 총 24기 무예를 상세하게 입체적으로 설명했다.

근선(根筅), 장창(長槍), 당파(钂鈀), 쌍수도(雙手刀) 등의 6기(技)만 있었다.[68] 우리 장조황제(莊祖皇帝)께서 대리청정하시던 기묘년에 무예에 마음을 두셔서 옛 제도를 모두 바로잡으셨다. 또 죽장창(竹長槍), 기창(旗槍), 예도(銳刀), 왜검(倭劍), 교전(交戰), 월도(月刀), 협도(挾刀), 쌍검(雙劍), 제독검(提督劍), 본국검(本國劍), 권법(拳法), 편곤(鞭棍) 등의 12기(技)를 새로이 더하시고 그림으로 그려서 조국(調局)에서 교련하도록 하시니, 모두 합하여 18기가 되었다.[69] 해서(海西)의 마병(馬兵)이 이를 잘 했다.

68 등패는 등나무 줄기로 만든 방패다. 근선은 가지를 치지 않은 대나무를 손잡이로 사용하는 병기이며, 《무예도보통지(武藝圖譜通志)》 등에는 "낭선(狼筅)"이라고 기록되어 있다. 당파는 당파창(钂鈀槍)이라고도 하는데, 끝이 세 갈래로 갈라진 창으로 길이는 7자 6치 정도다. 척계광(1528~1587)의 《기효신서(紀效新書)》가 전래된 이래 척계광의 6기에 대한 관심이 이어졌으며, 훈련도감의 한교(韓嶠)로 하여금 이를 익히고 도보(圖譜)를 만들도록 했다. 그 결과로 간행된 것이 《무예제보(武藝諸譜)》(1698)이다.

69 장조황제는 곧 사도세자다. 기묘년은 곧 1759년(영조 35)인데, 이때 새로 12가지 무예를 추가하여 《무예신보(武藝新譜)》를 편찬했다고 한다. 그렇지만 《무예신보》는 현재 전하지 않는다. 정조 14년인 1790년에 다시 6기의 무예를 더하여 24기를 수록한 무예서를 편찬했는데, 이것이 《무예도보통지》다. 《무예도보통지》에는 무예의 동작을 자세하게 묘사한 그림이 붙어 있다. 원고본과 간행본 모두 "예도(銳

刀)"가 "총도(銃刀)"로 되어 있으나, 명백한 오자이므로 고쳐서 옮긴다.

진법陣法

황제가 81기문진법(八十一奇門陣法)을 처음으로 만들었고, 제갈량(諸葛亮)이 팔진법(八陣法)을 처음으로 만들었다.

우리 조선에서는 문종께서 오위진법(五衛陣法)을 처음으로 만드셨다.[70]

일본에서는 덴무 천황 11년에 처음으로 진법을 익혔다〔지금으로부터 1220년 전 무렵〕.

—살피건대, 진법으로는 황제 헌원씨가 육십사진을 처음으로 만들었다. 제갈량의 팔진(八陣)과 당나라 이정(李靖)의 육화진(六花陣)은, 모두 시대에 맞게 이를 변화시킨 것이다. 또 상산사세(常山蛇勢)와 원앙진법(元央陣法)이 있었다.[71]

70 문종의 명에 따라 수양대군이 정인지(鄭麟趾), 김효성(金孝誠) 등과 함께 《오위진법(五衛陣法)》을 편찬했다. 오위진법은 군사를 5개의 부대(五衛)로 나누어서 보병과 기병을 균형 있게 운용하도록 한 것인데, 조선 전기의 진법 전술에서 핵심이 되었다고 한다. 여기서는 문종이 진법을 만들었다고 서술했지만, 당시 편찬 명령을 내린 문종의 역할이 어느 정도였는지는 정확히 알 수 없다.

71 "살피건대" 이하의 부분은 원고본에만 있다. 간행 과정에서 누락된 이유가 무엇인지는 분명하지 않다. 앞의 '병사(兵)' 항목에서 거론한 황제(헌원씨)의 "구정(丘井)의 법"은 후대에 81진법(9×9), 64진법(8×8) 등으로 해석되었는데, 제갈량과 이정의 진법은 이런 맥락에서 황제가 창안한 진법의 계승과 변용으로 이해될 수 있다. "상산사세"는 《손자》에 나타나는데, 상산에 사는 뱀인 솔연(率然)처럼 적이 습격하면 머리와 몸통이 서로 돕도록 한 진법이다. 솔연은 머리가 둘인 큰 뱀으로, 목을 치려 하면 꼬리가 돕고 꼬리를 치려 하면 목이 돕고 몸통을 공격하면 목과 꼬리가 함께 돕는다고 한다. "원앙진법"은 척계광의 《기효신서》에 소개된 "원앙진법(鴛鴦陣法)"을 말하는 것으로 보이는데, 원앙진법은 조선에서 《무예도보통지》 등에 수록되어 널리 보급되었다.

포함砲艦

19세기에 서양에서 처음으로 만들었다.[72]

일본에서는 고메이 천황 6년에 처음으로 병함(兵艦)을 건조했다. 또 큰 대포를 처음으로 만들었으며, 포대를 건축했다〔지금으로부터 57년 전〕.

72 서양의 포함에 대한 서술은 원고본에는 없다. 간행 과정에서 추가된 것으로 보인다.

철갑함鐵甲艦 부附 수뢰정水雷艇, 어형정魚形艇

요즈음에는 군함을 모두 철갑으로 둘러싼다. 그래서 군함을 파괴하기 위해서는 1500근의 대포알을 대포 안에 장전하여 넣고 15리 밖에서 명중시켜야 한다. 수뢰정과 어형정은 모두 그 속에 수뢰를 장착하여 싣는데, 적함의 밑바닥 쪽으로 잠입하여 수뢰로 공격한다. 그러면 배의 바닥 부분이 모두 나무인 까닭에, 배는 완전히 격침되고 배에 타고 있던 사람들은 살점이 흩어지고 피를 뿌리게 된다.[73]

73 "수뢰(水雷)"는 물위나 물속에서 사용하는 폭발물을 합쳐서 이르는 말인데, 어뢰(魚雷), 기뢰(機雷), 폭뢰(爆雷) 등이 여기에 속한다.

문장紋章

신라사에서는 무릇 무장(武將)의 여러 당(幢)—벼슬 이름—을 모두 금(衿)의 색깔로 표시하여 구별했다고 한다. "금"은 곧 《서경》에서 말한 "휘치(徽織)"이며 《시경》에서 말한 "직문조장(織文鳥章)"이니, 장수 이하로 모두 이것을 옷에 붙였다.[74]

신라의 휘장은 청색, 적색, 자주색, 녹색, 황색, 백색, 흑색으로 등급을 나누었으며, 그 형상은 반달 모양이었다. 또 계당(罽幢)은 옷 위에 계(罽)를 붙였으니, 이것이 훗날에 군인들이 사용한 견장(肩章)의 시초다.[75]

《구약전서》 민수기(民數記)의 약해(略解)에서는 "이스라엘의 자손은 각기 그 부대의 깃발 아래에 군영을 베풀고, 각기 그 조상의 기호(旗號) 아래에 모이라"고 했다. 이는 깃발의 문장으로써 구별한 것이다.[76]

74 《삼국사기》 잡지(雜志) 직관(職官)의 무관(武官)에서 인용한 것이다. "당(幢)"은 신라 군사조직의 기본 단위다. "금(衿)"은 수를 놓아 아름답게 짠 띠를 뜻하는 말이다. 《삼국사기》에서는 《서경》에서 말한 "휘치"와 같다고 하고서, 《시경》의 "직문조장"의 시구와 주석, 《사기》·《한서》·《주례》에서의 용례를 들어서 그 뜻과 기능을 밝히고 있다. 《만국사물기원역사》에서는 《서경》과 《시경》의 시구와 주석을 함께 제시하고 있어서, 그 의미가 조금 달라졌다. "장수 이하로 모두 이것을 옷에 붙였다"는 말은 《시경》 구절에 대한 주석에 보인다. 《서경》에서 말한 "휘치(徽織)"의 "치(織)" 자에 대해서는 몇 가지 해석이 가능한데, 직물(織), 깃발(幟), 표지(識) 등이 그 가운데 대표적인 것이다. "직문조장"은 "수놓아서 짠 무늬는 새매 문장"〔직물(織)의 의미로 이해할 경우〕과 "깃발 무늬는 새매 문장"〔깃발(幟)의 의미로 이해할 경우〕 정도로 풀이할 수 있다.

75 "계당"은 외계(外罽)라고도 하는데, 지방군의 하나로 한산주(漢山州)와 우수주(牛首州)의 두 부대가 있었다. 《삼국사기》 잡지 직관에서는 "계(罽)도 또한 옷에 다는 것인데, 그 길이에 대한 제도는 분명하지 않다(罽亦著衣於上, 其長短之制未詳)"고 했다.

76 《구약전서》 민수기 2장에서 인용한 것이다. 여호아가 모세와 아론(Aaron)에게 내린 말 가운데 이와 같은 내용이 보인다. "민수기"는 이스라엘 민족이 시나이 산을 떠나서 평원에 이르기까지 겪었던 일을 기록한 것이다.

마차화창馬車火鎗

마차화창으로는, 1784년에 영국사람 발라마(勃喇馬)가 처음으로 마차 위에서 사용하는 화창을 만들어서 도적을 막았다.[77]

77 "화창(火鎗)"은 보통 화약을 이용한 창, 즉 일종의 로켓을 뜻하는 말로 사용된다. 영국은 18세기 후반에 4차에 걸친 마이소르 왕국과의 전쟁(anglo-mysore wars, 1766~1799)을 치르는 동안 로켓 개발의 필요성을 깨달았으며, 19세기 초에 새로운 로켓을 개발하는 성과를 거두었다. 그렇지만 "화창"은 총포(銃砲) 일반을 가리키는 말로도 사용되기 때문에, 이 항목이 로켓과 관련된 것인지는 분명하지 않다. 또 "발라마(勃喇馬)"가 어떤 인물인지도 분명하지 않다.

출병 때의 제사[祭師]

무릇 군사를 낼 때 반드시 제사를 지내는 것은 오래된 법도다. 《주례》에서는 "태사(大師)가 군사(軍祀)를 베푼다. 상제(上帝)에게는 유(禷) 제사를 올리고, 토지 신에게는 의(宜) 제사를 올리고, 사당에는 조(造) 제사를 올린다"라고 했다.[78] 한나라 고제(高帝)는 패정(沛庭)에서 황제와 치우에게 제사를 지냈다.[79] 이것이 치우에게 제사를 올린 일의 시초다. 후대에는 치우의 대장기에 제사를 지내게 되었다.

78 "유(類)"는 곧 "유(禷)"다. "유(類=禷)", "의(宜)", "조(造)"는 모두 제사의 명칭이다. 인용된 부분의 앞쪽은 《주례》의 춘관 태사(大師)에 보이고, 뒤쪽은 《예기》의 왕제(王制) 편에 보인다. 《주례》의 주석 가운데 《예기》 왕제 편을 인용한 사례도 있다.

79 《사기》 고조본기(高祖本紀)에서 인용한 것이다. "패정(沛庭)"은 "패정(沛廷)", 곧 패현(沛縣)의 관아를 뜻한다. 황제는 치우와의 전쟁에서 이겼고 치우 또한 전쟁의 신으로 받들어졌기 때문에, 유방이 군사를 일으키면서 황제와 치우에게 제사를 지낸 것이다. 유방은 제사를 지내고 북과 깃발을 붉게 칠했다고 한다.

조두刁斗

조두는 군중에서 사용한 구리그릇이다. 낮에는 이것으로 밥을 짓고, 밤에는 이것을 두드려서 적을 경계했다.

• 12장 •
위생
衛生

온수욕溫水浴 부附 증기욕蒸氣浴

온수욕은 삼한(三韓) 때에 이미 있었다. 마한의 탕정(湯井)—지금의 온양 온천—과 진한의 온수(溫水)—지금의 동래—가 가장 저명했다〔지금으로부터 2000년 전 무렵〕.

진나라 시황제가 여산(驪山)에 온정(溫井)을 열고 처음으로 온천 목욕을 했다.

서양에서는 유명한 온천으로 아헨(Aachen, 亞堅) 온천과 비스바덴(Wiesbaden, 威斯巴典) 온천이 시초다. 로마시대에 이미 있었다.

증기욕은, 19세기 이후에 병을 치료하는 효과가 있음이 알려져서 마침내 받아들여 쓰이게 되었다.

종두種痘 부附 우두牛痘

고대에는 천연두가 없었는데, 중국의 주나라 말기 진나라 초기에 처음 발생했다.

우리나라에는 선조 이후에 처음으로 유입되었다.[1]

일본에서는 쇼무 천황 때에 천연두(痘瘡)가 처음 유입되었다.[2] 근대의 고메이 천황 2년에 종두법이 처음으로 전래되었다〔지금으로부터 61년 전〕.

유럽에서는 10세기 말에 천연두가 처음 유입되었다.[3] 18세기에는 인두(人痘)를 많이 접종했다. 1776년에 영국의 의사 제너(Edward Jenner, 遮拿)가 처음으로 우두종법(牛痘種法)을 발명했다.[4]

1 허준(許浚, 1539~1615)이 1590년(선조 23)에 광해군의 두창(痘瘡)을 치료한 일을 말한 것으로 보인다. 이수광의 《지봉유설》에는 허준이 만든 약인 저미고(猪尾膏)가 두창을 치료하는 성약(聖藥)이라는 언급이 보인다. 실제 천연두가 유입된 것은 이보다 앞선 시점일 가능성이 있다.

2 일본에서는 쇼무 천황 때인 735년(천평 7)에 천연두가 유행하여 천황이 제(祭)를 올렸다는 기록이 전한다. 천연두가 중국에서 일본으로 건너간 것은 6세기 무렵의 일로 추정되고 있으며, 735~737년의 시기에 크게 유행하여 많은 사망자가 발생했다고 한다.

3 유럽에 천연두가 유입된 시점이 언제인지에 대해서는 논란이 있다. 고대 그리스나 로마의 전염병을 천연두의 유행으로 해석하는 견해도 있는데, 이에 따른다면 기원전에 이미 천연두가 발생했다고 할 수 있다. 니시무라 시게키의 《서국사물기원》에서는 천연두는 이디오피아에서 기원하여 6세기 무렵에 다른 나라에 퍼지기 시작했고, 10세기 말에 처음 유럽에 유입되었다고 했다. 《만국사물기원역사》에서 제시한 설은 아마도 이 견해와 관련이 있을 것이다. 한편 천연두가 유럽 전역에 유행하게 되는 것은 이른바 신대륙의 발견 또는 지리상의 발견과 관련성이 있다고 알려져 있다.

4 에드워드 제너(1749~1823)가 우두 접종에 성공한 것은 1796년의 일이다. 1776년은 이에 대한 연구를 시작한 시점일 듯하다. 1770년대에 영국과 독일에서는 여러 차례 우두(牛痘)에 대한 실험이 있었으며, 제너 또한 이를 알고 있었다. 니시무라 시게키의 《서국사물기원》에서는 1776년을 실험 시작 시점으로, 1798년을 시술법이 인정받은 시점으로 서술했다.

마취약[麻藥] — "몽한약蒙汗藥"이나 "미약迷藥"이라고도 한다. 서양 이름으로는 "저타底打"다.[5]

마취약(麻藥)으로는, 중국 동한의 의사 화타(華陀)가 병든 사람에게 마비탕(麻沸湯)을 마시게 하고서 침과 뜸 등을 시술했다. 마취약은 여기서 비롯되었다.

1844년에 미합중국 보스턴(Boston, 波斯頓)에서 의사 잭슨(Jackson, 仄純)을 움직여서 성은 모튼(Morton, 摩耳吞)이며 이름은 윌리엄(William, 偉聯)인 이가 처음으로 유황을 사용하여 환자로 하여금 잠시 정신을 잃게 했다.[6] 그 후에 스코틀랜드(Scotland, 蘇格蘭) 의사 심슨(James Simpson, 心純)이 유황 대신 클로로포름(chloroform, 可羅羅堪)을 사용했다.[7]

5 "저타"가 어떤 단어의 음차인지는 분명하지 않다. 다만 마취제로 사용된 "에테르(ether)"의 음차일 가능성은 있는 듯하다.

6 이 문장은 뜻이 잘 통하지 않는다. 니시무라 시게키의 《서국사물기원》의 '마취술(暈絶術)' 항목에서는 1846년에 "査克孫(ジャクソン)" 즉 잭슨이 유황을 이용한 마취를 했다고 서술했다. 원문에 "撼醫師 仄純 姓摩耳呑 名偉聯이"로 표현된 것을 보면, 장지연이 잭슨과 윌리엄 모튼을 같은 사람으로 이해하여 잭슨이 마취를 했다고 서술한 것일 가능성도 있다. 그런데 실제 마취를 한 사람은 윌리엄 모튼(1819~1868)이었는데, 그는 워렌(John Collins Warren, 1778~1856)이 집도한 외과 수술에서 환자를 마취시켰다. "잭슨"은 대학에서 모튼을 지도했던 화학자 잭슨(1805~1880)을 가리키는 말로 추정된다. 한편 윌리엄 모튼이 마취에 성공한 것은 1846년의 일이므로, 여기서 시점을 "1844년"으로 제시한 것은 잘못이다. 모튼이 치과 시술에 마취를 활용한 날은 9월 30일이며, 외과 수술에 마취를 활용한 날은 10월 16일이다.

7 심슨(1811~1870)은 스코틀랜드 출신의 산부인과 의사로, 1847년에 클로로포름을 마취제로 사용하여 수술을 했다.

의술醫術

중국의 신농씨가 온갖 풀을 맛보고 처음으로 의약을 만들었다. 그 후 황제 때에 기백(岐伯)이 의술에 뛰어나서 한결같은 소문이 자자했다.[8]

서양의 명의 히포크라테스(Hippokratēs, 希波古刺德斯)는 그리스의 명의이니, "의가(醫家)의 비조(鼻祖)"로 일컬어진다.

8 25장 방술(方術)의 '의약' 항목에도 신농씨와 기백의 일이 제시되어 있다. '의약' 항목에서는 《제왕세기(帝王世紀)》를 인용하여 기백의 저술에 대해 소개했다.

청진기[聽肺筒]

청폐통(聽肺筒)은 18세기 이후에 발명되었다. 그 방법은 한쪽 끝을 환자의 폐에 대고 다른 쪽 끝을 의사의 귀에 대는 것인데, 이를 이용하여 폐병이 어떠한지를 환히 알게 되었다.[9]

9 청진기는 1816년에 프랑스의 내과의사 르네 라에네크(René Laennec, 1781~1826)가 발명했다. 라에네크는 여성 환자의 가슴에 자신의 귀를 대는 것이 적절하지 않다고 여겼는데, 이에 둥글게 만 종이를 이용하여 간접적으로 심장 소리를 들었다고 한다. 이후 나무관의 양쪽에 깔대기와 수신기를 단 청진기를 만들었으며, 이 청진기를 이용하여 심장 소리뿐 아니라 폐로 공기가 드나드는 소리도 들을 수 있음을 알게 되었다. 이 일화로 보면, 여기서 "청폐통" 즉 폐의 소리를 듣는 대롱이라고 한 것은 적절한 표현인 셈이다. 한편 의사가 양쪽 귀로 들을 수 있게 한 청진기는 1852년 무렵에 미국에서 발명되었다.

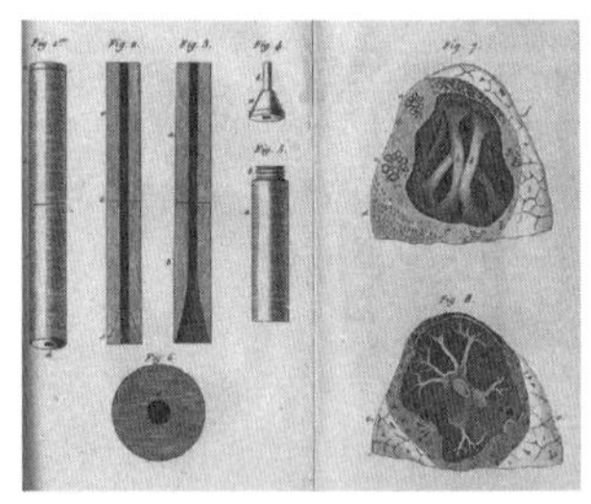
프랑스의 내과의사 르네 라에네크가 발명한 청진기를 묘사한 그림. 청진기 옆에는 폐가 그려져 있다.

측후경測喉鏡 부附 험목경驗目鏡, 검음경檢陰鏡

측후경은 사람의 입 속에 물체를 넣어 입을 다물지 못하게 하고서 목구멍 속까지 비출 수 있도록 한 것이다. 옛날에 편작(扁鵲)은 상지수(上池水)를 마시고서 오장을 환히 꿰뚫어보았다고 하는데,[10] 오늘날에는 폐의 소리를 듣거나 목구멍을 살피는 기구를 모두 서양 의사가 근래에 새로 발명했다. 험목경은 시력을 살펴보는 거울이다. 또한 부인네의 음문을 검사하는 거울이 있다.

10 "상지수"는 아직 땅에 떨어지지 않고 나무나 풀잎 위에 있는 맑은 이슬을 뜻한다. 장상군(長桑君)이 편작에게 비방과 약을 주면서 상지수와 함께 먹도록 했는데, 편작이 그의 말을 지켜서 30일 동안 약을 먹고서 담장을 꿰뚫어볼 수 있는 능력을 지니게 되었다고 한다. 또 병든 이의 오장을 환히 꿰뚫어볼 수 있게 되었다고 한다. 편작의 일은《사기》편작창공열전(扁鵲倉公列傳)에 보인다.

해부법解剖法

신체를 해부하는 것이다. 또한 고대 서양 의사가 창안했다.

210년 무렵에 명의인 갈레노스(Claudios Galenos, 高倫)가 처음으로 몸 전체의 해부법을 발명했다.[11]

11 갈레노스(129~199?)는 로마시대의 의사이자 해부학자로, 중세 유럽의 의학 이론에서 절대적인 권위를 인정받은 인물이다. 갈레노스가 전체 해부법을 발명한 시점을 "210년"이라고 한 이유가 무엇인지는 분명하지 않은데, 갈레노스가 216년 또는 217년에 세상을 떠났다는 견해도 있으므로 일반적으로 알려진 생애의 범위를 벗어남에도 불구하고 잘못된 것이라고 단정하기는 어렵다. 갈레노스는 원숭이, 돼지 등을 대상으로 한 동물해부를 통해서 해부학의 기초를 마련한 인물이며, 여기서 거론한 "해부법"은 인체의 구조에 대한 해부학적 지식을 뜻하는 것으로 이해할

수 있다. 갈레노스의 해부학 지식은 안드레아스 베살리우스(Andreas Vesalius, 1514~1564)가 인체 해부를 거쳐서 《파브리카(Fabrica)》 등의 저술을 발표하기 전까지는 절대적인 권위를 인정받았다.

양신약養身藥 부附 청결법清潔法

근래에 서양의 화학자가 한 가지 합질(合質)의 약물을 발명했는데, 그 약물에 "비타민(vitamin, 利思丁)"이라는 이름을 붙였다.[12] 이를 복용하면 능히 사람의 신체를 건강하게 하고 빠르게 성장시킬 수 있다.

청결법에 대해서는, 1867년에 토머스 크래퍼(Thomas Crapper, 摩爾)가 처음으로 화장실에서의 청결법을 창안했다.[13]

12 1906년에 영국의 생화학자 프레더릭 홉킨스(Frederick Gowland Hopkins, 1861~1947)가 비타민을 발견했다.

13 "갱측(坑厠)" 즉 변기에서의 청결법이라고 했으므로 수세식 변기의 기원에 대해 서술한 것으로 추정되는데, 수세식 변기는 이미 1770년대에 발명되었다. 1860년대에는 대도시 런던의 청결이 영국에서 중요한 사회적 문제로 대두되었는데, 이를 해결한 사람은 배수관 처리의 문제점을 해결한 바잘게트(Josept Bazalgett, 1819~1891)와 대중적인 수세식 변소를 개발하는 데 중요한 기여를 한 토머스 크래프(Thomas Crapper, 1836~1910)였다. 이런 사실을 고려할 때 여기서 언급한 "마이(摩爾)"는 토머스 크래퍼로 추정할 수 있다. 다만 한자음으로는 어긋나는 것으로 보이므로, 아직 단정하기는 어렵다.

• 13장 •

공예
工藝

조각술[雕象術]

조상술(雕象術)은 동양의 여러 나라에서는 그 유래가 이미 오래되었다. 황제 이후로 새기거나 그려 넣는 여러 가지 기법이 진보되었다. 하나라 우임금은 구정(九鼎)을 만들어서 다섯 방위 신귀(神鬼)의 형상과 온갖 짐승의 모습을 조각했다.[1] 이것이 금속 조각의 시초다.

임방(任昉)의 《술이기(述異記)》에서는 "노반(魯班)—노반은 돈황(燉煌) 사람이니, 공예에 재주가 뛰어나서 항상 나무로 만든 솔개를 타고 다녔다—이 하나라 우임금의 구주도(九州圖)를 돌에 조각했다"고 했다. 이것이 돌에 조각한 일의 시초다. 지금은 낙성(洛城)의 석실산(石室山)에 있다.[2]

우리나라에서는 고대에 나무, 돌, 질그릇, 기와에 새기는 조각이 매우 발달했다. 그래서 오늘날 오래된 사찰과 부도(浮屠)에는 왕왕 진귀한 작품이 남아 전해진다.

일본에서는 도리붓시(鳥佛師)가 고구려로부터 조각술을 받아들였고, 백제로부터 여러 분야의 공인들을 들어오게 했다.[3]

서양에서는 그리스에서 비롯되었다. 초기에는 나무에 조각하여 아교로 붙였는데, 이후에 점차 진보하여 상아나 단단한 돌에도 조각을 하게 되었다.

1 정(鼎)은 세 개의 발이 달린 솥이다. 우임금이 구주의 금속을 모아 정(鼎)을 만들었다고 한다. 4장 문사(文事)의 '부, 송, 잠, 명' 항목에 구정에 글을 새긴 일이 언급되어 있다. 구정에 새긴 문양에 대해서는 문헌에 따라 차이가 있다.

2 임방(460~508)은 남조 양(梁)나라 때의 사람이다. 《술이기》에는 노반이 나무로 학을 만들었다는 일화가 보이지만, 나무로 만든 솔개를 타고 다녔다는 일화는 실려 있지 않다. 반면에 "지금은 낙성(洛城)의 석실산(石室山)에 있다"는 말은 《술이기》에 실려 있다. 나무로 만든 솔개(木鳶) 이야기는 노반이나 묵자와 관련되어 여러 문헌에 전한다.

3 "도리붓시(鳥佛師)"는 "도리붓시(止利佛師)"로도 표기된다. 백제 출신 인물의 후손으로, 일본 호류사의 석가삼존상(釋迦三尊像)을 만들었다고 전한다. 여기서 고구려를 언급한 이유는 분명하지 않다.

사진술寫眞術 또는 영상술映相術

《서경》 상서(商書)에 은나라 고종(高宗)이 부열(傅說)의 형상을 가지고서 그와 같은 사람을 천하에서 구했다고 했으니, 이것이 곧 사진의 시초다.[4] 그렇지만 영상을 촬영하는 기술은 서양에서 발명한 것이다.

지금으로부터 약 300년 전에 이탈리아 의사 포르타(Porta, 坡耳朶)가 원통과 같은 암실 대여섯 곳을 만들고서, 각각 그 한쪽에는 렌즈를 설치하고 다른 쪽에는 두꺼운 백지를 놓아두었다. 이 백지가 정확히 렌즈의 소점(燒点)에 맞게 되면 암실 밖의 만상이 두꺼운 백지 위에 빠짐없이 그려진다.[5] 이것이 곧 영상술의 발명이다. 이후로 1802년에 영국의 웨지우드(Thomas Wedgwood, 滑彫)와 험프리 데이비(Humphry Davy, 含富利德威)가 일종의 영상술을 발명했다.[6] 그 방법은 먼저 종이나 부드러운 가죽에 은염(銀鹽, silver salt)을 바르고 다시 그것을 초산은(硝酸銀) 용액에 담근 다음, 물체를 그 위에 올려놓고서 햇빛을 쬐는 것이다. 그러면 바깥쪽 물체에 의해 가려지지 않은 부분은 검은색으로 변하고 물체에 의해 가려진 부분은 흰색이 되니, 곧 물체의 형상이 여기에 찍히게 된다. 이 방법이 당시에는 실로 "공전(空前)의 발명"이었지만, 안타까운 점은 원래의 물체와는 그 명암이 완전히 달라져서 원래 물체의 어둡고 그늘진 곳은 반대로 흰색으로 변하고 흰 곳은 도리어 어둡고 그늘지게 된다는 것이다. 또한 이 물체의 형상은 영원히 보존될 수도 없었다. 그 후에 프랑스에서 유명한 니엡스(Niepce, 尼布斯)와 다게르(Daguerres, 打妓兒) 두 사람이 함께 마음을 다하여 이 기술을 연구했는데, 불행히도 니엡스는 중간에 세상을 떠나고 다게르가 마침내 완전한 기술을 발명했다.[7] 프랑스 정부에서는 그 공적을 포상했으니, 다게르는 매년 6000프랑을 조건 없이 받았다. 또 니엡스의 아들도 매년 4000프랑을 받게 되었다.[8] 그 후 1839년에 이르러서는 다게르의 연금이 1만 프랑으로 늘었다.

옛날 프로이센-프랑스 전쟁 때에 프랑스 사람들이 포위를 당하여 외부 사람과 소식을 통하지 못했는데, 영국인이 안부를 묻는 편지들을 모아서 《타임(the Times)》 지(太晤士報)에 인쇄하여 실었다. 그 편지를 벽에 가득히 붙이고서 사진기(攝影鏡)를 이용하여 너비 1촌의 종이에 축소하여 찍었는데, 비록 이루(離婁)가 다시 살아난다 하여도 그 글자를 읽어내기 어려울 정도였다.[9] 찍기를 마치고서는 비둘기의 발에 묶어서 프랑스 수도로 들여보냈는데, 프랑스 사람들이 그 조그마한 종이를 취득하고서는 사진기를 이용하여 반대로 확대하여 찍었다. 그랬더니 얼마 지나지 않아서 큰 종이에 확대 인쇄가 되었다. 마침내 그것을 하나하나 잘라내서, 그 성씨를 대조하여 사람들에게 나누어 전달했다.

4 은나라 고종 무정(武丁)은 자신을 보좌할 현명한 재상을 얻고자 했는데, 꿈속에서 그에 부합할 만한 성인의 모습을 보았다. 이에 그 형상을 그려서 용모가 비슷한 사람을 찾았는데, 결국 부열을 찾아서 재상으로 삼았다고 한다. 여기에서 "사진(寫眞)"은 사람의 모습과 비슷하게 그린 그림을 뜻하는 말로 사용된 셈이다.

5 카메라 옵스큐라(camera obscura: '어두운 방'이라는 뜻)에 대해 서술한 것이다. 이미 아리스토텔레스가 그 원리를 언급하고 레오나르도 다 빈치 등이 활용한 바 있었지만, 포르타(1535~1615)가 볼록렌즈와 오목렌즈를 결합시킨 렌즈를 여기에 사용함으로써 좀 더 선명하면서도 정확한 영상을 얻을 수 있게 되었다고 한다. 포르타는 1558년에 쓴 《Magiae Naturalis(Natural Magic)》에서 이에 대한 기록을 남겼으며, 이후 사진술이 사람들에게 널리 알려지게 되었다.

6 웨지우드(1771~1805)의 실험은 1800~1802년 무렵에 진행되었으며, 험프리 데이비(1778~1829)는 왕실협회 저널에 그에 대한 기사를 썼다고 한다. 따라서 험프리 데이비를 발명자로 표현한 것은 적절하지 않다. 22장 기계의 '전등'과 '안전등' 항목에서는 "험프리 데이비"를 "含富利德維"로 표기했다.

7 화학자인 니엡스(1765~1833)와 화가인 다게르(1789~1851)는 1829년에 10년 동안 공동연구를 하기로 계약을 했다. 그렇지만 니엡스는 4년 만에 세상을 떠났으며, 다게르는 1839년에 "다게레오타입(Dagaerreotype)"이라는 이름을 붙여 새로운 사진기법을 발표했다. 원문에서 니엡스가 "요절(夭折)"했다고 표현한 것은, 일을 완수하지 못하고 중간에 세상을 떠났다는 의미로 풀이할 수 있다.

8 "니엡스의 유고(遺孤)"는 곧 니엡스의 아들인 이시도르 니엡스(Isidore Niepce, 1805~1868)를 가리킨다. 이시도르도 사진술의 연구에 함께 참여했다고 전한다.

9 여기에 거론된 신문의 정식 명칭은 《런던 선데이 타임즈(London Sunday Times)》다. 한자로는 "星期日太晤士報"로 흔히 표기된다. "섭영경(攝影鏡)"은 사진기 또는 촬영기로 풀이할 수 있는데, "섭영(攝影)"은 "촬영(撮影)"의 중국어식 표현이다. "이루"는 중국의 황제 때 인물로, 눈이 매우 밝아서 100보 떨어진 곳의 털끝도 볼 수 있었다고 한다.

부조술腐雕術

부조술은 금속판이나 유리판에 질산(强水, aqua fortis)을 부어서 부식하도록 함으로써 조각을 하는 기술이다. 16세기 무렵에 비로소 이 기술이 발명되었는데, 1670년에는 독일사람 스완하르트(斯溫哈耳德)가 처음으로

유리판 부식의 기술을 발명했다.[10]

10 "사온합이덕(斯溫哈耳德)"이 어떤 사람인지는 분명하지 않다. 다만 니시무라 시게키의 《서국사물기원》에 유리판을 이용한 부조(腐彫) 기술을 발명한 인물이 "斯萬發(スワンハルド)"로 기록되어 있으므로, 이에 따라 우선 "스완하르트"로 옮긴다. 《서국사물기원》에서는 실수로 안경에 질산을 떨어뜨린 데서부터 이 기술의 발명이 시작되었다고 했다.

동상 주조술[鑄像術]

구리나 쇠로 동상을 주조한 일은, 《사기》에 월나라 왕 구천(句踐)이 범려(范蠡)의 공을 기념하기 위하여 황금으로 동상을 주조했다고 한 것이 그 효시다[11][지금으로부터 2382년 전].

그리스의 헤파이스토스(Hephaistos, 希海他斯)가 처음으로 동상 주조의 기술을 발명했다.[12] 당시에 우레와 같은 명성을 떨쳤던 로도스(Rhodes, 羅德斯) 섬의 거대한 동상이 곧 그가 주조한 것이다.[13] 철로 주조한 동상은 근세에 비로소 나타났다.

11 구천이 범려를 기념하기 위하여 황금 동상을 만들었다는 이야기는 《오월춘추(吳越春秋)》에 전한다. 이에 의하면, 범려가 떠난 뒤에 월왕 구천이 대부 문종(文種)에게 범려를 되돌아오게 할 수 있는가 물었는데, 문종은 범려가 돌아오지 않을 것이라고 답했다. 이에 구천은 범려의 가족에게 땅을 내렸고, 한편으로는 뛰어난 장인으로 하여금 범려의 모습을 본뜬 황금상을 만들게 했다. 구천은 이 황금상을 곁에 두고서 정사를 논했다고 한다. 이 일화에서 나타난 구천의 모습은, 《사기》에서 이른바 "토사구팽(兎死狗烹)"을 할 만한 인물로 그려진 구천의 형상과는 상당한 거리가 있다.

12 헤파이스토스(Hephaistos 또는 Hephaestus)는 대장장이의 신 또는 불의 신이다. 제우스와 헤라 사이에서 태어났으며, 미의 신인 아프로디테와 결혼했다고 한다. 여기서 "希海他斯"라고 표기한 것은, 아마도 "헤파이도스" 정도의 발음을 옮긴 것으로 보인다.

13 로도스 섬의 대동상은 "콜로서스(colossus)" 즉 거상(巨像) 가운데 대표적인 것이다. 로도스인들이 적의 포위 공격을 물리치고 나서, 수호신인 태양신 헬리오스의 모습을 본떠서 33미터 높이의 거대한 동상을 세웠다고 전한다. 고대에는 세계의 불가사의 가운데 하나로 일컬어질 만큼 유명했지만, 지진으로 파괴되고 현재는 남아 있지 않다. 한편 로도스 섬의 거대한 동상을 헤파이스토스가 주조했다는 말은 장지연의 착각일 가능성이 높은 듯하다. 니시무라 시게키의 《서국사물기원》의 '주상술(鑄像術)' 항목에도 헤파이스토스(希海達)가 "주상술의 발명자"라고 말한 후에 이어서 로도스 섬의 거대한 동상에 대해 서술하고 있는데, 헤파이스토스가 그 동상을 만들었다고는 하지 않았다. 동상을 만든 사람이 그리스인이라고만 했을 뿐이다. 실제로 동상을 만든 인물은 "린도스의 카리오스(Chares of Lindos)"로 알려져 있는데, 카리오스를 "希海他斯"로 표기했을 가능성은 생각하기 어렵다. 장지연이 자료를 해석하는 과정에서 별개의 사건 둘을 연결 짓는 오류를 범했으리라고 이해하는 것이 자연스러울 듯하다.

석판술石板術

석판술은 기름의 성질을 지닌 먹을 이용하여 석판(石板)에 글씨를 쓰고 그림을 그려서 종이 위에 인쇄하는 기법이다. 1795년에 독일사람 사문사밀(司門斯密)이 처음으로 이 기술을 발명했고, 그 후에 알로이스 제네펠더(Aloys Senefelder, 亞刺衣)가 이를 개량했다.[14]

14 4장 문사(文事)의 '인쇄술(3)' 항목에서는 "석판 인쇄법은 서기 1796년에 독일(日耳曼) 사람이 처음 창안했다"고 했으니, 여기서 "1795년"이라고 한 것과는 어긋난다. 석판인쇄술을 발명한 사람은 독일의 제네펠더(1771~1834)인데, 제네펠더가 석판(평판) 인쇄술을 발명한 시점은 1796년 또는 1798년으로 알려져 있다. 또 제네펠더는 첫 발명 이후에 석판 인쇄술의 개선을 위해 노력했다고 전한다. 이름으로 제시한 "亞刺衣"는 "알로이스 제네펠더" 가운데 "알로이스(Aloys)"의 한자 표기일 것이다. 한편 석판술의 발명자로 제시된 "사문사밀(司門斯密)"이 어떤 단어를 표기한 것인지는 불분명한데, 지명을 인명으로 착각한 것일 가능성이 있다. 니시무라 시게키의 《서국사물기원》에서는 "西門斯密帖, 慕尼克(シモンスミット ミューニッキ)"에서 발명되었다고 했는데, 그 주석에 "門占(ミュンチエン)"이라고도 부른다

고 밝히고 있다. 여기서 "慕尼克"과 "門占"은 모두 뮌헨(Munich)을 가리키는 말인데, 뮌헨은 제네펠더가 석판인쇄술을 발명한 지역이다. "사문사밀(司門斯密)" 또는 "시몬스미트(西門斯密帖)"가 무엇을 뜻하는지는 여전히 문제지만, 제네펠더가 뮌헨 인근 졸른호펜(Solnhofen) 지역의 석회암(limestone)을 활용했다는 점을 고려하면, 그 주변의 지명일 가능성이 높아 보인다.

유리 제조술〔玻璨製造術〕

《위서(魏書)》에 "천축국—지금의 티베트(西藏)— 사람이 도읍에 이르러서 자신이 오색의 유리를 만들 수 있다고 말했다. 그리하여 곧 여산(礪山)의 돌을 캐서 유리를 만들어내었는데, 광택이 서방에서 산출된 것보다 더 아름다웠다. 이에 100여 명을 능히 수용할 수 있는 행궁을 조성했는데, 빛이 맑게 비쳐들었다. 이로부터 마침내 중국에서 유리가 값싼 물건이 되었다"고 했다[15]〔지금으로부터 1400년 전 무렵〕.

서양에서는, 페니키아(Phoenicia, 非尼西亞)의 상인이 항해를 하면서 음식을 익히려고 바닷가에서 불을 땔 때에 솥을 소다(soda, 疏打) 덩어리 위에 놓았는데, 소다가 불을 만나자 곧 녹아서 일종의 투명한 물체가 만들어졌다고 한다. 마침내 유리 만드는 기술을 발명한 것이었다.

3~4세기 무렵에 로마에서 처음으로 유리로 예배당의 창문과 벽을 만들었는데, 이로부터 그 쓰임새가 날로 넓어졌다.

15 《위서》의 원문은 다음과 같다. "천축국 사람이 장사를 하다가 도읍에 이르렀다. 스스로 말하기를 '돌을 가지고 오색의 유리를 만들 수 있다'고 했는데, 이에 여산의 돌을 캐서 도읍에서 유리를 만들었다. 이미 만들고 보니, 광택이 서방에서 온 것보다 더 아름다웠다. 이에 100여 명을 수용할 수 있는 행궁을 만들도록 조칙을 내렸는데, 빛이 영롱하게 비쳐드니 보는 사람 가운데 경탄하면서 천지신명이 만든 것이라고 여기지 않는 이가 없었다. 이로부터 중국에서 유리는 마침내 값싼 물건이

되어서, 누구도 다시 유리를 진귀하게 여기지 않게 되었다(天竺國人商販至京, 自云能鑄石爲五色瑠璃. 于是採礪山石, 于京師鑄之. 旣成, 光澤美於西方來者. 乃詔爲行殿, 容百餘人, 光色映徹, 觀者見之莫不驚駭, 以為神明所作. 自此, 中國瑠璃遂賤. 人不復珍之)."

도기 제조술 陶器製造術

동양의 여러 나라에서는 도기 제조술이 매우 오래되었다. 신농씨가 이미 질기와 만드는 기술을 발명했다. 그래서 순임금은 왕이 되기 전에 도기 만드는 것으로 생업을 삼았다.

일본에서는 유랴쿠 천황(雄略天皇) 17년에 하지노무라지(土師連) 등에게 명하여 처음으로 도기를 만들게 했다[16]〔지금으로부터 1440년 전〕.

서양은 그 기술의 발명이 가장 늦었다. 플로렌스(Florence, 夫羅連) 사람인 루카 델라 로비아(Luca della Robbia, 兒加德剌羅比兒)가 유약 위에 채색한 그림을 올리는 방법을 처음으로 발명했다.[17] 이후 16세기 무렵에 프랑스 사람인 파리시(巴利斯)가 힘겹게 연구하여 처음으로 정교한 도기를 만들어냈다.[18]

16 《일본서기》에서 인용한 것이다. 유랴쿠 천황이 "아침과 저녁의 음식상(膳部)에 쓸 그릇(土器, かわらけ)을 만들라"는 명을 내렸다고 한다.

17 루카 델라 로비아(1400~1482)는 이탈리아 피렌체(Firenze, 영어로는 Florence임) 출신의 조각가로, 1441년에 유약에 의한 채색 테라코타 제작 기법을 개발했다. 이후 이 기법은 로비아 가문의 특기로 계승되었으며, 조카인 안드레아 등이 그 뒤를 이었다. 인명의 한자 표기인 "兒加 德剌 羅比兒" 가운데 맨 앞의 "兒"자는 오자일 가능성도 있다.

18 "巴利斯"가 어떤 인물인지는 알 수 없으나, 니시무라 시게키의 《서국사물기원》에서 "프랑스의 도공(陶工) 巴利思(パリシイ)"라고 한 것을 참조하여 우선 "파리시"로 옮긴다. 프랑스에서 생산된 연질도기는 흔히 파이앙스(faïence)로 일컬어진

다. 16세기 프랑스에서는 이탈리아 도공들이 들어와 연질 도기를 만들기 시작했는데, 리옹(1512년), 느베르(1564년), 무스트(1579년) 등지에서 생산이 이루어졌다. "파이앙스"라는 단어는 원래 이탈리아의 파엔차(Faenza)에서 가져온 도기라는 뜻이었다고 하는데, 점차 프랑스 연질 도기 일반을 일컫는 말로도 사용되었다.

자기 제조술 磁器製造術 — 백토白土로 구운 것을 "자磁"라고 한다.

자기는 중국의 고대에 발명되었는데, 시대가 내려오면서 그 기법이 더욱 정밀해졌다.

고려에서는, 자기 제조술이 신라와 고구려로부터 발명되어 세상에 "고려자기"가 저명해졌다.[19]

일본은 고려자기 제조법을 배웠는데, 만들어낸 자기가 갈수록 더 정밀하고 아름다워졌다.

서양에서는 1474년에 베네치아(Venezia, 威尼斯)의 사절이 페르시아에서 중국의 자기를 구하여 본국에 갖고 돌아갔다. 이것이 서양에서의 자기 유입의 남상(濫觴)이다. 그 후로 18세기 중엽에 프러시아의 뵈트거(Johann Friedrich Böttger, 別謝耳)가 자기 제조법을 발명했다[20]〔지금으로부터 200년 전 무렵〕.

19 우리나라에서의 자기 제조술 발명과 관련하여 원고본에서는 "신라"만 언급했고 간행본에서는 "고구려"를 함께 거론했다. 초고를 보완한 것인지 혹은 간행 과정에서 오류가 생긴 것인지 단정하기 어렵다.

20 "別謝耳"(간행본에서는 "別斯耳")는 프로이센의 연금술사이자 자기 제작자인 뵈트거(1682~1719)로 추정된다. 여기서 언급된 "18세기 중엽"은 그의 활동 시기와 어긋나지만, "200년 전 무렵"은 그의 활동 시기와 일치한다. 뵈트거는 마이센에서 1709년에 유럽 최초의 경질 자기(hard-paste porcelain)인 "뵈트거자기(Böttgersteinzeug)"를 만들었는데, 처음에는 중국에서 수입된 다기(茶器)를 보고서 자기를 만들기 시작했다고 한다. 한편 실제로 경질 자기를 처음으로 만든 사람은

치른하우스(Ehrenfried Walther von Tschirnhaus, 1651~1708)라는 견해도 있다. 치른하우스는 중국과 일본에서 수입된 자기를 연구하면서 자기 제조법을 개발하고 있었는데, 뒤에 뵈트거가 그 연구에 합류했다고 한다.

성냥[自來火]— "화시火柴"라고도 한다. 일본에서는 "인촌燐寸"이라 부른다.

옛날에는 나무를 마찰하여 불을 만들었는데, 후대에는 쇠로 숫돌을 두드려서 불을 얻게 되었다.[21] 중고시대에는 소나무 가지를 유황에 담갔다가 사용했는데, 이를 "석황(石黃)" 또는 "화시(火柴)"라고 했다. 지금으로부터 70년 전에 태서 사람이 처음으로 성냥(自來火)을 만들었다. 그 방법은 소나무 가지를 유황과 인산(燐酸)에 담가서 저절로 불을 일으키도록 한 것이니, 매우 영험하고도 편리했다.

21 원문의 "찬목생화(鑽木生火)"는 뾰족한 것으로 나무를 뚫어서 불을 얻는다는 말이다. 나무를 뚫을 때 마찰로 인하여 불이 발생하는 것이므로, 여기서는 "나무를 마찰하여"로 옮겼다. 5장 과학의 '불' 항목에서 수인씨의 "찬목출화(鑽木出火)"의 고사를 언급한 바 있는데, 여기서도 그 고사를 염두에 두고 서술한 것으로 보인다.

화학畵學

《세본》에서는 "사황씨(史皇氏)가 처음으로 도화(圖畵)를 만들었다"고 했는데, 옛날의 상형(象形)이 곧 그림이다.—황제와 같은 시대다.[22]

일본 역사에서는 유랴쿠 천황 때에 백제에서 처음으로 화공이 왔다고 했고, 또 스슌 천황 때에 백제의 화공 백가(白加)가 와서 회화가 진보했다고 했다. 또 스이코 천황 때에 고구려 승려 담징(曇徵)이 이름난 화공으로서 건너와 처음으로 채색화법을 전했다[지금으로부터 1300년 전 무렵]. 오늘

고구려 승려인 담징이 일본에 건너가 그린 것으로 알려진 호류지 금당벽화 중 일부. 중국의 윈강 석굴, 한국의 석굴암과 함께 동아시아 3대 미술품으로 꼽히는 작품이다.

날 호류지(法隆寺)의 금당(金堂)에 있는 벽화가 곧 그의 그림이니, 고금에 드문 진귀한 작품으로 일컬어진다. 또 백제의 태자인 아좌(阿佐)가 그린 쇼토쿠 태자의—스이코의 황자(皇子)이며, 이름은 우마야도(厩戸)다—초상은 일본에서 가장 오래된 화풍(畵風)이라고 했다. 이에 의거하면, 백제와 고구려의 회화 기술이 가장 오래전부터 발달했음을 알 수 있다. 일본의 회화와 채색법은 우리나라에서 수입된 것이다.

신라 진흥왕 때에 황룡사가 세워지자 승려 솔거(率居)가 절의 벽에 늙은 소나무를 그렸는데, 때때로 참새들이 그것을 보고 날아들었다가 비틀거리며 떨어지곤 했다. 세월이 오래되어 색이 바래지니 그 절의 승려가 단청(丹靑)으로 덮어 칠했는데, 참새들이 다시는 날아들지 않았다. 세상에서 "신화(神畵)"라고 일컬었다〔지금으로부터 1350년 전 무렵〕.—경주 분황사의 관음보살과 진주 단속사(斷俗寺)의 유마상(維摩像)이 모두 그의 그림이다.[23]

서양의 화학은 그리스로부터 시작되었는데, 처음에는 한 가지 색깔로만 그림을 그렸다. 기원전 8세기 무렵에 포륵랄가사(布勒剌可斯)가 처음으로

여러 가지 색으로 그림을 그렸다.[24]

유화(油畵)는 1418년에 얀 반 에이크(Jan van Eyck, 楊漢益)가 발명했다.[25]

22 《세본》에서는 "사황씨가 도(圖)를 만들었다(史皇作圖)"고 했으며, 《여씨춘추》에서는 "사황씨가 화(畵)를 만들었다(史皇作畫)"고 했다. 사황씨는 곧 황제의 사관인 창힐(蒼頡)이다. "도(圖)"는 "형상을 그린 것(圖畫形象)"을 뜻한다. 창힐은 한자를 만들면서 사물의 모양을 본떴는데, 이를 "상형(象形)"이라 한다. 창힐이 상형의 원리로 한자를 만든 것이 그림의 기원이라고 한 셈이다.

23 《삼국사기》 솔거열전에서 인용한 것이다. 여기에 주석으로 붙은 분황사 관음보살상과 단속사 유마상에 대한 서술도 《삼국사기》 본문에 보인다. 표현에 있어서는 몇 가지 달라진 부분이 있지만, 의미상의 차이가 나타나지는 않는다.

24 "포륵랄가사"가 어떤 인물인지는 분명하지 않다. 니시무라 시게키의 《서국사물기원》에서는 "伯勒拉孤(フレラコス)"라고 했는데, 이 또한 어떤 인물인지 확인하기 어렵다. 내용상으로는 기원전 5세기 무렵에 활동한 폴리그노토스(Polygnotos, B.C. 500?~B.C. 440?)일 가능성이 있지만 단정하기는 어렵다. 폴리그노토스는 4가지의 색을 써서 그림을 그린 인물이지만, 여기서 제시한 "기원전 8세기 무렵"과 그의 활동 시기 사이에는 상당한 거리가 있기 때문이다.

25 얀 반 에이크(1395?~1441)는 형인 휴베르트 반 에이크(1385?~1426)와 함께 안료에 계란 대신 기름을 섞어서 그림을 그렸다. 계란을 섞으면 물감이 빨리 마르는 단점이 있었는데, 이런 문제를 극복한 것이었다. 다만 유화의 발명 시점을 "1418년"이라고 한 이유가 무엇인지는 분명하지 않다. 현재 얀 반 에이크의 작품은 〈아르놀피니 부부의 초상〉(1432)을 비롯하여 1432년 이후의 것만 남아 있다.

• 14장 •

역체

驛遞

우체郵遞[1] 부附 파발참把撥站

역체(驛遞)에 대해서는, 《주례》에서 야려씨(野廬氏)가 역로(驛路)를 관장하여 빈객을 맞이하고 보내는 일과 왕명을 전달하는 일을 맡았다고 했다. 아마도 이것이 우체의 효시일 것이다.

당나라 때에는 30리에 1개의 역을 설치했고, 수로에는 수체(水遞)를 두었다.

신라에서는 소지왕이 처음으로 역체를 설치했다[2]〔지금으로부터 1421년 전 무렵〕.

파발참에 대해서는, 선조 계사년에 군사일의 전달과 보고를 위하여 서쪽으로는 의주, 동쪽으로는 동래에 이르기까지 처음으로 파발마를 두었다. 그래서 하루 안에 1000여 리까지 소식을 전할 수 있었다. 그런데 신속하고 빠르기는 비길 데 없었지만, 모든 사람들에게 고루 이로운 것은 아니었다. 그러다가 개국 493년에 처음으로 우국(郵局)을 설치했다.

일본에서는 겐메이 천황이 처음으로 역정(驛亭)을 설치했다〔지금으로부터 1200년 전〕. 도쿠가와 이에야스가 각 도로의 길(驛程)에 후수(堠樹)를 심었

일본 우키요에 판화의 대가인 안도 히로시게(安藤廣重)는 '도카이도 53역참'을 한 곳씩 우키요에로 표현해 에도의 풍경을 보여주었다. 도판은 이 시리즈 중 첫 작품으로, 도카이도의 기점이 되는 니혼바시(日本橋)의 풍경을 묘사한 것이다.

는데, 36정(町)으로 1리를 삼고 53개의 역을 정했다[3]〔지금으로부터 310년 전 무렵〕. 그 후에 에도, 오사카, 교토 사이에 서신관(書信館)이 생겨서, 빠른 순성마(巡城馬)를 이용하여 소식을 통하게 했다. 그러다가 메이지 원년에 역체사(驛遞司)를 설치했으니, 이것이 우정(郵政)의 시초다.

우체로는, 로마 황제 아우구스투스(Augustus, 柯家斯他士) 때에 역체국(驛遞局)을 설치하여 인민들의 편지를 우송했는데, 중간에 이 제도는 중단되었다. 1630년에 프랑스 왕 루이 11세(Louis XI, 路易 十一世)가 다시 이 제도를 시행했지만, 우편 요금(郵稅)이 높아서 불편했다. 1840년 8월 10일에 영국 정부가 로우랜드 힐(Rowland Hill, 羅蘭希耳)의 의견을 좇아 2센트의 우편요금으로 편지를 우송하게 했다. 이로부터 인민들이 편리하게 여겨서, 마침내 발달하기에 이르렀다.

1 원문에는 14장의 제목이 누락되어 있다. 서두의 목차에 따라 제목을 옮긴다. 간행본에는 본문에 "褫"자를 사용했으나, 원고본에 따라 모두 "遞"로 고쳐서 옮긴다.

2 《삼국사기》 신라본기에서는 487년(소지왕 9) 3월에 처음으로 사방의 우역(郵驛)을 설치하고 관도(官道), 즉 역로(驛路)를 닦도록 했다는 기사가 보인다.

3 도쿠가와 이에야스(1542~1616)는 1601년부터 에도를 기점으로 하여 지방을 연결하는 주요 도로를 건설하기 시작했는데, 이를 "오가도(五街道)의 정비"라고

한다. 이 가운데 가장 중요한 도로가 에도에서 교토까지 태평양 연안으로 이어지는 길인 도카이도(東海道)다. 여기에는 53개의 역참(驛站)을 설치했는데, 이를 "도카이도 53역참(東海道五十三次)"이라 일컫는다. "53개의 역"이란 곧 이를 가리키는 것으로 짐작된다. 또 1604년에는 도로에 1리마다 "이치리즈카(一里塚)"를 만들어 나무를 심도록 했는데, 이 나무는 이정표 구실을 했다. "후수"는 이정표가 되는 나무를 뜻하는 말이니, 곧 "이치리즈카"의 설치를 말한 것이다. 한편 원고본에 "其德德川家康"이라 되어 있으나, 간행본에는 "德川家康"이라고만 되어 있다. "其德"은 "其後"를 잘못 쓴 것이 아닌지 의심되나, 우선 이를 제외하고 옮겼다.

지남차指南車

《고금주》에 "황제가 처음으로 지남차를 만들어서 치우를 물리쳤다"고 했다.[4] 또 "주공이 처음으로 만들어서 월상씨(越裳氏)를 돌려보냈으나 그 후에 부서졌더니, 한나라 장형(張衡)이 다시 만들었고〔지금으로부터 1800년 전 무렵〕, 다시 위나라의 마균(馬均)이 새로 만들었다〔지금으로부터 1690년 전 무렵〕. 오늘날의 지남차는 모두 마씨가 물려준 제도다"라고 했다.[5]

4 황제와 치우가 탁록(涿鹿)에서 싸울 때 치우가 안개를 만들어서 황제의 군사들이 길을 잃었다. 이에 황제가 지남차를 만들어서 군사들로 하여금 사방의 방향을 알 수 있게 했다고 한다.

5 《고금주》에서는 주공의 지남차 제작설을 "구설(舊說)"이라고 했다. 월상씨(越裳氏)가 공물을 갖고 먼 곳에서 왔는데, 주공이 돌아갈 길을 찾지 못하는 사신을 위하여 방향을 알려주는 지남차를 만들어주었다고 한다.

우국 타인전기郵局 打印電機

우체국에서 편지를 받거나 보낼 때에 봉투 위에 도장을 찍는 타인전기(打印電機)는 19세기 말인 근래에 영국에서 새로 발명하였다. 1점(点)의 시간마다 2만~3만 개의 봉투에 도장을 찍을 수 있었다.

우체국 예금[郵局積財]

1861년에 영국이 처음으로 우정국(郵政局)에 적재은행(積財銀行)을 설립했다.[6]

6 우편저금국(postal-office saving bank)에 대해 말한 것이다. 영국에서는 로우랜드 힐(Sir Rowland Hill)의 주장에 따라 이를 도입했으며, 주로 시골 주민과 빈민을 위한 제도로 개발되었다.

우표郵票

1840년 1월에 영국이 처음으로 1펜스(pence, 本斯)—"페니(penny, 便尼)"라고도 부른다—우표를 발행했다.[7] 1881년 1월에는 처음으로 우편환(postal order, 匯銀郵票)을 발행했다. 1870년 10월에는 엽서(信片)와 0.5펜스 신문우표를 발행했고, 1883년에는 소포물(小包物) 제도를 시행했다.

7 로우랜드 힐(1795~1879)의 주장에 따라 도입된 세계 최초의 우표인 "페니 블랙(Penny Black)"에 대해 서술한 것이다. 이 우표는 1840년 5월 1일에 처음 발행되어 5월 6일부터 통용되었는데, 빅토리아 여왕의 옆모습 아래에 "1페니(one penny)"라는 금액이 인쇄되어 있다. 여기서 "1월"이라고 한 것은 잘못이다.

• 15장 •

상업

商業

시장〔市肆〕

《주역》 계사에 "신농씨가 낮에 시장을 열었다"고 했는데, 이것이 시장을 설치한 일의 시초다[1]〔지금으로부터 5120년 전 무렵〕. 《주례》에 "사시(司市)는 시장의 다스림과 형벌, 도량형과 금지령을 관장한다. 대시(大市)는 오후에 여는데 백성(百族)이 주가 되고, 조시(朝市)는 아침 무렵에 여는데 상인(商賈)이 주가 되고, 석시(夕市)는 저녁 무렵에 여는데 물건을 파는 보통의 남녀(販夫販婦)가 주가 된다"고 했다.[2]

신라에서는 소지왕이 처음으로 시장의 제도를 정하고 시전(市典)을 설치했다〔지금으로부터 1421년 전〕. 도읍에는 동·서·남의 세 시전(市典)이 있었다.[3]

—살피건대, 《당서》에서는 "신라의 시장에서는 모두 부녀자가 판매를 한다"고 했다.[4] 또 손목(孫穆)의 《계림유사(鷄林類事)》에서는 "해 뜨고 질 무렵에 시장을 연다. 모두 부녀자들이 버드나무 상자 하나와 작은되(小升) 하나를 끌고 나오는데, 6홉(合)을 1되(刀)로 삼는다. 패미(粺米)로 물건의 가격을 정하여 교역을 한다"고 했다.[5]

고구려에서는 한낮에 시장을 열었는데, 돈은 사용하지 않고 베와 쌀을 가지고 물건을 사고팔았다.[6]

일본에서는 몬무 천황 대보(大寶) 연간에 내지(內地)의 여러 곳에 처음으로 시장을 개설했다. 매번 오시(午時)에 모여 해가 지면 흩어졌고, 시사(市司)를 두어서 열흘에 한 번씩 보고하게 했다.[7]

1 《주역》 계사 하(下)에 "해가 가운데 떴을 때 시장을 여는데, 천하의 백성들을 모이게 하고 천하의 재화를 모아들여 교역하고서 물러나니 각기 그 적당한 곳을 얻는다. 대개 서합의 괘에서 취한 것이다(日中爲市, 致天下之民, 聚天下之貨, 交易而退, 各得其所. 蓋取諸噬嗑)"라고 했다. "일중(日中)"은 해가 가장 높이 떴을 때, 곧 정오(正午)를 말하는데, 여기서는 "낮"으로 옮겼다.

2 《주례》 지관에서 인용한 것인데, "대시(大市)"는 이하는 앞의 문장과 직접 연결되어 있지는 않다. "사시(司市)"는 시장과 관련된 일을 담당하는 벼슬을 뜻한다. 사시가 맡은 네 가지 역할, 즉 치교(治教, 다스림), 정형(政刑, 형벌), 도량(度量, 도량형), 금령(禁令, 금지령) 사이의 관계에 대해서는 "치교가 교화의 근본이라면 정형은 교화의 말단이며, 도량이 치교를 보좌한다면 금령은 정형을 보좌한다"는 주석이 있어 참고할 만하다. 시장의 종류를 셋으로 나누고 각각의 시간과 참여하는 계층을 제시했는데, 여기서 어떤 사람들이 "주가 된다(爲主)"는 말은 그런 사람들이 많지만 그렇다고 다른 이들을 시장에서 배제하지는 않았음을 표현한 것이다. "대시"가 열리는 시점을 "일측(日昃)"이라 했는데, 이는 해가 중천에 떠서부터 기울어지기까지의 시간 즉 오후를 뜻한다. "백족(百族)"에는 "백관(百官)"과 "백성(百姓)"의 두 가지 뜻이 있는데, 이 구절에 대해서는 "백성"으로 이해하는 것이 일반적인 풀이다. "상고(商賈)"는 장사를 전업으로 하는 사람, 곧 상인을 뜻한다. "판부판부(販夫販婦)"는 물건을 파는 보통의 남녀라는 뜻이니, 장사를 전업으로 하지는 않는 이들을 가리킨다.

3 《삼국사기》 신라본기에는 490년(소지왕 12)에 "처음으로 도읍에 시장을 열어서 사방의 재화를 통하게 했다(初開京師市肆, 以通四方之貨)"는 기사가 보인다. 또 《삼국사기》 잡지 직관에는 지증왕 때 설치한 동시전(東市典)과 효소왕 때 설치한 서시전(西市典)·남시전(南市典)의 관직이 제시되어 있다. "시전(市典)"은 시장을 감독하는 관청이니, 효소왕 대에 이르면 신라의 수도 경주에는 세 곳의 시장 감독 관청이 있었던 것이다. 원고본과 간행본 모두 "市師에 凡 東西南 三市典이러라"라고 되어 있지만, 《삼국사기》의 기록을 고려하면 "시사(市師)"는 "경사(京師)"의 오기일 가능성이 높다. 또 《증보문헌비고》에도 이 내용이 보이는데, 역시 "경사"로 표기되어 있다. 여기서는 "경사" 즉 도읍으로 고쳐서 옮긴다.

4 《신당서(新唐書)》 동이열전(東夷列傳)에서 인용한 것이다. 당시에는 남녀의 역할이 따로 있었기 때문에 시장에서 물건을 파는 사람이 모두 여성이었을 것으로 짐작된다.

5 《계림유사》는 1103년 무렵 서장관(書狀官)으로 고려에 왔던 송나라 손목이 쓴 책인데, 고려 때의 풍속과 어휘를 비롯한 각종 견문을 기록했다. 책 전체는 현재 남아 있지 않으며, 명나라 때 편찬된 《설부(說郛)》와 한치윤(韓致奫, 1765~1814)이 쓴 《해동역사(海東繹史)》 등에 일부가 실려 전한다. 따라서 《계림유사》에 묘사된 시장의 모습은 실제로는 고려시대의 것이라고 볼 수 있다. 다만 《증보문헌비고》 시적고(市糴考)에 신라조에 언급되어 있으므로, 신라의 일로 파악한 것이 장지연의 독자적인 판단에 의한 것은 아닐 듯하다. 한편 "패미(粺米)"는 《설부》에 "패미(稗米)"로 되어 있는데, 둘 모두 곡식인 "피"로 풀이할 수 있으므로 의미상의 차이는 없다. 《증보문헌비고》에는 "패미(粺米)"로 되어 있다.

6 《증보문헌비고》 시적고(市糴考)에 마단림(馬端臨, 1254?~1323)의 《문헌통고》를 인용한 부분이 있는데, 여기서는 이 기사를 다시 인용한 것으로 보인다. 《문헌통고》에서는 1015년에 송나라에 온 고려 사신 곽원(郭元, ?~1029)의 발언 가운데 이와 같은 내용을 제시하고 있는데, 따라서 이 내용은 "고구려"가 아닌 "고려"의 시장에 대한 언급으로 이해할 수 있다. 《증보문헌비고》에서도 "고려 사신(高麗使)"의 말에서 온 것임을 제시했는데, 《만국사물기원역사》에서는 별다른 설명 없이 "고구려"의 일로 처리했다. "고구려"가 "고려"로 기록되는 사례가 적지 않지만, 이 경우에는 장지연이 인용 과정에서 착각했을 가능성이 높은 듯하다.

7 대보율령(大寶律令)에 따라 시장 제도를 마련한 일을 말한 것이다. "시사(市司)"는 도량형, 물가 등 시장에 관한 일을 감독하던 관청인데, 도읍에 동시사(東市司)와 서시사(西市司)를 설치하도록 했다. "내지의 여러 곳(內地諸方)"은 이를 가리키는 것으로 짐작된다. 이때 설치된 시장은 국가에서 장소, 시간, 가격 등을 통제하는 형태였다.

호시互市 부附 통상通商

《사기》에 "한나라 고후(高后) 때에 남월(南越)의 호시(互市)를 금지할 것을 청했다"고 했는데, 이것이 역사서에 나타난 "호시"의 첫 번째 기록이다.[8] 또 "연나라 사람들이 동쪽으로 조선과 진번(眞番)에 장사하여 이익을 취했다"고 했는데, 이것이 중국과 우리나라 사이의 통상(通商)의 시초다.[9]

우리나라는 기자조선(箕韓)의 시대로부터 지리적인 관계로 인하여 서북쪽으로는 중국의 연나라, 제나라와 동남쪽으로는 일본, 남만(南蠻)과 대대로 끊이지 않고 통상·교역을 했다.

—살피건대, 《통전(通典)》에서는 "진한(辰韓)에서 철화(鐵貨)가 산출되는데, 한(韓), 예(濊), 왜(倭)가 모두 가서 그것을 취한다. 여러 가지 사고파는 일(市買)에 모두 철을 사용한다"고 했다.[10]

고려에서는 현종 때로부터 여진, 남만, 송나라의 천주(泉州), 복주(福州)의 상선이 왕래하면서 교역했는데, 해마다 끊이지 않았다.[11]

살피건대, 압록강의 개시(開市)는 원나라 때에 시작되었다. 《원사(元史)》에서는 "세조 중통(中統) 연간에 압록강 서쪽에서 고려와 호시를 열었다"고 했다〔지금으로부터 630년 전 무렵〕. 또 조선 선조 26년에 압록강의 중강(中江)에서 명나라와 호시를 열었다가 광해군 때에 폐지했는데, 인조 24년에 이르러 다시 청나라 사람과 중강에 개시를 열었다. 후에 다시 중강의 서쪽에 호시를 열었는데, 이를 "책문후시(柵門後市)"라고 일컬었다.[12]

북관(北關)의 개시는 인조 중년에 시작되었는데, 영고탑(寧古塔), 오라(烏喇)의 사람들과 회령(會寧)과 경원(慶源)에서 호시를 열었다.[13]

삼포(三浦)의 개시는, 세종 때에 대마도 사람들이 삼포에 와서 머물면서 자신들이 잡은 고기를 팔았는데, 이것이 삼포 호시의 시초다. 이후에는 중종 경오년의 소요로 인하여 부산에 왜관을 설치하고 개시를 여는 것만 허가했다.[14]

일본에서는 고대로부터 우리나라와 호시를 열어 통상을 했다. 고나라 천황은 계해년에 포르투갈 사람이 처음으로 건너와 호시를 열어 통상하기를 구했으나 받아들이지 않았다. 그렇지만 천주교와 조총이 이로부터 처음 전래되었다[15]〔지금으로부터 360년 전 무렵〕. 고요제이 천황(後陽成) 게이초(慶長) 신축년에 네덜란드와 처음으로 호시를 열었다.[16] 이후에 또 남만과 호시를 열었는데, 나가사키(長崎)를 시장으로 삼았다.

아시아주에서는 상고시대에 상업을 하는 사람으로 페니키아(Phoenicia, 腓尼西) 사람—지중해 연안에 있다—을 으뜸으로 여겼다.[17] 이들은 선박을 신속하게 몰아서 지중해에 왕래하는가 하면, 또 상인 무리를 모아 대륙에 상품을 지고 가서 팔기도 했다. 서쪽으로는 영국으로부터 동쪽으로는 인도에 이르기까지 모두 페니키아 사람들이 상업을 경영하는 땅이었다고 하니, 이것이 동서양 상업 교통의 시초다.

중국과 인도의 통상은 진(秦) · 한(漢) 시대에 시작되었다. 한나라 무제 때에는 그리스, 페르시아, 인도, 교지(交趾)의 물품이 중국에 수입되었다.[18]

8 《사기》 남월위타열전(南越尉佗列傳)에 "고후의 때에 관리가 남월의 관시에서 철기 파는 것을 금지할 것을 청했다(高后時, 有司請禁南越關市鐵器)"는 말이 있다. "관시"는 국경의 관문(關門)에서 열리는 시장을 뜻하는 말이다. "호시"는 근대 이전에 외국과의 교역을 뜻하는 말로 사용되었으니, "관시" 또한 이에 포함된다고 할 수 있다. 다만 여기서 "역사서에 호시가 처음으로 나타난 것(互市始見於歷史者)"이라고 지적한 것은 정확한 말은 아니다. "고후"는 곧 한나라 고조의 황후인 여후(呂后, B.C. 241~B.C. 180)다.

9 《사기》 화식열전(貨殖列傳)에서 인용한 것으로 보이는데, 표현에는 다소 차이가 있다. 《사기》에서는 "연나라는 … 동으로는 예맥과 조선과 진번의 이익을 모두 취했다(夫燕 … 東綰穢貉朝鮮眞番之利)"고 했다. 연나라가 조선, 진번 등과 교역했다는 의미에는 차이가 없다. 《한서》 지리지(地理志)에는 "동쪽으로 진번에 장사하여 이익을 취했다(東賈眞番之利)"라는 표현이 보인다.

10 《통전》에서는 "진한에서 … 철이 나는데, 한 · 예 · 왜가 모두 가서 그것을 취한다. 여러 가지 사고파는 일에 철을 사용하는데, 중국에서 돈을 사용하는 것과 같다(辰韓 … 出鐵, 韓 · 濊 · 倭皆從取之. 諸市買皆用鐵, 如中國用錢)"고 했다. 이는 진한에서 생산되는 철을 여러 나라에서 돈처럼 사용했다는 말이며, 따라서 이를 바탕으로 진한에서 "철화" 즉 쇠로 된 화폐를 만들었다고 풀이하는 것은 지나친 해석일 듯하다.

11 《증보문헌비고》에서는 1011년(현종 2)에 송나라, 거란, 여진, 남만의 상인들이 왕래했다고 했고, 1019년(현종 10)에 송나라 상인인 천주의 진문궤(陳文軌)와 복주의 우선(虞瑄) 등이 와서 토산물을 바쳤다고 했다. 또 이때 중국과의 바닷길이 통한 이후로 상인들의 왕래가 끊이지 않았다고 했다.

12 "중강"은 의주 건너편에 있는 압록강의 난자도다. 1646년(인조 24)에 다시 중강에 개시를 열었는데, 이를 "중강후시"라고도 한다. 책문(柵門)은 구련성(九連城)과 봉황성(鳳凰城) 사이에 있었는데, 청나라로 들어가는 국경 구실을 했다. 사행(使行)에 끼어든 상인들이 이곳에서 은과 인삼 등을 몰래 팔기도 했는데, 이를 "책문후시"라고 했다.

13 《증보문헌비고》에서는 청나라 숭덕(崇德, 1636~1643) 연간에 회령개시가 시작되었다고 했다. 회령개시는 1638년(인조 16)에 영고탑 지역의 청나라 사람들이 호부(戶部)의 표문(票文)을 갖고 와서 농기구를 교역하면서 시작되어 매년 열렸으며, 경원개시는 1645년(인조 23)의 농기구 교역을 시작으로 하여 격년으로 열렸다. "영고탑"은 영안(寧安) 즉 지금의 헤이룽장성 지역이며, "오라"는 지금의 지린성 지역이다.

14 "삼포"는 일본인들의 왕래와 거주를 허가했던 세 항구인데, 곧 웅천의 제포(薺浦), 동래의 부산포, 울산의 염포(鹽浦)다. 삼포의 왜인들이 1510년(중종 5) 경오년에 난을 일으켜 삼포를 폐쇄하니, 이 사건이 곧 "삼포왜란"이다. 따라서 여기서 언급한 "경자년의 소요(庚子之騷)"는 "경오년의 소요(庚午之騷)"로 고쳐야 한다. 삼포왜란 2년 뒤인 1512년에는 "임신약조(壬申約條)"를 맺고 제포만 드나들 수 있도록 허가했다.

15 고나라 천황(재위 1526~1557) 때에 계해년은 없다. 포르투갈과 일본의 접촉이 처음 일어난 시점은 지금의 가고시마 현 오스미 제도의 섬 가운데 하나인 다네가시마(種子島)에 포르투갈인들이 들어온 1543년인데, 이는 고나라 천황 계묘년이다.

16 임진란 당시의 일본 천황인 고요제이(재위 1586~1611)는 《만국사물기원역사》에 세 번 나타나는데, 원고본과 간행본에서 세 곳 모두 "後陽城"으로 잘못 표기했다. 게이초 신축년은 1601년이다.

17 이 부분을 제외하면, "페니키아"는 모두 "非尼西亞"로 표기되어 있다. 다른 나라로 이해했을 가능성도 있다.

18 장건(?~B.C. 114)이 서역에 사신으로 갔다가 교역 통로를 얻게 된 것이 한나라 무제 때다. 교지는 오늘날의 베트남 북부 지역인데, 기원전 111년에 한나라 무제가 남월(南越)을 공격하여 교지군을 비롯한 영남구군(嶺南九郡)을 설치했다.

은행銀行

중국 주나라 때의 구부환법(九府圜法)이 곧 은행의 남상(濫觴)이다.[19]

일본에서는 메이지(明治) 5년에 처음으로 국립은행을 설립했다.[20]

808년—혹은 1057년이라고도 한다—에 롬바르드(Lombard, 倫巴多)의 유대인이 이탈리아 베네치아(Venezia, 威尼斯)에서 처음으로 은행을 설립했다.[21] 1664년에는 영국이 처음으로 은행을 설립했다.[22]

19 "구부환법"은 주나라의 태공망(太公望)이 만든 제도다. 구부는 화폐(貨幣)를 맡은 9개의 관청을, 환법(圜法)은 화폐를 원활하게 운용하는 법을 말한다. 원래 환(圜)은 "고르게 하고 통하게 한다(均而通)"는 뜻을 가진 말이다.

20 일본에서는 이토 히로부미(1841~1909)가 미국의 금융제도를 본뜬 국립은행(national bank)의 창설을 주장했고, 이에 따라 1872년(메이지 5) 국립은행조례(國立銀行條例)를 포고했다. 이 조례에 의거한 최초의 은행은 1873년 도쿄에 설립된 제1국립은행이었다. 이후 전국에 153개에 달하는 국립은행이 만들어지자 인플레이션 같은 문제가 발생했는데, 1882년에 이를 해결하기 위해 일본은행조례를 제정하고 중앙은행인 일본은행(日本銀行)을 설립했다. 이후 기존의 국립은행들은 순차적으로 일반 은행으로 전환시켰다.

21 유럽에서 은행이 처음 설립된 시점을 명확히 말하기는 어렵다. 경제활동에 제약이 있었던 유대인 가운데 은행의 기능과 유사한 일을 한 이들이 일찍부터 있었기 때문이다. 다만 여기서 "1057년"이라고 한 것은 "1157년"의 오기일 가능성이 있다. 니시무라 시게키의 《서국사물기원》에서 베네치아에 은행이 설립된 시점을 1157년으로 기록하고 있을 뿐 아니라, 십자군 전쟁과 영국 헨리 2세(재위 1154~1189)의 정책 등과 관련하여 유럽 은행의 기원을 설명하는 견해가 있기 때문이다. 다만 "1057년" 또는 "1157년"의 시점을 주석으로 붙인 것을 보면, 장지연이 《서국사물기원》과는 다른 계열의 문헌에서도 은행의 기원에 대한 정보를 얻었을 것으로 짐작할 수 있다.

22 영국에서의 은행의 기원을 따로 거론한 이유는 분명하지 않다. 영국 최초의 은행은 1672년에 설립된 씨 호아 앤드 코퍼레이션(C. Hoare & Co.)인데, 여기서 언급된 "1664년"과는 거리가 있다. 영국을 주어로 내세운 점을 고려하면 "중앙은행(central bank)"에 대해 서술하고자 한 것일 가능성도 있는데, 영국의 중앙은행인 영란은행(英蘭銀行, Bank of England)이 설립된 시점은 1694년이다. "1664년"

이 "1694년"의 오기일 가능성도 생각해볼 수 있다. 다만 세계 최초의 중앙은행은 1668년에 설립된 스웨덴의 스베리어릭스 은행(Sveriges Riks bank)이므로, 영란은행이 최초의 중앙은행이라고 할 수는 없다.

어음[匯票]

1318년에 유대인이 처음으로 어음을 만들었다. 배압(背押)—어음의 뒷면에 글자를 써서 증빙을 삼는 일—은 17세기 이후에 시작되었다.[23]

23 어음(bill of exchange)을 뜻하는 한자어로는 몇 가지가 함께 사용되었던 듯하다. 여기서 "회표(匯票)"과 "회단(匯單)"을 사용했으며, 니시무라 시게키의 《서국사물기원》에서는 "회단(會單)"으로 표기하고서 주석에서 "위체수형(爲替手形)"으로 풀이했다. "배압"은 곧 "배서(背書)"다.

보험회사保險會社

해상보험회사(海面保險會社)는 43년에 새도니(賽都尼)가 그 필요성을 앞장서서 주장했으나 당시에는 설립되지 못했다.[24] 1598년에 이르러 영국에서 처음으로 설립하였다.[25]

생명보험회사(生命保險會社)는 1706년에 영국 수도에 처음으로 설립되었고, 1812년에는 영국에서 이를 이어 계속 설립되었다.[26]

화재보험회사(火災保險會社)는 18세기에 처음 설립되었다.[27]

화물보험회사(貨物保險會社)는 1181년에 유대인이 처음으로 설립했다.

24 "새도니"가 어떤 인물인지는 분명하지 않다. 키케로(Marcus Tullius Cicero, B.C. 106~B.C. 43)가 기원전 50년경에 살러스(Sallust)에게 로마 운송교역에 관하여 보험에 들 것을 요구했다는 기록이 있고, 클라우디우스 황제(Claudius, B.C. 10~A.D. 54)가 옥수수 교역의 활성화를 위해 폭풍우로 인한 상인의 손실을 개인 책임에 한

하는 것으로 인정하는 등 해상보험에 관심을 보인 사실이 있지만, 시기나 한자음에 거리가 있다. 또 세네카(Lucius Annaeus Seneca, B.C. 4?~A.D. 65)는 재정을 담당한 경력이 있고 활동 시기도 43년과 가깝지만, 보험과 관련된 주장을 편 일이 있는지는 분명하지 않다. 한편 보험과 유사한 제도에 대한 언급은 기원전 1750년 무렵 완성된 '함무라비 법전(Code of Hammurabi)'에 이미 나타난다. 또 기원전 4세기 무렵 아테네에서는 해상보험과 유사한 제도가 운영되었다고 하는데, 위험도를 고려하여 금액을 정했다고 한다. 로마에서는 상호부조적인 조합인 '콜레기아 테누이오룸(Collegia Tenuiorum)'이 운영되기도 했는데, 이는 생명보험 또는 건강보험과 유사한 성격을 지니는 것으로 알려져 있다.

25 이슬람권에 속한 지역을 제외하면, 유럽에서 처음 해상보험 제도가 시행된 것은 1347년 무렵 이탈리아 제노바에서였다고 알려져 있다. 또 "1598년"에는 네덜란드 암스테르담에 보험 회의소가 설립되었는데, 이후 영국의 선박이 네덜란드의 보험을 이용한 사례도 많았다. 영국 해상보험회사의 기원은 1688년에 에드워드 로이드(Edward Lloyd, 1648?~1713)가 문을 연 로이드 커피점(Lloyd's Coffee House)에서부터 찾을 수 있다. 로이드 커피점은 선원, 상인, 선주 등 항해와 관련된 사람들의 모임 장소로 자리를 잡았고, 로이드는 항해에 관한 새로운 소식을 고객들에게 제공했다. 이후 이곳은 세계적인 보험회사인 런던 로이드 회사(Lloyd's of London)로까지 발전하게 되었다.

26 1706년에 윌리엄 탈보트(William Talbot, 1658~1730)가 설립한 'Amicable Society for a Perpetual Assurance Office'에 대해 말한 것이다. 당시에는 보험의 가입연령을 12~45세까지로 제한하고 균일한 금액의 보험료를 징수했다고 한다. 이후 1750년대에 이르면 전체 연령층을 대상으로 한 생명보험이 나타나게 되는데, 이들 보험에서는 사망률과 평균수명 같은 통계자료를 바탕으로 연령별로 다른 금액의 보험료를 징수하게 되었다고 한다.

27 최초의 화재보험회사는 1680년에 영국인 니콜라스 바번(Nicholas Barbon, 1640?~1698?)이 설립한 'The Fire Office'로 알려져 있다. 런던은 1666년의 런던 대화재(Great Fire of London)로 인하여 도시 대부분이 화재 피해를 입었는데, 바번은 당시 피해를 입은 이들을 구제하기 위한 방안으로 화재보험을 만들었다고 한다.

전당포典當鋪

전당(典當)은, 《주례》에서 언급된 "질제(質劑)"가 곧 전당의 기원이다[28]—지금 청나라 상인들은 전당포를 '질옥(質屋)'이라고 일컫는다.

서양에서는 중고시대에 롬바르드(Lombard, 藍拔地) 사람이 처음으로 열었다. 그래서 오늘날 전당포를 '롬바르드'라고 일컫는다.[29]

28 "질제"는 중국 고대에 관에서 발행한 융통 어음으로, 교역할 때 사는 사람이 판 사람에게 거래의 증명으로 주었다. 《주례》 천관 소재(小宰)에 용례가 보인다.

29 '전당포'를 뜻하는 영어 단어는 'pawnshop'인데, 그 어원은 지명과는 관련이 없다. 다만 금융업자 또는 담보대출 등과 관련된 단어에 'Lombard'가 일부 사용되는데, 대체로 13세기 무렵부터 이러한 단어들이 나타난 것으로 알려져 있다. 한편 독일어의 'Lombard'와 러시아어의 'ломбарда'(라므바르트)는 '롬바르드'에서 유래한 단어인데, 전당포를 뜻하는 말로 사용되고 있다. 롬바르드는 스위스 이남에서 포강에 이르는, 오늘날의 이탈리아 북부 지역이다. 3장 인류의 '수염' 항목에 언급된 "랑고바르드 국(Langobard, 藍拔國)"은 게르만족에 속하는 랑고바르디족이 세운 나라인데, '롬바르드'는 곧 여기서 유래한 말이다. 롬바르드 지역은 알프스 산맥을 넘어가는 통행로였으며 농업생산력 또한 높아서 중세 시기 유럽에서 가장 부유한 지역 중 하나였다. 대표적인 도시로는 밀라노가 있다.

화폐貨幣 부附 철전銕錢, 동전銅錢, 은화銀貨, 지폐紙幣

상고시대에는 물품과 물품을 바꾸었으니, 곡식으로 도구를 바꾸고 베로 곡식을 바꾸었다. 황제가 처음으로 천화(泉貨)를 주조했다.[30] 《주례》에서는 천부(泉府)를 처음 세웠다고 했다.[31] 《육도》에서는 "무왕이 은나라에 들어가서 녹대(鹿臺)의 금전(金錢)을 나누어주었다"고 했다.[32] 이것이 금전의 시초다. 강태공이 구부환법(九府圜法)을 처음으로 제정했다.[33] 《국어》에서는 "주나라 경왕(景王)이 대전(大錢)을 주조했는데, 모전(母錢)을 주로 쓰고 자전(子錢)은 보조하도록 했다"고 했으니, 본위화(本位貨)와 보조화(補助貨)의 구별이 여기에서 비롯되었다.[34]

진나라 시황제가 두 등급의 화폐를 통용시켰다. 상폐(上幣)는 황금이었고, 그 다음은 동전(銅錢)이었는데 '반냥(半兩)'이라고 썼다.[35]

원나라 세조(世祖) 쿠빌라이(Khubilai, 忽必烈)는 지폐를 사용했는데, 이것이 종이돈의 시초다〔지금으로부터 630년 전 무렵〕.

우리나라에서는 삼한 때에 진한(辰韓)이 철화(鐵貨)를 만들어서 예(濊), 마한, 일본과 무역을 했다. 이것이 철로 만든 돈의 시초다[36]〔지금으로부터 2200년 전 무렵〕.

신라에서는 베돈(布幣)을 사용했다. 고려에서는 성종 15년에 처음으로 철전을 사용했다. 숙종 2년에 처음으로 동전을 주조했는데, 그 위에 '동국통보(東國通寶)', '해동중보(海東重寶)', '삼한중보(三韓重寶)', '동국중보(東國重寶)' 등의 글자를 썼다. 이것이 우리나라 동화(銅貨)의 시초다.[37]

고려 숙종은 또한 처음으로 은병화(銀甁貨)를 만들었는데, 은의 중량은 1근(斤)이요 형상은 우리나라의 지형을 본떴다. 표인(標印)을 찍어 표시했으며, 이름을 '활구(濶口)'라 했다. 이것이 은화의 시초다. 그 후에 위조가 날로 늘어났으므로, 충렬왕 13년에는 '쇄은(碎銀)'을 사용하게 했고, 충혜왕은 '소은병(小銀甁)'을 통용하도록 했다. 공민왕 때에 은전을 주조하고자 했으나 실행하지는 못했다.[38]

지폐는 공양왕 때에 처음으로 만들었지만, 왕조가 바뀌어서 실제 사용되지는 못했다. 조선 초에 정종이 처음으로 지폐를 만들어 통용시켰다.[39] 또 동전인 조선통보(朝鮮通寶)도 주조하여 통용시켰다.[40] 세조 9년에 전폐(箭幣)—모양은 유엽전(柳葉箭)과 같고, 표면에 '팔방통화(八方通貨)'의 네 글자를 새겼다—를 주조하여 통용시켰다.[41] 인조 12년에는 상평창(常平倉)을 설치하고 처음으로 상평통보(常平通寶)를 주조했다. 지금의 황동전(黃銅錢) 가운데 큰 것인데, 곧 통용되지 않게 되었다. 효종 6년에 잠시 이 돈을 유통했고, 숙종 6년에 널리 주조하여 통용시켰다.[42]

조선시대에 발행된 동전들. 왼쪽은 인조 11년에 발행된 조선통보, 오른쪽은 숙종 4년에 발행된 상평통보이다.

태황제 3년에 당백전(當百錢)을 주조하시고, 20년에 당오전(當五錢)을 주조하여 통용시켰다. 건양 원년에는 처음으로 은동화(銀銅貨)를 주조했다.

일본에서는 덴무 천황 2년에 처음으로 은전을 만들었다〔지금으로부터 1236년 전〕. 이것이 돈의 시초다. 덴무 12년에는 은전을 폐지하고, 처음으로 동전을 사용했다. 지토 천황 8년에 처음으로 주전사(鑄錢司)를 설치했다. 겐메이 천황은 화동개진전(和銅開珍錢)을 주조했다.[43] 준닌 천황 4년에 금·은·동전을 주조했는데, 금전은 '개기승보(開基勝寶)', 은전은 '태평원보(太平元寶)', 동전은 '만년통보(萬年通寶)'라 했다〔지금으로부터 1150년 전〕. 고다이고 천황(後醍醐皇) 건무(建武) 원년에 처음으로 저폐(楮幣)를 사용했다[44]〔지금으로부터 570년 전 무렵〕. 메이쇼 천황(明正天皇)은 관영통보(寬永通寶)를 주조했다〔지금으로부터 274년 전〕. 메이지 원년에는 태정관 지폐(太政官鈔票)를 발행했는데, 곧 13년 동안 통용된 불환지폐다.[45] 그 뒤에 다시 민부성표(民部省票), 대장성 태환증권(大藏省兌換証券), 개척사 태환증권(開拓使兌換証券) 등을 만들었다.[46] 메이지 4년 5월에는 새 화폐를 발행했다. 메이지 8년에 화폐조례(貨幣條例)를 제정했는데, 금을 본위화(本位貨)로 삼았고 액면가는 20원, 10원, 5원, 2원, 1원으로 했다.[47]

태서에서는 고대에 교역하는 데 쓴 물건이 여러 가지였다. 보옥(寶玉)을 사용하기도 했고, 조개껍질, 짐승가죽, 소금, 소나 양의 뼈와 뿔, 나무껍질, 구리와 철 등을 사용하기도 했다. 페니키아 사람들은 구리와 납의 표면에 중량과 방위만을 새겨서 사용했다.[48] 1320년에 이르러 비로소 금전(金錢)을 주조했으니, 이것이 금전의 시초다.

1790년에 부엘(Abel Buell, 蒲爾等)이 처음으로 주전기(鑄錢器)를 만들었다.[49]

태서의 지폐는 13세기에 몽골인의 제도를 모방하여 발행했다. 이것이 태서 지폐의 시초다.

지폐—'태환권(兌換券)'이라고도 한다—의 가치가 금 50원 또는 100원 이상에 이르는 것은 '은행표(銀行票)'라고 부르고, 오직 1~2원 정도의 가치가 있는 것은 '지폐'라고 부른다. 또한 지폐에는 '태환(兌換)'과 '불환(不換)'의 두 종류가 있다. 국고나 은행에 금(本金)이 적립되어 있어서 금화로 태환할 수 있는 것을 '태환지폐'라 하고, 적립된 금이 없어서 태환할 수 없는 것을 '불환지폐'라 한다.[50]

30 "천화"는 전폐(錢幣) 또는 화폐(貨幣), 즉 돈을 일컫는 말이다. "천(泉)" 자는 돈과 관련된 말로도 사용되었는데, "전(錢)"과 음이 유사할 뿐 아니라 돈이 물(泉)처럼 흘러다녀서 미치지 않는 곳이 없다고 여겼기 때문이다.

31 "천부"는 왕실의 재정 출납을 담당한 관청으로, 태공망 즉 강태공이 세웠다는 구부(九府)의 하나다. 《주례》 지관에 "천부"에 대한 서술이 보이는데, 그 주석에 "전부(錢府)"로 표기된 데도 있다는 말이 보인다. 《주례》의 천부를 거론한 것은 주나라 때 이미 화폐가 사용되었음을 말하고자 한 것이다.

32 "녹대"는 은나라의 마지막 왕인 주왕(紂王)이 재물을 모아 두던 곳이다. 주나라 무왕이 은나라를 정벌한 후에 녹대에 쌓여 있던 많은 재물을 나누어주었다고 한다.

33 앞의 '은행' 항목에서는 "구부환법"이 은행의 남상(濫觴)이라 했다.

34 주나라 경왕 21년에 대전을 주조했는데, 원래 화폐의 액면가가 너무 낮음을 근심하여 액면가가 높은 대전(大錢)을 만들어서 대체하고자 한 것이었다. 단목공(單穆公)이 이에 반대하면서 백성들의 상황에 맞게 모전(母錢, 고액화폐)과 자전(子錢, 저액화폐)을 함께 통용하는 방법을 쓸 것을 건의했는데, 그 방법으로 거론된 것이 "모권자(母權子)"와 "자권모(子權母)" 두 가지다. 원문에 "母가 子를 權ᄒᆞ야 行

혼다"고 한 것은 "모권자"를 풀이한 것인데, 이는 모전이 자전을 재서 사용된다는 뜻이다. 이 경우 모전은 주로 사용되고 자전은 보조하는 역할을 하게 된다.

35 진시황이 화폐를 통일한 일은 《사기》 평준서(平準書)에 보인다. "그 다음(其次)"이란 곧 "하폐(下幣)"다. "반냥"은 동전의 명칭이면서, 동시에 동전의 표면에 쓴 글씨이기도 하다. 원문에 "文曰半兩"이라고 한 것은 이 때문이다.

36 "진한의 철화"에 대해서는 앞의 '호시' 항목에서도 언급했다. 그런데 '호시' 항목을 풀이하면서 지적한 바와 같이, 진한에서 철로 만든 돈(鐵貨)을 생산하거나 사용했다고 볼 만한 근거는 별로 없다. 원래 《통전》을 인용하면서 "철(鐵)"을 "철화(鐵貨)"로 이해했기 때문에 이러한 말이 나온 것인데, 《통전》에서는 교환의 수단으로 철—즉 철물—을 사용했음을 말했을 뿐이다.

37 《증보문헌비고》 재용고(財用考)의 '전화(錢貨)' 조에 1097년(숙종 2)에 주전관(鑄錢官)에 두도록 한 일과 1102년(숙종 7)에 해동통보(海東通寶)를 주조한 일이 보인다. 또 1103년(숙종 8)에 해동중보(海東重寶)와 삼한통보(三韓通寶)를 만들었다고 한 《계림유사》의 내용과 삼한중보(三韓重寶), 동국통보(東國通寶), 동국중보(東國重寶), 해동통보(海東通寶), 해동중보(海東重寶), 조선통보(朝鮮通寶) 등을 거론한 《지봉유설》의 내용이 인용되어 있다. 또 공양왕 때 종이돈(楮幣) 만들기를 청하는 글에서 중국의 책에 삼한중보, 동국통보, 동국중보, 해동중보, 해동통보와 같은 것이 고려의 화폐로 실려 있다는 말이 보인다. 이를 참고하면, 여기에 열거한 동전들이 숙종 2년에 만들어진 것이라고 하기는 어려움을 알 수 있다.

38 1101년(숙종 6)에 은병(銀甁)을 만들었는데, 이해 6월에 구리를 섞은 은병을 몰래 만드는(盜鑄) 폐단을 막고자 은병에 반드시 표인(標印)을 찍도록 명했다. 그렇지만 구리나 철을 섞는 사건이 계속 발생했고, 이에 은덩어리 형태인 "쇄은(碎銀)"이나 순도를 높이고 크기를 줄인 "소은병(小銀甁)"을 사용하도록 한 것이다. 그런데 은병, 쇄은, 소은병과 같은 은화들은 고액의 화폐였으므로, 일반 백성들은 사용할 수 없는 상황이었다. 은전을 주조하고자 한 것은 이 때문인데, 은전은 은병보다는 만들기 쉽고 동전보다는 고액이어서 사용하기에 편리한 이점이 있으리라고 예상했다. 한편 《계림유사》에서는 은병은 은 12냥 반과 구리 2냥 반을 넣어서 만든다고 했는데, 이에 의하면 국가에서 만든 은병 또한 순은으로 이루어진 것은 아니었음을 짐작할 수 있다. 《증보문헌비고》 재용고(財用考)의 '금은동(金銀銅)' 조에 여기에 언급한 내용이 보인다.

39 1391년(공양왕 3)에 자섬저화고(資贍楮貨庫)를 설치하고 저화(楮貨)를 발행했으나, 이듬해인 1392년(공양왕 4)에 자섬저화고를 폐지하고 이미 만든 저화와 인판(印版)을 없애는 조치를 취했다. 조선이 건국한 이후인 1401년(태종 1)에 다시 저화를 발행했다. 《증보문헌비고》에서는 저화는 베와 함께 사용했으나, 점차 가치가 하락함에 따라 사용되지 않게 되었다고 했다.

40 《조선왕조실록》에 1423년(세종 21)에 조선통보를 주조하도록 명한 기록이 보이는데, 실제로 주조하는 데는 상당한 시일이 걸렸다고 한다. 여기서 세종 때임을 밝히지 않은 이유는 분명하지 않지만, 《증보문헌비고》를 참고했기 때문일 가능성을 생각해볼 수 있다. 《증보문헌비고》에는 당시에 남아 있던 옛 동전인 "조선통보"가 기자 조선(箕子朝鮮) 때 만든 것이라는 설이 있음을 언급하고, 그러한 소문이 잘못된 것임을 밝히고 있다. 또 이수광이 《지봉유설》에서 "국초(國初, 조선 초)에 만든 것"이라고 추정한 견해를 함께 제시했다. 한편 인조 때에 다시 조선통보를 주조한 일이 있는데, 세종 대의 것과 구별되도록 서체를 바꾸었다고 한다. 이를 "팔분서 조선통보(八分書朝鮮通寶)"라고 부르기도 한다.

41 《조선왕조실록》에는 1464년(세조 10)에 전폐(箭幣)의 주조에 대한 기록이 있다. 여기서 "세조 9년"이라고 한 것은, 아마도 《증보문헌비고》의 기록을 따랐기 때문인 듯하다. "유엽전"은 살촉을 버들잎처럼 만든 화살이다. "전폐"는 화살촉을 화폐로 사용하도록 한 것인 셈인데, 여러 신하들이 반대했으나 세조는 "군국(軍國)에 유익하다"는 이유를 들어 시행하도록 했다.

42 《증보문헌비고》에 "인조 11년에 상평청(常平廳)으로 하여금 돈을 주조하게 하고 전문(錢文)을 '상평통보'라고 했다."는 기록이 있다. 따라서 "인조 12년"과 "상평창"은 오기로 추정된다. 또 1678년(숙종 4)에 영의정 허적(許積)의 건의에 따라 상평통보를 다시 주조한 이후, 숙종 대에는 동전의 주조와 유통에 대한 논의가 여러 차례 이루어졌다. 특별히 "숙종 6년"을 제시한 이유가 무엇인지는 분명하지 않다.

43 "화동개진전"은 화동(和銅) 원년 즉 708년에 주조되었다. 일본에서 통용된 최초의 동전으로 알려져 있으며, 표면에 "화동개진(和銅開珍)"이라는 글자를 새겼다고 한다.

44 "저폐"는 닥나무껍질로 만든 종이돈이니, 곧 지폐다.

45 초표(鈔票)는 곧 지폐를 뜻하는 말이며, 태정관(太政官)은 당시 일본의 국정 전반을 담당한 기관이다. 태정관에서 발행한 지폐는 "태정관찰(太政官札, だじょうかんさつ)"이라고 일컬어지는데, 냥(兩)과 같은 전통적인 화폐단위를 사용했다. 1869년(메이지 2)까지 발행되었으며, 이후 1879년 말에 새로운 화폐와의 교환과 회수가 이루어졌다고 한다. "불환지폐(不換紙幣)"는 금, 은 등의 본위화폐와의 태환(兌換), 즉 지폐를 금이나 은 등의 정화(正貨)로 바꾸어주는 일이 보증되어 있지 않은 지폐를 말한다.

46 "민부성표(民部省票)"는 곧 1869년에 민부성에서 발행한 "민부성찰(民部省札)"인데, 태정관찰을 보조하는 불환화폐였다. 새로운 화폐제도의 도입에 따라 태정관찰과 함께 교환 또는 회수되었다. "대장성 태환증권(大藏省兌換証券)"은 1871년에, "개척사 태환증권(開拓使兌換証券)"은 1872년에 발행되었다. 재정수입과 자금

조달을 위해 발행된 것이었다고 한다.

47 일본은 1871년(메이지 4)에 "신화조례(新貨條例)"를 제정했는데, "엔"을 단위로 하고 금을 본위화로 삼는 등의 내용을 담았다. 1875년(메이지 8)에는 일부 조항을 개정하여 "화폐조례"를 공포했다.

48 구리와 납의 표면에 "방위(方位)"를 새긴다는 것이 어떤 의미인지는 분명하지 않다. 니시무라 시게키의 《서국사물기원》에서는 중량과 함께 "품위(品位)"를 새겼다고 했는데, 이때 품위는 금속의 등급을 나타내는 것으로 이해할 수 있다.

49 "蒲爾等"은 원고본에는 "蒲爾登"으로, 22장 기계의 '각종 기기(機器)' 항목에는 "葡爾登"으로 표기되어 있는데, 곧 미국인 아벨 부엘(1742~1822)이다. 부엘은 청년기에 기계를 만들어 화폐를 위조함으로써 악명이 높아 처벌을 받았지만, 출옥한 뒤인 1765년에 좀 더 정밀한 주전 기계를 만들어서 특허를 얻었다. 이후 정교한 지도를 제작하는 데 참여하기도 했다. 발명 시기를 "1790년"이라고 서술한 이유가 무엇인지는 분명하지 않다. 이보다 뒤인 1817~1830년 사이에는 독일의 디트리히 울혼(Dietrich Uhlhorn, 1764~1837)이 평판 주전기(lever minting press)를 만들었다.

50 "본금(本金)"에는 순금 이외에도 "자본금"이나 "원금"과 같은 뜻이 있다. 다른 의미로 쓴 것일 가능성도 있으나, "금화로 태환할 수 있다"는 말이 이어지므로 여기서는 "금"으로 옮겼다. "태환(兌換, conversion)"은 지폐를 금이나 은 등의 정화(正貨)로 바꾸어주는 일을 뜻하는 말이다. "國庫는 銀行에셔"에서 "는"은 "ᄂᆞ"의 오자로 추정된다.

창고업倉庫業

창고는 물품을 저장하는 가옥이니, 과거 우리나라의 객주(客主)나 여각(旅閣)과 같은 부류다. 요즈음의 운수회사(運輸會社)와 보험회사(保險會社) 등이 이것이다.

1699년에 영국 리버풀(Liverpool, 利巴夫婁)에서 처음으로 나타났다.

상업회의소商業會議所, chamber of commerce

1786년에 미국의 스코틀랜드 사람이 의진파구부(意珍巴玖府)에서 상업회의소를 설립하니, 이것이 상회소의 효시다. 이 회소는 오늘날까지 남아 있다. 이로부터 유럽 여러 나라가 본떠서 시행했다.[51]

51 "의진파구부"가 어느 곳인지는 분명하지 않다. 다만 상업회의소 또는 상공회의소의 기원은 유럽에서 찾을 수 있기 때문에, 이 부분의 서술에는 오류가 있는 것으로 보인다. 프랑스 마르세유 상공회의소(1599년)와 벨기에 브뤼헤의 상공회의소(1664년)가 이른 시기의 사례로 알려져 있다. 미국에서는 "1768년" 뉴욕에 처음으로 상공회의소가 개설되었다고 알려져 있는데, 이 또한 여기서 제시한 연대와는 어긋난다.

• 16장 •

농사農事

—

부附

—

어업과 수렵

경작耕作

중국의 신농씨가 쟁기와 보습을 만들어서 처음으로 경작을 가르쳤다〔지금으로부터 5121년 전〕.

《예기》 제법(祭法)에서는 "여산씨(厲山氏)의 아들인 농(農)이 온갖 곡식을 기를 수 있었다"고 했다.[1] 《산해경》에서는 "제준(帝俊)의 아들인 숙균(叔均)이 처음으로 소를 이용한 경작을 가르쳤다"고 했다[2]〔지금으로부터 4150년 전〕.

《구약전서》 창세기에서는 "아담의 아들 카인(Cain, 解因)은 땅을 경작하는 자였다"고 했다.[3]

신라의 지증왕이 소를 이용한 경작을 시작했다〔지금으로부터 1400년 전〕.

1 《예기》 제법(祭法)에 "여산씨가 천하를 다스렸는데, 그 아들인 농이 백곡을 기를 수 있었다(厲山氏之有天下也, 其子曰農, 能殖百穀)"라는 구절이 있다. "여산씨"는 "열산씨(烈山氏)"로도 불리는데, 곧 염제 신농씨다. 여산씨의 아들은 주(柱)인데 백곡을 길러낼 수 있어서 농관(農官)이 되었다. 이 때문에 "농(農)"이라는 이름으로 불리기도 했다. 8장 예절의 '사직' 항목에 곡식의 신(稷)으로 언급된 주(柱)가 곧 농(農)이다.

2 《산해경》에서는 "직의 손자는 숙균인데, 이 사람이 처음으로 소를 이용한 경

작을 했다(稷之孫曰叔均, 是始作牛耕)"고 했으니, 여기서 인용한 것과는 다소 차이가 있다. 《산해경》에는 숙균의 가계가 혼란스럽게 기술되어 있는데, 여기서는 직(稷)—후직(后稷)—의 손자라고 했지만 다른 부분에서는 후직의 동생인 태새(台壐)의 아들, 즉 후직의 조카라고 했다. 또 제준이 후직을 낳았다고도 했으니, 숙균은 제준의 증손자가 되는 셈이기도 하다. 한편 제준과 제순(帝舜, 순임금), 그리고 숙균과 상균(商均, 순임금의 아들)을 각기 같은 인물로 보는 견해도 있는데, 이런 입장을 취한다면 "제준의 아들인 숙균"이라는 말이 성립될 수도 있다. 그렇지만 《산해경》에서는 이와 같이 파악한 예를 찾기는 어렵다.

3 《구약전서》 창세기 4장에서 인용한 것이다. 아담과 하와의 맏아들인 카인은 "땅을 경작하는 사람"이 되었고, 둘째 아들인 아벨은 "양을 치는 사람"이 되었다고 했다.

양잠養蠶

양잠은 황제의 원비(元妃)인 서릉씨(西陵氏)가 처음으로 발명했다.[4] 그 후에 그리스에 유입되었으며, 아리스토텔레스(Aristotle, 亞里斯德)가 처음으로 연구했다.[5]

우리나라에서는 기자(箕子)가 백성들에게 농사와 양잠을 가르쳤다. 이것이 양잠의 시초다.[6]

일본에서는 유랴쿠 천황 6년에 뽕나무를 심고 양잠에 힘쓰도록 하는 명을 내렸다〔지금으로부터 1450년 전〕.

4 《사기》 오제본기(五帝本紀)에서는 황제가 서릉(西陵)의 여자인 누조(嫘祖)를 아내로 맞이하여 정비(正妃)로 삼았다고 했다. 서릉은 나라 이름이며, 누조(嫘祖)는 누조(嫘俎)나 뇌조(雷祖)라고도 한다는 주석이 보인다. "서릉씨"는 양잠을 처음 시작했기 때문에 "잠신(蠶神)"이나 "선잠(先蠶)"으로도 일컬어진다.

5 아리스토텔레스는 누에에서 뽑은 실로 만든 천에 대해 언급한 바 있다. 니시무라 시게키의 《서국사물기원》에도 "아리스토텔레스가 그의 저서에서 누에(蠶蟲)와 누에에서 실을 뽑는 일(蠶織)에 대해 기록했다"는 말이 보인다.

6 《한서》 지리지에 "은나라의 도가 쇠약해지자, 기자가 조선으로 가서 백성들에게 예의, 농사와 양잠, 베짜기를 가르쳤다(殷道衰, 箕子去之朝鮮, 教其民以禮義, 田

蠶織作)"는 구절이 있다.

호미와 보습[鋤犂]

신농씨가 나무를 깎아 보습(耜)을 만들고 나무를 구부려 쟁기(耒)를 만들었다고 하니, 이것이 쟁기와 보습의 시초다.[7] 하나라 우임금이 홍수를 다스릴 때 몸소 삼태기(畚)와 가래(鍤)를 잡았다고 하니, 이것이 삼태기와 가래의 시초다[8](지금으로부터 4060년 전). 《주서》에서는 "신농씨가 질그릇을 빚고 큰 도끼와 작은 도끼, 호미(鉏)와 보습(耬)을 만들었다"고 했다.[9]

신라에서는 유리왕이 처음으로 쟁기와 보습을 만들었다[10](지금으로부터 1880년 전 무렵).

7 《주역》 계사에서는 "포희씨가 세상을 떠나자, 신농씨가 일어났다. 나무를 깎아 보습을 만들고 나무를 구부려 쟁기를 만들었는데, 쟁기와 보습의 이로움을 천하에 가르쳤다(包犧氏沒, 神農氏作, 斲木爲耜, 揉木爲耒. 耒耨之利, 以敎天下)"고 했다. "뇌누(耒耨)"는 쟁기, 호미와 같은 농기구를 일컫는 말이므로, "농기구의 이로움을 천하에 가르쳤다"는 뜻으로 이해할 수 있다. 그런데 이익의 《성호사설》에서는 "사(耜)"를 "쟁기 끝의 날(耒端之刃)"로 풀이하는 주석이 있음을 언급하고, 나무로 만든 자루(耒)에다 나무로 만든 날(耜)을 붙인 "뇌사(耒耜)"의 형태에 대해 추론하고 있다. 신농씨가 만든 "뇌사"를 후대 그리고 오늘날의 쟁기나 보습과 동일시하기는 어려움을 알 수 있는데, 여기서는 농기구를 대표하는 쟁기나 보습의 의미로 우선 풀이한다.

8 우임금의 일화는 여러 문헌에 보인다. 《회남자》에서는 "우임금의 때에 천하에 홍수가 나니, 우임금이 몸소 삼태기와 가래를 잡았다(禹之時, 天下水, 禹身執畚揷)"고 했으며, 《천중기(天中記)》에서는 "우임금이 홍수를 다스렸는데, 몸소 삼태기와 가래를 잡고 백성들보다 앞서서 일을 했다(禹之治水, 身執畚揷, 以爲民先)"고 했다. "분삽(畚鍤)"은 "분삽(畚臿)"이나 "분삽(畚插)"으로도 표기하는데, "분(畚)"은 흙을 담는 도구이며, "삽(鍤)"은 흙을 파내는 도구다.

9 원문에는 "作陶冶斤斧鉏耬"로 되어 있는데, 이는 《주서》의 내용을 요약한 것이다. 《주서》를 인용한 후대 문헌에는 "신농씨의 시대에 하늘에서 곡식이 비 오듯

이 쏟아지니 신농씨가 마침내 밭을 갈아 씨를 뿌렸다. 질그릇을 빚고, 크고 작은 도끼를 만들고, 쟁기, 보습, 호미, 괭이를 만들어서 풀밭을 개간했다(神農之時, 天雨粟, 神農遂耕而種之. 作陶, 冶斤斧, 爲耒耜鉏耨, 以墾草莽)"고 되어 있다.

10 《삼국유사》 기이(紀異)에 유리왕이 쟁기와 보습(犁耜), 장빙고(藏氷庫), 수레(車乘)를 만들었다고 했으며, 《증보문헌비고》 전부고(田賦考)에서는 28년(유리왕 5)에 쟁기와 보습(犁耜), 수레(車乘)를 만들었다고 했다.

사냥[畋獵] 목축牧畜

《주역》에서는 "포희씨(庖犧氏)가 천하를 다스릴 때 새끼를 묶어 그물을 만들었는데, 이것으로 사냥을 하고 고기를 잡게 했다"고 했다. 이것이 사냥과 고기잡이의 시초다.[11] 《이아》에서는 "봄에 하는 사냥을 '수(蒐)'라 하고, 여름에 하는 사냥을 '묘(苗)'라 하고, 가을에 하는 사냥을 '선(獮)'—음은 선이다—이라 하고, 겨울에 하는 사냥을 '수(狩)'라 한다"고 했다.[12]

고구려에서는 나라의 풍속에 매년 3월 3일이면 낙랑 벌판에서 큰 사냥을 거행했다.[13]

목축은 포희씨의 때에 시작되었다.

11 《주역》 계사에서 인용한 것이다. "포희씨"는 곧 복희씨다.

12 하나라와 은나라 때에는 계절에 따라 각기 다른 명칭의 사냥을 했다고 전하는데, 문헌에 따라 그 명칭에 약간의 차이가 있다. 《공양전(公羊傳)》에서는 묘(苗, 봄), 수(蒐, 가을), 수(狩, 겨울)를 들었고, 《곡량전(穀梁傳)》에서는 전(田, 봄), 묘(苗, 여름), 수(蒐, 가을), 수(狩, 겨울)를 들었다. 《공양전》에서 여름의 사냥을 언급하지 않은 것은, 농사일을 할 시기에 사냥을 하지 않았으리라고 생각했기 때문이다.

13 《삼국사기》 온달전(溫達傳)에서는 "고구려에서는 항상 3월 3일에 낙랑 언덕에 모여서 사냥을 했는데, 여기서 잡은 멧돼지와 사슴으로 하늘과 산천의 신령에게 제사를 올렸다(高句麗常以春三月三日, 會獵樂浪之丘, 以所獲猪鹿, 祭天及山川神)"고 했다.

고래잡이[鯨獵]

서양의 노르웨이(Norway, 諾威)가 고래잡이로 큰 이익을 얻었다. 그때에 시작된 것이다.[14]

14 고래잡이의 역사는 매우 오래된 것인데, 우리나라의 반구대 암각화와 같은 유적들에서 초기의 흔적을 찾아볼 수 있다. 상업적인 고래잡이는 유럽의 바스크(Basque) 사람들에 의해 시작되었는데, 이들은 연안을 떠나 대양에까지 나가 고래를 잡았다. 이후 바스크의 선원들 가운데는 영국, 네덜란드 등 여러 나라의 고래잡이 어선에 고용되어 일하는 이도 많았다. 여기서 '노르웨이'를 거론한 것은 근대적 고래잡이의 기원을 '노르웨이식 포경'으로부터 찾을 수 있기 때문인 듯하다. 1864년 무렵에 노르웨이 사람인 포인(Svend Foyn, 1809~1894)이 기선에 작살을 발사할 수 있는 포를 설치하여 고래잡이를 했는데, 이로부터 노르웨이식 포경의 기술이 나타나게 되었다.

배수시설[排水溝]

1823년에 영국사람 스미스(William Smith, 惜米德)가 밭두둑에 배수로를 설치하는 방법을 창안했다. 그 배수로는 위가 넓고 아래가 좁으며 가운데에는 잘게 부순 돌을 채우되 밭과 평평하도록 했으니, 땅 속의 물이 모두 그곳으로 빠져나갔다—아마도 늘 비가 오고 습기가 많은 까닭에 영국인이 이러한 방법을 시행했을 것이다.[15]

15 영국의 습지에 배수로(drainage canal)를 설치한 인물은, '지층 스미스(Strata Smith)'라는 별명을 가진 영국의 지질학자 윌리엄 스미스(1769~1839)다. 다만 "1823년"이 설치 또는 발명의 시점인지는 분명하지 않다. 윌리엄 스미스는 측량사(surveyor)로 일하면서 잉글랜드의 지층과 단층을 관찰했으며, 이때의 경험을 바탕으로 하여 잉글랜드와 웨일즈 전역에 대한 지질도를 최초로 작성했다. 또 특정한 화석의 존재를 통하여 지층을 이룬 암석의 연대를 추정할 수 있다는 점도 밝혔는데, 이는 신이 모든 생명을 동시에 만들었다는 오래된 관념을 깨뜨린 일이기도 했

다. 여기에 설명된 것은 배수관을 지하에 묻지 않고 노출시키는 '명거배수(明渠排水)' 또는 '개거배수(開渠排水)'의 방법으로 보인다.

보리 수확기〔割麥機〕

1852년에 영국인이 보리를 베는 새로운 기계를 발명했다. 이로부터 낫을 사용하지 않게 되었다.[16]

16 곡물 수확기는 1826년 이래 스코틀랜드, 미국 등에서 개발되었다. 1851년에 개최된 영국 런던박람회에서는 미국인 매코믹(Cyrus Hall McComick, 1809~1884)이 개발한 수확기가 소개된 바 있다. 영국인이 발명했다고 한 것은, 영국에서 소개된 매코믹의 수확기를 영국인이 만든 것으로 착각했기 때문일 듯하다.

화륜 쟁기〔火輪犂〕 부附 수차水車

1855년에 미합중국 사람이 증기기관의 힘으로 땅을 개간하는 기계를 처음으로 만들었다. 마차와 비슷한데, 두 개의 쟁기를 뒤쪽에 매어서 두 마리의 말이 끈다. 위에 한 사람이 앉아서 말을 몰면, 기계가 지나가는 곳에는 진흙이 두 줄로 파헤쳐진다. 기계 한 대가 하는 일이 소 한 마리와 맞먹었다.[17] 또 파종기(播種機)가 있었다. 이 기계 또한 말 두 마리가 끌었는데, 하루 동안 수천 이랑에 파종할 수 있었다.[18] 보리와 풀을 베는 기계 또한 그와 같았다. 보리와 벼의 타작 또한 기계로 하는데, 하루에 삼천여 석을 타작하며, 매우 정결했다. 볏짚 또한 마차로 운반했다.

일본에서는 준나 천황(淳和皇) 6년에 처음으로 수차를 만들어 관개(灌漑)를 했다[19]〔지금으로부터 1080년 전〕.

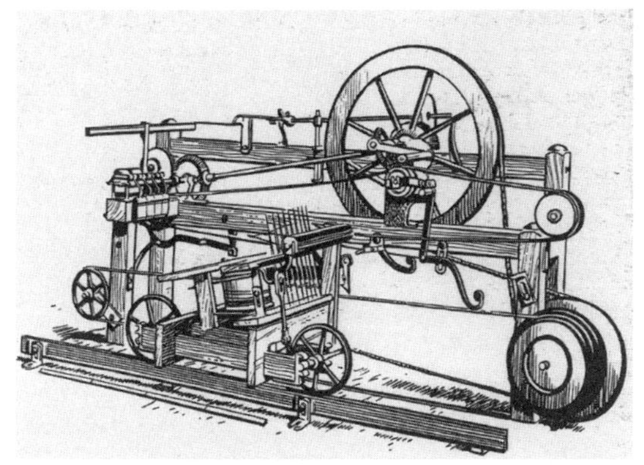

파종기를 발명한 영국의 농부 제스로 툴은 현대 농업의 창시자로 평가받는 인물이다. 파종기 덕분에 발아율이 높아졌고, 추수도 쉬워지는 등 농업생산량이 크게 향상되었다. 도판은 툴의 파종기 설계도이다.

위나라 마균(馬均)이 처음으로 수차를 만들었는데, 관개에 매우 편리했다[20]〔지금으로부터 1690년 전〕.

우리나라에서는 고려 때에 중국 수차의 제도를 본떠서 만들었으나, 곧 더 이상 연구하지는 않았다. 선조 때에 양만세(楊萬世)가 일본에 갔다가 수차의 제도를 구해왔으나, 또한 곧 폐지하고 더 이상 연구하지 않았다.[21]

17 증기기관으로 움직이는 쟁기(steam-driven plough)를 처음으로 개발한 사람은 영국의 존 파울러(John Fowler, 1826~1864)다. 파울러는 1852~1857년에 이를 개발하고 개량했다. 그런데 파울러는 영국인이므로 여기서 서술한 것과는 어긋난다. 또 여기서는 말의 힘을 이용한 쟁기를 서술하고 있는데, 이를 "화륜 쟁기(火輪犂)" 항목에서 서술한 이유가 무엇인지도 분명하지 않다. 다만 파울러가 초기에 말이 끄는 쟁기(horse-driven plough)를 개발한 바 있음을 고려하면, 화륜 쟁기를 개발하는 과정에 대한 설명의 일부만 서술되고 나머지 부분은 누락된 것은 아닌지 의문스럽다.

18 파종기(seed drill)를 발명한 사람은 영국 농부인 제스로 툴(Jethro Tull, 1674~1741)이다. 툴은 1701년 무렵 새로운 형태의 파종기를 개발했는데, 소 대신 말의 힘을 사용했다. 툴은 또한 말의 힘을 이용한 쟁기도 개발했다.

19 829년에 요시미네 야스요(良岑安世, 785~830)가 관개용 수차를 만들었다고 하는데, 이는 당나라의 수차를 개량한 것이라고 알려져 있다. 요시미네 야스요는 간무 천황(재위 781~806)의 아들이다.

20 마균(199~?)은 삼국시대 위나라의 인물로, 다양한 기계와 무기를 발명했다고

전한다. 14장 역체의 '지남차' 항목에서 언급된 지남차, 그리고 성을 공격하기 위한 발석기(發石機) 등이 대표적인 예다. 마균이 만든 수차는 '용골수차(龍骨水車)'로 알려져 있는데, 이 수차의 이용은 당시의 농업생산력을 높이는 데 크게 기여했다고 한다.

21 《고려사》 식화지(食貨志)에는 1362년(공민왕 11)에 백문보(白文寶)가 수차를 만들어 사용하도록 할 것을 건의하는 차자(箚子)를 올린 일이 기록되어 있다. 양만세가 일본 수차의 제도를 구해온 일은 이수광의 《지봉유설》에 보이는데, 《증보문헌비고》에도 이를 인용했다. 이수광은 마균이 만든 수차를 언급하고서 양만세가 그 제도를 구해왔다고 했다.

논[稻田] 부附 정전井田

백제 온조왕이 처음으로 논을 만들었다〔지금으로부터 1900년 전〕. 우리말로는 '논(畓)'이라고 한다. 정전은 기자가 처음으로 구획했다〔지금으로부터 3030년 전〕. 또 경주에는 진한(辰韓) 때의 정전이 있다[22]〔지금으로부터 2000년 전〕.

중국에서는 황제가 처음으로 정전을 구획했다. 《주례》에서는 "도인(稻人)은 낮은 땅의 농사일을 관장한다. 저수지로 물을 모으고, 봇도랑으로 물을 흐르게 한다"고 했는데, 이것이 논의 시초다.[23]

일본에서는 스진 천황(崇神天皇)의 때로부터 가와치(河內)에 요사미(依網), 가리사카(苅坂), 사카오리(酒折) 등 세 개의 못을 파서 논에 물을 댈 수 있도록 했으니, 일본에서는 논을 만든 것이 가장 오래되었다〔지금으로부터 2000년 전 무렵〕. 그 후에 스이닌(垂仁) 때에 못과 봇도랑 800여 곳을 만들었다. 지토(持統) 때에는 농민들에게 보리, 밀, 뽕나무, 모시풀, 배, 밤, 순무(蕪菁) 등을 심도록 권장하여 밭(陸田)에서 경작하는 것을 장려했다.

—살피건대, 사이메이 천황(齊明天皇) 때에 고세노 아라히토(巨勢荒人)가 장위(長楲)를 만들어서 관개의 도구로 이용했다.[24]

22 기자가 정전을 구획했다는 말은 10장 정치의 '조세' 항목에도 보인다. 《증보문헌비고》 전부고(田賦考)에 기자의 정전과 경주에 있는 정전 터(遺基)에 대한 서술이 보인다. 경주에 있는 정전의 터는 신라 때의 것이라고 했는데, 진한 때의 것이라는 말도 있다고 덧붙였다.

23 "하지(下地)"는 낮은 땅, 즉 낮고 습기가 많은 땅을 뜻한다. "도인(稻人)"은 벼농사를 맡은 관직이므로, 벼의 성질에 맞추어 지대가 낮고 습기가 많은 땅에서 농사짓는 법을 시행하는 것이다. 《주례》 지관에서 인용한 것인데, 원래는 저수지와 붓도랑에 대한 언급 사이에 "제방으로 물을 머물게 하고(以防止水)"라는 부분이 더 있다.

24 고세노 아라히토는 흔히 고세노 히다노 아라히토(巨勢樋田荒人)로 불린다. 가쓰라기(葛城)에 수로를 설치한 공으로 "히다(樋田)"의 성씨를 받았기 때문이다. "위(樋, いい)"는 저수지에 설치하는 수문의 일종으로, 나무로 만들며 땅에 묻는다. 이를 여닫으면 물의 양을 조절할 수 있다고 한다.

• 17장 •

직조물

—

織造物

방적기紡績機

우리나라에서는 기자 때에 농사, 양잠, 직조(織造)를 처음으로 시작했다.[1] 일본에서는 우리나라의 방적기를 배웠다.

18세기에 영국인 하그리브스(Hargreaves, 哈古里布斯)가 완전한 기계를 발명했는데, 사람들이 자신의 일을 빼앗길까 두려워하여 그를 쫓아내고 모형을 설치해두었다.[2] 얼마 지나지 않아 영국인 아크라이트(Arkwright, 亞克毋剌衣)—"冠懷"라고도 쓴다—가 다시 발명했다. 1769년에 전매특허를 받았지만, 말의 힘을 이용했기 때문에 경비가 너무 많이 들어서 널리 사용되지는 못했다. 그러다가 1771년에 다시 수차로 운전하는 기계를 사용했다.[3] 또 그 뒤에는 영국인 크럼프턴(Crompton, 克林頓)—"克楞呑"이라고도 쓴다— 또한 방적기계를 발명했다.[4] 1787년에는 목사인 카트라이트(Cartwright, 卡士威)가 자동으로 베를 짜는 기계를 만들었다.[5]

1 《한서》 지리지(地理地)에 "은나라의 도가 쇠약해지자, 기자가 조선으로 가서 백성들에게 예의, 농사와 양잠, 베짜기를 가르쳤다(殷道衰, 箕子去之朝鮮, 教其民以禮義, 田蠶織作)"는 구절이 보인다.

2 하그리브스(1720~1778)는 1764년에 복식수동 방적기인 "제니 방적기

(spinning jenny)"를 발명했다. 제니 방적기를 사용하면 한 사람이 여러 개의 방추(紡錘)를 작동시킬 수 있었기 때문에, 하그리브스는 일자리를 잃을까 염려한 이웃 노동자들의 습격을 받았다. 결국 노팅햄으로 이주했으며, 이후 특허를 얻었다. 방적기에 '제니'라는 이름을 붙인 이유가 "딸"인 제니의 우연한 실수로부터 방적기 개발의 아이디어를 얻었기 때문이라는 이야기가 널리 퍼져 있는데, 실제 하그리브스에게는 '제니'라는 이름을 가진 딸은 없기 때문에 이 이야기는 사실과 다르다고 주장되기도 한다. 한편 항목의 말미에는 "추형(雛形)은 곧 견양(見樣)이다"라는 주석이 붙어 있는데, 이는 하그리브스의 일을 서술하면서 사용한 "추형"이라는 단어를 풀이한 것이다. 여기서는 "추형"을 "모형"으로 옮겼다.

3 아크라이트(1732~1792)는 영국의 발명가다. 1769년에 수력 방적기(water frame)를 개발하여 특허를 얻었으며, 1771년부터 수력을 동력으로 하는 방적 공장을 여러 곳에 세워 면방적 공업의 기초를 닦았다. 그런데 아크라이트는 이후 특허 관련 소송에 휘말리게 되는데, 이는 토머스 하이즈(Thomas Highs, 1718~1803)가 수력 방적기는 자신이 이미 1767년에 발명한 것이며 아크라이트는 발명품을 훔친 도둑에 불과하다고 주장했기 때문이다. 결국 하이즈의 주장이 인정되었고, 1785년에 이르러 아크라이트의 특허는 무효로 판결을 받았다. 한편 하그리브스의 제니 방적기 또한 토머스 하이즈가 발명한 것이며 '제니'는 하이즈의 아내 이름이라는 주장도 있는데, 그것이 사실인지는 밝혀지지 않았다.

4 크럼프턴(1753~1827)은 1779년에 뮬 방적기(spinning mule)를 발명했다. '뮬(mule)'은 나귀 수컷과 말 암컷 사이에서 태어난 노새를 뜻하는 말인데, 뮬 방적기가 제니 방적기와 수력 방적기의 특징을 혼합한 것이기 때문에 이런 이름을 붙인 것이라고 한다.

5 카트라이트(1743~1823)는 원래 목사로 활동했는데, 1784년 무렵에 방직 기계에 관심을 보이면서부터 발명가로 명성을 얻었다. 1785년에 동력을 이용하여 베를 짜는 역직기(力織機, power loom)를 발명하여 처음 특허를 얻었는데, 이때 만든 역직기는 결함이 많아서 실제로 사용하기는 어려웠다. 이에 카트라이트는 여러 차례 기계를 개량했으며, 1792년에 최종적인 특허를 얻었다.

탄면기彈棉機 — 곧 거핵기去核機인데, "알화기軋花機"라고도 한다.

면화 방적기로는, 고려 충혜왕 때에〔지금으로부터 570년 전 무렵〕 강성군(江城君) 문익점(文益漸)이 교지(交趾)에 유배되었다가 면화 씨앗을 갖고 돌아와서 처음으로 씨아(子車)를 만들었다. 곧 지금의 거핵거(去核車)다.[6] 또 그 손자인 문래(文萊)가 소사거(繅絲車)를 처음으로 만들었다. 그런 까닭에 이를 "물레(文萊)"라고 부른다[7][지금으로부터 520년 전].

서양에서는 1792년에 미합중국 사람 휘트니(Whitney, 惠尼)—"灰忒尼利"라고도 쓴다—가 처음으로 발명했는데, 하루에 제거하는 면화씨의 양이 1000파운드에 이르렀다.[8]

6 '자거(子車)'는 목화에서 씨를 뽑아내는 기구인 '씨아'를 뜻하는 말로 보인다. 씨아의 한자 표기로는 '연거(碾車)', '교거(攪車)', '취자거(取子車)' 등이 있는데, '취자거'에서 '취' 자가 빠진 채 표기된 것일 가능성도 있다. '거핵거'는 씨를 뽑아내는 바퀴 모양의 도구로 풀이할 수 있다. 《증보문헌비고》에는 문익점이 씨아와 물레를 만들었다고 했으며, 《조선왕조실록》에서는 정천익(鄭天益)이 중국 승려 홍원(弘願)을 정성껏 대접하면서 실 뽑고 베 짜는 기술을 물었더니 홍원이 기구까지 만들어주었다고 했다. 한편 문익점이 원나라의 교지(오늘날의 베트남 북부 지역) 또는 강남에 3년 동안 유배되었다가 목화씨를 구해왔다는 데 대해서도 논란이 있다. '강남 유배설'은 권근의 상소문에서 처음 보이고 문씨 문중에서 간행한 문집에서 구체화되어 있는데, 그 내용이 《고려사》나 《조선왕조실록》의 기록과는 차이가 있기 때문이다. 이 밖에 당시 원나라에서 목화씨의 반출을 금지했기 때문에 붓뚜껍 또는 상투 속에 목화씨를 넣어왔다는 이야기도 조선시대 이래로 전승되고 있는데, 사실과 일치하는 것인지에 대해서는 논란이 있다. 한편 문익점이 '강성군'으로 봉해진 것은 조선 세종 때의 일이다.

7 "소사거"는 실을 뽑아내는 바퀴 모양의 도구라는 뜻이니, 곧 물레다. 씨아와 물레를 만든 사람이 《증보문헌비고》에서는 문익점으로, 《조선왕조실록》에서는 중국 승려 홍원으로 기록되어 있지만, 여기서는 문익점의 손자인 문래(文萊)가 물레를 만들었다고 하고서 그의 이름에서 '물레(文萊)'라는 말이 유래했다는 설을 제시하고 있다. 이는 흔히 문익점의 다른 손자인 문영(文英)이 베 짜는 기술을 개발했기 때문에 '무명'이라는 말이 생겼다는 이야기와 함께 전하는데, 실제 사실과는 거리가 있는 것으로 알려져 있다.

8 휘트니(1765~1825)는 1793년에 목화에서 씨를 자동으로 분리해내는 조면기(繰綿機, cotton gin)를 발명했으며, 이듬해인 1794년에 특허를 얻었다.

재봉틀[裁縫針機]

1841년에 미국인 하우(Howe, 好以利)가 처음으로 재봉기계를 발명했다. 그 후에 점차 개량하여 수십여 종에 이르게 되었는데, 1분 동안 3000땀을 꿰맬 수 있어서 그 신속함이 비길 데가 없었다—하우는 꿈에 병사의 창 끝부분에 구멍이 있는 것을 보고서 바늘 끝에 구멍을 뚫는 방법을 깨달아서, 마침내 이 기계를 만들었다. 초년에는 매우 가난했지만 이로 인하여 큰 부자가 되었으며, 1862년에 죽었다.[9]

9 하우(1819~1867)가 재봉틀을 발명한 시점을 간행본에서는 "184년"으로 기록하고 있으나 분명한 오기다. 원고본에 따라 '1841년'으로 고쳐서 옮긴다. 그렇지만 하우가 재봉틀에 대한 특허를 취득한 것은 이보다 뒤인 1846년의 일이다. 하우는 어느 날 아프리카에서 원주민들의 공격을 받는 꿈을 꾸었는데, 자신을 향하고 있는 창의 끝부분에 구멍이 있는 것을 보고서는 재봉틀의 바늘 끝부분에 구멍을 뚫을 생각을 하게 되었다고 한다. 하우는 1854년에 특허권 소송에서 승소하여 거액의 특허 사용료를 얻게 되었다. 하우가 죽은 해는 1867년이므로, 여기서 제시된 "1862년"은 오류 또는 오기다.

모직毛織

《이아고(爾雅詁)》에서는 "리(氂)—소나 말의 꼬리를 뜻하며, 음은 '리'다—는 계(罽)—음은 '계'다—이다. 털을 짜서 천을 만든 것이니, 오늘날의 모구유(毛氍毹)와 같다"고 했는데, 이것이 곧 모직이다.[10]

10 인용서의 명칭이 간행본에는 "爾雅誥"로 원고본에는 "爾雅詁"로 되어 있는데, 여기서는 원고본에 따라 옮겼다. 인용된 부분을 보면, 곽박(郭璞)이 쓴 《이아주(爾雅註)》를 지칭한 것일 가능성도 있다. 모직물을 가리키는 한자어로는 갈(褐), 계(罽), 전(氈), 전(氈), 구유(氍毹), 탑등(毾㲪) 등이 있다. 이 가운데 '구유'는 오늘날의 카펫과 비슷한 것으로 추정되는데, 《삼국유사》에 신라에서 구유를 만들었다는 기록이 있다. '모구유'는 '털 구유' 정도의 뜻으로 풀이할 수 있다.

삼베〔麻布〕

《서경》 우공(禹貢)에서 "그 공물은 대산(岱山) 골짜기의 명주실과 모시풀이다"라고 했으니, 삼베를 짠 일의 유래는 매우 오랜 것이다.[11] 우리나라의 상고시대에도 이미 있었다.

태서에서는 모세(Moses, 摩西) 때 이집트에서 이미 삼베 짜는 법을 알고 있었다.[12]

11 《서경》 하서(夏書) 우공(禹貢)에서 청주(青州)에 대해 서술하면서 "그 공물은 소금과 고운 칡베요, 바다의 산물이 섞여 있었다. 대산 골짜기에서는 명주실, 모시풀, 그리고 납, 소나무, 괴석이 있었다(厥貢鹽絺, 海物惟錯, 岱畎絲枲, 鉛松怪石)"라고 했다. 대산(岱山)은 곧 태산이다. 하나라 때 이미 삼베(麻布)가 있었음을 입증하는 것이 목적이므로, 여기서는 그 재료가 되는 "모시풀(枲)"이 나타나는 부분을 뽑아서 인용한 것으로 보인다.

12 《구약전서》 레위기의 16장에 삼베에 대한 언급이 보인다. 모세의 형이자 제사장인 아론으로 하여금 속죄를 위한 준비를 갖추도록 하는데, 그 가운데 세마포(細麻布)로 만든 의복이 거론되어 있다. 그렇지만 이미 《구약전서》 창세기 41장에 이집트의 총리가 된 요셉에게 세마포 옷을 입혔다는 말이 나오므로, 세마포는 모세보다 앞선 시기에 이미 이집트에서 사용되었다고 해도 될 듯하다.

천아융天鵞絨[13]

천아융은 서양의 13세기 때에 이미 있었다.[14] 면천아융(綿天鵞絨)은 1747년에 영국인이 처음으로 발명했다.[15]

13 원고본과 간행본 목차에서는 항목명을 "융(絨) 부(附) 천아융(天鵞絨)"으로 표기했으나, 간행본의 본문에서는 '천아융'으로만 표기했다. 실제로는 천아융에 대해서만 서술하고 있으므로, 간행본을 따라 "천아융"을 항목의 명칭으로 삼았다.

14 "천아융"은 곧 벨벳(velvet)이다. 비로드(veludo) 또는 우단(羽緞)이라고도 부르며, 거죽에 고운 털이 돋도록 짠 비단이다. 아랍에 전래된 것이 아바스 왕조의 하룬 알라시드(Harun al-Rashid, 재위 786~809) 시기라고 전하며, 중세 유럽에서는 귀

족들의 옷감으로 이용되었다고 한다.

15 "면천아융"은 면벨벳, 곧 벨베틴(velveteen)이니, 면사를 사용하여 짠 벨벳이다. 벨베틴은 1725년 무렵에 프랑스 리옹에서 처음으로 생산되었고, 1756년 무렵부터 영국의 맨체스터에서 많이 생산되었다고 한다. 여기서 "1747년"에 "영국인"이 발명했다고 한 근거가 무엇인지는 분명하지 않은데, 니시무라 시게키의 《서국사물기원》에서는 "전융(剪絨)"이라는 명칭으로 같은 내용을 제시했다.

화전花氈

전(氈)은 털을 비벼 조각으로 만든 것이니, 털이 서로 달라붙은 것을 말한다.[16] 《주례》 천관에서는 "장피(掌皮)는 가을에는 날가죽를 걷고 겨울에는 무두질한 가죽을 걷는다. 솜털을 공급하여 전(氈)을 만들게 한다"고 했다.[17]

서양에서는 바빌론 사람이 처음으로 융단(氈)을 만들었다.

16 "화전"은 꽃무늬가 있는 화려한 모전(毛氈)을 뜻한다. 원문의 "유모성편(蹂毛成片)"은 《설문해자》에 나오는 풀이이며, "모(毛)가 상착전전(相著旃旃)흔자(者)"는 《석명》에 나오는 풀이다. 《석명》에서는 같은 음을 가진 글자를 이용하여 어원이나 뜻을 풀이하는 방법을 많이 사용했는데, "전(氈)"의 경우에는 "전(旃)"과 연관지어서 "털이 서로 딱 붙어 있는 것이다(毛相著旃旃然也)"라고 풀이했다. "전전(旃旃)"은 털이 서로 붙어 있는 모양을 가리키는 말로 추정된다. 고대 중국에서는 짐승이나 새의 털을 이용하여 '전(氈)'을 만들었는데, 끓는 물로 깨끗이 씻어내고 비벼서 달라붙게 한 다음에 이를 눌러서 만들었다고 한다.

17 《주례》 천관 장피(掌皮)에서 인용한 것인데, 오자가 있어 고쳐서 옮긴다. 우선 "秋頒皮, 冬頒革"은 《주례》에는 "秋斂皮, 冬斂革"으로 되어 있는데, "斂"과 "頒"의 뜻은 큰 차이가 없다. "피(皮)"는 털이 붙어 있는 가죽을 뜻하는데, 털갈이 때문에 가을에 가장 품질이 좋다고 한다. "혁(革)"은 무두질을 한 가죽이다. 《주례》에는 바로 뒤에 "봄에 가죽을 바친다(春獻之)"는 말이 이어져 있는데, 이는 가을과 겨울에 거둬들였던 가죽을 가공하고 말려서 봄에 가죽을 올린다는 말이다. 의미상 문제가 되는 부분은 "供其毳皮爲氈"인데, 이는 "共其毳毛爲氈"의 오기다. 전(氈)은 "가공된 가죽(毳皮)"이 아닌 "솜털(毳毛)"로 만들기 때문에, 《주례》의 원문대로 고쳐야 문맥이 통할 수 있다. 원래 가죽에 관한 일을 맡은 장피는, 전(氈)의 재료인 솜털(毳毛)을 준비해두는 일도 함께 담당했다는 말이다. "화전"과 직접 관련된 내용은 뒷부분인 것이다.

요〔臥褥〕

그리스 시인 호메로스(Homeros, 何馬時)가 짐승가죽으로 요를 만들었다.[18] 그 뒤에 나뭇잎과 풀잎, 그리고 새의 깃과 짐승의 털을 주머니 속에 채워서 오늘날의 요를 만들었다.

《풍속통(風俗通)》에서는 "털로 짠 요를 '구유(氍毹)'라고 한다"고 했다. 구유는 담전(毯氈)의 부류다. 담(毯)은 털방석(毛席)이다.[19]

18 4장 문사의 '시가' 항목에서는 호메로스의 일반적인 표기인 "何馬"를 사용했다. 따라서 "何馬時"가 호메로스가 아닌 다른 인물일 가능성도 배제하기는 어렵다. 그렇지만 "요(臥褥)"는 호메로스의 작품 《오딧세이》에 언급되어 있으므로, 일단 호메로스로 이해해도 좋을 듯하다.

19 "풍속통"은 곧 후한의 응소(應劭)가 쓴 《풍속통의(風俗通義)》다. "담전의 부류(毯氈之屬)"는 《설문해자》에서 "구, 유, 탑 등은 모두 전담의 부류다(氍 · 毹 · 毾 · 㲪, 皆氈毯之屬)"로 풀이한 것을 인용한 것인 듯하며, "담은 털방석이다(毯은 毛席也라)"라는 풀이는 《사물원시(事物原始)》에 보인다. 즉 뒷부분은 《풍속통》에 실린 단어의 뜻을 다른 문헌을 통해 풀이한 것이다.

방직紡織

《서경》 우공(禹貢)에 "그 광주리에는 무늬를 넣어 짠 직물이라"고 했으니, 그 유래가 이미 오랜 것이다.[20]

일본에서는 유랴쿠 천황 14년에 오나라로부터 처음으로 길쌈(女工)이 전래되었으니, 아야하도리(漢織)와 구레하도리(吳織)가 처음으로 나타났다[21]〔지금으로부터 1440년 전〕.

1331년에 영국인이 처음으로 명주 짜는 법을 시행했다. 1685년에는 사필답득이비(史畢答得爾斐)—영국의 지명—에서 처음으로 융(絨) 짜는 법을 시행했다. 189년에 단기랍(段奇拉)이 처음으로 마(麻) 짜는 법을 창안했다. 1889년에는 생마(生麻) 방직기계를 만들었다.[22]

20 《서경》 하서 우공에서 연주(兗州)에 대해 서술하면서 "그곳의 공물은 칠과 명주실이요, 그 광주리에는 무늬를 넣어 짠 비단이라(厥貢漆絲, 厥篚織文)" 한 데서 인용한 것이다. 여기서 "그 광주리(厥篚)"는 공물을 채우는 광주리를 뜻하며, "직문(織文)"은 무늬(紋)를 넣어서 짠 직물을 뜻한다. 광주리에 연주의 여성들이 짠 직물을 채워서 공물로 올렸다는 말이다. 하나라 때에 무늬를 넣어서 방직(紡織)했음을 입증하고자 한 것이다.

21 "여공(女工)"은 부녀자들이 하던 일, 즉 길쌈을 뜻하는 말이다. 《일본서기》에 아야하도리와 구레하도리를 건너오게 하여 직물을 짜는 기술을 받아들였다는 기록이 있다. 그런데 이들을 백제 또는 가야에서 건너간 기술자로 보는 견해도 제기되어 있어서, 이들의 실제 출신지에 대해서 단정하기는 어렵다. 다만 "오나라로부터(吳國으로브터)"라고 했으므로, 여기서는 중국의 오나라 지역 등에서 건너간 인물들로 이해하고 서술한 듯하다.

22 "사필답득이비"와 "단기랍"이 어떤 단어의 음차인지는 분명치 않다. "189년"에는 빠진 글자가 있는 듯하다.

양모 다듬는 기계[剪羊毛機]

1748년에 폴(Lewis Paul, 保羅)이 처음으로 양모를 깨끗하게 다듬는 기기를 만들었다.[23] 1787년에 합만(哈滿)이 처음으로 양모 자르는 기계를 만들었다.[24]

23 1748년에 영국의 폴(?~1759)이 소면기(梳綿機, carding machine)를 발명하여 특허를 받았다. 또 같은 해에 영국의 보언(Daniel Bourne, ?~?)이 폴과는 별도로 소면기를 개발하여 특허를 받은 바 있다. 그런데 보언의 기계가 설치되었던 공장은 몇 년 뒤에 화재가 발생했으며, 그로 인해 그 기계 또한 불타서 이후에 전해지지 않았다. 따라서 "보라(保羅)"가 "보언"일 가능성도 배제하기 어렵지만, 이후의 기술 개발에 더 큰 영향력이 있었고 좀 더 잘 알려진 인물인 폴일 가능성이 더 높은 듯하다. 니시무라 시게키의 《서국사물기원》에서는 18세기 중엽에 영국인 "阿克來", 즉 아크라이트가 양모(羊毛)를 다듬는 기계를 만들었다고 했는데, 실제로 아크라이트는 1775년에 소면기에 대한 특허를 받은 바 있다. 그렇지만 아크라이트의 특허는

독창성이 없는 것으로 인정되어 곧 무효로 판결되었다.

24 짧은 양모나 불순물을 제거하고 양모를 가지런하게 정리하는 기계인 소모기(梳毛機, wool combing machine)의 발명에 대해 서술한 것으로 보인다. 이 기계는 섬유공업의 기계화에 있어 중요한 의미를 지니는데, 카트라이트가 1789년에 개발하여 1790년에 특허를 얻었다. 그런데 앞의 '방적기' 항목에서 "카트라이트"를 "卡土威"로 표기한 바 있고, "합만(哈滿)"과는 음가의 차이가 있다. 다른 인물을 말한 것일 가능성도 배제하기는 어렵다.

베[織布]

《석명》에서는 "포(布)는 여러 가닥의 실을 늘어놓은 것을 일컫는 말이다"라고 했다.[25] 《설문해자(說文解字)》에서는 "세포(細布)는 15승(升)—80가닥이 1승(升)이다—의 베이다"라고 했다.[26]

황제 이래로 명주실, 삼, 칡으로 베를 짰다. 수나라 · 당나라 때에 짠 백첩포(白氎布)는 면화로 짠 것인데, 미얀마(緬甸)와 교지(交趾)에서 처음으로 생산되었다.[27] 또 광주(廣州)에서는 죽포(竹布)가 생산되는데, 이는 대나무 껍질을 이어 만든 것이다. 또 계주(桂州)의 등포(藤布)는 고록등(古綠藤)의 껍질로 짜서 만든 것이며, 동포(桐布)는 오동나무 껍질로 짜서 만든 것이다. 그 밖에 천촉(川蜀)의 빈포(賓布)는 매우 가늘어서 죽통(竹筒) 안에 1필이 들어갈 수 있는데, 그런 까닭에 "통포(筒布)"라고도 부른다. 해주(海州)의 초포(楚布)는 "초포(蕉布)"라고도 부르는데, 파초(芭蕉)로 짜서 만들기 때문이다. 부주(涪州)의 요포(獠布), 파주(巴州)의 난간포(蘭干布), 남주(南州)의 반포(斑布), 한주(漢州)의 미모포(彌牟布), 호주(湖州)의 황초포(黃草布) 등 여러 종류가 있다.

양포(羊布)는 해서(海西) 사람들이 수양(水羊)의 털로 짜서 만든 것인데,

"해서모직포(海西毛織布)"라고도 한다.[28] 또 광주에서는 아취포(鵞毳布)가 생산된다. 광포(廣布)에 대해서는, 《두보습유록(杜寶拾遺錄)》에 "수나라 대업(大業) 7년에 유구국으로부터 구해왔으니, 나무껍질로 짜서 만들었으며 너비가 3척 2촌이었다. 또 세반포(細班布)가 있었는데, 너비가 4척이었다"라고 했다.[29]

25 《석명》에서는 포(布)를 풀이하면서 "포는 여러 가닥의 실을 늘어놓은 것이다. 세는 곧 혜다. 제나라 사람들은 서늘한 것을 일러 혜라고 하니, 옷이 가볍고 서늘한 것을 말하는 것이다(布, 布列諸縷. 繐, 慧也. 齊人謂凉爲慧, 言服之輕細凉慧也)"라고 했다.

26 간행본에는 "18루(縷)가 1승(升)"이라고 되어 있으나, 이는 잘못이다. 원고본에 따라 "80루가 1승"으로 옮긴다. "승(升)"은 옷감에 들어가는 올 수를 나타내는 단위인데, 옷감의 곱기를 나타내는 기준이 된다. 조선시대에는 지나치게 가는 베, 즉 승수가 높은 베를 사용하는 것을 금지하자는 논의가 나타나기도 했다.

27 "교지"는 지금의 베트남 북부 지역으로, 통킹 · 하노이 지방을 포함한 손코이강 유역을 가리킨다. 한 무제가 남월(南越)을 정복하고서 교지군(交趾郡)을 포함한 영남구군(嶺南九郡)을 설치한 데서 이 명칭이 유래했다.

28 《위략(魏略)》에는 대진국(大秦國)의 산물에 수양(水羊)의 털로 짠 해서포(海西布)가 있다는 기록이 있는데, 대진국은 로마를 가리키는 말이다. 따라서 "해서(海西)" 즉 서쪽 바다는 서역 또는 로마를 뜻하는 말로 볼 수 있다. 이를 "해중포(海中布)"라고 표현한 문헌도 보이는데, 그 의미는 크게 다르지 않은 듯하다. 한편 실제로 "양포(羊布)"가 무엇으로 만든 것인지, 그리고 "수양(水羊)"이 어떤 동물인지에 대해서는 정확히 아는 사람이 없었으며, 따라서 이에 대한 설화적인 이야기들이 몇 가지 기록되어 전한다. 중국과학사 분야의 석학인 조셉 니담(Josep Needham, 1900~1995)은, "해서포"란 새털비조개의 족사(足絲, byssus)로 만든 천이었을 것이라고 추정한 바 있다.

29 《두보습유록》은 '두보대업습유록(杜寶大業拾遺錄)'이라고도 불린다. 《태평어람》에 이 책을 인용한 부분이 보이는데, 그 가운데 주관정(朱寬征)이 유구국에서 돌아올 때 3척 2촌의 가는 베와 4척가량의 세반포를 구해왔다는 기록이 있다. 《두보습유록》을 인용하면서 이때 구해온 세반포의 너비가 1척가량이었다고 한 문헌도 있다.

• 18장 •

복식

—

服飾

의상衣裳

《세본》에서는 "황제의 신하 호조(胡曹)가 처음으로 의상을 만들었다"고 했다.[1]

우리나라에서는 단군이 처음으로 의복의 제도를 정했다.[2]

일본에서는 오진 천황(應神天皇) 때에 백제의 봉의녀(縫衣女)와 오복공(吳服工)인 서소(西素)가 처음으로 건너갔다. 이것이 일본 의복의 시초다[3] 〔지금으로부터 1625년 전〕.

《구약전서》 창세기에서는 "아담(Adam, 亞當)과 하와(Hawwāh, Eve, 夏娃) 부부 두 사람이 모두 벌거벗고 지냈는데, 상제(上帝)가 가죽옷을 만들어서 입게 했다"고 했다. 인류의 의복이 여기서 비롯되었다.[4]

1 원고본과 간행본 모두 의상을 만든 인물을 "호증(胡曾)"이라고 했으나, 이는 "호조(胡曹)"의 오기다. 여기서는 고쳐서 옮긴다. 다만 조사로 "이"를 쓴 것을 보면, 실수라기보다는 잘못 알고 있었을 가능성이 높은 듯하다. 호조가 옷을 만들었다는 설은 《세본》, 《여씨춘추》, 《회남자》 등에 보인다.

2 홍만종(洪萬宗, 1643~1725)의 《동국역대총목(東國歷代總目)》(1705)에 단군이 백성들에게 머리털을 묶고 모자를 쓰는 제도(編髮盖首)를 가르쳤다는 말이 보인다. 이종휘(李種徽, 1731~1797)의 《동사(東史)》에서는 단군이 백성들에게 머리

털을 묶고 모자를 쓰는 제도(編髮盖首)를 가르쳐서 비로소 군신·남녀의 분별과 음식·거처의 절도가 있게 되었다고 했다. 이처럼 조선 후기 이래로 단군에서 문화적인 기원을 찾는 현상이 나타나는데, 20세기 초의 시점에서는 좀 더 정리된 형태로 표현된다. 단군이 의복의 제도를 정했다는 언급 또한 이러한 맥락에서 이해할 수 있다. 한편 《만국사물기원역사》에서는 기자는 예의, 농사, 양잠, 베짜기를 가르쳤고 단군은 머리털을 묶는 법과 의복의 제도를 만들었다고 서술하고 있다. 3장 인류의 '두발' 항목에서는 머리털을 묶는 법에 대해 서술하면서 단군을 거론했다.

3 "봉의녀", 즉 기누누이온나(きぬぬいおんな)는 옷을 만드는 여성을 뜻하는 말이다. 《일본서기》에는 오진 천황 14년에 백제왕이 "봉의공녀(縫衣工女, きぬぬいめ)"를 보냈다는 기록이 보인다. 또 《고사기(古事記)》에는 오복(吳服)을 만드는 서소(西素, さいそ) 등의 두 사람이 일본으로 건너왔다는 기록이 있다. "오복(吳服)"은 원래 오나라의 의복이라는 뜻이니, 중국식 의복을 가리키는 말이다.

4 《구약전서》 창세기 3장에서 인용한 것이다. "상제(上帝)"는 신을 지칭한 말이다. 1장 천문의 '천신(天神)' 항목에서는 "천부(天父)"나 "천주(天主)"라는 말은 곧 유가에서 말하는 "상제(上帝)"라고 설명한 바 있다.

곤의袞衣

황제가 곤의를 만들었는데, 용, 화충(華蟲), 산, 불, 종이(宗彝)의 다섯 가지 문양을 그려 넣었다. 요순의 때에 이르러서 해, 달, 별, 산, 용, 화충(華蟲), 종이(宗彝), 조(藻), 불, 분미(粉米), 보(黼), 불(黻)을 그려 넣어 12개의 문양을 만들고, 법복(法服)이라고 일컬었다.[5]

5 곤의에 그려 넣은 문양을 장문(章文)이라 하는데, 황제 때의 5장(五章)에서 요순시대의 12장(十二章)으로 변화되었음을 설명했다. "화충(華蟲)"은 흔히 꿩을 그려서 만든 문양으로 알려져 있는데, 정현(鄭玄, 127~200)은 "화려한 털과 비늘을 가진 동물(蟲之毛鱗有文采者)"이라고 풀이한 바 있다. "종이(宗彝)"는 예기(禮器)에 범과 원숭이를 그린 것이다. "조(藻)"는 물풀의 형상이며, "분미(粉米)"는 쌀을 모아놓은 형상이다. "보(黼)"는 도끼의 모양이며, "불(黻)"은 두 개의 "기(己)" 자가 마주한 모양이다. "법복(法服)"은 제왕의 예복을 뜻하는 말이다. 황제는 12장문을 사용하고 왕은 9장문을 사용했는데, 이때 9장문에서는 12장문 가운데 해(日), 달(月), 별(星辰)이 제외된다.

포袍 — 속칭 "두루마기[周衣]"다 — 부附 도포道袍, 중단中單[6]

《시전(詩傳)》에 "그대와 두루마기(袍)를 같이 입겠소"라고 했으니, 두루마기의 제도가 또한 오래된 것이다.[7] 《석명》에서는 "포(袍)는 장부(丈夫)의 옷이니, 아래로는 발등에까지 닿는다"라고 했다. 한나라의 제도에서는 공주, 귀인 이상은 비단수를 놓아 명주 천으로 만든 12색의 녹포(綠袍)를 사용하도록 했다.[8] 무릇 사당에 제사를 지낼 때에는 모두 검은색의 두루마기(皂繒袍)를 사용했다.

신라에서는 법흥왕이 육부 사람들의 의복 제도를 처음으로 정했고, 진덕왕이 당나라의 제도를 채용했다. 백제에서는 대수자포(大袖紫袍)를 입었다.[9]

도포는 옛날 봉액(縫掖)의 제도다. 원래 도가의 옷이었던 까닭에 이름을 "도포(道袍)"라고 한 것이다. 이는 선조 임진년 이후에 명나라의 제도를 모방한 것이다. 혹은 "직철(直裰)"이라고도 부른다—수당시대의 사람들은 "풍익(馮翼)"이라고 불렀다.[10]

6 "중단"은 예복 속에 입는 홑옷으로, 단의(襌衣)라고도 한다. 우리나라 포(袍)의 변천에 있어 중요한 의미를 지니기 때문에, '포' 항목에서 거론해도 그리 어색하지는 않을 것이다. 그렇지만 실제 '포' 항목의 본문에는 서술하지 않았고, 아래에 있는 '삼(衫)' 항목 본문에서 언급했다. 당초의 구상과 실제 서술 사이에 혼란이 있었던 듯하다.

7 《시경》 진풍(秦風) 무의(無衣)에서 인용한 것이다. 무의편은 진나라 양공이 주나라 평왕을 따라가면서 부른 노래로 알려져 있다. "여자동포(與子同袍)"는 친구 사이에 허물없음을 뜻하는 말로 쓰이기도 한다.

8 《후한서》 여복지에서는 "공주, 귀인, 비 이상은 혼인하면 비단으로 만든 12색을 수놓은 중록포를 입을 수 있다(公主 · 貴人 · 妃以上, 嫁娶得服錦綺羅縠繒, 采十二色, 重緣袍)"고 했다.

9 "대수자포"는 '소매가 큰 자주색의 포(袍)'라는 뜻이다. 《구당서(舊唐書)》 등

에는 백제 왕의 의복으로 기록되어 있다.

10 "봉액(縫掖)"은 "봉액(縫腋)"이라고도 하는데, 옆이 넓게 터지고 소매가 큰 포(袍)다. 《예기》의 유행(儒行)에는 공자가 노나라 애공(哀公)의 물음에 답하면서 "나는 어려서 노나라에 있으면서 봉액의 옷을 입었고, 자라서 송나라에 있으면서 장보의 관을 썼습니다(丘少居魯, 衣逢掖之衣, 長居宋, 冠章甫之冠)"라고 했다는 말이 보이는데, 그 주석에서는 "봉(縫)"은 "대(大)"의 뜻이라고 풀이했다. 우리나라에서는 "직철(直裰)"이 승려들이 입는 장삼을 뜻하기도 하는데, 그 모양이 비슷하기 때문이라고 한다.

삼衫

삼에 대해서는, 《석명》에서 "옷에 수단(袖端)이 없는 것을 삼이라 한다"고 했다.[11] 한삼(汗衫)은 곧 중단(中單)이니, 《예기》 교특생(郊特牲)에서 "안에 입는 붉은색의 옷"이라고 한 것이 이것이다. 그 제도는 은·주의 시대에 처음 만들어졌으며, 조회하거나 제사 지낼 때의 의복이었다. 한나라 고제가 전쟁을 할 때에 땀이 중단에까지 배어들어간 까닭에, "한삼"이라는 이름이 붙었다고 한다.

난삼(襴衫)은 당나라 때 선비들의 상복(上服)이다. 옛날 심의(深衣)의 제도에 난수(襴袖)—윗옷과 아래의 옷이 붙은 것을 "난(襴)"이라 한다. "수(袖)"는 소매니, 손이 드나들 수 있게 한 구멍이다—와 표선(褾襈)—표(褾)는 수단(袖端)이요, 선(襈)은 가선이다—을 더하여 선비의 상복(上服)을 만든 것이다. 마주(馬周)가 처음으로 이를 의론했다.[12] 우리나라에서는 진사(進士)가 입었다.

결과삼(缺骻衫)은 당나라 때 평민들의 의복인데, "사계(四褉)"—음은 '계'다. 계(褉)는 뒤쪽 옷자락이 트인 것을 말한다—라고도 부른다. 대개 말에 오를 때에 옷자락이 갈라지도록 한 것이니, 후대에 변방을 지키는 장수와 사졸이 입었던 전의(箭衣)와 같다. 우리나라에서는 "창의(氅衣)" 라고 하며, 또 "원메의(圓袂衣)"나 "삼거삼(三裾衫)"이라고도 했다.[13] 《당서》에서는 "고구려에서는 대수삼(大袖衫)을 입는데, 사인(士人)은 결과삼을 입는다"고 했다.[14]

적삼(赤衫)은 곧 저고리니, "탁삼(秅衫)"이라고도 부른다.[15] 신라 때에 당나라의 제도를 취하여 쓴 것이다.

11 《석명》에서는 "삼(衫)"을 "삼(芟, 베어내다)"의 뜻과 연관지어 풀이했다. "삼은 삼이다. 삼의 끝에는 수단이 없다(衫, 芟也. 衫末無袖端也)"고 했다.

12 "상복(上服)"은 옷 위에 덧입는 옷을 뜻한다. 심의에 난수와 표선의 요소를 추가하여 만든 옷이 난삼이라는 것이 이 부분의 요지다. 난삼은 깃과 소매, 섶과 도련(저고리나 두루마기 자락의 가장자리)에 선을 댄 둥근 깃의 옷이다. 마주(馬周, 601~648)는 당나라 태종 때의 학자이자 관리다. 《신당서》 거복지(車服志)에는 마주가 심의에 난수와 표선을 더하여 선비의 상복으로 삼기를 청했다는 말이 보인다.

13 창의(氅衣)는 "창의(氅衣)"의 오기인 듯하다. "원메의(圓袂衣)"는 소매가 둥근 옷이라는 뜻이다.

14 《신당서(新唐書)》에서는 고구려 관리의 옷을 말하면서 "삼은 통부요, 고는 대구다(衫筩褎, 袴大口)"라고 했고, 《북사(北史)》에서는 고구려의 귀인이 대수삼(大袖衫)과 대구고(大口袴)를 입는다고 했다. 여기에 인용된 "사인은 결과삼을 입는다"는 말은 이들 문헌에는 보이지 않으며, 어떤 문헌을 근거로 이와 같이 말한 것인지 분명하지 않다.

15 "탁삼(秅衫)"의 음과 뜻은 정확히 알 수 없다. 혹 "익삼(衼衫)"이나 "복삼(複衫)"의 오기가 아닌지 의심된다.

바지[袴褶]

고(袴)는 바지(脛衣)인데, "습(褶)"이라고도 한다. 《사기》에서 "진(晋)나라 조삭(趙朔)의 아내가 아이를 고(袴) 안에 숨겼다"고 한 것이 이것이다.[16]

일본에서는 스이코 천황이 처음으로 습(褶)을 입도록 명했으니, 지금으로부터 1300년 전의 일이다.

궁고(窮袴)는 한나라 소제(昭帝) 때에 처음으로 생겼다. 옛날에는 고(袴)에 당(襠)—고(袴)에서 은밀한 곳에 대는 부분이다—이 없었다. 소제 때에 상관 황후(上官皇后)가 황제의 총애를 독점하여 아들을 얻고자 하여, 궁인(宮人)들의 고(袴)를 앞뒤에 모두 당(襠)이 있도록 만들었다. 또 띠를 많이 만들도록 하여, 정을 통할 수 없도록 했다. 이것이 궁고의 시초다—오늘날의 '바지'다—. 또한 '곤(褌)'이라고도 한다.[17]

16 《사기》 조세가(趙世家)에서 관련 내용을 추려 인용한 것인데, 원문에는 "부인이 고(袴) 안에 아이를 숨겨두었다(夫人置兒綺中)"라는 구절이 보인다. 춘추시대 진(晉)나라 경공(景公) 때에 도안가(屠岸賈)가 조삭을 비롯한 조씨 가문의 사람들을 모조리 죽였는데, 조삭의 아내인 장희(庄姬)는 경공의 누이여서 죽이지 못했다. 당시 임신 중이었던 장희가 아들을 낳으니 도안가가 사람을 보내 아이를 죽이고자 했는데, 장희가 아이를 숨겨서 위기를 모면할 수 있었다. 이 아이가 곧 조무(趙武)인데, 훗날 장성해서 아버지의 복수를 했다고 한다. 이 이야기는 원나라 때에 '조씨고아(趙氏孤兒)'라는 제목의 연극으로 꾸며져서 널리 인기를 얻었다.

17 "당(襠)"은 곧 밑바대(속속곳 따위의 밑 안쪽에 대는 헝겊)다. 상관 황후(B.C. 88~B.C. 37)는 무제의 명에 따라 소제를 보좌하던 곽광(霍光, ?~B.C. 68)의 외손녀인데, 6세 때 소제(재위 B.C. 87~B.C. 74)의 황후가 되었다. "황제의 총애를 독점하여 아들을 얻고자(欲擅寵有子)" 생각한 사람은 곽광이었으며, 따라서 궁인들로 하여금 궁고를 입도록 한 사람도 곽광이었다고 한다. 《전한서》 외척열전(外戚列傳)에 "궁인과 사령들이 모두 궁고를 입고 띠를 많이 매게 되었다(宮人使令, 皆爲窮袴, 多其帶)"는 말이 보이며, 《태평어람》에서는 이 이야기를 전하면서 궁고를 입힌 목적이 "정을 통할 수 없도록 하는 것(不得交通)"이라 했다.

융복 戎服

오늘날의 조복(朝服)은 본래는 융복이었다. 수나라 양제(煬帝)가 자주 궁

밖으로 행차했는데 백관이 모두 융복을 입고 뒤를 따랐다. 마침내 후세에 그대로 이어받아 조복으로 삼게 되었다. 남송 때에는 백량삼(白凉衫)이 되었다.[18]

18 수나라 양제 때 융복을 조복으로 삼게 된 일은《주자어류(朱子語類)》에 보인다. "백량삼"은 송나라 때 선비들이 입었던 흰 옷이다. 주희의 말에 따라 자삼(紫衫) 대신 입었지만, 얼마 뒤에 흰 옷이 흉복(凶服)이라는 주장에 따라 다시 자삼으로 바꾸었다고 한다. "백량삼이 되었다〔白凉衫을 變成ᄒᆞ니라〕"는 것은, 조복으로 백량삼을 사용했다는 말이다. 백량삼에 대한 언급 또한《주자어류》에 보인다.

반비半臂

반비는 "답호(褡穫)"라고도 부르는데, 오늘날의 전복(戰服)이다.[19] 그 제도는 수나라 양제에서부터 비롯되었다〔지금으로부터 1300년 전〕. 수나라 때에 내관(內官)들이 많이 입었는데, 이를 "반제(半除)"라고 불렀다. 당나라 고조(高祖)가 다시 줄여서 "반비"라고 했는데, 사자(士子)들이 평상시에 입었다.[20]

신라 흥덕왕 9년에 진골 이하 품관(品官)과 부녀는 반비로 겉옷을 삼도록 명했다[21]〔지금으로부터 1025년 전〕.

19 "전복"은 조선시대 무관들이 입던, 겉옷 위에 덧입는 소매 없는 옷이다. 섶이 없고 등솔기가 허리에서부터 끝까지 트여 있었다. 고종 때 이후로는 문무 관리들의 평상복이 되었으며, 오늘날에는 남자아이들이 명절에 입기도 한다.

20 송나라 증조(曾慥)의《유설(類說)》에서는 수나라 양제 대업(大業) 연간에 내관들이 소매가 긴 옷인 "반제"를 많이 입었는데, 그 뒤 당나라 고종이 소매를 줄이도록 하여서 이를 "반비"라 불렀다고 했다. 그런데 이 일화에 보이는 "반제"는 문헌에 따라 다른 명칭으로 나타나기도 한다. 송나라 고승의《사물기원》등에서는 "반비제(半臂除)"라 했고, 명대의 문헌인《삼재도회(三才圖會)》등에서는 "반도(半塗)"라고 했다. "사자(士子)"는 선비를 뜻하는 말이다. 수나라 때는 내관들의 의복

이었지만, 당나라 때는 약간 모양이 바뀌면서 내관 이외의 사람들도 입는 의복이 되었다고 한 것이다.

21 《삼국사기》 잡지 색복(色服)에 834년(흥덕왕 9)에 사치를 금하고 예법에 맞는 의복을 입도록 왕명을 내렸다는 기사가 보이는데, 진골 이하로 남녀와 골품에 따른 백성들의 의복에 대해 차례로 말했다. 그 가운데 모두 일곱 곳에 반비에 대한 언급이 보인다. 《증보문헌비고》에도 같은 기사가 실려 있다.

버선[襪]

버선은 족의(足衣)니, 고대에 이미 있었다.[22]

고대 서양에서는 베(布)로 발을 감쌌는데, 17세기 초에 처음으로 양말(襪)이 생겼다.[23] 1589년에 영국사람 윌리엄 리(Willam Lee, 維廉里)가 처음으로 양말 짜는 기계를 발명했다.[24]

그리스에서는 격투를 할 때 손양말(手襪)을 땅에 던졌다고 하는데, 이는 곧 장갑(手套)이다.

22 "족의"는 발에 입히는 물건으로 풀이할 수 있으니, 곧 버선이다. 버선의 한자 표기로는 말(襪), 족의(足衣), 족건(足巾) 등이 사용되었다.

23 "17세기 초"라고 한 것은 오기로 보이는데, 뒤에 이어지는 양말 짜는 기계가 1589년에 발명되었다는 말과 어긋나기 때문이다. 니시무라 시게키의 《서국사물기원》에서는 "16세기 초"에 처음으로 양말이 나타났다고 기술하고 있다. 또 여기서 서술한 내용은 현재 알려진 사실과 차이가 있다. 스칸디나비아에서는 피륙으로 만든 고대의 양말이 발굴된 바 있으며, 7~8세기 무렵에는 실로 짠 양말이 아랍으로부터 유럽에 전래되었다고 알려져 있다. 현재 영국에는 바이킹족의 것으로 추정되는 10세기경의 양말이 박물관에 소장되어 있다. 16세기 무렵에는 실을 이용하여 손으로 짠 양말을 생산했으며, 유럽 여러 지역에서는 양말이 사치품으로 인식되기도 했다.

24 윌리엄 리(1563?~1614)는 영국의 목사이자 발명가다. 그가 양말 짜는 기계(stocking frame knitting machine)에 관심을 갖게 된 계기에 대해서는 몇 가지 이야기가 전하는데, 어느 것이 옳은지는 분명하지 않다. 가장 널리 전하는 것은 양말을 짜는 아내의 모습을 보면서 수고를 덜어주고자 했다는 것인데, 여기에 아내가 뜨개

질에 서툴렀기 때문이라는 설명이 덧붙여지기도 한다. 또 그의 애인이 자신보다는 양말 짜는 일(knitting), 즉 뜨개질에 더 관심을 보였기 때문에 사람 대신에 일을 할 기계를 만들었다는 설도 전한다. 윌리엄 리는 1589년에 기계를 완성했지만, 당시의 왕인 엘리자베스 1세(Elizabeth Ⅰ, 재위 1558~1603)의 반대로 인해 영국에서는 몇 차례의 시도에도 불구하고 특허를 얻는 데 실패했다. 결국 경쟁국이던 프랑스에서 특허를 얻고 루앙(Rouen)에 공장을 세워야 했다. 윌리엄 리의 기계가 영국의 공장에 설치된 것은 리가 세상을 떠나고 난 후의 일인데, 함께 프랑스로 갔던 그의 동생이 귀국하여 공장을 세웠다고 한다.

허리띠[腰帶]

진(秦)나라 이세 황제(二世皇帝)가 혁대(革帶)로 반삽수두(反揷垂頭)하는 법을 처음으로 창안했다.[25] 또 산대(算帒)를 차게 했는데, 후세에는 "자비금어대(紫緋金魚帒)"라고 일컬었다.[26]

25 원고본에는 "혁대"가 "초대(草帶)"로 되어 있으나 잘못이다. "반삽수두"는 혁대의 장식을 거꾸로 꽂는다는 의미인 듯하다. 혁대는 이전부터 있었지만, 이세황제가 처음으로 "요대(腰帶)"라고 불렀다고 한다. 후에 당나라 고조는 아래로 향하도록 고쳤다고 하는데, 이때의 명칭에 대해서는 타와(鉈瓦), 타미(鉈尾), 달미(撻尾) 등으로 불렀다는 기록이 보인다.

26 "산대"는 관리들이 붓과 벼루 등을 휴대하기 위해 차는 주머니다. 여기서는 이세 황제가 산대를 처음으로 사용하도록 한 것처럼 서술되어 있으나, 이에 대한 기록은 찾기 어렵다. 진나라 이전인 삼대(三代) 때에 가죽으로 만든 어대(魚袋)를 사용했다고 하는데, 작은 칼과 돌 등을 그 속에 넣었다고 전한다. 한편 당나라 때는 관직의 품계에 따라 산대의 종류를 제한했는데, 중종(中宗) 때에는 사품 이상의 관리에게는 자락금어대(紫絡金魚袋)를 내리고 오품 이하의 관리에게는 비은어대(緋銀魚袋)를 내려준 바 있다. 여기서 언급한 "자비금어대(紫緋金魚帒)"는 이를 합쳐서 부른 명칭으로 추정된다.

갖옷[裘]

갖옷은 가죽으로 만든 옷이다. 소호(少昊)의 시대에 모인(毛人)이 우구(羽裘)를 바쳤다고 하니, 이것이 갖옷의 시초다.[27]

27 묵자의 제자인 전구(田鳩)가 썼다고 하는 《전구자(田俅子)》에 "소호씨가 곡부에 도읍을 정하니 건제의 모인이 우구를 바쳤다(少昊氏都於曲阜, 鞬鞮毛人獻其羽裘)"는 구절이 있었다고 한다. 《전구자》는 현재 전하지 않으며, 그 일부만 후대 문헌에 실려 있다.

양당裲襠

《석명》에 "한쪽은 등에, 한쪽은 가슴에 댄다"고 했으니, 오늘날의 배자(褙子)다. 또 비의(臂衣)는 오늘날의 토시(吐手)다.[28]

28 "양당"은 등과 배를 가리도록 고안된 옷이며, 배자는 저고리 위에 덧입는 옷이다. 실제로는 양당과 배자는 유사하며, 오늘날의 조끼와 비슷하다. "비의"는 팔뚝을 감싸는 옷이라는 뜻이니, 곧 토시를 말한다. "토시"의 한자 표기로는 "吐手", "套袖", "套壽" 등이 있다.

면류관[冕]

면류관은 황제가 만들었다. 관(冠)의 위에는 덮개가 있고, 앞뒤로는 수류(垂旒)가 있다.[29]

29 "수류"는 면류관에서 주옥을 꿰어서 드리운 끈을 뜻하는 말이다. "류(旒)"는 구슬을 꿰는 술을 뜻하는데, 황제인지 또는 왕이나 세자인지에 따라 그 수가 정해져 있었다.

관모冠帽

상고시대에는 머리를 풀어헤치고 지냈으며, 삼대(三代)로부터 관모가 생겼다. 3척의 명주로 머리를 묶었는데, 이를 "절상건(折上巾)"이라고 불렀다. 후주(後周) 무제(武帝) 때에는 마름질을 하여 네 귀퉁이에 끈을 달았는데, 이를 "복두(服頭)"라고 불렀다[30]〔지금으로부터 1340년 전〕.

수나라 대업(大業) 연간에는 오동나무로 만들고 안팎에 모두 칠을 했으니, 곧 오늘날의 복두(幞頭)다.

수나라와 당나라 때에는 등직(藤織)으로 바꾸고 칠사(漆紗)로 덮었다. 후에는 높이 솟은 부분을 만들어서 "오사모(烏紗帽)"라고 일컬었는데, 곧 사모(紗帽)의 시초다.

진현관(進賢冠)은 옛날의 치포관(緇布冠)이다.[31]

절풍건(折風巾)은 기자(箕子)로부터 이어진 제도이니, 곧 나제립(羅濟笠)의 효시다.[32]

신라에서는 진골 이하로 평민에 이르기까지 모두 복두(幞頭)를 썼는데, 다만 능(綾), 금(錦), 포(布), 견(絹)의 차등이 있었다. 부녀자는 당관(唐冠)을 썼다.[33]

일본에서는 덴지 천황 10년에 처음으로 관모의 제도를 정했다〔지금으로부터 1240년 전〕. 덴무 천황 10년에는 백성들이 처음으로 머리를 묶고 칠사관(漆紗冠)을 썼다. 또 옷의 빛깔과 율령을 정했다〔지금으로부터 1227년 전〕. 겐쇼 천황(元正天皇)이 처음으로 백성들로 하여금 오른쪽으로 옷섶을 여미게 했으며 부녀자 의복의 제도를 정했다.[34]

서양에서는 여자들이 모자를 쓰는 풍습이 16세기에 처음으로 나타났다.[35]

30 절상건은 검은 명주로 머리를 감싼 것이어서 마름질이 필요하지 않았다. 그렇지만 복두는 4개의 각(脚)을 만들어서 묶을 수 있도록 했기 때문에 마름질을 할 필요가 있었다.

31 《후한서》 여복지(輿服志)에 이러한 언급이 보이는데, 진현관(進賢冠)의 모양이 "앞의 높이는 7촌, 뒤의 높이는 3촌, 길이는 8촌"이라고 한 설명이 덧붙여져 있다. "진현관"은 한나라 때 문관이 주로 썼으며, 폭 10센티미터 정도의 비단을 뒤쪽에 대었다고 한다. "치포관(緇布冠)"은 유생(儒生)이 평상시에 쓰던 관인데, 검은빛의 베로 만들었기 때문에 이런 이름이 붙었다. 관례를 치를 때 초가(初加)에서 치포관을 씌웠는데, "초가"를 포함한 "삼가(三加)"에 대해서는 8장 예절의 '관례' 항목에 언급되어 있다.

32 "절풍건"은 고깔 모양으로 생긴 관모다. 은나라가 망하고 나서 기자가 조선으로 올 때 하늘을 보기 싫었기 때문에 절풍건을 만들어서 쓰고 왔다는 속설이 있는데, 아마도 이 때문에 "기자의 유제(遺制)"라는 표현을 사용했을 듯하다. "나제립"은 신라와 백제에서 썼던 갓을 뜻하는 말인데, 삿갓 모양으로 생겼으며 "방갓(方笠)"이라고도 불렸다고 한다. 임진란 이후에는 상을 당한 사람 정도만 사용했다고 한다.

33 843년(흥덕왕 9)의 왕명에 따라 규정된 복식에 대해 말한 것으로 보인다. 이 일은 앞의 '반비' 항목에서 언급된 바 있는데, 관련 기사는 《삼국사기》 잡지 색복(色服)과 《증보문헌비고》에 보인다. 구체적인 내용은 여기서의 서술과 일부 차이가 있다. 남성의 복두에 대해서는, 6두품은 세라시견포(繐羅絁絹布)를, 5두품은 나시견포(羅絁絹布)를, 4두품은 사시견포(紗絁絹布)를, 평인(平人)은 견포(絹布)를 사용하고 진골은 임의로 할 수 있다고 했다. 여성의 관(冠)에 대해서는 진골은 슬슬전(瑟瑟鈿)을 금지하고 6두품은 사견(紗絹)을 쓴다고 했으며, 5두품 이하는 관을 쓰지 않는다고 했다.

34 "오른쪽으로 옷섶을 여미는 것"을 "우금(右襟)"이라고 한다. 옷깃을 왼쪽으로 여미는 "좌임(左衽)"이 오랑캐의 풍습을 가리키는 말로 사용되었으므로, 우금은 오랑캐의 풍습에서 벗어난다는 의미를 지니고 있었다.

35 16세기 이전에도 유럽의 여성들은 면사포(veil), 스카프(kerchief), 머리 가리개(wimple) 등을 사용함으로써 머리를 노출시키지 않았지만, 16세기 무렵에 이르면 남성들이 사용하던 것과 같은 방식의 모자(hat)를 사용하게 되었다. "여성용 모자를 만드는 사람"을 뜻하는 단어인 "밀리너(milliner)"가 나타나게 된 것도 이와 관련이 있는데, 이 단어의 어원은 가장 뛰어난 제품을 만들던 도시인 밀라노(Milan)에서 찾을 수 있다고 한다.

등簦

비를 막는 도구이니, 크고 자루가 있어 손에 쥐고 다녔다. 오늘날의 우산이 이것이다. 춘추열국(春秋列國)의 때로부터 비롯되었다.[36]

36 "등"은 자루가 달린 삿갓(笠)이라고 하는데, 흔히 고대 중국의 우산으로 풀이된다. 23장 기용(器用)에 '우산' 항목이 따로 있는데, 그 서두에 "우산은 고대 중국에서 처음으로 생겼다"고 했다. 또 조재삼(趙在三)의 《송남잡지(松南雜識)》에서는 의식류(衣食類)의 '우의(雨衣)' 항목과 집물류(什物類)의 '우산' 항목에서 "등(簦)"에 대해 서술했다. 이를 참고하면, 여기서 "등(簦)"을 서술한 것은 우선 삿갓의 한 종류로서 설명하고자 한 것으로 짐작할 수 있다. 한편 중국의 문헌에서 춘추전국시대 인물의 복색을 묘사하면서 "등(簦)"을 언급한 사례를 다수 찾아볼 수 있는데, 《여씨춘추》에서 춘추시대의 개자추(介子推)의 행색을 언급한 부분이나 《사기》에서 전국시대의 우경(虞卿)을 묘사한 부분을 그 대표적인 예로 들 수 있다.

장화長靴

조(趙)나라 무령왕(武靈王)이 오랑캐의 의복을 좋아했는데, 황피(黃皮)로 신(靿)을 만들었다[37]〔지금으로부터 2230년 전〕. 후에 점차 목이 긴 신발(長靿靴)이 되어 군대에서 널리 신게 되었다. 이것이 곧 장화의 시초다.

37 전국시대 조나라의 무령왕(재위 B.C. 325~B.C. 299)은 "호복기사(胡服騎射)", 즉 오랑캐의 의복을 입고 말을 달리면서 활을 쏘는 법을 채택한 일로 널리 알려진 인물이다. 여기서 "오랑캐의 의복을 좋아했다(好胡服)"는 것은 전통적인 의복 대신에 말을 타고 싸우기에 편리한 오랑캐의 의복을 받아들이고자 한 일을 뜻한다.

신발〔履〕 부附 나막신〔木屐〕

황제의 신하인 어측(於則)이 처음으로 신발을 만들었다. 삼(麻)으로 만든

것을 "교(屩)"라 하고, 나무로 만든 것을 "극(屐)"이라 했다.[38]

《동방삭쇄어(東方朔瑣語)》에서는 "나막신(木屐)은 진(晋)나라의 문공(文公)으로부터 비롯되었다. 당시에 개지추(介之推)가 나무를 끌어안고 스스로 죽으니, 문공이 그 나무를 어루만지며 슬피 탄식했다. 마침내 그 나무로 신을 만들어서 늘 개지추의 공로를 생각했는데, 문득 그 신을 굽어보면서 '슬프도다, 족하(足下)여'라고 했다. '족하(足下)'라는 말이 여기서 유래했다"고 했다[39]〔지금으로부터 2544년 전〕.

38 여러 문헌에서 《세본》의 "어측이 신발을 만들었다.(於則作履扉 또는 於則作扉履)"는 구절을 인용했는데, 그 주석에는 조금씩 차이가 보인다. 송나라 고승(高承)의 《사물기원》에서는 "풀로 만든 것은 '비'라 하고, 삼껍질로 만든 것은 '리'라 한다(草曰扉, 麻皮曰履)"는 주석을 붙였는데, "비(扉)"와 "리(履)"의 의미를 각기 풀이한 것이어서 적절한 주석으로 보인다. "교(屩)"와 "극(屐)"의 의미를 말한 것은, 《석명》에서 "'교'는 짚신이다. 또 삼으로 만든 것을 '교'라 하고 나무로 만든 것을 '극'이라 한다(屩, 草履也. 又麻曰屩, 木曰屐)"라고 풀이한 데 보인다. 이는 《세본》의 구절에 대한 주석은 아니다.

39 개지추는 곧 개자추(介子推)다. 《동방삭쇄어》를 인용한 문헌들에는 두 가지 표기가 모두 나타나는데, 《만국사물기원역사》에는 "개지추"로 표기했다. 개자추의 죽음은 28장 풍속잡제(風俗雜題)의 '한식' 항목에도 언급되어 있다.

비녀와 팔찌〔釵釧〕 부附 머리장식〔步搖〕

비녀(釵)는 옛날 계(笄)의 제도가 이어진 것이다. 진나라 목공(穆公)이 처음으로 상아로 비녀를 만들었다〔지금으로부터 2560년 전〕. 이것이 비녀의 시초다. 그 후에 경왕(敬王)이 대모(玳瑁)로 비녀를 만들었다. 시황제가 금과 은으로 봉황 머리를 새겼는데, 이것이 금봉채(金鳳釵)의 시초다[40]〔지금으로부터 2160년 전〕.

팔찌(釧)는 곧 비환(臂環)이다. "도탈(挑脫)"이나 "금조(金條)"라고도 일컬어졌다. 한나라 때에 처음으로 나타났다.[41]

보요(步搖)는 후비(后妃)의 머리장식이다.[42] 《고금주》에서는 "상(商)나라 주(紂)임금이 처음으로 만들었다"고 했다.

40 계(笄)는 관(冠)에 꽂기 위해 사용한 비녀다. 대모는 열대지방에 사는 바다거북인데, 그 등딱지를 장신구에 사용했다.

41 "비환"은 팔목에 두르는 고리 모양의 장식품이라는 뜻이니, 곧 팔찌다. 팔찌를 뜻하는 "도탈"의 표기는 여럿 존재했던 것으로 보인다. 명나라 고기원(顧起元)의 《객좌췌어(客座贅語)》에서는 "조탈(條脫)", "조달(條達)", "도탈(跳脫)" 등이 모두 팔찌를 뜻하는 말이라고 했다.

42 "보요"는 부녀자들의 머리장식인데, "걸을 때 구슬이 흔들린다"는 데서 유래한 말이라고 한다. 우리말로는 "떨잠"이라고 부르기도 하는데, 그 뜻은 한자어인 보요와 유사하다.

반지〔指環〕

《오경요의(五經要義)》에서는 "옛날 후비(后妃)와 첩들이 임금의 처소에서 임금을 모실 때에는, 그날 모시는 사람은 은반지를 끼고 모시러 오고 임신한 이는 금반지를 끼고 물러났다. 모시러 오는 이는 오른손에 반지를 꼈고, 물러나는 이는 왼손에 반지를 꼈다. 본래 삼대로부터 이어진 제도다. 오늘날에는 '계지(戒指)'라고 부른다"고 했다.[43]

로마의 풍속에는 의정관(議定官)은 금반지를 끼고 귀족은 은반지를 끼고 평민은 구리반지를 꼈다고 한다.

43 《모시주소(毛詩注疏)》에서는 예법에 따라 후비나 첩들이 임금을 모실 수 있도록 했다고 하는데, 구체적인 내용이 《만국사물기원역사》에서 서술한 것과는 조금 다르다. 여사(女史)가 날짜를 적어두고 반지를 주어서 처소로 오거나 물러나도록 했다고 하는데, 임신한 이에게는 금반지를 주어서 물러나게 하고 그날 모실 이에게

는 은반지를 주어서 처소로 오게 했다고 한다. 또 그날 임금을 모실 이는 "왼손"에 반지를 끼고 처소로 오지만, 임금을 모시고 나서 처소에서 물러날 때는 "오른손"에 반지를 낀다고 했다. 《태평어람》에서는 왼손은 양(陽)이며 오른손은 음(陰)이기 때문에 임금을 모시기 전과 후에 반지를 끼는 손을 이와 같이 달리 한 것이라고 했다. 그런데 《어정연감유함》과 《사물기원》에서는 임금을 모시기 전에 오른손에 모시고 난 후에 왼손에 반지를 낀다고 했는데, 이는 《만국사물기원역사》에서 서술한 것과 유사하다.

코걸이[鼻環]

코걸이는 아프리카(Africa, 亞比利加)의 부인네가 많이 사용했다.[44] 《구약전서》 창세기에서 "아브라함의 종이 중량이 0.5세겔(shekel, 斯傑耳)—중량 단위의 명칭이다[45]— 되는 금코걸이 1개와 10세겔 되는 금팔찌 2개를 아브라함의 며느리 리브가(里伯加)에게 주었다"고 했으니, 그 유래가 이미 오랜 것이다.[46]

44 2장 지리에서는 아프리카를 "亞非利"로 표기했다. 여기서 쓰인 "亞比利加"도 "아프리카"의 표기일 것으로 추정되지만, 다른 단어를 표기한 것일 가능성을 배제하기는 어렵다.
45 세겔(shekel)은 히브리어로 '무게를 달다'는 뜻을 가진 말이다. 중량의 단위로는 약 11.42그램에 해당한다. 뒤에는 화폐의 단위로도 사용되었다.
46 《구약전서》 창세기의 24장에서 인용한 것이다. 아브라함의 표기는 "亞布拉罕"과 "亞布剌罕"의 두 가지 형태로, 리브가의 표기는 "利伯加"와 "里伯加"의 두 가지 형태로 나타난다.

귀걸이[耳環]

귀걸이는 로마와 그리스에 이미 있었다. 남자는 하나, 여자는 두 개의 귀걸이를 했다.

단추[鈕鈕]

14세기 초에 독일사람 뉘른베르크(Nuremberg, 尼換堡)가 상아, 유리, 짐승의 뼈 등을 이용하여 처음으로 단추를 만들었다.[47]

47 지명인 뉘른베르크를 인명으로 착각한 것으로 보인다. 니시무라 시게키의 《서국사물기원》에는 14세기 초에 뉘른베르크(紐連堡)에 처음으로 단추 만드는 공장을 세웠다는 말이 보인다.

가계假髻 부附 다리[髢]

가계는 부인들의 머리장식이다. 《주례》의 왕후(王后)의 부(副)와 계(笄)에 대한 주석에서는 "부(副)는 가계(假髻)다"라고 했다.[48] 진(秦)나라 문왕이 진주, 비취, 깃털, 꽃을 더하고서 "봉계(鳳髻)"라는 이름을 붙였는데, 대개 오늘날의 화관(花冠)일 것이다.

다리(髢)는 다른 사람의 머리카락을 묶어서 계(髻)에다가 꾸미는 것이니, 또한 《주례》에 기록되어 있다. 우리나라에서는 그것을 "큰머리(大髮)"라고 불렀다.[49]

48 《주례》 천관 퇴사(追師)에 붙은 주석을 인용한 것이다. 퇴사는 관면(冠冕)을 맡은 관직이어서 왕과 왕후의 머리장식을 담당했다. 왕후의 머리장식에 대해서는 부(副), 편(編), 차(次), 퇴(追), 형(衡), 계(笄: 비녀)가 언급되어 있다. 원문의 "부산(副筭)"은 "부계(副笄)"의 오기이므로, 여기서는 고쳐서 옮긴다.
49 "다리(髢)"는 여자들의 머리숱이 많아 보이기 위해 덧넣었던 딴머리다. "큰머리"는 "大髮"을 직역한 말인 듯한데, 원문에는 주석 형태로 기록되어 있다.

분粉

《묵자(墨子)》에서는 "우임금이 처음으로 분을 만들었다"고 했고, 《박물지(博物志)》에서는 "주(紂)가 납을 태워서 분을 만들었다"고 했다. 한나라 때에는 시중(侍中)이 모두 분을 발랐다.[50]

50 은나라 주임금이 만든 연분(鉛粉)은 호분(胡粉)이라고 일컬어졌다. 《한서(漢書)》 영행전(佞倖傳)에는 효혜제(孝惠帝) 때 시중(侍中)들이 모두 금계의 깃털로 장식한 관(冠)을 쓰고 자개띠(貝帶)를 두르고 분을 발랐는데 그것이 풍속이 되었다는 기록이 있다. 당나라 때에 남자가 분을 바르는 풍속이 없어졌다고 한다.

얼굴기름과 머릿기름[脂澤]

지(脂)는 면지(面脂)이니, 주나라 때에 이미 있었다. 택(澤)은 향택(香澤)이니, 머리카락에 바르는 기름이다. 《초사(楚辭)》에 "하얗게 분 바른 얼굴에 검게 그린 눈썹, 꽃다운 향유까지 베풀었네(粉白黛黑, 施芳澤只)"라고 했는데, 이에 의거하면 주나라 때에 이미 있었던 것이다.[51]

51 《초사》 가운데 "대초(大招)"의 한 구절을 인용한 것이다. 원고본과 간행본 모두 "黑"과 "只" 자가 빠졌는데, 원래대로 보완하여 옮겼다. 이 노래의 작자는 굴원이라고 알려져 있으나, 실제로는 그 후배인 경차(景差)라는 견해도 있다.

눈썹먹과 붉은 점[黛的]

대(黛)는 그린 눈썹이다. 적(的)은 얼굴에 단사(丹砂)를 찍어서 월경이 있는 사람을 표시한 것이다. 모두 고대에 궁중에서 희첩(姬妾)에게 처음 사용되었다[지금으로부터 3000년 전 무렵].

연지燕支

연지는, 주임금이 홍남화(洪藍花)의 즙으로 기름을 응축하여 처음으로 도화장(桃花粧)을 했는데, 홍남화가 연나라에서 나는 까닭에 이름을 "연지(燕脂)"라고 했다—《이의록(二儀錄)》—. 혹은 흉노의 언지산(焉支山)에서 나는 까닭에 이 이름을 붙였다고도 한다.[52]

52 "홍남(紅藍)"은 연지꽃의 다른 이름이다. "도화장(桃花粧)"은 중국에서 행해진 화장법의 하나인데, 은나라 주임금과 달기(妲己)의 고사 가운데 이 화장법이 언급되어 있다. 꽃잎을 짜서 액을 바르는 그 주요 내용이다. 연지를 만드는 방법에는 크게 두 종류가 있었다. 여기에 서술된 바와 같이 꽃잎을 이용하는 방법이 하나이며, 광물질인 주사(朱砂)를 이용하는 방법이 다른 하나다. 후자의 경우를 특별히 단지(丹脂)라고 부르기도 한다.

양말 짜는 기계〔襪架〕

1589년에 영국사람 리(Willam Lee, 李)가 제작한 양말 짜는 기계가 처음으로 세상에서 사용되었다.[53]

53 앞의 '버선(襪)' 항목에서는 윌리엄 리를 "維廉里"로 표기했다. 이 항목을 따로 둔 이유가 무엇인지는 분명하지 않다.

양복洋服

서양에서는 지금으로부터 1000년 전인 로마시대에는 모두 소매는 길고 폭은 넓으며 가장자리는 꾸미지 않은 옷을 입었고, 흰 양털로 짜서 만든 복건(幅巾) 모양의 관(冠)을 썼다. 14세기 이후로는 전쟁을 하면서 그 옷이 불편함을 깊이 깨달아서 조금 고쳤지만, 아직 아주 좋은 것은 아니었다. 18세기 말에 이르러서 영국, 프랑스 등의 여러 나라가 비로소 지금의 제도와 같이 고쳤으니, 이른바 "영국 옷과 프랑스 모자"라는 것이 이것이다. 이에 마침내 여러 나라에서 모방하여 만들어 입게 되었다.

염색染色

1856년에 서양사람 퍼킨(Perkin, 潘京)이 처음으로 바이올렛(violet, 非由竦)—곧 보라색 팬지(Purple Pansy, 紫蘿蘭)다—을 발견했는데, 아닐린(aniline, 阿尼林)—약의 이름—과 모물(毛物)을 제조하여 염색을 했다.[54]

54 영국의 화학자 퍼킨(William Henry Perkin, 1838~1907)은 독일 출신의 화학자 호프만(August Wilhelm von Hofmann, 1818~1892)의 조수로서 퀴닌(quinine, 말라리아 치료제)의 합성 실험을 하는 도중에 염색약으로 쓸 수 있는 물질을 발견했다. 그는 진한 보라색을 띤 이 물질에 제비꽃을 뜻하는 "모브(mauve)" 또는 "모베인(mauveine)"이라는 이름을 붙였다. 이 물질은 또한 "아닐린 바이올렛(Anylin violet)"이나 "아닐린 퍼플(Anylin purple)"이라고도 불렸다. 여기서 "바이올렛"에 "보라색 팬지"라는 주석을 붙인 것은 "제비꽃"이라는 의미를 밝히기 위한 것으로 추정되는데, 본문의 "바이올렛"은 꽃의 이름보다는 염료의 이름으로 풀이하는 것이 자연스럽다. 한편 "모물"은 "털가죽" 또는 "모직물"의 뜻을 가진 한자어지만, 여기서는 이런 의미로 풀이하면 뜻이 잘 통하지 않는다. 만약 "모베인(mauveine)" 또는 "모브(mauve)"를 음차한 말로 보면, "바이올렛—즉 제비꽃 빛깔—을 발견하고 아닐린 모브(또는 아닐린 모베인)를 제조하여 염색을 했다"는 정도로 풀이할 수 있다. 퍼킨이 아닐린을 제조한 과정을 고려하면 이런 해석이 자연스러울 듯하다. 그렇지만 "모물"이 서양어의 음을 표기한 단어인지는 단정하기 어렵다. 문장의 구조를 바꾸어서 이해하면 조금 다른 해석도 가능하다. 즉 "모물"을 "염색하다"의 목적어로 해석하면, "아닐린을 제조하여 모물(양모 또는 모직물)을 염색했다"는 정도로 풀이할 수도 있다. 현재의 문장이 부자연스럽다는 점은 부정하기 어려운데, 이는 아마도 아닐린 염색에 대해 정확히 이해하지 못한 채 그에 관해 서술했기 때문에 나타난 결과일 것이다.

• 19장 •

음식
飮食

화식火食

옛날에는 날고기를 먹고 피를 마시며 나무열매를 먹을 뿐이었다. 그러다가 수인씨(燧人氏)가 나타나 처음으로 화식(火食)을 가르쳤는데, 익히는 방법은 육류를 불 위에 직접 올려놓고 굽는 정도일 뿐이었다. 그 후에 익히는 방법이 점차 진보했다. 즉 구멍을 하나 파서 그 위에 짐승 가죽을 펼치고 그 속에는 물을 채우고서는 거기에 고기를 던져 넣고, 다시 많은 양의 자갈을 벌겋게 달구어서 물속에 섞어 넣었다. 물이 매우 뜨거워져서 끓게 되면, 마침내 고기가 익게 되는 것이다. 그 뒤에 또 개량하여 가죽 대신 그릇을 쓰게 되었고, 점점 진보되어 오늘날처럼 정교하게 되었다.

《고사고》에서는 "신농씨의 시대에 백성들이 곡식을 먹었는데, 불에 달군 돌 위에 씻은 쌀을 올려서 익혀 먹었다"고 했다.[1]

1 《고사고》는 삼국시대의 초주(譙周, 201~270)가 편찬했는데 현재 전하지 않는다. 일부 내용만 후대의 문헌에 남아 있는데, 표현은 조금씩 차이가 있다. 송대의 문헌인 《노사(路史)》에서는 "신농씨의 시대에 백성들이 처음으로 곡식을 먹었다. 불에 달군 돌 위에 씻은 쌀을 올려놓고서 먹었다(神農之時, 民始食穀. 釋米加燒石之上, 而食之)"라고 인용했다. 아직 솥이 없었기 때문에 불에 달군 돌을 이용하여 곡식을 익혀 먹었던 것인데, 《예기》 예운(禮運) 편에 언급된 "번서패돈(燔黍捭豚)"

또한 이처럼 돌을 이용하여 음식을 익혀 먹었던 일을 말한 것으로 추정된다.

상식常食

상고시대 동양의 여러 나라와 그리스에서는 하루에 두 번 밥을 먹었고 페르시아와 로마에서는 하루에 한 번 밥을 먹었다. 그리스에서는 한 번은 오전에 한 번은 저녁 시간에 밥을 먹었는데, 저녁밥은 성대하게 차려서 먹었다. 로마에서는 오후에 밥을 먹었다.

몽골 사람은 급히 행군할 때에는 말의 젖(馬乳)과 치즈(乾酪)만 먹었으며, 때로는 말의 피로 허기를 채우고서 열흘을 견뎌낼 수 있었다. 그런 까닭에 그 행군이 매우 신속했다.

죽粥

《주서》에 "황제가 처음으로 곡식을 삶아 죽을 만들었다"고 했다.

만두饅頭

《삼국지》에 제갈량이 오랑캐를 평정하고 돌아오는 길에 만들었다고 했다[2] 〔지금으로부터 1700년 전 무렵〕.

2 "《삼국지》"는 곧 연의소설인 《삼국지연의》이며, "오랑캐를 평정한다(平蠻)"는 말은 제갈량이 남만의 맹획(孟獲)을 토벌한 일을 뜻한다. 제갈량은 사람의 머리 대신 밀가루 속에 고기를 넣어서 만든 음식으로 제사를 지냈다고 하는데, 송나라 고승(高承)의 《사물기원》에서는 "소설에 이르기를(小說云)"이라 하고서 이런 설을

제시했다. 또 만두가 제갈량에서부터 기원했다는 설을 받아들이면서 "만두"를 "만두(瞞頭)"나 "만두(蠻頭)"로 표기하는 사례도 있는데, 이는 각기 "강물의 신을 속인 것(欺瞞)"이나 "오랑캐의 머리"라는 뜻을 취한 것이라고 한다. 한편 문헌에 "만두"라는 어휘가 나타난 사례로는 진나라의 속석(束晳, ?~300)이 지은 '병부(餠賦)'가 가장 이른 시기의 것이라고 알려져 있다.

술[酒]

모여서 술을 마시고 음식을 먹는 일은 이미 고대부터 있었다. 《세본》에서는 "황제의 딸 의적(儀狄)이 처음으로 술을 만들었다"라고 했다[3][지금으로부터 4060년 전]. 또 소강(少康)이 고량주(秫酒)를 만들었다[4][지금으로부터 3940년 전].

일본에서는 백제로부터 온 양주사(釀酒師) 인번(仁番)이 처음으로 술 빚는 법을 가르쳤다[5][지금으로부터 1625년 전].

3 "황제의 딸(帝女)"이라는 말은 원고본에는 없으며, 《세본》에도 보이지 않는다. 간행본에 이 말이 보이는 것은, 아마도 《전국책(戰國策)》이나 왕찬(王粲)의 "주부(酒賦)" 등을 참조하여 보충해 넣었기 때문일 것이다. 《전국책》에서는 "황제(帝)"를 우임금으로 추정했는데, "4060년 전"이라고 한 것을 보면 장지연 또한 "우임금의 딸 의적"으로 이해하고 있었던 것으로 짐작된다. 한편 《명의고》와 같은 문헌에서는 전설상의 인물인 의적이 남성인지 혹은 여성인지도 명확히 알 수 없다고 의문을 제기한 바 있으니, "의적"이 어떤 인물인지에 대해서는 과거에도 논란이 있었던 듯하다. "의적"이 술을 만들어 올리자, 우임금은 그 맛이 단 것을 보고는 의적을 멀리하며 '술'을 경계했다고 한다.

4 고량주를 만든 인물은 하나라 때의 두강(杜康)으로 알려져 있는데, 《설문해자》에서는 하나라의 왕인 소강이 곧 두강이라고 했다. 장지연은 이러한 견해를 따른 것으로 보인다.

5 《고사기(古事記)》에 오진 천황 때 백제사람 인번(仁番) 수수보리(須須保利)가 건너와서 술 빚는 법을 가르쳤다는 기록이 있다. 수수보리는 인번의 별칭으로 알려져 있다. 우리나라의 술에 대해 직접 서술하지 않았지만, 일본 측의 기록을 통해 일

본보다 앞서 백제에 술이 있었음을 짐작할 수 있다.

소주燒酒

소주는 원나라 때에 처음 만들었는데, 그 이름을 "감로(甘露)"라고 했다 〔지금으로부터 600년 전〕. 우리나라에서는 평양에서 감홍로(甘紅露)를 잘 빚었다. 타이 소주(暹羅燒酒)는 두 번 끓여서 만든다.[6]

6 타이 소주에 대한 서술은 원고본에는 없으며 간행 과정에서 덧붙여진 것으로 보이는데, 다른 항목에서는 거의 언급되지 않았던 "동남아시아의 사물"을 추가 서술한 이유가 무엇인지는 분명하지 않다. 다만 타이 소주는 조선시대의 문헌인 《지봉유설》에도 언급되어 있으니, 장지연 당대의 사람들에게도 아주 낯선 것은 아니었을 가능성이 있다. 이수광은 《지봉유설》에서 '타이 소주'에 대해 두 가지를 언급했는데, 하나는 《식감본초(食鑑本草)》에서 "한두 잔을 마시면 오래된 병도 모두 치유된다"고 한 기록이며 다른 하나는 왕세정(王世貞)이 "오랑캐(四夷)의 술 가운데 타이의 것이 제일이다"고 말했다는 일화다.

포도주葡萄酒

《구약전서》 창세기에 "노아가 농부가 되어서 처음으로 포도밭을 경작했는데, 포도주를 마시고 크게 취했다"고 했으니, 아마도 서역에서 처음 만들었을 것이다.[7] 《한서》 대완전(大宛傳)의 주석에서는 "그 나라에서는 포도주를 잘 빚는데, 부유한 사람은 수백 석을 쌓아둔다"고 했다.[8]

7 《구약전서》 창세기 9장에서 인용한 것이다. 대홍수가 끝나고 나서 노아가 농사를 짓기 시작했을 때의 일인데, 노아는 포도주를 마시고 취했으며 자기 장막 안에서 벌거벗은 채로 잠들었다고 한다.

8 "대완(大宛)"은 중앙아시아에서 건국한 페르가나(Fergana)다. 《한서》 서역전(西域傳)에 대완국에 대한 기록이 있지만 여기서 언급한 주석이 보이지는 않는 듯한데, 혹 "漢書 大宛傳 註"가 별도의 책을 가리키는 것일 가능성도 배제하기는 어

렵다. 다만 《사기》 대완열전(大宛列傳)과 《한서》 서역전(西域傳)에는 "포도로 술을 만든다. 부유한 사람은 술을 만여 석까지 저장하는데, 오래된 것은 수십 년이 지나도 부패하지 않는다(以蒲陶爲酒, 富人藏酒至萬餘石, 久者至數十歲不敗)"는 말이 보이는데, 26장 식물의 '포도' 항목에도 이 가운데 일부가 인용되어 있다.

맥주麥酒

맥주는 이집트 사람 오시리스(Osiris, 柯斯里士)—고대 이집트의 왕이다—가 처음으로 만들었다.[9] 중국에서 "맥주(麥酒)"라고 일컬었던 것은 지금의 맥주와는 매우 다르다.

9 오시리스는 이집트 신화에 등장하는, 지하세계와 풍요의 신이다. 형의 권력을 시샘했던 동생 세트(Seth)에게 살해되었으나, 결국 아내이자 누이동생인 이시스(Isis)의 도움으로 미이라가 되어 부활했다. 오시리스와 이시스 사이에서 태어난 호루스(Horus)가 결국 세트를 죽이고 이집트의 왕이 되었다고 한다. 이집트에는 오시리스가 아내 이시스와 함께 맥주를 만들었다는 이야기가 전한다.

오시리스는 고대 이집트 신화에 등장하는데, 풍요를 상징하며 죽은 사람을 다시 깨우는 지하세계의 신으로 알려져 있다.

알코올[alcohol, 亞爾可兒][10]

알코올은 주정(酒精)이다. 아르노 드 빌누(Arnaud de Villeneuve, 亞諾耳 德威剌諾哇)가 처음으로 만들었다—아르노는 프랑스의 연금학자로, 의학교 교장을 지낸 사람이다. 1235년에 태어나서 1314년에 죽었다.[11]

10 원고본에는 항목명 아래에 "Alchol"이라고 씌어 있는데, 주석으로 붙이기 위

해 쓴 것인지는 분명하지 않다. 간행본에는 별도의 주석을 붙이지 않았다.

11 몽펠리에 대학교의 의학교수 아르노 드 빌누(1240?~1311?)는 만병통치약을 연구하던 중에 알코올을 발견했는데, 이를 "생명수(aquevitae)"라고 불렀다. 아르노는 원래 스페인에서 태어났으며, 스페인식 이름은 아르날두스 드 빌라노바(Arnaldus de Villanova)다. 한편 주석에 제시한 아르노의 생몰년은 현재 알려진 것과 조금 차이가 있는데, 이와 같이 제시한 근거가 무엇인지는 분명하지 않다. 또 실제 알코올 제조법을 처음 발견한 사람은 아랍인인 제빌 이븐 하얀(Jabir ibn Hayyan, 721?~815?)으로 알려져 있는데, 그는 자신이 발견한 물질을 "알코올(al kuhul)"이라고 불렀다 한다. 아르노의 발견과 제빌 이븐 하얀의 발견 사이에 영향 관계가 있는지는 아직 밝혀지지 않았다.

금주회禁酒會

1825년에 미합중국이 처음으로 술을 절제하는 모임(節酒會)을 설립했는데, 영국과 네덜란드 등이 모두 이를 본떠서 시행했다. 그 후에 마침내 금주회에 이르게 되었다.

빵[麪包]

《구약전서》 창세기에 의하면, 아브라함 때에 빵을 굽는 화덕(竈)이 있었다.[12]

12 《구약전서》 창세기 18장에서 아브라함이 아내 사라에게 빵을 굽도록 한 일을 말한 것으로 보인다. 간행본에는 "화덕이 처음으로 생겼다(竈가 始有ᄒᆞ니라)"고 했지만, 아브라함의 때에 이미 화덕이 있었음을 알 수 있다고 풀이하는 것이 자연스럽다. 원고본에는 "처음으로(始)"라는 말이 없다. 여기서는 원고본에 따라 옮긴다.

사탕 砂糖

사탕은 상고시대로부터 이미 인도에 있었다. 그리스와 로마가 모방하여 제조했지만, 당시에는 사탕수수의 진액을 짜내서 사용했을 뿐이며 제당(製糖)의 방법은 알지 못했다. 그 후에 아라비아 사람이 비로소 제당법을 만들어서 유럽에 전했다.

고대 중국에서도 또한 사탕수수로 진액을 짜서 엿(餳)을 만드는 것만 알았다. 그런 까닭에 《삼국지》에는 오나라의 손량(孫亮)이 은그릇에다 교주(交州)에서 바친 사탕수수엿(甘蔗餳)을 담아오도록 황문(黃門)에게 명령했다는 말이 나오는데, 이는 엿(飴餳)이었다. 당나라 태종 때에 이르러서 서역에 사신을 보내서 오당법(熬糖法)을 구했는데, 그 방법과 같이 즙을 짰더니 색과 맛이 서역에서 만든 것보다 나았다고 한다. 또 왕작(王灼)이 《당보(糖譜)》에서 "당나라 대력(大曆) 연간에 승려인 유추 화상(有鄒和尙)이라는 이가 처음으로 백설탕(糖霜)의 제조법을 황씨에게 가르쳤다"고 했다.[13] 당빙(糖氷)과 설탕물도 모두 이로부터 처음 발명되었다.

13 왕작(1081~1162?)이 1154년에 쓴 책의 정식 명칭은 "당상보(糖霜譜)"며, 원래 7편으로 구성되어 있었다고 한다. "당상(糖霜)"은 설탕의 색깔이 서리와 같은 흰빛이었기 때문에 붙여진 이름이다. 한편 당나라 태종 때에 만든 설탕에 대한 기록에는 "상(霜)" 자가 보이지 않는데, 이를 근거로 당시의 설탕은 흰빛이 아니었을 것이라는 견해도 있다.

소금[鹽]

먹는 소금에 대해서는 중국의 황제 때에 숙사씨(宿沙氏)가 처음으로 바닷물을 끓여서 소금을 구워냈는데, 그 빛깔이 푸른색, 흰색, 붉은색, 검은색, 자주색 다섯 가지였다고 한다.[14] 소금이 여기서 비롯했다.

동방에서는 "척(斥)"이라 부르고, 서방에서는 "로(鹵)"라 부르고, 하내(河內)에서는 "함(鹹)"이라 부른다. 그 종류에는 못(池)을 끌어들여 소금으로 만드는 것이 있으니 《주례》에서 "감염(監鹽)"—오늘날에는 "과염(顆鹽)"이라고 부른다—이라고 한 것이요, 또 바닷물이나 염정(鹽井), 소금덩이(鹻)를 구워서 만드는 것이 있으니 《주례》에서 "산염(散鹽)"—오늘날에는 "말염(末鹽)"이라고 부른다—이라고 한 것이다.[15] 소금은 바다에서도 나고 염지(鹽池)에서도 나는데—북해(北海)에서 난다—[16], 촉(蜀) 지역에서는 우물에서 나고—바다에서 멀기 때문이다—, 숙신(肅愼)이나 물길(勿吉)에서는 나무에서 난다—소금이 나무 위에 응결된다—. 또 돌에서 나는 것도 있다.

14 명나라 팽대익(彭大翼)의 《산당사고(山堂肆考)》에서는 "처음으로 바닷물을 끓여서 소금을 구워내었다(始以海水煮乳, 煎成鹽)"고 했는데, 《만국사물기원역사》에는 "煎"자가 빠진 채로 인용되어 있다. 숙사씨는 후대에 염종(鹽宗)으로 받들어졌다.

15 《주례》의 원래 이름은 "주관(周官)" 또는 "주관경(周官經)"이며, "감염"과 "산염"은 《주례》에 나오는 말이다. 원문에는 "주관(周官)"으로 되어 있지만, 여기서는 《주례》로 옮긴다. 또 "감염"은 원고본과 간행본 모두 "해염(醢鹽)"으로 잘못 표기되어 있는데, 이 또한 "감염"으로 고쳐서 옮긴다. 이 부분 또한 《산당사고》에 서술된 내용과 거의 같은데, 《산당사고》에서는 《설문해자》를 인용했음을 밝히고서 "그 종류에는 둘이 있다(其類有二)"고 말한 뒤에 감염과 산염을 제시했다. 따라서 여기에 "오늘날"이라고 한 것도 장지연이 살던 시점을 가리키는 말은 아니다.

16 "염지(鹽池)"는 곧 염호(鹽湖)다. "북해"는 당나라 때 '염주(鹽州)'라고 불린 옌츠(Yanchi, 鹽池) 지역을 가리킨다.

유제품[乳油][17] — 우유牛乳, 양락羊酪

《구약전서》 창세기에 "아브라함이 버터(牛酪)와 우유를 가져왔다"고 했으나, 오늘날과 같은 것인지는 알 수 없다.[18] 혹은 사사덕(斯斯德) 사람이 처음으로 만들었다고도 한다.[19]

진(晋)나라 유희(劉熙)의 《석명》에서는 "'낙(酪)'은 곧 '택(澤)'이니, 동물의 젖에서 만들어진 것으로 사람을 살찌고 윤이 나게 한다"라고 했다. 도은거(陶隱居)는 "우유는 낙(酪)이 되고 낙은 소(酥)가 되고 소는 제호(醍醐)가 된다"고 했다.[20] 그 방법은 《주례》에서 비롯되었다.

양락(羊酪)은 양의 젖으로 만들고, 타락(駝酪)은 낙타의 젖으로 만든다.[21]

일본의 고토쿠 천황 때에 백제의 선나사주(善那使主)가 우유를 진상하니, 이로부터 여러 지방에 처음으로 우유 제품(牛酥)이 나타나게 되었다고 한다. 이에 의거하면, 이 무렵 우리나라에 우유를 이용한 식품이 발명되었음을 미루어 알 수 있다.[22]

17 "유유(乳油)"는 "동물의 젖에 있는 지방질" 또는 "동물의 젖을 이용하여 만든 음식"으로 풀이할 수 있으며, 현대 중국어에서는 "크림(cream)"의 뜻으로 풀이된다. 또 니시무라 시게키의 《서국사물기원》에서는 "우유유(牛乳油)" 항목에 대해 "バタル" 즉 "버터(butter)"라는 주석을 붙이고 그 서두에서 '아브라함의 버터'에 대해 서술했다. 《만국사물기원역사》에서도 '버터'의 뜻으로 이런 제목을 붙였을 가능성도 있는데, 버터와는 거리가 있는 사례들을 함께 다룬 점을 고려하여 여기서는 '버터'라는 제목을 붙이지 않고 옮겼다.

18 《구약전서》 창세기 18장의 아브라함이 세 사람의 손님을 맞이하여 극진히 대접하는 장면에서 인용한 것이다. 한편 여기서 언급된 "아브라함의 버터"는 오늘날의 버터와는 다른 음식일 가능성이 높다고 알려져 있는데, 이는 당시의 고대 문명에서 버터를 사용한 흔적을 발견할 수 없기 때문이다.

19 "사사덕"이 어떤 나라인지는 분명하지 않다. 니시무라 시게키의 《서국사물기원》에서는, 올리브가 자라지 않는 유럽 북부 지방에서 일찍부터 우유를 농축시키

는 법을 개발했다고 하고서 "西翅的(シシテ)"와 "德來斯(タレース)"의 사람들이 처음 버터를 만들었다는 설을 소개했다.

20 도은거는 중국 남조 양(梁)나라 때의 학자인 도홍경(陶弘景)이다. 송나라 때의 유서인 《금수만화곡(錦繡萬花谷)》에 도은거의 말이 인용되었는데, 그에 따르면 도은거는 "불서(佛書)"를 인용하여 '유(乳) → 락(酪) → 소(酥) → 제호(醍醐)'의 관계를 말했다고 한다. 또 "제호(醍醐)"에 대해서는 "소와 낙의 정제된 진액(精液)"이라고 풀이했다.

21 "양락"은 양젖의 지방질을 굳혀서 만든 음식으로, 북방에서 온 별미(別味)를 대표하는 말로도 사용되었다. "타락"은 글자대로 풀이하면 낙타의 젖을 굳혀서 만든 음식이라는 뜻이 되지만, 실제의 의미는 그보다 넓다. "타락"이 돌궐어(말린 우유를 뜻하는 '토라크')나 몽골어(말의 젖을 뜻하는 말)에서 온 말일 가능성이 있기 때문이다. 실제 오늘날의 사전에는 "우유, 또는 소나 양 등의 젖으로 만든 음식"으로 풀이되어 있으며, 조선시대에는 주로 우유를 가리키는 말로 사용되었다. 조선시대에는 새끼를 낳은 소의 젖을 짜서 진상했는데, 그 관리를 위하여 타락색(駝酪色)이라는 관청을 두기도 했다.

22 고토쿠 천황(재위 645~654) 때에 선나사주가 우유를 진상했는데, 그 공로로 화약사주(和藥使主)라는 성씨를 하사받았다고 한다. 이 기록은 815년에 편찬된 《신찬성씨록(新撰姓氏錄)》에 실려 있는데, 선나사주는 오국(吳國) 곧 백제에서 건너온 지총(智聰)의 후손이라고 했다.

시豉[23]

《초사(楚辭)》에 "대고(大苦), 소금, 식초에다 생강의 매운맛과 꿀의 단맛이 나는구나(大苦鹹酸, 辛甘發些)"라 했는데, 그 주석에서는 "대고(大苦)는 시(豉)다"라고 했다.[24] 《사기》에서는 "얼국(櫱麴)과 염시(鹽豉)가 천 항아리다"라고 했다.[25]

《박물지》에서는 "시(豉)는 강백(康伯)이 만든 것인 까닭에 '강백'이라고 일컬어진다"고 했다.[26]

23 "시(豉)"는 콩으로 만든 장, 또는 메주를 뜻하는 말이다. 우리말의 메주나 된

장과는 의미가 조금 다르기 때문에 그대로 시(豉)로 옮긴다.

24 《초사》 '초혼(招魂)' 편을 인용한 것이다. 초혼편에서는 시구의 끝에 특별한 의미 없이 말의 기세를 돕는 "사(些)" 자를 반복하여 사용한다. 이 구절에 대한 주석에서는 "대고는 시다. 함은 소금이다. 산은 식초다. 매운 것은 생강을 말한다. 단 것은 엿이나 꿀을 말한다. 시(豉)의 즙을 취하여 생강, 소금, 식초와 조화시키고 엿과 꿀을 섞으면, 맵고 단 맛이 모두 나타나게 됨을 말한 것이다(大苦, 豉也. 鹹, 鹽也. 酸, 酢也. 辛謂椒薑也, 甘謂飴蜜也. 言取豉汁, 調和以椒薑鹹酸, 和以飴蜜, 則辛甘之味, 皆發而行也)"라고 풀이했다.

25 《사기》 화식전(貨殖傳)에서 인용한 것으로, 원문은 "蘖麴鹽豉千合"이다. 이때 "합(合)"은 "답(荅)"이나 "이(瓵)"로 된 데도 있는데, 모두 음식을 담아두는 독(항아리)을 뜻하는 말이다. "얼국"은 술을 담기 위한 누룩을, "염시"는 두시(豆豉) 즉 간장을 뜻하는 것으로 풀이할 수 있는데, "시(豉)"의 기원과 용례를 보이기 위해 인용한 것이므로 원문대로 두었다.

26 《박물지》에서 거론한 것은 "시(豉)" 자체의 기원은 아니며, 중국과는 차이가 있는 "외국의 시법(豉法)"에 대한 소개다. 《박물지》에서는 "강백"이 제조법을 중국에 전해준 호인(胡人)의 이름에서 유래한 것이라고 했으니, "시(豉)를 만든 사람"의 이름은 아닌 셈이다.

장과 젓갈[醬醢]

《주례》에서는 "해인(醢人)의 직(職)에는 여해(女醢)가 30인이다"라고 했다.[27] 《예기》에서 "장(醬)은 가을에 견줄 수 있다"고 했는데, 그 주석에서는 "장은 마땅히 서늘해야 한다"고 했다.[28] 또 "삶아 익힌 음식을 바치는 이는 장(醬)을 쥔다"고도 했다.[29] 최식(崔寔)이 《사민월령(四民月令)》에서 "5월 1일에 젓갈을 담을 만하다"고 했다. 아마도 중국 삼대의 시기에 비롯된 것일 듯하다.

27 《주례》 천관 총재(冢宰)에서 인용한 것이다. "해인으로는 환관(奄)이 1인이요, 여해가 20인이요, 여자종(奚)이 40인이다(醢人, 奄一人, 女醢二十人, 奚四十人)"라고 했으니, 여기서 "30인"이라 한 것은 "20인"의 오기다. "여해"는 "젓갈에 밝은 여성(女之曉醢者)"을 뜻하는 말이다.

28 《예기》 내칙(內則)에서 인용한 것이다. 원문은 "장제시추시(醬齊視秋時)"인데, 여기서 "제(齊)"는 양념(齏)을 뜻하는 말이며, "시(視)"는 '견주다, 나란하다(比)'의 뜻으로 풀이할 수 있다. 이 부분은 원래 음식을 계절의 속성에 빗댄 것이니, "대개 밥은 봄철에 견줄 수 있고, 국은 여름에 견줄 수 있고, 장은 가을에 견줄 수 있고, 술은 겨울에 견줄 수 있다(凡食齊視春時, 羹齊視夏時, 醬齊視秋時, 飮齊視冬時)"라고 했다. 그 주석 가운데 "밥은 따뜻해야 하고, 국은 뜨거워야 하고, 장은 서늘해야 하고, 술은 차가워야 한다"고 풀이한 것이 보인다.

29 《예기》 곡례(曲禮)에서 인용한 것이다. 물품을 바치는 이들이 그 물품의 중심이 되는 것을 쥔다고 했는데, 음식의 경우에는 장(또는 젓갈)의 종류를 보면 어떤 음식인지를 알 수 있기 때문에 음식을 바치는 이가 장을 쥐는 것이다.

절인 채소[雜菹] — "침저沈菹"나 "침채沈菜"라고도 부른다.

《창힐해고(蒼頡解詁)》에 "고초(酤酢)—'酤'는 음이 '고'다—는 절인 채소(菹)다"라고 했으니, 그 법이 매우 오랜 것이다. 우리나라의 침저(沈菹)—석박김치—는 새우젓 끓인 즙에다 무(蘿葍), 마늘(大蒜), 파(葱), 고추(番椒)와 그 밖에 갓(芥菜), 배추(菘菜), 소라(螺), 전복(鰒), 조기(石首魚) 등을 섞어서 항아리(磁瓮)에 담가 두는 것인데, 겨울을 나면서 맛이 강렬해져서 변하지 않는다.[30]

30 유득공(柳得恭)의 《경도잡지(京都雜誌)》에 이와 유사한 내용이 보인다. 유득공은 "잡저(雜菹)"에 대해 "새우젓국을 끓여서 맑게 식힌 다음에 무, 배추, 마늘, 고추, 소라, 전복, 조기 등을 독에다가 섞어서 담그는데, 겨울이 나면서 매우 매워진다(煮鰕醢汁候淸, 蘿葍 · 菘 · 蒜 · 番椒 · 螺 · 鰒 · 石首魚, 用陶瓮和淹, 經冬辛烈)"고 서술했는데, 《만국사물기원역사》의 몇 부분들처럼 여기서도 《경도잡지》를 참고했을 가능성이 있다.

전골氈骨

전골은 언제 기원한 것인지 알 수 없다. 그렇지만 옛날 군중에서 군사가 머리에 쓰고 있던 전립(氈笠) 철관(鐵冠)을 이용하여 고기를 삶아 먹었던 까닭에, 후세에 전립 모양의 솥을 만들어서 채소는 속에 넣고 고기는 가장자리에 놓고서 익혀서 먹는 것을 "전골"이라고 부르게 되었다고 한다.

어떤 이는 토정(土亭) 이지함(李之菡)이 철관(鐵冠)에다 고기를 익혀 먹던 데서 그 방법이 비롯했다고도 한다. 대개 토정은 늘 철관을 쓰고 세상을 돌아다녔는데, 고기를 구하면 솥 대신 자신의 철관을 이용하여 익혀 먹었고, 고기를 다 익히고 나면 다시 철관을 머리에 썼다. 그런 까닭에 이지함은 "철관자(鐵冠子)"라는 이름으로도 일컬어졌다.

육고肉膏

육고는 1847년에 영국인 이필격(李弼格)이 처음으로 만들었다. 이로부터 유럽에 성행하여, 1866년에는 남아메리카에서 육고를 제조하는 공사(公司)를 처음으로 설립했다.[31]

31 "육고"는 돼지기름으로 만든 라드(lard) 또는 라드유(lard oil)일 듯한데, 정확한 것은 알 수 없다. 또 이필격이 어떤 사람인지도 분명하지 않다. 라드는 돼지고기의 지방을 정제하거나 녹여서 얻는 식용유지인데, 과자나 빵을 비롯한 서양 요리에 많이 사용된다. 20세기 초에는 라드의 수요를 대체하기 위하여 쇼트닝(shortening)이 개발되었다.

사탕무당〔蘿葍糖〕

사탕무당은 1747년에 서양 사람 마르그라프(Marggraf, 馬格喇甫)가 처음으로 만들었다. 또 1800년에는 아샤르(Achard, 亞綽得)의 사탕무당이 처음으로 세상에 사용되었다.[32]

32 원래 유럽에서는 사탕무(sugar beet)를 동물의 사료로 사용하였다. 그렇지만 프로이센의 화학자 마르그라프(1709~1782)가 사탕무에 당분이 있음을 발견하면서 설탕 생산의 원료로도 사용하게 되었다. 사탕수수를 생산할 만한 식민지가 없었던 프로이센에서는 사탕수수의 대체물을 찾기 위한 연구를 진행하고 있었는데, 마르그라프의 발견은 그 성과였던 셈이다. 이후 마르그라프의 제자인 프랑스 출신의 화학자 아샤르(1753~1821)가 국왕의 지원 아래 사탕무에서 설탕을 추출할 수 있는 방법을 개발했으며, 1801년에는 이를 바탕으로 하여 최초의 사탕무 제당공장이 세워지게 되었다. 한편 원고본에는 아샤르의 제당법이 시행된 연대가 "18년(一八年)"으로 잘못 표기되어 있는데, 간행본에서는 이를 "1800년(一千八百年)"으로 수정해서 표기하였다.

•20장•

건축
—
建築

주택住宅

고대에는 사람들이 동굴이나 나무에서 살았는데, 중국의 유소씨(有巢氏)가 집 짓는 것을 처음으로 가르쳤다[1][지금으로부터 5000년 전 무렵].

태서에서는 그리스에서 비롯되었다. 그 기술에 3개의 갈래가 있었으니, "이오니아파(Ionic order, 埃柯尼派)", "코린트파(Corinthian Order, 可里斯安派)", "도리아파(Doric Order, 多列派)"라고 일컫는다. 모두 기원전 6세기 때의 사람이다.[2]

1 유소씨는 새가 둥지에서 사는 것을 보고 사람들에게 집 짓는 것을 가르쳤다고 한다. 《고사고》에서는 유소씨가 처음에는 새가 사는 둥지와 같은 곳을 만들어 사람들이 나무 위에서 살도록 했는데, 나무에서 떨어지는 일이 많아서 다시 나무와 풀을 이용하여 집과 문을 만들었다고 했다.

2 "모두 기원전 6세기 때의 사람이다(皆紀元前六世紀時人이니라)"라고 말한 것은, 이오니아, 코린트, 도리아를 사람의 이름으로 착각했기 때문일 것으로 추정된다. "기원전 6세기 때의 사람들에 의해 형성되었다"로 풀이하는 것이 자연스럽지만, 오류 가능성을 보이기 위해 원문대로 옮겼다. "이오니아파"는 기원전 7세기 초부터 소아시아 에게 해 연안의 이오니아인 사이에서 발달한 건축 양식으로, 기원전 6세기 이후에는 아테네를 비롯한 그리스 전역에 전파되었다. "코린트파"는 기원전 5~6세기 동안 코린트에서 발달한 건축 양식이다. 코린트는 그리스 본토와 펠로폰네소스반도를 잇는 코린트 지협에 있었던 고대도시의 이름이다. "도리아파"는 도

리스파라고도 하는데, 도리아(도리스)인이 살던 펠로폰네소스반도에서 시작되어 그리스 각지와 이탈리아 남부, 시칠리아에 전파된 건축 양식이다. 니시무라 시게키의 《서국사물기원》에서도 3대 유파에 대해 서술했는데, 각기 "以阿尼"(이오니아), "哥林多"(코린트), "鐸里亞"(도리아)로 표기했다.

궁전宮殿

《백호통》에서는 "황제가 처음으로 궁실(宮室)을 만들어서 추위와 더위를 피했다"고 했다. 궁(宮)은 궁(穹)이니, 집 위가 활처럼 둥근 것을 말한 것이다.[3] 《예기》 유행(儒行)에서는 "선비는 1묘(畝) 넓이의 '집(宮)'을 가진다"고 했다.[4] 옛날에는 귀한 사람이나 천한 사람이나 사는 곳을 모두 "궁(宮)"이라고 칭할 수 있었는데, 진나라 때에 이르면 비로소 "궁"이 지존(至尊)이 사는 곳의 칭호가 되었다.

"전(殿)"이라는 명칭은 은나라와 주나라 이전의 기록에는 나타나지 않는다. 《사기》에서 "진나라 시황제가 처음으로 전전(前殿)을 지었다"고 했으니, 곧 이것이 "전"이라는 명칭의 시초다[5][지금으로부터 2150년 전]. 《옥해(玉海)》에서는 "진(秦)나라 효공(孝公)이 대궐문을 크게 세우니, 이로부터 천자의 전(殿)이 처음 나타나게 되었다. 《상자(商子)》 정분편(定分篇)에서 '신하는 전의 위에서 모시고, 병사는 전의 아래에 늘어선다'고 했으니, 대개 '전(殿)'은 진나라의 제도인 것이다"라고 했다.[6]

3 반고의 《백호통》은 "백호통의(白虎通義)" 또는 "백호통덕론(白虎通德論)"으로도 일컬어진다. 원문은 《백호통》에서 "궁(宮)"을 "궁(穹)"의 뜻으로 풀이한 것으로 이해될 수도 있지만, 《백호통》에는 이와 같은 구절이 보이지 않는다. 《옥해》에 《이아》를 인용하여 "궁(宮)은 궁(穹)이다"라고 풀이한 예가 보인다.

4 묘(畝)는 땅의 면적을 헤아리는 단위다. 원래는 사방 6척(尺)을 1보(步), 100보를 1묘로 했는데, 진나라 이후에는 240보를 1묘로 했다.

5 《사기》 진시황본기(秦始皇本紀)에 "(다른 건물보다) 먼저 전전을 지었다(先作前殿)"는 구절이 있는데, 원고본과 간행본에서 모두 "처음으로 전전을 지었다(始作前殿)"로 바꾸어 옮겨놓았다. "전전(前殿)"은 정전(正殿)을 뜻하는 말인데, 여기서 언급된 건물은 곧 아방궁(阿房宮)이다.

6 "기궐(冀闕)"은 높은 궁궐문을 뜻하는 말이다. 진나라 효공은 상앙(商鞅)을 등용했다. 《상자》 즉 상앙이 쓴 《상군서(商君書)》에서 "전(殿)"의 용례를 찾아 제시함으로써 진나라 효공 때에 이 말이 사용되었음을 보인 것이다. 이 부분은 《옥해》에서 송나라 주필대(周必大, 1126~1204)의 '여산 원통사 불전기(廬山圓通寺佛殿記)'를 인용한 대목 중 일부를 다시 인용한 것이다. 《옥해》에서의 인용은 다음과 같다. : 주익공(周益公, 주필대)은 "궁실(宮室)은 장대한 것을 취하지만, 귀천에 모두 통용하여 칭할 수 있다. 그렇지만 특별히 높거나 낮거나 넓거나 좁은 것에는 구별이 있었다. 진나라 효공이 강성했을 때에 대궐문을 크게 세우니, 이로부터 천자의 '전(殿)'이라는 명칭이 처음으로 나타났다. 《상자》 정분편에 '신하는 전의 위에서 모시고, 병사는 전의 아래에 늘어선다'고 했는데, 뒤에 이 말이 《사기》 형가전(荊軻傳)에도 실리게 되었다. 대개 진나라의 제도인 것이다. 시황제가 천하를 병탄함에 이르러 전옥(殿屋)을 잇달아 세우고 다시 감천의 '전전(前殿)'을 세웠는데, 그러한 후에야 '전'이라는 명칭이 비로소 확립되었다"고 했다(周益公曰, 宮室取諸大壯, 貴賤可以通稱, 特崇庳廣狹, 有別耳. 秦孝公强盛時, 大築冀闕, 由是, 天子殿名初見. 商子定分篇, 臣侍殿上, 兵陳殿下, 後載史記荊軻傳. 大抵秦制也, 至始皇倂天下, 殿屋相屬, 又作甘泉前殿, 然後殿之名始立).

부엌〔竈〕 부附 푸줏간〔庖廚〕

《회남자》에서는 "황제가 처음으로 부엌을 만들었다. 그래서 뒤에 부엌신(竈神)이 되었다"고 했다. 이것이 부엌의 시초다.

푸줏간은 복희씨가 처음으로 만들었다. 그래서 복희씨를 "포희(庖羲)"라고 칭한다[7]〔지금으로부터 5230년 전〕.

7 명나라 때의 문헌인 《천중기》에서는 "희생의 동물을 길러서 푸주에 채운 까닭에 '포희씨'라고 했다(養犧牲以充庖廚, 故曰庖犧氏)"라고 '포희씨'의 의미를 풀이했다.

측간〔廁〕

《의례(儀禮)》에서 "예인(隸人)이 측간을 치운다(溫厠)"—주석에 '온(溫)은 색(塞)이다'라고 했다—라고 했으니, 측간의 제도는 오래된 것이다.[8] 《좌전(左傳)》에 "진후(晋侯)가 장차 보리를 먹으려 하다가 배가 불러 측간에 갔는데, 빠져서 죽었다"고 했다.[9]

8 "예인"은 하인을 뜻하는 말이다. "온측(溫厠)"은 치측(治厠) 또는 도측(塗厠)과 같은 말이니, 측간을 치우고 수리한다는 뜻으로 풀이할 수 있다.

9 진후(晋侯)는 진나라 경공(景公)이다. 《좌전》에는 "창(脹)"이 "장(張)"으로 되어 있으나, 그 의미는 같다.

담〔墻壁〕

《회남자》에서 "순임금이 집을 지었는데, 담(墻)을 쌓고 지붕을 이었다. 그리하여 사람들로 하여금 동굴을 떠나서 집을 가질 것을 알게 했다"고 했으니, 이것이 그 시초다[10]〔지금으로부터 4190년 전 무렵〕.

10 《회남자》 수무훈(修務訓)에서 인용한 것이다. 《회남자》에서는 "순임금이 집을 지었는데, 담을 쌓고 지붕을 이었으며 땅을 개간하고 닥나무를 심었다. 그리하여 백성들로 하여금 모두 동굴을 떠나서 각기 집을 소유할 것을 알게 했다(舜作室, 築墻茨屋, 辟地樹穀, 令民皆知去巖穴, 各有家室)"라고 했다.

다리〔橋梁〕

《습유기》에서는 "순임금이 우에게 명하여 냇물을 통하게 하시고, 자라와 악어로 다리를 만들었다"고 했으니, 이것이 다리의 시초다.[11]

11 《습유기》에서는 순임금이 우에게 명하여 냇물이 통하게 한 뒤에 산에 제사했고, 자라와 악어를 다리로 삼아 바다를 건넜다고 했다. 자라나 악어 등을 다리로 삼아서 강을 건넜다는 이야기는, 구강(九江)을 건넌 주나라 목왕(穆王)이나 물고기와 자라를 다리 삼아 강을 건넌 고구려 동명왕의 설화에서도 보인다.

연화석煉化石[12]

《고사고》에서는 "하나라 걸(桀)의 신하인 곤오(昆吳)가 처음으로 기와를 만들었다"고 했다. 《사기》 귀책전(龜策傳)에서는 걸(桀)이 처음으로 기와집을 만들었다고 했다. 이것이 기와지붕의 시초다〔지금으로부터 3050년 전 무렵〕. 기와집은 하나라 걸에서 비롯되었다.[13] 또 《한무고사(漢武故事)》에서는 "신옥(神屋)은 구리기와를 사용했는데 바깥쪽에 칠을 했다"고 했으니, 이것이 구리기와의 시초다.[14] 또 대진국(大秦國)에서는 수정(水精)으로 기와를 만들었고,[15] 당나라 현종의 총희(寵姬)인 괵국부인(虢國夫人)은 단단한 나무로 기와를 만들었다고 한다.[16]

《구약전서》 창세기에 "벽돌을 구워서 바벨(Babel, 巴伯兒) 탑을 세웠다"고 했으니, 고대에 이미 있었던 것이다. 로마의 예배당과 극장에는 모두 벽돌을 사용했다.

17세기 이후에 처음으로 지붕에 기와를 이용했는데, 그 이전에는 풀로 지붕을 이었다.

일본에서는 스슌 천황 때에 백제의 사공(寺工), 노반박사(鑪盤博士), 와박사(瓦博士), 화공(畵工) 등이 건너와서 사천왕사(四天王寺)를 창건했으니, 이것이 일본 기와집 건축의 효시다.[17]

12 "연화석"은 구워서 만든 돌이라는 뜻이니, 연와(煉瓦), 곧 벽돌(磚)로 풀이할

수 있다. 그렇지만 기와 또한 흙을 구워서 만든 것이므로 '연화석'이라고 부를 수 있다. 이 항목에서는 동양의 경우에는 지붕을 이는 기와를 다루었고, 서양의 경우에는 벽돌을 다루었다. 그래서 여기서는 단어의 뜻을 풀이하지 않고 "연화석"으로만 옮긴다.

13 《사기》 귀책열전(龜策列傳)에 "걸이 기와집을 만들었다(桀爲瓦室)"는 구절이 있다. 이 구절에 대해 곤오가 걸을 위하여 기와를 만들었기 때문에 이처럼 서술한 것이라는 주석이 보이는데, 이 주석를 따른다면 처음 기와집을 만든 사람은 걸이 아닌 곤오라고 할 수 있다.

14 한나라 무제는 신선(神仙)에 깊은 관심을 보여 신옥(神屋)—신당(神堂)이라고도 한다—을 세웠는데, 구리기와와 구리기둥을 사용하고 화려하게 장식했다고 한다.

15 《후한서》 서역전(西域傳)에 "(대진국에서는) 궁실(宮室)에 모두 수정으로 기둥을 세우는데, 식기 또한 그러했다(宮室, 皆以水精爲柱, 食器亦然)"라는 구절이 있다. 대진국(大秦國)은 서역 국가인 로마를 가리킨다.

16 괵국부인이 위사립(韋嗣立)의 집을 빼앗은 뒤에 그 터에 새로 집을 지으면서 나무기와(木瓦)를 사용했다고 한다. 이 고사는 《명황잡록(明皇雜録)》 등에 실려 있다.

17 사천왕사(四天王寺)의 건립은 스이코 천황 원년인 593년 이후의 일로 알려져 있다. 스슌 천황 원년인 588년에 백제에서 장인들이 건너간 기록은 있지만, 이들이 처음 건립한 사찰은 법흥사(法興寺, 호코지)—법흥사에 대해서는 7장 종교의 '불교' 항목과 '사찰' 항목 참조—였다고 한다. 여기서는 "사천왕사"를 "법흥사"로 수정하는 것이 타당한 것으로 보인다. 노반박사는 불탑의 상륜부를 주조하는 기술을 가진 사람의 칭호다. 한편 원고본에서는 일본에 대한 서술을 20장의 말미에 추가로 써넣고 "이것은 마땅히 연화석 조에 들어가야 한다(此當入煉化石條)"라는 주석을 붙였는데, 이는 초고를 완성한 이후에 일본의 연화석에 대한 정보를 얻어 원고를 보완한 흔적으로 해석할 수 있다.

점풍기占風旗 — 풍향의 관측〔相風〕, 점풍역占風驛[18]

중국 하나라 우임금이 사풍조(司風鳥)를 처음 만드니, 이것이 바람을 관측한 일의 시초다[19]〔지금으로부터 4060년 전〕. 《개원유사(開元遺事)》에서는 "당나라 기왕(岐王)이 깨진 옥 조각을 처마 끝에 매달았는데, 바람이 불면 패옥 소리를 내니 '점풍탁(占風鐸)'이라고 일컬었다"고 했으니, 곧 오늘날의 풍령(風鈴)의 시초다〔지금으로부터 1200년 전〕.

상풍기(相風旗) 또한 개원(開元) 연간에 오왕궁(五王宮)에 처음으로 나타났다[20]〔지금으로부터 1190년 전〕.

서양에서는 중고시대에 처음으로 나타났는데, 그 모양이 군기(軍旗)와 같았으며 문장(紋章)을 그려 두었다. 예배당 이외에는 귀족이 아니면 세울 수 없었는데, 지금은 누구든지 세울 수 있다.

18 "역(驛)"은 "탁(鐸)"의 오기로 보인다. 그렇지만 원고본과 간행본의 목차와 본문에 모두 "역(驛)"으로 표기되어 있어서, 고치지 않고 원문대로 옮긴다.

19 최표(崔豹)의 《고금주(古今注)》에 사풍조에 대한 언급이 보인다. 사풍조는 "사풍오(司風烏)"로 표기된 데도 있다.

20 《개원유사(開元遺事)》에 오왕궁의 상풍기에 대한 언급이 보인다. 상풍기는 "상풍정(相風旌)"이라고 된 데도 있는데, 긴 장대에 오색의 깃발을 걸되 장대 끝에는 작은 방울들을 매달아 두었다고 한다. 바람이 불어서 소리가 나면, 시종은 깃발이 향하는 방향—즉 바람의 방향—을 살폈다고 한다.

난로煖爐

《주례》 천관에서는 "궁인(宮人)이 난로의 숯(鑪炭)을 공급한다"고 했다.[21] 곧 지금의 화로다. 겨울철에 숯을 태워서 따뜻하게 하는 것이다. 또 훈롱(薰籠)이 있었으니, 온기를 취하는 것이다.[22]

서양에서는 중고시대에 독일 사람이 처음으로 만들었다. 그리스 사람들은 그릇 모양의 화로에 불을 넣어 실내를 따뜻하게 하는 데 사용했고, 로마 사람들은 파이프(導管)를 이용하여 실내에 온기를 끌어들였다. 그러다가 독일 사람이 이를 발명함으로써, 마침내 오늘날에 이르게 되었다.

21 궁인(宮人)의 직분을 서술한 대목에서 인용한 것이다. 궁인은 궁관(宮官)을

뜻하는데, 이 밖에도 청소(掃除), 촛불 들기(執燭) 등을 담당했다고 한다.

22 "훈롱"은 뚜껑을 덮은 화로나 향로인데, 주로 옷을 말리거나 다리는 데 사용했다고 한다. 원고본에는 "훈롱(熏籠)"으로 표기되어 있으나, 통용되는 말이어서 의미 차이는 없다.

여관旅館 — 객잔客棧

《주례》에서는 "무릇 나라의 길에는 10리마다 려(廬)를 두어 음식을 갖춰놓고—곧 요리점이다—, 30리마다 숙(宿)을 두어 객실을 갖춰놓고, 50리마다 후관(候館)을 둔다"고 했다. 곧 오늘날 여관의 시초다[23]〔지금으로부터 3030년 전 무렵〕.

우리나라에서는 신라 소지왕이 처음으로 역관(驛館)을 설치했다[24]〔지금으로부터 1420년 전 무렵〕.

소아시아에서는 리디아(Lydia, 里地亞)에서 처음으로 설치했다. 유럽에서는 17세기부터 음식을 요리하여 판매하는 곳이 나타났다.[25]

23 《주례》 지관에서 인용한 것이다. "려(廬)"는 음식을 먹을 수 있는 곳이다. "숙(宿)"은 잘 수 있는 곳으로, 말을 먹일 양초(糧草)까지 갖추어놓았다. "후관(候館)"은 경관을 조망할 수 있는 곳이니, "려"나 "숙"보다는 규모가 컸다.

24 《삼국사기》 신라본기에는 487년(소지왕 9) 3월에 처음으로 우역(郵驛)을 설치하고 관도(官道)를 닦도록 했다는 말이 보인다. 이 일은 14장 역체(驛遞)의 '우체' 항목에도 언급되어 있는데, 이는 "우역(郵驛)"이 여관과 역(驛)의 성격을 함께 갖고 있다고 파악했기 때문일 것이다.

25 소아시아와 유럽의 여관에 대한 서술은 너무 간략하여 의미를 파악하기 어렵다. 그렇지만 니시무라 시게키의 《서국사물기원》에서 이에 대해 좀 더 자세하게 서술했으므로, 이를 참고하여 맥락을 파악할 수 있다. 우선 리디아의 여관은 헤로도토스의 《역사》에 언급되어 있다고 했는데, 이를 통해 소아시아에는 오래 전부터 여관이 있었음을 짐작할 수 있는 것이다. 또 유럽에는 원래 가난한 사람들이 이용하던 "객사(客舍)"와 부유한 사람들이 이용하던 "여관(旅館)"이 있었는데, 17세기에

이르면 객사나 여관과는 별개로 여행객들에게 음식만을 판매하는 곳이 나타나게 되었다고 했다. 즉 음식을 요리하여 판매하는 곳이 나타났다는 말은, 기존의 객사나 여관과는 구별되는 새로운 형태의 여관이 생겨나기 시작했다는 의미인 것이다.

우물[井]

《세본》에서는 "황제가 처음으로 우물을 팠다"고 했다.[26]

26 《회남자》와 《여씨춘추》에서는 백익(伯益)이 처음으로 우물을 만들었다고 했다. 백익은 우임금이 홍수를 다스리는 데 공을 세운 인물이다. 이후 우임금은 자신의 뒤를 이을 인물로 백익을 지목했지만, 백익은 우임금의 아들인 계(啓)에게 왕위를 양보했다고 한다. 우물 파는 기술을 개발했기 때문에, 백익은 "정신(井神)"으로 일컬어지기도 한다.

• 21장 •

음악

音樂

음률音律 부附 당악唐樂, 송악宋樂

《여씨춘추》에서는 "황제가 영윤(伶倫)에게 율(律)을 만들도록 명했다. 영윤이 해곡(嶰谷)의 대나무를 가져다가, 불면서 12개의 통(筩)을 만들었다. 봉황의 울음소리를 듣고서 그에 따라 12율을 분별했다"고 했다. 곧 음률(音律)의 시초다[1] 〔지금으로부터 4600년 전〕.

《회남자》에서는 "기(夔)—요임금의 신하—가 육률(六律)을 화합하게 하고 오음(五音)을 조화시켰다"고 했으니, 이것이 전악(典樂)의 시초다.[2]

《악률(樂律)》에서는 "황제의 음악은 '함지(咸池)'라 하고, 제곡(帝嚳)의 음악은 '육영(六英)'이라 하고, 전욱(顓頊)의 음악은 '오경(五莖)'이라 하고, 요임금의 음악은 '대장(大章)'이라 하고, 순임금의 음악은 '소소(簫韶)'라 하고, 우임금의 음악은 '대하(大夏)'라 한다. 은나라의 음악은 '호(濩)'—음은 '호'이다—라 하고, 주나라의 음악은 '작(勺)' 또는 '무(武)'라 한다"고 했다.

우리 조선에서는 세종 7년에 거서(秬黍)—검은 기장—가 해주(海州)에서 나고 경석(磬石)이 남양(南陽)에서 생산되기에, 박연(朴堧)—음이 '연'

《악학궤범》은 조선 성종 때에 편찬한 음악 서적으로, 궁중음악은 물론 당악, 향악에 관한 이론과 제도, 법식 등을 그림과 함께 설명하고 있다.

이다—, 장영실(蔣英實)[3] 등에게 명하여 음률을 바르게 하고 아악(雅樂)을 새로 정하셨다[4]〔지금으로부터 484년 전〕. '정대업(定大業)'과 '여민락(與民樂)'을 처음으로 지으시니, 이것이 동방 아악의 시초다.

세종이 《아악보(雅樂譜)》를 친히 찬술하시고, 성종이 《악학궤범(樂學軌範)》을 편찬하셨다.[5]

신라사에서는 문무왕 3년에 웅진부(熊津府)에 사람을 파견하여 당악(唐樂)을 배우게 했다고 하니, 이것이 당악의 시초다〔지금으로부터 1237년 전〕.[6]

《고려사》 악지(樂志)에서는 "예종 9년에 송나라 휘종(徽宗)이 대성악(大晟樂)을 보내주니, 이해 10월부터 태묘(太廟)와 조하(朝賀)에서 송나라의 새로운 음악을 사용했다"고 했다.

1 "통(筩)"은 대나무로 만든 관(管), 즉 죽관(竹管)이다. 따라서 "伶倫이 取嶰谷竹ᄒᆞ야 吹之爲十二筩ᄒᆞ고"는 영윤이 해곡에서 자라는 대나무를 잘라서, 각기 다른 길이의 율관(律管) 12개를 만들었다는 뜻으로 풀이할 수 있다. 《여씨춘추》 중하기(仲夏紀)의 고악(古樂)에 영윤이 율(律)을 만든 일이 전하는데, "옛날에 황제가 영윤으로 하여금 율(律)을 만들게 했다. 영윤은 대하(大夏)의 서쪽으로부터 완유(阮隃)의 북쪽으로 갔다. 해계(嶰谿)의 골짜기에서 대나무를 가져와서 대나무 속의 구멍이 두텁고 고른 것을 골라 마디 사이를 끊었는데, 그 길이가 3촌 9푼인 것을 불어서 황종의 궁(宮)으로 삼고 이를 '사소(舍少)'라고 했다. 이어서 12개의 통(筒)을 만들었다. 완유의 아래로 내려가 봉황의 울음소리를 듣고서 12율을 구별했는데, 수컷의 울음이 여섯이었고 암컷의 울음도 여섯이어서 이로써 황종의 궁에 견주어서 서로 들어맞게 했다. 황종의 궁이 이들을 모두 낳을 수 있으므로, '황종의 궁은 율려의 근본이 된다'고 한다(昔黃帝令伶倫, 作爲律. 伶倫自大夏之西, 乃之阮隃之陰,

取竹於嶰谿之谷, 以生空竅厚鈞者, 斷兩節間, 其長三寸九分而吹之, 以爲黃鍾之宮, 吹曰舍少. 次制十二筒. 以之阮隃之下, 聽鳳凰之鳴, 以別十二律. 其雄鳴爲六, 雌鳴亦六, 以比黃鍾之宮適合. 黃鍾之宮, 皆可以生之. 故曰黃鍾之宮, 律呂之本)"라고 했다. 대하(大夏)는 중국 서쪽의 산 이름이며, 완유(阮隃)는 곤륜산(崑崙山)이다. 궁(宮)은 기본음을 뜻하는 말이다. "사소(舍少)"는 "함소(含少)"로 된 데도 있다. 《태평어람》이나 《한서(漢書)》 율력지(律曆志) 등에서는 대체로 《여씨춘추》를 축약하여 인용했다.

한편 12율의 율관(律管)은 "삼분손익법(三分損益法)"에 따라 만들었다고 알려져 있다. 본래의 관(管)의 길이에서 3분의 2의 길이로 줄이는 것을 "삼분손일(三分損一)"이라 하고, 본래의 관의 길이에서 3분의 4의 길이로 늘이는 것을 "삼분익일(三分益一)"이라 한다. 삼분손일을 하게 되면 본래 음의 완전 5도 위가 되고, 삼분익일을 하게 되면 본래 음의 완전 4도 아래가 된다. 삼분손익법은 삼분손일과 삼분익일을 번갈아서 행하는 것인데, 이를 통해 기준음인 황종(黃鐘)으로부터 12율을 만들 수 있다. 12율 가운데 황종(黃鐘) · 태주(太簇) · 고선(姑洗) · 유빈(蕤賓) · 이칙(夷則) · 무역(無射)을 양률이라 하고, 대려(大呂) · 협종(夾鐘) · 중려(仲呂) · 임종(林鐘) · 남려(南呂) · 응종(應鐘)을 음려라고 하는데, 양률은 육률(六律), 음려는 육려(六呂)라고도 일컫는다.

2 《회남자》 태족훈(泰族訓)에서 인용한 것이다. "기가 처음 악을 만들 때에는 모두 육률을 화합하게 하고 오음을 조화시켜서 팔풍(八風)을 통하게 했다. 쇠퇴함에 이르러서는 음란한 데 빠져서, 정치를 돌보지 아니하고 멸망에 이르게 되었다(夔之初作樂也, 皆合六律而調五音, 以通八風. 及其衰也, 以沉湎淫康, 不顧政治, 至於滅亡)"고 했다. "오음(五音)"에 대해서는 "쇠로는 종을 만들고, 가죽으로는 북을 만들고, 돌로는 경쇠를 만들고 대나무로는 관악기를 만들고 실로는 현악기를 만든다(金爲鐘, 革爲鼓, 石爲磬, 竹爲管, 絲爲絃)"는 주석이 보인다. 따라서 "조오음(調五音)"은 악기들을 조화롭게 연주하도록 한다는 뜻으로 풀이할 수 있다. "전악(典樂)"은 음악에 관한 일을 맡은 관직을 뜻하는 말이다.

3 원문에는 이름 가운데 "실(實)"이 빠져 있다. 이 오류는 1장 천문의 '천의(天儀)' 항목과 22장 기계의 '물시계(刻漏)' 항목에도 동일하게 나타난다.

4 "거서(秬黍)"는 검은 기장으로, 율관의 규격을 정하는 기준이 된다. 12율의 기준이 되는 것이 황종관인데, 거서 1200알을 쌓으면 황종관의 규격에 맞게 된다고 한다. 박연이 해주의 거서를 이용하여 황종관을 만들었더니 음이 약간 높았고, 그래서 다시 해주의 거서 낱알의 모양에 따라 밀납을 녹여서 약간 큰 낱알을 만들고, 이를 기준으로 하여 새로 관(管)을 만들었다. 그렇지만 이 또한 음높이가 맞지 않아서, 결국은 기존에 있던 편경의 음높이를 기준으로 하여 황종율관을 제작하여 썼다고 한다. "경석(磬石)"은 편경(編磬)과 특경(特磬)의 재료가 되는 돌이다.

5 《아악보》는 1430년에 박연이 편찬했고, 《악학궤범》은 1493년에 성현(成俔)

등이 편찬했다. 왕명에 의해 편찬한 것이기 때문에, 세종이 "친술(親述)"하고 성종이 "찬(撰)"했다고 서술한 것으로 보인다.

6 《삼국사기》 신라본기에 문무왕 4년의 일로 기록되어 있다. "문무왕 3년"은 즉위년을 제외하고 이듬해를 1년으로 계산한 것이다. 둘 모두 664년을 뜻하는 것이니, 1909년과 비교하면 "1245년 전"이 된다. 원고본과 간행본에서는 모두 "2237년 전"으로 제시했는데, 이는 명백한 오기로 보이므로 "1237년 전"으로 고쳐서 옮긴다.

속악俗樂

《고려사》 악지(樂志)에 "서경곡(西京曲)과 대동강곡(大同江曲)은 기자 때 백성들의 악가(樂歌)다"라고 했으니, 이것이 우리 동방 악가의 시초다.[7] 《문헌통고》에서는 "삼한에는 귀신을 믿는 풍속이 있어서, 5월이면 항상 귀신에 제사를 지내고 악기를 연주하고 노래하고 춤추면서 땅을 밟는다"고 했으니, 이것이 삼한의 속악(俗樂)이다〔지금으로부터 2100년 전 무렵〕.

신라에서는 유리왕 때에 '신열악(辛熱樂)'을 처음으로 지었다—무감(舞監) 4인, 금척(琴尺) 1인, 무척(舞尺) 2인, 가척(歌尺) 3인이다[8]〔지금으로부터 1870년 전〕—. '돌아악(突阿樂)'은 탈해왕이 지었고, '지아악(枝兒樂)'은 파사왕이 지었고, '사내악(思內樂)'은 내해왕이 지었고, '대악(碓樂)'은 자비왕 때에 백결선생(百結先生)이 지었다.[9]

고구려에서는 늦은 밤에 남녀가 무리지어서 창악(倡樂)을 연주했으니, 한나라 때의 기악(伎樂)을 익히는 것이었다. 수나라 · 당나라의 때에 처음으로 칠부악(七部樂)을 설치했는데, 그 가운데 셋째인 "고려기(高麗伎)"가 이것이다—쟁(箏), 공후(箜篌), 비파(琵琶), 적(笛), 생(笙), 소(簫), 필률(觱栗), 요고(腰鼓), 철판(鐵板)이 있었다—. 이적(李勣)이 당나라에 돌아가서 괴뢰(傀儡)와 월조(越調)의 이빈곡(夷賓曲)을 진상했다.[10]

백제의 음악에도 역시 쟁(箏), 적(笛), 도피(桃皮), 필률(觱栗), 공후(箜篌)의 악기가 있었다.[11] 춤추는 사람은 2인이었는데, 소매가 긴 붉은 치마저고리(紫大袖裙襦)를 입고 장보관(章甫冠)을 쓰고 가죽신을 신었다. 《고려사》 악지에 '지리산(智異山)', '선운산(禪雲山)', '무등산(無等山)' 등의 악곡이 남아 있다.[12]

일본에서는 카구라(神樂)가 아마테라스 오오가미(天照大神) 때에 처음으로 나타났다고 하는데, 곧 춤이다. 조적(鳥笛)과 조금(詔琹)이 있었고, 그 밖에 백제악(百濟樂), 당악(唐樂), 사루가쿠(猿樂) 등이 있었다.[13] 스이코 천황 19년에는 백제의 악공 미마지(味摩之)가 건너가서 기악(伎樂)을 가르쳐주었으니, 이것이 일본 음악의 시초다[14] [지금으로부터 1290년 전].

—살피건대, 인교 천황의 장례 때에 신라에서 악공 80인을 보내서 음악과 노래와 춤으로 조문했는데 그 소리가 지극히 슬펐으며, 뒤에 불교가 전파된 후에는 여러 사찰에서 재회(齋會)의 음악에 사용했다고 한다. 이에 의거하면, 미마지보다 158년 앞서서 신라의 악공이 먼저 건너갔음을 알 수 있다.[15]

그 후 몬무 천황 대보 연간에는 아악료(雅樂寮)를 설치하여 문무의 아곡(雅曲)과 정무(正舞)를 관장하게 했다. '대가(大歌)'와 '입가(立歌)' 등 일본에서 예로부터 전해온 카구라는 조회에 사용했고, '구메마이(久米舞)'와 '기시마이(古志舞)' 등은 대사(大祀) 때에 연주했고, 한악(韓樂)과 당악(唐樂) 등은 내연(內宴)과 불사 공양에 사용했다. 오직 '하야토마이(隼人舞)'에 대해서는 특별히 하야토시(隼人司)를 설치했는데, 대상(大嘗), 신상(新嘗) 등의 모임과 외국사절을 영접할 때에 연주했다.[16]

쇼무 천황 때에 인도의 승려가 건너와서 그 나라의 음악을 전했다[지금으로부터 1170년 전 무렵].

—백제와 인도에서 전래된 음악의 이름은 보살(菩薩), 가릉빈(迦陵頻), 호음주(胡飮酒), 안마(安摩), 이무(二舞), 배려(倍臚), 산수파진악(散手破陣樂),[17] 발두(拔頭), 소합향(蘇合香), 만추악(萬秋樂), 소막자(蘇莫者), 사자(獅子), 박모(狛桙),[18] 귀덕(貴德), 신말갈(新靺鞨), 곤륜팔선(崑崙八仙), 소지마리(蘇志摩利) 등이다. 악기로는 요고(腰鼓), 태고(太鼓), 정고(鉦鼓), 동발자(銅鈸子), 막목(莫目),[19] 개고(揩鼓), 게고(揭鼓), 해루(奚婁), 필률(篳篥), 소(簫), 비파(琵琶), 금생(笒生), 공후(箜篌), 방계(方磬), 쟁(箏), 횡적(橫笛), 오현(五絃), 척팔(尺八) 등이 있다.

그리스에서는 피타고라스(Pythagoras, 皮斯哥剌斯)가 수학의 원리에 의거하여 음악의 근본을 정했다.[20] 6세기에 로마의 교황 그레고리오 1세(Gregorius I, 古勒哥利 一世)가 음악학교를 세우고 음부(音符)를 만들었다.[21] 그 후에 프랑코(Franco, 法蘭可)가 장음과 단음의 구별을 정했다.[22]

7 《고려사》 악지의 '대동강'과 '서경' 조에 기자와 관련된 언급이 보인다. 그렇지만 《고려사》에서는 "기자 때 백성들의 악가"라고 서술하지는 않았으며, 노래의 내력을 기자와 관련지어 말했을 뿐이다. 특히 '대동강'에 대해서는 "고려에 들어온 이후에 지은 것이다(入高麗以後所作也)"라고 언급하기도 했다. 그런데 《증보문헌비고》에서는 따로 "기자조선악(箕子朝鮮樂)"을 두어 이 두 작품의 내력을 소개했는데, "(서경과 대동강의 두 곡을) 고려사 악지에서는 기자 때 민간의 노래라고 했다. 그렇지만 고려 사람들의 모의작이 분명히 아니라고는 할 수 없다(高麗樂志, 以爲箕子時民間之詞. 然未必非高麗人之擬作也)"고 밝혔다. 따라서 《만국사물기원역사》에서는 《증보문헌비고》에서 정리한 《고려사》 악지의 내용을 다시 추려서 인용한 것으로 추정해볼 수 있다. 또 어떤 의미에서는, 이것이 《고려사》 또는 《증보문헌비고》의 내용을 정확하게 인용한 것이라고 하기도 어려울 듯하다.

8 《삼국사기》에는 "척(尺)"이 붙은 직명이 여럿 나타난다. "척"은 "벼슬아치"의 "치"처럼 직업이나 임무를 나타내는 우리말 '치'를 표기하기 위한 것으로 짐작된다. 즉 금척, 무척, 가척은 각기 거문고, 춤, 노래를 맡은 사람들로 풀이할 수 있다.

9 돌아악, 지아악, 사내악은 《삼국사기》 악지(樂志)에 제목만 전한다. 원문에는

왕이 직접 지은 것처럼 서술되어 있으나, 《삼국사기》에는 탈해왕, 파사왕, 내해왕 때의 음악이라고만 기록되어 있다. 즉 《만국사물기원역사》에서 각기 "시(時)" 자를 제외한 채 인용한 것이다.

10 이적(594?~669)은 고구려를 멸망시키는 데 공을 세운 당나라 장수다. 원래 이름은 서세적(徐世勣)이었는데, 당나라 황제의 성인 "이"를 하사받고 태종(이세민)의 이름자를 피하여서 이름을 "이적"으로 고쳤다. 《문헌통고》에서는 "괴뢰와 월조의 이빈곡은 이적이 고구려를 물리치고 진상한 것이다(傀儡并越調夷賓曲, 李勣破高麗所進也)"라고 했다. "괴뢰"는 인형을 뜻하는 말이며, "월조"는 조(調)의 이름이다.

11 도피(桃皮)는 복숭아나무의 껍질로, 피리나 활의 재료로 사용되었다. 고구려와 백제에서는 "도피필률(桃皮觱栗)" 즉 복숭아나무 껍질로 만든 피리를 사용했는데, 여섯 개의 구멍을 앞에 뚫고 혀(舌)를 관(管)의 끝에 달았다고 한다. 여기서는 원문에 "桃皮, 觱栗"로 나누어 표기한 것을 따라서 옮겼지만, 하나의 악기로 보는 것이 자연스럽다.

12 《고려사》 악지 삼국속악조(三國俗樂條)에 노래의 제목과 내력이 기록되어 있다. 원문에는 "악지"라고만 되어 있으나, 인용처를 밝혀서 "《고려사》 악지"로 옮긴다. 《증보문헌비고》 악고(樂考)에는 백제의 속악에 "지리산가", "선운산곡", "무등산곡"의 항목을 두어 그 내력을 서술했다.

13 "사루가쿠(猿樂)"는 "산악(散樂)", "신악(申樂)", "산갱(散更)" 등으로 쓰거나 "사루고"라고 일컬어지기도 한다. 이 명칭은 중국에서 전래된 "산악(散樂)"을 일본어의 음으로 읽은 데서 유래한 것으로 알려져 있는데, 흉내를 내는 요소가 많기 때문에 "원숭이 원 자(猿)"를 사용했다는 설도 있다. 헤이안시대로부터 성행한 예능의 일종이었는데, 이후에는 단순한 골계물이나 흉내 내기의 차원을 넘어서서 노(能)를 형성하기에 이르렀다고 한다.

14 《일본서기》에서는 "스이코 천황 20년", 즉 612년에 미마지가 일본에 건너왔다고 했다. 여기서 "스이코 천황 19년"이라고 한 이유가 무엇인지는 분명하지 않다. 미마지가 가르친 것은 "기악무(伎樂舞)"인데, 이는 인도와 티베트에서 유래한 탈춤으로 알려져 있다. 즉 미마지는 "음악"이라기보다는 "춤"에 가까운 것을 전해준 셈이다.

15 일본의 문헌에는 삼국의 음악이 건너간 일이 모두 나타난다. 여기서 언급한 바와 같이 453년에 인교 천황의 장례를 계기로 신라의 음악에 전해진 기록이 보이며, 554년에 백제의 악인(樂人) 4명이 교체되었다는 기록이 보인다. 또 684년에는 고구려, 백제, 신라의 삼국악에 대한 기록이 나타난다.

16 "하야토시"는 하야토의 관리를 담당하는 관청이다. 808년에 폐지되었으며, 그 업무는 병부성(兵部省)으로 옮겨졌다고 한다. 하야토는 고대에 큐슈 남부의 사

쓰마(薩摩)와 오오쓰미(大隅) 등에 살던 사람들을 가리키는 말이다. "대상제(大嘗祭)"는 천황의 즉위 의례이며, "신상제(新嘗祭)"는 궁중의 제사 의례다.

17 원고본에서는 "散手, 破陣樂"으로 두 개의 악곡인 것처럼 표기되어 있다. "산쥬하진라쿠(散手破陣樂)"는 "산쥬(散手)"라고도 일컬어지는데, 당악(唐樂)의 태식조(太食調)에 속하며 오파진악(五破陣樂) 가운데 하나다.

18 활자본에는 "貊桙"로 되어 있으나, 원고본에 따라 "狛桙"로 고쳐서 옮긴다. "고마보코(狛桙)"는 고려악에 포함된 궁중무악(宮中舞樂)의 하나로, 노를 젓는 모습을 바탕으로 한 춤으로 알려져 있다.

19 "막목(莫目, まくも)"은 고려악과 백제악에서 사용된 관악기인데, "莫牟"로도 표기된다. 현재는 전하지 않는다.

20 피타고라스는 만물의 근원을 수(數)로 보았는데, 음악 또한 수 또는 수학과 관련된 것으로 이해했다. 그는 음정이 수의 비례로 표현될 수 있음을 확인했고, 화음이 수학적인 비례를 통해 풀이될 수 있음을 알아냈다. 피타고라스는 이를 바탕으로 하여 "피타고라스 음계(Pythagorean Scale)"를 만들었는데, 이는 서양 음악 이론의 출발점으로 평가되기도 한다.

21 간행본에는 시기가 "16세기"로 되어 있으나, 이는 그레고리오 1세의 재위 기간(590~604)과 맞지 않는다. 원고본에 따라 "6세기"로 고쳐서 옮긴다. 그레고리오 1세는 교회 음악의 정리에 크게 공헌했다고 알려져 있는데, 로마 교회의 전례 성가에 그의 이름을 딴 "그레고리오 성가(Gregorian chant)"라는 명칭이 붙여지기도 했다. 그레고리오 성가에는 네우마 기보법, 즉 네우마(Neuma, 원래는 합창 지휘자의 눈짓이나 몸짓을 뜻하는 말. 기호로 풀이할 수 있음)를 이용하여 음악을 기록하는 방법이 사용되었는데, "음부(音符)를 만들었다"고 한 것은 아마도 기호로 사용된 네우마를 고안했다는 의미인 듯하다. 그렇지만 실제로 그레고리오 1세가 기보법을 만들었다는 근거는 찾기 어려우며, "그레고리오 성가" 또한 그레고리오 1세가 세상을 떠난 이후에 이루어진 것으로 알려져 있다.

22 프랑코 데 콜로니아(1215?~1270?)는 쾰른의 성 요한 수도원의 수도사이자 음악 이론가다. 음의 높낮이뿐만 아닌 길이도 표시할 수 있는 정량 기보법을 창안했는데, 이를 흔히 "프랑코 기보법(Franconian Notation)"이라 부른다.

가무歌舞

상고시대에 음강씨(陰康氏)가 천하를 다스릴 때 처음으로 가무를 만들어서 백성들의 관절(關節)을 통하게 했다.[23] 갈천씨(葛天氏)가 처음으로 노래

를 만들었다고도 한다.[24]

우리나라에서는 기자 때의 '맥수가(麥秀歌)'가 시초가 된다〔지금으로부터 3030년 전〕. 그때의 남녀 백성들에게는 '대동강가(大同江歌)'와 '서경곡(西京曲)'이 있었고, 곽리자고의 아내는 '공후인'을 처음으로 지었다. 이것이 우리나라 가요(歌謠)의 시초다.[25]

마한에서는 일찍이 5월에 밭에 씨 뿌리고 나서 귀신에게 제사를 지냈는데, 밤낮으로 모여서 술 마시고 노래하며 춤추었다. 수십 명이 땅을 밟으면서 몸을 굽혔다가 폈으며 손발을 상응하여 장단을 맞추었으니, 탁무(鐸舞)와 유사했다고 한다. 진한에는 노래와 춤, 악기 연주를 즐기는 풍속이 있었고, 예맥(濊貊)에서는 10월에 하늘에 제사하고 음주가무를 했는데 이를 "무천(舞天)"이라고 불렀다고 한다.[26] 아마도 고대로부터 이미 노래와 춤이 있었을 것이다.

신라에서는 유리왕 때에 '회소곡(會蘇曲)'과 '도솔가(兜率歌)'가 처음으로 나타났다〔지금으로부터 1900년 전 무렵〕. 헌강왕 때에는 '처용무(處容舞)'가 처음으로 나타났다. 또한 황창랑무(黃昌郎舞)가 있었는데, 후세에는 탈을 만들어서 처용무와 함께 공연했다[27]〔지금으로부터 1000년 전 무렵〕. 그 법식이 오늘날의 악부(樂府)에까지 전하고 있다.

고구려에서는, 무공(舞工)은 깃털로 장식한 자줏빛 비단 모자를 쓰고 황색의 큰 소매옷, 자줏빛 비단 띠, 통이 넓은 바지, 붉은 가죽신을 착용했다. 춤추는 사람 네 명은 복상투를 늘이고 붉은 수건을 이마에 매고 금고리로 꾸몄다. 이 가운데 두 명은 황색 치마저고리와 적황색 바지를 입고 소매를 매우 길게 했으며 검은 가죽신을 신었다. 쌍을 지어 나란히 서서 춤을 추었다.[28] 당나라 때에는 고구려의 춤을 공연했다.[29]

일본에서는 예로부터 팔중원(八重垣), 농나(壟羅), 대실옥합도(大室屋合圖) 등의 가요와 춤이 있었다. 또 그 후에 게이코 천황(景行天皇) 때에 야마토 다케루노 미고토(日本武尊)가 처음으로 렌가(連歌)를 지었다[30]〔지금으로부터 1775년 전〕.

23 음강씨가 "가무(歌舞)"를 처음 만들었다는 기술은 전대 문헌에서 확인되지 않는다. 음강씨의 일을 기록한 문헌들에서는 "춤을 만든 일(作舞)"만을 언급하고 있으며, "노래(歌)"에 대해서는 말하지 않았기 때문이다. 장지연이 "노래와 춤"을 하나의 사물, 즉 기원에서 서로 분리할 수 없는 사물로 인식했기 때문일 수도 있지만, 적어도 문헌 자료로 판단할 때는 오류로 보아야 할 것 같다. 《제왕통록(帝王統錄)》에서 음강씨가 춤을 만든 일을 기록했고, 이후의 문헌에서는 이를 인용했다. 《여씨춘추》에서는 요임금의 일로 기록했는데, 이후의 문헌에서는 잘못된 것이라고 평한 바 있다. 음강씨의 시대에 강물이 제대로 흐르지 않았는데, 그 물을 마신 사람들이 질병을 앓았다고 한다. 이를 해결하기 위해 음강씨가 춤을 창안하여 가르쳤으며, 사람들은 그 춤을 춤으로써 관절이 통창(通暢)하여 질병을 치유할 수 있었다고 한다.

24 《여씨춘추》에 갈천씨의 노래 8편에 대한 언급이 보인다. 재민(載民), 현조(玄鳥), 축초목(逐草木), 분오곡(奮五穀), 경천상(敬天常), 달제공(達帝功), 의지덕(依地德), 총금수지극(總禽獸之極)이 그것이다. 그렇지만 송나라 고승(高承)의 《사물기원》에서는, 이를 인용하면서도 이보다 앞선 복희씨의 때에 "가(歌)"가 기원했다고 했다.

25 4장 문사의 '시가' 항목에서 기자의 '맥수가'와 곽리자고의 '공후인'에 대해 언급했다. 여기서 '공후인'의 작가를 "곽리자고의 아내"라고 한 것은, '시가' 항목에서의 서술과는 어긋난다. 뒤의 '공후' 항목에서는 곽리자고의 아내인 "여옥"이 지었다고 했다. 또 앞의 '속악' 항목에서는 기자 때의 속악으로 '서경곡'과 '대동강곡'을 거론한 바 있다. '속악' 항목의 주석에서 밝힌 바와 같이 두 작품을 기자의 시기와 직접 연결시키기에는 다소 무리가 있다.

26 마한 · 진한 · 예맥의 풍습에 대한 서술은 모두 《삼국지》 위지 동이전(東夷傳)의 기록을 인용한 것이다. "탁무"는 목탁을 가지고 추는 춤이다. 마한의 풍속에 대해 "답지저앙(踏地低仰)"이라는 표현을 사용했는데, "답지(踏地)"는 발을 맞추어 땅을 밟으면서 추는 춤인 답무(踏舞)를, "저앙(低仰)"은 몸을 굽혔다가 하늘을 우러러보는 춤 동작을 표현한 것으로 짐작된다.

27 "황창랑무"는 신라의 소년 황창랑이 백제 왕궁에서 칼춤을 추다가 백제왕을 죽이고 자신도 죽음을 맞이했다는 이야기에서 유래한 춤이다. 원래는 민간에서 가면무(假面舞)로 전승되었다고 하는데, 궁중의 정재(呈才)로 편입되면서 2인 또는

4인의 여기(女妓)가 가면 없이 추는 춤으로 바뀌었다. "검무(劍舞)"로 일컬어지기도 했다. 한편 이유원(李裕元, 1814~1888)의 《임하필기(林下筆記)》 권38의 '해동악부(海東樂府)' 가운데 '황창랑무'라는 제목의 시가 있는데, 그 내용은 다음과 같다. "관창이 황창랑으로 와전되었지만/ 칼 쓰던 곳 징험할 문헌은 없네/ 여덟 살 어린아이 복수를 모의하니/ 술동이 앞에서 백제 왕 놀라게 했네(官昌訛誤黃昌郎, 史傳無徵擊劍場, 八歲眇童謀釋憾, 樽前驚起夫餘王)." 또 이 작품에는 주석이 붙어 있는데, 주석에서는 "창랑은 여덟 살 때 신라 왕을 위하여 백제에 대한 한을 풀 것을 계획했다. 백제로 건너가서 저자에서 칼춤을 추었는데, 백제 왕이 궁중으로 불러들여 칼춤을 추게 했다. 이에 창랑은 왕을 찔러 죽였다. 후세에는 탈을 만들었다. 창랑은 곧 관창(官昌)이 와전된 것이다(昌郎, 八歲, 爲王謀釋憾於百濟, 往濟市舞劍, 王召入宮令舞, 因揕殺之. 後世作假面. 昌郎, 乃官昌之訛也)"라고 했다. 황창랑 설화와 황창랑무의 유래는 《동경잡기(東京雜記)》의 풍속(風俗) 조 등에도 전한다. 황창랑이 7세 때 백제 왕을 죽였다고 한 문헌도 보인다.

28 《삼국사기》 권32의 기록을 인용한 것으로 보이는데, 일부 오류가 있어 문맥이 잘 통하지 않는다. 첫 번째 오류는 서두의 "악공인(樂工人)"을 "무공(舞工)"으로 잘못 옮긴 점이다. 원래 앞부분에서는 악공(樂工)의 모습을 묘사하고 뒷부분에서는 춤추는 사람(舞者)의 모습과 행동을 말한 것인데, 이 오류로 인하여 춤추는 사람의 모습을 중복해서 묘사한 것처럼 보이게 되었다. 송나라 때의 문헌인 《악서》의 "백제무(百濟舞)" 항목 서두에 "무공인(舞工人)"의 복색에 대한 기술이 있는데, 장지연이 그 기록과 혼동했을 가능성도 생각해볼 수 있다. 두 번째 오류는 한 문장을 누락시킨 점이다. 《삼국사기》에서는 춤추는 사람에 대해 설명하면서 "두 사람은 황색 치마저고리에 적황색 바지를 입고, 두 사람은 적황색의 치마저고리와 바지를 입었다(二人黃裙襦 · 赤黃袴, 二人赤黃裙襦 · 袴)"고 했으니, 뒷부분의 두 사람에 대한 서술이 여기서는 빠져 있음을 확인할 수 있다. 즉 《삼국사기》에서는 춤추는 사람 4인의 공통된 상투, 수건, 고리장식을 설명한 뒤에, 2인씩 같은 옷을 갖춰 입었음을 말하고, 다시 이들 4인이 둘씩 짝을 지어 춤을 추었음을 말한 것이다. 한편 《삼국사기》에서는 이 기록이 당나라 때의 문헌인 《통전(通典)》을 인용한 것임을 밝히고 있는데, 중국의 문헌인 《악서(樂書)》나 《구당서》에도 이와 유사한 내용이 보인다. 그런데 《악서》와 《구당서》에는 《만국사물기원역사》와 마찬가지로 춤추는 사람 2인에 대한 서술이 빠져 있다. 이를 고려하면, 이 부분은 《삼국사기》가 아닌 중국의 문헌을 참고하여 서술한 것일 가능성도 배제하기는 어렵다.

29 《문헌통고》에 "수당시대의 구부악(九部樂)에 고려기(高麗伎)가 있었다"는 기록이 보인다. 고려기는 수나라 개황(開皇) 연간의 칠부악(七部樂)과 대업(大業) 연간의 구부기(九部伎), 당나라 태종 때의 십부기(十部伎)에 모두 포함되었다.

30 야마토 다케루노 미고토(日本武尊)는 게이코 천황의 아들이다. 《일본서기》에

정벌을 마치고 돌아와서 시자(侍者)와 문답하는 형식으로 부른 노래가 전하는데, 이 노래가 문헌에 남은 가장 오래된 렌가라고 한다.

금琴 부附 거문고[玄琴]

금은 중국의 복희씨가 처음으로 만들었다. 본래는 다섯 줄이었는데, 주나라 문왕이 소궁(少宮)과 소상(少商)의 2현(絃)을 더하여서 일곱 줄이 되었다.

고구려 때에 진(晋)나라 황제가 칠현금을 보냈는데, 재상 왕산악(王山岳)이 그 제도를 고쳐서 육현금(六絃琴)을 만들었다. 오늘날에 이르기까지 이를 따르고 있다.

—살피건대, 왕산악은 100여 곡을 지어서 연주했는데, 그때 검은 학(玄鶴)이 와서 춤을 추었다. 그래서 그 이름을 "현학금(玄鶴琴)"이라고 했고, 후대에는 이를 이어서 "거문고(玄琴)"라 불렀다. 신라사람 옥보고(玉寶高)가 50년간 거문고를 배우고 스스로 새 노래(新調) 30곡을 지어서 속명득(續命得)에게 전수했으며, 속명득이 귀금선생(貴金先生)에게 전수했다. 이찬(伊飡) 윤흥(允興)이 안장(安長)으로 하여금 '표풍(飄風)' 등의 악곡을 전수받게 했고, 안장이 자신의 아들인 극종(克宗)에게 전했다. 극종이 7곡을 지었다. 그 뒤로는 그 기예를 전수받은 이가 한 사람이 아니어서, 우조(羽調), 평조(平調)를 합쳐서 모두 187곡(曲)이 있게 되었다. 오늘날 옥보고가 지은 악곡으로 상원(上院), 중원(中院), 하원(下院), 남해(南海), 의암(倚岩), 춘조(春朝), 추석(秋夕), 노인(老人), 죽암(竹庵), 현합(玄合) 등의 30곡이 세상에 전한다.[31]

일본에는 고대로부터 왜금(倭琴)이 있었다.

유럽의 금(琴)은 그리스 신대(神代)에 오르페우스(Orpheus, 由巴耳)가 처음으로 만들었다고 한다.[32]

31 《삼국사기》 권32의 현금(玄琴)에 대한 서술을 축약하며 인용한 것으로 보인다. 다만 칠현금을 보낸 사람을 "진나라 황제(晋帝)"로 서술한 것은 《삼국사기》에서 "진나라 사람(晋人)"이라 한 것과 다른데, 《삼국사기》의 표현이 옳은 것으로 보인다. 《삼국사기》에 실린 내용 가운데 다음 부분을 보충해서 읽으면, 문맥의 이해에 도움이 될 수 있다. 옥보고가 거문고를 배운 곳이 지리산의 운상원(雲上院)이며, 귀금선생이 지리산에 들어가서 나오지 않았기 때문에 신라 왕이 신하인 윤흥에게 음률(音律)을 배울 방법을 찾도록 명했다고 한다. 윤흥은 안장(安長)과 청장(淸長)의 두 사람으로 하여금 지리산으로 들어가 귀금선생에게서 배우도록 했는데, 귀금선생은 3년이 지났음에도 미묘한 부분은 숨기고 전하지 않았다. 이에 윤흥이 자신의 부인과 함께 지리산으로 들어가서 예를 다한 끝에 표풍(飄風) 등의 3곡을 전수받을 수 있었다고 한다.

32 "유럽의 금(琴)"은 하프의 일종인 "리라(lyra)"를 가리키는 것으로 추정된다. 리라는 메소포타미아에서 원형이 만들어졌으며, 그리스에까지 전파되었다. 그리스에서는 아폴론이 즐긴 악기로 신성시되었으며, 3현, 4현, 5현, 7현 등 현의 수에 따라 다양한 명칭으로 불리기도 했다. 오르페우스는 아폴론에게서 리라 연주를 배웠는데, 아내 에우리디케(Eurydice)를 저승에서 데려오기 위해 저승의 왕 하데스 등에게 리라 연주를 들려주었다고 한다. 그렇지만 이승에 이르기 전에는 뒤를 돌아보지 말라는 금기를 어겼기 때문에, 아내를 이승으로 데려오는 데는 실패하고 만다. 실의에 빠진 오르페우스가 죽은 이후에 그의 리라는 하늘의 별자리가 되었다고 하는데, 이것이 바로 "거문고자리(Lyra)"다.

가야금伽倻琴 — 《통전》에서는 "변한슬弁韓瑟"이라 했다.

가야금은 모양이 쟁(箏)과 비슷하고 현이 열두 개인데, 대가야국의 가슬왕(嘉瑟王)이 처음으로 만들었다[33][지금으로부터 1360년 전]. 우륵(于勒)이 연주를 잘했는데, 12개의 악곡을 지었다. 법지(法知), 만덕(萬德) 등이 그 악곡을 전했다. '하림(河臨)'과 '눈죽(嫩竹)'의 2조(調)에 모두 185곡(曲)이

있었다.[34]

33 《삼국사기》에는 "가실왕(嘉實王)"으로 기록되어 있다. 이 밖에 가실왕(嘉悉王), 가보왕(嘉寶王)으로 기록된 문헌도 있다. 또 왕위에 있었던 기간 등에 대해서도 이견이 있다.

34 《삼국사기》 권32 악지(樂志)의 내용을 축약한 것으로 보인다. 인명 표기에는 오류가 있는데, 우륵에게서 가야금을 배운 인물로 제시된 "주기(注其)"가 그것이다. 이것이 오기인 것은 분명하지만, 《삼국사기》에도 이 이름이 두 가지 형태로 나타나기 때문에 주의할 필요가 있다. 악지에는 "주지(注知)"로 표기된 반면 신라 본기 진흥왕 13년조에는 "법지(法知)"로 표기되어 있는데, 오늘날 학계에서는 "법지"가 옳은 표기일 거라 추정하고 있다. 따라서 여기서는 우선 "법지"로 고쳐서 옮긴다. 《삼국사기》 악지에서는, 가야가 어지러워지자 우륵이 신라 진흥왕에게 귀순했다고 했다. 이에 진흥왕은 대나마(大奈麻) 주지(注知)—신라본기에서는 법지(法知)—와 계고(階古), 대사(大舍) 만덕(萬德) 등을 우륵에게 보내서 가야금을 배우도록 했다. 세 사람이 악곡을 배우고 나서 12곡을 5곡으로 줄였는데, 우륵이 처음에는 화를 내었으나 음률을 듣고는 감탄했다고 한다. 또 신라의 신하들은 망국(亡國)의 음악이라 하여 취하지 말기를 청했으나, 진흥왕은 신하들의 건의를 받아들이지 않았다고 했다. 하림조와 눈죽조의 2조에 185곡의 악곡이 있었다고 한 것은, 이후 신라에서 발전시켜 만든 가야금의 악곡을 지칭한 것이다.

해금奚琴

해금은 원래 해거란(奚契丹)의 악기다. 당나라 때 처음으로 중국에 전해졌고, 우리나라에 유입되었다.[35]

35 마단림(1254?~1323)의 《문헌통고》에서는 "해금은 오랑캐의 해부(奚部)에서 즐기는 악기다. 해도(奚鼗)에서 나왔으며, 모양 또한 유사하다. 그 제도는 두 줄의 사이에서 대쪽으로 마찰시키는 것이다. 민간에서 간혹 사용했다(奚琴, 胡中奚部所好之樂. 出於奚鼗, 而形亦類焉. 其制兩絃間, 以竹片軋之. 民間或用)"고 했다. 《증보문헌비고》 악고(樂考)에서도 이를 인용했는데, "해도(奚鼗)"를 "현도(絃鼗)"라고 표기했고 뒤에는 제조법과 연주법을 덧붙였다. "해금"이라는 말이 "해족(奚族)의 금(琴)"이라는 뜻이니, 이 악기는 원래 해족의 것으로 인식되었다고 할 수 있다. 해족은 "고막해(庫莫奚)"라고도 불리는 유목민족으로, 원래는 선비족의 일원이었다고 한다. 또 거란족 또한 원래 해족의 일원이었다고 하는 견해도 있으나, 그 근거는

분명하지 않다. 당나라 때에는 해족과 거란족이 당나라와 여러 차례의 전란을 치른 것으로 기록되어 있는데, 해금이 중국에 전해진 것을 이 무렵의 일로 파악한 듯하다. 다만 여기서 "해거란(奚契丹)"이라고 표현한 이유가 무엇인지는 분명하지 않다. "거란"을 직접 해금과 연결시킨 사례는 찾기 어려운데, 요나라 건국 이후에 거란족이 해족을 복속시킨 점을 의식하여 "거란족의 일원인 해족" 정도의 의미로 사용한 것일 가능성은 생각해볼 수 있다. 이 경우 《문헌통고》에서의 "호랑캐 가운데 해부(胡中奚部)"라는 표현과 거의 같은 의미가 될 수 있을 듯하다. 또 간행본에는 "支那에셔 始傳ᄒᆞ야"로 표기되어 있는데, 이는 당나라 때 중국에서 우리나라로 전해졌다고 이해될 가능성이 있다. 원고본에서 "支那에 始傳ᄒᆞ야"라고 함으로써 당나라 때 중국에 전해졌고 그 이후에 우리나라에 유입되었다고 비교적 분명하게 해석될 수 있도록 서술한 것과는 다르므로, 여기서는 원고본에 따라 고쳐서 옮겼다. 해금이 우리나라에 전해진 것은 고려 때의 일로 알려져 있다.

오르간[Organ, 風琴]

757년에 동로마 황제 코프로니무스(Kopronymus, 可布羅尼斯)가 프랑크 왕국(Francia, 法蘭克)의 피핀 3세(Pepin III, 披徧)에게 오르간을 증여하니, 오르간이 이로부터 비롯되었다.[36] 그렇지만 오늘날의 제도와 같은 오르간의 발명은 9세기에 비롯되었다.

36 "코프로니무스"는 똥과 같이 불결한 것을 뜻하는 그리스어(Κοπρώνυμος)에서 온 말인데, 동로마 황제 콘스탄티누스 5세(Constantine V)의 별칭이다. 콘스탄티누스 5세가 피핀 3세에게 증여한 것은 파이프 오르간으로 알려져 있는데, 이보다 앞서 파이르 오르간의 발명이 이루어졌을 것이므로 이를 기원이라고 하기는 어려울 것이다. 실제 파이프 오르간의 기원은 기원전 3세기 무렵에 알렉산드리아의 크테시비오스(Ktesibios)가 만든 "히드라울루스(Hydraulus)"에서 찾을 수 있다. 히드라울루스는 "물(Hydra)"과 "관(aulus)"을 합친 말인데, 그 이름처럼 수압을 이용한 오르간이었다고 한다. 이후에는 풀무를 이용하는 방식으로 변화되었다. 한편 21장 음악의 마지막에 있는 '사현금(四絃琴)' 항목에도 풍금에 대한 언급이 보이는데, 그것을 이 항목에 합쳐 놓아야 풍금의 기원에 대한 서술이 좀 더 온전해질 수 있을 듯하다.

슬瑟

슬은 중국의 복희씨가 50현으로 처음 만들었고, 뒤에 쪼개어서 25현으로 만들었다. 주양씨(朱襄氏)의 신하 사달(士達)이 만들었다고도 한다.[37] 《산해경》에서는 "안룡(晏龍)—제준(帝俊)의 아들—이 만들었다"고 했다.

《삼국지》에서는 "진한(辰韓)의 슬은 모양이 축(筑)과 비슷하고 퉁겨서 연주한다. 음곡(音曲)이 있다"고 했다.[38]

37 《세본》에서는 복희씨가 50현의 슬을 만들었는데 뒤에 황제가 반으로 나누어서 25현으로 만들었다고 했다. 《여씨춘추》에서는 주양씨의 시대에 바람과 양기가 강하여 만물이 잘 자라지 않았는데 이에 사달(士達)이 5현의 슬을 만들었다고 했다. 그 주석에서는 주양씨는 곧 염제(炎帝) 신농씨라고 했다.

38 《삼국지》 위지 동이전에서 진한의 풍습을 서술한 부분을 인용한 것이다. 진한 사람들이 가무와 음주를 즐긴다고 하고서 "슬"이라는 악기에 대해 말했다.

비파琵琶 부附 향비파鄕琵琶

비파는 현(絃)이 4줄이니, 본래 오랑캐들이 말 위에서 연주했던 것이다. 손을 앞으로 밀면서 타는 것을 "비(琵)"라 하고, 손을 뒤로 끌어당기며 타는 것을 "파(琶)"라고 한다.[39] "진나라 시황제가 장성을 쌓을 때에 백성이 만들었다"고 말하기도 한다.[40]

향비파(鄕琵琶)는 신라 때 만든 것인데, 당비파와 대동소이하다. 그 음악에는 3조(調)에 총 211곡(曲)이 있었다.[41]

그리스에서는 고대에 아폴로(Apollon, 亞波羅) 신이 처음으로 비파를 만들었다.

8현 비파는 북제(北齊)의 이덕침(李德忱)이 만들었고, 7현 비파는 당나라의 정희자(鄭喜子)가 만들었다. 6현 비파는 당나라 천보(天寶) 연간에 사성(史盛)이 만들었다.

39 《석명》을 인용한 것인데, 《만국사물기원역사》에서는 "수(手)" 자가 누락되고 말미의 설명이 생략되었다. 빠진 부분을 채우면 "推手前曰琵, 引手却曰琶"가 된다. 《석명》에서는 글자 풀이로부터 유래를 설명한 사례가 많은데, 비파의 경우에는 "비"와 "파"의 뜻을 각기 풀이하고서 그 두 글자가 합쳐져 악기의 이름이 되었다고 했다.

40 두지(杜摯)가 "진나라 말에 백성이 장성을 짓는 노역을 괴롭게 여겼는데, 이 악기를 만들어서 근심스런 마음을 그렸다(秦末百姓, 苦長城之役, 爲是器以寫憂心焉)"고 말한 바 있다. 두지의 말은 《악서(樂書)》에 실려 있는데, 여기서 "만들다(爲)"라고 한 것이 최초의 비파를 만든 것을 의미하는지는 분명하지 않다.

41 《삼국사기》에서는 향비파의 음악에 궁조(宮調) · 칠현조(七賢調) · 봉황조(鳳凰調)의 3조에 총 211곡이 있었다고 했다. 《악학궤범》에서는 악기의 그림을 제시하고 낙시조(樂時調) · 우조(羽調) · 청풍체(淸風體)의 3가지 악조가 있다고 했다. 그 그림에 의하여 향비파의 특징을 살펴볼 수 있는데, 중국의 비파(唐琵琶)와 비교하면 현이 5개이며 목 부분이 곧게 되어 있는 것이 가장 두드러진 차이라고 할 수 있다. 한편 향비파가 "신라 때 만든 것(新羅時 所製)"이라고 서술한 것은 오늘날 알려진 사실과는 다르다. 원래 서역에서 기원한 악기이며, 뒤에 신라에 전해졌다고 보는 것이 오늘날의 정설이다. 고구려 악기로 언급되는 "오현금(五絃琴)"이 곧 향비파와 같은 것이라고도 하는데, 이에 따르면 서역에서 고구려를 거쳐 신라에 전해졌다고 할 수 있다.

쟁箏

쟁은 중국 진(秦)나라의 몽염(蒙恬)이 만들었다. 진나라 사람들은 의로움이 부족하여 아버지와 아들이 슬을 두고 다투다가 둘로 나누었는데, 이로부터 "쟁"이라는 이름이 붙었다고 한다. 대개 13현이며 모양은 슬과 같다.[42]

축(筑)은 쟁과 같지만, 목 부분이 더 가늘다.

42 후한 말의 문헌인 《풍속통(風俗通)》 등에 몽염이 쟁을 만들었다는 설이 보인다. 그렇지만 《구당서》 음악지(音樂志) 등에서는 몽염이 쟁을 만들었다는 이야기가 전하지만 잘못된 것이라고 했다. 또 이보다 앞서 부현(傅玄, 217~278)은 '쟁부서(箏賦序)'에서 망국(亡國)의 장수인 몽염이 쟁을 만들었을 리가 없다고 한 바 있다. 《집운(集韻)》에서는 "진나라는 풍속이 박악(薄惡)했다. 슬을 두고 다투는 부자가 있었는데, 각기 그 절반을 가져갔다. 그런 까닭에 당시에 '쟁(箏)'이라고 이름이 붙었다. 예전에는 대나무로 만들었다(秦俗薄惡, 有父子爭瑟者, 各入其半. 故當時名爲箏. 古以竹爲之)"고 했다. 또 슬을 두고 다투는 부자를 보고서, 몽염이 그 슬을 둘로 쪼개어서 각기 절반씩 주었다는 이야기도 전한다. 이처럼 몽염이 쟁을 만들었는지에 대해서는 논란이 있지만, 쟁이 진나라의 악기라는 점은 일반적으로 인정되었던 듯하다. 이미 이사(李斯, ?~B.C. 208)의 '간축객서(諫逐客書)'에서 진나라의 악기로 쟁을 언급하고 있는데, 이는 쟁이 진나라에서 만들어진 악기임을 입증하는 근거가 될 수 있을 것이다.

소簫 부附 퉁소[洞簫]

복희씨가 만들었다—여와(女媧)가 만들었다거나 순임금이 만들었다고도 한다— 큰 것은 24관(管)이며 작은 것은 16관이다. 모양은 봉황의 날개와 같다.

퉁소는 밑이 막히지 않은 소(簫)인데, 모두 6개의 구멍—앞에 5개, 뒤에 1개—이 있다. 한나라 때에 처음 생겼다—왕포(王褒)가 '퉁소부(洞簫賦)'를 지었다.

태평소太平簫

우리 태조 3년에 귀화한 여진인 한 사람이 이 악기를 잘 불었다고 한다. 이것이 태평소의 시초다. 본래 군중(軍中)에서 사용하던 것이지만, 지금은 '정대업(定大業)'의 음악에서도 사용한다.—그 제도는 오매(烏梅)나 산유자(山柚子) 등 굳센 성질을 가진 나무의 속을 뚫어서 만드는데, 서(舌, reed)로는 갈대(蔓蘆)를 사용한다. 모두 8개의 구멍이 있다.[43]

43 《증보문헌비고》 권96에는 태평소의 유래와 제조법 등이 자세히 서술되어 있다. 이에 따르면 태조 3년에 서북면 도절제사(西北面都節制使) 최영지(崔永沚)가 가족을 이끌고 투항한 사람들을 서울로 보냈는데, 그 가운데 소(簫)를 잘 부는 이가 있었다고 한다. 만드는 법에 대해서는, 오매나 산유자 이외에도 대추나무, 황상(黃桑), 황양(黃楊) 등의 성질이 강한 나무를 쓰되 속은 뚫어서 비게 하고 겉은 대나무 마디처럼 만든다고 했다. 또 양쪽 끝부분에는 동(銅)을 대고 서(reed)로는 갈대를 쓴다고 했다. 부는 방법은 향피리(鄉觱篥)와 같다고 했다. 《증보문헌비고》에서는 각 부분의 길이나 구멍의 위치와 같은 부분에 대해서도 자세하게 기록하고 있다.

필률 觱篥

필률은 일명 "가관(笳管)"이니, 본래 강호(羌胡) 구자(龜兹)의 악기다. 모양은 호가(胡笳)와 비슷한데, 구멍이 9개가 있다.[44]

우리나라에는 또한 향피리가 있는데, 복숭아나무 껍질을 말아서 만든다.

44 "필률"은 "비율(悲篥)" 또는 "가관(笳管)"으로도 불렸으며, 우리나라에서는 향필률과 구분하여 "당필률(唐觱篥)"이라고 부르기도 했다. 대나무로 관(管)을 만들고 갈대로 머리를 만들었다고 한다. 본래 9개의 구멍이 있었는데, 우리나라에서는 《악학궤범》 이후에 구멍을 8개로 바꾸고 두 번째의 구멍은 뒤쪽에 두도록 했다. "구자"는 오늘날 중국 신장성(新疆省) 위구르인 자치구의 쿠처(庫車) 지역으로, 과거 실크로드의 주요국 가운데 하나다. "굴지(屈支)" 또는 "구자(丘兹)"라고도 했다.

적笛

황제가 영윤(伶倫)에게 명하여 처음으로 적(笛)을 만들도록 했다. 길이는 1척 4촌이며 7개의 구멍이 있었다—초나라 송옥(宋玉)의 '적부(笛賦)'가 있다—. 한나라 때의 이연년(李延年)이 만들었다고도 하는데, 이는 잘못이다.[45]

의취적(義嘴笛)은 서양 사람이 만들었다.[46]

신라 신문왕이 처음으로 옥적(玉笛)을 만들었는데, 그 이름을 "만파식적(萬波息笛)"이라고 했다. 지금 동경(東京)의 관고(官庫)에 있다[47]〔지금으로부터 1230년 전 무렵〕.

45 《태평어람》에 황제가 영윤으로 하여금 적(笛)을 만들도록 했다는 기록이 실려 있다. 《수서》, 《풍속통》 등의 문헌에는 한나라 무제 때의 인물인 구중(丘仲)이 길이 1척 4촌, 구멍 7개의 적(笛)을 만들었다는 기록이 전한다. 그런데 한나라 이전의 인물인 송옥의 작품 가운데 '적부(笛賦)'가 있으므로, 구중이 처음으로 적을 만들었다는 설은 받아들이기 어렵다. 때문에 많은 문헌에서는 구중의 제작설을 소개하면서 비판하고 있다. 《만국사물기원역사》에서는 이연년이 적(笛)을 만들었다는 견해를 소개하면서 비판했는데, 이연년의 제작설이 어떤 문헌에 근거를 둔 것인지는 분명하지 않다. 한 무제 때의 인물인 구중과 이연년을 착각한 것일 가능성도 생각해 볼 수 있다. 따라서 적(笛)의 기원이 어디에 있는지는 명확하지 않은 셈이다. 한편 마융(馬融, 79~166)의 '장적부(長笛賦)'에 있는 "근래의 쌍적은 강족으로부터 왔네(近代雙笛從羌起)"라는 구절을 근거로 하여 적(笛)이 북방의 강족(羌族)에게서 전래된 것이라는 견해도 있는데, 근대 이전의 중국에서는 이 견해가 비교적 합리적인 것으로 받아들여진 듯하다.

46 "의취적(義嘴笛)"은 횡적(橫笛)에 취(嘴) 또는 의취(義嘴)라고 부르는 취구(吹口)를 따로 만들어 꽂은 악기다. 고구려 악기의 이름 가운데 포함되어 있으며, 백제 악기로 기록되어 있는 "지(篪)"와 같은 종류로 파악하는 견해도 있다. 따라서 이미 삼국시대에 사용하던 악기인 셈이다. 《만국사물기원역사》에서는 "서양인(西洋人)"이 만들었다고 했는데, 이는 명백한 오류로 판단된다. 《문헌통고》를 비롯한 몇 가지 문헌에서는, "의자적(義觜笛)"이라고도 불렸던 "의취적"은 "서량(西梁)" 또는 "서량(西凉)"의 악기이며 고려(즉 고구려)에서도 사용한다고 기록하고 있다. 장지

연이 서량(西梁) 또는 서량(西凉)을 서양(西洋)으로 잘못 인용했을 것이다.

47 만파식적 설화는 《삼국유사》 권2 기이(紀異)와 《삼국사기》 권32 등에 전한다. 이에 의하면, 신문왕 때 감은사 앞의 바다에서 용이 나타나 검은 옥대(玉帶)를 바치고서 바다 위에 떠 있는 산에서 대나무를 취하여 적(笛)을 만들어 불면 천하가 화평할 것이라고 아뢰었다고 한다. 용의 말에 따라 신이한 대나무로 만든 피리가 만파식적인데, 월성의 천존고(天尊庫)에 보관했다고 한다. 따라서 여기서 만파식적을 "옥적(玉笛)"이라고 한 것은 설화와는 어긋나는 것처럼 보인다. 그런데 《동국여지승람》, 《지봉유설》, 《동경잡기》를 비롯한 다수의 문헌에 경주의 "옥적"에 대한 언급이 보이는데, 이를 고려하면 장지연이 "옥적"이라 한 것은 단순한 실수는 아닌 듯하다. 《동국여지승람》 등의 문헌을 참고하면, 이 "옥적"에 대해 동해의 용이 신라의 왕에게 바쳤으며 고려 태조가 갖고자 했으나 새재를 넘으면 소리가 나지 않았다는 등의 설화가 전승되고 있었음을 알 수 있다. 조선시대에는 경주 동경관(東京館)에서 옥피리를 발견했다는 등의 기록이 보이며, 현재 국립경주박물관에는 신라 때의 것으로 추정되는 2개의 옥피리가 소장되어 있기도 하다.

삼금三笒

삼죽(三竹)은 대금(大笒), 중금(中笒), 소금(小笒)이다.[48] 신라 때에 당적(唐笛)을 모방하여 처음으로 만들었다. 모두 13개의 구멍이 있고, 총 200여 곡이 있었다.[49]

48 '笒'에는 '금(jìn)', '잠(cén)', '함(hán)'의 세 가지 음이 있다. '함'은 '속이 찬 대(實心竹)'를 뜻할 때의 음인데, 삼죽의 명칭에서는 '대함', '중함', '소함'과 같이 '함'으로 읽어야 한다는 견해도 있다. 그렇지만 중국의 악기 가운데 '笒'이 없기 때문에 어느 음으로 읽는 것이 옳은지를 확정하기는 어렵다. 다만 이들 악기의 명칭을 '대금', '중금', '소금'으로 읽는 것이 우리 관습으로 굳어져 있으므로, 이때의 '笒'은 모두 '금'으로 읽는 것이 타당할 것이다.

49 《삼국사기》 권32에 당적(唐笛)을 모방하여 삼죽을 만들었다는 기록이 보인다. 또 평조(平調), 황종조(黃鍾調), 아조(雅調), 월조(越調), 반섭조(般涉調), 출조(出調), 준조(俊調)의 총 7개의 조(調)가 있고, 대금은 324곡, 중금은 245곡, 소금은 298곡이 있었다고 했다. 《증보문헌비고》에서는 이 기록을 그대로 인용하고 있으며, 13개의 구멍의 위치 등과 같은 제작법도 함께 기록했다. 그렇지만 여기서 "200여 곡이 있었다"고 말한 근거가 무엇인지는 분명하지 않다.

생황笙簧과 우竽

여와씨(女媧氏)가 처음으로 만들었다[지금으로부터 5200년 전 무렵]. 그 제도는 박(匏) 속에 대나무 관(管)을 배열하고, 관의 끝에는 황(簧)—쇠청(金葉)—을 붙이는 것이다. 큰 것은 19개의 황을 붙였고, 작은 것은 13개의 황을 붙였으며, 우(竽)는 36개의 황을 붙였다.[50] 고려 때에 송나라 휘종(徽宗)이 처음으로 보냈다.[51] "포우(匏竽)"라는 이름으로 부르기도 한다.

50 《세본》에 여와씨가 생황우(笙簧竽)를 만들었다는 기록이 전한다. 생황은 가느다란 죽관(竹管)을 통에 둥글게 박아놓은 악기로, 다른 악기들과는 달리 화음을 낼 수 있다. 통 가운데는 입김을 불어넣는 구멍(吹口)이 있고, 각각의 관(管) 아래쪽에는 쇠붙이로 된 서(reed)가 달려 있다. "쇠청(金葉)"은 생황의 죽관 아래쪽 끝에 붙여서 떨어 울리게 하는 서(舌, reed)인데, 주로 백동으로 만든다. 생황은 "포부(匏部)"에 속하는데, 이는 원래 죽관을 담고 있는 통을 박(匏)으로 만들었기 때문이다. 그렇지만 점차 박통 대신 나무통을 쓰게 되었다고 한다. 죽관의 수에 따라 화(和, 13관) · 생(笙, 17관) · 우(竽, 36관)로 구분하기도 했는데, 오늘날에는 이를 통틀어 "생황"이라고 부르는 것이 일반적이다. 간행본에는 "竽"가 "竿"으로 표기되어 있으나 잘못이다. 원고본에는 모두 "竽"로 표기되어 있다.

51 《고려사》 악지에는 1114년(예종 9)에 송 휘종이 보낸 신악(新樂) 가운데 포생(匏笙)이 언급되어 있다. 또 1116년(예종 11)에 송 휘종이 보낸 대성아악(大晟雅樂)의 악기 가운데 소생(巢笙), 화생(和笙), 우생(竽笙)이 보인다.

부缶

부는 요임금 때에 처음으로 만들었다. 진(秦)나라 사람들이 즐겨 연주했다. 질기와(陶瓦)로 만들었으며, 지금의 악부(樂府)에 있다.[52]

52 "부"는 화로 모양의 아악기인데, 흙으로 구워내기 때문에 토부(土部)에 속한다. 위쪽의 가장자리를 아홉 갈래로 쪼갠 대나무 채로 쳐서 소리를 낸다. 조선시대

에는 두께를 달리하여 음의 높이가 각기 다른 10개의 부를 만들었다는 기록이 있으나, 현재는 1개의 부만을 사용하고 있다. 또 《악학궤범》에서는 여러 제례악의 헌가(軒架)에 사용한다고 했으나, 지금은 문묘제례악의 헌가에만 사용한다.

토고土鼓

이기씨(伊耆氏)가 처음으로 토고와 괴부(蕢桴)를 만들었다.[53]

53 "토고"는 기와 또는 흙을 구워서 통을 만들고 양면에 가죽을 씌워 만든 북이다. "이기씨"는 요임금이다. 요임금이 "이(伊)" 땅에서 태어나고 "기(耆)"의 뒤를 이었기 때문에, 이와 같은 이름으로 불리기도 한다. 그렇지만 이때의 "이기씨"는 곧 신농씨를 가리키는 말이라는 견해도 있다. 따라서 여기서는 그대로 "이기씨"로 옮긴다. 《예기》 명당위(明堂位)에 "토고, 괴부, 위약은 이기씨의 음악이다(土鼓, 蕢桴, 葦籥, 伊耆氏之樂也)"라는 구절이 있다. 괴부는 풀과 흙으로 만든 북채이며, 위약은 갈대로 만든 관악기다. 괴부는 《만국사물기원역사》와 같이 "簣桴"로 표기된 문헌이 적지 않은데, "簣"와 "蕢"를 통용했기 때문인 듯하다. 여기서는 현대의 사전 표기를 따라 "蕢桴"로 옮긴다.

북[鼓]

《제왕세기(帝王世紀)》에서는 "황제가 기(夔)를 죽이고 그 가죽으로 북을 만들었다"고 했으니, 이것이 북의 시초다. 또 《악서(樂書)》에서는 "북은 이기씨(伊耆氏), 소호씨(少昊氏)로부터 비롯되었다"고 했다. 작은 북은 "응고(應鼓)"라 하고,[54] 손잡이가 있는 북은 "도(鼗)"라고 한다.[55] 또 동고(銅鼓)와 요고(鐃鼓)가 있었다.[56]

태서에서는 14세기에 처음 나타났다. 아라비아 사람이 만들었다고 한다.[57]

54 "작은 북(小鼓)"이라는 표현은 상대적인 의미다. 즉 같이 사용되는 다른 북보다 작다는 뜻이지, 일반적인 북 가운데서 작은 것이라는 뜻은 아니다. 작은 북으로 언급된 "응고(應鼓)"는 건고(建鼓), 삭고(朔鼓)와 함께 사용되었다. 건고를 가운데

에 두고 서쪽에 삭고, 동쪽에 응고를 설치하는데, 삭고로 선창(先唱)하면 응고는 그에 화답하여 응한다. 응고(應鼓)는 응비(應鼙)라고도 하는데, 엎드린 호랑이 4마리를 새긴 2개의 받침대 위에 틀을 세우고 북을 걸었다. 《이아》에서는 "큰 북을 '분(鼖)'이라 하고 작은 북을 '응(應)'이라 한다(大鼓謂之鼖, 小鼓謂之應)"고 했다.

55 "도(鞀)"는 양 옆 부분에 가죽끈을 단 작은 북을 긴 장대에 달아놓은 형태의 악기인데, 장대를 흔들면 가죽끈이 북 면을 쳐서 소리를 내었다. 음악을 시작할 때 사용했다.

56 "동고(銅鼓)"는 청동으로 만든 북 모양의 악기다. "요고(鐃鼓)" 또한 금속으로 만든 악기로, 당나라 때에 황제의 행렬이 궁 밖으로 나가거나 포로를 바치는 의식인 '헌부의(獻俘儀)'를 치를 때 사용되었다.

57 니시무라 시게키의 《서국사물기원》에서는 사라센인이 큰 북(太鼓)을 만들었으며, 14세기에 유럽에 전래되었다고 했다.

장고杖鼓

《문헌통고》에서는 "장고(杖鼓), 요고(腰鼓), 갈고(羯鼓)는 모두 한(漢)·위(魏) 시기에 처음으로 나타났다. 큰 것은 진흙을 구워서 만들고 작은 것은 나무로 만드는데, 모두 머리 부분은 넓고 허리 부분은 가늘다. 오른쪽은 채로 치고, 왼쪽은 손으로 두드린다"고 했다.[58]

58 "장고"는 곧 장구다. 이 부분의 서술은 《증보문헌비고》에서 《악학궤범》을 인용한 것을 다시 추린 것으로 추정된다. 원고본과 간행본 모두 "통고"를 출처로 밝히고 있으나, 여기서는 《증보문헌비고》와 《악학궤범》에 따라 "문헌통고"로 옮긴다. "요고"는 삼국시대부터 사용되었는데, 크기는 장구보다 훨씬 작으며 현재 실물로는 전하지 않는다. "갈고"는 크기나 모양이 장구와 거의 같다. 그러나 오른쪽을 말가죽을 매어 채로 치고 왼쪽을 쇠가죽을 매어 손으로 치는 장구와는 달리, 양쪽 다 말가죽으로 매어서 채를 들고 친다. 양손에 채를 들고 연주한다고 하여 "양장고(兩杖鼓)"라고도 한다.

종鍾

종은 염제(炎帝)의 신하 백릉(伯陵)이 처음 만들었다고 한다.[59] 《여씨춘추》에서는 "황제가 영윤(伶倫)에게 12개의 종을 주조하도록 명했다"고 했고, 《세본》에서는 "수(倕)가 만들었다"고 했다. 어느 쪽이 옳은지는 모르겠다.

— 살피건대, 이상의 여러 악기는 모두 세종 때에 박연(朴堧) 등으로 하여금 처음으로 만들게 하셨다. 또 영조 17년에 새로 악기를 만드셨다.

59 백릉이 종을 만들었다는 설을 제시한 근거가 무엇인지는 분명하지 않다. 다만 《산해경》에 염제 신농씨의 손자인 백릉이 오권(吳權)의 아내와 정을 통하여 고(鼓), 연(延), 수(殳)의 세 아들을 낳았고, 이 가운데 고와 연이 종을 만들었다는 이야기가 실려 있다. 아마도 이를 인용하는 과정에 착오가 있었던 듯하다.

공후箜篌

공후는 진(晉)나라 사연(師延)이 만들었다. 정(鄭) · 위(衛)의 망국의 음악인 까닭에 "공후(空侯)"라고 일컬어졌다[60][지금으로부터 2400년 전 무렵]. 모양은 슬(瑟)과 비슷하지만 크기가 작고, 그 현은 7개다.[61] 옛 악부(樂府)에 '공무도하(公無渡河)'의 곡이 있는데, 조선 사람 곽리자고(霍里子高)의 아내인 여옥(麗玉)이 지은 것이다.

공후는 고대 중국과 우리나라 등지에서 사용된 현악기이다. 도판은 16세기 초반 중국에서 제작된 작품으로, 공후를 타는 여인이 묘사되어 있다.

60 "진나라의 사연(師延)이 공후를 만들었다"는 서술은 《석명》을 참조한 것으로

짐작되는데, 적어도 "진나라"라고 한 것은 장지연의 착각으로 보인다. 사연은 은나라 주왕(紂王)의 악관(樂官)이었으며, 진나라 평공을 위하여 음악을 연주했던 진나라의 사연(師涓)과는 다른 시대의 인물이기 때문이다. 《석명》에서는 "공후, 이는 사연(師延)이 지은 유약하고 퇴폐적인 음악이다. 뒤에 복수(濮水) 가의 뽕나무 숲 사이에서 나왔는데, 아마도 임금이 없는 나라의 제후가 보존하고 있었던 듯하다. 사연(師涓)이 진나라 평공을 위하여 연주했다. 정나라와 위나라가 그 지역을 나누어 갖고 있었기에, 마침내 '정(鄭) · 위(衛)의 음악'이라고 부르게 되었으며 '음란한 음악'으로 일컬어졌다(箜篌. 此師延所作靡靡之樂也. 後出於桑間濮上之地, 蓋空國之侯所存也. 師涓爲晉平公鼓焉, 鄭衛分其地而有之. 遂號鄭衛之音, 謂之淫樂也)"고 했는데, 여기서 "공후"가 악기의 이름인지 악곡의 이름인지는 분명하지 않다. 《석명》은 글자의 음에서부터 어원을 따지는 방법을 취한 문헌인데, 이 경우에는 "공후(箜篌)"와 "공후(空國之侯)"의 "공후(空侯)"가 같은 음으로 읽힌다는 데 착안한 듯하다. 어떤 의미에서는 《석명》에서는 악기 자체의 기원보다는 "공후"라는 단어의 기원을 논했다고 할 수 있다.

한편 《사기》의 악서(樂書)에 실린 사광(師曠)의 일화에는 사연(師涓)이 사연(師延)의 음악을 연주하게 된 연유가 나타나 있는데, 이를 간략히 소개하면 다음과 같다. 진나라 평공이 위나라 영공을 방문하여 잔치를 하고 있을 때 사연(師涓)이 새로 얻은 악곡을 연주했는데, 곁에 있던 사광이 연주를 제지했다고 한다. 사광은 이 악곡이 사연(師延)이 은나라 주임금을 위하여 만든 것이라 설명하고, 은나라가 망하자 사연(師延)은 복수(濮水)에 몸을 던져서 죽었다고 했다. 또 사광은 사연이 이 악곡을 얻은 곳이 복수 물가일 것이라고 하면서, 이 음악소리를 들으면 나라가 위태롭게 될 것이라고 했다. 또 이익의 《성호사설》에서는 명나라 때의 문헌인 《명산장(名山藏)》을 인용하여 사연(師延)이 주임금을 위해 악곡을 만들기까지의 사연을 말하고, 그 음악이 후세에 전해지기까지의 전설의 괴이함에 대해 비판한 바 있다.

61 당나라의 두우가 쓴 《통전》에는 "예전에는 하나같이 금(琴)의 제도에 의거하여 말했다. 이제 살펴보건대, 그 모양은 슬(瑟)과 비슷하지만 작고 발목으로 현을 타는 것이 비파와 같다(舊說一依琴制. 今按, 其形似瑟而小, 絃用撥彈之如琵琶也)"고 했다. 이보다 후대의 문헌인 《구당서(舊唐書)》에서는 이를 인용하면서도 "칠(七)" 자를 더 넣었는데, 어느 쪽이 정확한 것인지는 확인하기 어렵다. 이에 따를 경우 "그 모양은 슬과 비슷하지만 작고 7현이며, 발목으로 연주하는 것이 비파와 같다(其形似瑟而小七絃, 用撥彈之如琵琶也)"가 된다. 현재 "공후"로 일컬어지는 악기의 형태는 다양하며, 특히 현의 수는 일치하지 않는다. 국립국악원에는 1937년 중국에서 구입한 3종의 공후가 소장되어 있는데, 수공후(豎箜篌)는 21현, 와공후(臥箜篌)는 13현, 소공후(小箜篌)는 13현이다. 또 일본 쇼소원(正倉院)에 보관되어 있는 백제의 대공후(大箜篌)는 23현이다.

호가胡笳

호가는 한나라 장건(張騫)이 서역에서 처음 구해왔는데, '마가두륵(摩訶兜勒, ma he dou le)' 1곡을 전했다〔지금으로부터 2030년 전 무렵〕. 이연년(李延年)이 그 곡으로부터 다시 "신성이십팔해(新聲二十八解)"를 만들었다.[62]

62 "마가두륵"은 "대투(大套)의 가곡" 또는 "대곡(大曲)"의 뜻으로 풀이되는데, 그 뜻으로 미루어보건대 상당히 큰 규모의 악곡 또는 모음곡이었을 가능성이 있다. 이연년이 이를 개작하여 새로 28해의 악곡을 만들었는데, 이를 "신성28해(新聲二十八解)"라고 한다. "해(解)"는 원래 악곡이나 시가, 문장의 장(章)이나 절(節)을 가리키는 말이다. 이연년은 한나라 무제 때 협률도위(協律都尉)로 있으면서 개작을 했는데, 이후 이 음악은 무악(武樂)으로 사용되었다고 한다.

화각畫角

각(角)은 본래 군중(軍中)에서 불던 것이다. 《문헌통고》에 "황제가 치우(蚩尤)와 전쟁을 할 때 각으로 용의 울음소리를 내서 방어했다"고 했는데, 이것이 각의 시초다.[63] 《송악지(宋樂志)》에서는 "길이가 5척이요, 형상은 대나무 대롱 같은데, 뿌리 쪽은 가늘고 끝부분은 크다"고 했다.[64]

호각(胡角)은 호인(胡人)의 각이니, 호가(胡笳)의 소리에 응하는 것이다.

《삼여췌필(三餘贅筆)》에서는 "초루화각(譙樓畫角)의 세 곡조(弄)는 조자건(曹子建)이 지은 것이라고 전한다. 첫 번째 곡조는 '임금 되기 어려워라, 신하 되기 또한 어려워라, 어렵고 또 어려워라'요, 두 번째 곡조는 '창업이 어려워라, 수성 또한 어려워라, 어렵고 또 어려워라'요, 세 번째 곡조는 '집안 일으키기 어려워라, 집안 보전하기 또한 어려워라, 어렵고 또 어려워라'다. 지금 각에서 나는 '오오'하는 소리가 모두 '난(難)'자의 길게 끄는

소리(曳聲)다"라고 했다.[65]

63 "각"은 군중에서 쓰던 물건이기 때문에, 11장 군사(軍事)의 '뿔피리(角)' 항목에서도 언급되었다. 11장에서도 황제의 고사를 언급한 바 있다. 출처로 표기된 "통고(通考)"는 곧 《문헌통고》다. 황제가 태산(泰山)에서 각을 불었을 때 그 소리가 마치 두 마리의 봉황이나 용의 울음 같았다고 한다. 황제와 치우가 탁록(涿鹿) 들판에서 싸울 때에 치우는 도깨비들을 이끌고 왔는데, 뿔피리(角)의 소리가 도깨비들을 놀라게 하여 황제가 치우를 물리칠 수 있었다고 한다.

64 출처로 표기된 "송악지(宋樂志)"가 어떤 문헌인지는 분명하지 않다. 다만 송나라 때 이방(925~996)이 쓴 《태평어람》에서도 "송악지"를 인용서로 제시하고 있다. 남조 송나라(420~478)의 정사인 《송서(宋書)》 악지(樂志)에 "각(角)"을 설명한 대목에는 이 내용이 보이지 않는다. 송나라 진양(陳暘, 1064~1128)의 《악서(樂書)》에는 이 내용이 보이는데, 인용서를 밝히지는 않았다.

65 《삼여췌필》은 명나라의 도앙(都卬)이 쓴 잡기(雜記)다. 조자건(曹子建)은 곧 조조의 아들인 조식(曹植)이다. '초루화각(譙樓畵角)'은 '초루화각성(譙樓畵角聲)'이라고도 하는데, "초(譙)"가 고루(鼓樓, 북을 단 누각)를 뜻하는 말이니 "높은 고루에서의 화각 소리" 정도로 풀이할 수 있다. 이유원(李裕元, 1814~1888)의 《임하필기(林下筆記)》에는 "명나라 태조가 읊은 것이다(明太祖所演)"라는 설명과 함께 이 노래가 실려 있는데, 조식이 이 노래를 지었다는 것이 일반적인 견해다. "롱(弄)"은 악곡의 단위다. 원문에서 첫 번째 곡조를 소개하면서 "其弄曰"이라고 썼는데, 이는 "其初弄曰"에서 "初"자가 누락된 것이다.

나발〔喇叭〕

《기효신서(紀效新書)》에 "나발은 군중(軍中)에서 부는 악기이니, 속칭 '호통(號筒)'이라 한다"고 했다.[66] 이집트에서 발명했고, 이스라엘 사람이 받아들여 익혔다.

66 《기효신서》는 명나라 장수 척계광(戚繼光)이 쓴 병서(兵書)다. 호령편(號令篇)에 이 구절이 보인다.

박판拍板

진(晋)나라 때에 송섬(宋纖)이 박자를 잘 쳤는데, 목박판(木拍板)으로 대신했다.[67] 박판(拍板)이 여기서 비롯되었다.[68]

67 "송섬"은 "송식(宋識)"의 잘못으로 짐작된다. 《진서(晉書)》 은일전(隱逸傳)에 송섬의 전이 실려 있는데, 이에 따르면 송섬은 주천(酒泉) 남산(南山)에 은거하면서 학문을 닦고 3000여 명의 제자를 가르친 인물일 뿐이며 "선격절(善擊節)"과 같은 음악과 관련된 일화는 남기지 않은 듯하다. "박자를 잘 쳤으며 목박판으로 대신한 인물"이 청대의 문헌인 《어정연감유함》에는 "송섬"으로 기록되어 있지만, 그 밖의 다른 문헌에서는 "송식(宋識)"으로 기록되어 있다.

68 "박판(拍板)"은 "박(拍)"이라고도 하는데, 악절의 끝이나 시작, 춤사위의 변화 등을 지시하는 데 사용된다. 송식은 손뼉을 치거나 주변의 물건을 두드리지 않고, 나무 박판을 만들어서 박자를 친 듯하다. 송나라 고승의 《사물기원》에는 "나무판을 쳐서 격절(擊節)을 대신했다(以板拍之, 而代擊節)"는 말이 보이는데, 이때의 "격절"은 손뼉을 치거나 손으로 무릎 등을 쳐서 박자를 치는 것으로 풀이할 수 있다.

경磬

《세본》에서는 "요임금의 신하 무구(無句)가 처음으로 경을 만들었다"고 했고, 《악록(樂錄)》에서는 "경숙(磬叔)이 처음으로 만들었다"고 했다.[69]

우리 조선 세종 9년에 박연(朴堧)이 남양(南陽)의 돌을 가져다가 12매의 석경(石磬)을 처음으로 만들었다.[70]

69 무구(無句)와 경숙(磬叔)이 같은 인물이라는 견해도 있으나, 정확한 것은 알 수 없다. 《통례의찬(通禮義纂)》에는 황제가 영윤(伶倫)에게 경을 만들도록 명했다는 설도 보인다.

70 《조선왕조실록》 세종 9년 5월 15일조에 기사가 보이는데, "1개의 틀에 12개를 단 석경을 새로 만들어 바쳤다(進新製石磬一架十二枚)"고 했다. 경은 조각을 새긴 돌을 매달아 각퇴(角槌, 쇠뿔로 만든 망치 모양의 채)로 두드려 소리를 낸다. 재료

가 되는 돌이 온도 등 외부환경의 변화에 큰 영향을 받지 않으므로, 경은 다른 악기의 조율 기준을 잡는 데 활용되었다. 우리나라에는 재료가 되는 경석(磬石)이 희귀했기 때문에 흙으로 만든 도경(陶磬)을 석경 대신 사용하기도 했는데, 세종 때에 남양에서 경석을 채취하여 석경을 만들 수 있게 된 것이다. 대형의 경을 하나 매단 '특경(特磬)'과 나무 시렁에 두께가 다른 여러 개의 경을 매단 '편경(編磬)'이 있다. 오늘날 편경은 16개의 경을 2단에 나누어 배치한다.

탁鐸

《서경》에 "주인(遒人)이 목탁을 들고 거리를 돌아다닌다"고 했으니, 이에 의거하면 우하(虞夏)의 때에 처음으로 나타났던 것이다.[71] 그 제도는 작은 종과 같은데, 위에는 자루가 있다. 쇠로 입 부분을 만들고, 나무로 혀 부분을 만든다.

71 "주인"은 국가의 명령을 전달하는 벼슬아치다. 《서경》 하서 윤정(胤征)에 "매년 이른 봄에 주인이 목탁을 들고 거리를 돌아다닌다(每歲孟春, 遒人以木鐸, 徇于路)"는 구절이 있다. "우하(虞夏)"는 유우씨(有虞氏) 즉 순임금의 때와 하나라 시기를 합쳐 부른 말이다. "하서(夏書)"에서 근거를 찾았기 때문에, "우하의 때"를 말한 것이다.

동발銅鈸

《문헌통고》에서는 "남제(南齊) 사람 목사소(穆士素)가 처음으로 동발을 만들었다"고 했다〔지금으로부터 1400년 전〕. "동반(銅盤)"이라고도 부른다.[72] 지름은 4촌 7푼이며, 뒤에는 사슴가죽으로 만든 끈을 달았다. 본래 인도에서 만든 것인 까닭에, 오늘날 승려들이 모두 바라(鳴鈸)를 사용한다.

72 《통전》에 "발(鈸)은 동반(銅盤)이라고도 부르는데, 서융(西戎)과 남만(南蠻)

에서 온 것이다"라고 했다.

징[鉦]

징은 곧 탁(鐲)이니, 주나라의 것이다. 《주례》에 "탁(鐲)으로 북의 절주를 맞추고, 요(鐃)로 북을 그치게 한다"고 했다. 이들은 모두 비슷하다.[73]

73 징, 탁, 요는 대야 모양의 금속 악기다. 처음에는 군중(軍中)에서 사용했으나, 점차 사용 범위가 넓어졌다고 한다.

양금洋琴

양금은 이탈리아에서 처음으로 만들어졌는데, 대략 710년 무렵의 일이다.[74]

74 "양금"은 서양에서 전해진 현악기라는 뜻이다. 우리나라에는 18세기 무렵 청나라를 통해 전래된 것으로 알려져 있는데, 철사를 사용한 유럽의 금(琴)이라는 의미로 "구라철사금(歐邏鐵絲琴)"으로도 일컬어졌다. 이규경(李圭景, 1788~1856)의 《구라철사금자보(歐邏鐵絲琴字譜)》와 같은 양금보(洋琴譜)가 편찬되기도 했다. 박지원은 양금을 "철현금(鐵絃琴)"이라고 했는데, 1772년 홍대용의 집에서 조선에 있는 것을 처음 보았다고 했다. 양금의 모양은 사다리꼴 상자 위에 두 개의 괘를 세로로 질러 고정시키고 괘 위에 14벌의 금속줄을 가로로 얹어놓은 형태인데, 대나무로 만든 가는 채를 사용하여 연주한다. 양금은 원래는 이슬람 음악에 사용되었으며, 10~12세기의 십자군원정 때 유럽에 전파되었다고 한다. 여기서 710년 무렵 이탈리아에서 만들었다고 한 근거가 무엇인지는 분명하지 않다.

사현금四絃琴

사현금은 1440년에 서양에서 처음으로 만들었다.[75]

교당(敎堂) 가운데에 오르간을 설치하는 방법은 65년에 그리스인이 처음으로 사용했고, 영국에서는 951년에 처음으로 사용했다—'풍금(風琴)' 항목에 자세해야 한다[76]—. 1770년에 독일 사람이 처음으로 풍금대(風琴臺)를 만들었다.

75 "사현금"은 흔히 바이올린을 뜻하는데, 여기서 바이올린을 말한 것인지는 분명하지 않다. 비파를 사현금이라 부르기도 하지만, 앞에 따로 '비파' 항목을 두었기 때문에 '비파'를 가리킨 것으로 보기는 어렵다. 바이올린의 기원에 대해서는 아직 정설이 없는데, 다만 오늘날과 유사한 형태로 만들어진 시점은 1550년 무렵으로 알려져 있다. 이보다 앞서 15세기에는 5개 이상의 현으로 된 "피들(fiddle)"이나 2~3개의 현으로 된 "레벡(rebec)"이 존재했는데, 활을 사용하지 않고 손으로 뜯어서 연주했을 가능성이 있으며 바이올린이 낼 수 있는 음과는 차이가 있다고 한다.

76 원문에는 "互詳風琴"이라는 주석이 붙어 있는데, 그 의미가 무엇인지 분명하지 않다. 다만 사현금에 대한 설명에서 풍금(風琴) 즉 오르간에 대한 서술로 이어지는 것이 부자연스러운 점을 고려하면, 아마도 편집과 관련된 주석일 것으로 짐작된다. "마땅히 풍금 항목에 자세해야 한다(宜詳風琴)"로 쓰려고 했을 가능성도 있는 듯하다. 20장 건축의 마지막 부분 여백에 앞에 서술된 항목에 대한 보충서술을 써 넣은 사례가 있으므로, 이 또한 앞에 있는 항목에 대한 보충을 뜻하는 것으로 볼 수 있을 듯하다. '오르간(風琴)' 항목에서는 757년의 파이프 오르간 증여, 9세기의 새로운 오르간 발명을 서술했는데, 여기 서술된 교당에 오르간을 설치한 일과 풍금대의 발명을 추가하면 좀 더 완전한 서술이 될 수 있을 것이다.

• 22장 •

기계

機械

증기기蒸氣機

동양의 고대에는 선기옥형(璿璣玉衡), 동혼의(銅渾儀) 등과 같은 물의 힘을 이용하는 기계는 알았지만, 아직 증기(蒸氣)의 오묘한 쓰임새는 알지 못했다.[1] 서양인들이 처음으로 이러한 방법을 발명했다. 그리스의 석학 플라톤(Plato, 布拉圖)이 물이 뜨거워지면 증기가 발생하는 이치를 처음 알아냈고, 알렉산드리아(Alexandria, 亞歷山大) 부(府)의 수학자인 헤론(Heron, 希羅)이 기원전 2세기에 증기의 힘으로 기계를 운전할 수 있었다고 한다.[2] 로마 황제 아우구스투스(Augustus, 柯家斯他士) 때의 유명한 건축학자인 비트루비우스(Vitruvius, 域耳威亞斯)가 이론상으로 증기기계 만드는 법을 처음으로 알아냈는데, 비트루비우스는 물이 뜨거워지면 공기로 바뀐다고 잘못 말했으니 증기의 이치를 정확하게 해명하지는 못했다.[3] 그 후 15세기에 이르러서 이탈리아의 유명한 화가 레오나르도 다빈치(Leonardo da Vinci, 勒柯拿 打溫斯)는 아르키토네르(Architonnerre, 亞其頓禮耳)라는 증기총 모형에 대해 설명했는데, "아르키토네르는 황동으로 만든 기계다. 폭발음을 내면서 쇠로 된 탄환을 발사할 수 있는데, 그 힘이 매우 강하다. 이 기계는 그 안에 물과 숯불만을 넣는데, 증기의 힘으로 쇠로 된 탄환을 발사한다"고 했다.[4] 또 16세기에는 스페인의 해군 사관인 블라스코 드 가레이(Blasco de Garay, 及布拉斯可德家勒)가 배 한 척을 만들었다. 돛과 노는 쓰지 않고 오직 화기(火機)만으로 빠르게 운행하도록 했는데, 그는 이 배를 카를 5세(Karl V, 査理 五世)에게 바쳤다.[5] 그렇지만 아직 증기기관을 실제로 활용하는 데는 미치지 못했다.

17세기 말에 영국인 캡틴(captain, 汲夭) 세이버리(Thomas Savery, 沙威利)가 처음으로 증기기관 펌프를 만들어서 금광의 물을 빨아들이게 했는데, 증기기를 실제로 활용한 일은 여기서 비롯되었다. 그 후 18세기 초에 글래스고(Glasgow, 古剌斯哥) 대학의 교수 뉴커먼(Thomas Newcomen, 烏可曼)이 다시 이를 개량했다. 그러나 세이버리(沙威爾)와 뉴커먼의 기관은 곧 공기(火氣)의 압력을 이용하여 물을 끌어올리기를 번갈아 할 뿐이었다.[6] 1764년에서 1769년 1월 5일까지 영국인 와트(Watt, 華忒)가 처음으로 완전한 증기기를 발명했는데, 와트의 증기기는 저압의 기관이었다.[7] 그 후에 또 영국인 트레비식(Trevithick, 他撒)이 처음으로 고압기(High pressure steam)를 만들었고, 퍼킨스(Perkins, 披京)가 이를 개량했다.[8]

1 "동혼의"는 곧 혼천의다. 선기옥형과 혼천의는 모두 천체의 운행을 관측하는 기구다. 1장 천문의 '천의' 항목에 이에 대한 언급이 있다.

2 최초의 증기기관으로도 일컬어지는 "헤론의 공(Hero engine)"에 대해 말한 것으로 보인다. 헤론의 공은 "아에올리스의 공(Aeolipile, 汽轉球)"을 대표하는 기구이기도 하다. 다만 헤론의 활동 시기에 대해서는 논란이 있어서, 이 기구가 어느 시점의 것인지를 분명하게 말하기는 어렵다. 헤론은 수학뿐 아니라 기계 발명에도 중요한 업적을 남겼다고 알려져 있는데, 《만국사물기원역사》에서는 이 항목 이외에 '방화용 물 뿜는 용(防火用龍吐水)' 항목에서도 헤론을 언급했다.

3 비트루비우스(B.C. 80?~A.D. 15?)는 로마의 건축학을 대표하는 인물로, 중세까지도 영향력을 발휘한 저술인 《건축 십서(De achitectura)》를 남겼다. 이 저술에

서 비트루비우스는 건축의 원리나 양식뿐 아니라 승강기, 도르래, 펌프 등의 기계에 대해서도 언급하였는데, 그 가운데 하나가 증기를 회전운동으로 바꾸는 기구인 "아에올리스의 공"이다. 비트루비우스는 이 기구에 대해 소개하면서 물을 가열하여 나타날 현상을 바람과 관련지어 설명했다. 여기서 "물이 뜨거워지면 공기로 바뀐다"고 한 것은 바로 이를 말한 것이다. 한편 비트루비우스의 이름을 "역이위아사(域耳威亞斯)"로 표기한 것은, 아마도 당시에 "위트루위우스"로 읽었기 때문일 듯하다.

4 다빈치의 아르키토네르는 다빈치가 죽은 지 한참이 지나서 세상에 알려졌다. 1838년에 프랑스의 비평가 에티엔 장 들레클뤼즈(Etienne-Jean Delécluze, 1781~1863)가 다빈치의 원고 속에서 설명이 붙어 있는 스케치를 발견했고, 1841년에 이를 잡지에 실어서 공개했다. 한편 11장 무기의 '공기총(風銃)' 항목에서는 아르키메데스가 처음으로 증기총을 발명했다고 서술했다.

5 신성로마제국의 황제인 카를 5세는 스페인 왕위도 갖고 있었는데, 스페인에서는 카를로스 1세로 불렸다. 《만국사물기원역사》의 22장에는 "查理 五世"와 "鬱理斯 五世"의 두 가지 표기가 보이는데, 둘 사이의 차이가 무엇인지는 분명하지 않다. 또 6장 교육의 '대학교' 항목에는 카를 4세의 "카를"이 "嘎羅"로 표기되어 있다. 블라스코 드 가레이(Blasco de Garay, 1500~1552)는 1543년 6월 17일에 카를 5세의 앞에서 증기선(Steam Boat) 실험을 했다고 한다. 이는 1825년에 스페인의 시망카스 왕립 문서보관소 책임자(director of the royal archives of Simancas)인 곤잘레스(Tomás González)가 제기한 견해인데, 오늘날에는 이 주장을 받아들이는 이가 거의 없다. 한편 여기서 사용된 인명 표기인 "及布拉斯可德家勒"에서 "급(及)" 자는 인명과는 무관한 글자일 가능성도 있다. 이 글자를 제외하면, 인명 표기를 "블라스코(布拉斯可) 드(德) 가레이(家勒)"의 형태로 분석해볼 수 있다.

6 토머스 세이버리(1650?~1715)는 영국의 군사공학자로, 1698년에 최초의 증기 양수 장치를 개발하여 특허를 받았다. 그는 흔히 "캡틴 세이버리"로 일컬어졌는데, "캡틴"의 칭호가 붙은 이유가 무엇인지에 대해서는 이견이 있다. "汲天"는 "캡틴"을 표기한 것으로 추정된다. 또 여기에 "세이버리"의 표기가 두 가지 형태로 나타나는데, 그 이유가 무엇인지는 알 수 없다. 토머스 뉴커먼(Thomas Newcomen, 1663~1729)은 세이버리와 함께 증기기관을 개량하기 위해 노력했는데, 1712년에 최초의 실용적인 증기기관을 설치했다. 이 증기기관은 주로 광산이나 탄광의 배수 문제를 해결하기 위한 양수기로 활용되었다.

7 제임스 와트(1736~1819)는 글래스고 대학 수리소에서 일하던 1764년에 뉴커먼 기관의 수리를 부탁받아서 이를 개량하기 위한 연구를 했다. 1769년 1월 5일에는 그간의 연구를 통해 개발한 새로운 증기기관에 대한 특허를 받았다.

8 트레비식(1771~1833)은 1800년에 고압복동기관(高壓複動機關)을 발명하여

콘월의 광산에 설치했다. 퍼킨스(1766~1849)는 냉장고의 발명으로 널리 알려진 미국의 발명가로, 2000psi까지 작동하는 고압증기기관(high pressure steam engine)을 만들었다. 퍼킨스의 기관은 실험적인 것이었으나, 이후에 증기기관의 개량과 증기기관차의 발명에서 중요한 역할을 했다.

배〔舟船〕 부附 기선汽船, 키〔柁〕, 거북선〔龜船〕

《세본》에서는 "황제의 신하인 공고(共鼓)와 화적(貨狄)이 처음으로 나무를 파내서 배를 만들었다"고 했다. 《여씨춘추》에서는 "우후(虞姁)가 처음으로 배를 만들었다"고 했는데, 이 사람도 또한 황제의 신하다.

—또한 살피건대, 《산해경》에서는 "음량(淫梁)은 번우(番禺) 사람인데, 처음으로 남해의 배를 만들었다"고 했다. 양천(楊泉)이 쓴 《물리론》에서는 "화호(化狐)가 처음으로 배를 만들었다"고 했고, 속석(束晳)이 쓴 《발몽기(發蒙記)》에서는 "백익(伯益)이 처음으로 배를 만들었다"고 했다. 아마도 황제가 처음으로 배를 만들었고, 그 후에 여러 사람들이 차례로 개량했을 것이다.[9] 한나라 때에 장평(張平)이 처음으로 키를 만들었다.[10]

우리나라에서는 충무공(忠武公) 이순신(李舜臣)이 처음으로 거북선을 만들었으니, 곧 선조 임진년의 일이다〔지금으로부터 317년 전〕. 그 형상은 거북 같았으며, 수전(水戰)에 이로움이 있었다.

—살피건대, 《일본풍속사(日本風俗史)》에서는 "오진 천황 31년에 여러 지방에 조칙을 내려 선박을 만들게 하여 셋쓰(攝津)의 무고(武庫) 항(港)에 모아두었는데, 신라의 사자가 와서 실수로 불을 내서 모두 불타버렸다. 신라의 왕이 이를 듣고서 배 만드는 장인을 파견하여 수리하도록 명령했다. 이로부터 한국풍의 조선술(造船術)이 처음으로 알려지게 되었다"

고 했으니,[11] 이에 의거하면 신라시대에 배 만드는 기술이 발달되었음을 알 수 있다.

영조 16년에 전라좌수사 전운상(田雲祥)이 해골선(海鶻船)을 처음으로 만들었다.[12] 그 제도는, 앞은 크고 뒤는 작으며 배의 좌우편에는 매의 양 날개 모양으로 부판(浮板)을 설치한 것이었다. 가벼우면서도 속도가 빨라서 수전(水戰)에 편리했으므로, 각 수영(水營)으로 하여금 이를 본떠서 만들도록 했다[지금으로부터 170년 전].

일본에서는 가이카 천황 17년에 여러 지방에 선박을 만들도록 명했으니, 이것이 선박의 시초다[13][지금으로부터 2048년 전]. 또 오진 천황 5년에 이즈(伊豆)에 배 가라노(枯野)를 만들도록 명했으니, 길이는 10장(丈)이요 가볍고 빨랐다.[14] 대개 일본 선박의 제도로는 양기주(兩歧舟), 독목선(獨木船), 식생주(埴生舟), 예장주(豫章舟), 천반선(天盤船), 천구선(天鳩船) 등이 있었다.[15]

기선으로는, 스페인의 해군 사관 블라스코 드 가레이가 기선을 처음 만들었다고 하지만, 실제로 사용했다고 알려지지는 않았다.[16] 미합중국 사람 풀턴(Fulton, 夫耳頓)—"부탄(富呑)"이라고도 부른다—이 1797년부터 1807년 8월 4일에 이르기까지 기선 클러먼트 호(Clermont, 古力亞門號)를 처음으로 만들었다. 허드슨 강(Hudson river, 哈德孫河)에서 처음으로 운전하여, 뉴욕(New York, 紐育)과 올버니(Albany, 亞耳巴尼) 사이를 왕복했다. 이것이 기선 항해의 효시다.[17]

—영국인 시밍턴(Symington, 司民頓)이 일찍이 1789년에 기선을 만들었는데, 길이가 60피트였다. 포스 앤 클라이드 운하(Forth and Clyde Canal, 科斯及古禮德 運河) 사이에서 왕복했는데, 이는 세 번째의 시험이었다.[18] 이

로 보건대 시밍턴이 풀턴보다 앞서서 발명했지만, 다만 불행하게도 성공하지 못하고 죽은 것이다.

9 여기에 언급된 배의 기원에 관한 다섯 가지 기록은 앞선 시기의 유서류 문헌에 이미 언급된 바 있다. 송나라 고승(高承)의 《사물기원》에서도 이들을 모두 거론했다. 다만 《산해경》의 경우에는 인용된 내용에 차이가 있는데, 이는 《만국사물기원역사》의 편찬 과정에서 원문의 내용을 잘못 파악했기 때문에 발생한 것으로 추정된다. 《산해경》에서는 "제준(帝俊)이 우호(禺號)를 낳고, 우호가 음량(淫梁)을 낳고, 음량은 번우(番禺)를 낳았다. 이 사람이 처음으로 배를 만들었다(帝俊生禺號, 禺號生淫梁, 淫梁生番禺. 是始爲舟)"고 했는데, 결국 번우가 처음으로 배를 만든 사람이라는 말이다. 그런데 《만국사물기원역사》에서는 "번우"를 인명이 아닌 지명으로 서술하고 있다. 한편 《사물기원》에서는 이 밖에 몇 가지 문헌을 더 인용하고 있는데, 순임금 때 인물인 공수(工倕)를 거론한 《묵자(墨子)》를 제외한 나머지 문헌에서는 모두 배를 만든 인물로 황제를 지목하고 있다. 박인로의 가사 '선상탄(船上嘆)'에서 "황제작주거(黃帝作舟車)" 즉 황제가 배와 수레를 만들었다고 한 데서 짐작할 수 있듯이, 황제가 처음으로 배를 만들었다는 것은 당시에 일반화된 지식이었다고 할 수 있다. 장지연 또한 이를 부정하지는 않았던 듯하며, 이와 다른 견해를 제시한 몇 문헌을 소개하면서 그 이유에 대해 나름의 설명을 덧붙이려 했을 것이다. 그것은 곧 황제가 배를 처음 만들었지만, 공고와 화적 등처럼 배를 개량한 인물들도 기록에 남게 되었으리라는 추정일 것이다.

10 장평이 키(柁)를 만들었다는 말이 어느 문헌에 근거를 둔 것인지는 분명하지 않은데, 조재삼(趙在三)의 《송남잡지(松南雜識)》에도 인용서를 들지 않은 채 이를 제시하고 있다. 장평이 어떤 인물인지도 분명하지 않은데, 혹 장평자(張平子) 즉 장형(張衡, 78~139)을 가리키는 것일 가능성은 생각해볼 수 있다. 장형의 자가 평자(平子)다. 한편 《어정연감유함(御定淵鑑類函)》에서는 《물원(物原)》을 인용하여 "제곡이 키와 노를 만들었다(帝嚳作柁櫓)"고 했다. 그렇지만 한나라 때 이미 배의 키가 있었음은 분명한데, 이는 한나라 말의 문헌인 《석명》에 "배의 뒷부분에 있는 것을 키라 한다(船尾曰柂)"라는 풀이가 실려 있기 때문이다.

11 《일본서기》에 300년 8월의 일로 기록되어 있다. 아래에 언급되어 있는 기라노(枯野)를 쓸 수 없게 된 이후에 여러 지방(國)에서 배를 만들어 바쳤는데, 이 배들을 무고 항에 모아놓았다고 한다. 《일본풍속사》가 어떤 책을 가리키는지는 분명하지 않다.

12 해골선은 이전의 판옥선(板屋船)보다 선체는 작으면서 운용하기 편리하도록 만들어진 군선이다. 원래 송나라의 증공량(曾公亮)이 편찬한 《무경총요(武經總要)》(1044)와 명나라의 모원의(茅元儀)가 쓴 《무비지(武備志)》(1628)에 나타나 있는

데, 《무경총요》를 간추려서 조선에서 간행한 《무경절요(武經節要)》에도 해골선의 도면이 실려 있었다. 전운상(1694~1760)은 《무경절요》를 참고하여 해골선을 건조했다고 한다.

13 가이카 천황 17년은 기원전 141년이다. 따라서 원고본의 "2048년 전"이 옳은 것으로 보이므로, 이에 따라 고쳐서 옮긴다. 그런데 《일본서기》에는 스진 천황 17년 7월에 바닷가의 백성들이 배가 없어 고통을 겪고 있으므로 선박을 만들라는 명령을 여러 지방에 내렸다는 기사가 있으며, 이것이 일본의 문헌에 나타난 선박에 대한 최초의 언급으로 알려져 있다. 반면에 가이카 천황 17년조에는 배를 만들도록 했다는 기록이 보이지 않는다. 스진 천황은 가이카 천황의 아들인데, 실제로 존재한 인물인지에 대해서는 논란이 있다.

14 《일본서기》에서는 이즈에서 바친 가라노(枯野)를 관용선으로 사용했다고 했다. 이후 이 배가 낡아서 사용할 수 없게 되자 배에 사용된 나무를 활용하여 소금을 구워 각 지방에 나눠주었고, 불 속에서도 타지 않은 나무로는 거문고를 만들게 했다고 한다. 위에 《일본풍속사》를 인용하여 제시한 "무고(武庫) 항(港)에 모인 배"들은, 이후에 소금을 하사받은 지방(國)에서 만들어서 바친 것이라고 한다.

15 일본 선박의 제도에 대한 기술은 신화와 연관되어 있으며, 실제 일본 배의 역사를 기술한 것으로 보기는 어렵다. 또 표기의 정확성에도 다소 의문스런 점이 있다. "식생주(埴生舟)"는 스사노오노 미코토(素戔鳴尊)가 찰흙(埴土)으로 배를 만들었다는 신화에서 인용한 듯한데, "식토주(埴土舟)"의 오기로 판단된다. 《왜한삼재도회(倭漢三才圖會)》에서는 "식토선(埴土船)"이라 했다. 《일본서기》에서는 이자나기(伊邪那岐)와 이자나미(伊邪那美)가 히루코(蛭子)를 낳은 뒤에 "오반상여장선(鳥磐橡櫲樟船, とりのいわすふね)"에 태웠다고 했는데, 이를 "천반선(天磐船, あめのいわふね)"이나 "상장선(橡樟船)"으로 풀이하기도 한다. 《만국사물기원역사》에서 "예장주(豫章舟)"라 한 것은 이를 잘못 기록한 것으로 추정된다. 한편 교통을 담당한 신인 도리노 이와쿠후네노가미(鳥之石楠船神)의 이름은 신들이 타는 배의 이름으로 통용되기도 한다. 《고사기》에서는 "천조선(天鳥船, あめのとりふね)"이라 했고, 《일본서기》에서는 "천구선(天鳩船, あめのはとぶね)"이라 했다. 한편 독목선(獨木船)은 통나무배이며, 양기주(兩歧舟) 또한 나무의 모양을 그대로 살린 배로 추정된다.

16 블라스코 드 가레이(Blasco de Garay, 1500~1552)가 1543년에 기선을 만들었다는 이야기는 위의 '증기기' 항목에서도 언급되었다. 이 일화는 사실과는 다른 것으로 알려져 있다.

17 로버트 풀턴(1765~1815)은 미국에서 태어났으며, 영국으로 건너가 화가 벤자민 웨스트(Benjamin West, 1738~1820)의 문하에서 그림을 공부했다. 이후 운하와 선박에 대해 관심을 가졌으며 이에 대한 저술을 남기기도 했다. "1797년"에는

프랑스로 가서 연구를 했는데, 프랑스 주재 미국 대사 리빙스턴(Robert Livingston, 1746~1813)의 원조 아래 센 강에서 여러 차례 기선 실험을 했다. 프랑스에 머무는 동안 최초의 실용적 잠수함인 노틸러스(Nautilus) 호를 고안하기도 했다. 풀턴은 1806년에 미국으로 돌아왔으며, "1807년 8월"에는 클러먼트 호의 정기 운항에 성공했다. 한편 "부이돈(夫耳頓)"과 "부탄(富呑)"은 모두 "풀턴"의 한자 표기인 것으로 보인다. 또 클러먼트(Clermont) 호의 한자 표기인 "古力亞門號"에 대해서는, 프랑스어 발음인 "클레르몽"을 음차한 것일 가능성도 생각해볼 수 있다.

18 시밍턴(1764~1831)은 패트릭 밀러(Patrick Miller of Dalswinton)의 후원 아래 증기선을 건조했다. 1789년 12월 2일에 시험 운항을 했으나 실패했고, 같은 해 12월 26일과 27일에 다시 시도하여 성공했다. 시밍턴은 이후 샬럿 던대스(Charlotte Dundas) 호라는 예인선을 만들기도 했는데, 이 배는 1801년에 시험 운항에 성공했다고 한다. 풀턴이 시밍턴의 시험 운항 광경을 보고 고무되었다는 이야기도 전한다. 한편 "과사 급 고례덕 운하(科斯及古禮德 運河)"는 곧 "포스 앤 클라이드 운하(Forth and Clyde Canal)"를 표기한 것으로 추정되는데, 다만 "科斯及古禮德 運河의 間에 往復ᄒᆞ니"라고 서술한 것을 보면 "과사(科斯)"를 별도의 지명으로 이해했을 가능성도 배제하기 어렵다. 이렇게 이해하면 "과사(科斯)와 클라이드 운하 사이를 왕복했다"는 의미가 되는데, 실제 사실과는 어긋나게 된다.

수레〔車〕 부附 여輿, 로輅, 사륜거四輪車, 자전거〔脚踏車〕, 인력거人力車

《고사고》에서는 "황제가 다북쑥이 굴러다니는 것을 보고서 처음으로 수레바퀴를 만들어서 무거운 물건을 멀리까지 끌고 갈 수 있도록 했다. 소호(少昊)의 때에 처음으로 소를 매어서 수레를 끌도록 했다. 하나라 우임금의 때에 해중(奚仲)이 거정(車正)이 되어서 처음으로 말을 매어 수레를 끌도록 했다"고 했다.[19] 또 한나라 · 위나라 이래로 사슴 수레(鹿車), 양 수레(羊車), 코끼리 수레(象車) 등이 있었다.

사람이 끄는 수레로는, 하나라의 걸왕이 처음으로 사람을 매어 수레를 끌게 했으니 이것이 후대 여련(輿輦)의 시초다[20]〔지금으로부터 3690년 전 무렵〕. 남여(籃輿)는 "순여(筍輿)"라고도 부르는데, 대나무로 엮어서 만드는 까닭에 이 이름이 붙여진 것이다. 《사기》 장이전(張耳傳)에서 "편여(箯輿)"라고 한 것이 이것이다.

대로(大輅)는 은나라 탕왕이 처음으로 만들었다.[21]

사륜거(四輪車)에 대해서는, 《한서》에서 왕망(王莽)이 처음으로 만들어서 여섯 마리의 말을 매었다고 했으니, 이것이 사륜거의 시초다〔지금으로부터 1890년 전 무렵〕.

각답거(脚踏車)는 일명 "자전거"다. 1818년에 독일사람 카를 폰 드라이스(Karl von Drais, 安多禮斯)가 처음으로 만들었다.[22]

인력거(人力車)는 곧 동양의 수레다. 메이지 3년에 일본인 다카야마 고스케(高山幸助)가 처음으로 만들었다.[23]

일본에서는 오진 천황이 처음으로 여(輿)를 사용했다. 뒤에 스진 천황의 9세손인 사사(射狹)가 처음으로 수레 위의 휘장과 덮개를 만들었다. 유랴쿠 천황이 청개거(青蓋車)를 탔다[24]〔지금으로부터 1450년 전〕.

신라 때에 수레의 제도를 처음으로 만들었다. 진골 이하로는 침향(沈香), 자단(紫檀), 대모(玳瑁), 금, 옥 등으로 장식하지 못하게 했으며, 수레의 휘장으로 비단을 사용하는 것을 금지했다.[25]

서양에서는 6~7세기 때에 영국에서 처음으로 마차를 발명했으며, 그 이후 점차 개량했다. 1825년에 스코틀랜드의 도로를 개량한 인물인 머캐덤(McAdam, 馬加担)이 완전한 형태의 마차로 개량했다.[26]

19 해중은 하나라의 거복대부(車服大夫)였으며, 수레를 만든 일로 거정이 되었다고 전한다. 또 해(奚), 임(任), 설(薛) 씨 등의 선조라고도 한다.

20 "여련"은 임금 또는 천자가 타는 수레다.

21 "대로"는 천자가 타는 다섯 가지 수레(五輅) 가운데 하나다. 《주례》에서는 옥로(玉輅)·금로(金輅)·상로(象輅)·혁로(革輅)·대로를 "오로(五輅)"라고 했는데, 그 명칭은 주로 말의 고삐 장식에 따라 붙여졌다고 한다.

22 누가 최초로 자전거를 발명했는지에 대해서는 여러 가지 주장이 있는데, 이는 어떤 형태부터 자전거라고 부를 수 있는지에 대해 견해가 일치하지 않기 때문이다. 프러시아군 출신의 발명가 드라이스(1785~1851)는 처음으로 조향장치가 있는 자전거를 만들었으며, 1818년에 프랑스에서 이에 대한 특허를 받았다. 그의 자전거인 "드레지엔(Draisienne)"은 말과 비교되어 "댄디 호스(Dandy Horse)"라는 별칭을 얻기도 했다. 한편 인명 표기인 "安多禮斯"는 드라이스의 이름 가운데 "폰 드라이스(von Drais)" 부분을 옮긴 것으로 추정된다. 아래의 '배기종' 항목에 사용된 "오토 폰 게리케(Otto von Guericke)"의 표기인 "柯德夫安基烈" 중에서 "부안(夫安)"은 "von"을 표기한 것으로 볼 수 있는데, 이를 감안하면 "드라이스(多禮斯)"나 "폰 드라이스(夫安多禮斯)"로 쓰는 것이 좀 더 온전한 표기일 가능성도 있다.

23 1869년에 다카야마 고스케(高山幸助), 이즈미 요스케(和泉要助), 스즈키 도쿠지로(鈴木德次郎) 등이 서양의 마차를 본떠서 인력거를 만들었는데, 1인승, 2인승 등의 종류가 있었다고 한다. 1883년 무렵에 이들은 공적을 인정받아 상금을 받았다. 1869년은 곧 메이지 2년이므로, "메이지 3년"은 "메이지 2년"의 오기로 추정된다.

24 사사 즉 사사노기미(射狹君)는, 스진 천황의 장남인 도요키 이리히코노미코토(豊城入彥命)의 8세손이라고 전한다. 《신찬성씨록(新撰姓氏錄)》 등에 그의 후손들이 구루마모치(車持)라는 성을 받게 된 내력이 보이는데, 이에 따르면 유랴쿠 천황 때에 천황의 수레(乘輿)를 만들어 바친 공으로 구루마모치(車持)의 성을 하사받았다고 한다. 그래서 구루마모치 사사(車持射狹)로도 일컬어진다. "청개거"는 푸른 덮개의 수레인데, 천자가 타는 것이다. 《삼국지》에는 채옹(蔡邕)이 동탁(董卓)에게 청개거를 타는 것을 사람들이 옳지 않다고 여기니 다른 수레로 바꾸도록 권했다는 말이 보인다.

25 《삼국사기》 권33 잡지(雜志)의 거기(車騎)에 골품에 따른 수레의 제도가 제시되어 있다. 《증보문헌비고》 권80에도 신라의 수레에 대한 기록이 보이는데, 흥덕왕 때의 제도라고 밝혀두고 있다.

26 머캐덤(1756~1836)은 스코틀랜드 출신의 기술자다. "머캐덤 공법(macadamisation)"으로 일컬어지는 도로 포장방법을 개발했는데, 도로를 지면보다 높여 볼록하게 만들고 그 표면을 매끄럽게 다듬는 등의 방법을 주요 내용으로 하는 이 공법은 화물을 운반하는 마차의 속도를 크게 향상시켰다. 통행료를 받는 유료도로가 나타나게 된 것도 이때의 일이라고 한다. 결국 영국에서는 모든 도로의 건설에 머캐덤 공법을 채택하도록 했으며, 1825년에는 머캐덤에게 특별 포상금을 지불했다고 한다. 여기서 언급한 마차의 개량이 구체적으로 어떤 것인지는 분명하지 않은데, 마차의 속도를 향상시킨 도로포장법의 개량을 가리키는 것일 가능성도 있다.

철도鐵道 부附 목도木道

영국에서는 1602년부터 목재 레일(木道)을 사용했는데, 1767년에 스티븐슨(Stephenson, 斯底文孫)—이름은 "조지(George, 卓耳基)"다—이 처음으로 목재 레일 대신 철제 레일(鐵道)을 만들어서 석탄 등을 실은 작은 수레를 운반했다. 스티븐슨(文孫)은 1781년에 태어났으며, 기차(汽車)를 발명하였다.[27]

27 이 항목의 서술에는 오류가 있는 것으로 보인다. "1781년"에 태어난 스티븐슨이 "1767년"에 철재 레일을 만들었다고 말한 것이 이미 모순된 것이어서, 원고 작성 과정에서 자료 또는 서술 내용의 누락 등이 있었을 것으로 추정된다. 스티븐슨(1781~1848)은 1814년에 증기기관차를 시운전했으며, 1825년에는 스톡턴(Stockton)에서 달링턴(Darlington) 구간의 철로를 개통했다. 스티븐슨이 처음으로 목재 레일 대신 철제 레일을 사용한 것은 아니지만, 철로의 개량에 있어서 중요한 역할을 한 인물인 것은 사실이다. 즉 주철(鑄鐵, cast iron) 대신 단철(鍛鐵, malleable iron)을 사용하게 함으로써 레일의 강도를 높였고, "스티븐슨 게이지(Stephenson gauge)"라고도 일컬어지는 표준궤를 사용함으로써 철도 레일의 국제적인 규격을 정했던 것이다. 한편 주석에서 제시한 "탁이기(卓耳基)"는 "조지(George)"의 음차 표기일 가능성이 높지만, 이 항목에서 다소 혼란스러운 서술이 이루어진 점을 고려하면 다른 인물의 이름을 음차한 것일 가능성도 배제할 수 없다. 실제로 철재 레일을 처음 사용한 인물은 레이놀즈(Richard Raynolds)로 알려져 있는데, 그 시점은 1760년대 후반 또는 1767~1768년 무렵이라고 한다. 원래 17세기 영국의 광산에서는 나무로 만든 레일 위로 말이 끄는 수레를 이용하여 석탄 등을 운반했는데, 이 방식에는 레일이 쉽게 훼손되는 결함이 있었다. 이에 영국의 기술자 레이놀즈는 목재 위에 철판을 씌우는 방식의 레일을 만들었던 것이다. 1789년 무렵에는 영국의 제솝(William Jessop, 1745~1814)이 다시 이를 개량했는데, 1803년에는 이 철로를 이용하여 런던 남부에 마차가 다닐 수 있게 한 도로인 "Surrey Iron Railway"를 개통시켰다. 증기기관차가 통행하게 된 이후인 1831년 무렵에는 미국의 스티븐스(Robert L. Stevens, 1787~1856)가 "T-레일"이라고 일컬어지는 레일을 개발했는데, 이는 오늘날의 철로와 거의 유사한 형태를 갖춘 것이었다.

초헌軺軒

초헌은 우리 조선 개국 초기에 처음으로 만든 것이다. 그 제도는 남여(籃輿)와 같은데, 수레의 아래에 바퀴 하나를 붙여서 앞뒤에서 사람이 끌고 가게 한 것이다. 옛날의 마초(馬軺)나 어헌(魚軒)의 제도와는 매우 다른 것이다. 2품의 경대부(卿大夫) 이상이 탈 수 있었다.[28]

초헌을 타고 가는 관헌의 모습. 개화기에 영국인 이사벨라 버드 비숍이 조선에 와서 찍은 사진이다.

28 "초헌"은 명거(命車), 목마(木馬), 초거(軺車) 등으로도 불렸는데, 위에는 꾸미지 않은 의자가 있고 아래에는 외바퀴가 달려 있으며 앞뒤로는 사람이 끌거나 밀 수 있도록 긴 채가 붙어 있었다. "마초"는 말이 끄는 작은 수레를 뜻하는 말인 듯하다. 초(軺)는 원래 작은 수레라는 뜻이다. "어헌"은 귀족 부녀자들이 타던 수레로, 물고기 가죽으로 장식했다고 한다. "마초"와 "어헌"은 단어 자체로는 "초헌"과 비슷해 보이지만, 말이 끌거나 덮개를 덮고 장식을 하는 것과 같은 큰 차이가 있음을 말한 것이다. 《증보문헌비고》에서는 2품 이상의 관리가 초헌을 탈 수 있다는 《경국대전》의 내용을 실었으며, 1894년(고종 31)에 초헌을 폐지하는 명령이 내린 일을 언급했다.

전기차電氣車

1835년에 네덜란드 사람 스트라티(Stratingh, 雪辣天)와 베커(Becker, 壁騎耳)가 정밀하지는 못한 전기차를 처음으로 만들었다. 이듬해에는 이탈리아 사람 박덕(撲德) 또한 전차(電車)를 만들었다. 이것이 전차의 시초다.[29] 1839년에 이르러 스코틀랜드의 데이빗슨(Davidson, 德威孫)이 중량 5톤의 전기차를 만들었는데, 그 속력은 시속 4마일이었다.[30] 또 1835년에 미합중국 버몬트주(Vermont, 哇摩頓州) 브랜든(Brandon, 布蘭頓)의 금속공인 토머스 데이븐포트(Thomas Davenport, 土馬斯 打溫撲)가 작은 철도를 부설하고 전차를 운행했다.[31] 그러나 이들은 모두 정밀하지는 못한 것이었다.

1851년 4월 29일에 미합중국 사람 페이지(Page, 披治)가 거대한 전기차를 만들어서 워싱턴에서 블래든스버그(Bladensburg, 不勒顚斯堡)까지 운전했는데, 그 속력은 시속 19마일 정도였다.[32] 그러나 전기를 일으키는 방법이 아직 진보되지 않아서, 아연을 전지 안에서 소비해야 전기를 일으킬 수 있었던 까닭에 비용이 지나치게 컸다. 그래서 사용되지는 못했다. 그 후에 동전기(動電機)를 발명하게 되자, 1879년에 독일사람 지멘스(Siemens, 司旬治)가 작은 전기차를 운행함으로써 실제로 사용하게 되었다.[33]

29 지브란두스 스트라티(1785~1841)는 네덜란드의 흐로닝언 대학교(University of Groningen)의 교수로 있으면서 조수인 크리스토퍼 베커(Christopher Becker)와 함께 증기차(steam-driven vehicle, 1834)와 전기차(electric cart, 1835)를 개발했다. 증기차는 레일을 이용하지 않는 것이었으며, 1834년 3월에 두 사람이 탄 채 시험 운전을 했다. 전기차는 세 개의 바퀴가 달린 작은 수레 형태였다고 알려져 있다. 스트라티는 얼마 뒤인 1841년에 세상을 떠났기 때문에 증기차와 전기차를 더 이상 개량하지는 못했다. 한편 "박덕(撲德)"이 어떤 인물인지는 분명하지 않은데, 문맥상 그가 만들었다는 "전차" 또한 레일을 이용하지 않는 작은 수레 정도의 규모였을 것으로 보인다.

30 데이빗슨(1804~1894)이 전기 기차(electric locomotive)를 만든 것은 1837년이다. 이후 1842년 9월에 에딘버그와 글래스고 사이에서 시험 운행을 했는데, 그 속도가 시속 4마일 정도였다고 한다. 이 실험은 승객이나 화물 없이 진행되었는데, 경제성이 인정될 만한 것은 아니었다고 한다.

31 토머스 데이븐포트(1802~1851)는 버몬트 주의 윌리엄스타운에서 태어났으며, 버몬트 주의 브랜든 인근인 포레스트 데일에서 생활했다. 따라서 "와마돈(哇摩頓)"과 "포란돈(布蘭頓)"은 각기 버몬트와 브랜든의 표기로 추정할 수 있다. 데이븐포트가 전기차(battery-powered electric motor)를 개발한 것은 1834년 무렵으로 알려져 있는데, 이후 짧은 선로를 만들어 시험 운전을 했으며 1837년에 미국에서

특허를 받았다.

32 페이지(1812~1868)는 전자기학에서 많은 성과를 낸 물리학자다. 1851년에 자신이 개발한 전기 기관차의 시험 운행을 했는데, 원래는 워싱턴에서 볼티모어까지 운행할 계획이었지만 결국 메릴랜드 주의 블래든스버그까지 가는 데 그쳤다고 한다. "시속 19마일"은 평균속도가 아니며 최고속도였다.

33 지멘스(1816~1892)는 1867년에 발전기의 기본이 되는 자동발전의 원리를 개발했으며, 기존의 발전기보다 효율이 뛰어난 발전기(Dynamo)를 만들었다. 여기서 언급한 "동전기"는 지멘스의 발전기를 뜻하는 것으로 추정된다. 또 이를 바탕으로 전기 기관차, 전기 엘리베이터 등을 제조했다. 1879년 5월 31일에 베를린 공업 박람회에서 전기 기관차를 운행하여 승객을 수송했으며, 1881년에는 베를린 교외에 영업용 전기철도를 부설하여 이후 전기 기관차를 운행했다.

전신기電信機 부附 수신기受信機

1819년에 덴마크(Denmark, 丁抹)의 전기학자 외르스테드(Oersted, 衣耳斯踢)는 전기가 자침(磁針)을 움직이게 할 수 있다는 이치를 발견했다.[34] 1831년에 미합중국 올버니(Albany, 柯耳巴尼)의 대학교수 조지프 헨리(Joseph Henry, 約瑟顯理)가 처음으로 수신기(受信機)를 만들었다. 이 수신기는 전기가 만든 자기체의 끌어당기는 힘을 이용하여 떨어진 곳에서의 움직임으로 종을 두드릴 수 있게 했다.[35] 이것이 곧 오늘날 전신의 근본이다.

그 후에 영국인 휘트스톤(Wheatstone, 惠斯頓)이 전신기에 뜻을 두었는데, 1837년에 쿡(Cooke, 括克)과 협력하여 전신기의 설치를 계획했다. 1844년에는 실제로 시험적으로 사용했으나, 종을 울리는 것으로 신호를 전했을 따름이었다.[36]

글자를 인쇄하는 오늘날의 전신기는, 1843년에 미합중국의 모스(Morse, 摩耳斯)—이름은 "새뮤얼(Samuel, 撒母耳)"이다—가 처음으로 만들었다.

워싱턴과 볼티모어(Baltimore, 巴耳底摩亞) 사이에 전신기를 가설했으며, 이듬해부터 실제로 운영했다.[37]

34 5장 과학의 '전기' 항목에도 외르스테드가 언급되어 있는데, 여기와는 달리 "단맥국(丹麥國)의 의이사철(衣耳士鐵)"로 표기되어 있다. 덴마크의 한자 표기로는 정말(丁抹), 연마(嗹馬), 단맥(丹麥) 등이 사용된다. 외르스테드(Hans Christian Oersted, 1777~1851)가 자침이 전류에 의해 흔들리는 것을 발견하여 "외르스테드의 법칙"을 정립하는 기초를 마련한 것은 1820년 4월 21일 무렵의 일이라고 알려져 있다. 여기서 "1819년"을 제시한 근거가 무엇인지는 분명하지 않은데, 이는 5장 과학의 '전기' 항목에서 "1820년"을 제시한 것과도 어긋난다.

35 조지프 헨리(1797~1878)는 올버니 대학(the Albany Academy)의 교수로 재직 중이던 1830년에 패러데이와는 별도로 전자기유도 현상(electromagnetic induction)을 발견했으며, 이를 바탕으로 하여 1831년에 전신기(telegraph)를 개발했다. 이후 1832년에는 자체유도(自體誘導, self inductance) 현상을 발견했다.

36 휘트스톤(1802~1875)과 쿡(1806~1879)은 전신기의 개발과 설치를 위해 협력했으며, 그 결과로 1837년 5월에 특허를 얻고 7월 25일에 최초의 공개 시험을 실시했다. 첫 실험에서의 반응은 그리 좋지 않았지만, 1838년에는 철도회사 GWR(Great Western Railway)에서 이들의 전신기 시스템을 채택함으로써 최초의 상업적인 설치가 이루어지게 되었다. 이후 1845년에는 통신회사인 "Electric Telegraph Company"의 설립에까지 이어지게 된다. "1844년"을 언급한 이유가 무엇인지는 분명하지 않은데, 1844년이면 이미 휘트스톤과 쿡의 전신기가 영국 철도에 널리 보급된 시점이기 때문에 적어도 "시험적으로 사용했다(試用)"는 표현은 부적절해 보인다. 특히 1845년 1월 1일에는 살인범 존 타웰(John Tawell, 1784~1845)의 체포에 전신 시스템이 큰 역할을 함으로써 그 효용을 널리 인정받게 되는데, 전신의 필요성을 사회적으로 인정받은 시점을 언급하려고 한 것일 가능성도 생각해볼 수 있다.

37 모스(Samuel Finley Breese Morse, 1791~1872)는 원래 화가로 명성을 얻었지만, 전자기학에 대해 알게 되고서는 전신기의 개발에 관심을 갖게 되었다. 그는 게일(Leonard Gale)과 베일(Alfred Vail)의 협력으로 전신기를 개발했으며, 1838년 1월에 최초의 공개 시험을 실시했다. 그렇지만 이후 미국에서 자금을 얻는 데 실패했고, 유럽에서는 이미 휘트스톤과 쿡이 개발한 전신기가 사용되고 있어 자금과 특허를 얻지 못했다. 미국으로 돌아온 이후인 1843년에 워싱턴과 볼티모어 사이의 시험선 가설비를 지원받았으며, 이듬해인 1844년 5월에 공개 시험에 성공했다.

해저전신海底電信 부附 지하전선地下電線

1848년에 미합중국의 허드슨 강(Hudson River, 赫順河) 속에 전선을 설치하여 뉴욕의 전신과 연결했는데, 이것이 곧 해저전신의 남상(濫觴)이다.[38] 그 후 1858년에 같은 나라의 사이러스 웨스트 필드(Cyrus West Field, 西剌斯威斯脫飛耳)가 대서양 속에 처음으로 해저전선을 설치하여, 유럽과 아메리카의 두 대륙이 연결되도록 했다. 그 후 1866년에 다시 부설하여, 완전한 성공을 거두었다.[39]

공중전선이 지하전선으로 바뀐 것은 독일에서 처음 시작되었는데, 곧 1876년의 일이다〔지금으로부터 33년 전〕.

38 "허드슨 강"은 앞의 '배' 항목에서는 "哈德孫河"로 표기되어 있다. 물속에 케이블을 설치하는 일은 1842년 무렵에 모스에 의해 시도된 바 있는데, 당시의 방식은 절연체로 천연고무 등을 활용한 것이었다. 1843년에 영국의 패러데이가 절연성이 뛰어난 구타페르카(gutta-percha)를 발견한 이후에는 이를 가공한 해저케이블의 연구가 이어졌으며, 그 결과 1851년에 브레트(John Watkins Brett, 1805~1863)가 영국 해협에 최초의 상용 해저케이블을 설치했다.

39 사이러스 웨스트 필드(1819~1892)에 의해 대서양 해저 케이블(Transatlantic telegraph cable)이 개통된 것은 1858년 8월 16일이며, 이날 영국의 빅토리아 여왕이 미국의 제임스 뷰캐넌(James Buchanan) 대통령에게 모스 부호를 이용한 메시지를 전달했다. 그렇지만 이때 설치되었던 케이블은 3주 만에 파손되었으며, 1866년이 되어서야 다시 연결되었다.

무선전신〔無線電〕

무선전신은 이탈리아 사람 마르코니(Guglielmo Marconi, 瑪老尼)로부터 비롯되었다. 단지 공기로만 통신을 했으므로 마주 보이는 곳에만 설치했는데, 곧 1880년 무렵〔지금으로부터 30년 전〕의 일이었다. 그 후에 점차 범위를

넓혀나갔다.[40]

40 무선전신의 기원을 "1880년 무렵"이라고 서술한 것은 오류로 보인다. 마르코니(1874~1937)는 볼로냐 대학의 물리학 교수 리기(Augusto Righi)의 지도를 받으면서 하인리히 헤르츠(Heinrich Rudolf Hertz, 1857~1894)의 전자기파 실험(1888)을 비롯한 전자기학 학습을 했고, 1894년 무렵부터 홀로 무선전신 연구에 착수하여 1895년에 무선전신 실험에 성공했다. 이탈리아를 떠나 영국으로 건너간 이후인 1897년에는 브리스틀 해협 너머로 메시지를 보내는 데 성공했으며, 1901년에 대서양 횡단 통신에 성공했다. 이러한 성과를 인정받아 마르코니는 1909년에 노벨 물리학상을 받았다. 그런데 실제로는 마르코니보다 앞서서 무선전신 실험을 한 인물이 있었다. 오스트리아 헝가리 제국 출신으로 미국에서 활동한 물리학자 테슬라(Nikola Tesla, 1856~1943)는 1893년에 공개적인 무선 통신 시범을 보였는데, 그가 사용한 장치들은 이보다 2년 뒤에 마르코니가 사용했던 것과 거의 같았다. 테슬라가 세상을 떠난 이후의 일이지만, 미국 법원에서는 테슬라의 특허가 마르코니의 특허보다 우선한다는 점을 인정한 바 있다. 또 영국의 물리학자 올리버 로지(Oliver Joseph Lodge, 1851~1940)는 1894년에 전자기파 수신 실험을 했는데, 이 또한 마르코니의 실험보다 앞선 것이었다.

공중비행선空中飛行船

공중비행선은 근래에 영국인이 발명했다.[41] 비행선 1척마다 조종자 1명, 공부(工夫) 100명, 사관(士官) 200명과 다수의 폭탄과 무기를 싣는데, 전시에는 적진에다 떨어뜨린다. 지금 영국이 60만 원의 경비를 들여서 시험삼아 만들고 있는데, 그 구조가 아직 완전히 발달하지는 못하여서 현재도 연구하고 있는 중이다.

41 영국인이 비행선을 발명했다고 한 근거가 무엇인지는 분명하지 않다. 기구로부터 발전한 비행선이 실용성을 갖추게 된 것은, 1900년 7월에 독일의 체펠린(Ferdinand Adolf August Heinrich von Zeppelin, 1838~1917)이 개발한 비행선 이후의 일이라고 알려져 있다. 또 체펠린의 비행선이 20인승의 항공 수송을 하게 된 것은 1910년의 일이다.

전화기電話機 — "텔레폰[telephone, 德律風]"이라고도 한다.

미합중국의 에디슨(Edison, 衣底順)이 처음으로 전화기를 발명했다.[42]

42 전화기로 처음 특허를 얻은 사람은 스코틀랜드 출신의 발명가 벨(Alexander Graham Bell, 1847~1922)이다. 벨은 1876년 3월 7일에 미국에서 특허를 취득했다. 그렇지만 처음으로 전화기를 발명한 사람이 누구인가에 대해서는 논란이 이어지고 있다. 이는 당시에 전화기, 즉 음성을 전기 신호로 바꾸어서 전송하는 장치에 대해 관심을 갖고 연구하던 사람이 여럿이었기 때문이다. 처음으로 전화기의 아이디어를 제안한 이탈리아의 만제티(Inocenzo Manzetti, 1826~1877), 1854년 무렵에 전화기의 원리를 이론적으로 제시한 프랑스의 부르셀(Charles Boursel, 1829~1912), 실제로 전화기를 만들었던 이탈리아 출신의 무치(Antonio Meucci, 1808~1889)와 미국의 그레이(Elisha Gray, 1835~1901) 등이 그 가운데 대표적인 인물들이다. 특히 무치의 전화기 발명과 관련해서는 오늘날에도 논란이 되고 있는데, 벨이 무치의 아이디어를 도용한 것이라는 혐의가 있기 때문이다. 한편 에디슨(Thomas Alva Edison, 1847~1931) 또한 전화기와 관계가 있는데, 이는 에디슨이 1877년에 탄소 전송기(carbon transmitter)의 발명으로 특허를 취득했기 때문이다. 에디슨이 탄소 전송기를 발명한 이후에 전화기의 음질이 크게 향상되었기 때문에, 전화기의 개량과 실용화에 관련해서는 에디슨이 중요한 역할을 했다고 말할 수 있는 것이다. 그렇지만 여기서 에디슨이 전화기를 처음으로 발명했다고 한 것은 정확한 말은 아닐 것이다.

축음기蓄音機 — "유성기留聲機"라고도 한다.

축음기 또한 에디슨이 발명했다.

기구[輕氣球]

13세기 무렵에 영국의 석학 로저 베이컨(Roger Bacon, 羅査倍根)이 처음으로 경기구와 유사한 기구를 발명했다. 그는 "얇은 구리로 속이 빈 공 두 개를 만들어서 하나의 기계에다 붙인다. 그리고 공 안의 공기를 제거하여 진공을 만들면, 마치 새와 같이 공중에 날아오르게 할 수 있다"고 했으나, 사람들이 믿지 않아서 결국 실행되지 못한 채 사라졌다.[43] 1630년에는 영국의 주교인 윌킨스(Wilkins, 威耳虔斯)가 또한 이 이치를 설명했는데, 공중을 가는 수레를 만들 수 있다고 했다.[44]

1670년에 신부인 라나(Lana, 剌拿)가 금속 또는 매우 얇고 단단한 재료를 이용하여 속이 비어 있는 금속 공을 만들어서 배에 부착하면 그 배가 공중을 운항할 수 있다고 했다. 그렇지만 결국 공상에 그치고 말았다.[45]

1606년에 포르투갈의 신부인 구스망(Gusmao, 古斯曼)이 새의 형상을 한 기계를 만들려고 했다. 파이프를 이용하여 날개 부분에 공기를 통과시킴으로써 공중에 날아오르게 하려 한 것인데, 좌중공담(座中空談)에 그치고 말았다. 구스망은 30년의 세월을 소비하면서 힘을 다하여 연구하여 다시 새로운 기계를 생각해내었으니, 그것은 지름이 7인치가 되는 작은 바구니였다. 바깥에는 종이를 붙이고 내부의 공기는 뽑아내어서 진공을 만들었는데, 실험을 해보니 200피트의 높이까지 올라갈 수 있었다. 이것이 곧 공기구(空氣球)가 하늘로 올라간 일의 시초지만, 아직 완전한 것은 아니었다.[46]

1776년에 프랑스의 화학자 캐번디시(Cavendish, 加溫底斯)가 수소를 발견했고, 같은 나라의 샤를(Charles, 可亞兒)이 주머니 속에 수소를 채워서 공중에 올라가게 했다.[47]

1783년에 프랑스 사람 몽골피에(Montgolfier, 門哥耳非) 형제가 뜨거운 공기를 비단으로 만든 지름 40피트의 공 안에 흘려넣고, 아노네주(Annonay, 安那尼洲)의 색륵사천(塞勒斯天)에서 시험했다.[48] 그 후에 다시 두세 마리의 동물을 넣은 바구니를 기구에 붙여서 시험 삼아 날려 보냈는데, 동물

1783년 몽골피에 형제가 만든 기구의 모형도. 기구에 그려진 그림과 사람이 타고 있는 모습까지 그려져 있다.

들이 별로 고통스러워하는 모습을 보이지 않았다. 이듬해에 지름 100피트가 넘는 큰 기구를 만들었는데, 형인 조제프 몽골피에(Joseph-Michel Montgolfier, 約瑟門哥耳非)가 직접 타고 공중을 날았다.[49] 또 그 후에는 공 안에 수소를 흘려넣고, 기구를 만드는 비단에 테레빈(turpentine, 他扁泰因) 용액을 적신 아교를 발라서 수소가 새는 것을 방지했는데, 45마일의 거리를 갈 수 있었다.[50]

43 로저 베이컨(1214?~1294)은 중세의 철학자이자 신학자로, 경험과 실험을 중시한 인물로 알려져 있다. 로저 베이컨은 "기술과 자연의 비밀스런 작업들, 그리고 마술의 헛됨에 관한 서한(Epistola de Secretis Operibus Artis et Naturae, et de Nullitate Magiae)"이라는 글에서 비행기, 잠수함과 유사한 기구와 화약에 대해 서술했다. 11장 군사(軍事)의 '화약' 항목에서는 베이컨을 처음으로 화약 만드는 방법을 발명한 인물로 소개했다.

44 윌킨스(1614~1672)는 체스터의 주교(Bishop of Chester)였으며, 1638년에 쓴 《달에서의 세계의 발견(The Discovery of a World in the Moon)》에서 공중을 나는 기구에 대해 언급했다. 여기서 "1630년"이라고 한 것은 오기인 듯하다.

45 라나(1631~1687)는 이탈리아 예수회(Jesuits)의 성직자이자 수학자이며, 롬바르디아의 브레시아(Brescia)에서 수학과 물리학 교수로 활동했다. 1670년에 쓴 《비행 기술의 안내서(Prodromo alla Arte Maestra)》라는 책에서 진공을 이용한 비행선의 설계도를 제시했다. 라나가 비행선을 고안한 것은 이보다 앞선 1663년의 일로 알려져 있으며, 원래 독일의 게리케(Otto Von Guericke)가 1654년에 행한 진공 실험 즉 "마그데부르크의 반구실험(experiment of Magdeburg hemisphere)"에서 아이디어를 얻었다고 한다. 게리케의 실험은 아래의 '배기종' 항목에 거론되어 있다. 이 비행선이 실제 만들어지지 않은 것은 얇은 금속 공을 만들 만한 기술이 개발되지 않았기 때문인데, 라나가 비행선이 무기로 활용될까 근심했기 때문이라고 설명되기도 한다. 간행본의 "조(造)"는 원고본에서는 "견(遣)"으로 되어 있는데, 원고본의 "견(遣)"은 사동의 의미로 해석할 수 있다. 문장 자체로는 "금속으로 속이 비어

있는 공을 만들고 매우 얇고 단단한 재료를 써서 배에 부착하면"으로도 풀이할 수도 있을 듯하다.

46 구스망(1685~1724)은 포르투갈의 신부이자 자연과학자다. 브라질에서 태어났으며, 스페인에서 세상을 떠났다. 구스망은 1709년에 리스본의 인도대사관에서 열기구와 관련된 공개 실험을 한 것으로 알려져 있는데, 여기서 언급한 "1606년"의 일이 1709년의 실험을 가리키는지는 분명하지 않다. 다만 생몰년 등을 고려하면 "1606년"은 오류임이 분명하다. 몽골피에 형제의 경기구가 세상에 알려진 이후에 포르투갈에서는 구스망의 실험이 그보다 앞선 일이라고 주장했는데, 그런 사정은 1786년 10월 20일자의 영국 신문(London Daily Universal Register: "The Times"의 전신)에서도 확인할 수 있다. 또 구스망의 기구가 리스본의 쿠메르시우 광장(Praça do Comércio)까지 1킬로미터 정도를 날아갔다는 이야기도 전하는데, 사실 여부는 확인되지 않는다.

47 캐번디시(1731~1810)는 영국인이다. 출생지가 프랑스이기 때문에 프랑스인이라고 오해한 것으로 보인다. 샤를(1746~1823)은 프랑스의 물리학자로, 1783년에 뜨거운 공기 대신 수소를 넣은 기구를 만들어서 실험했다.

48 형은 조제프 미첼 몽골피에(1740~1810)이며, 동생은 자크 에띠엔느 몽골피에(Jacques-Étienne Montgolfier, 1745~1799)다. "색륵사천"이 무엇을 음차한 것인지는 분명하지 않다. 만약 실험을 한 곳의 지명이라면, 아노네의 "코르들리에(Place des Cordeliers)" 정도를 생각해볼 수 있다.

49 조제프 몽골피에가 비공개 실험을 한 것은 1782년 11월이었다. 1783년 6월 4일에 아노네에서 첫 번째 공개 실험이 이루어졌으며, 1783년 9월 19일에는 양, 수탉, 오리를 기구에 태워서 비행하는 데 성공했다. 10월 15일에는 처음으로 사람을 기구에 태워서 84미터 상공에까지 올라갔는데, 탑승자는 필라르트 드 로지에(Jean-François Pilâtre de Rozier)였다. 11월 21일에 처음으로 사람을 태우고 멀리까지 날아가는 비행이 이루어졌는데, 로지에와 함께 아를랑데의 후작 프랑수아 로랑(François Laurent le Vieux d'Arlandes)이 기구에 탑승했다. 조제프 몽골피에가 직접 기구에 탑승했다고 한 것은 잘못된 서술로 보이는데, 조제프 몽골피에는 잠시 기구에 오르기는 했지만 비행을 하지는 않았다고 전한다. 또 "이듬해(翌年)"라면 1784년이 되는데, 실제 사람이 탑승한 실험이 이루어진 것은 1783년 11월이므로 정확한 말은 아니다.

50 수소 경기구의 개발에 대해 설명한 것으로 보이는데, 이는 몽골피에 형제가 개발한 것이 아니다. 앞서 언급된 샤를(1746~1823)이 수소 경기구를 만들어서 비행한 바 있다. 샤를은 1783년 12월 1일에 자신의 동생과 함께 기구에 탑승하여 유인 비행에 성공했는데, 이는 몽골피에 형제의 공개 비행보다 열흘이 늦은 것이었다.

전등電燈

1808년에 영국의 화학자 험프리 데이비(Humphry Davy, 含富利德維)[51]가 동판(銅板)을 이용하여 각 2000매의 아연으로 만든 갈바니(galvani, 家耳哇尼)[52] 전지에다가 먼저 두 개의 목탄판을 접촉시켜서 그 사이에서 전기가 일어나도록 하고, 다음으로 두 목탄판 조각을 조금씩 분리하여 이 두 조각의 목탄판이 전지를 차단하여 환하게 빛을 내도록 했다. 이것이 곧 전등의 배태(胚胎)다.[53] 프랑스의 물리학자 푸코(Foucault, 夫可)가 처음으로 전등을 만들었다.[54] 그 후에 동전기(動電氣)가 발명되자 독일사람 사면지(思勉之)가 원형의 전등을 만들었다.[55] 또 프랑스의 극림(克林)은 바퀴 모양의 심지(燈心)를 만들었다.[56] 미합중국의 스타(Starr, 斯他)가 1845년에 백열전등을 만들었다.[57] 1878년에 에디슨이 크게 개량하여 지금까지 발달했다.

51 "험프리 데이비"의 한자 표기가 원고본과 간행본 모두 "舍富利德維"로 되어 있는데, "舍"는 "含"의 오자일 것으로 추정된다. 13장 공예의 '사진술' 항목에는 "含富利德威"로 표기되어 있다.

52 5장 과학의 '마찰전기' 항목에서는 "갈바니"를 "家兒法哇尼"로 표기했다.

53 험프리 데이비(1778~1829)는 1802년에 아크등(arc lamp)을 개발했으며, 1808년에 2000개의 전지를 사용하는 공개 실험을 했다. 여기서는 1808년의 실험을 서술한 것으로 보이는데, "二千枚 所製ㄴ"처럼 어색한 표현이 있어 문맥이 자연스럽지 못하다. 원문의 "銅板으로써 亞鉛 各 二千枚 所製ㄴ 家耳哇尼 電池"는 "구리와 아연 각 2000개를 사용하여 제작한 갈바니 전지"의 뜻으로 짐작된다. 목탄판(木炭板)은 탄소 전극, 즉 탄소봉(carbon charcoal rod)인데, 이를 갈바니 전지에 접촉시켰다가 멀어지도록 하여 빛을 낸 것이다. 원문에서는 데이비의 아크등을 "전등의 배태(胚胎)"라고 했는데, 아직 '전등'이라고 할 수는 없지만 '전등의 맹아(萌芽)' 정도로는 받아들일 수 있다는 의미에서 이와 같이 표현한 것으로 짐작된다.

54 푸코(1819~1868)는 실험을 통하여 지구의 자전을 증명한 "푸코의 진자"로 널리 알려진 물리학자다. 푸코는 다게르의 사진술에 감명을 받아 피조(Armand

Hippolyte Louis Fizeau, 1819~1896)와 함께 빛에 대한 공동연구를 했는데, 이후에 빛의 속도를 측정하고 빛의 파동설을 제기했다. 한편 연구 과정에서 아크등에 대해서도 관심을 보였는데, 그가 파리에서 아크등 실험을 한 시점은 1840년대로 알려져 있다.

55 "사면지"가 어떤 인물인지는 분명하지 않다. 다만 두 가지의 가능성은 생각해볼 수 있다. 첫째는 1867년 무렵에 효율이 뛰어난 발전기(Dynamo)를 개발한 지멘스를 가리키는 것일 가능성이다. 이 경우에는 "동전기(動電氣)의 발명"은 "동전기(動電機)의 발명"의 오기일 가능성도 함께 생각해볼 만한데, 앞의 '전기차(電氣車)' 항목에서는 지멘스를 "사순치(司旬治)"로 표기하면서 "동전기(動電機)" 즉 발전기를 함께 언급했기 때문이다. 그렇지만 전등의 발명 또는 개량의 역사에서 지멘스와 그의 형제들이 거론되는 것은 대체로 에디슨의 백열전등 발명 이후의 일이기 때문에, 그 가능성이 높지는 않을 듯하다. 둘째는 "하인리히"를 표기한 것일 가능성이다. 하인리히 괴벨(Heinrich Goebel, 1818~1893)은 독일 슈프링에 출신의 시계 제조업자로, 1849년에 미국으로 이주했고 1865년에 미국 국적을 취득했다. 괴벨은 에디슨보다 25년 앞선 1854년에 백열등을 만들어 자신의 상점을 장식하는 등의 용도로 사용했으며 당시 특허를 신청하지는 않았다고 주장했는데, 이는 에디슨에게 백열등 관련 특허를 줄 것인지를 결정하는 소송에서 쟁점이 되기도 했다. 하인리히 괴벨이 실제로 백열등을 만들었는지에 대해서는 아직 논란이 있는데, 이는 괴벨이 1850년대에 백열등을 만들 만한 지식을 갖고 있었는지를 확인하기 어렵고 1850년대에 만들었다는 백열등의 실물을 제시하지는 못했기 때문이다.

56 "극림"이 어떤 인물인지는 분명하지 않다. 전등 발명과 관련된 프랑스인으로는 "현대 마술의 아버지"로 불리는 로베르 우댕(Jean Eugène Robert-Houdin, 1805~1871)이 거론되기도 한다. 로베르 우댕은 1851년에 백열등을 사용했다고 전하는데, 프랑스 블루아 성(Château de Blois)의 박물관에 그 백열등들이 소장되어 있었다고 한다. "등심(燈心)"은 심지를 뜻하는 말인데, 여기서는 필라멘트를 가리키는 것으로 보인다.

57 스타(1822?~1846)는 1845년에 탄소 필라멘트(carbon filaments)를 이용한 백열전등의 특허를 얻었지만 얼마 뒤에 세상을 떠났다. 그래서 스타의 특허는 상업적인 생산으로는 이어지지 못했다.

석탄가스등[煤氣燈] — "와사등瓦斯燈"이라고도 한다.

1799년에 프랑스 사람 필립 르봉(Phillipe le Bon, 非立剌般)이 처음으로 가

연성의 기체를 태워서 집에 조명을 밝혔는데, 이름을 "온등(溫燈)"이라고 했다.[58] 후에 영국인 와트(Watt, 哇耳脫)와 볼턴(Boulton, 波耳頓)이 석탄 가스를 태워서 쓰는 등을 만들었으며, 여러 공장에서 모두 이것을 채택하여 사용하게 되었다.[59]

58 필립 르봉(1767~1804)이 자신의 집에 가스등을 설치한 것은 "1801년"의 일로 알려져 있다. 그런데 가스등을 처음으로 설치한 사람은 르봉이 아닌 윌리엄 머독(William Murdoch, 1754~1839)이다. 머독은 1792년에 자신의 집에, 그리고 1798년에는 자신이 일하는 공장에 가스등을 설치했다고 한다. 《만국사물기원역사》에서 서술한 바와 같이 르봉이 1799년에 가스등을 설치했다고 하더라도, 그것은 윌리엄 머독의 가스등 발명이나 설치보다 늦은 것이 된다.

59 와트(1736~1819)와 볼턴(1728~1809)이 석탄가스등을 만들었다고 서술한 것은 오류로 보인다. 발명자는 곧 윌리엄 머독인데, 머독은 볼턴-와트상회의 소호공장(Soho Foundry steam engine)에서 일하고 있던 1798년에 자신이 일하는 공장에 가스등을 설치했다. 아마도 이 때문에 혼란이 생긴 듯하다. 22장 기계의 '증기기' 항목에서는 "와트"를 "華忒"으로 표기했는데, 같은 인물이라고 생각하지 못했기 때문에 표기가 달라졌을 가능성도 있다.

안전등安全燈

안전등은 영국인 험프리 데이비가 처음으로 발명했다. 촘촘한 금속 망으로 휴대용 등을 덮어서 "안전등(安全燈)"이라는 이름을 붙였는데, 탄광 안에 들고 들어가도 폭발할까 걱정하지 않고 안전하게 석탄을 캘 수 있도록 한 것이다.[60]

60 안전등은 1815년에 험프리 데이비가 발명했는데, "데이비등(Davy lamp)"이라고도 일컬어진다. 데이비는 등불의 주위에 철망(metal gauge)을 둘러싸서 불꽃이 외부의 공기와 직접 닿지 않도록 했는데, 안전등이 보급되고 난 이후에는 탄광의 폭발 사고가 크게 줄었다고 한다. 데이비는 이를 널리 사용할 수 있도록 하기 위하여 특허를 신청하지 않았는데, 이로 인해 널리 칭송을 받았다고 전한다. 한편 이 항목에는 오자로 추정되는 글자가 둘 있다. 먼저 "험프리 데이비"의 한자 표기로

사용된 "舍富利德維"는 "含富利德維"의 오기로 추정된다. 이유는 앞의 '전등' 항목에서와 같다. 다음으로는 원문의 "提打"에서 "打"는 "灯"의 오기로 추정된다. 이때 "灯"은 곧 "등(燈)"의 뜻이므로, "제등(提燈)"은 "들고 다니는 등불"로 풀이할 수 있다.

등대燈臺

그리스의 상고시대에 이미 있었지만, 비바람이 치는 밤에는 불이 꺼질 우려가 있었다.[61] 18세기 초에 거울과 유리판의 등을 사용하니, 그와 같은 근심이 없어지고 먼 곳까지 비출 수 있게 되었다.[62]

61 고대의 등대 가운데 가장 널리 알려진 것은 프톨레마이오스 2세 때인 기원전 280년 무렵에 건설된 알렉산드리아 파로스 등대(Pharos Lighthouse)다. 이 등대는 1307년 무렵에 지진으로 파괴되었다고 전하는데, 1994년에 주변의 바다에서 그 잔해로 추정되는 물체가 발견되기도 했다. 높이는 120～140미터 정도였을 것으로 추정되며, 불빛은 55킬로미터까지 도달했다는 기록이 전한다.

62 등대는 항해를 하는 배가 항로와 항구의 위치를 확인할 수 있도록 하기 위한 것이므로, 불빛을 안정적으로 그리고 멀리까지 비출 수 있도록 설계해야 했다. 그래서 등불에 유리판을 붙여서 불을 보호하고, 렌즈나 거울을 활용하여 불빛을 멀리까지 보내고, 이중 불꽃을 개발하기도 했으며, 점차 나무 대신 벽돌을 이용하여 등대 건물을 건설하게 되었다. 이러한 변화를 잘 보여주는 것이 영국의 에디스톤 등대(Eddystone Lighthouse)인데, 이 등대는 1698년, 1709년, 1759년의 3회에 걸쳐 새로 건설되었으며 그때마다 등대의 안정성과 효용을 높이기 위한 새로운 방법들이 적용되었다고 한다.

환등기〔幻燈, Magic lantern〕

1665년에 독일사람 키르허(Kircher, 其耳希兒)가 처음으로 만들었다.[63] 그 후에 포란덕(布蘭德)과 희새륵이(希塞勒耳)의 두 사람이 크게 개량했다.[64]

63 키르허(1601?~1680)는 동양학, 지질학을 비롯한 다방면의 저술을 남긴 독일 예수회 소속의 학자인데, 그가 1646년에 쓴 《빛과 그림자의 위대한 마술(Ars Magna Lucis et Umbrae)》에 환등기와 관련된 기록이 남아 있다. 따라서 키르허가 환등기를 발명한 시점은 1646년 이전이라고 서술하는 것이 옳을 듯하며, "1665년"을 발명 시점으로 제시한 근거가 무엇인지는 분명하지 않다. 그런데 환등기의 발명자와 발명 시점에 대해서는 다른 주장도 제기된 바 있다. 네덜란드의 하위헌스(Christiaan Huygens, 1629~1695)가 1650년대 후반에 발명했다는 견해와 이미 15세기에 베네치아의 물리학자 폰타나(Giovanni Fontana, 1395~1455)가 발명했다는 견해가 그것이다.

64 포란덕(布蘭德), 희새륵이(希塞勒耳)가 어떤 인물인지는 분명하지 않다. 니시무라 시게키의 《서국사물기원》에서는 "마등(魔燈)" 항목에서 환등기에 대해 서술했는데, 키르허의 발명이 있은 지 100년 뒤에 伯朗得(ブランデル)과 希塞勒(ヘ-セレル)이 환등기를 크게 개량했다고 했다.

온도계〔寒暖表〕

온도계는 17세기 초에 알크마르(Alkmaar, 惡古馬耳) 사람인 코르넬리스 드레벨(Cornelis Drebbel, 可耳涅利斯脫勒巴)이 처음으로 만들었다.[65] 1717년에는 프러시아(Prussia, 普魯士) 사람인 파렌하이트(Fahrenheit, 華憐黑)가 처음으로 일정한 눈금을 붙였는데, 물의 끓는점을 212도로 정하고 어는점을 32도로 정했다.[66] 프랑스의 유명한 인물 로뮈르(René de Réaumur, 淵馬耳)—파렌하이트와 동성(同姓)이다—는 끓는점을 80도로 정했다.[67] 그 후에 스웨덴 사람 셀시우스(Anders Celsius, 攝勒簫斯)가 끓는점을 100도로 정했다.[68] 오늘날 세상 사람들이 "화씨(華氏)"나 "섭씨(攝氏)"라고 부르는 것이 이것이다.

—혹은 100도의 온도 눈금은 스위스(Swiss, 瑞西)의 박물학자인 린네(Linné, 連尼西斯)가 만든 것이라고도 한다.[69]

65 코르넬리스 드레벨(1572~1633)은 네덜란드의 알크마르에서 태어났으며, 1605년에 영국으로 건너가 활동했다. 부화를 위한 온도조절장치, 잠수정 등을 발명했다. 22장 기계의 '현미경' 항목에는 그의 이름이 "可涅利斯脫勒伯耳"로 표기되어 있다. 그런데 온도계의 발명자로 특정한 인물을 지목하는 것은 적절하지 않다는 견해도 있다. 온도계 자체가 물질의 변화를 이용하여 온도의 변화를 파악하는 장치와 온도를 수치화하여 표시하는 장치의 두 요소로 구성될 뿐 아니라, 17세기 초에는 다수의 인물이 온도계를 비롯한 계측 기구의 제조에 관심을 갖고 있었기 때문이다. 그래서 드레벨 이외에 이탈리아의 갈릴레이와 산토리오, 영국의 플러드가 최초의 발명자로 일컬어지기도 한다.

66 파렌하이트(1686~1736)는 폴란드의 그단스크에서 태어나서 독일에서 유리세공업자로 활동했다. 1709년에 유리로 온도계를 만들었으며, 1714년에는 알코올 대신 수은을 사용하는 온도계를 제작했다. 또 1724년에는 온도에 일정한 수치를 부여했다. 여기서 1717년을 발명 시점으로 서술한 이유가 무엇인지는 분명하지 않다.

67 로뮈르(1683~1757)는 프랑스의 과학자로 곤충학 등에서 중요한 업적을 남겼다. 어는점을 0도, 끓는점을 80도로 설정하는 단일기준점 온도체계를 세웠는데, 이 체계는 당시에 널리 사용되었다. 여기서 "파렌하이트와 성이 같다(同姓)"는 주석을 붙인 이유가 무엇인지는 분명하지 않은데, "같은 시기(同時)"를 잘못 쓴 것일 가능성이 있다. 로뮈르가 80도의 온도체계를 세운 것은 1730년 무렵으로 알려져 있다.

68 셀시우스(1701~1744)는 스웨덴의 천문학자이자 물리학자다. 그가 100도의 온도체계를 제시한 시점은 1742년으로 알려져 있다.

69 생물학자로 잘 알려진 린네(1707~1778)는 스웨덴 사람이다. 여기서 스위스 사람이라고 한 것은 잘못이다. 원래 셀시우스는 끓는점을 0도로 어는점을 100도로 정했었는데, 1년 뒤에 린네가 이를 반대로 고쳐서 오늘날 사용하는 것과 같은 방식을 채택했다. 여기서 린네가 만든 것이라고 한 것은 이 때문이다. 린네의 이름을 '連尼西斯'로 표기한 것은, 아마도 라틴어 이름(Carolus Linnæus) 또는 귀족이 되기 전의 이름(Carl Linnæus) 가운데 "리나이우스"를 한자로 표기했기 때문인 듯하다.

기압계〔風雨針〕

1643년에 이탈리아의 이학자 토리첼리(Torricelli, 脫些利)가 기압계를 발명했다.[70] 그 방법은 다음과 같다. 길고 활처럼 굽은 유리관에 수은을 흘려넣고서 그 상단은 꽉 막고 하단에는 작은 구멍을 뚫어서 대기가 들어

오게 하면, 대기의 압력 정도에 따라서 수은이 오르내리게 된다. 옆에 눈금을 표시하여 수은의 높낮이를 살펴보면, 대기의 농도를 측정할 수 있게 된다. 그 뒤에 네덜란드의 이학자 하위헌스(Huygens, 係堅斯)는 유리관의 옆에 다른 유리관을 붙이고 그 속에는 색깔을 입힌 액체를 흘려넣었는데, 이 액체가 수은과 반대로 오르내리도록 하여 대기의 압력 정도를 살펴볼 수 있게 했다.[71] 1664년에는 영국의 수리학자인 로버트 후크(Robert Hooke, 羅拔福)가 또 기압을 살피는 기계를 제조했다. 그 방법은 뾰족한 침으로 대기 압력의 정도를 가리키게 한 것이니, 시계와 비슷했다.[72] 18세기에는 기이색(基爾索)이 개량했고, 1780년에 영국인 미사란(美謝蘭)과 프랑스인 산요(珊夭)가 기구 속에 다시 기관을 두어서 기관표(機關表)로 대기의 압력을 나타내게 했다.[73]

70 토리첼리(1608~1647)는 세 곳에 언급되는데, 그 한자 표기가 "脫利塞里"(5장의 공기), "脫些利"(22장의 기압계), "脫里塞里"(22장의 배기종)의 세 가지 형태로 각기 다르다. 니시무라 시게키의 《서국사물기원》에서는 기압계를 "풍우표(風雨表)"로 표기했는데, 그 아래에 "바로미터(barometer)"라는 주석을 달았다. "풍우표"에는 "기상대에서 비와 바람을 기록하던 표"라는 뜻이 있는데, 이와는 다른 의미로 쓴 말이기 때문일 것이다.

71 하위헌스(Christiaan Huygens, 1629~1695)는 "海堅斯"로 표기된 예도 보인다. 22장 기계의 '시계(時表)' 항목과 23장 기용의 '도량형' 항목에 그러한 예가 나타난다.

72 로버트 후크(1635~1703)는 영국의 물리학자로, 1663년부터 런던 왕립학회의 실험 관리자로 활동했다. 각종 측정기구의 개발과 개량에 관여한 바 있으며, 뉴턴보다 앞서서 만유인력의 법칙을 제기했다고 언급되기도 한다. 후크는 처음으로 지침판 기압계를 개발한 것으로 알려져 있다.

73 기이색(基爾索), 미사란(美謝蘭), 산요(珊夭)가 어떤 인물인지는 분명하지 않다. 니시무라 시게키의 《서국사물기원》에서는 介路撒大(ガイリユサッタ), 麥折蘭(メゼルラン), 嘗猶(ジャンイユ-)로 표기되어 있으며, 가볍고 휴대할 수 있는 기압계를 만들었다고 했다. 또 "介路撒大(ガイリユサッタ)가 만든 기압계는 목정풍우표(木梃風雨表)라고 일컬어졌다"는 언급이 보이는데, "목정풍우표"는 "stick barometer"를 번역한 것으로 짐작되지만 어떤 종류의 기압계를 지칭하는지는 분명하지 않다.

1800년 무렵에 포르탕(Jean Nicolas Fortin, 1750~1831)이 만든 포르탕 수은 기압계(fortin type mercury barometer) 가운데 외관상 "stick barometer"라고 부를 만한 모델이 있지만, 인명이나 시기가 맞지 않는다. 18세기 이후의 기압계로 널리 알려진 것은 1770년 무렵에 데룩(Jean-André Deluc, 1727~1817)이 만든 휴대용 기압계와 1843년 무렵에 비디(Lucien Vidie, 1805~1866)가 완성한 공합 기압계(空盒氣壓計), 즉 아네로이드 기압계(aneroid barometer)가 있다. "아네로이드"는 "액체를 사용하지 않음"이라는 뜻의 그리스어에서 온 말인데, 아네로이드 기압계는 수은 대신에 스프링과 금속 진공 상자(aneroid cell)를 이용하여 기압을 측정하도록 고안된 기구다. 말미의 "器中에 機關을 更備ᄒᆞ야 機關表로써 大氣壓度를 現케 ᄒᆞ니라"는 기압계 안에 기압의 정도를 나타내는 눈금 부분이 있는 것을 설명한 것으로 짐작되는데, 아네로이드 기압계 가운데 이와 같은 모습을 지닌 예를 찾아볼 수 있다.

피뢰침[避雷柱]

1752년에 미합중국 사람 프랭클린(Benjamin Franklin, 芙蘭其連)이[74] 천둥번개를 동반한 비가 내릴 때에 종이 연을 날려서 하늘의 천둥번개가 지상의 전기와 같은 것임을 알아내고서 "우레를 피하는 기둥(避雷柱)"을 발명했다. 이것은 뾰족한 금속 막대기인데, 여기에 금속 사슬이나 막대기를 붙이고서 그 끝 부분은 물속이나 습기가 많은 흙 속에 묻어 둔다. 그런 까닭에 비록 벼락이 떨어지더라도 반드시 그 기둥을 따라가게 되니, 금속 사슬 또는 막대기를 거쳐 물속이나 흙속에 가라앉게 하는 것이다.

74 5장 과학의 '전기' 항목에서는 프랭클린(1706~1790)을 "夫蘭克連"으로 표기했다.

나침반羅針盤

나침반으로는, 중국의 황제가 지남차(指南車)를 만들어서 나침(羅針)을 발명했다.[75] 그 후에 중국인이 아라비아의 십자군(十字軍)에게 전했고, 아라비아인이 이탈리아인에게 전했다.[76] 그런 까닭에 유럽 사람들이 자석은 14세기에 이탈리아 사람이 발명한 것이라고 여겼다.[77] 15세기에 영국의 천문학자 일만합리(溢曼哈里)가 그 이치를 더욱 분명하게 밝혔다.[78]

75 14장 역체의 '지남차' 항목에서는 《고금주(古今註)》를 인용하여 지남차에 대해 서술한 바 있다. 황제가 탁록(涿鹿)에서 치우와 싸울 때 지남차를 만들어서 사방을 알 수 있게 했다는 고사를 거론하여 지남차의 기원을 설명했다. 나침(羅針)은 자침(磁針)을 이용하여 항상 남북을 가리키도록 한 기구를 뜻하는 말인데, 중국 고대의 지남차는 나침반과는 다른 원리를 이용한 것이라는 견해도 있다.

76 중국인이 "아라비아의 십자군(亞刺伯의 十字軍)"에게 나침반을 전했다는 말은 부자연스럽다. 십자군은 아라비아의 적대 세력이었기 때문이다. 니시무라 시게키의 《서국사물기원》에서는, 나침반은 중국인으로부터 아라비아인에게로 전해졌고, 그 후에 십자군 전쟁 때 아라비아인으로부터 이탈리아인에게로 전해졌다고 했다. 이를 참고하면 "支那人이 亞刺伯에게 傳홈이 亞刺人이 十字軍 時에 義大利人에 傳혼 故로" 정도로 써야 할 것을 잘못 표현한 것으로 추정해볼 수 있다.

77 이탈리아에서는 아말피(Amalfi)의 항해사인 플라비오 조이아(Flavio Gioja)가 1302년 무렵에 해상항해용 나침반을 발명했다는 이야기가 전승되어왔다. 그렇지만 플라비오 조이아는 실존 인물이 아닐 가능성이 높은데, 1901년에 이탈리아의 베르텔리 신부가 이러한 사실을 해명한 바 있다. "磁石"은 문맥상으로는 "羅針盤"으로 고쳐야 할 것으로 판단되지만, 여기서는 우선 원문대로 옮겼다.

78 일만합리가 어떤 인물인지는 분명하지 않다. 그런데 니시무라 시게키의 《서국사물기원》에서는 15세기에 자침(磁針)이 완전한 북쪽을 가리키지 않는다는 것을 알았고 "근년"에 "哈爾黎(ハルレイ)"를 비롯한 석학들이 지구자기의 이치를 연구하여 이를 상세하게 밝혔다고 했다. 그렇다면 "일만합리" 또한 15세기의 인물은 아닐 가능성도 생각해볼 수 있다. 나침반과 관련하여 지구자기를 연구한 인물로는 영국의 윌리엄 길버트(William Gilbert, 1540~1603)를 들 수 있지만, "일만합리(溢曼哈里)"나 "哈爾黎(ハルレイ)"가 윌리엄 길버트라고 단정하기는 어렵다. 윌리엄 길버트는 5장 과학의 '전기' 항목에도 언급된 인물인데, "基耳拔"(만국사물기원역사)과 "維廉其爾伯"(서국사물기원)으로 나타나서 "일만합리(溢曼哈里)"나 "哈爾黎(ハルレイ)"와는 차이가 있다.

물시계〔刻漏〕

《옥해》에서는 황제가 물시계(漏水器)를 만들어서 밤과 낮을 나누었다고 했다. 《주례》에서는 설호씨(挈壺氏)가 관장했다고 했다. 무릇 밤의 시간은 다섯과 다섯이 엇갈려서 25점(点)이 되는데,[79] 송나라 때에 이르러 참서(讖書)로 인하여 5경의 2점과 초경의 2점을 없애니 21점이 되었다.[80]

신라사에서는 성덕왕 16년에 처음으로 물시계를 만들었다고 했다[81]〔지금으로부터 1192년 전〕.

우리 조선 세종 14년에 처음으로 자격루(自擊漏)를 만드셨다.[82]

우리 조선 세종 때에 보루각(報漏閣)을 세우고, 장영실(蔣英實)에게 명하여 처음으로 누전(漏箭)을 만들게 하셨다[83]〔지금으로부터 480년 전〕.

일본에서는 덴지 천황이 처음으로 물시계와 종고(鍾鼓)를 설치했다[84]〔지금으로부터 1242년 전〕.

이집트에서는 고대에 이미 있었다. 그렇지만 유럽에서는 그리스인이 이집트에서 들여왔으며, 이를 로마와 영국에 전했다.

79 원문에는 "루(漏)" 즉 시간이라고 되어 있지만, 문맥을 고려하면 "야루(夜漏)" 즉 밤의 시간으로 풀이하는 것이 자연스럽다. 또 명나라 양신(楊愼)의 《단연여록(丹鉛餘錄)》 등에 "밤의 시간은 5와 5가 엇갈려서 25가 된다(夜漏, 五五相遞, 爲二十五)"와 같은 구절이 나타나기도 한다. 밤 시간인 5경은 각기 5점으로 이루어지므로, 이를 모두 합하면 25점이 된다는 뜻이다.

80 송나라 때에 "오경두요(五更頭謠)"라는 참언이 있었다고 한다. "추위는 5경 머리에 있다(寒在五更頭)"는 것이 그 내용인데, 이는 송나라가 멸망할 시기를 예언한 것으로 여겨졌다. 때문에 송나라에서는 5경에서 2점을 없애고, 이와 짝을 맞추기 위하여 초경에서 2점을 줄였다고 한다.

81 《삼국사기》 직관지(職官志)에 성덕왕 17년에 누각전(漏刻典)을 설치했다는 말이 보이는데, 이는 누각(漏刻) 즉 물시계를 관장하는 관직을 두었다는 뜻이 된다. 《만국사물기원역사》에서는 즉위년을 제외하고 연대를 계산한 것으로 보이므

로, "성덕왕 16년"은 《삼국사기》의 "성덕왕 17년"과 같으며 모두 718년에 해당한다. 한편 《삼국사기》 신라본기에서는 749년(경덕왕 8)에 누각박사(漏刻博士) 6인을 두었다는 기록이 보이는데, 이를 근거로 경덕왕 때에 이르러서야 실제 직무를 맡은 인원이 온전하게 배치되었다고 해석할 수도 있다.

82 자격루는 1434년(세종 16)에 완성되었다. 따라서 "세종 14년"을 제시한 것은 잘못이다. 《증보문헌비고》 권2 상위고(象緯考)에는 세종 14년에 경연에서 역상(曆象)의 이치를 논한 후에 정인지에게 간의(簡儀)를 만들도록 명했다는 기록이 실려 있는데, 그 아래에 7년 후에 완성된 기구 가운데 자격루가 언급되어 있다. 자료 정리 과정에서 이 두 건의 기록을 같은 시기의 일로 착각했을 가능성이 있다.

83 보루각은 1434년(세종 16)에 세워졌으며, 그 안에 자격루를 설치했다. 위치는 경회루 남쪽, 지금의 수정전(修政殿) 자리 정도로 짐작된다. 누전(漏箭)은 물이 새어나간 양을 확인할 수 있도록 눈금을 새긴 화살로, 물시계의 누호(漏壺) 안에다 세운다. 원문에는 인명에서 "실(實)"이 빠져 있으나, 고쳐서 옮긴다. 이에 대해서는 1장 천문의 '천의' 항목 참조.

84 《일본서기》에서는 671년(天智 10) 4월 25일에 물시계를 설치하고 종고(鐘鼓)를 울려서 시간을 알렸다는 기록이 보인다. 일본에서는 20세기 초에 이날을 양력으로 환산하여 기념일로 삼기도 했다. 이보다 앞선 660년에도 물시계를 만들었다는 기록이 전하기도 한다. 또 671년의 물시계는 백제인의 기술로 만들어진 것으로 보기도 하는데, 이에 의거하면 백제에서는 신라보다 앞서서 물시계를 만들었으리라고 추정할 수 있다.

시계〔時表〕— 자명종自鳴鐘

영국의 알프레드 왕(Alfred the Great, 亞爾夫歷王)이 촛불시계를 발명했다.[85] 또 중고시대에는 모래시계가 있었다. 그렇지만 이들은 아직 정밀하지는 못했다. 765년에 로마 교황 바오로 1세(Paulus I, 保羅 一世)가 프랑크(Francia, 法蘭克)의 왕 피핀 3세(Pepin III, 披扁)에게 시계를 주었는데, 이것이 시계의 효시다.[86] 또 807년에 샤를마뉴(Charlemagne, 河耳曼大) 때에는 칼리프인 하룬 알라시드(Harun al-Rashid, 哈倫亞兒)가 시계를 바친 일이 있었다고 한다.[87] 이 시계는 황동으로 만든 것인데, 1시간마다 탄알이 종의 위에 떨어지면서 시간을 알렸다. 또 시계 속에는 12개의 기병(騎兵) 화상이 있어서, 종이 울릴 때에는 이들 가운데 하나가 문에서 튀어나왔다. 당시의 시계에는 이와 같은 것이 많았다.

기원전 250년에 그리스인 크테시비오스(Ktesibios, 德司比亞斯)가 구리로 만든 탄알 하나를 물시계에다 붙여서 매 시각마다 종소리가 나도록 했다고 하니, 이것이 혹 그 기원일 수도 있다.[88]

1350~1360년 무렵에 영국, 독일 등의 여러 나라에 대형 시계에 대한 말이 있었으며, 14세기에 이르러서는 유럽 전체로 확대되었다.[89] 17세기에 처음으로 자명종(自鳴鐘)이 나타났는데, 아직 흔들이추는 발명되지 않았다. 다만 꼭대기에 천칭(天秤)이 흔들리게 하는 것으로 오늘날의 흔들이추를 대신했다. 그런 까닭에 때때로 어지럽게 움직이는 일이 생기곤 했다.[90]

1657년에 네덜란드의 물리학자 하위헌스(Huygens, 海堅斯)가 처음으로 시계에 흔들이추를 활용하는 법을 발명했는데, 온도의 변화 때문에 완전한 것이 되지는 못했다.[91] 1728년에 영국인 존 해리슨(John Harrison, 約翰哈里孫)이 철끈의 추를 이용하여 온도 변화에 영향받는 것을 피하도록 하니, 이때에 비로소 완전한 시계가 나타나게 되었다[92]—추(擺子)는 곧 흔들이추다. 강철 끈과 황동 끈 혹은 아연 끈으로 만드는데, 강철 끈의 하단에는 추를 붙인다. 강철 끈이[93] 팽창할 때에는 추가 늘어나서 길어지고, 황동 끈이나 아연 끈이 팽창할 때에는 추의 길이가 줄어들어서 짧아진다. 갑과 을이 평형을 지키는 까닭에 추의 길이는 항상 늘거나 주는 일이 없게 된다.

85 알프레드 대왕(재위 871~899)은 무게와 길이가 같은 6개의 초에다가 1인치마다 표시를 한 "촛불시계(candle clock)"를 사용했다고 한다. 1개의 초는 약 4시간 정도를 탈 수 있었으며, 따라서 1인치마다 표시된 1개의 눈금이 타는 시간은 약 20분

정도였다고 한다.

86 피핀 3세(재위 751~768)는 "단신왕 피핀(Pepin the Short)"이라고 일컬어지기도 한다. "피편(披扁)"이라고만 했지만, 재위 시기와 일반적인 명칭을 고려하여 "피핀 3세"로 옮긴다. 21장 음악의 '오르간' 항목에는 757년에 피핀 3세가 동로마 황제로부터 오르간을 증여받은 일이 언급되어 있다.

87 샤를마뉴(재위 768~814)는 카롤링거 왕조의 2대 왕으로, 피핀 3세(재위 751~768)의 아들이다. 살아 있을 때는 카롤루스 대제(Carolus Magnus)로도 일컬어졌다. 원문의 "河耳曼大"는 "샤를마뉴 대왕"을 표기한 것으로 보이는데, 마지막에 "왕(王)"이 누락된 것일 가능성도 있다. "회교주(回教主)"는 "회교의 군주"라는 뜻이므로, 여기서는 칼리프(caliph)로 풀이했다. 하룬 알라시드(재위 786~809)는 5대 칼리프로, 압바스 왕조의 전성기를 이룬 인물이다. 《천일야화(千一夜話, Alf laylah wa laylah)》에 자주 등장하기도 한다. 하룬 알라시드는 샤를마뉴와 평화협상을 할 때 시계를 선물했다고 하는데, 그 시점은 "802년 무렵"으로 알려져 있다.

88 크테시비오스는 "클렙시드라(clepsydra, 물 도둑이라는 뜻임)"라고 하는 기존의 물시계를 개량하여 새로운 물시계를 만들어냈다고 전한다. 이 물시계에는 작은 인형이 설치되어 있었으며, 인형이 가진 지시봉이 시간에 맞는 눈금을 가리키는 방식을 취했다고 한다. 한편 크테시비오스는 "Ctesibius"나 "Tesibius"로도 표기되며, 크테시비오스의 한자 표기는 "德司比亞斯", "德司比亞士", "德斯比亞士"의 세 가지 형태로 나타난다. 이들 표기에서 모두 첫 글자가 "德"으로 된 것은, 아마도 "Tesibius"를 한자로 옮겼기 때문일 듯하다.

89 14세기 유럽에서 다수의 기계식 대형시계가 제작된 일을 서술한 것으로 보인다. 1364년에 프랑스의 찰스 5세가 독일 기술자 H.드비크로 하여금 제작하게 한 대형시계는 현존하는 가장 오래 된 기계시계로 높이가 3미터에 이른다. 이 밖에 밀라노(1335년), 스트라스부르(1354년), 룬드(1380년), 루앙(1389년), 프라하(1462년) 등에 기계식 시계가 세워졌다고 전한다.

90 "흔들이추(搖錘)"는 곧 진자(pendulum, 振子)다. "어지럽게 움직이는 일(亂動)"은 정해진 간격에 맞게 움직이지 못하는 현상을 표현한 말로 짐작된다.

91 하위헌스(1629~1695)는 최초의 진자시계(Pendulum clock)를 만든 인물로 알려져 있다. 그는 1656년에 진자 시계를 발명했으며, 이듬해인 1657년에 특허를 얻었다. 그가 만든 시계는 당시로서는 가장 정확한 것이었다고 한다. 한편 22장 기계의 '기압계(風雨針)' 항목에서는 "하위헌스"의 한자 표기가 "係堅斯"로 되어 있다.

92 존 해리슨(1693~1776)은 1726년에 보정진자를 개발했으며, 1725~1728년 사이에 여러 차례에 걸쳐 보정진자를 이용한 시계를 제작했다. 이보다 앞서 1721년에는 조지 그레이엄(George Graham)이 철 막대와 수은을 활용한 보정진자를 만들어서 오차를 줄인 바 있었는데, 존 해리슨의 발명은 이보다 진전된 것이었다. 강철 막대와 황동 막대를 격자형으로 배치하여 시계추의 위치를 일정하게 하는 것이 그 핵

심적인 내용이었다고 한다.

93 원문에는 "구리 끈(銅條)"으로 되어 있으나 오자로 보인다. 문맥을 고려하여 "강철 끈(鋼條)"으로 수정하여 옮긴다.

회중시계〔懷中時表〕 부附 알람시계〔警醒時表〕

회중시계는 1725년에 존 해리슨(John Harrison, 約翰哈里順)이 처음으로 만들었다.[94]

알람시계(警醒時表)는 14세기에 처음으로 만들었다.

흔들이추의 첫 번째 발명은, 이탈리아의 이학 대가(理學大家) 갈릴레이(家利勒柯)가 1583년에 발명한 일이다.[95]

94 "회중시계"는 품속에 넣을 수 있는 소형의 시계인데, 15세기 말에 북부 이탈리아에서 개발된 '목에 거는 시계'를 독일에서 발전시킴으로써 제작한 것으로 알려져 있다. 처음으로 회중시계를 만든 인물은 뉘른베르크의 시계 제작공인 페터 헨라인(Peter Henlein, 1485~1542)으로 알려져 있는데, 1504~1508년 무렵에 처음으로 제작했다는 설이 퍼져 있다. 그렇지만 당시 뉘른베르크에서 헨라인이 회중시계를 제작할 수 있는 유일한 인물은 아니었으며, 널리 퍼진 이야기처럼 "태엽(mainspring)"을 발명한 인물도 아니었다. 태엽은 이미 15세기 초에 발명되었기 때문이다. 그럼에도 불구하고 헨라인이 회중시계의 발명자로 인식된 것은, 19세기의 소설가 스핀들러(Karl Spindler, 1796~1855)의 작품(Der Nürnberger Sophokles)이 인기를 얻었기 때문이라고 한다. 한편 16세기 중엽에 뉘른베르크의 회중시계는 대단한 인기를 얻고 있었는데, 그 외형으로 인해 "뉘른베르크의 달걀(Nuremberg eggs)"로 일컬어지기도 했다. 이상에서 살펴본 바에 의하면, 여기서 "1725년에 존 해리슨이 회중시계를 발명했다"고 말한 것은 오류임이 분명하다. 이처럼 잘못된 서술을 한 이유는, 아마도 해리슨이 개발한 "시진의(時辰儀)" 즉 "크로노미터(chronometer, 해상에서 배의 경도를 측정하기 위해 사용되는 정밀한 기계식 태엽시계)"에 대한 설명을 회중시계 발명에 대한 설명으로 착각했기 때문일 듯하다. 영국에서는 1714년에 해상에서의 위치를 정확하게 측정할 수 있는 시계를 공모했는데, 해리슨은 그에 부합하는 정밀한 시계를 제작하기 위하여 오랜 기간 동안 노력했다. 해리슨이 크로노미터를 완성한 것은 1761년 무렵으로 알려져 있는데, 처음 시험용 제품을 제작하기 시작한 것은 1720년대 또는 1730년대의 일이라고 한다. 한편 앞의

'시계' 항목에서도 해리슨의 이름이 언급되었는데, 표기가 "約翰哈里孫"과 "約翰哈里順"으로 달리 나타나고 있지만 음가의 차이가 없으며 내용상으로도 같은 인물임이 분명하다.

95 갈릴레이는 피사의 성당에서 샹들리에가 일정한 간격을 두고 흔들리는 것을 보고서 진자의 원리에 대해 이해했다고 전하는데, 이는 의학 공부 대신 수학과 자연과학에 관심을 갖게 된 1583년 무렵의 일이었다고 한다. 또 이때 바로 집으로 가서 그 원리를 이용하여 시계를 만들었다는 일화도 전하는데, 이는 사실과는 거리가 있는 이야기로 알려져 있다. 만년에는 진자가 흔들릴 때마다 바늘을 회전시키는 장치인 탈진기(escapement)를 고안했는데, 이는 진자시계 제작에 가까이 간 것을 보여주는 사례라고 할 수 있다. 또 1642년에는 그의 아들이 갈릴레이가 발견한 진자의 원리를 이용한 시계를 스케치한 일이 있다고 전하지만, 실제로 그와 같은 시계를 제작하는 데 이르지는 못했다. 최초의 진자시계는 얼마 뒤에 네덜란드의 하위헌스에 의해 만들어지게 되는데, 위의 '시계' 항목에 이에 대한 언급이 있다.

습도계[驗濕機]

습도계는 곧 대기의 습도를 측정하는 기구이니, 아르키메데스(Archimedes, 亞其美底斯)가 처음으로 발명했다.[96]

96 아르키메데스가 습도계를 발명했다는 직접적인 근거는 보이지 않는다. 니시무라 시게키의 《서국사물기원》에서는 고서(古書) 가운데 언급된 습도계(測濕器)를 아르키메데스가 만들었다는 설이 있지만 믿을 만한 근거는 없다고 했다. 레오나르도 다빈치가 습도계와 유사한 기구를 고안한 흔적을 발견할 수 있지만, 실제로 습도계를 만들었는지는 분명하지 않다. 습도계를 만들어서 활용하게 된 것은 17세기 이후의 일로 알려져 있다.

천칭天秤

아라비아 사람이 처음으로 천칭을 만들었다고 한다.[97]

97 천칭(저울)의 흔적은 고대 이집트의 벽화를 비롯하여 다양한 지역의 유적과

유물에서 찾아볼 수 있다. 《구약전서》를 비롯한 고대 문헌들에서도 그에 대한 언급이 보인다. 여기서 아라비아 사람이 처음으로 만들었다고 단정한 이유가 무엇인지는 분명하지 않다. 다만 니시무라 시게키의 《서국사물기원》에 "로마저울(羅馬秤)"이라고 일컬어지는 저울이 아라비아에서 처음 만들어진 것이라는 언급이 보이는데, 이를 천칭 일반에 대한 기원으로 착각한 것일 가능성은 생각해볼 수 있다. 로마저울은 곧 대저울인데, 기원전 200년 무렵에 위로(Wiro)가 발명했다는 이야기도 전해진다.

펌프[喞筒]

기원전 220년에 시라쿠사(Siracusa, 斯剌鳩士)—시칠리아(Sicily, 西西里)의 도시 이름— 사람 아르키메데스가 나선(螺旋)을 발명하여 물을 끌어올리는 기계를 만들었다.[98] 또 그리스의 크테시비오스(Ktesibios, 德司比亞士)가 100년 무렵에 이를 개량하여 물을 빨아들이는 대롱(搾水筒)을 만들었는데, 방화용(防火用)의 수룡(水龍)에다 장치했다.[99]

98 "아르키메데스의 나선(Archimedes' screw)"은 아르키메데스가 고안한 양수 장치다. 나사 모양의 홈을 판 축을 가늘고 긴 원통 속에 끼운 구조로 되어 있는데, 원통의 아랫부분을 물속에 넣고 회전시키면 나사 모양 홈의 빈곳을 따라 물이 올라오게 된다. 본문의 문장은 "나선의 원리를 해명하여 물을 끌어올리는 기계를 만들었다"고 풀이해도 좋을 듯하다. 5장 과학의 '비중' 항목에서는 "시라쿠사"의 한자 표기가 "斯拉喬斯"로 나타난다.

99 크테시비오스는 생몰년이 정확히 알려져 있지는 않지만, 대략 기원전 3세기에 활동한 인물로 추정된다. 따라서 "100년 무렵"에 펌프를 만들었다는 말은 부자연스러우며, 아마도 연대 표기에 "기원전(紀元前)"이 누락되는 등의 오류가 있었을 듯하다. 아래의 '방화용 물 뿜는 용(防火用龍吐水)' 항목에서는 이와 연관된 내용을 서술하면서 "기원전 120년 무렵"의 일이라고 했다. 한편 크테시비오스의 한자 표기는 "德司比亞斯", "德司比亞士", "德斯比亞士"의 세 가지 형태로 나타난다.

방화용 물 뿜는 용〔防火用龍吐水〕— "수룡水龍" 또는 "수후水喉"라고도 한다.

기원전 120년 무렵에 알렉산드리아 항의 수학자 헤론(Heron, 希羅)이 그의 스승인 크테시비오스(Ktesibios, 德斯比亞士)와 함께 만들었다.[100]

100 원문의 "希罷"는 "希羅"의 오기로 보이므로, 여기서는 고쳐서 옮긴다. 헤론과 크테시비오스는 모두 생몰년이 불명확하며, 두 사람 사이의 관계도 분명하지 않다. 크테시비오스가 헤론보다 앞선 시기의 인물이라는 정도만 알려져 있으며, 헤론의 스승이 크테시비오스의 제자였다는 설도 있다. 두 사람을 사제 관계로 이해한 이유가 무엇인지, 그리고 앞의 "펌프(唧筒)" 항목에서 제시한 시기와 달리 서술한 이유가 무엇인지는 분명하지 않다.

배기종排氣鍾[101]

1654년에 독일사람 오토 폰 게리케(Otto von Guericke, 柯德夫安基烈)가 처음으로 만들었다. 처음에 물대롱(水管)으로 물을 빨아올릴 수 있음을 보았는데, 대롱의 한쪽 끝은 물속에 넣고 한쪽 끝은 물속에서 빨아들이게 하니, 공기를 모두 빨아들이면 대롱 속에는 진공이 만들어져서 물이 자연스럽게 압력을 받아 대롱 위로 올라갔다. 이 이치에 기초를 두고 여러 종류의 펌프를 만들었다.[102] 1643년에 이탈리아의 이학자 토리첼리(Torricelli, 脫里塞里)가 긴 유리대롱에다 위쪽 끝으로는 수은을 흘려넣고 아래쪽 끝은 밀봉해 놓아두었더니, 그 가득 찬 것이 약 10분의 8이었다. 또 이 대롱을 수은이 가득한 그릇 속에 바로 세워서, 이로부터 진공을 만들 수 있음을 증명했다.[103] 게리케(基烈其)는 이를 보고서 배기종(排氣鍾)을 발명한 것이다.[104] 그 후에 영국인 보일(Boyle, 杯兒剌)과 나륵극랄비산(那勒克剌比山)과 시밍턴(Symington, 斯密頓)과 포련사(布連斯)가 개량하

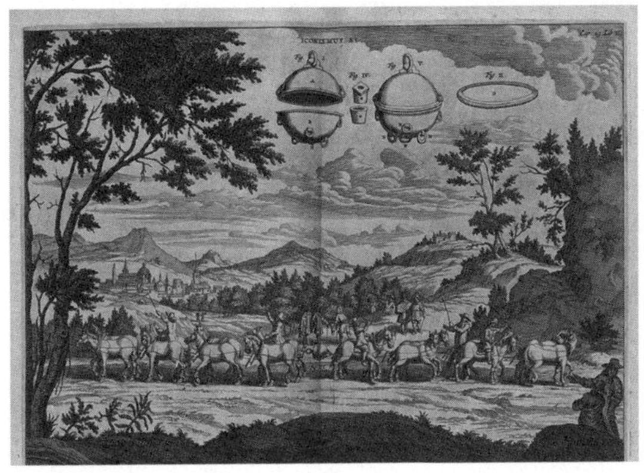

1654년 오토 폰 게리케가 대중들 앞에서 '바그데부르크의 반구실험'을 하는 장면을 묘사한 그림. 공기펌프로 2개의 구리 반구 내부의 공기를 뺀 후 반구가 말 16마리의 힘으로도 잘 떨어지지 않는 것을 보여줌으로써 대기압의 세기를 증명해 보였다.

여, 오늘날과 같이 완전하게 되었다.[105]

101 "배기종"은 공기펌프를 이용하여 진공을 만들어서 여러 가지 실험에 쓰는 종 모양의 기구를 뜻한다. 여기서는 진공을 만드는 장치, 즉 배기펌프 또는 공기펌프의 의미로 사용된 것으로 추정된다. 니시무라 시게키의 《서국사물기원》에서는 "기기통(氣機筩)"이라는 항목을 두어 오토 폰 게리케와 보일의 펌프를 간략히 언급했는데, 항목 이름 아래에 "에어 펌프"라는 주석을 붙였다.

102 오토 폰 게리케(1602~1686)는 마그데부르크(Magdeburg)의 시장이자 실험적 방법을 강조한 과학자였다. 그는 진공을 만들기 위한 "배기펌프"를 처음으로 만들었으며, 이를 이용하여 대기압의 세기를 증명한 "마그데부르크의 반구실험(experiment of Magdeburg hemisphere)"을 실시했다. "1654년"은 마그데부르크의 반구실험을 실시한 해이며, 그가 "배기펌프"를 발명한 시점은 "1650년" 또는 "1647년"으로 알려져 있다. 게리케가 처음에 만든 배기펌프는 일종의 흡인 펌프(suction pump)였으며, 이후 실험을 통해 여러 차례 개량했다고 한다. 여기서는 펌프의 구조보다는 기본 이치를 설명한 것으로 추정되는데, 문맥이 잘 통하지는 않는다. 한편 "오토 폰 게리케"의 한자 표기는 5장 과학의 '전기' 항목에서는 "基列其"로 나타나며, 이 항목의 뒷부분에서는 "基烈其"로 나타난다. 여기서 사용된 "柯德夫安基烈"라는 표기는 "Otto(柯德) von(夫安) Guericke(基烈)"로 나눌 수 있을 듯한데, 표기 과정에서의 오류 가능성도 생각해볼 수 있다. "基烈"보다는 "基列其"나 "基烈其"가 자연스러운 표기로 판단되기 때문이다.

103 "1643년" 이하는 토리첼리(1608~1647)의 실험에 대해 서술한 것인데 문장이 부자연스럽다. 토리첼리는 한 쪽이 뚫린 1미터의 유리관에 수은을 가득 채운 다음에, 유리관의 뚫린 쪽이 아래로 가도록 하여 수은이 담긴 그릇에 세웠다. 그 결과로

76센티미터의 높이까지만 수은이 올라오고 그 윗부분은 진공 상태가 된 것을 발견했다. 이를 참고하면, 원문의 "그 가득 찬 것이 약 10분의 8(其滿이 約八分)"은 수은이 10분의 8까지만 차올랐다는 뜻을 표현한 것으로 이해할 수 있다. 토리첼리의 실험에 대해서는 앞의 '기압계(風雨針)' 항목에서도 서술한 바 있다. 한편 "토리첼리"는 세 곳에 나타나는데, "脫利塞里"(5장의 공기), "脫些利"(22장의 기압계), "脫里塞里"(22장의 배기종)로 각기 달리 표기되어 있다.

104 게리케는 토리첼리의 실험에서 진공의 존재가 확인된 것을 듣고서 배기펌프를 제작하여 대기압 실험을 할 계획을 세우게 되었다고 한다. 1654년에 실시한 "마그데부르크의 반구실험"은 대기압과 진공의 힘을 실험을 통해 확인하고자 한 것이었다. 게리케는 지름 약 35센티미터의 2개의 구리 반구를 꼭 맞추고, 배기펌프로 내부의 공기를 빼서 진공 상태로 만들었다. 이때 2개의 반구는 외부의 대기압으로 인해 단단하게 밀착되어 있었는데, 이를 떼어놓기 위해 16마리의 말이 양쪽에서 잡아당기도록 했다고 한다. "배기종"은 이 실험에 사용된 "배기펌프"를 뜻하는 말로 판단되지만, "마그데부르크의 반구"를 가리킨 말일 가능성도 배제하기는 어렵다.

105 보일(1627~1691)은 로버트 후크(Robert Hooke, 1635~1703)의 도움을 받아 공기펌프(air pump)를 만들었다. 공기펌프를 이용한 보일의 실험은 이후 정치철학자 홉스(Thomas Hobbes, 1588~1679)와 펼친 대논쟁의 도화선 구실을 한 것으로도 유명하다. 시밍턴은 스코틀랜드 출신의 과학자로, 곧 22장 기계의 '배(舟船)' 항목에서 풀턴보다 앞서서 기선을 발명했다고 서술된 "사민돈(司民頓)"이다. 19세기 초반 무렵에 시밍턴은 탄광 개발에 참여했는데, 탄광에서 사용하기 위해 "lifting engine"이라고 명명된 펌프를 개발했다. 그가 펌프를 개발하여 사용한 시점은 1789~1804년 무렵으로 추정된다. "나륵극랄비산(那勒克剌比山)"과 "포련사(布連斯)"가 어떤 인물인지는 분명하지 않다.

잠수종[diving bell, 泳氣鐘]

1538년에 독일 황제 카를 5세(Karl V, 鬱理斯 五世) 때에 그리스 뱃사람 2명이 잠수종에 들어가 바다 밑까지 내려갔다 하니, 이것이 가장 오래된 것이다.[106] 1682년에는 미국인 윌리엄 핍스(William Phips, 維廉非立)가 개량했다.[107] 또 영국인 핼리(Halley, 哈利)가 개량하여서, 새로운 공기를 잠수종 속에 보낼 수 있게 되었다.[108]

106 카를 5세를 비롯한 수천 명의 사람들이 지켜보는 가운데 잠수종을 이용한 잠수가 이루어졌다고 전한다. 잠수를 한 장소는 스페인의 톨레도였다. 신성로마제국 황제인 카를 5세는 스페인 왕위도 갖고 있었는데, 스페인에서는 "카를로스 1세"로 지칭되었다. 한편 22장에는 카를 5세가 "査理 五世"와 "鬱理斯 五世"의 두 가지 표기로 나타나는데, 그 차이가 무엇인지는 분명하지 않다. 또 6장 교육의 '대학교' 항목에는 카를 4세의 "카를"이 "嘎羅"로 표기되어 있다.
107 윌리엄 핍스(1650~1694)는 영국의 식민지였던 미국 땅에서 태어나 보물의 탐사로 부와 명성을 얻은 인물로, 뒷날 메사추세츠 총독에까지 올랐다. 후세에까지 악명을 남긴 "세일럼 마녀 재판(Salem witch trials)" 당시의 총독이기도 했다. 윌리엄 핍스는 보물선을 탐사하기 위하여 잠수종을 만들었는데, 그 시점은 "1687년"으로 알려져 있다. "1682년"은 윌리엄 핍스가 처음으로 보물 탐사에 나선 시기다.
108 에드먼드 핼리(1656~1742)는 "핼리 혜성(Halley's Comet)"의 발견자로 잘 알려진 영국 천문학자다. 핼리는 매우 활동적인 인물이었는데, 세계 곳곳을 탐사하여 탐험가로도 명성이 높았다. 핼리가 새로운 잠수종을 완성한 것은 1691년 무렵의 일로 알려져 있는데, 이때 공기를 보충하는 장치를 만들고 창문을 설치했다고 한다. 이는 비교적 오랜 시간 동안 바다 속에 머물면서 관찰할 수 있도록 하기 위한 것이었다.

문신종問辰鐘

우리 경종 3년에 관상감(觀象監)에 명하여 문신종을 처음으로 만들게 했다. 이는 서양의 제도를 본뜬 것이었다[109]〔지금으로부터 187년 전〕.

109 "문신종"은 서양식 기계시계로, 정해진 시간에 소리를 내는 괘종시계 즉 자명종이었다. 《증보문헌비고》 권3에서는 "청나라에서 진하사(陳賀使) 편에 우리나라에 보내온 것인데, 관상감에 내려서 그 형식대로 만들게 한 것"이라고 설명한 바 있다. 중국과 일본에는 이보다 앞선 시기에 서양의 자명종이 전래되었는데, 인조 9년(1631)에는 명나라에 사신으로 간 정두원(鄭斗源, 1581~?)이 자명종을 구해온 바도 있었다. 그런데 경종 때의 "문신종" 이전에도, 중국이나 일본을 통해 전래된 자명종을 본떠서 조선에서 자명종을 제작한 일은 있었던 듯하다. 김육(堉堉, 1580~1658)이 "일본상인이 들여온 자명종을 보고 그 이치를 스스로 터득하여 자명종을 제작"한 밀양의 유흥발(劉興發)이라는 인물에 대해 이미 기록하고 있기 때문이다. 또 홍대용(洪大容, 1731~1783)은 29세 때인 1759년에 나주에서 나경적(羅景績)

이라는 인물이 만든 정밀한 자명종을 보았다고 했는데, 이를 통해 18세기 후반에 이르면 조선에서도 자체적으로 서양식 자명종을 만들 수 있었음을 짐작할 수 있다.

현미경顯微鏡

현미경은 1620년에 네덜란드 사람 코르넬리스 드레벨(Cornelis Jacobszoon Drebbel, 可涅利斯脫勒伯耳)이 발명했다.[110] 그 후에 영국인 후크(Robert Hooke, 福)가 개량했다.[111]

110 22장의 '온도계(寒暖表)' 항목에서는 "코르넬리스 드레벨(1572~1633)"의 이름이 "可耳涅利斯脫勒巴"로 표기되어 있다.

111 간행본에는 "氏福(가)"로, 원고본에는 "福(이)"로 표기되어 있다. 앞에서 후크를 "羅拔福"으로 표기한 점을 고려하면, 간행본의 "氏福가"는 "福氏가"를 잘못 인쇄한 것으로 추정된다.

망원경望遠鏡

망원경은 17세기 초에 이탈리아 사람 갈릴레이가 발명했다.[112]

무색망원경(無色望遠鏡)은 1757년에 영국의 안과의사 돌런드(Dollond, 多蘭)가 발명했다.[113]

112 갈릴레이를 망원경의 발명자라고 한 것은 잘못이다. 1608년에 네덜란드의 안경 제조업자인 리프세이(Hans Lipershey)의 두 아들이 우연히 두 개의 렌즈를 적당한 거리에 두면 먼 곳의 물체를 볼 수 있다는 사실을 발견하여 망원경을 제조한 바 있는데, 갈릴레이는 이 소식을 듣고서 이듬해인 1609년에 망원경을 만들었기 때문이다. 다만 망원경을 이용하여 천체를 관측한 최초의 인물은 갈릴레이라고 할 수 있다.

113 돌런드(1706~1761)는 의사가 아니며, 안경을 제조하다가 렌즈 등의 광학기기

를 제조하기에 이른 인물이다. 1750년대에 색수차가 없는 렌즈(achromatic lens)를 발명함으로써 굴절망원경 제조의 기초를 마련했다. 갈릴레이 망원경의 한계가 색수차에 있었으므로, 그의 발명은 갈릴레이 망원경의 문제점을 해결하는 데 도움을 주었다고 평가된다. 그런데 돌런드가 처음으로 이 렌즈를 발명한 것인지에 대해서는 논란이 있다. 돌런드가 특허를 얻은 것은 사실이지만, 이미 1729년에 홀(Chester Moore Hall, 1703~1771)이 렌즈를 발명했고 1733년에는 홀의 방식에 따라 배스(George Bass)가 렌즈를 제조한 바 있기 때문이다. 또 돌런드는 배스에게서 이 새로운 렌즈에 대해 들었고, 상업적인 가능성을 인식하고서 이를 다시 만들었던 것이라고도 한다.

천체 망원경〔天眼鏡〕

18세기 말에 프리드리히 허셸(Friedrich Herschel, 底倫哈化)이 처음으로 거대한 천체 망원경을 만들었는데, 곧 두 눈으로 먼 곳을 볼 수 있는 큰 망원경이었다.[114]

114 "저륜합화(底倫哈化)"라는 한자 표기가 어떻게 나타나게 되었는지는 분명하지 않지만, 서술된 내용으로 미루어보면 이는 허셸을 지칭한 것이 분명해 보인다. 프리드리히 허셸(1738~1822)은 독일 하노버 태생의 영국 천문학자로, 1774년 무렵부터 대형 망원경을 만들어 천체를 관측하기 시작했다. 그가 만든 망원경 가운데 가장 큰 것은 1789년에 완성한 구경 $49\frac{1}{2}$인치(1.26미터)에 초점거리(focal length) 40피트(12미터)의 반사망원경(reflecting telescope)이었는데, 이 망원경을 이용한 첫 관측에서 토성의 위성을 발견했다고 한다.

반사경反射鏡

반사경은 기원전 287년에 아르키메데스(Archimedes, 亞其美底斯)가 만들었다. 로마가 마르켈루스(Marcellus, 馬塞剌斯)를 대장으로 삼아 시칠리아(Sicily, 西西里)를 공격하여 그 수도를 포위했는데, 아르키메데스(亞其美)

가 금속으로 거대한 오목 반사경을 만들어서 광선이 소점(燒點)에 모이도록 했다. 여기에 태양광선을 받아서는 적의 군함을 맞추어 모두 태워버렸다고 한다.[115] 프랑스의 박물가(博物家)인 뷔퐁(Buffon, 布夫安)이 그 이야기의 진위를 가려내고자 했는데, 1747년에 볼록한 렌즈를 사용하여 실험을 했다. 그랬더니 먼 거리에서 나무 조각을 태워 없애고 납을 녹여버릴 수 있었다고 한다.[116]

115 아르키메데스(B.C. 287?~B.C. 212)는 로마 장군 마르켈루스(B.C. 268?~B.C. 208)가 대장이 되어 침입했던 2차 포에니 전쟁(B.C. 214~B.C. 211) 시기에 반사경을 만들었다고 알려져 있다. 따라서 "기원전 287년"이라고 한 것은 잘못이다. 아르키메데스의 생년(生年)과 혼동했을 가능성이 있다.

116 뷔퐁(1707~1788)은 프랑스의 박물학자이자 작가로, 총 44권에 달하는 《자연사(Histoire Naturelle)》(1748~1788)를 써서 출판했다. 뷔퐁은 1747년(또는 1740년)에 파리에서 아르키메데스의 반사경(burning glass)을 재현하는 실험을 했다고 한다. 뷔퐁과 같이 아르키메데스의 이야기를 재현하는 실험을 한 사람은 여럿 있었다고 전하는데, 6세기의 안테미오스나 13세기의 로저 베이컨 등이 그에 속한다.

각종 기기機器[117]

기원전 267년에 아르키메데스(Archimedes, 亞米克米底)가 처음으로 나사(螺絲)를 만들었는데, "아르키메데스(亞克米底)의 나사"라고 불렀다. 이로부터 세상에 성행했다.[118]

1752년에 백노리(伯努理)가 나선을 이용하여 배를 운행하는 이치를 추론했다.[119] 1630년에 란색(蘭塞)이 발명한 소화용 수차(水車)가 처음으로 특허를 받았다.[120] 1649년에 파스칼(Pascal, 保斯考爾)의 수력 기기(水力機器)가 처음으로 세상에서 사용되었다.[121] 1721년에 호란(好蘭)의 잠수 기기가 처음으로 세상에서 사용되었다.[122] 1752년에는 철을 제련하는 기기를 처음으로 만들었다.[123] 1790년에 부엘(Buell, 葡爾登)이 처음으로 주전기(鑄錢器)를 만들었다.[124] 1799년에 로베르(Robert, 勞卑)가 처음으로 종이 제조 기계를 만들었다.[125] 1809년에 디킨슨(John Dickinson, 翟根生)의 종이 제조 기계가 처음으로 사용되었다.[126] 1802년에 처음으로 양수기(揚水機)를 만들었다.[127] 1824년에는 뢰득(雷得)이 처음으로 바늘 제조 기계를 만들었다.[128] 1877년에 허친슨(Hutchison, 赫格)이 처음으로 보청기(聽微器)를 만들어서 청력을 돕도록 했는데, 이 기기를 사용하면 탁자 위에서 파리가 움직이는 소리가 길에서 말이 달리는 소리같이 들렸다고 한다.[129]

1879년에 발기(拔杞)가 처음으로 회성기(回聲器)를 만들었다. 1887년에 백사덕(柏史德)이 창희 기기(唱戲機器)를 만들었는데, 유성기(留聲機)와 방법은 다르나 결과는 한가지였다.[130] 1889년에 반금(潘金)이 "차갑게 만드는 기계(生寒器)"를 처음으로 만들었다.[131] 1825년에 로비(勞卑)가 처음으로 "저절로 가는 나무 노새(自行木騾)"를 만들었다.[132] 1828년에 나륵생(奈勒生)이 처음으로 "선풍로 기기(扇風爐機器)"를 만들었다.

117 이 항목에는 이미 다른 곳에서 언급한 사물의 기원이 다시 중복하여 거론된 예가 보이는데, 그 가운데는 한자 표기가 달라진 사례도 적지 않다. 편찬 과정에서 참고한 문헌이 여럿이었기 때문에 중복 여부나 표기의 통일성 등을 확인하지 못한 결과일 가능성이 있다.

118 "아르키메데스의 나사(Archimedes' screw)"에 대해서는 앞의 '펌프(喞筒)' 항목에서 "아르키메데스의 나선(亞其美底斯 螺旋)"으로 언급했다. 다만 '펌프' 항목에서는 "기원전 220년"의 일이라고 한 반면에, 여기서는 "기원전 267년"이라고 했다. 아르키메데스는 기원전 287년 무렵에 태어나서 기원전 212년에 세상을 떠난 것으로 추정되므로, "기원전 267년"은 20대 초반이 되고 "기원전 220년"은 60대 후반이 된다. 한편 인명 표기가 여기서만 달리 나타나는 점도 특이하다. 즉 다른 곳에서는 모두 "亞其美底斯"로 표기했고, 여기서만 "亞米克米底"와 "亞克米底"로 표기한 것이다. 항목 내에서의 표기가 달라진 점은 부자연스러운데, 이는 오기(誤記)로 볼 수 있을 듯하다. 즉 앞의 표기에서 "米"가 잘못 들어갔다고 보면, 두 표기는 "亞克米底"로 같아진다. 이때 "亞其美底斯"와 "亞克米底"의 차이는 크지 않은데,

"其"와 "克", "美"와 "米"의 음가가 유사하게 나타날 수 있기 때문이다. 또 "亞克米底"는 실수로 "亞克米底斯"에서 "斯(s)"를 누락시킨 것으로 이해될 수도 있다.

119 백노리가 어떤 인물인지는 분명하지 않다. "나선을 이용하여 배를 운행하는 이치(螺絲行船之理)"는 나선형 프로펠러(screw propeller)를 이용한 배의 운항 이치를 뜻하는 것으로 추정되는데, 기선이 외륜선에서 나선형 프로펠러선으로 바뀐 것은 19세기의 일이었다. 영국의 발명가인 프란시스 스미스(Francis Pettit Smith, 1808~1874)는 아르키메데스의 나선형 펌프 원리에 착안하여 프로펠러를 만들어 1836년에 특허를 얻었는데, 1839년에 건조한 최초의 나선형 프로펠러 기선에는 "아르키메데스 호(SS Archimedes)"라는 이름을 붙였다.

120 란색이 어떤 인물인지는 분명하지 않다. "집조(執照)"는 허가증을 뜻하는 말인데, 문맥을 고려하여 "특허"로 옮겼다. "구화기 수차(救火器水車)"는 소화용(消火用)의 수차(水車) 즉 "fire pump" 또는 "fire engine"을 뜻하는 것으로 추정된다. 고대 그리스에서 크테시비오스나 헤론이 소방펌프를 만들었음은 앞의 '펌프(喞筒)'와 '방화용 물 뿜는 용(防火用龍吐水)' 항목에 언급되어 있는데, 중세에 이르러서는 1518년에 아우스부르크(Augsburg)에서 그리고 1657년에 뉘른베르크(Nuremberg)에서 소방펌프를 사용했다는 이야기가 전한다. 특허에 관한 사항으로는, 영국의 존 로프팅(John Lofting, 1659~1742)이 1690년에 영국에서 얻은 특허가 가장 앞선 것으로 알려져 있다. 이후에 영국 출신의 발명가인 리차드 뉴스햄(Richard Newsham, ?~1743)이 1721년에 미국에서, 그리고 1725년에 영국에서 특허를 얻었다. "란색"이 이들 중의 한 사람일 가능성도 있지만, 생몰년과 특허를 얻은 시기가 "1630년"과는 거리가 있다.

121 "수력 기기(水力機器)"는 수압 프레스(hydraulic press)를 가리키는 것으로 추정된다. 파스칼(1623~1662)은 1653년 무렵에 유체의 압력에 대한 연구를 통해 "파스칼의 원리"를 발표했으며, 이 원리를 기반으로 하여 수압 프레스를 고안했다. 파스칼은 1648년에 "파스칼의 실험"을 성공시킨 이후부터 유체 압력에 대해 연구했다고 알려져 있는데, 그가 수압 프레스를 개발한 시점이 "1649년"인지는 분명하지 않다. 5장 과학의 '공기(火氣)' 항목에서는 파스칼의 이름이 "巴斯加耳"로 표기되어 있다.

122 호란이 어떤 인물인지는 분명하지 않지만, 영국의 천문학자인 핼리(Edmond Halley, 1656~1742)일 가능성이 있는 듯하다. "핼리 혜성"의 발견자로 널리 알려진 핼리는 탐험에도 깊은 관심을 보였는데, 1690년에 자신이 만든 잠수종(diving bell)을 이용하여 1시간 30분가량의 템스 강 잠수에 성공했다. 이후에 핼리는 4시간 동안 잠수할 수 있는 수준으로 자신의 잠수종을 개량했다고 한다. 22장의 '잠수종(diving bell, 泳氣鐘)' 항목에서는 핼리 이전의 잠수종에 대해서도 언급했으며, 핼리의 이름을 "哈利"로 표기한 바 있다.

123 "철을 제련하는 기기(鍊生鉄機器)"가 가리키는 바가 무엇인지는 분명하

지 않은데, 이는 다양한 방식의 제철이 1752년보다 훨씬 앞선 시기부터 이루어졌기 때문이다. 그렇지만 시기와 맥락을 고려하면 18세기의 영국에서 이루어진 몇 가지 진전 가운데 하나를 지칭하는 것일 듯하다. 도구의 측면에서는 반사로(reverberatory furnace, 反射爐)를 철에 적용한 일, 고로(blast furnace, 高爐) 즉 용광로를 사용한 일을 거론할 수 있으며, 기술의 측면에서는 1709년에 개발된 다비(Abraham Darby I, 1678~1717)의 코크스 체철법, 1740년대에 개발된 헌츠먼(Benjamin Huntsman, 1704~1776)의 도가니 제강법(crucible process), 1783년 무렵에 개발된 헨리 코트(Henry Cort, 1740~1800)의 교반법과 압연법을 생각해볼 수 있다. "1752년"이라는 시점을 고려하면, 이 가운데 헌츠먼이 활용한 도구인 도가니(crucible)나 방식인 도가니 제강법을 가리킨 언급일 가능성이 비교적 높은 듯하다.

124 아벨 부엘(1742~1822)은 청년기에 직접 만든 기계로 화폐를 위조하여 악명이 높았지만, 출옥한 뒤인 1765년에는 보다 정밀한 만든 주전 기계를 만들어서 특허를 얻었다. 이후 미국에서 정교한 지도를 제작하는 데 참여하기도 했다. 발명 시기를 "1790년"이라고 서술한 이유가 무엇인지는 분명하지 않다. 이보다 뒤인 1817~1830년 사이에는 독일의 디트리히 울혼(Dietrich Uhlhorn)이 평판 주전기(lever minting press)를 만들었다. "蒲爾登"(원고본) 또는 "蒲爾等"(간행본)으로 표기된 인명 표기의 차이를 제외하면, 15장 상업의 '화폐' 항목에 완전히 같은 내용이 나타난다. 음가 면에서는 세 가지 표기 사이에 큰 차이가 없는 것으로 보인다.

125 로베르(1761~1828)는 1799년에 연속된 종이(continuous paper)를 생산하는 기계를 개발하여 특허를 받았다. 로베르 이전에는 낱장의 종이를 만들 수 있을 뿐이었다.

126 영국의 존 디킨슨(1782~1869)은 1809년에 환망식 초지기(丸網式抄紙機)를 개발하여 이전의 장망식 초지기(長網式抄紙機)를 대체할 수 있도록 했다. "189년"은 "1809년"의 오기임이 분명하므로 고쳐서 옮긴다. 4장 문사(文事)의 '종이' 항목에 같은 내용이 보이는데, 연대는 1809년으로 표기되어 있다.

127 "추수하는 기계(抽水之器機)"는 양수기(揚水機, water lifting machinery)를 가리키는 것으로 추정된다. 원고본에는 "1812년"으로, 간행본에는 "1802년"으로 연대가 표기되어 있다. 어느 쪽이 옳은지는 분명하지 않다.

128 뢰득이 어떤 인물인지는 분명하지 않다. "조침기기(造針機器)"는 바늘을 만드는 기계로 풀이할 수 있을 듯한데, 정확한 것은 알 수 없다. 23장 기용의 '침(針)' 항목에서는 1543년에 영국에 바늘 만드는 회사가 설립된 일을 소개했다.

129 "청미기(聽微器)"는 "작은 소리를 들을 수 있게 하는 기계"라는 뜻이니, 곧 보청기로 풀이할 수 있다. 허친슨(1876~1944)은 미국의 전기 기술자다. 1895년에 최초의 전기적 보청기(electrical hearing aid)를 개발했으며, 1899년에 보다 발전된 모델로 특허를 획득했다. 그런데 "1877년"이라고 한 것은 허친슨의 활동 시기, 발명과 특허 시점이 맞지 않는다. 이는 단순한 오기—즉 "구(九)"를 "칠(七)"로 잘못 옮

긴 것—일 가능성이 크다. 그렇지만 1876년에 이루어진 벨(Alexander Graham Bell, 1847~1922)의 전화 발명과 연관시킨 자료를 참고하다가 혼동하여 서술한 것일 가능성도 생각해볼 수 있다. 즉 "1877년에 벨이 전화를 발명했고 1899년에 허친슨이 보청기를 발명했다."는 정도로 기술된 것을 요약하는 과정에서 이와 같은 형태가 나타난 것이라고 추론할 수 있는 것이다. 다만 "赫格"과 "알렉산더 그레이엄 벨" 사이에서 음가의 유사성을 발견하기는 어렵기 때문에, "赫格"이 "벨"일 가능성은 거의 없다고 판단된다. 또 앞의 '전화기' 항목에서는 에디슨을 발명자로 제시한 바 있다.

130 발기와 백사덕이 어떤 인물인지는 분명하지 않다. 회성기와 창희 기기가 무엇을 뜻하는지도 분명하지 않다. 다만 22장의 '축음기' 항목에서 축음기는 일명 "유성기"이며 에디슨이 발명했다고 서술한 점, 그리고 여기서 유성기와 "방법은 다르지만 결과는 같다(異曲同工)"고 서술한 점을 고려하면, 에디슨이나 유성기를 가리키는 것은 아닌 듯하다. 가능성이 있는 사례로는 독일 태생 미국 발명가 베를리너(Emil Berliner, 1851~1929)의 축음기 "Gramophone" 발명(1887)과 마이크 발명(1877), 독일 발명가 니프코브(Paul Julius Gottlieb Nipkow, 1860~1940)의 텔레비전 시스템 개발(1884) 정도를 들 수 있으며, 이 밖에 라디오의 발명자로 거론되는 다수의 인물들을 고려해볼 만하다.

131 반금(潘金)의 "차갑게 만드는 기계(生寒器)"가 뜻하는 바가 무엇인지는 분명하지 않으나, 시기는 맞지 않지만 퍼킨스(Jacob Perkins, 1766~1849)의 냉장고 발명(1834년)을 의미하는 것일 가능성이 있다. 22장의 '증기기(蒸氣機)' 항목에서는 "퍼킨스"를 "披京"으로 표기한 바 있는데, "潘金"이라는 표기도 가능할 것으로 보인다.

132 로비의 "저절로 가는 나무 노새(自行木騾)"가 무엇인지는 분명하지 않다. 앞에서는 종이 제조 기계의 발명자 "로베르"를 "로비(勞卑)"로 표기한 바 있지만, 로베르의 경력을 살펴보면 같은 인물은 아닌 것으로 보인다. "저절로 가는 나무 노새"는 내용상 "회전목마(merry-go-round: 영국, Carousel: 미국)"일 가능성도 있다. 회전목마는 기사들의 훈련 기구에서 유래한 것인데, 19세기 초에는 유럽의 축제에 구경거리로 등장했다고 한다. 1814년에는 독일 출신의 미국인 마이켈 던첼(Michael Dentzel)이 미국에 도입했고, 이후 자신의 가족들과 함께 회전목마를 본격적인 놀이기구로 변모시키는 사업을 했다고 한다. 목마를 아래위로 움직이도록 한 점, 말 이외의 다양한 동물 형상을 사용한 점 등이 그가 행한 변화의 대표적인 내용이다.

• 23장 •

기용

器用

도량형度量衡

《운급(雲笈)》에서는 "황제가 영윤(伶倫)으로 하여금 처음으로 저울(權衡)을 만들도록 했다"고 했다.[1] 이것이 도량(度量)의 시초다. 혹은 저울(秤)과 부피 재는 용기(斗)는 모두 신농씨가 만든 것이라고도 한다.

우리 조선 세종 때에 율려(律呂)를 바로잡으셨는데, 구리로 자를 주조하여서 여러 고을에 나누어 보관하게 했다. 뒤에 병란을 겪으면서 모두 유실되었는데, 오직 삼척군에만 남아 있었다. 영조 26년에 이를 가져오도록 명하셔서 척도(尺度)를 바로잡으셨다[2][지금으로부터 160년 전].

살피건대, 황종척(黃鐘尺)은 주척(周尺)으로 재면 길이가 1척 5촌이요, 영조척(營造尺)으로 재면 1척 1리요, 조례기척(造禮器尺)으로 재면 1척 1촌이다.[3]—우리나라의 주척은, 허조(許稠)가 진우량(陳友諒)의 아들 진리(陳理)의 집에 있던 주척과 원나라 때에 원사(院使) 벼슬을 한 김강(金剛)의 상아로 만든 주척, 그리고 《가례(家禮)》의 주척을 참고하여 바로잡은 것이다. 황종척으로 재면 6촌이요, 영조척으로 재면 6촌 6푼 3리요, 조례기척으로 재면 7촌 3푼이다.[4]

태황제 광무(光武) 6년에 도량형을 개정했다.

길이의 제도로는, 10호(毫)를 1리(釐)로, 10리를 1푼(分)으로, 10푼을 1촌(寸)으로, 10촌을 1척(尺)으로, 10척을 1장(丈)으로 했다. 1386척이 1리(里)가 된다. 태서의 척도로는, 1밀리미터(㎜, 美利米突)가 우리의 3리 3호와 같고, 10밀리미터가 1센티미터(㎝, 先知米突)이니 우리의 3푼 3리와 같고, 10센티가 1데시미터(dm, decimeter, 大始美突)이니 우리의 3촌 3푼과 같고, 10데시가 1미터(m, 米突)이니 우리의 3척 3촌과 같고, 10미터가 1데카미터(dam, decameter, 大可米突)이고, 10데카가 1헥토미터(hm, hectometer, 赫得米突)이다. 10헥토가 1킬로미터(㎞, 歧路米突)이니, 우리의 3300척과 같다.

부피(量)의 제도로는, 숙종 41년에 구리로 두(斗)와 곡(斛)을 주조하여 팔도에 나누어 보내셨다. 그 제도는 바닥은 넓고 아가리는 좁으며, 몸체가 작되 높이가 높은 것이었다.[5]

살피건대, 《속대전(續大典)》에서는 "여러 고을에서 사용하는 대곡(大斛)은 20말(斗)을 담을 수 있는데, 길이가 2척, 너비가 1척 1촌 2푼, 높이가 1척 7촌 2푼이다. 소곡(小斛)은 15말을 담을 수 있는데, 길이가 2척, 너비가 1척, 높이가 1척 4촌 7푼이다. 말(斗)은 길이와 너비가 각각 7촌이고 높이가 4촌이며, 되(升)는 길이가 4촌 9푼이고 깊이와 너비는 각각 2촌이다. 매년 추분(秋分)에 서울에서는 호조(戶曹)에서, 지방에서는 영(營)과 진(鎭)에서 공사(公私)에서 쓰는 두와 곡을 거둬 모아서 다시 비교하여 낙인(烙印)을 하고, 그 법식과 같지 아니한 경우에는 명령을 어긴 죄로 다스린다"고 했다.[6]

일본에서는 조메이 천황(舒明天皇) 12년에 처음으로 말(斗), 되(升), 근(斤), 냥(兩)을 정했다〔지금으로부터 1260년 전〕.

측량척(測量尺)은 10리가 1푼이요 10푼이 1주척—6촌 6푼—이다. 6척이 1보(步)이며, 10척이 1간(間)이며, 100척이 1련(鏈)이며, 2100척이 1리(里)—350보—이며, 30리가 1식(息)이다. 태서의 1미터는 우리의 5척과 같다. 땅의 면적을 재는 척도로는, 10작(勺)이 1합(合)이며, 10합이 1파(把)—5주척의 제곱—이며, 10파가 1속(束)이며, 10속이 1부(負)이며, 100부가 1결(結)이다. 태서의 1센티아르(centiare, 先知戛)는 우리의 1파이며, 100아르(a, 戛)는 1헥타아르(ha, 赫得戛)인데 우리의 1결에 해당한다.[7]

포백척(布帛尺)은 10푼이 1촌이 되며, 10촌이 1척—원척(原尺)의 1척 7촌과 같다—이 되며, 10척이 1장이 된다.

《구약전서》 창세기에는 "신이 노아에게 말하길, '—중략— 네가 소나무로 방주(方舟)를 만들되, 방주의 속에는 방을 만들고 안팎에는 역청(瀝青)을 칠하라. 네가 이와 같이 만들되, 방주의 길이는 300큐빗(cubit, 喬別)—1큐빗의 길이는 손목에서 팔꿈치까지와 같은데, 약 10피트 몇 인치라고 한다—, 너비는 10큐빗, 높이는 30큐빗이 되게 하라. 또 방주에는 빛이 들어올 창을 만들되, 마땅히 위에서 1큐빗 되는 곳에 만들어야 할 것이다'라고 했다"는 대목이 실려 있다.[8] 이로 보건대, 당시에 이미 척도가 있었을 것이다. 혹 그렇지 않았다면, 적어도 척도에 대한 생각은 있었을 것이다.

17세기에 프랑스의 천문학자 무통(Mouton, 孟頓)은 지구의 둘레를 측량하여 척도의 기초를 정했다.[9] 네덜란드의 하위헌스(Huygens, 海堅斯)가 추의 진동수로 척도의 길이를 정했으며, 점점 정밀해져 갔다.[10] 그 후 1793년에 이르러서 프랑스 정부가 지구의 둘레를 4000만 조각으로 나누고 그 1조각—즉 4000만 분의 1—에 "미터(米突)"라는 이름을 붙였다.[11] 척도량형(尺度量衡)이 모두 이로부터 계산되어 나왔다.

1　“권형(權衡)”은 곧 저울이다. 권(權)은 저울추를, 형(衡)은 저울대를 뜻하는 말이다. “운급”은 송나라 장군방(張君房)이 편찬한 도교 문헌인 《운급칠첨(雲級七籤)》이다. 《운급칠첨》에는 “영윤이 저울과 되를 만들었다(伶倫作權量)”라는 구절이 있는데, 그 아래에 “권(權)은 저울이며, 량(量)은 곧 되이다(權秤也, 量即斗斛也)”라는 주석이 붙어 있다.

2　21장 음악의 ‘음률’ 항목에 세종 때에 음률을 바르게 한 일에 대해 언급한 바 있는데, 《증보문헌비고》 악고(樂考)의 도량형(度量衡)에서는 이를 “기장으로 음률을 정했다(以黍定律)”고 표현했다. 음률의 기본 악기인 황종관(黃鐘管)의 길이가 곧 세종 때에 기준 척도로 삼은 “황종척(黃鐘尺)”의 기준이 되기 때문에, 음률을 바로잡아 황종관을 만든 일을 도량형의 첫머리에서 언급한 것이다. 유척기(兪拓基, 1691~1767)가 삼척에 세종 대의 자가 남아 있음을 아뢰고 이를 기준으로 척도를 바로잡기를 건의했는데, 이는 1740년(영조 16)의 일이다. 여기서는 《증보문헌비고》에 “영조 26년”으로 기록된 것을 인용했으리라고 추정되는데, “영조 16년”으로 수정하는 것이 옳다. 당시 삼척에 남아 있던 자는 곧 포백척(布帛尺)이었다.

3　“황종척”은 음률의 기본악기인 황종관의 길이를 기준으로 삼은 자로, 세종 때에 도량형의 기본 단위가 되었다. “주척”은 주나라 때의 자를 뜻하는데, 토지나 도로의 측정에 사용되었다. “영조척”은 목수들이 쓰는 자로, 목척(木尺)이라고도 한다. “조례기척”은 각종 예기(禮器)를 제작할 때에 사용한 자다. 이 밖에 조선에서는 의복을 재단하거나 직물을 잴 때 쓰는 바느질자인 포백척도 사용했다.

4　허조(1369~1439)는 고려 말 조선 초의 문신으로, 예악제도를 정비하는 데 중요한 역할을 했다. 1393년(태조 2)에는 주척을 조정에 올렸는데, 그가 참고로 한 것은 세 가지였다. 첫째는 진리(陳理)의 가묘(家廟)에 있던 신주의 규격이었는데, 진리는 원나라 말기에 반란을 일으켜 대한(大漢)을 세웠다가 전사한 진우량(1316~1363)의 아들이다. 둘째는 의랑(議郎) 강천주(姜天霔)의 집에서 구한 종이로 만든 주척이었는데, 이는 강천주의 부친이 원나라의 원사(院使) 김강(金剛)이 소장한 상아로 만든 주척에서 유래한 것이었다. 셋째는 《주자가례(朱子家禮)》에 붙은 반시거(潘時擧)의 주석 내용이었다. 당시 주척이 기준 척도로서의 역할을 했기 때문에, 정확한 주척의 확정이 시급했던 것이다.

5　부피를 재는 두(斗)와 곡(斛)의 모양은 일정하지 않았는데, 1715년(숙종 41)에 구리로 두와 곡을 만들어서 표준으로 삼도록 하였다. 그 모양을 “바닥은 넓고 아가리는 좁으며, 몸체가 작되 높이가 높다(底闊口殺, 體小而高)”고 규정한 것은 고봉(高捧, 곡식을 되질할 때 그릇의 위로 수북하게 담는 방법)의 폐단을 방지하기 위해서였다고 한다.

6　《속대전》에서는 “여러 관청(各司)”을 여러 고을과 함께 언급했고, “낙인의 혼

적이 분명하지 않은 경우(印跡不明者)"도 처벌의 예에 포함시켰다. 인용하는 과정에서 실수로 누락된 것으로 보인다.

7 일본 도량형의 기원을 언급한 뒤에 그 주석처럼 측량척과 포백척에 대해 서술했지만, 이는 조선의 사례를 말한 것이다. 일본에서의 도량형 제정에 대한 서술을 측량척과 포백척보다 뒤에 하는 것이 서술 순서상으로는 자연스러워 보이는데, 이와 같이 한 이유가 무엇인지는 분명하지 않다. 한편 《증보문헌비고》 권91에는 이와 거의 유사한 서술이 보이는데, 누락된 부분이 있다. 태서의 측량척에 대한 서술에서 "100센티아르는 1아르인데, 우리의 1부에 해당한다(百先知戞爲戞, 當我一負)"는 문장이 그것이다. 또 간행본의 "戞爲赫得戞"에서 "戞"는 명백한 오자이므로, 원고본에 따라 "戞"로 고쳐서 옮긴다.

8 《구약전서》 창세기 6장에서 인용한 것이다. "소나무(松木)"는 "고퍼 나무(gopher wood)"를 번역한 것인데, 고퍼 나무는 소나무, 전나무, 회양목, 흑단(ebony) 등으로 풀이된 바가 있지만 정확히 어떤 나무인지는 알려져 있지 않다. "역청(bitumen)"은 천연산의 고체, 반고체, 액체, 기체의 탄화수소 화합물을 일컫는 말이며, 넓게는 석유, 천연가스, 석탄이나 그 가공물을 뜻한다. 배의 방수를 위해 사용되었다고 알려져 있다. 26장 식물에 '역청' 항목이 있다. "큐빗(cubit)"은 고대 이집트 등에서 사용한 길이의 단위로 시대나 지역에 따라 다소 차이가 있었다. 가운뎃손가락 끝에서 팔꿈치까지의 길이를 기준으로 하는데, 대략 17~21인치에 해당한다. 즉 1큐빗은 1피트 5~9인치 정도인 셈이다. 따라서 "큐빗"에 대해 풀이한 주석에서 "서양 척도로 10척 몇 촌이다(英尺十尺英寸)"라 한 데는 오류가 있는 것으로 볼 수 있다. "인치(英寸)" 앞에 적절한 숫자를 보충한다 하더라도 "10피트 몇 인치"가 되는데, 1큐빗이 "10피트 몇 인치"는 아니기 때문이다. 또 방주의 너비로 제시한 "10큐빗"도 "50큐빗"의 오기가 분명한데, 인용 과정에서 "오(五)"자가 누락된 듯하다.

9 무통(1618~1694)은 1670년에 쓴 책(*Observationes diametrorum solis et lunae apparentium*)에서 지구의 둘레를 기반으로 하며 십진법을 활용하는 방식으로 표준 척도를 정할 것을 주장했다. 그러나 영국의 자연철학자인 윌킨스(John Wilkins, 1614~1672)가 이보다 2년 앞선 1668년에 십진법과 자연 현상을 기초로 한 표준 척도법을 제안한 바 있어서, 미터법의 기원을 어디에서 찾을지에 대해서는 논란이 있다.

10 22장 기계의 '기압계' 항목에서는 하위헌스(1629~1695)의 한자 표기가 "係堅斯"로 되어 있다.

11 프랑스에서 "미터" 단위를 설정하기 위해 지구 둘레의 측량에 나선 것은 1792년이며, 공식적으로 미터법을 국가 표준으로 정하는 법령을 공포한 것은 1799년 6월이다. 지구의 실측과 데이터의 정리에 약 7년이 걸린 셈이다. 당시 측량에 나섰던 사람은 장 바티스트 조제프 들랑브르(Jean Baptiste Joseph Delambre, 1749~1822)와 피에르 프랑수아 앙드레 메셍(Pierre Francois Andre Mechain, 1744~1804)이다.

옥새와 인장〔璽印〕

《춘추 운두추(春秋運斗樞)》에서는 "황제 때에 누런 용이 그림을 지고 나왔다. 그 가운데 도장(璽章)이 있었는데 글귀는 '천왕부새(天王符璽)'였다"라고 했다.[12] 이것이 옥새(符璽)의 시초다.

중국의 삼대에는 모두 금, 은, 구리, 무소뿔, 상아로 사방 1촌의 옥새를 만들었다. 그러다가 진나라 시황제가 남전산(藍田山)의 옥을 캐서 전국새(傳國璽)를 처음으로 만들어서 이사(李斯)의 전서 글씨를 새겼는데, 그 글귀는 "수명어천 기수영창(受命於天, 旣壽永昌)"의 여덟 글자였다[13]〔지금으로부터 2150년 전〕. 진나라, 한나라 이후로 역대의 제왕이 대대로 이어 전했다.

인장(印)에 대해서는, 《습유기》에서 "하나라 우임금이 홍수를 다스릴 때에 검은 거북이 나타났는데, 그 턱 아래에 인문(印文)이 있었다. 그 글자가 모두 옛 문자였다〔지금으로부터 4063년 전〕. 마침내 청니(青泥)로 도장을 사용했다"고 했으니, 인장(印章)의 법이 여기에서 비롯되었다.[14]

신라 남해왕 15년에 북명(北溟) 사람이 밭을 갈다가 예왕(濊王)의 인장을 구하여 바쳤는데〔지금으로부터 1890년 전〕, 아마도 옛날 예국(濊國)의 터였을 것이다.[15] 문무왕 15년에는 구리 인장을 주조하여 처음으로 관청과 고을에 나누어주었다〔지금으로부터 1126년 전〕.

고구려 태무신왕 5년에 부여를 공격하다가 이물림(利勿林)에서 금으로 된 옥새를 얻었는데, 절하고 받으면서 "하늘이 내리신 것이다"라고 했다. 이것이 인새(印璽)의 시초다[16]〔지금으로부터 1890년 전〕. 공험진(公嶮鎭)에서 어떤 사람이 땅을 파다가 구리 인장을 얻었는데, "광주방어지인(匡州防禦之印)"이라는 인문이 있었다고 한다. 아마도 옛날 발해의 인장이었을 것

이다.[17]

영조 14년에 강원감사가 옛 인장 하나를 바치면서 "원주의 백성이 밭 두둑에서 얻은 것"이라 했는데, "동첨대종정사인(同簽大宗正事印)"이라는 인문이 있고 뒷면에는 '천성(天成)'—후당(後唐) 명종의 연호인데, 어떤 이는 이 인장이 신라왕의 것이라고도 한다—이라고 새겨져 있었다.[18]—또 영조 21년에는 창성부(昌城府)의 백성이 밭을 갈다가 옛 인장 하나를 얻었는데, 위에는 '만년(萬年)'이라는 글자가 새겨져 있었다. 정묘년 난리에 부사 김시약(金時若)이 전사할 때 잃어버린 것으로 여겨져서, 감사 이종성(李宗城)이 창성부에 내려보내서 보관하도록 했다.[19] 또 23년에는 진주의 강변에서 옛 인장 하나를 얻었는데, "경상우도병마절도사인(慶尙右道兵馬節度使印)"이라 새겨져 있었다. 아마도 계사년에 우병사 최경회(崔慶會)가 품에 품었다가 강에 던졌던 인장인 듯했다. 병영에 보관하도록 명했다.[20]

일본에서는 몬무 천황 대보 2년에 처음으로 제국인(諸國印)을 주조했다〔지금으로부터 1200년 전〕.

유럽에서는 고대에 밀랍 도장을 사용했다. 처음에는 천연색의 밀랍—곧 봉랍(封蠟)이다—을 사용했는데, 뒤에는 청(靑), 적(赤), 녹(綠), 흑(黑) 등의 색을 사용했다. 또 밀랍의 표면이나 칠(漆)의 표면에 찍어서, 함봉(緘封)의 표지로 삼았다.[21]

12 《춘추 운두추》를 인용한 책 가운데는 옥새의 글귀를 "천황부새(天黃符璽)"나 "천황부새(天皇符璽)"로 기록한 데도 있다.

13 간행본에는 "受名於天"이라고 되어 있으나, '名'은 '命'의 오기다. 원고본에 따라 '命'으로 옮긴다. 글귀의 뜻은 "하늘로부터 명(命)을 받았으니 오래오래 창성하리라"로 풀이할 수 있다.

14 《습유기》의 내용을 요약한 것인데, 문맥이 잘 통하지는 않는다. 《습유기》 권2

에 의하면, 우임금이 홍수를 다스릴 때 누런 용이 앞에서 꼬리를 끌고 나오고 검은 거북이 뒤에서 청니를 등에 지고 나왔다고 한다. 검은 거북의 턱 아래에는 도장이 있었는데, 옛날의 전서 글씨〔古篆〕로 "구주산천(九州山川)"이라는 글귀가 새겨져 있었다. 우임금이 치수하느라 뚫은 곳에다가 모두 청니를 이용하여 봉하고 표시했는데, 검은 거북으로 하여금 그 위에 도장을 찍도록 했다고 한다. "청니"는 문서나 기물을 봉할 때 사용한 푸른 점토다.

15 《삼국사기》 신라본기와 《증보문헌비고》 예고(禮考)에는 모두 "남해왕 16년"의 일로 기록되어 있다. 여기서는 즉위년을 제외하여 "남해왕 15년"으로 옮긴 것으로 추정된다. 모두 "서기 19년"에 해당한다. "아마도 옛날 예국의 터였을 것이다(盖古濊國의 墟라)"는 추정은 장지연이 덧붙인 것으로 보인다. 이어지는 문무왕 때의 일 또한 《삼국사기》 신라본기와 《증보문헌비고》 예고에 보이는데, 연대를 고치지는 않았다.

16 "태무신왕"은 곧 대무신왕(大武神王)이다. 《증보문헌비고》 예고에는 대무신왕 5년의 일로 기록되어 있지만, 《삼국사기》 고구려본기에는 대무신왕 4년 12월의 일로 기록되어 있다. 《삼국사기》에는 대무신왕 4년 12월에 왕이 부여를 공격하러 나섰다가 기인한 물건과 인물을 얻은 일들이 기록되어 있는데, 이 가운데 하나가 곧 금으로 된 옥새를 얻은 일이다. 왕이 이물림에서 진을 치고 잘 때 밖에서 쇳소리가 났는데, 날이 밝아서 찾아보게 했더니 금으로 만든 옥새와 병기를 얻을 수 있었다고 한다. 대무신왕은 이보다 앞서 비류수 가에서는 기이한 솥을 발견했으며, 행군하면서 북명 사람 괴유(怪由)와 적곡 사람 마로(麻盧)를 얻었다고 한다.

17 《증보문헌비고》에서는 《대동운부군옥(大東韻府群玉)》을 인용하여 '광주방어지인'의 인장을 얻은 경위를 서술하면서, '고려의 새인(璽印)'으로 다루었다. 《세종실록 지리지》의 '경원 도호부(慶源都護府)'에는 보다 자세한 서술이 보인다. 이에 따르면, 고려 때 윤관(尹瓘)이 경원 땅에서 오랑캐를 몰아내고 공험진(公險鎭)을 설치했고, 조선 태조 7년에 이곳을 경원 도호부로 승격시키면서 성을 쌓기 위해 땅을 파다가 "광주방어지인"의 구리 인장을 발견했다고 한다. 한편 경원은 원래 "공주(孔州)"로 불렸는데, 이 인장이 발견된 후로부터 "광주(匡州)"라는 별칭을 얻었다고도 한다. 장지연이 이를 "발해의 인장"으로 추정한 이유가 무엇인지는 분명하지 않다.

18 영조 때 발굴된 세 가지 인장에 대해서는 모두 《증보문헌비고》 예고에 서술되어 있다. "천성(天成)"은 926년(경애왕 3)~929년(경순왕 3)에 사용된 연호다. 《증보문헌비고》에서는 그 아래에 "곧 후당 명종의 연호로, 신라 경애왕 3년이다"라는 주석을 붙였다.

19 《증보문헌비고》에는 영조 21년에 발견된 인장의 글씨가 "만력 몇 년(萬曆幾年)"이라고 기록되어 있다. 따라서 여기서 제시한 "만년(萬年)"은 두 글자가 빠진 것이다. "만력"은 곧 명나라 신종의 연호다. 김시약(?~1627)은 정묘호란 때 창성

을 지키다가 두 아들과 함께 포로가 되어 죽임을 당했다.

20 최경회(1532~1593)는 진주성 전투에서 전사했다. 진주에서 얻은 옛 인장의 뒷면에는 "만력 10년 3월에 만들었으며 4월 11일부터 사용한다(萬曆十年三月日造來, 四月十一日爲始行用)"는 글귀가 새겨져 있었다고 한다. 만력 10년은 곧 1582년이다. 영조가 구리 상자에 그 인장을 넣게 하고 직접 어명(御銘)과 소서(小序)를 써서 그 일을 기록했으며, 병영에 보관해두도록 명했다고 한다. 원문의 "崔慶會의 抱印投江흔 者라"는 말은 다소 불분명한데, 《증보문헌비고》에서 "품에 품었다가 강에 던졌다(會抱而投江)"고 한 것을 참고하여 풀이한다.

21 "함봉"은 편지나 문서 등의 겉봉을 봉하는 일을 뜻하는 말이다. 니시무라 시게키의 《서국사물기원》을 참고하면 "또 밀랍의" 이하의 마지막 문장은 중고(中古) 이후에 대한 서술로 볼 수 있는데, 여기서는 구별하지 않고 서술했다. "곧 봉랍이다(卽封蠟)"라는 주석은 간행본에만 보인다. "녹(綠)"은 간행본에는 "연(緣)"으로 되어 있으나, 원고본에 따라 고쳐서 옮긴다.

홀笏 부附 규圭

은나라 때에 처음으로 나타났다. 천자는 주옥(珠玉), 후(侯)와 공(公)은 상아, 대부는 어수(魚鬚), 사(士)는 죽찰(竹札)을 사용했다.[22] 우리 조선 중엽에는 강릉 사람 이유근(李有根)의 집안 선대에 우물을 치다가 옛날의 홀 하나를 얻은 일이 있었다. 검은 옥돌로 만들었는데, 길이가 짧고 폭이 좁으며 위에는 "기자홀(箕子笏)"이라고 새겨져 있었다. 양양(襄陽)의 문관 최규태(崔逵泰)가 판서 이덕수(李德壽)에게 싸서 보냈으며, 궁궐에까지 들어가게 되었다.[23]

영조 18년에 어떤 사람이 평양의 땅속에서 옛날 규(圭)를 얻었는데, 이를 바치면서 "이것은 기자(箕子)의 규입니다"라고 했다. 임금이 경연에 참여한 관리들에게 하문하시니, 모두 "이 규는 청색이니, 기자의 규가 아닙니다"라고 답했다. 임금이 말하기를, "옳다. 이는 명나라 고제(高帝)가 우리나라에 증여한 것인데, 임진년에 서쪽 땅으로 가셨을 때에 잃어버린 것이다"라고 했다—또 17년에는 양양의 문관 최규태가 푸른 옥으로 만든 규를 우의정 조현명(趙顯命)에게 보내면서, "임진란 때 진을 쳤던 강릉 땅에서 이 규를 얻었습니다"라고 했다.[24]

22 홀은 벼슬아치가 조복(朝服), 제복(祭服), 공복(公服) 차림을 했을 때 손에 쥐는 수판(手板)이다. "어수"는 어수(魚須)라고도 쓰는데, 상어의 수염을 뜻하는 말이다. 대부의 홀을 이것으로 장식했기 때문에, 대부의 홀을 가리키는 말로도 통용된다. 천자는 주옥으로 만든 홀을 쓰고, 후나 공은 상아로 만든 홀을 쓰고, 대부는 상어 수염 문양으로 장식한 나무 홀을 쓰고, 사는 별도의 장식이 없이 대나무로 만든 홀을 쓴다는 뜻으로 풀이할 수 있다. 우리나라에서는 4품관까지는 상아로 만든 홀을, 5품관 이하는 나무로 만든 홀을 들었다.

23 이유근의 집안에 대대로 전해지던 검은 옥홀이 궁궐에까지 들어가게 된 일을 서술한 것이다. 우물을 친 일(浚井)은 이유근의 조상 때에 있었던 일이다. "길이가 짧고 폭이 좁다(短且狹)"는 것은 보통의 홀과는 모양이 달랐다는 말이다. 최규태는 이유근의 집을 찾아가서 서(序)를 짓고 봉하여서 판서 이덕수에게 보냈으며, 결국 궁궐에까지 들어가게 되었다고 한다.

24 여기에 언급된 두 사건은 모두 《증보문헌비고》 권79에 보인다. 경연에 참여한 관리들은 은나라에서는 검은색을 숭상했기 때문에 기자의 규는 검은색일 것이라고 했으며, 영조도 그 말을 옳게 여겼다고 한다. "서수(西狩)"는 임금이 서쪽으로 순수(巡狩)한다는 말이니, 곧 임진란 때 선조가 서울을 버리고 서쪽으로 피란한 사건을 가리킨다.

병부 兵符

병부에 대해서는, 황제 때 현녀(玄女)가 병부를 주고 치우(蚩尤)를 정벌하게 했다고 하니, 이것이 병부의 시초다.[25] 삼대에는 옥을 사용했고, 한나라에서는 금속, 대나무, 명주를 사용했다. 또 동호부(銅虎符)는 군사를 징발하는 병부인데, 한나라에서 비롯되었다.[26]

25 《산당사고(山堂肆考)》에서 《용어하도(龍魚河圖)》를 인용한 부분에 이에 대한

내용이 보인다. 황제가 치우의 형제 81인을 막을 수 없어서 탄식했는데, 하늘에서 현녀를 내려보내서 황제에게 병부를 전하게 했다. 이로 인해 결국 황제가 치우를 복속시킬 수 있었다고 한다. "현녀"는 "구천현녀(九天玄女)"라고도 하는데, 황제에게 병법을 가르쳐준 스승으로 일컬어지기도 한다.

26 동호부는 구리로 범의 형상을 새긴 부절(符節)이다. "병부"를 호부(虎符)라고 부르기도 하는데, 이는 범의 형상을 새겼기 때문이다. 따라서 동호부는 곧 구리로 만든 병부인 셈이다. 우리나라에서는 병부의 한쪽 면에 "발병(發兵)", 다른 면에 "모도 관찰사(某道觀察使)" 등을 써서 반으로 쪼개어 보관하게 했는데, 군사를 동원할 때는 장수에게 중앙에 보관해둔 왼쪽 병부(左符)를 가지고 가서 군사가 있는 곳에 보관해둔 오른쪽 병부(右符)와 맞추어보도록 했다. 두 쪽이 맞아야 그곳에 있던 군사를 동원할 수 있었다.

인장과 인끈[章綬]

장(章)에 대해서는, 옛날에 작위와 품계에 따라 규장(圭章)을 패용했으니, 오늘날의 훈장(勳章)은 곧 그 유제(遺制)다. 옛 시에서는 "황금 인장과 붉은 인끈(金章紫綬)"이라 했는데, 수(綬)는 인장을 패용하는 데 쓰는 인끈이다. 그 길이와 색채는 품계에 따라 각기 다른데, 주나라 때에 비롯되었다.[27]

27 옛 시(古詩)가 어떤 작품을 가리키는 것인지는 분명하지 않다. 이백의 시를 비롯하여 많은 작품에 "金章紫綬"의 구절이 보이기 때문이다. 위진(魏晉) 이래로 광록대부(光祿大夫)에게는 "은 인장과 청색 인끈(銀印青綬)"이 내려졌는데, 이보다 높은 이에게는 "황금 인장과 붉은 인끈(金章紫綬)"이 내려졌다. 이를 "금자광록대부(金紫光祿大夫)"라고 칭했다고 한다.

거울[鏡] 부附 경대鏡臺

《잠확유서(潛確類書)》에 "황제가 금을 녹여서 처음으로 거울을 만들었다"

고 했다. 이것이 거울의 시초다.[28] 《천중기》에서는 "순임금의 신하 윤수(尹壽)가 처음으로 거울을 만들었다"고 했다.[29]

경대는 위나라 무제 때에 처음 나타났다[30](지금으로부터 1690년 전).

우리 조선 선조 때에 평양 사람이 우물을 파다가 오래된 구리거울 하나를 얻었는데, 그 위쪽에 전서 글씨가 있었다. 동(東), 왕(王), 수(壽) 등의 글자가 보였기 때문에, 세상에서는 "기자경(箕子鏡)"이라고 일컬었다.

일본에서는 아마테라스 오오가미(天照大神)가 거울(八尺鏡), 칼(天叢雲劒), 옥구슬(八尺瓊曲玉)을 황손에게 전해주었는데, 대대로 이 삼종신기(三種神器)를 보배로 여겼다. 기원전 2000여 년 무렵의 먼 옛날에 있었던 일이다.—살피건대, 12대 게이코 천황의 둘째 황자인 야마토 다케루(日本武尊)가 동이(東夷)를 토벌할 때에, 도적이 황야에서 불을 놓자 황자가 칼을 뽑아서 풀을 베었다고 한다. 그런 까닭에 천총운검은 일명 "초치검(草薙劍)"이라고도 한다.[31]

서양에서는 기원전 200년 무렵에 처음으로 거울이 나타났다. 그렇지만 큰 거울은 1688년에 프랑스 사람 아브라함 데바르(Abraham Thevart, 亞布剌罕德華耳)가 처음으로 만들었다.[32]

《광학편(廣學編)》에서는 "옛날의 거울은 모두 갈아서 빛을 낸 금속으로 만들었다. 1300년에 이탈리아 베네치아(Venezia, 威尼斯)—'문니사(文尼斯)'로 쓰기도 한다— 사람이 처음으로 유리 거울을 만들었다"고 했다.

28 《잠확유서》에서는 "옛날에 황제가 금을 녹여서 신물(神物)을 만들었는데, 이때 만든 거울이 열다섯이었다. 음양의 정기를 모아서 천지의 오오의 수를 취했다. 그런 까닭에 해와 달의 밝음과 합치하고 귀신과 뜻을 통하여서 도깨비를 막고 질병을 치유할 수 있었다(昔黃帝氏液金以作神物, 於是爲鑑, 凡十有五. 采陰陽之精, 以取乾坤五五之數. 故能與日月合其明, 與鬼神通其意, 以防魑魅, 以整疾病)"고 했다.

29 《천중기》는 명나라의 진요문(陳耀文)이 편찬한 책이다. 《천중기》에 "윤수가

거울을 만들었다(尹壽作鏡)"는 구절이 보이지만, 이는 원래 《현중기(玄中記)》에서 인용한 것이다. 《사물기원》이나 《태평어람》 등에서도 모두 《현중기》에서 이 구절을 인용했다. 다만 《어정연감유함》에서는 《천중기》에 "순의 신하 윤수가 거울을 만들었다(舜臣尹壽鑄鏡)"는 말이 있다고 했다. 《천중기》에는 윤수(尹壽)를 순의 신하라고 한 구절은 없는 듯하며, 요임금이 윤수에게 배웠다거나 순임금이 윤수에게 배웠다는 등의 말이 보인다.

30 "조위(曹魏)"는 곧 조씨 성의 왕이 있는 위나라니, 곧 삼국시대의 위나라다. 위나라의 무제(武帝)는 곧 조조(曹操)다.

31 원고본에는 오다 쇼고(小田省吳, 1871~1953)의 의견을 쓴 쪽지가 붙어 있다. 그 내용은 "삼종신기"에 대해 설명하면서 이를 자세히 서술해줄 것을 요청한 것인데, 장지연은 이를 반영하여 초고를 수정한 것으로 보인다. 다만 원래의 원고 위에 수정 원고를 쓴 종이를 덧붙였기 때문에, 초고의 정확한 내용은 확인되지 않는다. "팔척경(八尺鏡)"은 8자 크기의 거울이라는 뜻이다. "삼종신기"는 세 가지의 신이한 기물이라는 뜻이다.

32 아브라함 데바르는 1688년에 판유리(plate glass)의 제조법을 개발했다. 이전의 공법으로는 작은 유리밖에 생산할 수 없었지만, 데바르가 액화유리를 압연하여 냉각 상태에서 연마하는 기술을 개발하면서 대형 유리의 생산이 가능하게 되었다. 장 콜베르(Jean-Baptiste Colbert)가 세운 관영 유리 및 거울 생산 업체의 발전은 이 기술 덕분이었다고 하는데, 이 공장이 곧 프랑스 기업 생고뱅(Saint-Gobain)의 전신이다. 그런데 유럽의 거울에 대한 이 부분의 서술은, 원고본에는 보이지 않는다. 검열을 위한 원고를 제출한 이후 새로 찾은 자료를 바탕으로 추가로 서술했을 것으로 추정되지만, 일본의 거울에 대한 수정 원고를 덧붙일 때 초고의 일부를 가리면서 이 부분이 없었던 것처럼 보이게 되었을 가능성도 있다.

칠기漆器

칠기는 하나라 우임금이 처음으로 만들었다. 혹은 순임금이 처음으로 식기(食器)에다 칠(漆)을 입혔다고도 한다.

다리미〔熨斗〕

다리미는 화두(火斗)다. 《제왕세기》에서는 "은나라 주임금이 커다란 다리미를 처음으로 만들어서 포락(炮烙)의 형벌을 행했다"고 했다〔지금으로부터 3020년 전〕. 한나라의 동탁(董卓)은 구리로 만든 사람(銅人) 10개를 파괴하여 소전(小錢)과 울두(熨斗)를 만들었다.[33]

33 이 항목의 내용은 《태평어람》에 모두 보인다. 한나라 복건(服虔)의 《통속문(通俗文)》에 "화두를 울(熨)이라 한다"는 말이 있는데, 서두의 내용은 이를 옮긴 것이다. "화두"란 불을 담아놓은 국자(斗) 모양의 용기라는 의미다. "포락(炮烙)"은 불로 지지는 형벌이다. 《제왕세기》에서는 은나라의 주임금이 중형을 내릴 때 큰 다리미를 만들어서 포락의 형벌을 가했는데, 달기(妲己)와 함께 이를 즐겼다고 했다. 《태평어람》에 의하면, 마지막 부분은 《삼보고사(三輔故事)》를 인용한 것이 된다. 《후한서》를 비롯한 다수의 문헌에서는 동탁의 소전(小錢)에 대한 보다 자세한 기록을 찾을 수 있다. 이에 따르면, 동탁은 낙양을 장악한 뒤에 진시황이 만들었던 동인(銅人)을 비롯하여 많은 물품을 파괴하여 작은 주화를 만들었다고 한다. 동탁이 만든 작은 주화(小錢)는 화폐로서의 가치가 낮았을 뿐 아니라, 글자와 윤곽도 제대로 갖춰지지 않은(無文章輪廓) 조악한 것이었다고 한다.

조반澡盤 — 지금은 "대야〔臺匜〕"라고 일컫는다.

조반은 얼굴을 씻는 그릇이다. 《의례》에 "조계(阼階)에 씻는 곳을 마련한다"고 한 것이 곧 이것이다.[34]

34 "조계"는 의례를 베풀 때 주인이 손님을 맞는 동쪽 섬돌이다.

장帳, 유帷, 막幕, 만幔, 위幃, 악幄[35]

《삼보구사(三輔舊事)》에서는 "연나라 태자 단(丹)이 '진시황이 고점리(高點離)를 휘장(帳) 속에 두었다'고 말했다"고 했다.[36] 이것이 장(帳)의 시초다. 유(帷)와 막(幕)에 대해서는, 《귀장(歸藏)》에서 "여와(女媧)가 운막(雲幕)을 펼쳤다"고 했고[37]〔지금으로부터 5200년 전〕, 《좌전》에서 "집에 장막(帷)을 치고서 곡을 했다"고 했다.[38] 이것이 유막(帷幕)의 시초다. 옆을 막은 것을 "유(帷)"라 하고, 위를 막은 것을 "막(幕)"이라 한다.[39] 넓게 펼친 것을 "장(帳)"이라 하니, 유(帷)와 장(帳)은 한가지다.

만(幔)은 가리는 휘장이니, 거만(車幔)이나 선만(船幔)의 부류다.[40] 한 겹인 것을 "위(幃)"라 하고, 여러 겹인 것을 "악(幄)"—큰 휘장(帳)을 "악(幄)"이라 한다—이라 한다.

35 여기에 나열한 글자는 모두 휘장의 의미로 풀이할 수 있다.

36 고점리를 휘장 안에 두었다는 고사는 《어정연감유함(御定淵鑑類函)》과 《태평어람》에 보인다. 《어정연감유함》에서는 《삼보구사(三輔舊事)》를 인용했다고 밝혔고, 《태평어람》에서는 인용처를 밝히지 않았다. 두 곳에서 모두 "연나라 태자 단이 '진시황이 고점리를 휘장 속에 두고 축을 연주하게 한다'고 말했다(燕丹太子曰, 秦始皇置高漸離於帳中擊筑)"고 했다. 그런데 《사기》 자객열전(刺客列傳) 등에는 이와 같은 구절이 보이지 않는다.

37 "운막"은 구름처럼 가볍고 부드러운 장막이라는 의미다. 여와는 운막을 펼치고 점을 쳤다고 한다. 《귀장》 계서(啟筮) 편의 구절이다.

38 《좌전》 문공 15년 조에서 인용한 것이다. 원문은 "帷堂而哭"인데, 시신을 안치한 곳(堂)에 장막을 치고서 곡을 했다는 뜻이다.

39 《설문해자》에 "옆에 있는 것을 '유'라 하고, 위에 있는 것을 '막'이라 한다(在房曰帷, 在上曰幕)"는 구절이 있다. 간행본의 "房"은 "旁"의 오자다. 원고본에 따라 고쳐서 옮긴다.

40 "거만"은 수레를 가리는 휘장으로 헌(幰)이라고도 한다. "선만"은 배를 가리는 휘장이다.

병풍〔屛幌〕

병풍에 대해서는, 《예기》에 "천자가 의(扆) 앞에 선다"고 했다.[41] 의(扆)가 곧 병풍이다. 황(幌)은 병(屛)과 한가지인데, 《주례》에서 비롯되었다.

41 《예기》 곡례(曲禮)에서 인용한 것이다. 간행본에는 "當宁而立"으로 되어 있고, 원고본에는 "當扆而立"으로 되어 있다. "저(宁)"는 문과 병풍 사이를 뜻하는 말이며, "의(扆)"는 병풍을 뜻하는 말이다. 《예기》에는 두 구절이 모두 나타나는데, 병풍의 기원을 설명하기에 더 적합한 원고본의 인용을 따라서 옮긴다. 《예기》의 "當扆而立"의 구절에 대해서는 "'의'는 병풍이다(扆, 屛風也)"라는 주석이 보인다. 천자는 부의(斧扆), 즉 도끼 문양을 그린 병풍을 사용했다고 한다.

발〔簾〕

《오월춘추(吳越春秋)》에서는 "오나라 왕 부차(夫差)가 미인을 초화(椒華)의 방과 가는 구슬로 만든 주렴휘장(簾幌) 속에 거처하게 했다"라고 했다.[42] 발(簾箔)이 여기서 비롯되었다〔지금으로부터 2390년 전 무렵〕.

《한기(漢記)》에서는 "여러 능침(陵寢)을 대나무 발(竹簾)로 가렸다"고 했는데, 이것이 대나무 발의 시초다.[43]

42 "초화의 방"이란 초방(椒房), 즉 왕후 또는 후궁의 방을 뜻하는 말이다. 산초(山椒)는 따뜻한 기운을 돕고 냄새를 없애는 효과가 있으며 열매를 많이 맺는다. 즉 초화의 방에 거처하게 했다는 것은, 부차가 "미인"을 왕후 또는 후궁의 신분으로 대우했다는 뜻이 된다. 이 부분의 문맥은 다소 부자연스러운데, 주렴과 관련된 부분만을 인용했기 때문이다. 《오월춘추》의 해당 부분을 보면, "월왕이 미녀 두 사람을 데리고 있었으니, 한 사람은 이광이요 한 사람은 수명이었다. 이들을 오나라에 바치니, 오왕은 초화의 방에 거처하게 했다. 가는 구슬을 꿰어 주렴휘장을 만들었는데, 아침에는 내려서 햇빛을 가리게 하고 저녁에는 걷어 올려서 달빛을 보게 했다(越王有美女二人, 一名夷光, 一名修明. 以貢于吳, 吳王處以椒華之房, 貫細珠爲簾幌, 朝下以蔽景, 夕掩以待月)"라고 했다. 또 그 주석에는 이광은 서시(西施)이며,

수명은 정단(鄭旦)이라고 했다. 따라서 여기서의 미인은 곧 서시와 정단이다.

43 한나라의 대나무 발에 대해 서술한 중국의 유서들은, 《한기》가 아니라 주로 《서경잡기》를 출처로 밝히고 있다. 혹 인용서를 착각한 것은 아닌지 의심된다. 《서경잡기》에서는 "한나라의 여러 능침에는 모두 대나무로 발을 만들었다(漢諸陵寢, 皆以竹爲簾)"고 했다.

상牀

《맹자》에 "순임금이 평상(床)에서 거문고를 타고 있었다"고 했으니, 상(牀)은 당(唐)에서 비롯된 것이다.[44] 호상(胡床)은 곧 오늘날의 의자(交椅)이니, 본래 오랑캐 땅에서 전래된 것인 까닭에 "호상"이라는 이름을 붙인 것이다. 수나라 때 "교상(交床)"—또 "승상(繩床)"이라고도 부른다—이라고 명칭을 고쳤다〔지금으로부터 1330년 전〕.

44 《맹자》 만장(萬章)에서 인용한 것인데, 순임금의 동생인 상(象)이 순임금이 죽었는지를 확인하려고 궁궐에 갔다가 순임금의 모습을 보게 된 상황을 서술한 것이다. 상(床)과 상(牀)은 모두 평상이라는 뜻으로 통용된다. 순임금의 고사를 인용하고서 "당(唐)에서 비롯한 것"이라는 결론을 내린 이유가 무엇인지는 분명하지 않은데, 요와 순을 합쳐서 부르는 말인 "당우(唐虞)"을 쓰려다가 "우(虞)"를 빠뜨린 것일 가능성이 있다.

자리〔席〕

《습유기》에서는 "황제가 처음으로 신하들로 하여금 부들자리(蒲席)에 규옥(圭玉)을 늘어놓게 했다"고 했다. 이것이 자리(席)의 시초다.[45]

45 "규옥"은 곧 규옥(珪玉)이니, 옥으로 만든 홀(玉圭)을 뜻한다. 《습유기》에서는 "황제가 명을 내려 여러 제후와 신하들 가운데 덕교를 받고자 하는 자는 먼저 부들

자리 위에 옥홀을 늘어놓도록 했다(黃帝詔, 使百辟羣臣受德教者, 先列珪玉于蘭蒲席上)"고 했다.

요[褥] 부附 전氈

《습유기》에서는 "주나라 목왕(穆王) 때에 자라문요(紫羅文褥)가 처음으로 나타났다"고 했다[46][지금으로부터 2880년 전 무렵].

전(氈)에 대해서는, 《주례》에서 "춘관이 전안(氈案)을 편다"고 했다.[47]

46 《태평어람》, 《천중기》, 《어정연감유함》에서는 《습유기》에서 "주목왕 때의 자라문요는 단손국에서 바친 것이다(周穆王時, 紫羅文褥者, 檀孫國所獻)"라는 구절을 인용했다. 그렇지만 현전하는 《습유기》에는 이와 같은 구절이 보이지 않는 듯하다. 《습유기》는 진나라 왕가(王嘉, ?~390)의 저술인데, 원본이 사라진 뒤에 양나라의 소기(蕭綺)가 흩어진 부분들을 모아서 재편집했다고 한다. "자라문요"는 자줏빛 비단으로 만든, 문양을 놓은 요를 뜻하는 것으로 짐작된다. 한편 《습유기》에는 주나라 영왕(靈王) 때의 "자비문요(紫羆文褥)"가 언급되어 있는데, 이 또한 서역에서 바친 것이라고 했다. 이것은 비요(羆褥) 즉 큰곰의 가죽으로 만든 깔개인데, 영왕이 곤소(昆昭)의 누대 위에 깔아 두었더니 앉는 사람이 모두 따뜻하게 여겼다고 한다.

47 《주례》 천관에서 인용한 것이다. 장차(掌次)의 임무를 서술한 부분 가운데 "왕이 상제에게 제사를 올릴 때에는 전안(氈案)을 펴고 황저(皇邸)를 설치한다(王大旅上帝, 則張氈案, 設皇邸)"는 구절이 있다. 대려(大旅)는 큰제사이며, 황저(皇邸)는 황제가 제사를 지낼 때 쓰는 병풍이다. 전안(氈案)은 전(氈, 모직물 또는 양탄자)을 덮은 의자 또는 전(氈)으로 만든 평상이나 의자를 뜻하는 말인데, 구체적인 형상에 대해서는 이견이 있다.

부채[扇] 부附 쥘부채[摺扇]

부채에 대해서는, 여와(女媧)가 처음으로 풀을 묶어서 부채를 만들었다고 한다. 그 후에 순임금에게는 오명선(五明扇)이 있었고, 은나라 고종(高宗)에게는 치미선(雉尾扇)이 있었으나, 모두 둥근 부채(團扇)였을 뿐이다.[48] 쥘부채(摺扇)의 제도는 우리나라와 일본에서 처음으로 만들었다—백제 때에 처음 생겼다고도 한다—. 명나라 문제(文帝) 영락(永樂) 연간에 처음으로 중국에 유입되었다[지금으로부터 500년 전]. 명나라 황제가 매우 기뻐하여 그 제도를 모방하여 부채를 만들고 "살선(撒扇)"이라고 일컬었는데, 이후로부터 중국도 그 제도를 취했다.

48 "오명선"은 순임금이 왕위를 이어받은 후에 널리 어진 사람을 구하기 위하여 만들었다고 하는 부채인데, 최표의 《고금주》에 이에 대한 언급이 보인다. "치미선"은 꿩의 꼬리털로 만든 큰 부채인데, 옥좌의 옆에서 의장용으로 사용했다고 알려져 있다. "단선(團扇)"은 "원선(圓扇)"이나 "방구(方球) 부채"라고도 부르는데, 납작하게 펴진 살에 종이나 비단을 붙여서 만든 둥근 모양의 부채다. 접을 수 있는 쥘부채(摺扇)와는 달랐다.

빗[梳篦]

《이의실록(二儀實錄)》에서는 "혁서씨(赫胥氏)가 처음으로 24개의 살이 있는 나무빗을 만들었다"고 했다.[49] 《한서》에서는 "효문제(孝文帝)가 흉노에게 빗과 참빗(篦) 하나씩을 주었다"고 했다. 참빗은 가는 빗이다[지금으로부터 2090년 전].

49 혁서씨는 중국의 전설상의 제왕 가운데 한 사람이다. 24개의 살을 만든 것은 소통(疏通)의 뜻을 취한 것이며, 이 때문에 나무로 만든 빗에 "소(梳)"라는 이름을 붙였다고 한다.

변기[尿器] — "복호伏虎"라고도 한다 — 부附 타구[唾壺]

변기는 옛날에는 "호자(虎子)"라고 불렀는데, 《주례》의 "설기(褻器)"에 대한 주석에서 "요기(溺器)는 호자(虎子)다"라고 했다.[50] 우리나라에서는 "요강(溺缸)"이라고 불렀다. 아마도 주나라 때에 처음 생겼을 것이다.

타구(唾壺)도 또한 주나라 때에 처음 나타났다. 《서경잡기》에 "광천왕(廣川王)이 위나라 양왕(襄王)의 무덤을 파서 옥으로 된 타호(唾壺) 1개를 얻었다[지금으로부터 2230년 전]"고 했다.[51]

50 《주례》 천관의 왕부(王府)와 내수(內豎)에 각기 "설기"라는 단어가 보이는데, 이 가운데 왕부(王府)에서의 "설기"는 변기의 뜻으로 사용되었다. 후한의 학자 정중(鄭衆)이 붙인 주석에 "설기는 청기나 호자의 부류다(褻器, 淸器·虎子之屬)" 또는 "설기는 수기나 호자의 부류다(褻器, 溲器 · 虎子之屬)"라는 언급이 있는데, "요기는 호자다(溺器는 虎子)"와 같은 말은 보이지 않는 듯하다. 인용 과정에 오류가 생긴 듯하지만, "호자"라는 명칭을 옛날에 사용했다는 점을 입증하고자 하는 목적은 이루었다고 할 수 있다. "호자"는 호랑이 모양을 한 남성용 이동식 소변기다.

51 《서경잡기》에서는 광천왕(廣川王)이 무뢰배들을 모아서 나라 안의 옛 무덤들을 모조리 파헤쳤다고 하고서 그 가운데 10여 곳을 기록한다고 했다. 첫 번째로 거론한 것이 바로 위나라 양왕의 무덤이었는데, 그 부장품 가운데 "옥으로 된 타호(玉唾盂)"가 언급되어 있다. "타호(唾壺)"는 타구(唾具), 즉 가래나 침을 뱉는 용기다. 위나라 양왕이 활동했던 시기는 곧 주나라 때에 해당하므로, 주나라 때에 처음 나타났다고 한 것이다.

호상胡床[52]

지금의 의자(交椅)이니, 한나라 때에 외국으로부터 들어온 것인 까닭에 "호상"이라고 일컬었다. 수나라에서는 "교상(交牀)"이라 했고, 당나라에서는 "승상(繩床)"이라 했다.

52 앞의 '상(牀)' 항목 후반부와 중복된 내용을 서술했는데, 원고본에서도 똑같은 내용이 나타난다. 편찬 과정에서 착오가 있었던 듯하다.

바늘[針] 부附 낚싯바늘[鉤]

《예기》 내칙(內則)에 "바늘통과 실과 솜"이라는 말이 있으니, 바늘이 생긴 것은 이미 오래전의 일이다.[53] 《열자》에서는 "첨하(詹何)는 작은 바늘로 낚싯바늘을 만들어서 수레를 가득 채울 만큼 큰 물고기를 끌어당겼다"고 했다.[54] 석기시대에는 짐승의 뼈로 바늘을 만들었고, 청동기시대에 처음으로 금속으로 바늘을 제조했다. 1543년에 영국이 처음으로 바늘 만드는 회사를 설립했다.

53 《예기》 내칙에서는 부인의 도리를 말하면서 "오른쪽에는 바늘통과 실과 솜을 찬다(右佩鍼管線纊)"고 했다. 원고본과 간행본 모두 "침관선적(針管線績)"으로 인용했으나, "적(績)"은 "광(纊)"의 오자다. 침(針), 침(鍼), 잠(箴)은 모두 바늘이라는 뜻을 갖고 있는데, 《예기》에는 "箴"으로 된 데가 많다. 침관(鍼管) 또는 잠관(箴管)은 바늘을 넣어서 보관하는 가는 통을 뜻하는 말이다.

54 첨하는 낚시를 잘 하는 것으로 널리 알려진 인물이다. 《열자》 탕문(湯問) 편에서는 "첨하는 한 가닥의 누에고치실로 낚싯줄을 만들고, 볼품없는 바늘로 낚싯바늘을 만들고, 가시나무 줄기로 낚싯대를 만들고, 밥풀 조각으로 미끼를 만들지만, 100길 깊이 연못의 급류 속에서 수레만한 고기를 끌어당겨도 낚싯줄은 끊어지지 않고 낚싯바늘을 펴지지 않고 낚싯대는 꺾이지 않는다(詹何以獨繭絲爲綸, 芒鍼爲鉤, 荊篠爲竿, 剖粒爲餌, 引盈車之魚於百仞之淵汨流之中, 綸不絶, 鉤不伸, 竿不橈)"라고 했는데, "수레를 가득 채울 만한 물고기(盈車之魚)"는 곤어(鯤魚)와 같은 것이라는 주석이 보인다.

쓰레받기와 비[箕帚]

《세본》에 "하나라 소강(少康)이 처음으로 쓰레받기와 비를 만들었다"고 했다[지금으로부터 130년 전 무렵].[55]

55 하나라의 건국 시점이나 소강(少康)의 활동 시기를 고려하면 "130년 전"은 분명한 오류다. 19장 음식의 '술' 항목에서 소강을 거론하면서 "3940년 전"으로 기록한 점을 고려하면, 적어도 3900년 전 이상의 시점으로 고쳐야 할 것이다.

광주리[筐筥]

《여씨춘추》에 "유융씨(有娀氏)의 두 딸이 구성대(九成臺)를 지었는데, 상제(上帝)가 제비로 하여금 그곳에 가서 알 두 개를 남겨놓게 했다. 다투어 취하여서 옥광주리로 덮어두었다"고 했다. 이에 의거하면 "지금으로부터 4330년 전"에 광주리(筐筥)가 이미 있었던 것이다.[56] 《주역》에서는 "광주리를 머리에 이었지만 채운 물건이 없다(承筐無實)"고 했다.[57]

56 《여씨춘추》의 설화는 은나라의 시조인 설(契)의 탄생설화와도 연관된다. 《여씨춘추》에서는 "유융씨에게 아름다운 두 딸이 있었는데, 유융씨는 딸들을 위하여 구성대를 지어주고 음식을 먹을 때는 반드시 음악을 연주해주도록 했다. 상제가 제비로 하여금 가서 살펴보도록 했는데, 제비는 '스스'하면서 울었다. 두 딸이 사랑스럽게 여겨서 다투어 취하여서 옥광주리로 덮어두었다. 얼마 뒤에 열어서 살펴보니, 제비는 알 두 개를 남기고는 북쪽으로 날아가서 끝내 돌아오지 않았다(有娀氏有二佚女, 爲之九成之臺, 飮食必以鼓. 帝令燕往視之, 鳴若謚隘, 二女愛而爭搏之, 覆以玉筐. 少選發而視之, 燕遺二卵, 北飛, 遂不反)"고 했다. 그런데 설의 탄생설화는 이와 유사하며, 서로 관련지어 해석되기도 한다. 유융씨의 장녀이자 제곡(帝嚳)의 비(妃)인 간적(簡狄)이 제비가 떨어뜨린 알을 먹고서 은나라의 시조인 설을 낳았다는 것이 그 주요 내용인데, 《태평어람》에서는 유융씨의 두 딸에 대한 설화 말미에다 "간적이 그 알을 삼키고서 설을 낳았다(簡狄呑之生契)"는 서술을 덧붙이기도 했다.

57 《주역》 귀매(歸妹)에서 인용한 것이다. "무실(無實)"은 채운 물건이 없다는 말이니, 머리에 이고 있는 광주리가 비어 있음을 뜻한다.

안석〔几〕

황제가 처음으로 안석을 만들었다. 그 안석에 새긴 글(几銘)에 "내가 백성의 위에 있으니, 흔들흔들 저녁이면 아침이 오지 않을까 두렵고, 벌벌 아침이면 저녁이 이르지 못할까 두렵도다. 전전긍긍 벌벌 떨면서 날마다 그날 하루를 삼가야 하리라. 사람은 산이 아니라 작은 언덕에서 엎어지는 법이로다(予居民上, 搖搖恐夕不至朝, 惕惕恐朝不及夕, 兢兢慄慄, 日愼一日, 人莫顚於山而蹟於垤)"고 했다.

솥〔鼎〕 부附 부釜, 쟁鎗

《사기》에서는 "황제가 수산(首山)의 구리를 캐서 형산(荊山) 기슭에서 솥(鼎)을 만들었는데, 솥이 이미 만들어지고 나니 용이 턱수염을 드리우고 맞이했다"고 했다.[58] 이것이 솥의 시초다〔지금으로부터 4501년 전〕.

부(釜)에 대해서는, 《고사고》에서 또한 황제가 처음으로 만들었다고 했다.

쟁(鎗)은 솥(釜)의 일종이니, 솥발이 세 개가 있는 작은 솥(小鐺)이다. 한나라 때로부터 비롯되었다.

58 《사기》 봉선서(封禪書)에서 인용한 것이다. 황제가 하늘로 올라간 일을 말한 부분에 이와 같은 구절이 보인다. 황제가 자신을 맞이한 용에 올라타자 신하와 후궁 70여인이 따랐는데, 용이 하늘로 올라가니 뒤따르던 신하들이 용의 턱수염을 붙잡았다고 한다. 이때 용의 턱수염과 황제의 활이 땅에 떨어졌는데, 백성들이 그

것을 주워들고 부르짖었다. 그래서 그 땅을 "정호(鼎湖)", 그 활을 "오호(烏號)"라고 불렀다고 한다.

반盤

《수신기(搜神記)》에 "고신씨(高辛氏)의 때에 반호(盤瓠)의 일이 있었다"고 했으니, 이것이 곧 반(盤)의 시초다[59]〔지금으로부터 4330년 전〕. 《예기》에 은나라 탕왕(湯王)의 반에 새긴 글(盤銘)이 있다.[60]

59 "반호"는 신화에 등장하는 신이한 개의 이름이다. 고신씨 때 왕궁에 살던 노부인이 귓병을 얻었는데, 의사가 병을 치료하면서 귓속에서 벌레를 끄집어냈다. 의사는 벌레를 표주박(瓠)에 담아서 반(盤)으로 덮어두었는데, 벌레는 다섯 색깔 무늬를 가진 개가 되었다고 한다. 그 개의 이름을 "반호"라고 했다. 이후에 반호는 오랑캐 장수의 머리를 가져오는 공을 세우고서 공주와 혼인했으며, 그 후손이 견융족이 되었다고 한다. 이야기 속에 "반(盤)"이 등장하기 때문에, 그 기원을 말하면서 반호의 이야기를 언급한 것이다.

60 반명(盤銘)은 반(盤)에 새겨놓은 글귀를 말한다. 탕왕의 반명은 "진실로 날로 새로워지려거든, 날마다 새롭고 또 날로 새롭게 하라(苟日新, 日日新, 又日新)"인데, 《예기》와 《대학》에 전한다. 《대학》은 원래 《예기》의 일부분이었다.

술단지〔樽〕 부附 술병〔壺〕, 술잔〔爵〕

준뢰(樽罍)의 잔(爵)은 태고시대에는 구운흙이나 박을 이용하여 만들었으니, "질그릇 술단지와 박 술잔(瓦樽匏爵)"이라는 말이 있었다.[61] 또 산준(山樽)은 산과 구름의 형상을 새겼고, 희준(犧尊)은 소의 모양을 새겼으며, 상준(象尊)은 코끼리를 새겼다. 착준(著尊)은 바닥이 땅에 붙은 것이요, 호준(壺尊)은 큰 술단지다. 대개 상고(上古) 이래로 여러 시대를 거치

면서 명칭이 바뀌었다.[62]

61 준(樽)과 뢰(罍)는 모두 술을 담는 용기다. 뢰(罍)는 위는 좁고 아래는 넓으며 둥근 다리와 뚜껑이 있었으며, 주로 청동이나 철로 만들었다고 한다. "준뢰의 잔"은 문맥상으로는 "준뢰와 잔" 즉 "술단지와 잔"의 의미일 듯하지만, 여기서는 원문에 따라 옮긴다.

62 술을 담는 예기(禮器)로는 흔히 여섯 가지를 드는데, 이를 "육준(六尊)"이라 한다. 여기서 언급한 다섯 가지와 함께 태준(太尊)이 여기에 포함된다.

시루〔甑〕

《고사고》에 "황제가 처음으로 시루를 만들었다"고 했다.

절구〔舂〕 부附 절굿공이〔杵〕

황제의 신하 옹부(雍父)가 처음으로 절구를 만들었고, 적기(赤冀)가 처음으로 절굿공이를 만들었다.[63] 《주역》에서는 "나무를 깎아서 절굿공이를 만들고, 땅을 파서 절구를 만든다. '소과(小過)'의 괘에서 취한 것이다"라고 했다.[64]

《주례》에서는 "용인(舂人)은 곡물을 공급하는 일을 맡는다"고 했다.[65]

63 원고본과 간행본 모두 "옹문(雍文)"으로 되어 있으나, 《세본》에는 "옹부(雍父)"로 되어 있다. "雍文이"라고 쓴 것으로 보면, 인명을 잘못 알고 있었던 듯하다. 여기서는 "옹부(雍父)"로 고쳐서 옮긴다.

64 《주역》 계사전에서 인용한 것인데, 《주역》에는 "나무를 잘라 절굿공이를 만들고 땅을 파서 절구를 만들어, 절구와 절굿공이의 이로움으로 만민을 구제한다. 대개 '소과'의 괘에서 취한 것이다(斷木爲杵, 掘地爲臼, 臼杵之利, 萬民以濟. 蓋取諸小過)"로 되어 있어서, 약간 차이가 있다. "소과(小過)"는 64괘 가운데 62번째 괘(卦)의 이름으로, 음효가 4개고 양효가 2개다.

65 《주례》 지관에서 인용한 것이다. 이에 따르면 용인(舂人) 직위를 맡은 사람은

제사(祭祀), 빈객(賓客), 향식(饗食) 등에서 곡물을 내놓는 것과 관련된 일을 모두 관장했다고 한다. 《주례》에 "용인"이라는 직위가 보이므로, 주나라 때에 절구가 있었음을 알 수 있다는 것이다.

맷돌〔石磑〕[66]

노(魯)나라의 공수반(公輸班)이 처음으로 만들었다〔지금으로부터 2700년 전 무렵〕. 한나라 때의 허정(許靜)이 연자방아(馬磨)—말로 가는 방아—로 생계를 꾸렸으니, 이것이 연자방아의 시초다.[67] 진(晋)나라의 두예(杜預)가 물방아를 만들었다〔지금으로부터 1640년 전〕.

66 이 항목의 제목은 간행본에는 "석대(石碓)"로, 원고본에는 "석애(石磑)"로 되어 있다. 목차에는 모두 "석애(石磑)"로 되어 있으므로, 이에 따라 "맷돌(石磑)"로 옮긴다.

67 《삼국지》 촉지(蜀志) 허정전(許靖傳)에 허정의 일이 실려 있다. 허정은 어려서부터 사촌동생 허소와 함께 명성이 있었지만, 먼저 벼슬에 오른 허소의 배척으로 인하여 벼슬을 얻지 못하고 "연자방아로 생계를 꾸렸다(以馬磨自給)"고 한다.

지팡이〔杖〕

기자(箕子)의 등나무 지팡이(藤杖)는, 평양에 한 쌍의 등나무 지팡이가 있는데 대대로 "기자의 지팡이"라고 전해졌다. 하나는 가운데가 끊어져서 누런 주석으로 감싸서 묶었으며, 칠갑(漆匣)에 넣어두었다. 매번 감사가 관아를 나설 때마다 효참(驍驂) 두 사람이 이것을 갖고 앞에서 인도했는데, 임진란 때에 잃어버렸다고 한다.[68] 지팡이는 아마도 상고시대에 이미 있었을 것이다.[69]

68 윤근수(尹根壽, 1537~1616)의 《월정만필(月汀漫筆)》에 기자장(箕子杖)에 대한 기록이 보이는데, 여기에 인용된 부분과 비교하면 표현의 차이가 일부 보일 뿐 내용은 거의 같다. 《월정만필》에서는 "盛于漆匣几ᄒᆞ야 每監司出衙에"가 "盛之漆匣, 凡監司出衙"로, "효참(驍驂)"이 "효기(驍騎)"로 되어 있는데, 《월정만필》의 표현이 더 자연스럽게 보인다. 이를 참고하여 옮긴다.

69 마지막 문장인 "杖은 盖上古에 已有ᄒᆞ니라"는 원고본에는 보이지 않는다. 출판 과정에서 보완된 것인 듯하다.

톱[鋸]

아테네(Athens, 雅典)의 공학가인 다이달로스(Daidalos, 大打利亞斯)가 처음으로 톱을 만들었는데, 처음에 뱀의 턱뼈가 나무를 자를 수 있음을 보고서 금속으로 이를 모방하여 만든 것이다.[70]

《고사고》에서는 "맹자가 처음으로 톱을 만들었다"고 했다.[71] 쇳조각이 이빨처럼 어긋나 있는 것이다.[72]

70 다이달로스는 "능숙한 장인"이라는 이름처럼 건축과 공예의 기술로 명성이 높았으며, 대장장이의 신인 헤파이스토스의 자손이기도 했다. 그렇지만 기술을 배우기 위해 찾아온 조카 탈로스가 스승인 자신보다 뛰어난 재주를 보이자, 이를 시기하여 신전에서 떨어뜨려 죽이고 아테네에서 쫓겨나 크레타 섬의 왕 미노스에게로 달아났다. 다이달로스는 미노스 왕의 사랑을 받았지만, 아테네의 왕자 테세우스를 도와준 일로 자신이 만들었던 미궁에 갇히게 된다. 다이달로스는 인공 날개를 만들어서 아들인 이카로스와 함께 탈출하지만, 이카로스는 너무 높이 날아서는 안 된다는 아버지의 경고를 잊었다가 바다에 추락해서 죽고 말았다고 한다. 한편 다이달로스는 도끼, 송곳 등을 발명했다고 전하지만, "톱"을 발명하지는 않았다. 다이달로스의 조카인 탈로스가 톱과 컴퍼스 등을 발명하여 스승보다 명성이 더 높아졌으며, 그 때문에 조카의 재주를 시기한 다이달로스에게 죽임을 당했다고 한다. 탈로스는 물고기의 등뼈 또는 뱀의 턱뼈를 보고서 톱을 만들었다고 한다.

71 《고사고》에서는 "맹장자(孟莊子)"가 톱을 만들었다고 했다. 간행본과 원고본 모두 "장(莊)"자를 빠뜨리고 "맹자"라고 했는데, 이는 잘못이다. 맹장자(?~B.C. 550)는 노나라의 대부로 이름은 속(速)이며, "중손속(仲孫速)"으로도 일컬어졌다.

72 "쇳조각이 이빨처럼 어긋나 있는 것(鐵葉이 齟齬其齒호 者)"은 톱의 형상을 설명한 말인데, 《고사고》가 아닌 《정자통(正字通)》에 보인다. "철엽(鐵葉)"은 대문에 박는, 물고기 비늘 모양의 쇠장식을 뜻하는 말인데, 여기서는 쇳조각 정도의 의미로 풀이하는 것이 자연스럽다.

도끼[斧]

《광운(廣韻)》에서는 "신농씨가 처음으로 도끼(斤斧)를 만들었다"고 했다.

《구약전서》 신명편(申命篇)에서는 "손으로 도끼를 들고 나무를 베다가, 쇠로 된 도끼머리 부분이 자루에서 빠져 잘못 떨어졌다"고 했으니, 그때에 이미 도끼가 있었던 것이다.[73]

73 "신명편"은 《구약전서》의 "신명기"이며, 신명기 19장에서 인용한 것이다. "도피하여 살 만한 살인자"의 예로 나무를 하다가 실수로 도끼날이 빠져서 이웃을 해치게 된 경우를 들었는데, 여기서 "잘못 떨어졌다(誤落)"고 한 것은 실수로 자루에서 빠진 도끼날이 다른 사람을 해치게 되었음을 말한 것이다.

송곳[錐]

《좌전》에 "뾰족한 송곳의 끝(錐刀之末)"이라고 했으니, 아마도 고대에 이미 있었을 것이다.[74]

그리스의 공학가인 다이달로스(Daidalos, 大打利斯)가 처음으로 송곳을 만들었다.[75]

74 "추도지말(錐刀之末)"은 《좌전》 소공(昭公) 6년에 나오는 말로, 뾰족한 송곳의 끝처럼 사소한 일이나 얼마 되지 않는 이득을 뜻한다.
75 "다이달로스"는 '톱' 항목에서는 "大打利亞斯"로, '송곳' 항목에서는 "大打利斯"로 표기되어 있다.

못[釘]

곽박(郭璞)이 "못은 쇠로 만든 말뚝(鐵杙)이다"라고 했다.[76]

시칠리아의 이학자인 아르키메데스(Archimedes, 亞其美底斯)가 처음으로 못을 만들었다.

76 곽박의 말을 어디서 인용한 것인지는 분명하지 않다. 다만 곽박이 《이아》 석궁(釋宮)의 "직은 익이라고 한다(樴謂之杙)"의 구절에 대해 "익(杙)은 궐(橛, 말뚝)이다(杙, 橛也)"라는 주석을 단 것은 확인된다.

우산雨傘

우산은 고대 중국에서 처음으로 생겼다. 1778년에 영국인이 처음 스페인으로부터 양산(洋傘)을 수입했다. 그 후에 유럽에서는 런던에서 조나스 한웨이(Jonas Hanway, 約拿漢韋)라는 사람이 어느 날 비를 만나 거리에서 우산을 펼치고 걸어갔는데, 아이들이 이상한 물건이라고 손가락질하며 다투어 나무와 돌을 던졌다고 한다.[77] 이것이 유럽 우산의 시초다.

박쥐우산(蝙蝠傘)은 곧 양산(涼傘)이니, 또한 근래 동양에서 처음 만든 것이다.[78]

77 기원전 2세기 무렵의 중국 판화에 우산이 나타난다. 중국의 우산은 페르시아를 거쳐 유럽으로 전해진 것으로 알려져 있다. 1778년은 프랑스에서 장갑 제조업자들에게 우산 제작권을 부여한 해이며, 이보다 앞선 1622년에 프랑스 파리에 우산이 소개된 바 있다. 조나스 한웨이(1712~1786)는 영국의 여행가로, 1750년 무렵에 우산을 들고 런던 거리를 다녔다고 한다. 당시에는 사람들이 우산을 든 한웨이를 미치광이로 취급했었는데, 그가 세상을 떠난 1786년 무렵에는 우산이 런던에서도 흔한 물건이 되었다고 한다.

78 박쥐우산은 박쥐가 날개를 폈다 접었다 하는 것처럼 접을 수 있도록 만든 우산을 뜻한다. 20세기 초 무렵에는 얼굴을 가리거나 햇볕을 막는 용도로도 사용되

었다고 한다.

안경眼鏡

1293년에 이탈리아 사람이 처음으로 안경을 만들었으며, 명나라 때에 중국에 유입되었다. "애체(靉靆)"라고도 부른다.

램프[洋燈] — 곧 "람푸"다.

1780년에 제네바(Geneva, 基尼法) — 스위스의 지명 — 사람 에메 아르강(Aimé Argand, 愛梅伯加)이 처음으로 램프를 만들었다.[79]

79 아르강(1755~1803)은 1783년에 당시 사용되던 석유 램프를 개량하여 "아르강 램프"를 만들었다. 속이 빈 원통 모양의 심지를 사용함으로써 기름을 완전히 연소시킬 수 있도록 한 것이 그가 행한 램프 개량의 핵심이다.

유리병[玻璃瓶]

1746년에 서양 사람 라이덴(Leyden, 雷敦)이 처음으로 유리병을 제조했다.[80]

80 원문의 "西人 雷敦"은 아마도 네덜란드의 라이덴(Leyden)을 사람 이름으로 착각해서 나타난 표현인 듯하다. 라이덴병(Leyden jar)은 "유리병의 안팎에 금속박을 붙여 만든 초기의 콘덴서"이므로, 23장 기용에서 다룰 만한 사물은 아닌 듯하다. 라이덴병은 1745년에 독일의 폰 크라이스트(E. J. von Kleist, 1700?~1748)가, 그리고 1746년에 라이덴대학의 뮈스헨부르크(Pieter van Musschenbroek, 1692~1760)가 각기 발명했다. 일반적인 "유리병"이 만들어진 것은 이보다 훨씬 앞선 시기의 일이므로, 여기서 거론된 시기와는 맞지 않는다.

• 24장 •

유희

遊戲

연극演劇 산희山戲

중국의 연희는 진나라와 한나라 때에 많이 발생했다. 주환(走丸), 도검(跳劍), 산동(山東), 희거(戲車), 흥설(興雪), 동뢰(動雷), 근괘(跟挂), 복선(腹旋), 탄도(呑刀), 이색(履索), 토화(吐火), 격수(激水), 전석(轉石), 분무(噴霧), 강정(扛鼎), 상인(象人), 괴수(恠獸), 사리(舍利) 등의 연희(戲劇)가 있었다.[1]

주나라 목왕(穆王) 때에 언사(偃師)라는 재주 있는 인물은 나무로 만든 사람을 노래하고 춤추게 할 수 있었다.[2] 또 한나라 고제(高帝)가 평성(平城)에서 포위를 당했는데, 진평(陳平)이 나무로 미인인형을 만들어 기관(機關)으로 움직여서 기예를 부리게 했다. 연지(閼支)가 멀리서 바라보다가 성을 함락시킨 후에 흉노가 그 미인을 받아들일까 두려워하여 포위를 풀었다.[3] 이로부터 유희의 도구가 되었는데, 이를 일러 "괴뢰희(傀儡戲)"라고 했다. 오늘날 세속에서 "산두광대(山頭廣大)"라고 하는 것이니, 이것이 산희(山戲)의 시초다.

우리 조선에서는 나례도감(儺禮都監)에 속해 있었다. 산희에서는 붕(棚)

을 묶고 휘장을 늘어뜨리고서 사자(獅子)와 만석무(曼碩舞)를 추었다.[4] 만석은 고려 승려의 이름이다. 또한 "오붕(鼇棚)"이라고도 했다.

그리스에서는 디오니소스(Dionysos, 大柯乃沙斯) 신의 제례에서 신의 덕을 찬양한 희극(戲劇)을 처음으로 공연했다.[5]

1 《태평어람》 악부(樂部)와 송대 반자목(潘自牧)의 《기찬연해(記纂淵海)》 잡희부(雜戲部) 등에 진·한 무렵에 많은 연희가 발생했다는 언급이 보이는데, 한나라 때 장형(張衡)의 《서경부(西京賦)》와 이용(李龍)의 《평악관부(平樂觀賦)》, 진나라 때 부현(傅玄)의 《서도부(西都賦)》에서 이들의 명칭을 확인할 수 있다. 즉 희거(戲車), 산거(山車), 흥운(興雲), 동뢰(動雷)는 《평악관부》에 나타나고, 근괘(跟挂)와 복선(腹旋)은 모두 장대를 오르면서 하는 유희로 《서도부》에 나타나고, 탄도(吞刀)와 토화(吐火)는 《서경부》에 나타나며, 또 격수(激水), 전석(轉石), 수무(漱霧), 강정(扛鼎)은 《장악관부(長樂觀賦)》(이용)와 《서도부》에 나타난다고 한다. 또 상인(象人)에 대해서는 《한서》에서 "지금의 가면"이라는 위소(韋昭)의 말을 실었다고 한다. 괴수(恠獸)와 사리(舍利)는 《서경부》에 나타난다. 이에 따르면, 본문에는 세 곳의 명칭에 오류가 있는 것으로 판단할 수 있다. 즉 산동(山東)은 "산거(山車)"로, 이색(履索)은 "이소(履素)"로, 분무(噴霧)는 "수무(漱霧)"로 고쳐야 한다.

2 언사의 일은 《열자(列子)》 탕문(湯問)에 보인다. 주나라 목왕이 서쪽으로 곤륜산 너머까지 갔다가 돌아오는 길에 어떤 나라에서 언사라는 뛰어난 공인(工人)을 바쳤는데, 언사는 자신이 이미 만들어놓은 물건을 왕께 보여드릴 것을 약속했다. 이튿날 언사가 창자(倡者, 배우) 한 사람을 데리고 왕을 알현했는데, 그 사람은 마치 진짜 사람처럼 움직이고 노래하고 춤을 췄다. 그러다가 창자가 왕의 시첩(侍妾)에게 눈길을 보내니 왕이 노하여 언사를 베고자 했는데, 언사가 그 '창자'를 분해하여 가죽과 나무로 만든 것임을 보여주었다고 한다.

3 한나라 고제는 곧 한나라를 세운 고조 유방(劉邦)이다. 평성에서 패하여 흉노에게 포위를 당했는데, 진평(陳平, ?~B.C. 178)이 계교를 마련하여 위기에서 벗어났다. 진평은 연지(閼支, 흉노의 왕비를 뜻하는 말)의 질투가 심한 점을 이용했는데, 나무로 미인의 형상을 한 인형을 만들어서 춤을 추도록 조종함으로써 한 쪽의 포위를 맡고 있던 연지가 포위를 풀도록 유도한 것이었다. 단안절(段安節)의 《악부잡록(樂府雜錄)》에 이러한 내용이 실려 있는데, 이를 괴뢰(傀儡)의 시초라고 했다. 한편 원고본에는 "解圍흠이"의 앞에 "遂" 자가 더 있어서, 이 부분이 "마침내 포위를 풀었다"로 해석될 수 있다. 간행 과정에서 실수로 누락된 것으로 보이지만, 의미상의 차이는 크지 않다.

4 나례도감은 나례를 위하여 임시로 설치한 관청이다. 조선시대에는 섣달그믐

을 비롯하여 종묘에 제사 지내거나 외국사신을 맞이할 때 등에 나례를 했다. 유득공의 《경도잡지》에서는 산희(山戲)와 야희(野戲)가 있다고 했는데, 산희에서는 결붕(結棚), 즉 시렁을 묶고 휘장을 늘어뜨려 무대를 마련하고서 사자, 호랑이, 만석승(曼碩僧) 등을 춤추게 한다고 했다.

5 술과 다산의 신인 디오니소스를 기리는 축제는 일주일 정도 거행되었는데, 그 가운데 공연되는 디오니소스에게 바치는 합창찬가인 "디티람보스(dithyramb)"에서부터 그리스 연극이 발생했다고 알려져 있다.

신체절단마술[生首技]

선혈이 뚝뚝 흐르는 사람의 머리를 탁자 위에 놓고서 관객을 놀라게 하는 것이다. 이 기예는 1865년에 영국의 코르넬 스타데어(Colonel Stodare, 可羅涅耳 斯脫德兒)가 런던에서 처음으로 공연했다.[6]

6 "생수기(生首技)"는 "산 사람의 머리를 이용하는 기예" 정도의 뜻으로 풀이할 수 있는데, 곧 사람의 신체를 절단하는 마술을 가리키는 것으로 추정된다. 원문에는 "可羅涅耳, 斯脫德兒"라고 표기하여 두 사람인 것처럼 서술했지만, 서술된 내용과 한자의 음가를 고려하면 스코틀랜드 출신의 마술사인 코르넬 스타데어(1832~1866)를 표기한 것으로 볼 수 있다. 여기서 거론한 마술은 스타데어의 "Indian basket trick"으로 추정된다.

들놀음[野戲]

들놀음 또한 우리 조선의 나례도감에 속해 있었던 것이니, 당녀(唐女)와 소매(小梅)가 춤을 추는 희극(戲劇)이다. 당녀는 고려 때 예성강 강변에 와서 살던 가무에 뛰어난 중국 창녀요, 소매 또한 고대의 미녀 이름이다.[7]

7 유득공의 《경도잡지》 야희(野戲) 부분을 인용한 것으로 보인다. 당녀와 소매는 이 탈춤에 등장하는 인물이다.

씨름〔角觝〕

씨름에 대해서는, 중국의 한나라 무제(武帝)가 만연(曼衍), 어룡(魚龍), 각저(角觝)의 연희를 처음으로 공연했다고 했다[8]〔지금으로부터 2010년 전〕. 각저의 방법은 두 사람이 맞서서 힘을 겨루는 것이다—치우(蚩尤)를 본떠서 각저를 만들었다고도 한다.[9]

우리나라에서는 고려 때에 시작되었는데, 매년 단오일에 경향 각처에서 무리를 나누어 씨름을 했다. 안걸이(內句), 밖걸이(外句)와 여러 가지 기술을 서로 사용했는데, 중국 사람들은 늘 이르기를 "고려 기법(高麗技法)"이라 했다.[10]

일본의 씨름(角力相撲)은 스이닌 천황 때에 비롯되었다[11]〔지금으로부터 1930년 전〕.

태서에서는《구약전서》창세기에 "야곱 한 사람이 그와 더불어 날이 밝을 때까지 씨름했다"고 했으니, 그 유래가 매우 오랜 것이다.[12]

8 《한서》에 무제가 해중(海中), 탕극(碭極) 등의 음악과 만연, 어룡, 각저의 연희를 만들었다는 기록이 보인다. 만연은 짐승의 이름인데, 살쾡이와 비슷하지만 크기가 조금 작다고 한다. 만연과 어룡은 모두 동물의 모양을 만들어서 펼치는 연희인데, 이어서 공연되는 일이 많으므로 함께 일컬어지기도 한다. 각저는 힘을 겨루는 연희다.

9 치우희(蚩尤戲)는 사람들이 편을 나누어 소뿔을 이고서 맞붙는 놀이다. 한나라의 각저희(角觝戲)가 치우희의 유제(遺製)라는 말도 있다고 한다. 따라서 본문의 "치우"는 "치우희"의 의미로 풀이할 수도 있다.

10 씨름이 고려 때 시작되었다고 한 것은 오늘날 알려진 사실과는 다르다. 4세기 무렵의 고구려 고분 각저총(角抵塚) 벽화에서 두 사람이 맞붙어서 씨름을 하고 한 사람이 심판하는 모습을 찾아볼 수 있는 점을 고려하면, 이보다 앞서 씨름이 행해졌을 것임을 짐작할 수 있다. 유득공의《경도잡지》와 홍석모(洪錫謨)의《동국세시기(東國歲時記)》에 씨름의 풍습이나 기술 등에 대한 언급이 나타난다. 이들 문헌에

서 씨름 기술로 언급되는 내구(內句)는 안걸이, 외구(外句)는 밖걸이, 윤기(輪起)는 둘러메치기로 추정되는데, 이들을 다른 기술로 이해하는 견해도 있다.

11 《일본서기》에 스이닌 천황 7년에 각력(捔力)이 있었다는 기록이 보인다. 원문에서는 "角力相撲"이라 했는데, "각력(角力)"과 "상박(相撲)"은 모두 씨름의 별칭이다. 또 "상박(相撲)"은 일본 씨름인 스모의 한자 표기이기도 하다. 따라서 이 구절은 "힘겨루기인 스모(相撲)"로 풀이할 수도 있다.

12 《구약전서》 창세기 32장에서 인용한 것이다. 야곱이 아내와 여종, 아이들을 먼저 보내놓고 혼자 있다가 어떤 사람과 씨름을 했는데, 그 사람이 야곱을 이기지 못하자 환도뼈, 즉 넙다리뼈를 쳐서 부러뜨렸다. 야곱과 밤새 씨름한 사람은 바로 신이었다고 한다. 원문에 "也及 一人이 與之角力"이라고 했는데, 문맥이 다소 부자연스럽다. "也及이 與一人角力"이라고 고치면, "야곱이 어떤 사람과 더불어 씨름했다"는 의미가 되어서 자연스러울 듯하다. 야곱의 표기가 "也及"과 "也及布"의 두 가지 형태로 나타난다는 점을 고려하면, "也及 一人"이 "也及布"의 오기일 가능성도 생각할 수 있다.

투전投箋 — 또는 "투전鬪箋"이라고도 한다.

투전은 "지패(紙牌)"라고도 한다. 어느 때에 만들어졌는지는 알 수 없지만, 아마도 또한 오래된 놀이일 것이다. 그 글자는 모두 옛 전서 글자와 비슷하지만 매우 괴이하고, 그 무늬는 사람, 물고기, 새, 꿩, 별, 말, 노루, 토끼의 8개 형상이다. 모두 80조각의 종이를 사용하며, "팔목(八目)" 또는 "투전(鬪錢)"이라고도 일컫는다. 어떤 이는 중국의 원나라 때에 처음 120개의 전(箋)을 만들었는데, 우리나라 역관인 장현(張炫)이 원나라의 것을 모방하되 조금 바꾸었다고도 한다[13][지금으로부터 600년 전 무렵].

13 성대중(成大中, 1732~1812)의 《청성잡기(青城雜記)》에 장현이 투전을 들여왔다는 설이 소개되어 있다. 장현(1613~1695)은 희빈 장씨의 당숙으로, 역관으로 명성이 높았다. 원나라의 것을 조금 바꾸었다고 한 것은, 장현이 마조(馬弔)의 패 120개를 80개로 줄인 것을 가리키는 것으로 추정된다. 원문에 "600년 전 무렵"이라고 한 것은 장현의 활동 시기와 맞지 않는데, 원나라에서 처음 120개의 전(箋)을 만들었던 시점을 계산한 것일 듯하다. "전(箋)"은 종지쪽지라는 뜻인데, 여기서는 기름을

먹인 두꺼운 종이에다 그림과 문자를 써넣은 투전 패를 가리킨다.

골패骨牌 — 또한 "투자骰子"라고도 한다.

골패는 "강패(江牌)"라고도 부른다. 당나라 때의 백낙천(白樂天)이 처음으로 만들었는데, 시사(侍史)와 더불어 놀이를 했다[14]〔지금으로부터 1130년 전 무렵〕.

골패는 납작하고 네모난 작은 조각에 흰 뼈를 붙이고 여러 개의 구멍을 판 놀이 도구다. 놀이 방법이 많을 뿐만 아니라 복잡하고 까다로웠다.

13세기에 스페인 사람이 예루살렘(Jerusalem, 耶路撒冷)으로부터 유럽에 처음으로 받아들였다.[15]

14 골패는 나무에 짐승의 뼈를 붙여서 구멍을 새긴 놀이 도구다. 상아를 이용하여 만들기도 했기 때문에 "아패(牙牌)"라고 일컬어지기도 했으며, 북송 선화(宣和) 연간에 만들어졌다고 해서 "선화패(宣和牌)"로 불리기도 했다. "투자(骰子)"는 주사위를 뜻하는 말이므로 골패와는 조금 차이가 있는데, 여기서 "또한 투자라고도 한다(亦曰骰子)"는 주석을 붙인 것은 이들을 같은 사물로 이해했기 때문일 것이다. 백낙천, 즉 백거이(白居易)는 하늘의 별을 본떠서 골패를 만들었다고 하는데, 이는 여러 가지 설 가운데 하나일 뿐이다. 그렇지만 백거이의 시 '여제객공복음(與諸客空腹飮)' 가운데 "붉은 옷 입은 이는 투자 담은 그릇을 흔드네(紅袖拂骰盤)"와 같은 구절이 있는 것을 보면, 이 놀이를 즐겼다는 점은 부정하기 어렵다. "시사(侍史)"는 옆에서 모시면서 문서의 일을 맡는 사람을 뜻하는 말이다.

15 골패의 유럽 유입 과정은 분명하게 밝혀져 있지 않다. 13세기에 예루살렘을 거쳐서 유럽에 유입되었다는 것은, 중국의 골패가 이슬람권에 전해지고 다시 유럽으로 전해졌다는 의미다.

장기[象棋]

장기는 중국 후주(後周)의 무제(武帝) 우문각(宇文覺)이 처음으로 만들었다고 한다. 혹은 신릉군(信陵君)이 만든 것이라고도 한다.[16] 우리나라에서는 "장기(將棋)"라고 일컫는다—주나라 무제(武帝)는 《상경(象經)》 1편을 지었다.

16 중국에서는 장기를 "상희(象戲)" 또는 "상기(象碁)"라는 명칭으로 부르기도 했다. 《태평어람》에 주나라의 무제가 장기를 만들었다는 기록이 있는데, 이때의 주나라는 곧 남북조시대의 북주(北周)다. 따라서 무제는 곧 560년에 즉위한 우문옹(宇文邕, 543~578)이다. 우문각(542~557)은 북주를 세운 효민제(孝閔帝)로 우문옹의 형인데, 우문각이 장기를 만들었다는 견해는 보이지 않는다. 또한 《상경(象經)》은 북주의 무제인 우문옹이 569년에 편찬한 것으로 알려져 있으므로, "우문각이 처음으로 장기를 만들었다"는 서술은 잘못된 것이다. "우문옹이 처음으로 장기를 만들었다"고 수정해야 한다. 《사기》에 위나라의 신릉군(信陵君, ?~B.C. 243)이 장기를 두고 있었다는 기록이 있다. 또 《설원(說苑)》에는 맹상군(孟嘗君, ?~B.C. 279?)이 장기를 만들었다는 옹문주(雍門周)의 말이 실려 있다. 그런데 이때의 장기가 후대의 장기와 같은 것이었는지는 분명하지 않다.

바둑[碁]

중국의 요임금이 처음으로 만들어서 그 아들 단주(丹朱)를 가르쳤다.[17]

우리 동방은 예로부터 바둑을 잘 두었다. 그래서 당나라와 송나라 때에는 사신으로 바둑을 잘 두는 이를 뽑아서 보내었다.[18]

17 《박물지》에서는 "요임금이 바둑을 만들어서 아들 단주를 가르쳤다(堯造圍碁, 以教子丹朱)"고 했다. 또 "순임금은 아들 상균(商均)이 어리석었기 때문에 바둑을 만들어서 가르쳤다(舜以子商均愚, 故作圍碁, 以教之也)"는 말도 여러 문헌에 전한다.

18 당나라의 현종이 성덕왕의 조문 사절을 보내면서 부사로 병조참군 양계응(楊季膺)을 선발했는데, 양계응은 바둑 고수로 알려진 인물이었다. 신라 사람들과 바둑을 두게 하기 위한 것이었다고 한다.

쌍륙雙陸

쌍륙은 "박(博)"이라고도 하는데, 곧 이른바 육박(六博)이다. 중국 상고시대에 오조(烏曹)가 처음으로 만들었으니, 그 유래가 오래된 것이다.[19] 《당국사보(唐國史補)》에서는 "오늘날의 박희(博戲)에서는 그 도구로 판과 알이 있는데, 알은 검은 것과 노란 것이 각각 12개다. 척채(擲采)의 주사위(骰)—음은 투다—는 2개다. 그 근원은 악삭(握槊)에서 생겨나서 쌍륙(雙陸)에서 변했다"고 했다.[20]

19 《설문해자》에 하나라의 신하인 오조씨(烏曹氏)가 처음으로 박(博)을 만들었다는 기록이 있다. "쌍륙(雙陸)"은 쌍륙(雙六)이나 타마(打馬)라고도 한다. 놀이에서 사용하는 알을 말[馬]이라고 하고, 좌우로 각기 여섯 줄의 놀이판을 사용한다. 흑백 15개의 말을 사용하되, 주사위를 던져서 말을 움직인다. "육박(六博)"은 육박(陸博)이라고도 하는데, 두 사람이 각기 6개의 알을 사용하여 이와 같은 명칭이 붙었다고도 한다. 이 때문에 "쌍륙"과는 조금 다르다는 견해도 있다. 하나라 때부터 궁중에서 성행했으나, 송나라 때에 이르면 이미 잘 볼 수 없게 되었다고 한다. 《만국사물기원역사》에서는 쌍륙의 기원을 중국에서 찾고 있지만, 오늘날 발굴된 유물에 의하면 쌍륙은 바빌로니아 등에서 발생하여 인도를 거쳐 중국에 전래된 것으로 추정할 수 있다.

20 《당국사보》는 당나라의 이조(李肇)가 쓴 책인데, 장지연의 인용에는 몇 가지 오류가 보인다. 《당국사보》에는 "지금의 박희로는 장행이 가장 성행한다. 그 도구로는 판과 알이 있는데, 알은 노란 것과 검은 것이 각각 15개다. 척채의 주사위는 2개다. 그 놀이법은 악삭에서 생겨나 쌍륙에서 변했다(今之博戲, 有長行最盛. 其具有局有子, 子有黃黑各十五, 擲采之骰有二. 其法生於握槊, 變於雙陸)"로 되어 있다. 이는 당나라 때 성행했던 박희(博戲)인 장행(長行)에 대한 설명인 셈인데, 장지연은 "有長行最盛"을 제외함으로써 박희 즉 쌍륙에 대한 일반적인 설명인 것처럼 서술했다. 또 알의 수를 12개로 잘못 옮겼으며, 놀이법(法)을 근원(源)으로 바꾸어놓았

다. "척채(擲采)"는 척채(擲彩)라고도 하는데, 쌍륙의 일종으로 알려져 있다. 그렇지만 여기서의 "척채지투(擲采之骰)"는 쌍륙에 사용되는 주사위 자체의 뜻으로 풀이할 수도 있다. 《당국사보》에서 언급한 장행(長行)은 악삭과 쌍륙보다 후대에 나타난 것으로 알려져 있다. 한편 "악삭(握槊)"은 북조의 위나라 선무제(宣武帝) 때에 서역에서 들어왔다고 전하는데, 긴 나무(槊)를 쥐고(握) 하는 놀이라는 뜻이다. 《신당서》에는 악삭에 얽힌 당나라 태종의 일화가 전한다.

저포樗蒲

저포는 주나라 때 노자(老子) 이이(李耳)가 오랑캐 땅에서 만들었는데, 척희(擲戲)다.[21] 다섯 개의 나무로 알을 삼아서, 효(梟), 노(盧), 치(雉), 독(犢), 새(塞)의 다섯 가지로 승부의 점수를 가린다. 또한 오늘날의 주사위〔骰子〕다.[22]

21 노자는 성은 이(李), 이름은 이(耳), 자는 담(聃)으로 알려져 있다. 《박물지》에 "노자가 서융에 들어가서 저포를 만들어 점을 쳤다(老子入西戎, 造樗蒲, 卜也)"는 말이 있었다고 한다. 또 오랑캐들이 저포로 점을 쳤다는 말도 전한다. "척희"는 "주사위 등을 던지는 놀이" 정도의 뜻으로 이해되는데, 혹 척사희(擲柶戲, 윷놀이)와 같은 의미로 사용된 것일 가능성도 생각해볼 수 있다.

22 저포는 척노(擲盧), 호노(呼盧), 오목(五木) 등의 명칭으로도 불리는데, 이 명칭들은 점수와 도구에 따라 붙여진 것이다. 저포는 아래위가 표시된 다섯 개의 나무를 던져서 사위 즉 점수를 가리는데, 이 나무를 흔히 "시(矢)"라고 한다. 여기서는 이를 "알〔子〕"이라고 했는데, 놀이판에 사용하는 말〔馬〕은 따로 있기 때문에 "말"을 가리킨 것은 아니다. 좋은 사위(貴采)에 해당하는 것으로는 노(盧), 치(雉), 독(犢), 백(白)이 있으며, 나쁜 사위에 해당하는 것으로는 개(開), 새(塞), 탑(塔), 독(禿), 궐(撅), 효(梟)가 있다. 원문의 "勝負의 采"에서 "채(采)"는 "도박할 때 도박의 도구에 드러나는 꽃의 색(賭博時博具呈現的花色)"이라는 사전적 의미를 갖는데, 여기서는 사위, 즉 주사위나 윷을 놀 때의 끗수(점수)로 해석할 수 있다. 저포는 중국에서는 규칙이 단순해진 "척투자(擲骰子)"로 바뀌었다고도 하며, 우리나라에서는 윷놀이를 가리키는 말로 사용되기도 했다. 이 부분의 서술은 장혼(張混, 1759~1828)의 《아희원람》과 거의 일치하는데, 조재삼의 《송남잡지》에서도 《아희원람》을 제시하며 이를 인용한 바 있다.

윷놀이〔柶戲〕

윷은 4개의 나무토막으로 주사위를 만든 놀이이니, 그 방법이 본래 무당의 점복에서 나왔다. 옛날 신령이나 부처를 모신 사묘(祠廟)에서는 쐐기를 던져 그것이 위를 향하는지 아래를 향하는지에 따라 길흉을 점쳤는데, 우리나라에서는 연초에 이것으로 1년의 길흉을 점쳤다. 전대에 이 풍속이 성행했는데, 이후로 마침내 긴 윷으로 변했다.

살피건대, 《지봉유설》에서는 "사(柶)는 탄희(攤戲)이니, 탄(攤)은 곧 저포(樗蒲)요, 저포(樗蒲)는 사희(柶戲)다"라고 했다. 그렇지만 윷놀이는 저포와는 차이가 있다.[23]

23 《지봉유설》에는 "우리나라 풍속에 설에 남녀가 모여서 뼈나 나무를 네 토막으로 잘라서 이것을 던져서 승부를 가리는 놀이를 하는데, 이것을 '탄희'라고 한다. 《훈몽자회》에서는 '탄은 곧 저포다'라고 했다(國俗, 於歲首, 男女相聚, 以骨或木, 截爲四段, 擲之以決勝負, 曰攤戲. 訓蒙字會云, 攤卽樗蒲也)"는 부분이 있다. 따라서 여기서 문제 삼은 대목은 《훈몽자회》를 인용한 "탄(攤)은 곧 저포(樗蒲)다"라는 부분인 셈이다. 《지봉유설》에는 "사는 탄희이다"나 "저포는 사희다"와 같은 구절은 보이지 않는다. 최세진(崔世珍, 1468~1542)의 《훈몽자회》(1527)에서는 탄(攤), 저(樗), 포(蒲)를 "슛놀다"나 "슛"으로 풀이했는데, 이는 당시 조선에서 "저포"라는 단어가 '윷'의 의미로 사용되고 있었기 때문일 것이다. 앞에서 저포에 대해 서술했기 때문에, 일반화된 용례와는 달리 우리의 윷놀이와 중국의 저포는 다른 것임을 밝혀두고자 했던 듯하다.

장구藏鉤

중국 한나라 때에 구익부인(鉤弋夫人)이 처음으로 만들었다.[24] 구(鉤)는 "구(彄)"또는 "구(鬮)"라고도 쓴다. 선달 그믐날 밤과 납일(臘日)에 할머니와 아이들이 두 무리로 나누어서 승부를 가리는데, 대개 부녀자의 놀이다.

24 구익부인(?~B.C. 87)은 한나라 무제의 후궁인 첩여(婕妤) 조씨(趙氏)이며, 소제(昭帝)의 생모이기도 하다. 원래 궁호는 구익부인(鉤翼夫人)이었으나, 뒤에 구익부인(鉤弋夫人)으로 바뀌었다. 아들이 황제의 자리에 오른 뒤에 효소태후(孝昭太后)로 추증되었다. 《삼진기(三秦記)》에서는 "한나라 무제의 구익부인은 주먹을 쥐고 있었다. 당시 사람들이 이를 따라하면서 '장구'라고 했다(漢武鉤弋夫人手拳, 時人效之, 目爲藏鉤也)"고 했다. 《한무고사(漢武故事)》에서는 "무제가 하간 땅에서 순수하다가 맑은 빛이 땅에서부터 하늘까지 닿는 것을 보았다. 그 기운을 본 사람들이 '아래에 귀인이 있다'고 했는데, 무제가 그 사람을 구하다가 빈 방에 있는 여자 하나를 보았다. 그 여자는 자색이 빼어났지만 두 손 모두 주먹을 쥐고 있었다. 수백 명이 그 손을 펴려 해도 펼 수 없었지만, 무제가 펼치니 바로 펴졌다. 권부인(拳夫人)이라고 불렀으니, 곧 구익부인이다. 뒷사람들이 손을 펴지 못하면서 경국지색이 있는 것을 보고서 그로 인하여 장구의 놀이를 만들었다(上巡守河間, 見淸光自地屬天. 望氣者云下有貴子. 上求之, 見一女子在空室中. 姿色殊絶, 兩手皆拳. 數百人擘之莫舒, 上自披即舒. 號拳夫人, 即鉤弋也. 後人見其手拳而有國色, 故因之而爲藏鉤之戲)"고 했다. 무제가 처음 구익부인의 주먹을 폈을 때 손 안에 갈고리[鉤子]가 있었다고도 하는데, 구익부인의 일을 본뜬 장구 놀이에서는 여러 사람 가운데 누구의 손 안에 물건이 있는지를 맞추어야 한다.

정재인呈才人

원래 중국의 배우와 환술(幻術)이니, 고려 말년에 노국대장공주(魯國大長公主)가 동쪽으로 올 때에 따라 온 것이다.[25]

25 "정재인"은 정재(呈才) 즉 궁중의 잔치에서 벌이는 연예에 참여하는 사람이라는 뜻이다. 따라서 "정재인"이라는 말을 "本 支那의 俳優幻術"로 풀이하는 것은 부자연스럽다. 《지봉유설》에서는 "우리나라의 정재인은 중국의 배우와 환술을 하는 이들의 무리에서 나왔다. 세상에 전하는 바로는 고려 말 노국대장공주가 나올 때에 이들이 따라 왔다고 한다(我國呈才人, 本中國俳優幻術者流. 世傳麗末魯國大長公主出來時, 隨來云)"고 했는데, 이를 참고하면 "우리나라의 정재인"으로 주어를 한정할 경우에 "원래 중국의 배우와 환술을 하는 이들이었다"는 풀이가 성립될 수 있을 것이다.

화랑花郎

신라의 진흥왕이 나이 어린 미남자를 뽑아 화장하여 곱게 꾸미고서 "화랑"이라고 했다. 오늘날에는 광대(倡優)를 화랑이라고 일컫는다.[26]

26 신라의 "화랑"과 조선의 "화랑이"를 함께 서술한 것인데, 둘 사이의 관련성이 있다고 보았던 듯하다. 화랑이는 광대, 박수, 창기 등을 두루 이르는 말로 사용되었다. 조재삼의 《송남잡지》에서는 "남자무당을 화랑이라고 하는 것은 잘못된 것이다(男巫爲花郎, 非也)"라고 지적한 바 있는데, "화랑이"라는 명칭 자체는 당시에 널리 퍼져 있었던 듯하다. 국립국어원의 《표준국어대사전》에는 "화랑이"는 "광대와 비슷한 놀이꾼의 패. 옷을 잘 꾸며 입고 가무와 행락을 주로 하던 무리로 대개 무당의 남편이었다"라고 풀이되어 있다.

그네[秋千]

그네는 북방 산융(山戎)의 놀이인데, 민첩함을 기르기 위한 것이었다.[27]

우리 조선에서는 매년 5월 단오에 도인사녀(都人士女)들이 널리 그네를 탄다.[28]

27 고승(高承)의 《사물기원》에서는 《고금예술도(古今藝術圖)》를 인용하여 "북방의 오랑캐가 민첩한 능력을 익히는 것을 좋아하여 한식마다 그네를 탔는데, 뒤에 중국의 여자들이 그것을 배웠다(北方戎狄, 愛習輕趫之能, 每至寒食爲之. 後中國女子學之)"고 했다. 또 제나라 환공이 산융을 정벌할 때 중국에 전래되었다는 설도 소개했다. "추천(秋千)"이라는 표기는 잘못된 것이라는 견해도 보이는데, 궁중의 축수하는 말에서 글자가 뒤집혀서 "추천"이라는 말이 성립되었기 때문이라고 했다. 조재삼의 《송남잡지》에는 그네를 밀 때 "성수천추(聖壽千秋)"라고 말했다는 내용이 있는데, 궁중의 축수하는 말이란 이 "성수천추(聖壽千秋)"를 가리키는 것일 듯하다. 북방에서 사물과 함께 들어온 말을 음차하여 표기할 때 다양한 형태가 나타났다고 보는 것이 자연스럽기 때문에, 오늘날에는 《사물기원》에서와 같은 주장은 받아들이지 않는 것이 일반적이다. "그네"는 한자어가 아니며, "근의", "글위" 등과 같은 표기가 나타난 바 있다. 《표준국어대사전》에는 "추천(鞦韆)"으로 표기되

어 있다.

28 "도인사녀"는 도읍에 살고 있는 남자와 여자를 뜻하는 말이다. 곧 서울 사람이라는 뜻으로 풀이할 수 있다.

축국蹴鞠 — 제기

"황제가 만든 것"이라고도 하고, "전국시대에 처음 시작된 것"이라고도 한다. 대개 무사를 교련하기 위한 것이었다.[29]

29 고승(高承)의 《사물기원》에서 《유향별전(劉向別傳)》 등을 인용하여 축국의 기원에 대한 두 가지 견해를 제시한 바 있다. 축국의 방식이나 규칙은 시대에 따라 많은 변화를 겪었는데, 여러 사람이 모여 공과 같은 물체를 차올려서 땅에 떨어뜨리지 않도록 하는 것이 많았던 듯하다. 축국을 "제기"로 풀이한 사례는 이미 이만영(李晩永)의 《재물보(才物譜)》(1798)에 보인다.

종이연〔紙鳶〕

중국 양나라의 무제(武帝) 소연(蕭衍)이 대성(臺城)에서 후경(侯景)에게 포위되었을 때 처음으로 종이연을 만들어서 공중에 날려 궁 밖의 구원병을 구했으니, 여기서 비롯된 것이다.[30] 우리나라에서는 음력 정월에 아이들이 종이연을 많이 날렸는데, 마침내 하나의 풍속을 이루게 되었다—옛날에 묵적(墨翟)이 처음으로 나무 연(木鳶)을 만들었다.

30 소연(464~549, 재위 502~549)은 남조 양나라를 세운 인물이다. 후경(503~552)은 양나라에 항복하여 장군이 되었으나, 반란을 일으켰다. 대성(臺城)은 남북조시대에 황제가 머물던 궁성을 뜻하는 말인데, 양나라 무제는 후경의 반란으로 인해 대성에 갇혀 있다가 굶어 죽었다고 한다. 송나라 때의 문헌인 《유설(類說)》에서는 "후경이 대성을 핍박했지만, 양 무제는 별다른 계교가 없었다. 어린아이 하나가 계책을 올렸는데, 종이로 연을 만들고 조서를 매달아서 바람을 타고 날아가도록 하

여 밖의 구원군이 오기를 바라는 것이었다. 수백 번 연을 날렸지만 구원군은 오지 않았고, 마침내 대성이 함락되었다(侯景逼臺城, 梁武帝計無所出. 有小兒獻策, 以紙爲鳶繫詔書, 因風縱之, 冀有外援. 鳶飛數百, 援仍不至. 臺城遂陷)"고 했다.

줄타기〔走索〕

줄타기는 "무환(舞絙)"이라고도 한다. 중국 한나라 초기에 비롯되었다.[31] 물구나무서기〔飜筋斗〕 또한 중국의 오래된 유희이니, 당나라 때에 성행하여 우리나라에 유입되었다.[32]

31 장형(張衡)의 《서경부(西京賦)》에 "줄 위를 달리다가 서로 마주치는구나(走索上而相逢)"라는 구절이 있는데, 이처럼 두 사람의 광대가 기둥에 매어놓은 줄 위에 마주 섰다가 엇갈려 지나가면서 춤을 추는 것을 무환이라고 한다.

32 번근두(飜筋斗) 또는 근두(筋斗)는 몸을 거꾸로 뒤집어서 부리는 재주를 뜻한다. 당나라의 최영흠(崔令欽)이 쓴 《교방기(教坊記)》에서는 "한나라 무제 때에 천진교 남쪽에서 장전(帳殿, 황제가 임시로 머물기 위해 꾸민 자리)을 설치하고 사흘간 잔치를 벌였다. 교방의 어린아이 하나가 물구나무 재주가 뛰어났는데, 단장하고 비단옷을 입고서 내기(內妓) 가운데 섞여 있었다. 조금 있다가 긴 장대 위로 올라 거꾸로 서더니, 얼마 지나지 않아서 손을 놓았다. 한참이 지난 뒤에, 손을 아래로 드리워 장대를 안더니 몸을 뒤집어 내려왔다(漢武時, 於天津橋南, 設帳殿, 酺三日. 教坊一小兒, 筋斗絕倫, 乃衣以繒綵, 梳洗, 雜於內妓中. 少頃, 緣長竿上, 倒立, 尋復去手. 久之, 垂手抱竿, 翻身而下)"고 했는데, 이를 통해 당나라 때에 이러한 기예가 성행했음을 알 수 있다.

널뛰기〔板舞〕

널뛰기는 어느 시대에 처음 생겼는지 알 수 없다. 어떤 이는 "옛날에 한 여자가 연정을 품은 이웃사람을 그리워했는데, 이것을 만들어서 담장 밖으로 얼굴을 볼 수 있었다"고도 한다. 그 방법은 부녀자가 흰 널빤지를 짚단에 가로로 걸쳐놓고 양쪽 끝에 갈라서서 굴러 뛰는 것인데, 몇 척의 높이까지 뛰어오른다. 살피건대 주황(周煌)의 《유구국기(琉球國紀)》에서는[33] "그 부녀자들이 또한 판무(板舞)를 잘한다"고 했으니, 이는 반드시 우리 나라의 풍속을 좋아해서 본떴을 것이다.[34]

33 주황의 책이름이 원고본에는 "유구국기(琉球國紀)"로, 간행본에는 "유구국기(琉球國記)"로 표기되어 있다. 그렇지만 이 책은 보통 "유구국기략(琉球國記略)"이라는 이름으로 불린다.

34 널뛰기의 방법과 유구국의 널뛰기에 대한 서술은 유득공의 《경도잡지》를 참고한 것으로 보인다. 조재삼의 《송남잡지》에서는 양귀비(楊貴妃)가 안록산(安祿山)의 모습을 보고 싶어서 널뛰기 놀이를 만들었다는 설을 소개했다.

무도舞蹈

무도는 서양의 프랑스, 이탈리아 두 나라에서 처음 성행했으며, 여러 나라에서 이를 본떠서 행하였다.[35]

35 무도는 발레(ballet)를 가리키는 것으로 보인다. 발레는 14~15세기 무렵 이탈리아의 무언극 또는 가면극으로부터 발생했고, 16세기 무렵에 프랑스의 궁정으로 유입되어 집대성되었다고 한다.

석전石戰

《여지승람(輿地勝覽)》에서는 "김해와 안동에서는 매년 4월 8일부터 5월 5일에 이르기까지 아이들이 무리지어 모여서 성의 남쪽에서 석전을 시작하는데, 장정이 모두 모이면 좌우로 편을 갈라서 깃발을 세우고 북을 울리고 뛰고 소리 지르면서 비가 쏟아지듯 돌을 던진다. 비록 죽거나 다치는 사람이 생기더라도 후회하지 않음에, 수령이 금하지 못한다"고 했으니,[36] 아마도 그 유래가 이미 오래되었을 것이다. 신라 때로부터 처음 나타났는데, 중국의 이른바 투석초거(投石超距)의 유희가 곧 이것이다.[37] 《당서》 고구려전(高句麗傳)에서는 "해마다 연초에 패수(浿水) 가에 모여서 돌을 던지고 물을 뿌리면서 쫓고 쫓기는 것으로 유희를 삼는다"고 했으니, 이것이 곧 석전의 시초다.[38] 우리 조선 중종 경오년(庚午年) 이후로는 매년 서울에서도 석전이 성행했다.[39]

36 《신증동국여지승람》에는 안동과 김해 부분에 각기 석전(石戰)에 대한 기록이 있다. 두 지역의 시행 시기는 정월 16일(안동)과 단오(김해)로 각기 달리 제시되어 있는데, 서술된 내용에도 약간의 차이가 있다. 여기서 인용한 것은 김해도호부(金海都護府) 풍속(風俗)과 유사한데, 일부 차이가 있다. 《신증동국여지승람》 김해 항목에서는 "매년 4월 8일부터 아이들이 무리지어 모여서 성 남쪽에서 석전을 연습하는데, 단옷날이 되면 장정이 모두 모인다. 좌우로 편을 갈라서 깃발을 세우고 북을 울리고 소리 지르고 뛰어다니면서 비가 쏟아지듯 돌을 던지는데, 승부가 결판난 다음에야 그만둔다. 비록 죽거나 다치는 사람이 생기더라도 후회하지 않으니, 수령도 금하지 못한다. 경오년에 왜적을 정벌할 때에 돌을 잘 던지는 자를 선봉으로 삼았더니, 적병이 앞으로 나오지 못했다(每歲自四月八日, 兒童羣聚, 習石戰于城南. 至端午日, 丁壯畢會, 分左右, 竪旗鳴鼓, 叫號踊躍, 投石如雨, 決勝負乃已. 雖至死傷無悔, 守令不能禁. 庚午征倭時, 以善投石者爲先鋒, 賊兵不能前)"라고 했다. 경오년은 중종 경오년, 곧 1510년인데, 이 해에 삼포왜란이 일어났다.

37 "투석초거"는 투석발거(投石拔距)라고도 하는데, 군중(軍中)에서 무예를 닦기 위해서 했던 중국의 유희다. 초거(超距)나 발거(拔距)는 모두 도약한다는 의미다. 《사기》 백기왕전열전(白起王翦列傳)에 군사들이 투석초거의 유희를 하고 있었다는 내용이 있고, 《한서》 감연수전(甘延壽傳)에 감연수가 투석발거에 뛰어났다는 말이 보인다.

38 《수서(隋書)》에 이 내용이 보인다. 《당서》를 인용서목으로 제시한 것은 잘못일 듯하다. 《수서》 고구려전(高句麗傳)에서는 "해마다 연초에 패수(浿水) 가에 모여서 놀이를 하는데, 왕이 요여(腰轝)를 타고 나아가 우의(羽儀)를 나열해놓고 구경한다. 행사가 끝나면 왕이 의복을 물에 던진다. 좌우로 갈라 두 편이 되어서 물을 뿌리고 돌을 던지는데, 떠들썩하게 소리치면서 쫓고 쫓기기를 두세 차례 하다가 그친다(每年初, 聚戲於浿水之上, 王乘腰轝列羽儀, 以觀之. 事畢, 王以衣服入水, 分左右爲二部, 以水石相濺擲, 諠呼馳逐, 再三而止)"고 했다.

39 중종 경오년은 1510년으로 삼포왜란이 일어난 해다. 이때 김해와 안동에서 석전에 능한 이들을 선발하여 선봉으로 삼았다고 한다. 그렇지만 서울에서 벌어진 석전에 대한 기록은 이미 조선 초기에도 나타난다. "1510년 이후"를 거론한 근거

가 무엇인지는 분명하지 않다.

줄다리기[挽索]

줄다리기는 "설하(挈河)"라고도 한다.[40] 우리 조선에서는 정월 대보름에 마을의 농민들 사이에 성행한 힘겨루기 놀이다.

40 "설하"가 어디서 사용된 말인지는 분명하지 않다. 우리나라에서는 줄다리기를 이르는 말로 삭전(索戰), 조리희(照里戲), 갈전(葛戰) 등을 사용한 것으로 알려져 있다. 또 중국에서는 "발하(拔河)"나 "타구(拖鉤)" 등의 말이 사용되었으며, 줄다리기인지 그네인지 분명하지 않은 "시구(施鉤)"라는 놀이에 대한 기록이 전하기도 한다. 그렇지만 장지연은 1908년 12월에 편찬한 《회중신경(懷中新鏡)》에서도 "설하희"를 정월 대보름의 풍속으로 기록하고 있으니, "설하"라는 표기를 오기로 생각하기는 어렵다.

박수拍手

《구약전서》에 처음으로 나타난다.[41] 그리스로마시대에는 연설하는 이나 배우의 연기가 뛰어나면 청중이 모두 박수갈채를 했다.[42]

41 《구약전서》 열왕기 하 11장에 왕의 만세를 부르면서 박수를 치는 장면이 나타난다. 이스라엘 역사서의 성격을 지닌 열왕기는 원래 1권이었으나, 뒤에 상하권으로 나뉘었다. 또 시편 47편에도 박수가 언급되어 있다.

42 원문의 "演說者ㅣ 或俳優演에 至ᄒᆞ면"은 그대로 옮기면 "연설하는 이가 배우의 연기에 이를 때에는" 정도가 되는데, 문맥이 잘 통하지 않으며 오류가 있을 가능성이 있다. 여기서는 니시무라 시게키의 《서국사물기원》에서 서술한 바를 참고하여 고쳐서 옮긴다.

세악수細樂手

무릇 음악을 연주하는 자로서 선전관청(宣傳官廳)에 속한 이는 "내취(內吹)"라 하고, 장용영(壯勇營), 훈련도감(訓局), 금위영(禁營)에 속한 이는 "세악수(細樂手)"라 한다.[43]

43 내취는 겸내취(兼內吹)라고도 하는데, 궁중에서 군악(軍樂)을 연주했다. 선전관청에 속하며, 속칭 "조라치(照羅赤)"라고도 했다. 세악수는 군악병으로 장구, 북, 깡깡이, 피리 등을 연주했다.

잡희雜戲 부附 환기幻技

신라사에서는 "최치원의 시에 '향악잡영 5제(鄕樂雜詠五題)'가 있으니, 곧 금환(金丸), 월전(月顚), 대면(大面), 속독(束毒), 산예(狻猊) 등이다"라고 했다. 지금은 모두 전하지 않는다.[44]

일본사에는 전무(田舞), 답무(踏舞), 전악(田樂), 남무(男舞), 원악(猿樂) 등의 잡연(雜演)이 있는데, 하나하나 들어서 서술하지는 못한다.[45]

환기(幻技)는 중국 주나라 때에 비롯되었다.

44 《삼국사기》 권32 악지(樂志)에 최치원의 '향악잡영 오수(鄕樂雜詠五首)'가 실려 있다. 최치원의 시에서 언급된 다섯 가지 놀이를 "신라 오기(新羅五伎)"라고 하는데, 그 성격과 유래에 대해서는 이견이 존재한다. 금환(金丸)은 금빛 방울을 갖고 하는 놀이이니 일종의 곡예로 볼 수 있다. 월전(月顚)은 놀이꾼의 모습이 인상적인데, 풍자적인 희극의 성격을 가진 것으로 추정된다. 대면(大面)과 속독(束毒)은 탈춤의 일종으로 여겨지는데, "대면"은 큰 가면을 뜻하는 말일 것으로 추정된다. 산예(狻猊)는 사자춤임이 분명한데, 그 유래에 대해서는 정확히 알 수 없다.

45 전무(다마이)는 민속무용에서 기원하여 궁정으로 유입된 무악(舞樂)으로, 《일본서기》에서는 덴지 천황 때의 기록에 처음 나타난다. 답무(도부)는 발로 박자를 맞추는 춤이다. 전악(덴가쿠)은 헤이안 중기부터 가마쿠라 · 무로마치시대까지 행해

진 예능으로, 모내기 때의 가무음곡(歌舞音曲)에서 기원했다고 한다. 남무(오토코마이)는 헤이안 말기부터 가마쿠라시대까지 행해졌던 춤으로, "시라뵤시(白拍子)"라고도 한다. 여성이 남장을 하고 이 춤을 추었다고 한다. 원악(사루가쿠)은 노(能)의 기원이 되기도 하는 민중 예능으로, 익살스런 흉내의 요소가 많았다고 한다. 21장 음악의 '속악' 항목에도 사루가쿠에 대한 서술이 보인다.

• 25장 •

방술

—

方術

의약醫藥 — 또 위생衛生 부에도 보인다.

《설문해자(說文解字)》에서는 "무팽(巫彭)이 처음으로 의원이 되었다"고 했다.[1] 또 《제왕세기(帝王世紀)》에서는 "황제가 기백(岐伯)으로 하여금 풀과 나무를 맛보게 했다. 지금의 《본초경(本草經)》이 여기서 나왔다. 또 《난경(難經)》을 저술했다"고 했다.[2] 혹은 신농씨가 온갖 풀을 맛보았다고도 한다[3]〔지금으로부터 5120년 전〕.

신라 신문왕 11년에 처음으로 의학박사를 두어서 《본초경》과 《갑을경(甲乙經)》을 가르치도록 했다.[4] 그렇지만 의술은 그보다 앞선 기자(箕子) 때로부터 비롯되었다.

일본에서는 긴메이 천황 때에 백제로부터 의약(醫藥)이 처음으로 건너갔다.[5] 이것이 일본 의약의 시초다〔지금으로부터 1407년 전〕. —이보다 앞서 인교 천황 때에 신라의 의원을 초빙했다.[6]

1 무팽은 원래 무당이었다. 《여씨춘추》에도 무팽이 의원이 되었다는 말이 나온다.
2 《난경》은 곧 《황제팔십일난경(黃帝八十一難經)》이다. 전국시대의 명의인 편작(扁鵲)의 저술로 알려져 있는데, 문답 형식으로 《황제내경(黃帝內經)》의 핵심과 난점을 풀이했다. 《제왕세기》에서는 황제가 기백으로 하여금 저술하게 했다고 서

술했지만, 《난경》을 간행하면서 쓴 후대의 서문에는 진월인(秦越人) 즉 편작이 지은 것이라고 했다.

3 12장 위생의 '의술(醫術)' 항목에서는 신농씨의 일을 기원으로 서술하고 기백의 의술을 덧붙였다.

4 《삼국사기》 직관지(職官志)에 효소왕(孝照王) 원년에 의학박사 2인을 두어서 《본초경》, 《갑을경》, 《소문경(素問經)》, 《침경(針經)》, 《맥경(脉經)》, 《명당경(明堂經)》, 《난경》을 가르치도록 했다는 기록이 보인다. 《삼국사기》의 효소왕 원년은 곧 692년인데, 효소왕이 즉위한 해다. 여기서 "신문왕 11년"이라고 한 것은, 즉위년을 제외하고 연대를 정하는 방식으로 692년을 표시했기 때문으로 추정된다. 즉 《삼국사기》의 연대 표기 방식에 의하면 692년은 "신문왕 12년"이자 "효소왕 원년"이 되는데, 이를 다시 "신문왕 11년"으로 바꿔서 표기한 것이다.

5 《일본서기》에서는 긴메이 천황 15년(554)에 백제로부터 의박사인 왕유릉타(王有陵陀)와 채약사(採藥師)인 반양풍(潘量豊), 정유타(丁有陀)가 건너왔다고 했다. 이 기록을 통해 백제에는 의박사와 별도로 "채약사"가 있었음을 확인할 수 있는데, 그 역할이 어디까지였는지는 분명하지 않다.

6 인교 천황 3년, 즉 414년에 신라의 김무(金武)가 일본에 건너가서 인교 천황의 병을 치료한 일을 말한 것이다. 일본 측의 기록에는 이름이 "김파진한기무(金波鎭漢紀武)"로 되어 있는데, "파진(波鎭)"은 관직의 명칭이고 "한기(漢紀)"는 귀인에게 붙이는 호일 것으로 추정하는 것이 일반적인 견해다.

점술〔卜筮〕

《고사고》에서는 "포희씨(庖羲氏)가 처음으로 팔괘(八卦)를 만들었다"고 했다. 이것이 점술의 시초다[7]〔지금으로부터 5236년 전〕. 은나라 때에 무함(巫咸)이 점술에 뛰어났다. 거북점을 "복(卜)"이라 하는데, 거북의 등껍데기를 태워서 가로세로로 나타난 조상(兆象)으로 점을 치는 것이다.[8] "서(筮)"는 시초(蓍)를 사용하여 점을 치는 것이다.

일본의 점술은 긴메이 천황 때 백제로부터 처음 건너갔다[9]〔지금으로부터 1407년 전〕.

7 고승(高承)의 《사물기원》 '서(筮)' 항목에서는, 《고사고》에서 "포희씨가 괘를

만들어 처음으로 점대(筮)가 있게 되었다(庖犧氏作卦, 始有筮)"라는 부분을 인용하고서 "이것이 점대의 시초일 것이다(此蓋其初也)"라고 했다. "복서(卜筮)"는 점치는 일을 뜻하는 말이지만, "복(卜)"과 "서(筮)"에는 각기 점치는 도구의 의미가 있다. 《사물기원》에서 점치는 도구 자체의 기원을 서술했다면, 《만국사물기원역사》에서는 이 구절을 통해 "점술(卜筮)"의 기원을 말하려고 한 것으로 보인다.

8 조상(兆象)은 "징조를 보여주는 모습"이라는 뜻으로, 불에 구운 거북 등껍데기가 갈라진 모양을 가리킨다. 이 조상을 해석함으로써 점괘를 내는 것이다.

9 《일본서기》에 언급된 긴메이 천황 15년(554)에 백제의 역박사(易博士) 왕도량(王道良)이 일본에 건너간 일을 말한 것으로 보인다. 왕도량은 앞의 '의약' 항목에서 거론된 의박사 왕유릉타, 채약사 반양풍, 정유타 등과 함께 일본으로 건너갔다고 한다.

동전으로 시초를 대신함[以錢代著]

저영(儲泳)이 "동전으로 시초를 대신한 일은 한나라와 당나라 이래로 나타났으니, 글자가 있는 쪽을 음(陰)으로 하고 글자가 없는 쪽을 양(陽)으로 했다"고 말했다.[10] 송나라의 회옹(晦翁) 주희(朱熹)가 이와 반대로 했으니, 글자가 있는 쪽을 양으로 하고 글자가 없는 쪽을 음으로 했다.

10 저영(1101~1165)은 송나라 때의 학자로, 자는 문경(文卿)이며 호는 화곡(華谷)이다. 저영의 저술인 《거의설(祛疑說)》은 후대에 《패해(稗海)》 등에 편입되어 전하는데, 그 가운데 시초(蓍草, 점을 치는 데 사용한 풀이름. 톱풀.) 대신 동전을 이용하여 점을 치게 된 일에 대한 언급이 보인다.

무당[巫祝]

《주역》에 "사무(史巫)를 쓴다"고 했으니, 은나라와 주나라 이후에 처음으로 생긴 것이다.[11] 《주례》에서는 "여무(女巫)가 세시(歲時)의 불제(祓除)를

맡는다"고 했다.[12]

11 《주역》 손위풍(巽爲風)에 "공손함이 상하에 있으니, 사무를 많이 써야 길하고 허물이 없다(巽在牀下, 用史巫紛若, 吉無咎)"고 했다. "사무"는 축사(祝史)와 무당(巫覡)을 뜻하는 말인데, 축사(祝史)란 원래 제사를 맡은 관리를 뜻한다. "사무"라는 말에 대해서는 둘을 구별해서 "제사를 맡은 관원과 귀신을 섬기는 무당"으로 풀이하기도 하지만, 하나로 합쳐서 "제사와 귀신 섬기는 일을 맡은 무당"의 의미로 풀이하기도 한다.

12 《주례》 춘관에서 인용한 것이다. "불제"는 재앙을 물리치는 일을 뜻하는데, 《주례》의 주석에서는 삼월 상사일(上巳日)에 물가에 가는 일과 같은 것이라고 풀이했다.

관상술[相術]

관상술은 열국(列國)의 시대에 처음으로 생겼다[13][지금으로부터 2500년 전].

13 "상술(相術)"은 사람이나 땅의 모양을 관찰하여 앞으로의 길흉을 예언하는 방술(方術)이다. 그런데 지형을 통해 길흉을 점치는 풍수가 별도의 항목으로 되어 있으므로, 여기서는 관상술(physognomy)의 의미로 사용되었으리라고 짐작할 수 있다. 진(晋)의 고포자경(姑布子卿)이 공자의 상을 보고 대성인이 될 것을 예언한 일이 중국 관상술의 첫 사례로 흔히 언급되는데, "2500년 전"이라고 한 것은 이를 말한 것으로 추정된다.

풍수[相地術]

한나라 말기에 처음으로 생겼다[지금으로부터 1600년 전 무렵].

—살피건대, 무당, 점술, 관상술, 풍수 등의 여러 방술은 모두 옛날 미개했던 시절에 어리석은 백성들이 망령되이 믿은 것들이다. 그렇지만 오늘날과 같이 문화가 진보한 시대에는 모두 폐기하고 쓰지 않는다.

점몽占夢

《주례》에서 "해와 달과 별로 '여섯 가지 꿈'의 길흉을 점친다. 첫째는 정몽(正夢)이요, 둘째는 악몽(噩夢)이요, 셋째는 사몽(思夢)이요, 넷째는 오몽(寤夢)이요, 다섯째는 희몽(喜夢)이요, 여섯째는 구몽(懼夢)이다"라고 했다.[14] 꿈으로 길흉을 점치는 일은 그 유래가 이미 오랜 것이다.[15]

《구약전서》 창세기에 요셉(Joseph, 約瑟)이 여러 형제들에게 자신의 꿈을 고한 이야기와 요셉이 이집트왕의 꿈을 해몽했다는 이야기가 실려 있다.[16] 또 크테시아스(Ctesias of Cnidus, 沙斯底士)의 역사서에는 페르시아왕 키루스(Cyrus the Great, 西剌斯)의 할아버지가 아시아에 대홍수가 나는 꿈을 꾼 일이 실려 있고,[17] 《플루타르크 영웅전(Plutarch's Parallel Lives, 布耳他克英雄傳)》에는 마케도니아(Macedonia, 馬基頓)의 필립포스(Philipos, 非立) 황후가 태몽을 꾼 일이 실려 있다.[18] 이것이 모두 서양에서 점몽(占夢)의 방술이다.

14 《주례》 춘관 점몽에서 인용한 것이다. 정몽(正夢)은 평안한 꿈이며, 악몽(噩夢)은 놀라는 꿈이며, 사몽(思夢)은 깨어 있을 때 생각한 것을 꾸는 꿈이며, 오몽(悟夢)은 깨어 있을 때 말한 것을 꾸는 꿈이며, 희몽(喜夢)은 기뻐서 꾸는 꿈이며, 구몽(懼夢)은 두려워하여 꾸는 꿈이다.

15 점몽은 곧 꿈풀이(解夢)다. 원문에 "占夢의 等이"라고 한 것은 "꿈의 등급을 풀이하는 것이"나 "꿈을 풀이하는 등급이" 정도로 번역할 수도 있는데, 문맥이 자연스럽지 못하다. 여기서는 "꿈을 풀이하는 일 등이" 정도로 문맥을 파악하여 옮긴다.

16 《구약전서》 창세기의 37장에 요셉이 형제들에게 자신의 꿈을 이야기하는 내용이 두 번 나타난다. 첫 번째 꿈의 내용은 형제들이 밭에서 곡식 단을 묶었는데 자신이 묶은 단은 일어서고 형들의 단은 둘러서서 절을 했다는 것이며, 두 번째 꿈의 내용은 해와 달과 11개의 별이 자신에게 절하더라는 것이었다. 이에 형들의 시기를 받아 이집트로 팔려가게 되었다고 한다. 또 41장에는 이집트 파라오의 꿈을 해

몽하고서 총리가 된 일이 기록되어 있다. 파라오는 강가에서 여윈 암소 일곱 마리가 살찐 암소 일곱 마리를 잡아먹는 꿈을 꾸고, 다시 마른 이삭 일곱 개가 여윈 이삭 일곱 개를 삼키는 꿈을 꾸었다. 야곱은 7년의 풍년 뒤에 7년의 흉년이 올 것이라고 풀이했다고 한다.

17 기원전 5세기에서 기원전 4세기 무렵의 그리스 역사가인 크테시아스(Ctesias of Cnidus)는 17년 동안 페르시아 왕실의 의사로 활동했으며, 이후 페르시아의 공식문서를 활용하여 23권에 이르는 페르시아의 역사를 기술했다. 키루스 대왕(Cyrus the Great)은 페르시아 제국을 건설한 인물이다. 간행본에는 "亞剌斯"로 표기되어 있는데, 원고본에 표기된 "西剌斯"가 옳을 것으로 판단된다. 키루스 대왕의 할아버지는 메디아의 왕인 아스티아게스(Astyages)인데, 자신의 딸인 만다네(Mandane)에게서 솟아오른 물줄기가 메디아는 물론 아시아 전체를 잠기게 할 만한 대홍수를 만드는 꿈을 꾸었다고 한다. 또 그 뒤에는 만다네의 음부에서 자라난 나무가 아시아 전체를 뒤덮는 꿈도 꾸었다고 한다. 해몽하는 이들이 만다네의 아들이 왕이 될 것이라고 풀이하자, 아스티아게스는 손자를 죽이라는 명령을 내리게 된다. 그렇지만 명령을 받은 신하는 아이를 죽이는 일을 농민에게 맡겼고, 죽지 않고 농민의 아들로 자라난 키루스는 결국 할아버지 아스티아게스를 몰아내고 메디아를 복속시켰다고 한다. 설화적인 요소가 강한 키루스 대왕의 탄생 이야기는, 헤로도토스(Herodotos)의 《역사》에도 기록되어 있다. 다만 헤로도토스의 한자 표기가 "希臘多他斯"와 "希羅都他斯"로 나타난다는 점을 고려하면, 여기서 거론된 "沙斯底士"가 헤로도토스를 표기한 것일 가능성은 별로 없어 보인다.

18 알렉산드로스 대왕(B.C. 356~B.C. 323)의 태몽을 말한다. "필립포스 황후"는 곧 알렉산드로스 대왕의 어머니를 가리킨다.

남녀궁합과 점명택일〔男女宮合 及 占命擇日〕

당나라의 여재(呂才)가 처음으로 이 방술을 만들었다. 대개 당시에 위구르(回鶻)와 토번(吐藩)이 당나라 공주에게 혼인을 청했던 까닭에, 여재가 처음으로 이 방술을 만들어서 거절했던 것이다.[19]

19 여재(606~665)는 당나라 때의 철학자로 음악이론에 밝았다고 알려져 있다. 그가 당 태종의 명령에 따라 저술했다고 알려진 《멸만경(滅蠻經)》에 "합혼법(合婚法)"에 대한 서술이 있는데, 여기서 언급한 궁합과 택일법은 바로 이 합혼법을 가리킨다. 위진시대 이후에 이민족의 세력이 강해지면서 청혼의 요구 또한 늘어났는

데, 당 태종이 이를 거절하기 위하여 이러한 저술을 하도록 했다고 전한다. 여재의 궁합법은 "궁도합혼법(宮度合婚法)"이라고도 하는데, 합혼도(合婚圖)에 따라 남녀의 출생일이 서로 어울리는지를 살피는 것이 그 요령이라고 한다. 그런데 궁합의 기원에 대해서는 한나라 때의 일이라는 설도 전승되어 왔다. 즉 한나라 혜제(惠帝)의 어머니인 여후(呂后)가 흉노로부터의 청혼을 거절하기 위하여 "구궁궁합법(九宮宮合法)"을 만들었다는 설이 그것이다. 그렇지만 두 가지 설 모두 명확한 근거가 있는 것은 아니며, 《멸만경》의 경우에는 여재의 저술이 아니라는 견해도 있다.

• 26장 •

식물

—

植物

목면木棉

목면은 "길패(吉貝)"라고도 하는데, 범서(梵書)로는 "섬파(睒婆)"라고 한다.[1] 본래 운남(雲南), 교지(交趾)에서 생산되었다. 고려 공민왕 때에 강성군(江城君) 문익점(文益漸)이 원나라에 사신으로 갔다가 교지 땅에 유배되었는데, 풀려나서 돌아올 때에 목면의 씨를 구해왔다.[2] 이것이 우리나라에서 목면의 시초다[지금으로부터 544년 전].

1 목면을 처음으로 재배한 곳은 인도로 알려져 있다. 인도에서는 목면을 "카르포사(karposa)"라고 불렀는데, 불경에 보이는 "섬파"라는 단어는 "카르포사"를 한자로 표기한 것으로 알려져 있다. 또 중국에서는 이를 음차한 "길패"라는 단어를 주로 사용했다. 영어의 "cotton" 또한 "카르포사"에서 유래한 말이다.

2 교지는 오늘날의 베트남 북부 지역이다. 17장 직조물의 '탄면기(彈棉機)' 항목에도 문익점의 일이 서술되어 있다. 문익점과 관련된 논란에 대해서는 '탄면기' 항목의 주석에서 서술했다.

석류石榴

안석(安石)—나라 이름—의 석류는 인도에서 생산되었다. 《박물지》에

"한나라의 장건(張騫)이 서역에 사신으로 갔다가 돌아올 때에 안석류(安石榴)를 구해왔다"고 했으니, 이것이 석류가 동쪽으로 전래된 일의 시초다[3] [지금으로부터 2030년 전 무렵]. 신 것과 단 것의 두 종류가 있고, "단약(丹若)"이라고도 부른다. 단 석류는 "천장(天漿)"이라고 부른다.[4]

3 "안석"은 안식국(安息國), 즉 이란의 고대 왕국인 파르티아(Parthia)다. 석류의 원산지는 이란을 중심으로 한 지역인데, 인도를 거쳐서 중국에 전래되었다고 한다. "안석류"라는 말은 원산지를 지칭한 것인 셈이다.

4 《유양잡조(酉陽雜俎)》에 "단약(丹若)"이라는 별칭이 보인다. "천장"은 천상의 음료라는 의미인데, 이를 단 석류의 명칭으로 제시한 문헌 또한 《유양잡조》다.

호도胡桃

호도의 별칭은 "강도(羌桃)"인데, 또한 인도에서 생산되었다. 장건(張騫)이 구해왔다.[5]

5 호도의 원산지는 이란으로 알려져 있다. 호도를 뜻하는 말로는 "당추자(唐楸子)", "핵도(核桃)" 등도 사용되었다.

포도葡萄

포도 또한 서장(西藏) 인도에서 생산되었다. 《한서》에서는 "이광리(李廣利)가 이사장군(貳師將軍)이 되었는데, 대완국(大宛國)을 물리치고 포도 씨를 구했다"고 했다.[6] 《박물지》에서는 "포도 또한 장건이 구해온 것이다"라고 했다.[7]

《사기》에 "대완국에서는 포도로 술을 만드는데, 부유한 사람은 만 석

(石)까지 저장한다"고 했다.[8]

6 "대완(大宛)"은 중앙아시아에 있던 서역 국가 페르가나(Fergana)의 중국식 표기로, 한혈마(汗血馬)의 산지로 당시에 널리 알려졌다. 한나라 무제 때의 장수인 이광리(?~B.C. 90)는 대완국을 정벌하라는 명령을 받았는데, 이 원정의 주된 목적은 한혈마를 구하는 것이었다고 한다. 이광리는 두 번의 시도 끝에 대완국의 이사성(貳師城)을 함락시켰으며, 이로부터 "이사장군"이라는 칭호를 얻었다.

7 장건(?~B.C. 114)은 이광리보다 앞선 시기의 인물이며, 한혈마의 산지인 대완국의 존재 또한 장건에 의해서 한나라에 소개되었다.

8 《사기》 대완열전(大宛列傳)에서는 "(대완국에서는) 포도로 술을 만든다. 부유한 사람은 술을 만여 석까지 저장하는데, 오래된 것은 수십 년이 지나도 부패하지 않는다(以蒲陶爲酒, 富人藏酒至萬餘石, 久者至數十歲不敗)"고 했다. 《한서》 서역전(西域傳)에도 같은 내용이 보인다. 한편 19장 음식의 '포도주' 항목에도 "대완국의 포도주"가 언급되어 있는데, 인용된 내용에는 조금 차이가 있다.

거여목[苜蓿]

목숙(苜蓿)은 오랑캐 땅에서 나는 풀이니, 또한 장건이 구해온 것이다. 지금 장건의 목숙원(苜蓿園)이 낙양(洛陽)에 있다—임방(任昉)의 《술이기(術異記)》.

우리나라에서는 《동의보감》에서 "거여목"이라 했다.[9]

9 거여목은 "개자리"의 고어인데, 콩과에 속하는 두해살이풀이다. 원문에서 "의감(醫鑑)"이라 한 것은 《동의보감》을 가리키는 것으로 추정되는데, 《동의보감》 권2에 "거여목"의 표기가 보인다. 《두시언해》에는 "게여목"으로 표기되어 있다.

여지荔芰, litchi

여지는 본래 민월(閩越) 땅에서 생산되었는데, 한나라 고제(高帝) 때에 남월왕(南越王) 위타(尉佗)가 바쳤다. 또한 "십팔랑(十八娘)"이라고도 일컫

는다.[10]

10 《서경잡기》에 남월왕 위타가 한 고조에게 상어(鮫魚)와 여지를 바쳤다는 기록이 보인다. 송나라 채양(蔡襄, 1012~1067)의 《여지보(荔枝譜)》에는 "십팔랑은 여지 가운데 색이 매우 붉고 가늘며 긴 것이니, 세상 사람들이 소녀에다 비긴다. 항간에 전하기를 민왕 왕씨의 딸인 십팔랑이 이 품종을 즐겨 먹어서 이 이름을 얻게 되었다고 한다(十八娘, 荔枝色深紅而細長, 時人以少女比之. 俚傳閩王王氏有女第十八, 好噉此品, 因而得名)"고 했다. 이에 따르면 "십팔랑"은 여지 가운데 특정한 품종을 가리키는 말이라고 할 수 있다.

담배〔煙草〕

담배는 《속문헌통고(續文獻通考)》에서 말한 "담파국(淡巴國)"—서남해 가운데에 있다—에서 나는 까닭에 "담파(淡巴)"라고 한다. 지금 남해 가운데의 여송(呂宋), 감파(甘巴) 등의 나라가 이것이다.[11]

우리 조선 광해군 무오년에 담배가 처음 일본에서부터 전래되었다〔지금으로부터 391년 전〕.[12] 그래서 "남초(南草)"라고 부른다. 또 "연(菸)"—음은 '연'이다—이라는 이름으로 불리기도 했다. 당시에 장유(張維)가 가장 먼저 즐겼고, 그 후에 다른 사람들도 많이 피우게 되었다. 또 청나라 사람들이 매우 좋아하여 사행(使行)에는 수많은 사상(私商)들이 따랐는데, 청나라 사람들 가운데 이로 인하여 실수로 불을 낸 이가 많았다. 칸(汗)이 크게 노하여 엄하게 금지했지만 죽음을 무릅쓰고 매매했는데, 남초 한 움큼의 가치가 100금에 해당했다. 그 뒤에 우리나라 사람들이 저들에게 씨앗을 주었는데, 이로부터 청나라에서도 또한 담배를 키우게 되었다.

일본에서는 고요제이 천황 을사년에 남만(南蠻)으로부터 담배 씨앗이 처음으로 전래되었다〔지금으로부터 305년 전〕. 백성들이 기쁘게 씨를 뿌렸으며, 온 천하에서 담뱃대를 제조했다. 이것이 일본에서 담배의 시초다.[13] 그 뒤에 여러 차례 금지시키려 했으나 실패했다.

지금 관서 지방의 삼등(三登), 성천(成川) 등에서는 금사연(金絲烟)이 생산되며, 광주(廣州)에서는 금광초(金光草)가 생산된다.[14]

유럽에서는 1565년에 월터 롤리(Walter Raleigh, 窩耳他 剌禮)가 처음 옮겨 심은 이후로부터 재배가 늘어났으며 사람들이 모두 흡연을 하게 되었다.[15] 처음에 롤리가 담배를 갖고 유럽에 돌아왔을 때의 일인데, 어느 날 한가로이 흡연하고 있을 때 그의 하인이 주인의 입에서 연기가 나오는 것을 보고는 입 속에서 불이 나온다고 생각하여 급히 맥주 한 병을 주인의 머리 위에 부었다고 한다. 또 여황제 엘리자베스(Elizabeth I, 衣阿伯里)는[16] 롤리와 담배연기의 무게를 두고 내기를 했다고 한다.[17]

11 《속문헌통고》에는 서남해 가운데에 있는 "담파국"에 대한 기술이 있지만, 담파국과 담배의 유래를 직접 연관시킨 내용은 보이지 않는다. 중국에서 "tobacco"를 음차한 표기로는 "담파고(淡巴菰)", "담파고(淡巴苽)", "담파고(淡巴姑)" 등이 있었는데, 여기서는 나라 이름인 "담파(淡巴)"에서 이러한 단어들이 유래했다고 이해한 것이다. 이러한 이해 방식이 어디에 근거를 둔 것인지는 분명치 않으나, 청대 유정섭(兪正燮, 1775~1840)의 글에 "담배는 여송에서 나오는데, 그 지명이 담파고다(煙草出於呂宋, 其地名曰淡巴姑)"라는 구절이 있어 이전부터 존재했던 것임은 알 수 있다. 한편 이수광의 《지봉유설》에서는 담배라는 명칭의 유래를 사람의 이름과 연관 지어 설명한 사례가 보이는데, 남만국(南蠻國)의 담파고(淡婆姑)라는 여인이 담배를 먹고서 가래 끓는 병(痰疾)이 나았기 때문에 이러한 이름이 붙었다는 것이 그 내용이다. 이처럼 당시에는 특정한 지명이나 인명으로부터 담배의 유래를 설명하는 설화들이 다수 전승되었던 듯하다. 실제로 담배는 필리핀을 거쳐서 중국에 전래되었다는 견해가 유력한데, 이는 명나라 때의 학자인 요려(姚旅)의 《노서(露書)》에서 근거를 찾을 수 있다. 요려는 "여송국(呂宋國)에 담파고라는 풀이 있는데, 일명 금사훈이다. 연기가 대롱을 거쳐 목에 들어가면 사람을 취하게 만든다. 또한 독기를 물리치고, 갈아서 낸 즙은 머리의 이를 고친다(呂宋國有草, 名淡巴菰, 一名曰金絲醺. 煙氣從管中入喉, 能令人醉, 亦辟瘴氣, 搗汁可毒頭蝨)"고 했으며, 청대 왕사진(王士禛)은 《향조필기(香祖筆記)》에서 여송국으로부터 들어온 일을 서술한 바

있다. "여송"은 루손(Luzon) 섬, 즉 지금의 필리핀이다. 또 "감파"는 "감파리(甘巴里)"의 오기로 보이는데, 이는 곧 인도 남부 해안의 카니아쿠마리(Kanyakumari)를 가리킨다고 알려져 있다. 그렇지만 여기서 "今 南海中 呂宋, 甘巴等國이 是라"라고 말한 이유가 무엇인지는 분명하지 않다. 다만 담파국, 여송국, 감파리국이 중국 문헌에서 "해남제국(海南諸國)"의 일원으로 언급되는 예가 많다는 점을 고려하면, "담파"에 대한 주석의 일부분이었던 것이 본문에 잘못 포함되었을 가능성은 생각해볼 수 있다.

12 광해군 무오년은 1618년(광해군 10)이다. 따라서 원문에서 "391년 전"이라고 한 것은 잘못이다. "291년 전"의 오기(誤記)일 것이다.

13 고요제이 천황 을사년은 1605년이다. "연관(煙管)"은 담배 필 때 쓰는 대롱, 곧 담뱃대다. 일본에서 조선으로 담배가 전래되었다는 것이 정설이지만, 일본의 문헌《연초기(煙草記)》처럼 임진란 때 일본군들이 조선에서 흡연법을 배워서 일본에 전파했다고 기록한 사례도 있다. 동아시아 내에서 담배의 전파 시기와 방향에 대해서는 과거에도 이견이 있었던 셈이다.

14 삼등은 평안남도 강동(江東)의 옛 지명이다. 유득공의《경도잡지》에서는 삼등, 서천 등에서 나는 금사연은 "서초(西草)"라고 칭하는데 매우 진귀한 것이라고 서술했다. 이옥(李鈺, 1760~1815)의《연경(烟經)》에서는 당시에 "서초"가 특히 높이 평가되었다고 했다. "금광초"는 경기도 광주에서 나는 누런빛의 담배다.

15 월터 롤리(1552 또는 1554~1618)는 엘리자베스 1세의 신하다. 1584년 이후에는 식민지 개척을 위한 항해에 나섰는데, 이 과정에서 영국에 담배를 들여오게 되었다고 한다. "1565년"은 월터 롤리가 담배를 들여오기 이전일 가능성이 높다. 실제로 유럽인들 가운데 처음으로 담배를 접한 인물은 콜럼버스로 알려져 있으며, 담배 씨앗을 들여와서 심기 시작한 시점은 16세기 중반이라고 한다. 또 프랑스, 포르투갈, 스페인 등에서 영국보다 먼저 담배를 재배했는데, 영국에서는 이들 나라로부터 씨앗과 재배법을 받아들여 "1565년"부터 담배를 재배하기 시작했다는 견해가 있다. 따라서 여기서 제시한 "1565년"이라는 연대는 적어도 월터 롤리가 담배를 들여온 시점은 아닐 가능성이 높다.

16 "엘리자베스"는 모두 3회 나타나는데, 한자 표기가 "衣沙伯利", "衣阿伯里", "衣沙伯里"로 각기 다르다.

17 월터 롤리는 담배연기의 무게를 잴 수 있는지를 두고 엘리자베스 여왕과 내기를 했다는 일화가 전한다. 월터 롤리는 피우기 전에 담배의 무게를 재고, 이를 피우고 남은 담배와 재의 무게와 비교해서 담배연기의 무게를 제시했다고 한다. 따라서 원문의 "烟"은 "담배"가 아닌 "담배연기"의 뜻으로 풀이하여야 한다.

차〔茶〕

차에 대해서는, 원래 《이아》에서 "가(檟)는 고다(苦荼)다"라고 했으니, 차는 이로부터 비롯된 것이다.[18] 《안자춘추(晏子春秋)》에서는 "내가 제나라에서 재상을 할 때에 껍질만 대충 벗긴 밥과 구운 날짐승 고기 석 점, 달걀 다섯 개, 차(茗茶)를 먹었다"고 했다.[19] 위진시대에 차의 이름이 조금씩 유행했는데, 당나라의 육우(陸羽)가 차를 즐겨서 비로소 《다경(茶經)》을 썼다.

우리나라에서는 신라 흥덕왕 2년에 당나라에 갔다가 돌아온 사신 대렴(大廉)이 차 씨앗을 구해왔는데, 왕이 지리산에 처음 파종하게 했다.[20] 그 이후로는 차에 대해 전하는 말이 없다〔지금으로부터 1081년 전〕. 근대에는 백두산의 삼아(杉芽)와 남해(南海), 강진(康津)의 동청차(冬青茶)와 황차(黃茶), 동귤차(冬橘茶)를 쓴다.

일본에서는 사가 천황(嵯峨天皇) 때에 중국으로부터 차 씨앗을 구하여 오오미(近江), 단바(丹波) 등의 여러 지방에 심었으니, 이것이 일본에서 차 재배의 시초다[21]〔지금으로부터 1090년 전 무렵〕.

유럽에는 1680년에 차가 처음으로 수입되었다.[22]

18 4장 문사(文事)의 '운서' 항목에서는 주공이 《이아》를 썼다고 했으니, 주나라 초기부터 차가 있었다는 의미가 된다. 그렇지만 《이아》가 이루어진 것이 실제로는 한나라 때의 일이라고 알려져 있으니, 이를 근거로 주나라 초기에 차가 있었다고 하기는 어려울 것이다. 곽박(郭璞, 276~324)의 주석에서는 "지금은 일찍 딴 것을 '다(荼)'라고 하고, 늦게 딴 것을 '명(茗)' 또는 '천(荈)'이라 한다. 촉땅 사람들은 '고다(苦荼)'라고 부른다(今呼早采者爲荼, 晩取者爲茗, 一名荈. 蜀人名之苦荼)"라고 했다.

19 《안자춘추》는 안자(晏子), 즉 제나라의 명재상인 안영(晏嬰, B.C. 578?~B.C. 500)의 언행을 기록한 책이다. 원문의 "영(嬰)"은 안자의 이름이므로, 여기서는 1인칭으로 옮긴다. 안자는 "탈속반(脫粟飯)"을 거론하여 재상이라는 높은 지위에 있으면서도 보잘것없는 음식을 먹고 지냈다고 한 것이다. 그런데 《안자춘추》를 인

용한 문헌 가운데는 "차(茗茶)"를 "명채(茗菜)"나 "태채(苔菜)"로 쓴 데도 있다. 특히 "태채(苔菜)"는 자근(紫菫, Corydalis edulis)으로 차와는 다른 식물이어서, 이렇게 이해할 경우에는 《안자춘추》와 차의 관련성을 말하기는 어렵게 된다. 다만 육우(陸羽, ?~804)의 《다경(茶經)》에서는, "차나물(茗菜)"이라고 인용하고서 차의 역사의 일부로 다루었다.

20 《삼국사기》의 흥덕왕 3년조 기사에서는 "당나라에서 돌아오는 사신 대렴이 차의 씨앗을 갖고 왔다. 왕이 지리산에 심도록 했다. 차는 선덕왕 때부터 있었지만, 이에 이르러 번성하게 되었다(入唐廻使大廉, 持茶種子來, 王使植地理山. 茶自善德王時有之, 至於此盛焉)"고 했다. 당시에 당나라의 문종이 대렴에게 씨앗을 주었다고 한다. "흥덕왕 2년"이라고 한 것은, 흥덕왕의 즉위년을 제외하고 다음해를 1년으로 하여 계산한 것이다. 즉 《삼국사기》의 "흥덕왕 3년"과 여기서의 "흥덕왕 2년"은 모두 828년을 가리키는 것이다.

21 승려인 구우카이(空海, 774~835)가 806년에 당나라에서 차 씨앗을 갖고 돌아왔다는 기록이 전하는데, 이는 사가 천황(재위 809~823) 이전의 일이다. 《일본서기》에는 815년에 승려인 에이추(永忠, 743~816)가 사가 천황에게 차를 올렸다는 기록이 있다. 얼마 뒤에 천황이 오오미, 단바 등의 지방에서 차를 재배하여 진상하도록 했다고 한다. "1090년 전 무렵"이라고 한 것은, 이 일을 가리키는 것으로 보인다. 한편 구우카이나 에이추는 모두 당나라에 유학했던 인물들이므로, 일본의 차는 유학승들에 의해 당나라에서 전래된 것이라고 할 수 있다.

22 유럽에 차가 알려지고 수입된 시점은 "1680년"보다는 앞선다. 마르코폴로(Marco Polo, 1254~1324)의 기록에 이미 차가 언급되어 있으며, 베네치아에서는 16세기 중반에 차의 거래가 이루어졌다고 한다. 다만 니시무라 시게키의 《서국사물기원》에는 "1680년"이라는 연대가 보인다. 이에 따르면, 17세기 중엽에 네덜란드인들이 처음 질병 치료용으로 차를 사용했는데 1680년에 이르러서 음료로 사용하게 되었다고 한다.

커피[嘉琲]

서양에서는 1620년에 베네치아 사람이 자기 나라에 커피를 갖고 돌아간 이후에 비로소 있게 되었다. 또 1563년에 이집트의 수도에는 2천 개의 커피 마시는 집(嘉琲館, coffeehouse)이 있었다.[23]

23 커피의 원산지는 에티오피아 또는 예멘으로 알려져 있는데, 어느 쪽이 옳은지

에 대해서는 논란이 있다. 다만 아랍을 거쳐 유럽으로 커피가 전해졌음은 분명하다. 이미 1600년 무렵부터 베네치아에서는 이집트에서 수입된 커피가 거래되었으며, 1645년에는 당시 이슬람권 특유의 문화였던 커피하우스(coffeehouse)도 베네치아에 세워졌다고 한다. "1620년"을 커피 유입 시기로 언급한 이유가 무엇인지는 분명하지 않은데, 니시무라 시게키의 《서국사물기원》에서는 "1624년"에 처음으로 베네치아 사람이 자기 나라에 커피를 가져갔다고 서술하고 있다.

야자가루[椰子粉]

옛날에 임읍(林邑)의 왕이 월왕(越王)과 원한이 있었다. 그래서 자객을 보내 월왕의 머리를 베어서는 나무에 매달아 두었는데, 그 머리가 변하여 야자가 되었다. 임읍의 왕이 분하게 여겨서 그 열매를 쪼개서 잔을 만들었다. 지금의 "야자바가지 잔(椰子瓢杯)"이 여기서 생겨난 것이다.[24]

서양에서는 로마인이 처음 사용했는데, 당분을 물에 타서 음료를 만들었다.

24 혜함(嵇含, 262~306)의 《남방초목상(南方草木狀)》에 나오는 설화를 인용한 것이다. 《신이경(神異經)》 등에도 야자의 별칭으로 "월왕두(越王頭)"를 들고 있어서, 이 유래담은 당시에 널리 알려졌던 것으로 보인다. 야자의 열매에 두 개의 눈 모양이 있어서 "월왕의 머리(越王頭)"라고 부른다고도 하며, 자객의 칼에 죽을 때 월왕이 술에 취해 있었기 때문에 야자의 즙이 술과 같게 되었다는 이야기도 전한다. 한편 "임읍"은 지금의 베트남 중남부에 있던 나라로, "참파(占城, Chăm Pa)"라고도 일컬어진다. 또 월(越)은 중국의 월나라가 아니라 남월(南越)을 가리킨다는 견해도 있다.

감귤[柑橘橙]

감귤은 원래 중국 강남에서 생산되었다. 《서경》 하서(夏書) 우공(禹貢) 양주(揚州)에서 "싼 것은 귤(橘柚)이라"고 한 것이 이것이다.[25]

우리나라에서는 탐라국—지금의 제주—에서 처음으로 생산했는데, 세상에 전하기를 일본으로 옮겨 심었다고 한다.

일본에서는 쇼무 천황 때에 하리마(播磨)의 오토에(弟兄)가 당나라에서 감귤을 구해와서 처음으로 심었다.[26]

25 《서경》의 주석에서는 작은 것을 귤(橘), 큰 것을 유(柚)라고 부른다고 했다. 여기서는 합쳐서 귤로 옮긴다.

26 쇼무 천황의 재위 기간은 724~749년이다. 《속일본기(續日本紀)》의 725년 11월 기사에 무시마로(虫麻呂)와 하리마노 아타이 오토에(播磨直弟兄)의 벼슬이 함께 올랐다는 기사가 보이는데, 오토에는 당나라에서 감귤(甘子)을 구해왔고 무시마로는 그 감귤을 심었기 때문에 벼슬을 올려준 것이라고 했다. 한편 "甘子"는 감귤의 일종이기는 하지만, 일본에는 이보다 앞서 다른 품종의 감귤이 이미 재배되고 있었다고도 한다.

고구마와 감자〔馬鈴薯〕[27]

서(薯)는 "저(藷)"라고도 하는데, 본래 남방의 더운 땅에서 생산되었다. 중국의 민(閩), 광(廣) 등지에서 많이 생산되기 때문에, "번저(番藷)"라고도 일컬어졌다.

일본에서는 사쿠라마치 천황(櫻町天皇) 때에 "번저(番藷)"가 남방으로부터 처음 전래되었다. 아오키 곤요(青木昆陽)가 《번서고(番薯考)》를 저술했다[28]〔지금으로부터 168년 전〕.

우리나라에는 중엽에 일본에서 처음 전래되었다.

유럽에는 당초에는 감자가 없었다. 1565년에 영국의 여황제 엘리자베스(Elizabeth I, 衣沙伯里)의[29] 총신(寵臣)인 월터 롤리(Walter Raleigh, 窩耳他 剌禮)가 북아메리카 식민지로부터 그 종자를 아일랜드(Ireland, 愛蘭)에 옮겨

왔고, 마침내 전 유럽에서 많이 재배하게 되었다.[30]

27 "마령서(馬鈴薯)"는 원래 감자를 뜻하는 말이다. 그런데 실제 내용에서는 동아시아의 사례에서는 고구마의 기원과 전래에 대해 서술한 반면, 유럽의 사례에서는 감자의 전래에 대해 서술했다. "감자"와 "고구마"를 지칭하는 단어의 이해에 다소 혼란이 있었던 것으로 추정된다.

28 원문에는 인명이 "아오키 아츠부미(青木敦書)"로 되어 있으나, 흔히 부르는 명칭을 따라 "아오키 곤요(青木昆陽, 1698~1769)"로 옮겼다. 원래 "곤요(昆陽)"는 호이며, "아츠부미(敦書)"는 이름이다. 구황작물로 고구마가 들어옴에 따라, 1735년에 《번서고》를 저술했다고 한다.

29 "엘리자베스"는 모두 세 곳에 나타나는데, 한자 표기가 "衣沙伯利", "衣阿伯里", "衣沙伯里"로 각기 다르다.

30 '담배' 항목에서 언급된 월터 롤리(1552 또는 1554~1618)는 담배와 함께 감자도 유럽에 가져왔다고 알려지기도 했는데, 이 또한 그가 식민지 개척에 나선 이후의 일일 것이다. '담배' 항목에서와 마찬가지로 "1565년"을 제시한 이유가 무엇인지는 분명하지 않다. 월터 롤리는 1579년부터 1583년 사이에 아일랜드에서 일어난 반란을 진압하는 데 공을 세웠고, 그로 인해 아일랜드의 요르(Youghal) 지역에 땅을 분배받았다. 여기서 아일랜드에 감자를 심었다는 것은 아일랜드에 있는 자신의 농장에 감자를 심었다는 의미다. 그렇지만 월터 롤리에 의해 감자가 전래되었다는 설이 사실과 다르다는 견해도 있다.

호박〔南瓜〕

호박은 또한 남방에서 생산되었다. 일본에는 고요제이 천황[31] 게이초 연간에 호박이 처음으로 유입되었다〔지금으로부터 320년 전 무렵〕.

우리나라에는 일본으로부터 옮겨 왔다고 세상에서 전한다.

31 임진란 당시의 인물인 고요제이 천황(재위 1586~1611)은 《만국사물기원역사》에 세 번 등장하는데, 원고본과 간행본에서 모두 "後陽城"으로 잘못 표기했다.

고추[番椒]

고추는 "고초(苦椒)"라고도 하는데, 열대 지방에서 생산되었다. 우리나라에는 고려 때에 몽골로부터 옮겨 왔는데, 우리나라 사람들이 고추장을 즐겨 먹었다.

수박[西瓜]

수박 또한 남방에서 생산되었다. 일본에는 메이쇼 천황 20년에 수박이 처음으로 전래되었다[지금으로부터 265년 전].

역청瀝青, bitumen

《구약전서》 창세기에서는 "홍수 뒤에 백성들이 바벨탑(Tower of Babel, 巴比耳塔)을 세웠는데, 역청(瀝靑)을 이용하여 칠을 했다"고 했다. 그러한즉 상고시대에 이미 있었던 것이다.[32]

32 23장 기용의 '도량형' 항목에 이미 역청이 언급되어 있다. '도량형' 항목에 노아의 방주에 역청을 칠했다는 내용이 나오므로 바벨탑의 일보다 더 빠른 시점의 일이라고 할 수 있다. "역청(bitumen)"은 천연산의 고체, 반고체, 액체, 기체의 탄화수소 화합물을 일컫는 말이며, 넓게는 석유, 천연가스, 석탄이나 그 가공물을 가리키기도 한다.

고무[橡膠] — 속칭 "무소대"다.

1730년에 유럽 사람이 처음으로 남아메리카로부터 수교(樹膠)를 운반해왔다. 세상에서는 "상피(橡皮)"라고 일컬었다.

1736년에 유럽 사람 콩다민(Condamine, 康代銘)이 처음으로 고무를 만들었다.[33]

33 콩다민(1701~1774)은 프랑스 해군장교 출신의 수학자다. 지도를 작성하기 위하여 아마존 강 유역을 탐사하다가 고무나무를 발견했는데, 1736년에 프랑스 과학 아카데미(Académie des sciences)로 고무나무의 샘플을 보냈다. 이 항목에서 "1730년"의 고무 운반이 어떤 일을 가리키는지는 분명하지 않으며, "1736년에 고무를 만들었다"고 한 것도 정확한 말은 아니다. 또 처음으로 유럽에 고무를 소개된 인물은 콜럼버스로 알려져 있으니, 이미 당시에 남아메리카 지역에서는 고무를 쓰고 있었던 것이다.

클로버〔三葉草〕

1896년에 독일 사람이 클로버의 뿌리 속에는 박테리아(bacteria, 巴德利亞) 벌레가 있어서 보리밭을 기름지게 하는 쓰임새가 있음을 처음으로 발견했다.[34]

34 독일의 헬리겔(Hermann Hellriegel, 1831~1895)과 윌파스(Hermann Wilfarth, 1853~1904)가 콩과 식물의 질소 고정(nitrogen fixation) 원리를 발견한 일을 말한 것이다. 헬리겔과 윌파스는 클로버(clover)나 루핀(lupine)과 같은 콩과 식물에 공생하는 뿌리혹박테리아(leguminous bacteria)에 대해 연구했는데, 그 결과를 1886년에 발표하고 2년 뒤인 1888년에 논문으로 작성했다. 원문의 "1896년"은 "1886년"의 오기로 추정된다.

• 27장 •

광물

—

鑛物

황금黃金

태곳적 석기시대에는, 사람들이 돌 종류가 있다는 것만 알 뿐이요 금속이 있음을 알지 못했다. 그 후에 점점 금속을 발견하게 되니, 이것이 청동시대다. 금속 가운데 가장 먼저 발견된 것이 황금이다. 아마도 황금이 반짝거려서 사람의 눈을 기쁘게 하고 또한 강물 속이나 땅 위, 바위 속에 있는 까닭에 다른 금속보다는 발견하기 쉬웠기 때문일 것이다.

《격물론(格物論)》에서는 "금은 양번(兩蕃)과 고려에서 나는 것이 매우 아름답다. 과자금(瓜子金)—남번(南番)에서 난다—과 부피금(麩皮金)—곧 모래 속에 있는 금이다—은 모두 생금(生金)이요, 운남의 엽자금(葉子金)과 서번(西蕃)의 회회금(回回金)은 모두 숙금(熟金)이다"라고 했다.[1]

일본에서는 고대에 삼한(三韓)에서 황금을 수입했다.[2]

1 명나라의 조소(曹昭)가 쓴 《격고요론(格古要論)》(1388)에서는 "(금은) 남번, 서번, 운남, 고려 등의 모래 속에서 난다. 남번의 과자금과 부피금은 모두 생금이며, 운남의 엽자금과 서번의 회회전은 숙금이다(出南蕃·西蕃·雲南·高麗等處沙中. 南蕃瓜子金, 麩皮金, 皆生金也. 雲南葉子金, 西蕃回回錢, 此熟金也)"라고 했다. 이로 보건대 "양번"은 남번과 서번을 가리킨 말인 듯하다. 장지연은 《격물론》을 인용한 책을 참고했을 듯한데, 서두의 "兩蕃과 高麗에 出흔 者가 甚佳흐니"라는 구절이 어

느 문헌에 있는지는 분명하지 않다. 간행본의 "운안(雲安)"은 원고본에 따라 "운남(雲南)"으로 고쳐 옮겼다. "생금(生金)"은 정련하지 않은 금이며, "숙금(熟金)"은 정련한 금이다. "과자금(瓜子金)"과 "부피금(麩皮金)"은 모두 사금인데, 참외씨만큼 크다고 해서 "과자금"이라 하고 밀기울 조각만큼 작다고 해서 "부피금"이라고 한다. "엽자금(葉子金)"은 잘 제련한 최상품 금인데, 얇게 불려서 잎 모양으로 만든다고 한다.

2 이 문장은 원고본에는 있으나 간행본에는 보이지 않는데, 누락된 이유가 무엇인지는 분명하지 않다.

은銀 부附 백금白金

은은 금속 가운데 가장 늦게 발견되었다. 그렇지만 《구약전서》 창세기에 의거하면, 당시에 이미 황금과 함께 물가의 표준이 되어 있었다.

《서경》 하서(夏書) 우공(禹貢)에 "양주(楊州)의 공물은 오직 금속 세 가지다"라고 했는데, 곧 금, 은, 구리다.[3] 《위지(魏志)》에 "예국(濊國)에서는 남녀가 몇 치의 은을 매달아 장식으로 삼는다"고 했으니, 은의 발견이 이미 오래된 것이다.[4]

1741년에 처음으로 백금이 유럽에서부터 아메리카로 들어갔다.[5] 그 후에 러시아 산중에서도 또한 발견되었다.[6]

3 《서경》의 하서 우공 양주에 "그 공물은 오직 금속 세 가지다(厥貢惟金三品)"라는 구절이 있는데, 그 주석에 "삼품이란 것은 곧 금, 은, 구리다(三品者, 金銀銅也)"라는 풀이가 보인다.

4 《위지》는 곧 《삼국지》 위지 동이전을 뜻하는데, 인용에 오류가 있다. 《삼국지》 위지 동이전의 예(濊)에 대한 서술에서는 "남녀의 옷은 모두 곡령을 입는데, 남자는 너비가 몇 치 되는 은화(銀花)를 달아서 장식을 삼는다(男女衣皆著曲領, 男子繫銀花廣數寸, 以爲飾)"고 했다.

5 백금(Platinum)은 원래 아메리카에서 활용했던 광물이었다. 유럽에서는 1557년에 이탈리아의 율리우스 카이사르 스칼리게르(Julius Caesar Scaliger, 1484~1558)가

처음 언급했는데, 당시 유럽에 백금이 있었던 것은 아니었다. 백금을 처음으로 유럽으로 가져간 인물은 영국의 찰스 우드(Charles Wood, 1702~1774)로 알려져 있다. 우드는 1741년에 자메이카에서 발견한 몇 개의 백금 표본을 영국으로 보내 조사하게 했다. 스페인의 울로아(Antonio de Ulloa, 1716~1795) 또한 1735년부터 1744년까지 남아메리카에 머무는 동안 백금을 발견하고 연구했는데, 그가 유럽으로 돌아간 것이 1745년의 일이므로 유럽에 백금을 가져간 최초의 인물은 아니었다고 할 수 있다. 따라서 "白金이 歐洲로 入亞美利加ᄒᆞ고"(간행본)나 "白金이 始自歐洲로 入亞美利加ᄒᆞ고"(원고본)는 모두 사실과는 반대로 서술한 것이라고 판단할 수 있다. 즉 "아메리카로부터 유럽으로 들어갔다"고 해야 옳지만, 여기서는 원문대로 옮겨 두었다.

6 러시아에 백금 광산이 개발된 것은 1823년 무렵의 일이다. 당시 개발된 곳은 우랄 산맥 주변 지역이었다. 현재 백금의 최대 매장국은 러시아, 남아프리카공화국, 캐나다 등으로 알려져 있다.

구리[銅] 부附 청동青銅, 백동白銅

구리의 발견도 매우 오래된 일일 것으로 생각된다. 구리는 다른 물질과 섞이지 않는 것이 황금과 같으니, 아마도 황금이 발견된 지 얼마 지나지 않아서 구리가 발견되었을 것이다. 《구약전서》에 "정련된 구리그릇 2개가 금만큼 귀하다"고 했는데, 이것이 서양에서의 구리에 대한 최초의 기록이다.[7]

백동(白銅)을 "옥금(沃金)"이라고 하고, 적동(赤銅)을 "병(鉼)"이라고 한다.[8] 황제가 수산(首山)의 구리를 캤다고 했으니, 이것이 구리의 시초다.[9]

청동(青銅)은 구리와 주석을 섞은 것이다. 매우 단단하여 무기와 기타 여러 도구를 주조하기에 편리한 까닭에, 이 시대의 사람들은 청동기를 많이 사용했다. 그래서 "청동시대"라고 일컫는다.

7 《구약전서》 에스라서(The Book of Ezra)의 8장을 인용한 것으로 추정된다. 에스라서 8장에는 "내가 달아서 저희 손에 준 것은 은이 육백 오십 달란트요 은그릇

이 일백 달란트요 금이 일백 달란트며/ 또 금잔이 이십 개라 중수는 일천 다릭이요 또 아름답고 빛나 금같이 보배로운 놋그릇이 두 개라"라는 부분이 있는데, 이 가운데 "금같이 보배로운 놋그릇"의 구절로부터 "정련된 구리그릇 2개가 금만큼 귀하다"는 뜻을 찾아낸 것일 듯하다.

8 《이아》를 인용한 것인데, 잘못된 부분이 보인다. 즉 "白銅謂之鋈, 赤銅謂之鉼"을 인용하면서, "鋈"을 두 글자로 나누어 "沃金"으로 쓴 것이다. 한편 《광아(廣雅)》에서는 "白銅謂之鋈, 赤銅謂之鍚"이라 했다. 백동(cupro-nickel)은 니켈을 10~30퍼센트 함유한 구리-니켈계의 합금이다. 적동(red copper)은 구리에 4~10퍼센트 정도의 금을 첨가한 합금인데, 주로 일본에서 미술 또는 장식용으로 사용되었다.

9 《사기》 봉선서(封禪書)에서 인용한 것이다. 황제는 수산의 구리를 캐서 형산 기슭에서 솥(鼎)을 만들었다고 한다. 이 부분은 23장 기용의 '솥(鼎)' 항목에서도 언급되었다.

주석〔錫〕

주석 또한 구리와 같은 시대에 발견되었을 것이다. 구리가 발견된 후 얼마 지나지 않아서, 곧 청동시대가 되었다.[10]

10 앞의 '구리' 항목에서 청동은 "구리와 주석을 섞은 것(銅, 錫을 相雜ᄒᆞᆫ 者)"이라 했고 또 이곳의 서술은 '주석' 항목에 해당되므로, "구리가 발견된 후(銅의 發見後)"는 "주석이 발견된 후(錫의 發見後)"의 오기일 가능성도 있다.

쇠〔鐵〕

청동시대 이래로 많은 세월이 지난 후에야 비로소 주철법(鑄鐵法)을 알게 되었다. 무슨 까닭인가 하면, 암석 속에 있는 광맥을 용해시킬 수 있게 된 뒤에야 쇠를 뽑아낼 수 있기 때문이다. 주철법이 발명된 이후로부터 비로소 칼 같은 물건을 만들 때 청동 대신 쇠를 사용했으니, 쇠가 나타난 이후로부터 오늘날에 이르기까지를 "철기시대"라 한다.

진한(辰韓)에서는 고대부터 철화(鐵貨)를 사용하여 일본이나 예(濊)와 교역을 했다.[11]

11 15장 상업의 '호시(互市)'와 '화폐' 항목에서도 진한의 철화에 대해 언급했다. 그렇지만 이는 그 근거가 되는 《통전》의 내용을 확대 해석한 결과로 추정된다. 즉 실제로는 진한에서 생산되는 철을 여러 나라에서 돈처럼 사용했다는 말인데, 여기서는 "철화" 즉 쇠로 된 화폐를 만들었다고 이해하여 서술한 것이다.

강철[鋼]

강철은 곧 쇠를 단련(鍛鍊)하여 만든 것이다. 그 단련법은 상고시대에 이미 알려져 있었다. 서양에서는 카파도키아(Cappadocia, 客巴土斯) 사람이 처음으로 발견했다.[12]

12 "카파도키아"는 터키 아나톨리아 고원 지대에 위치한 지역으로, 철기문명을 건설한 히타이트(Hittite)의 중심지였다. 히타이트는 기원전 18세기경에 카파도키아 고원을 정복했고, 이후에 점차 세력을 확장해갔다. 따라서 "카파도키아 사람"이란 결국 "히타이트 제국의 사람"을 뜻하는 말인 셈이다.

아연亞鉛

아연은 서양에서 16세기에 처음으로 발명되었다.[13]

13 아연은 고대에도 사용된 흔적이 있다. 그렇지만 아연을 분리해내는 제련 기술은 18세기 무렵에 와서야 개발되었다고 알려져 있다. "16세기"를 발명 시기로 언급한 이유가 무엇인지는 분명하지 않은데, 아연의 명칭인 "Zinc"라는 단어가 사용되기 시작한 시점을 말한 것일 가능성을 생각해볼 수 있다. 이 단어를 처음 사용한 사람은 스위스 태생의 독일 연금술사인 파라셀수스(Philippus Paracelsus, 1493~1541)로 알려져 있는데, 파라셀수스는 자신의 책에서 독일어 "Zinke"에서 파생된 단어인 "zincum"이나 "zinken"으로 아연을 표기했다.

다이아몬드[金剛石]

중국에서는 수나라와 당나라 때에 서역에서부터 처음 전래되었다. 연마하는 방법은, 1445년에 색슨국(Saxon, 索遜國) 사람인 로드윅 반 베르켐(Lodewyk van Berquem, 路易夫安伯耳干)이 발명했다.[14] 다이아몬드를 장신구(裝身具)로 쓰는 것은 15세기 초에 프랑스 여성 아그네 소렐(Agnès Sorel, 亞古禮斯疏力)이 처음으로 창안했다.[15]

14 로드윅 반 베르켐은 벨기에의 브뤼헤 출신이다. "색슨 사람(索遜國人)"으로 지칭한 이유가 무엇인지는 분명하지 않다. 로드윅이 다이아몬드 가공법을 개발한 시기에 대해서는 이견이 있다.

15 아그네 소렐(1422~1450)은 프랑스 왕 샤를 7세의 정부였으며, 3명의 딸을 낳아 최초의 "royal mistress(후궁)"로 불리기도 했다. 샤를 7세가 아그네 소렐에게 다이아몬드를 주었다는 일화는 널리 알려졌는데, 이전까지는 다이아몬드를 남성의 장신구로만 사용했기 때문에 특별한 일이었다고 한다. 즉 아그네 소렐은 다이아몬드를 여성의 장신구로 처음 사용한 인물이 되는 셈이다. 한편 아그네 소렐은 28세의 젊은 나이에 죽었는데, 당시 독살되었다는 소문이 떠돌았다고 한다. 또 후대에는 아그네 소렐을 모델로 삼은 그림이나 오페라 등이 만들어지기도 했다.

석탄石炭

《한서(漢書)》 지리지(地理志)에서는 "예장군(豫章郡)에서 돌이 나니 태워서 땔감으로 쓸 수 있다"고 했는데, 이것이 석탄 발견의 시초다. 《북사》에서는 "왕소(王劭)가 청을 올리기를, '제가 진(晋)에 있을 때 낙양의 불로 강을 건너는 이가 있었는데, 대대로 전하기를 불의 색깔이 푸른색으로 변했다고 합니다. 지금 술을 데우거나 고기를 굽는 데에 석탄(石炭), 목탄화(木炭火), 죽화(竹火), 초화(草火), 마해화(麻荄火) 등을 사용하면 냄새와 맛이 각기 같지 않습니다'라 했다"라고 했다.[16] 이에 의거하면 석탄이 전래된 것은 이미 오래된 일임을 알 수 있다. 또《개원유사(開元遺事)》에서는 "서량국(西涼國)에서 100가닥의 탄(炭)을 진상했는데, 각기 길이는 한 자 남짓 되는데 단단하기가 쇠나 돌 같았다. 화로 속에서 태우면 불꽃은 없되 빛이 났다"고 했다.[17]

일본에서는 덴지 천황 때에 월(越) 지방에서 연토(燃土)와 연수(燃水)를 바쳤다. 지금의 이탄(泥炭)과 석유가 이것이다.[18]

1198년에 대장장이(鍛工) 하이로(何耳勞)가 벨기에(Belgium, 比路支)의 리에주(Liege, 勒支)에서 처음으로 탄광(煤鑛)을 발견했다.[19]

16 《북사(北史)》 왕소전(王劭傳)에서 인용한 것인데, 인용문에 일부 오류가 보인다. 왕소는 북제(北齊), 북주(北周)를 거쳐 수나라에서 벼슬을 한 인물인데, 여기에 인용된 부분은 폐지되었던 개화(改火)의 법을 다시 쓰도록 하자는 취지로 왕소가 올린 간언의 일부분이다. 왕소는 간언을 시작하면서 "제가 진(晉)에 있을 때에 낙양의 불로 강을 건너는 이가 있었는데, 대대로 그 일을 했지만 불이 꺼지지 않고 불의 색이 푸른 빛깔로 변했습니다. 옛날에 사광이 밥을 먹으면서 '이는 폐목으로 만든 땔감으로 지은 밥입니다'라고 했는데, 진나라 평공이 가서 살펴보게 했더니 과연 그 땔감이 수레바퀴였습니다. 지금 술을 데우거나 고기를 굽는 데에 석탄, 목탄화, 죽화, 초화, 마해화 등을 사용하면, 냄새와 맛이 각기 다릅니다. 이로 미루어보건대 새 불과 옛 불은 이치상 응당 다른 것이 있습니다(在晉時, 有人以洛陽火度江者, 世世事之, 相續不滅, 火色變青. 昔師曠食飯云, 是勞薪所爨, 晉平公使視之, 果然車輞. 今溫酒及炙肉, 用石炭·木炭火·竹火·草火·麻荄火, 氣味各不同. 以此推之, 新火舊火, 理應有異)"라고 했다. 결국 왕소의 간언은 받아들여졌다고 한다. 한편 간행본에서는 불을 일으키는 다섯 가지 재료를 말한 부분 등에 오기가 보이는데, 원고본에 따라 고쳐서 옮긴다. 다만 원고본에도 오류가 있는 경우에는, 원고본 자체의 문맥을 존중하여 고치지 않고 그대로 옮긴다. "마해화(麻荄火)"는 마근(麻根) 즉 삼의 뿌리를 이용하여 붙인 불을 뜻한다.

17 《개원천보유사(開元天寶遺事)》에서 "서탄(瑞炭)"에 대해 서술한 부분을 인용한 것이다. 《개원천보유사》에서는 "서량국에서 100가닥의 탄을 진상했는데, 각기 길이가 한 자 남짓이요 색은 푸른빛이며 단단하기가 쇠와 같았다. 그 이름을 '서탄'이라 했다. 화로 속에서 태우면 불꽃은 없되 빛이 났고, 한 가닥으로 열흘을 땔 수

있었다. 그 뜨거운 기운은 사람이 가까이갈 수 없을 정도였다(西涼國進炭百條, 各長尺餘, 其炭青色, 堅硬如鐵, 名之曰瑞炭. 燒於爐中, 無焰而有光, 每條可燒十日. 其熱氣迫人而不可近也)"고 했는데, 《만국사물기원역사》에서는 일부를 빼고 인용했다. 또 "서량국(西涼國)"을 "서양국(西洋國)"으로 잘못 인용했는데, 원고본에는 원래 "량(涼)"으로 되어 있던 것을 "양(洋)"으로 고친 흔적이 보인다. 여기서는 "서량국"으로 다시 고쳐서 옮긴다.

18 《일본서기》의 668년 기사에서 인용한 것이다. 여기에 언급된 "월(越)"은 오늘날의 니가타(新潟) 지역이라고 한다. 연토(燃土)와 연수(燃水)는 '태워서 연료로 사용할 수 있는 흙과 물' 정도의 뜻으로 풀이되는데, 각각 이탄(泥炭)과 석유를 가리키는 것으로 해석할 수 있다. 다만 "연토"에 대해서는 아스팔트를 뜻하는 것으로 해석하는 견해도 있다. 이탄(peat)은 석탄의 일종인데, 땅 표면에서 분해 작용을 받아 형성된 것이기 때문에 땅 속에서 형성되는 일반적인 석탄과는 구별된다. 오늘날 니가타 지역에서는 매년 7월에 이 일을 기념하는 행사를 개최하고 있다.

19 하이로(何耳勞)가 어떤 인물인지는 분명하지 않다. 니시무라 시게키의 《서국사물기원》에는 "裴爾聊(ホ-ルレウ)"로 표기되어 있다.

석유石油

《수경주(水經注)》에서는 "고노(高奴)의 유수(洧水)는 물에 기름기가 있어 불을 붙일 수 있다"고 했다. 또 "잔릉현(孱陵縣)에 백석산(白石山)이 있는데, 유수(油水)가 나오는 곳이다"라고도 했다. 또 《몽계필담(夢溪筆談)》에서는 "부연(鄜延)의 기름은 곧 연안(延安)의 석유다"라고 했다. 이에 의거해보면, 한나라와 위나라의 시대에 처음으로 발견되었을 것이다.[20]

20 《수경주》의 표기에 따라 "高孥"는 "高奴"로 고쳐서 옮긴다. "유수(洧水)"와 "유수(油水)"는 모두 강의 이름이다. 4장 문사(文事)의 '먹, 먹물(墨汁)' 항목에서는 "연안 고노현의 석지수(石脂水)"를 언급했다.

· 28장 ·

풍속잡제

風俗雜題

설날의 새해 축하〔正朝年賀〕

정월 첫날을 '정조(正朝)'라고 한다. 설날의 조하(朝賀)는 이미 예절부—8장—에서 보인 바 있거니와,[1] 우리나라의 풍속에서는 매년 설날에 남녀가 모두 새 옷을 입고 친척이나 웃어른의 집을 찾아가서 새해를 경하한다. 이를 '세배(歲拜)'라고 한다. 또 계절에 맞는 음식을 대접하는 것을 '세찬(歲饌)'이라 하고, 술을 대접하는 것을 '세주(歲酒)'라고 한다—세주를 데우지 않는 것은 봄을 맞이하는 뜻을 나타내는 것이다—. 부인네가 단정하게 꾸민 어린 계집종을 보내서 좋은 말로 문안하는 것을 일러 "문안비(問安婢)"라고 한다.[2] 벼슬아치의 집에서는 대청 위에 옻칠한 서안(書案)을 두어서 하급 관원들이 이름을 적은 종이를 접어서 그 위에 놓고 가게 했는데, 이를 일러 "세함(歲啣)"이라고 한다[3]—유득공의 《경도잡지》에 나온다.

송나라[4] 왕기(王錡)의 《우포잡기(寓圃雜記)》에 "도읍의 풍속에 매년 설날에 주인이 모두 하례하러 나가고서 백지 장부와 붓, 벼루만 상 위에 놓아두는데, 하례객이 오면 자기 이름을 쓸 뿐이요 맞아들이거나 전송하지는 않는다"고 했다. 이것이 곧 중국에서의 세함의 시초다.

가도마쓰는 상록수인 소나무와 생명력이 강한 대나무로 문의 양 옆을 장식하여 건강과 장수를 기원하는 일본의 새해 풍속이다.

서양에서는 모세의 시대에 새해의 7일 동안 모든 집에서 발효시키지 않은 음식을 먹으며 축하했다. 이 일은 "애급기(埃及記)"에 자세하게 나와 있는데, 고대에 새해를 축하하던 법도의 하나일 것이다.[5]

일본에서는 새해 축하의 법도 또한 백제로부터 건너갔기 때문에, 우리나라와 거의 같다. 다만 매년 설날에는 소나무와 대나무를 문 밖에 나란히 심어두고 새해를 맞이하는 뜻을 표한다.[6]

1 조하는 신하들이 임금에게 조회하며 하례하는 일을 말한다. 8장 예절의 첫 항목이 '조하'인데, 동아시아 삼국의 사례를 제시했다. 원문의 "정조(正朝)"는 이하의 번역에서는 설날로 옮긴다.

2 여성들이 자유롭게 세배를 다닐 수 없었기 때문에 문안비의 풍속이 생긴 것이다.

3 원문의 "사사(司史)"는 《경도잡지》에는 "사리(司吏)"로 되어 있다. 직역하면 "부리는 아전" 정도가 될 것인데, 여기서는 "하급 관원들"로 옮겼다. 집주인이 외출하는 등으로 모든 방문객을 다 맞아들일 수 없는 사정이 있었기 때문에 세함의 풍속이 생긴 것이다. 방문객은 자신의 이름을 써놓음으로써 예의를 갖춘 셈이 된다. 또 주로 관리들 사이에서 행해진 풍속이라는 점을 고려하면, 청탁을 막기 위한 뜻이 있었다고도 해석할 수 있다.

4 왕기(1433~1499)는 명나라 때의 인물이다.

5 이스라엘의 무교병(無酵餠, unleavened bread) 풍속을 말한 것인데, 무교병은 누룩을 넣지 않고 구운 빵을 말한다. 원래 "酵"의 음은 "효"지만, 성서번역 과정에

서 "교"로 쓴 것이 그대로 굳어져서 "무교병"이라고 읽는다. "애급기"는 곧《구약전서》출애굽기(出埃及記, Exodus)다. 출애굽기의 12장, 23장, 34장 등에 무교병에 대한 언급이 보이는데, 무교병은 모세가 이집트를 벗어날 때의 고난을 상징하는 것으로 풀이되기도 한다.

6 가도마쓰(門松)의 풍속을 말한 것이다. 소나무는 늘 푸르고 대나무는 생명력이 강하기 때문에, 문 앞에 소나무와 대나무를 세움으로써 건강과 장수를 기원하는 것이다.

떡국〔餠湯〕

육방옹(陸放翁)의 세수서사시(歲首書事詩)의 주석에 "시골 풍속에 설날에는 반드시 떡국을 사용했는데, 이를 일러 '연혼돈(年餛飩)'이라 한다"고 했다.[7] 설날의 떡국이 당송시대로부터 이미 있었던 것이다. 우리나라 또한 이와 같다.

7 원고본에 따라 간행본의 "年錕飩"을 "年餛飩"으로 고쳐서 옮긴다. "설에 먹는 떡(국)" 정도의 뜻으로 풀이할 수 있다. 그런데 실제 "세수서사(歲首書事)"의 주석에는 "동혼돈(冬餛飩)", "연박탁(年餺飥)"이라고 되어 있는데, 이는 각기 "겨울에 먹는 떡(국)", "설에 먹는 떡(국)" 정도의 의미로 풀이할 수 있다. 육방옹은 곧 육유(陸游, 1125~1210)이며, 송나라 때 사람이다.

소발燒髮

당나라 손사막(孫思邈)의《천금방(千金方)》에 "정월 인일(寅日)에 백발을 태운다"고 했으니, 설날에 머리카락을 태우는 것이 또한 당나라의 풍속이다. 우리나라에서도 이날 황혼 무렵에 반드시 문 앞에서 머리카락을 태웠다.[8] 혹은 "정월 16일에 머리카락을 태운다"고도 한다.

8 손사막은 당나라 때의 의사·도사로, 100세 이상 살았다고 전해지는 인물이다. "인일(寅日)"은 간지에 "인(寅)"이 들어 있는 날이다. 유득공의 《경도잡지》에서도 손사막의 글을 인용하면서 소발의 풍속을 언급했는데, 머리를 빗을 때 납지대(蠟紙帒)를 써서 빠진 머리카락을 모아두었다가 1년 동안 모은 것을 설날 황혼 무렵에 태운다고 했다.

반낭頒囊

정월의 첫 해일(亥日)과 첫 자일(子日)에는, 우리 조선의 오랜 행사로 궁중의 젊은 환관들이 횃불을 묶어 땅에 끌고다니면서 "돼지 거슬리자"거나 "쥐 거슬리자"고 소리쳤다. 또 불에 태운 곡식 종자를 비단주머니에 담아서 재상과 근시(近侍)들에게 내려주어 풍년을 기원하는 뜻을 나타냈는데, 이를 일러서 "돼지주머니(亥囊)", "쥐주머니(子囊)"라고 한다.[9]

9 "소환(小宦)"은 지위가 낮고 젊은 환관을 뜻하는 말이다. "근시"는 임금의 가까이에서 모시는 신하를 뜻하는 말이다. 유득공의 《경도잡지》에서는 당시의 임금 즉 정조가 반낭의 제도를 다시 시행하도록 했다고 했다. 또 돼지주머니는 둥글게 만들고 쥐주머니는 길쭉하게 만든다고 했다. 반낭의 풍속이 돼지날과 쥐날에 있는 이유는 12지(支)의 처음과 끝이 자(子)와 해(亥)이기 때문이라는 견해도 있다.

인일의 인승[人日人勝]

고려 때에는 매년 인일(人日)—정월 7일—에 반드시 신하들에게 인승(人勝)과 녹패(祿牌)를 내려주었다.[10] 조선에서는 각신(閣臣)들에게 동인승(銅人勝)을 나누어주었다. 그 모양은 작고 둥근 거울 같았는데, 자루를 달고 신선을 새겨넣었다.

《형초세시기(荊楚歲時記)》에서는 "인일에는 일곱 종류의 채소로 국을 끓인다. 또 비단을 사람 모양으로 자르거나 금박을 사람 모양으로 새겨서 병풍에 붙이거나 머리에 올려놓았는데, 이는 새해에 사람의 모습이 새로 워짐을 나타낸 것이다"라고 했으니, 인승이 여기서 비롯되었다.[11]

10 《고려사》에 기록된 인일의 의례에 따르면 인승과 녹패를 나누어주었다고 한다. 원문에는 "인승패(人勝牌)"라고 되어 있는데, "녹(祿)" 자가 누락된 것으로 보인다. 인승은 비단이나 종이로 만든 머리장식이며, 녹패는 녹을 받는 사람에게 주는 종이로 만든 표다. 고려 때의 이규보는 "인일에 은승을 받고(人日受銀勝)"라는 시를 읊어 은으로 만든 은승(銀勝)을 하사받은 감회를 노래한 바 있다.

11 《형초세시기》는 중국 형초(荊楚) 지방의 연중 행사와 풍속을 기록한 책이다. 양나라의 종름(宗懍, 501?~565?)이 쓴 《형초기(荊楚記)》에다 수나라의 두공섬(杜公贍)이 주석을 붙였다고 한다. 인일의 풍속에 대해서는 장지연이 인용한 부분 뒤에 "또 화승을 만들어서 주고받으며 높은 곳에 올라 시를 읊는다(又造華勝以相遺, 登高賦詩)"는 구절이 더 있는데, 이때의 화승(華勝)도 인승과 관련된 것이라고 볼 수 있다. "승(勝)"은 여성의 머리장식인데, 화승이란 꽃 모양으로 만든 머리장식을 뜻하는 말이다. 인용문 말미의 "人이 新年에 形容이 改新홈을 像홈이라"는 부분은 한나라 동훈(董勛)의 말을 인용한 주석에서 가져온 것이다.

대보름의 찰밥〔上元糯飯〕

《옥촉보전(玉燭寶典)》에서는 "정월 15일에 고죽(膏粥)을 만들어 문에 제사지낸다"고 했다.[12]

우리나라에서는 이날 찹쌀밥을 쪄서 대추속살, 감편, 찐 밤, 잣, 벌꿀, 참기름, 진간장 등으로 맛을 맞추는데, 이를 "약밥(藥飯)"이라고 했다.[13] 곧 신라의 옛 풍속이다. 《동경잡기》에 "신라 소지왕 10년 정월 15일에 왕이 천주사(天柱寺)에 행차했는데, 날아가던 까마귀가 왕께 경고함으로써 역모를 꾀하던 중을 쏘아 죽인 일이 있었다. 우리나라 풍속에서는 매년 대보름에 찹쌀밥을 지어 까마귀에게 먹임으로써 은혜를 갚는다"고 했으니, 그 풍속이 실로 여기서 비롯된 것이다[14][지금으로부터 1420년 전 무렵].

12 《옥촉보전》은 수나라의 두대경(杜臺卿, 564?~581?)이 쓴 책이다. "고죽"은 기름을 띄운 흰 죽으로, 잠신(蠶神) 즉 처음으로 누에치기를 했다는 신인 서릉씨(西陵氏)에게 제사를 올리는 데 썼다. 《세시기(歲時記)》에는 고죽의 유래에 대한 설화가 보인다. 오현(吳縣)의 장성(張成)이라는 사람이 밤에 자기 집 동남쪽에 어떤 사람이 서 있는 것을 보았는데, 그 사람이 자신은 지신(地神)이니 다음날 한밤중에 흰 죽에 기름을 띄워서 자신을 제사 지내라고 했다. 그러면 장성이 치는 누에가 백 배 늘어날 것이라고 말했다. 이에 장성이 그 말에 따라 그가 서 있던 땅에 제사를 지냈더니, 해마다 누에를 많이 얻을 수 있었다고 한다.

13 조육(棗肉)은 대추속살 즉 씨를 발라낸 대추다. 시병(柿餠)은 감편이니, 껍질을 벗긴 감을 채 쳐서 낸 즙에 녹말과 꿀을 치고 조리어 굳힌 떡을 말한다. 지마유(芝麻油)는 참기름이며, 진장(陳醬)은 진간장이다. 원고본과 간행본 모두 "芝油"와 "醬"으로 표기되어 있으나, 《경도잡지》를 참고하여 고쳐서 옮긴다. 28장에는 《경도잡지》를 참고하여 서술한 부분이 많은데, 장지연은 《경도잡지》의 간행을 위한 서문을 쓴 일도 있다. 그 서문에서는 "대한풍속사(大韓風俗史)" 즉 조선 풍속의 역사를 서술하기 위한 준비에 《경도잡지》가 큰 도움이 된다고 한 바 있다.

14 《삼국유사》 권1의 '사금갑(射琴匣)'에도 이 설화가 실려 있는데, 그 내용은 다음과 같다. 소지왕이 천천정(天泉亭)에 행차했을 때 까마귀와 쥐가 나타나 울었는데, 쥐가 까마귀가 날아가는 곳을 찾아보라고 했다. 까마귀를 좇아간 이가 까마귀를 놓쳤지만, 한 노인이 못 가운데서 나타나 글을 올렸다. 일관(日官)의 말에 따라 그 글을 열어보고서 거문고갑을 쏘았는데, 이로 인해 중과 궁주(宮主)를 죽이고 왕의 목숨을 구할 수 있었다. 또 이 일을 기려서 정월 대보름을 오기일(烏忌日)이라 했고 까마귀에게 찰밥으로 제사하는 풍습이 생겨났다고 했다.

관등觀燈

《사기》에 "한나라 조정에서는 정월 보름날 북극성에 제사를 지내는데, 저물녘부터 날 밝을 때까지 한다"고 했는데, 지금 사람들이 정월 보름날 밤에 노닐면서 등을 보는 것은 곧 그 흔적이다.[15]

15 《사기》 악서(樂書)에서는 "한나라 조정에서는 항상 정월의 첫 신일(辛日)에 감천궁에서 북극성에 제사 지내는데, 저물녘에 제사를 올려서 날이 밝아서야 마쳤다(漢家, 常以正月上辛, 祠太一甘泉. 以昏時夜祠, 到明而終)"고 했다. 여기서는 "상신(上辛)" 즉 첫 번째 신일을 "망일(望日)" 즉 보름날로 바꾸어 인용했는데, 이는 우리의 대보름 풍속인 관등놀이를 고려하면서 서술하다가 생긴 오류일 듯하다. 정월 상신일(上辛日)에는 한 해의 풍흉(豊凶)을 점치는 풍속이 있었다. 태일(太一)은 태을(太乙)이라고도 하는데, 곧 북극성을 가리키는 말이다.

사일社日

《좌전(左傳)》에 "공공씨(共工氏)의 아들 구룡(句龍)이 전욱(顓頊)을 보좌하여 능히 구주의 땅을 평정하고 후토(后土)가 되었다. 그런 까닭에 제사하여 사신(社神)으로 삼았다"고 했으니, 이것이 사(社)의 시초다.[16]

16 사일은 땅의 신에게 제사를 지내는 날이다. 보통 입춘과 입추 후의 다섯 번째 무일(戊日)이 사일이 되는데, 이를 각기 춘사일(春社日)과 추사일(秋社日)이라고 한다. "후토"는 토지의 신이다. 또 제사를 받는 토지의 신은 사(社)이며, 곡식의 신은 직(稷)이다. 8장 예절의 '사직' 항목에서도 구룡이 후토가 된 일에 대해 언급한 바 있다.

귀밝이술[治聾酒]

민간에 전하기를 사일(社日)에 찬 술을 마시면 어두웠던 귀가 낫는다고 하니, 이는 당송시대의 풍속이다.

우리나라에서는 정월 대보름에 귀밝이술을 마신다.[17]

17 송나라 섭정규(葉廷珪)의 《해록쇄사(海錄碎事)》에 사일(社日)에 치롱주(治聾酒)를 마신다는 말이 나온다. 귀밝이술은 이명주(耳明酒), 명이주(明耳酒), 이총주

(耳聰酒) 등으로도 표기되었다. 유득공의 《경도잡지》에서는 《해록쇄사》를 언급하고서 "지금의 풍속에서는 대보름으로 옮겨졌다(今俗, 移於上元)"고 했다.

한식寒食

《형초세시기》에서는 "동지로부터 105일 뒤에는 비바람이 심한데 이를 일러 한식이라 한다. 사흘 동안 불 쓰는 것을 금지한다"고 했다.[18] 살피건대, 《금조(琴操)》에서는 "진(晋)나라 문공(文公) 때에 개자추(介子推)가 공이 있었으나 상을 받지 못했다. 그런 까닭에 용사(龍蛇)의 노래를 짓고 산에 은거했는데, 나라에서 불러도 나오지 않았다. 그래서 문공이 그 산에 불을 질렀더니, 자추가 나무를 끌어안고 죽어버렸다. 문공이 이를 슬퍼하여 매년 이날에는 불을 쓰지 못하게 하니, 곧 한식이다"라고 했다.[19]

—살피건대, 《주례》에서는 "사훤씨(司烜氏)가 나라 안에서 불을 금지하는 명령을 지키도록 했다"고 했는데, 그 주석에 "계춘(季春)이 되면 장차 대화성(大火星)이 나오기 때문이다"라고 했다. 그러한즉 불 쓰는 것을 금지하는 일은 주나라의 옛 제도이며, 개자추로 말미암은 것이 아님이 분명하다.[20]

18 《형초세시기》에서는 "동절(冬節)로부터 105일 뒤에는 비바람이 심한데 이를 일러 한식이라 한다. 사흘 동안 불 쓰는 것을 금하고, 당대맥죽을 만든다(去冬節一百五日, 即有疾風甚雨, 謂之寒食. 禁火三日, 造餳大麥粥)"고 했다. 당대맥죽(餳大麥粥)은 맥아당(麥芽糖)을 넣은 죽을 뜻한다.

19 《형초세시기》에도 《금조》를 인용했는데, 표현에는 약간의 차이가 있다. 용사의 노래(龍蛇之歌)는, 문공을 용에 개자추 자신을 뱀에 비긴 노래다.

20 《주례》 추관의 "(사훤씨가) 중춘에 목탁을 울리면서 나라 안에서 불을 금지하는 명을 지키도록 했다(中春以木鐸, 修火禁于國中)"는 구절을 인용한 것이다. 사훤씨는 불을 취하는 일을 맡은 관리다. 중춘은 음력 2월이며, 계춘은 음력 3월이다. 2월에는 아직 대화성(大火星)이 나타나지 않지만, 3월이면 대화성이 나타난다. 천문에서의

불의 기운에 따라 화금(火禁)을 정한 것이라는 의미다. 《주례》를 통해 화금이 개자추와는 무관한 것임을 밝히는 논리는 이미 《형초세시기》에서 찾아볼 수 있다.

성묘〔上墓〕

《당서》에서는 "천보(天寶) 2년부터 여러 능묘에 항상 한식에 당죽(餳粥)을 올렸다"고 했다. 또 "한식에는 성묘를 한다"고 했다. 이에 의거하면, 아마도 당나라 때부터 시작되었을 것이다[21]〔지금으로부터 1200년 전 무렵〕.

우리나라에서는 또한 당나라의 풍속을 따라서 매년 한식에 능묘를 깨끗이 하고 절을 올린다.

21 "상묘(上墓)"는 무덤을 찾아 주위를 깨끗이 하고 절하는 일을 뜻하니, 곧 성묘(省墓)다. 중국 문헌에서는 "소묘(掃墓)"나 "상분(上墳)"이라는 단어도 많이 나타난다. 천보 2년은 743년이다.

상사일의 불제〔上巳祓除〕 부附 상사연上巳宴

《한시(韓詩)》에 "3월은 복숭아꽃 필 때다. 그래서 정(鄭)나라의 풍속에는 이달의 첫 번째 사일(巳日)에 진(溱) · 유(洧)의 두 강 주변에서 난초를 들고 초혼(招魂)을 하며 상서롭지 못한 것을 떨어버린다"고 했는데, 이것이 상사일 불제(祓除)의 시초다.[22]

《진서(晋書)》에 "상사일에 화림원(華林園)에서 잔치한다"고 했으니, 이것이 상사일에 베푸는 잔치의 시초다〔지금으로부터 1640년 전 무렵〕. 또한 《형초세시기》에서는 "백성들이 모두 물가에 나와서 곡수유배(曲水流杯)의 음주를 한다"고 했으니, 곡수유상(曲水流觴)이 여기서 비롯되었다.[23]

우리나라 풍속에는 진달래꽃을 따다가 찹쌀가루와 섞어 떡을 만들어 지져서 먹는데, 이를 "화전(花煎)"이라 한다.[24]

일본에서는 겐조 천황(顯宗天皇) 때에 처음으로 상사일의 곡수연(曲水宴)을 베풀었다[지금으로부터 1423년 전 무렵].

22 《한시》는 연나라의 한영(韓嬰)이 전한 시경(詩經)이다. 내전(內傳) 4권, 외전(外傳) 6권 가운데 외전만이 전해진다. 인용된 부분은 내전에 속했던 것으로 알려져 있는데, 인용한 문헌마다 조금씩 자구에 차이가 있다. 다만 서두의 "三月桃花之時"는 "三月桃花水之時"로 된 데가 많다. 불제는 재앙이나 액운을 떨어버리는 일을 말한다.

23 《형초세시기》에서는 "3월 3일에 모든 백성이 강가 연못 사이로 나와서 맑은 물을 앞에 두고 굽이도는 물에 잔을 띄워서 술을 마셨다(三月三日, 四民並出江渚池沼間, 臨淸流, 爲流觴曲水之飮)"고 했다. "사민(四民)"과 "토인(土人)"처럼 단어가 달라진 부분이 보인다. 곡수연(曲水宴)은 흔히 굽이도는 물에다 술잔을 띄우고 자기 앞으로 떠내려올 때까지 시를 읊던 연회를 말하는데, 《형초세시기》에서 시회(詩會)까지를 말한 것인지는 분명하지 않다.

24 유득공의 《경도잡지》에서는 "두견화를 따다가 찹쌀가루와 섞어 둥근 떡을 만들고 참기름으로 지진 것을 화전이라고 한다(採杜鵑花, 揉糯米粉, 作團糕, 煎以芝麻油, 號曰花煎)"고 했다.

초파일의 관등[八日觀燈]

《고려사》에 "우리나라 풍속에 4월 8일은 석가의 생일인 까닭에 집집마다 등을 밝힌다. 이보다 앞서 수십일 동안에는 아이들이 종이를 잘라 장대에 붙여서 깃발을 만들고 성 안의 거리를 돌며 소리치면서 쌀과 베를 구하여서 경비를 마련하는데, 이것을 '호기(呼旗)'라고 한다"고 했다.

—살피건대, 우리나라 풍속에 등의 이름으로는 마늘등, 연꽃등, 수박등, 학등, 잉어등, 자라등, 병등, 항아리등, 배등, 북등, 칠성등(七星燈), 수자등(壽字燈) 등의 부류가 있는데, 모두 그 형상을 따른 것이다.[25]

25 이 항목의 내용은 모두 유득공의 《경도잡지》에서 발췌한 것으로 보인다.

단오의 쑥떡[端午艾糕]

5월 5일을 "단오(端午)"라고 하며, 또 "천중(天中)"이라고도 한다. 속칭 "수릿날(戌衣日)"이라고도 하는데, "술의(戌衣)"는 곧 우리나라 말의 "수레(車)"다. 이날에 수리취(戌衣菜)로 쑥떡을 만드는데—《본초강목(本草綱目)》에서 말한 "천년애(千年艾)"는 중국인들이 "구설초(狗舌草)"라고도 부른다. 잎은 작고 둥글며, 뒤쪽은 희다. 말리면 잘게 부숴서 부싯깃(火絨)으로 쓸 수도 있고 찧어서 떡에 넣을 수도 있다—, 수레바퀴 모양을 본뜬다. 그것을 먹는 까닭에 "수릿날"이라고 하며, 쑥의 이름을 "수리취(戌衣菜)"—'菜'는 음이 '취'다—라고 한다.[26]

—살피건대, 무규(武珪)의 《연북잡지(燕北雜志)》에서는 "요나라의 풍속에 5월 5일에는 발해의 주자(廚子)가 쑥떡을 올린다"고 했는데, 여기서 우리의 풍속이 유래한 듯하다.[27]

일본에서는 스이코 천황이 단오에 약렵(藥獵)과 축국(蹴鞠)을 행했다.[28]

26 유득공의 《경도잡지》를 참고한 것으로 보인다. 《본초강목》에는 천년애와 구설초가 각각 언급되어 있으나, 이들이 같은 풀이라는 말은 없는 듯하다. 아마도 유득공이 따로 들은 바가 있었을 것이다. 또 천년애를 말려서 부싯깃으로 사용하거나 떡에 넣는다는 말도 《본초강목》에는 보이지 않는다. 천년애는 우리말로는 솜방망이며, 국화과의 여러해살이풀이다.

27 《연북잡지》는 "연북잡록(燕北雜錄)"이나 "연북잡기(燕北雜記)"로도 일컬어지는데, 송나라 때 무규(武珪)가 쓴 책이다. "주자"는 관아에서 음식을 만들던 사람을 뜻하는 말이다.

28 《일본서기》에는 611년(스이코 19) 5월에 약렵을 시행했다는 기록이 보인다. 약렵은 약을 캐기 위한 행사를 뜻하는 말이다.

단오의 부채[端午扇]와 애호艾虎

5월 5일에 부채를 내려주는 것은 당나라의 제도다. 우리 조선에서는 신하들에게 새 부채를 나누어주었는데, 이를 "단오선(端午扇)"이라고 한다. 또 각신(閣臣)들에게는 애호(艾虎)를 내려주었다.[29]

29 "애호"는 쑥으로 만든 범이다. 단옷날 머리에 꽂거나 문에 매달면 잡귀를 막을 수 있다고 한다. 《형초세시기》에는 애인(艾人) 즉 '쑥으로 만든 사람'의 풍속도 보이는데, 이 또한 단오의 풍습이라고 한다.

유둣날의 잔치[流頭飮]

6월 15일은 속칭 유두절(流頭節)이다. 분단(粉團)을 만들어서 꿀물에 넣어서 먹는 것을 "수단(水團)"이라고 한다.[30] 《고려사》에서는 "우리나라 풍속에는 이날에 동쪽으로 흐르는 물에 머리를 감고서 그곳에 모여 앉아 술을 마시는데, 이를 일러 유두음(流頭飮)이라 한다"고 했으니, "유두"라는 명칭은 고려 때에 생긴 것이다.[31]

30 분단은 밀가루 등을 반죽하여 둥글게 만든 떡이다. 수단은 차가운 꿀물이나 오미자 물에 띄워서 먹었다고 한다.

31 《고려사》의 명종 15년, 즉 1185년 6월의 기사에 보인다. 동쪽으로 흐르는 물에 머리를 감는 것이 "상서롭지 못한 일을 제거하는 것(祓除不祥)"이라고 한 부분이 제외되었다. 이 또한 유득공의 《경도잡지》에 수록되어 있다. 한편 유두음 또는 유두연(流頭宴)의 풍속이 신라 때부터 있었다는 견해도 있는데, 이는 고려 때 인물인 김극기(金克己)의 문집에 동도(東都) 즉 경주의 풍속으로 유두연이 언급되어 있기 때문이다.

복날의 개장국〔伏日狗漿〕

《사기》에 "진(秦)나라 덕공(德公) 2년에 처음으로 복사(伏祠)를 지냈는데, 사대문에서 개를 죽여 충재(虫災)를 막았다"고 했다[32]〔지금으로부터 2685년 전〕. 복날 개를 잡는 일이 여기서 비롯되었다.

우리나라에서는 복날에 개고기를 파의 밑동과 함께 푹 삶는데, 닭고기와 죽순, 고춧가루를 넣어서 국을 끓이면 맛이 매우 좋아진다. 이를 일러 "개장국(狗漿)"이라고 한다.[33]

32 진나라 덕공 2년은 기원전 676년이다. "복사"는 복날에 지내는 제사다. 《사기》 진본기(秦本紀)에 "(덕공) 2년 초복에 개로 충해를 막았다(二年初伏, 以狗禦蠱)"는 구절이 있고, 봉선서(封禪書)에 "진나라 덕공이 이미 즉위했다. … 복사를 지냈다. 사대문에서 개를 잡아서 악귀의 해악을 막았다(秦德公旣立 … 作伏祠, 磔狗邑四門, 以禦蠱菑)"는 구절이 있다. 봉선서에서 언급한 "고치(蠱菑)"는 귀신이나 괴물 등이 만들어내어 끼치는 해악을 뜻하는데, 억울한 죽음을 당한 여귀(厲鬼) 또한 이러한 해악을 만들어 사람을 해칠 수 있다고 한다. 사대문에서 개를 잡은 것은 사방에서 이러한 해악을 막고자 한 것이다. "충재"로 풀이한 것은 유득공의 《경도잡지》를 참고했기 때문인 듯하다.

33 "총백(蔥白)"은 파의 밑동 즉 파 아래쪽의 하얀 부분을 뜻하는 말이다. 원문에는 "백(白)"이 누락되었다. "번초설(番椒屑)"은 고춧가루를 뜻하는 것으로 보이는데, 원문에는 "번(番)"이 누락되었다. 이 부분은 "개장국〔狗漿〕"에 대한 설명으로 보이며, 유득공의 《경도잡지》에도 이 음식을 "구장(狗醬)"이라고 했다. 원문에는 "구책(狗磔)"이라 되어 있지만, 분명한 오류로 판단되므로 "개장국〔狗漿〕"으로 고쳐서 옮긴다.

칠석날의 걸교〔七夕乞巧〕

최식(崔寔)이 《사민월령(四民月令)》에서 "7월 7일에는 경서(經書)를 포쇄한다. 술과 포, 계절 과일을 차리고 대자리 위에 향가루를 흩뿌리고서, 견우성과 직녀성에 소원을 빈다. 대개 이 두 별이 만나는 까닭에, 밤을 지새우는 사람들이 모두 사사로운 소원을 품는 것이다"라고 했으니, 이것이 걸교(乞巧)의 시초다.[34]

—또한 살피건대, 주처(周處)의 《풍토기(風土記)》에 "칠석날 밤에 뜰을 깨끗이 하고 술, 포, 계절 과일을 차려놓고 향가루를 흩뿌리고서 하고(河鼓)—곧 견우성이다—와 직녀성에 제사를 지내서 장수와 부유함과 자식 얻기를 빈다"고 했으니, 대개 한나라 때로부터 비롯된 것이다.[35]

일본에서는 고켄 천황 때에 7월 7일에 은하수에 제사를 지냈으니, 이것이 칠석제(七夕祭)의 시초다.[36] 또 일본 풍속에서는 칠석에 여러 고을의 역사들이 스모(相撲)의 힘겨루기 놀이를 베푼다.

34 후한의 최식(103?~170)이 쓴 《사민월령》은 연중행사를 기록한 책인데, 후대 문헌에 그 내용이 인용되어 있다. 책이나 옷 등을 볕에 쪼이고 바람에 쐬는 일을 포쇄(曝曬)라고 한다. "하고"는 곧 견우성이다. 《어정연감유함(御定淵鑑類函)》 등에 이 내용이 보인다. "걸교"는 재주가 뛰어나게 되기를 빈다는 뜻이니, 부녀자들이 견우성과 직녀성에게 길쌈과 바느질을 잘하게 하여 달라고 빌던 일을 말한다. 《사민월령》에 직접 "걸교"를 언급한 부분은 없었던 듯하다.

35 주처(236~297)는 삼국시대 오나라 출신으로 진나라에서도 벼슬을 했다. 《풍토기》에서는 제사를 준비하는 가운데 "밖에다가 대자리를 마련하고(露施几筵)"라는 구절이 더 보인다. 또 오직 한 가지 소원만을 빌고 여러 가지를 한꺼번에 구하지는 않는다고 했다.

36 일본에서 칠석에 관한 첫 번째 기록은 《일본서기》의 지토 천황 5년 즉 691년의 기사에 나타나는데, 걸교에 대한 언급은 없다. 고켄 천황(재위 749~758) 때인 755년에 처음으로 걸교의 행사를 베풀었다는 기록이 나타난다.

백중[百種節]

7월 15일은 속칭 백종절(百種節)이니, 곧 옛날의 중원절(中元節)이다. 서울 사람들이 술과 음식을 성대하게 마련하여, 산에 올라 노래하고 춤추며

즐겼다. 그 풍속은 아마도 불교에서 비롯되었을 것이다. 살피건대, 《우란분경(盂蘭盆經)》에 "비구 목련(目連)이 7월 15일에 백미(百味)와 오과(五果)를 갖추어 분(盆) 안에 담아서 시방(十方)의 대덕(大德)에게 공양했다"고 했는데,[37] 지금 "백종(百種)"이라고 하는 것은 곧 "백미(百味)"를 이르는 것이다. 고려 때에 비롯되었다.

37 《우란분경》은 불교적 효도를 강조한 경전이다. 석가의 제자인 목련(目連)은 자신의 어머니가 아귀도(餓鬼道)에 떨어져서 고통받는 모습을 보았는데, 스승 석가에게 어머니를 구제해줄 것을 애원하니 석가가 이를 측은히 여겨 그 방법을 알려주었다고 한다. 이에 목련은 석가의 가르침에 따라 여러 부처와 보살, 승려에게 지성으로 공양했다. 7월 15일은 자자일(自恣日) 즉 여름 안거(安居)가 끝나고 자자(自恣)를 하는 날인데, 석가는 이날에 부처, 보살, 승려를 공양하라고 목련에게 알려주었다. "시방"은 사방(四方)과 사유(四維)와 상하(上下)를 합쳐 부르는 말이며, "대덕"은 덕이 높은 승려를 가리키는 말이다.

추석〔嘉俳日〕

8월 15일은 속칭 추석—옛날의 중추(中秋)—이다. 또한 "가배(嘉俳)"라고도 한다. 삼국사(三國史)에서는 "신라의 유리왕이 왕녀 두 사람으로 하여금 육부(六部)의 여자들을 나눠서 이끌고 7월 보름부터 육부의 뜰에 모여 베를 짜도록 했는데, 을야(乙夜)에야 파했다. 8월 보름에 이르러 그 짠 것이 많고 적음을 살폈는데, 진 쪽에서 술과 음식을 마련하여 이긴 쪽에게 사례했다. 이때에 갖가지 유희를 모두 했는데, 이를 일러 '가배'라고 했다. 이때 진 쪽의 여자 하나가 일어나 춤을 추면서 탄식하기를 '회소 회소(會蘇會蘇)'라 했는데, 그 소리가 슬프고 우아했다. 그런 까닭에 후세에 '회소곡(會蘇曲)'이 있게 되었다"고 했다[38]〔지금으로부터 1870년 전 무렵〕.

38 《삼국사기》 신라본기 유리왕 9년의 기사에서 인용한 것이다. "육부(六部)"가 "대부(大部)"로 잘못 인용된 곳이 있으나, 《삼국사기》에 따라 고쳐서 옮긴다. "을야(乙夜)"는 2경(更) 즉 9시~11시에 해당하는 시간이다.

중양절의 국화떡〔重陽菊花糕〕

9월 9일은 속칭 중양가절(重陽佳節)이다. 국화를 따서 떡을 지지는데, 이를 일러 "국화전(菊花煎)"이라 한다. 그 풍속은 중국 한나라 때에 시작되었으니, 《제민월령(齊民月令)》에 "중양일에는 반드시 떡과 술을 가지고 높은 곳에 올라 두루 바라보면서 가을날의 뜻(秋志)을 편다. 수유(茱萸)와 감국(甘菊)을 따서 술잔을 띄운다"고 했다.[39]

—살피건대, 《서경잡기》에서는 "한나라 무제의 궁인(宮人)인 가패란(賈佩蘭)이 9월 9일에 수유를 넣은 주머니를 차고 쑥떡을 먹고 국화주를 마시면서 '장수할 수 있다'고 했는데, 예로부터 그 연유를 아는 이가 없다"고 했다.[40]

일본에도 또한 이러한 풍속이 있다.

39 《태평어람》에서는 "제민월령"을 언급하며 이를 인용했지만, 다른 문헌에서는 인용서가 이와 달리 표기되어 있다. 당나라 손사막의 《천금월령(千金月令)》으로 제시한 문헌이 일부 있고, "제인월령(齊人月令)"으로 제시한 문헌이 보인다. 제인월령은 곧 후한의 최식이 쓴 《사민월령》일 것으로 추정된다. 감국(甘菊)은 감로(甘露)로 된 데도 있다.

40 가패란은 여후(呂后)에 의해 살해당한 척부인(戚夫人)의 궁인이었다. 가패란은 민간으로 쫓겨난 이후 궁중의 중양절 풍속을 말해주었다고 한다. 한나라 초기에 궁중의 중양절 풍속이 민간으로 전해진 것을 이로부터 알 수 있다고 한다.

10월의 말날과 돼지날[十月 午日 亥日]

우리나라 풍속에 10월 첫 번째 오일(午日)을 "말날(馬日)"이라고 칭하는데, 팥떡을 쪄서 마구간에 차려놓고 말의 건강을 축원한다.[41]

일본에서는 10월 첫 번째 해일(亥日)에 현저병(玄猪餠)을 쪄서 다른 사람에게 보내주는데, 상원(上元), 곡수(曲水), 단오(端午), 걸교전(乞巧奠), 현저병(玄猪餠)을 나라의 다섯 명절이라 일컫는다.[42]

41 유득공의 《경도잡지》에 말날(馬日)의 풍속이 언급되어 있는데, 병(丙)과 병(病)의 음이 유사하기 때문에 병오일(丙午日)에는 이 행사를 하지 않는다고도 했다.

42 "현저병"은 "이노고모치(亥の子餠)"라고도 한다. 10월 첫 해일의 해시(亥時, 오후 10시 전후)에 먹는데, 이 떡을 먹으면 병에 걸리지 않는다고 한다. 궁중의 행사로 헤이안시대에 이미 "이노고이와이(猪子祝)"가 있었으며, 일곱 종류의 가루로 만든 떡을 해일 해시에 먹었다고 한다. 해(亥) 즉 돼지는 다산을 상징하는 의미를 지닌다. 《겐지모노가타리(源氏物語)》에도 이 떡이 등장한다.

동지 팥죽[冬至赤豆粥]

《형초세시기》에 "공공씨(共工氏)에게 재주 없는 아들이 있었는데 동짓날에 죽어서 역귀(疫鬼)가 되었다. 귀신은 팥을 두려워하기 때문에, 동짓날에는 팥죽을 쑤어서 이를 물리친다"고 했는데, 그 풍습이 여기서 비롯되었다[지금으로부터 5000년 전 무렵]. 우리나라에서는 늘 이날에 팥죽을 쑤는데, 찹쌀가루로 새의 알 모양을 만들어 죽 속에 넣고 꿀을 타서 먹는다. 또 문짝에다 팥죽을 뿌려서 악귀(惡鬼)를 물리친다.

섣달 그믐날의 대포[除夕放砲]

궁궐에서는 섣달 그믐날에 대포를 쏘는데, 이를 "연종방포(年終放砲)"라고 부른다.[43] 그 제도는 연경(燕京)에서 비롯되었다.

43 "연종방포"는 한 해를 마무리하여 쏘는 포라는 뜻이다. 세포(歲砲) 또는 연종포(年終砲)라고도 했다. 나례풍속으로 기록되어 있으며, 역귀를 쫓아내기 위한 의례로 시행된 것으로 알려져 있다.

수세守歲

수세의 풍속은 한나라와 위나라 이래로 이미 있었다. 맹원로(孟元老)의 《동경몽화록(東京夢華錄)》에서는 "섣달 그믐날 밤에 백성들의 집에서는 화롯가에 둘러앉아 아침이 될 때까지 자지 않는데, 이를 일러 '수세'라고 한다"고 했다.[44]

우리나라 풍속에는 섣달 그믐날에 집 전체에 등을 걸어놓고 밤새 잠을 자지 않는다. 민간에 전하는 말에 그믐날 밤에 잠을 자면 두 눈썹이 센다고 하니, 그것으로 어린아이를 속인다. 아이가 잠든 틈을 타 쌀가루를 눈썹에 바르고서는, 흔들어 깨워 거울을 보게 하여 눈썹이 셌다는 증거를 보이고 놀리며 웃는다.

44 맹원로는 송나라 때 문인으로 생몰년은 확인되지 않는다. 금의 침입으로 송나라가 남쪽으로 옮겨간 이후인 1147년에 《동경몽화록》을 썼다고 한다.

원문

원문 일러두기

1. 간행본을 기준으로 표기하되, 원문의 주석은 "— —"로 표시했다.
2. 원고본 및 인용서 원문 등을 참고하여, 명백한 오자는 〔 〕 안에 수정했다.
3. 띄어쓰기와 문장부호는 번역자가 붙였다.
4. 원문에 행을 바꾼 부분은 '/'로 표시했다.
5. "曆"과 "歷"처럼 통용될 수 있는 한자는 원문대로 표기하는 것을 원칙으로 하되, 약자의 경우에는 정자로 표기했다.

· 1章 ·

天文

太極

河圖括地象에 云호듸, 太極이 有ᄒᆞ야 兩儀를 生ᄒᆞ니 兩儀가 未分홈에ᄂᆞᆫ 其氣가 混沌ᄒᆞ다가 清濁이 旣分홈의 天地가 始判이라 ᄒᆞ니라. 自天皇氏 攝提格으로 至唐堯 元年 甲辰이 四萬五千六百年이니, 距今己酉가 凡四萬九千八百四十二年이라. / 廣雅에 云太初ᄂᆞᆫ 氣의 始오, 太始ᄂᆞᆫ 形의 始오, 太素ᄂᆞᆫ 質의 始니, 素朴이 已散ᄒᆞ고 二氣가 剖判홈에 輕清ᄒᆞᆫ 者ᄂᆞᆫ 天이 되니라.

天神

五經通義에 云天神의 大者를 昊天上帝라 ᄒᆞ고, 其佐ᄂᆞᆫ 青赤黃白黑 五帝라 ᄒᆞ고, / 猶太人 基督經에 云天父라 ᄒᆞ며 又曰天主라 ᄒᆞ니, 卽儒家所謂上帝가 是라. / 高句麗 方言에 天을 汗乙이라 稱ᄒᆞ고 每十月에 天神에 祭ᄒᆞ니라.

天儀

賀道養의 渾天紀에 云昔에 天體를 紀ᄒᆞᆫ 者ㅣ 三家이 有ᄒᆞ니, 一曰渾天儀오, 二曰宣夜니, 其法은 夏禹時에 始ᄒᆞ고(距今 四千六十年), 三曰周髀法은 亦曰盖天이니라. / 劉氏曆正에 曰顓頊(距今 四千四百十四年)이 渾儀를 始造ᄒᆞ고 黃帝가 盖天을 作이라 ᄒᆞ고(距今 四千六百年), 其後에 舜이 璿璣玉衡을 造ᄒᆞ시니 卽渾儀의 法이라(距今 四千一百九十五年). / 世宗 十四年에 鄭招, 蔣英〔蔣英實〕 等을 命ᄒᆞ샤 大小簡儀와 渾儀像을 始製ᄒᆞ시니(距今 四百七十七年), 明年에 又新法天文圖를 刻石ᄒᆞ샤 書雲觀에 立ᄒᆞ시다. / 日本은 靈天元皇時〔靈元天皇時〕에 天文局을 始置ᄒᆞ니(距今 二百二十六年).

日月

說文에 云日은 太陽의 精이오, 月은 太陰의 精이라 ᄒᆞ고, 五經通義에 云日中에 三足烏가 有ᄒᆞ며 月中에 玉兎와 蟾蜍가 有ᄒᆞ다 ᄒᆞ고, / 淮南子에 日月中有物은 山河影이오, 其空處ᄂᆞᆫ 海影이라 ᄒᆞ니(距今 二千年), / 唐書에 云新羅ᄂᆞᆫ 每以元日로 日月神에 拜ᄒᆞᆫ다 ᄒᆞ니라. / 泰西ᄂᆞᆫ 自古로 以日月로 爲神ᄒᆞ야 日曰男神이오 月曰女神이라 ᄒᆞ더니, / 希臘國 碩學 地利斯가 出ᄒᆞᆷᄋᆡ 日月神의 說을 痛斥ᄒᆞ고 始發明曰 太陽은 星體니 乃水蒸氣의 變成ᄒᆞᆫ 烈火오, 月은 乃暗體니 日光을 受ᄒᆞ야 爲光이라 ᄒᆞ니(距今 二千四百九十年頃), / 義大利 天文學者 家利勒阿가 始將望遠鏡ᄒᆞ야 太陽中에 黑点이 有ᄒᆞᆷ과 月의 表面에 連山의 重疊이 有ᄒᆞᆷ을 發現ᄒᆞ야 太陽의 大가 雖大於地球百五十倍나 其重量은 返小於地球라 ᄒᆞ니라.

日月蝕

尙書 註에 云日蝕은 日月이 合朔ᄒᆞᆯ 際에 月이 日을 蔽ᄒᆞᆷᄋᆡ 蝕ᄒᆞᆷ이오, 月蝕은 月이 日과 相望ᄒᆞᆷᄋᆡ 東西가 中絶ᄒᆞᆫ즉 日이 光을 奪ᄒᆞ야 月蝕이 된다 ᄒᆞ고, 春秋正義에 曰日月의 會가 自有常數ᄒᆞ니 每一百七十三日零에 日月의 道가 一交ᄒᆞᆫ즉 日月蝕이 必有라 ᄒᆞ니라(距今 二千年頃). / 泰西 希臘國 碩學 地利斯가 西紀元前 五百八十五年에 雅典國 阿地斯에셔 太陽을 觀測ᄒᆞ고 日蝕이 有ᄒᆞᆷ을 始發明ᄒᆞ니라.

日晷測法

周禮에 日至의 景이 一尺 五寸을 謂之地中이니, 大司徒가 土圭의 法으로 日景을 測ᄒᆞ니 冬至ᄂᆞᆫ 晷長이 三尺이오, 春分은 七尺 二寸 四分이오, 夏至ᄂᆞᆫ 尺有四寸 八分이오, 秋分은 〔七尺〕 二寸 四分이니, 周公이 日景의 表ᄅᆞᆯ 始制ᄒᆞ니라(距今 三千年頃). / 本朝 世宗 二十年에 仰釜日晷와 日星定時圭表ᄅᆞᆯ 始制ᄒᆞ시니(距今 四百七十一年).

星辰

唐堯가 羲和ᄅᆞᆯ 始命ᄒᆞ야 日月星辰을 曆象ᄒᆞ며 四時中星을 始定ᄒᆞ니(距今 四千二百六十年), 周禮에 周公이 保章氏ᄅᆞᆯ 命ᄒᆞ야 天星의 變動을 掌케 ᄒᆞ니(距今 三千三十年), 穀梁赤이 曰 列星은 曰恒星이오 亦曰經星이라 ᄒᆞ고 廣雅에 五星—水火金

木土一을 曰五緯라 ᄒᆞ고, 太史公이 曰天星도 州國分野가 皆有라 ᄒᆞ야, 二十八宿로 分野를 定ᄒᆞ니(距今 二千年頃). / 新羅 善德王 十六年에 瞻星臺를 始作ᄒᆞ니, 鍊石築臺에 上方下圓ᄒᆞ고 高十九尺이니, 在慶州府 東南 三里라(距今 一千二百六十餘年). / 泰西 家利勒斯가 太陽系의 八游星을 始發明ᄒᆞ니, 卽水星, 金星, 地球星, 火星, 木星, 土星, 天王星, 海王星이 是也라一見上一.

天氣豫報

英吉利國 海軍少將 羅拔飛來가 西 一八零五年으로부터 慣習航海ᄒᆞ야 氣像의 事에 潛心홈으로 天氣豫報法을 始發明ᄒᆞ니, 萬國航海에 有助不少ᄒᆞ니라.

曆法

世本에 曰黃帝臣 容成(距今 四千六百年)이 始作曆이라 ᄒᆞ고, 楊泉 物理論에 曰神農氏가 農功을 始治홀ᄉᆡ 節氣와 寒溫의 早晩을 分ᄒᆞ야 曆日을 始立이라 ᄒᆞ고(距今 五千一百年), 益部耆舊傳에 巴郡 洛下閎이 漢武帝時에 顓頊의 曆法을 改ᄒᆞ야 太初曆을 發明ᄒᆞ얏고, 劉宋時에 何承天이 元嘉曆을 發明ᄒᆞ얏고, 唐玄宗時에 一行이 大衍曆을 發明ᄒᆞ얏고, 元 世祖ᄂᆞᆫ 耶律楚材로 ᄒᆞ야곰 授時曆을 發明ᄒᆞ얏고, 明은 大統曆法을 用ᄒᆞ다가 末年에ᄂᆞᆫ 湯若望의 時憲曆法을 用ᄒᆞ니, 卽今 太陰曆이 是也라. 自黃帝以來로 至今ᄭᆞ지 曆法이 凡六十餘變에 至ᄒᆞ니라. / 箕子 時로 曆法이 有ᄒᆞ더니, 新羅 文武王 十四年에 德福이 唐의 麟德曆法을 傳受ᄒᆞ야 其法을 始用ᄒᆞ니(距今 一千二百三十五年). / 高麗 太祖ᄂᆞᆫ 宣明曆을 用ᄒᆞ더니, 文宗 六年에 太史 金成이 曆法을 改正ᄒᆞ얏고, / 本朝 世宗朝에 七政筭法을 撰ᄒᆞ시니, 明의 大統曆과 又回回曆法을 參用홈이라. 仁祖 廿二年에 時憲曆을 始行ᄒᆞ니(距今 二百六十六年). / 日本은 欽明天皇 時에 百濟로브터 曆法이 始往ᄒᆞ얏ᄂᆞᆫᄃᆡ(距今 一千三百八十年), 持統天皇 四年에 至ᄒᆞ야 元嘉曆과 儀鳳曆을 始行ᄒᆞ얏고, 文德天皇 天安 元年에 博士 大春日眞野麻呂가 新曆을 始造ᄒᆞ니(距今 一千五十年頃), 靈元天皇 時에 安陪[倍]泰福이 新曆을 改ᄒᆞ니(距今 二百廿六年). / 泰西 上古에 埃及, 希臘 諸國에 曆法이 有ᄒᆞ나 不完이 莫甚ᄒᆞ더니 羅馬 羅柯耳斯王이 曆法을 始定ᄒᆞ야 三百四日로 分十個月ᄒᆞ야 爲一年이러니, 潘皮利亞王에 至ᄒᆞ야 十二個月로 分ᄒᆞ얏다가, 其後 司査가 爲總裁時에 太陽曆法을 始用ᄒᆞ야 以三百六十五日 六時로 爲一年이러니,

至羅馬法王 古勤哥利〔古勒哥利〕 十三世에 十日의 差가 有홈으로 '西 一千五百八十二年'에 曆法을 改正ᄒᆞ야 三百六十五日 五時 四十九分으로 用ᄒᆞ니, 泰西 諸國이 至今遵用ᄒᆞ되, 惟俄國은 尙用古法ᄒᆞ야 十四日이 相差되니라.

歲首

軒轅 以來로 三統을 互用ᄒᆞ야, 唐虞와 夏禹는 歲首를 寅月로 用ᄒᆞ니 是는 人統이오, 殷은 丑月을 用ᄒᆞ니 是는 地統이오, 周는 子月을 用ᄒᆞ니 是는 天統이라. 秦始皇은 亥月로 歲首를 숨고, 漢 以後는 寅月 或 子正을 遵用ᄒᆞ얏고—漢初는 用亥月—. / 我國은 寅正을 用ᄒᆞ더니, 新羅 孝昭王(距今 一千二百十年)이 建子月로 歲首를 숨아다가 後五年에 寅月로 歲首를 숨고, / 太皇帝 建陽 元年 乙未〔丙申〕에 建子陽曆을 用ᄒᆞ니, 日本과 亦同ᄒᆞ니라. / 猶太國은 秋分으로 年始를 숨고, / 泰西 諸國은 或以太陽曆 一月 一日로 歲首를 숨고 或以逾越節—猶太人脫去埃及之日—의 首日로 歲首를 숨고, 或以基督耶蘇의 降生日—太陽曆 十二月 廿五日—로 歲首를 숨고, 或以馬利亞天使之日로 歲首를 숨더니, 西 一千五百七十五年이〔에〕 西班牙王 非立 二世가 太陽曆 一月 一日로 始定홈이, '一千六百五十四年〔一千五百六十四年〕'에 法王 沙兒 九世가 亦以是日로 始定ᄒᆞ니, 近世 歐美 諸國이 皆從之ᄒᆞ니라.

紀元

黃帝는 造曆ᄒᆞ든 辛卯(距今 四千六百九年)로 紀元을 숨더니, 顓頊에 至ᄒᆞ야 更以乙卯로 紀元ᄒᆞ고, 至漢文帝 劉恒 十七年에 後元年이라 始稱ᄒᆞ고, 武帝 劉徹이 卽位 元年에 建元 元年이라 始稱(距今 二千四十九年)ᄒᆞ야 自是로 歷代 帝王이 新卽位ᄒᆞ면 例改元號ᄒᆞ고, 或 功業及慶瑞가 有ᄒᆞ야도 亦元號를 改ᄒᆞ야, 遂爲至今定例ᄒᆞ나, 近世 康有爲, 梁啓超 諸人이 始以孔子降生ᄒᆞᆫ 庚戌年으로 紀元을 숨으니, 至今年 爲二千四百六十年이니라. / 新羅 法興王이 始建年號ᄒᆞ야 曰建元이라 ᄒᆞ니(距今 一千四百廿四年), / 高麗 太祖는 天授라 建ᄒᆞ니(距今 九百八十年), / 檀君朝鮮의 開國紀元은 至今 四千二百四十二年이오, / 大韓 開國紀元은 至今 五百十八年이라. / 日本은 孝德天皇 乙巳에 始改大化ᄒᆞ니, 此ㅣ 改元之始라(距今 一千二百六十五年). 神武天皇의 開國紀元은 至今 二千五百六十九年. / 西曆 五百三十年頃에 羅馬僧 帶柯尼阿斯가 基督降生의 年으로 爲

紀元 元年ᄒᆞ니, 自是以後로 泰西 基督教國이 皆爲定規ᄒᆞ고, 衣斯拉以兒人은—卽 猶太一族—天地創造로 爲紀元ᄒᆞ고, 回回教國은 以馬河邈이 逃於密加之年으로 爲紀元ᄒᆞ니 在基督生後 六百二十二年이니 所謂 '希齋拉'者가 是也라.

年月

堯典에 云 朞ᄂᆞᆫ 三百有六旬有六日이라 ᄒᆞ고, 註에 云 周天이 三百六十五度 四分度之一이라 ᄒᆞ니, 卽 三百六十五日 二百三十五分零이 爲一年의 日行之數오, 月行은 一日에 不及이 十三度 十九分度之七이니, 積二十九日 四百九十九分이면 與日로 會, 故로 十二個月을 積ᄒᆞ면 全日이 三百四十八이오 餘分之積이 五千九百八十八이니, 以日法九百四十으로 除之ᄒᆞ면 得日이 六이오 不盡이 三百四十八이니, 通計ᄒᆞ면 三百五十四日 三百四十八分이 卽 一歲 月行之數也라—古太陰曆法—(距今 四千二百六十六年). / 泰西 古代ᄂᆞᆫ 因月之盈虛ᄒᆞ야 以定一月이러니, 至希臘 碩學 地利斯ᄒᆞ야 始知一年이 爲三百六十五日餘ᄒᆞ고, 近日 天文家ᄂᆞᆫ 又三百六十五日 五時 四十八分 四十六秒로 推定ᄒᆞ니라.

晝夜

東洋은 自古로 以日出爲晝ᄒᆞ고 日沒爲夜ᄒᆞ야 以子正으로 爲一日之始ᄒᆞ니, 其法이 古也라. 新羅時에 以國號羅 故로 稱晝曰羅朝라 ᄒᆞ니, 謂其全盛이 如白日之光明也라. 高句麗人은 以夕陽으로 謂之羅朝라 ᄒᆞ니라. / 泰西 希臘人은 以日沒 爲一日之始ᄒᆞ고, 巴比倫·敍利亞人은 以日로 出로〔以日出로〕 爲始ᄒᆞ고, 亞剌伯人은 以日中으로 爲始러니, 羅馬人이 始以中夜—卽 子正—로 爲一日之始ᄒᆞ니, 諸國이 多從之ᄒᆞ니라.

時間

曆象家가 以一日로 定爲十二時ᄒᆞ니 卽自子至亥也오, 一時에 有八刻 二十分ᄒᆞ니 蓋初初, 正初 二刻은 各十分이오, 初一, 初二, 初三, 初四, 正一, 正二, 正三, 正四 八刻은 各六十分이니, 十二時가 凡十刻—六十分—也라. / 泰西 埃及人은 自日出日沒로 分爲十二時ᄒᆞ고, 希臘人도 亦用此法ᄒᆞ며, 猶太人은 以一日로 分爲朝·晝·夕·夜 四時ᄒᆞ고, 又夕은 分爲二更ᄒᆞ고 夜ᄂᆞᆫ 分爲三更이러니, 羅馬人은 至第一漂涅戰爭 '西紀元〔西紀

元前〕二百六十四年'之際에 一晝夜를 平分爲二ᄒᆞ야 各以十二個時로 定ᄒᆞ니 卽 近世通用ᄒᆞᄂᆞᆫ 二十四時法也라. 其法이 一時가 爲六十分이오 一分이 爲六十秒며 又一時로 分爲四刻ᄒᆞ니 一刻이 卽 十五分이니라.

七曜日

東洋은 日月五星으로 謂之七緯라 ᄒᆞ며 又曰七曜라 ᄒᆞ고, 周易에 曰七日來復이라 ᄒᆞ니, 此ᄂᆞᆫ 盖謂陽이 七個日에 至ᄒᆞ면 周而必復홈이라. / 泰西에 以七日로 爲一週日之說은 始見於舊約全書 創世紀ᄒᆞ니, 七曜之名을 各以神名으로 附之홈니〔이〕 如左ᄒᆞ니. / 日曜日은 英語에 曰新地니 新者ᄂᆞᆫ 太陽之義오 地者ᄂᆞᆫ 日之義니, 是日은 參拜太陽之日 故로 以太陽之名으로 附之ᄒᆞ고, / 月曜日은 英語에 曰文地니 文은 們과 與同ᄒᆞ니 月之義오 地者ᄂᆞᆫ 日之義니, 是日은 參拜月之日이오, / 火曜日은 英語에 超時地니 超時哥ᄂᆞᆫ 神人之父니 是日에 參拜 故로 名홈이오, / 水曜日은 英語에 溫時地니 溫時ᄂᆞᆫ 烏殿之變音이라. 烏殿은 天及戰爭을 主ᄒᆞᄂᆞᆫ 獨眼神이니 是日에 參拜 故로 名홈이오, / 木曜日은 英語에 阿時地니, 是日에 參拜雷神'沙' 故로 名홈이오, / 金曜日은 英語에 夫及地니, 是日에 參拜於烏殿之妻 夫利家 故로 名홈이오, / 土曜日은 英語에 沙他地니, 是日에 參拜於索遜之神'施他' 及 '沙祖' 故로 名홈이라.

閏

唐堯 時에 有草가 生庭ᄒᆞ야 十五日以前은 日生一葉ᄒᆞ고 以後ᄂᆞᆫ 日落一葉ᄒᆞ며 月이 小盡—卽 二十九日而晦—ᄒᆞᆫ 則 一葉이 厭而不落 故로 旬朔을 知ᄒᆞ야 閏月을 置ᄒᆞ니라(距今 四千二百六十年). / 堯典 註에 云歲有十二月ᄒᆞ고 月有三十日 故로 三百六十日은 一歲之常數라. 日이 與天으로 會ᄒᆞᆫ즉 五日 二百三十五分이 贏ᄒᆞ니 是曰氣盈이오, 月이 與日로 會홈이 但三百五十四日 三百四十八分이오 五日 五百九十二分이 不足ᄒᆞ니 是爲朔虛라. 氣盈과 朔虛를 合ᄒᆞ면 一歲에 十日 八百二十七分이 閏餘가 되야, 三年이면 三十二個日 六百單一分이 閏餘 故로 每三年에 一個月을 置ᄒᆞ고 五歲再閏 則五十四個日 二百七十五分이오, 十九歲七閏 則氣朔이 分齊ᄒᆞ니라. / 太陽曆은 三百六十五日로 一年을 合고 餘分 三時 四十九分을 積ᄒᆞ야 每四年만에 一個 閏日을 置ᄒᆞ되 二月에 加ᄒᆞ야, 平年은 二十八日이오 閏年은 二十九日이니라—按 曆法沿革은 不可盡記, 故로 姑闕之

ᄒᆞ노라—.

干支

天皇氏가 古干支를 始制ᄒᆞ얏더니, 黃帝가 大撓를 命ᄒᆞ야 初昏에 斗柄의 所指ᄒᆞᄂᆞᆫ 月建을 驗ᄒᆞ야 天干 十과 地支 十二로 相配ᄒᆞ야 六十甲子를 作ᄒᆞ니, 天干은 甲乙丙丁戊己庚辛壬癸오, 地支ᄂᆞᆫ 子丑寅卯辰巳午未申酉戌亥니라(距今 四千六百年).

五行

尙書 洪範에 天이 禹에게 洪範 九疇를 錫ᄒᆞ시니, 初一은 曰五行이니, 一曰水, 二曰火, 三曰木, 四曰金, 五曰土니, 水曰潤下오, 火曰炎上이오, 木曰曲直이오, 金曰從革이오, 土爰稼穡이 五德이니, 潤下ᄂᆞᆫ 作鹹ᄒᆞ고, 炎上은 作苦ᄒᆞ고, 曲直은 作酸ᄒᆞ고, 從革은 作辛ᄒᆞ고, 稼穡은 作甘이라 ᄒᆞ니, 此ᄂᆞᆫ 夏禹 後에 箕子가 發明홈이라(距今 三千三十一年). 淮南子에 曰 水生木, 木生火, 火生土, 土生金, 金生水니, 子生母曰義오, 母生子曰保오, 子母相得曰專이오, 母勝子曰制오, 子勝母曰困이니, 勝은 水克火, 火克金, 金克木, 木克土, 土克水가 是也라.

千歲曆

世宗朝에 推策法을 始立ᄒᆞ고 以二十六年 甲子로 爲上元ᄒᆞ신 故로, 正祖 六年에 千歲曆을 始作ᄒᆞ사 以此로 爲紀元ᄒᆞ니 '距今 四百六十六年'이오, 正祖 六年은 距今 一百二十八年이라. 光武 八年에 萬歲曆을 改作ᄒᆞ니라.

測雨器

我世宗 二十四年에 銅으로 測雨器를 始制ᄒᆞ시니, 長이 一尺 五寸이오 圓徑 七寸이라. 置書雲觀臺上ᄒᆞ니(距今 四百六十七年).

觀天器

中宗 二十年에 司成 李純이 觀天器를 刱製ᄒᆞ니 名曰日輪純이오, 又儀象諸器를 重修ᄒᆞ고(距今 三百八十四年), 又明宗 三年에 渾天儀를 製ᄒᆞ시니(今[距今] 三百六十三年), 宣

祖 壬辰兵火之餘에 儀象이 蕩盡홈으로 三十四年에 李恒福이 舊式을 依ᄒᆞ야 漏器와 簡儀와 渾象만 重造ᄒᆞ니(距今 三百八年). / 孝宗 八年에 金堤郡守 崔攸之가 渾天儀 璣衡을 剏造하니 水激으로 自運ᄒᆞ니라. / 日本은 天武天皇이 天文曆數에 留心ᄒᆞ야 点星臺를 始置ᄒᆞ고 天度를 推測ᄒᆞ며 天官書와 漢晋天文志로써 天文學을 教授ᄒᆞ니라.

晨昏大鍾

新羅 惠恭王 時에 大鍾을 始鑄ᄒᆞ니, 銅重이 十二萬斤이오 聲聞百餘里ᄒᆞ니—在今慶州府—(距今 一千一百四十年), 高麗 忠穆王 時에 鐘을 鑄ᄒᆞ니—在開城府—(距今 六百年), 我 太祖 三年에 鐘閣을 始建ᄒᆞ고 晨昏에 撞鐘케 ᄒᆞ시고, / 太宗 十二年에 又鑄ᄒᆞ샤 宮門에 懸ᄒᆞ시고, 世宗 二年에 又鑄大鐘ᄒᆞ샤 思政殿 前에 置ᄒᆞ시며, 八年 及 十四年에 又鑄大鐘ᄒᆞ셧더니, / 中宗朝에 金安老가 都城內 西部 興天寺와 中部 圓覺寺에 所在 大鍾으로 東南 兩大門에 欲置ᄒᆞ다가 未果러니, 壬辰 兵燹에 光化門鍾과 及鍾樓之鐘이 皆被融鑠 故로 甲午 秋에 命懸南大門鐘ᄒᆞ야 以鳴晨昏ᄒᆞ더니, 丁酉 冬에 明將 楊鎬가 移鐘于明禮洞 峴上ᄒᆞ니라—太皇帝 二年 以世祖所鑄鐘 懸于光化門樓上—. / 日本은 孝德天皇 時에 鑄鐘ᄒᆞ야 闕에 設ᄒᆞ고 寃枉者로 撞케 ᄒᆞ니라.

· 2章 ·

地理

地球

地球圓體之說은 '距今 二千四百九十年頃'에 泰西 希臘의 地利斯가 始發明홈이니, 地球와 及太陽系가 皆遊星에 屬ᄒᆞ니, 其始ᄂᆞᆫ 雲狀의 物體로써 漸次 太陽과 離而獨立ᄒᆞ야 其劇熱이 太陽과 同홈이 今 地球의 內部가 非常히 劇熱ᄒᆞ야 時時로 爆發홈이 卽其一證이라 ᄒᆞᄂᆞ니라.

地動說

東洋 學者의 地動說은 春秋元命苞—書名, 漢儒著—에 曰地가 右轉홈은 氣濁精少ᄒᆞᆫ 故로 轉右라 ᄒᆞ고, 尙書 考靈曜에 曰 地ᄂᆞᆫ 四游가 有ᄒᆞ니, 冬至에ᄂᆞᆫ 地가 上ᄒᆞ야 北으로 西에 三萬里를 遊ᄒᆞ고, 夏至에ᄂᆞᆫ 地가 下ᄒᆞ야 南으로 東에 三萬里를 遊ᄒᆞᆫ다 ᄒᆞ며, 又曰 地가 三萬里 中에셔 常升降ᄒᆞᆫ다 ᄒᆞ니(距今 二千年頃), 此ᄂᆞᆫ 東洋의 地動을 說明홈니[이]라. / 泰西 波蘭國人 哥白尼가 西歷 十六世紀에 地動說을 始唱ᄒᆞ야 天體運行論을 著ᄒᆞ야 曰 '太陽이 地球의 周에 運行ᄒᆞᄂᆞ냐, 地球가 太陽의 周에 運行ᄒᆞᄂᆞ냐. 此 二大問題를 解釋曰 驟觀ᄒᆞ면 太陽이 地球의 周에 運行홈과 如ᄒᆞ나 其實 不然ᄒᆞ야 地球ᄂᆞᆫ 日動—自轉—과 年動—公轉—이 有ᄒᆞᆫ즉 太陽이 繞地而行홈이라— 日動은 謂每日에 運地軸一周오, 年動은 謂每年에 運太陽一周라—.' 其後에 德國人 其布勒兒가 地球 及 諸遊星의 軌道를 始發明ᄒᆞ야 曰 地球ᄂᆞᆫ 正圓形이 아니오, 乃卵狀과 如ᄒᆞᆫ 楕圓形이라 ᄒᆞᄂᆞ니라.

新世界, 亞美利加 及 墺斯亞

距今 四百餘年前 西歷 一四九二年에 義大利人 可侖布가 始亞美利加를 發見ᄒᆞᄂᆞ니라. / 墺斯亞—卽 濠太利—ᄂᆞᆫ 地球上 第一大島니, 其大가 歐羅巴와 相等ᄒᆞᆫ지라. 西歷 一五二一年에 葡萄牙人 馬斯蘭이 南洋 屬島 馬利亞拉諸島를 發見ᄒᆞ얏더니, 其後 八十

餘年—一六零五年—에 荷蘭人이 其 本島를 發見ᄒᆞ고 名曰新荷蘭이라 ᄒᆞ다가, 其後에 英國에 歸ᄒᆞ니, 今에 五大洲와 并列ᄒᆞ야 六大洲가 되니라.

蘇彝士運河

東洋의 第一大運河는 隋煬帝 楊廣의 大業 元年에 運河千餘里를 鑿通ᄒᆞ얏고(距今 一千三百年), 蘇彝士運河〔蘇彝士河〕는 亞細亞와 亞非利가 相連絡ᄒᆞᆫ 地峽인ᄃᆡ, 法人 禮聶이 西 一八五一年에 開鑿ᄒᆞ야 地中海로브터 紅海 蘇彝士港에 至ᄒᆞ니, 凡十年에 成功ᄒᆞᆫ지라. 此河未開之前에는 歐人이 東洋에 航渡ᄒᆞᄂᆞᆫ 者ㅣ 亞非利 南端 希望峯으로 廻航ᄒᆞ더니, 此開通後에는 航路의 三分之一을 減ᄒᆞ야 比前ᄒᆞ면 三十六日이 短縮ᄒᆞ니라.

山

昔時에는 以爲山의 始原이 地球 開闢으로붓허 俱存ᄒᆞ야 地球의 成立이 곳 山의 成立이라 ᄒᆞ더니, 中葉에 至ᄒᆞ야 泰西 地質學術이 進步됨의 始知山之成立이 與地球로 異時ᄒᆞ니, 山之成立ᄒᆞᆫ 原質은 槪是水成岩—卽 砂岩, 𥓙岩, 石炭石 等—이니, 水成岩이 太古時에는 海水中에 沈在ᄒᆞᆷ으로 其內部에 介殼, 珊瑚, 海膽과 及 其他 海生物의 遺體를 含ᄒᆞ얏스니, 以此推之ᄒᆞ면 今日 山顚이 昔日 海底라 ᄒᆞ니라. / 宋 朱子—熹—가 發明曰山은 原來 海水의 凝結ᄒᆞᆷ인 故로 登高遠望ᄒᆞ면 山이 皆波浪의 狀이 有ᄒᆞ고 其岩石間에 往往 海物, 螺殼 等痕을 見ᄒᆞ니, 是로써 足히 証ᄒᆞᆫ다 ᄒᆞ니(距今 七百五十年頃), 泰西 學術과 相符ᄒᆞ니라.

洪水

宋儒 胡寅이 發明曰 堯時에 洪水는 積雨의 所成이 아니라 開闢 以來로 積水가 未得其所歸 故로 曰洪水는 逆水라 ᄒᆞᆷ이라(距今 七百五十年). / 舊約全書에 云諾亞之時에 大洪水가 有ᄒᆞ야 地表上에 所有萬物이 皆爲水沒殺이로되 惟諾亞가 以小舟로 各動植物을 載ᄒᆞ고 僅免이라 ᄒᆞ니라.

田野溝渠

黃帝가 始劃野ᄒᆞ고 井田의 區를 定ᄒᆞ니, 田野가 此에 始ᄒᆞ고, 尙書 益稷에 曰 夏禹가 畎

澮를 濬ᄒᆞ야 川에 距ᄒᆞ고 九川에 注라 ᄒᆞ고, 周禮 匠人이 爲溝洫ᄒᆞ니 井田의 間에 廣四尺曰溝오 方十里曰成이오 成間에 廣八尺曰洫—音 혁—이니라. / 渠는 周公이 陽渠를 始制ᄒᆞ고 其後에 秦人 鄭國이 三百里渠를 鑿ᄒᆞ야 灌漑에 便케 ᄒᆞ니라(距今 二千三百年).

城郭(附 州郡)

吳越春秋에 曰 鯀이 築城ᄒᆞ야 以衛君ᄒᆞ고 造郭ᄒᆞ야 以守安民ᄒᆞ니, 此ㅣ 城郭의 始라(距今 四千一百餘年). 又 博物志에 曰禹가 始作城郭이라 ᄒᆞ니라. 羅馬城은 羅馬路의 所築이니 在紀元前 七百五十三年ᄒᆞ니라. 江華 傳燈山에 三郎城이 有ᄒᆞ니, 世傳에 檀君의 所築이라 ᄒᆞ니 此ㅣ 我國城郭의 始라. / 廣輿記에 人皇氏가 度爲九州ᄒᆞ니, 此ㅣ 州郡의 始라.

堰埭

秦人 李氷이 蜀郡太守가 됨ᄋᆡ 百丈堰을 造ᄒᆞ야 田 數千畝를 灌ᄒᆞ니라(距今 二千二百年). / 上古 埃及이 堤埭—音 틔—를 築ᄒᆞ야 尼羅河의 漲溢을 防ᄒᆞ니—見 希臘多他斯史—, 此ㅣ 隄防의 始니라.

陂池

禮記 月令에 畜水曰陂니 卽池也라. 皇覽에 云 楚大夫 子思가 芍陂를 始造ᄒᆞ니라. 圓曰池오 方曰沼니, 池沼는 堯時에 始有ᄒᆞ고, 殷湯이 囿池를 作ᄒᆞᆷᄋᆡ 後孫 紂는 酒池를 作ᄒᆞ며 周文王 昌은 靈沼를 始作ᄒᆞ니라. / 新羅 訖解王 廿一年에 碧骨池를 始築ᄒᆞ니 '距今 一千五百五十四年'이라.

周航地球

夏禹氏가 治水를 畢ᄒᆞ고 海外 八荒에 周行ᄒᆞ야 山海經을 作ᄒᆞ니라(距今 四千六十年). / 葡萄牙人 馬謝蘭이 地球에 始周航ᄒᆞ니라.

大石

世界에 最大ᄒᆞᆫ 石은 埃及 巴爾倍格城에 在ᄒᆞ니 埃及王 西蘇士特利가 亞剌伯에서 採運

흠이니 廣三十二尺, 長은 二百四十尺이오, 又 有大石柱六ᄒᆞ니 高各 七十二尺, 經各 七尺이오, 又羅馬名將 棚標의 紀功石柱ᄂᆞᆫ 高 九十二尺이니라.

· 3 章 ·

人類

人類之始生

人生於寅 故로 人皇氏는 一姓 九人이 九區에 分居ᄒᆞ니, 此爲人類始生之祖라 ᄒᆞᄂᆞ니라(距今 二萬七千二百餘年). / 泰西學者曰 人類之始는 乃劣等動物이니 如猿類也라 ᄒᆞ고, 又曰人種이 其初는 皆一族이라 ᄒᆞ고, 或曰世界人種이 各自不同이라 ᄒᆞ니라.

言語

西洋 學者曰 言語가 各有分支ᄒᆞᆷ이 如左ᄒᆞ니 / 第一 義大利語, 西班牙語, 法蘭西語(皆由拉丁語) / 第二 俄羅斯語, 波蘭語, 波希密亞語(皆由斯拉夫語) / 第三 威爾斯語, 希臘語, 不列顚語(皆由塞耳語) / 以上 屬於亞利安語系 / 第四 亞剌比亞語, 希伯流語, 敍利亞語(皆由塞美的語) / 第五 土耳其語, 匈牙利語, 蒙古語, 蒙蘭語(皆由韃靼語出) / 又 夫律氏는 別爲三大派를 如左ᄒᆞ니라. / 第一派는 梵語, 精語—派斯之古語—, 希臘語, 拉丁語, 印度及歐羅巴語 / 第二派는 希伯流語, 亞剌比亞語, 非尼西亞語, 巴比倫語, 亞西里亞語, 加地治語 / 第三派는 中國語, 西藏語, 後印度語.

姓名

昔에 黃帝가 吹律ᄒᆞ야 以定姓ᄒᆞ니, 姓이 始此라. 夏書에 曰錫土姓이라 ᄒᆞᆷ은 以所生之土로써 錫[賜]之爲姓이니, 如堯는 伊祈山에 生ᄒᆞᆫ 故로 伊祈로 爲姓ᄒᆞᆷ이라. / 檀君 時에 余守己가 穢國 君長이 되야 有功 故로 賜姓徐氏ᄒᆞ고, 箕子의 支子 仲이 于 ᄯᅡ에 食菜ᄒᆞᆫ 故로 因以鮮于로 爲氏ᄒᆞ니, 此ㅣ 姓氏의 始라. / 馬韓의 後孫이 韓氏, 奇氏가 되고, 士師 王受兢은 王姓을 賜ᄒᆞ고, / 新羅始祖 赫居世는 朴으로 爲姓ᄒᆞ고, 味鄒王은 金으로 爲姓ᄒᆞ고, / 高句麗는 高辛氏之後로 姓을 高氏라 ᄒᆞ고, 駕洛王后는 許氏가 되고, / 百濟는 扶餘로 爲氏ᄒᆞ고, 又 沙 · 燕 · 劦—音 협— · 解 · 眞 · 國 · 木 · 苩—音 빅— 八氏

가 有ᄒᆞ고, 駕洛王은 少昊 金天氏의 後로 姓을 金氏라 ᄒᆞ고, 新羅 儒理王 八年에(距今 一千八百七十一年) 六部에 賜姓ᄒᆞ니 曰李 · 崔 · 孫 · 鄭 · 裵 · 薛 六氏니, 此ㅣ 我東 姓族의 始라. / 日本 允恭天皇 四年에 姓氏ᄅᆞᆯ 始定ᄒᆞ니(距今 一千九百九十四年). / 明治天皇 三年에 親王賜姓制ᄅᆞᆯ 始定ᄒᆞ야 華族에 列ᄒᆞ니라. / 泰西 拿破崙이 姓氏錄을 定ᄒᆞ고, 自後로 妄自改姓ᄒᆞᆷ을 禁ᄒᆞ다.

別號

古者에 巢父ᄂᆞᆫ 構巢以居 故로 人이 號ᄅᆞᆯ 巢父라 ᄒᆞ니, 此ㅣ 別號의 濫觴이니, 六國 時에 王詡가 自稱鬼谷子라 ᄒᆞ니, 此ㅣ 別號의 始라(距今 二千三百年).

保元死體(波斯에 呼曰蒙美)

舊約全書 創世記에 約瑟이 父 也及의 面에 俯ᄒᆞ고 抱而哭ᄒᆞ며 與之接吻ᄒᆞ고 醫ᄅᆞᆯ 命ᄒᆞ야 其父의 死體ᄅᆞᆯ 膏塗의〔ᄒᆞᆷ이〕 可히 四十日을 保存ᄒᆞ얏다 ᄒᆞ니, 其法이 始此ᄒᆞ니라.

男女夫婦

易에 曰 有萬物 然後에 有男女ᄒᆞ고 有男女 然後에 有夫婦라 ᄒᆞ니라. / 舊約全書 創世紀에 云 耶和華神이 亞當 熟睡時에 取其肋骨之一ᄒᆞ야 以肉塡塞其處ᄒᆞ고 以肋骨로 造女ᄒᆞ야 以之爲亞當의 妻ᄒᆞ니 卽 夏娃가 是也라.

兄弟姊妹

世紀에 人皇氏 兄弟 九人이 號ᄅᆞᆯ 九皇이라, 分居九區ᄒᆞ야 君臣, 男女의 所自起라 ᄒᆞ니, 卽 兄弟之始也오, 又 女媧氏ᄂᆞᆫ 太昊 伏羲氏의 妹라 ᄒᆞ니라. / 創世紀에 云 亞當의 妻 夏娃가 孕生該因과 及 其弟 亞伯耳라 ᄒᆞ고, 又云 亞當이 生男子女子라 ᄒᆞ니, 此卽兄弟姊妹之始也라.

主從與奴僕

周禮에 云 太宰가 以九職으로 任萬民호되 閒民은 無常職ᄒᆞ야 轉移執事라 ᄒᆞ니, 盖閒民無業者ᄂᆞᆫ 轉移ᄒᆞ야 爲人執役케 ᄒᆞᆷ이라. / 史記에 高漸離가 爲人傭保라 ᄒᆞ니라. / 奴婢

ᄂᆞᆫ 殷에 始ᄒᆞ니, 箕子가 佯狂爲奴라 ᄒᆞ고, 周禮注에 曰男奴, 女婢ᄂᆞᆫ 皆罪隸也라. 古者에 犯罪者ᄂᆞᆫ 沒入ᄒᆞ야 爲奴婢 故로 我東에 奴婢法이 箕子의 三章法으로브터 始ᄒᆞ니(距今 三千三十年). / 舊約全書에 亞布拉罕이 使僕婢란 語가 有ᄒᆞ고, 又 約瑟의 兄等이 賣約瑟於依時馬伊兒人이라 ᄒᆞ니, 此是西洋奴之始라.

乳母 及 産婆

禮記 內則에 曰大夫之子ᄂᆞᆫ 有食母ᄒᆞ니, 食母ᄂᆞᆫ 乳母也라. 周時로 已有ᄒᆞ니라. / 舊約全書의 衣常—亞布拉罕之子—에 妻 利伯加가 有乳母라 ᄒᆞ고, 又云也及布의 妻 拉傑兒가 臨産에 有産婆라 ᄒᆞ니라.

娼妓(附 妾)

古者에 天子와 諸侯ᄂᆞᆫ 姬妾이 有ᄒᆞ고 卿은 置側室ᄒᆞ니, 盖五帝의 制라. 舊約全書에 亦云亞布拉罕이 置妾이라 ᄒᆞ니라. / 萬物原始에 曰洪涯妓ᄂᆞᆫ 三皇時에 入娼家라 ᄒᆞ니(距今 五千餘年), 又 漢武外史에 云 漢武帝가 始置營妓ᄒᆞ야 以待軍士之無妻者라 ᄒᆞ니라. / 我國은 東史古紀에 云 金庾信이 少時에 留宿娼家라 ᄒᆞ니, 此ㅣ 娼妓의 始라(距今 一千三百年頃). 高麗史에 李義旼之子 至榮이 以楊水尺으로 編于妓籍ᄒᆞ니, 自玆以後로 水尺之女ᄂᆞᆫ 皆爲妓 故로 稱妓曰水尺이라 ᄒᆞ니(距今 七百三十年〔頃〕), 此ㅣ 我東官妓編籍之始라. / 舊約全書에 云 也及布之子 猶打가 誤猜其媳 他馬耳ᄒᆞ야 爲娼妓云 則西洋娼妓之原이 亦古矣라. 當時에 衣時拉逸耳의 娼妓ᄂᆞᆫ 覆面網으로써 其面을 覆ᄒᆞ고, 埃及國의 娼妓의〔ᄂᆞᆫ〕 希羅都他斯의 以前에 在ᄒᆞ니라.

童丱

穀梁赤이 云子가 生ᄒᆞ야ᄂᆞᆫ 羈貫이라 ᄒᆞ니, 羈貫은 交叉剪髮홈이라. 又曰總角이라 ᄒᆞ니라.

頭髮

古者에 頭髮을 披ᄒᆞ더니, 我東은 檀君이 始編髮ᄒᆞ고 三韓時에ᄂᆞᆫ 紒ᄅᆞᆯ 露ᄒᆞ니라. / 高麗 忠烈王이 蒙古의 制ᄅᆞᆯ 從ᄒᆞ야 辮髮薙頟ᄒᆞ니, 卽今清人과 類ᄒᆞᆫ지라. 後에 恭愍王이 更히 復古ᄒᆞ니라(距今 六百年頃). / 泰西 古者에 頭髮을 長垂ᄒᆞ고 斷髮ᄒᆞᆫ 者로써 奴隸라 排

斥ᄒᆞ며, / 希臘 · 羅馬의 人은 頭髮을 腦後에 短垂ᄒᆞ고, 婦人은 高髻를 尚ᄒᆞ더니, 十七世紀의 末에 至ᄒᆞ야 其法이 始廢ᄒᆞᄂᆞ니라.

鬚

剃髮蓄鬚은 古者 泰西의 遺法이오, 東洋은 毋論頭髮與鬚髯ᄒᆞ고 一切 愛護로써 孝를 삼거니와 西洋도 回教 諸國은 尤以剃鬚으로 爲奴隷ᄒᆞ더니, 亞西尼亞 女王 密拉斯美〔密拉美斯〕의 時에 女王이 親臨戰場 故로 敵人의 注目홈을 恐ᄒᆞ야 命皆剃髮〔鬚〕케 ᄒᆞᄂᆞ니라. / 希臘은 歷山大王〔亞歷山大王〕時에 戰爭에 從事홈으로 敵의 摑혼 바 될가 ᄒᆞ야 鬚을 剃ᄒᆞ얏다가 未幾에 復古ᄒᆞ얏고, / 羅馬人은 剃鬚의 禁令이 有ᄒᆞ고, 義大利 地에 藍拔國이 有ᄒᆞ니 藍拔은 卽長鬚의 意味라. 由是로 蓄鬚의 風이 盛行ᄒᆞ더니, 法國 路易王 十三 及 十四世 時에 皆少時卽位ᄒᆞ야 鬚이 未有홈으로 臣民이 王을 習ᄒᆞ야 皆剃鬚혼 故로〔皆剃鬚홈으로〕其風이 一時에 歐洲 各國에 及ᄒᆞᄂᆞ니라.

三時代

自太古未有書契以來로 至於今日히 人類 進化의 階段이 三時代로 分ᄒᆞ니, / 一曰石器時代ᄂᆞᆫ 石 · 骨 · 木 · 角之類로써 器具製造의 時代니 太古 中 最舊의 時代라. 當時ᄂᆞᆫ 金屬의 用法을 未知홈으로 燧石을 多用ᄒᆞ나, 然이ᄂᆞ 不過 石을 切用홀 ᄲᅮᆫ이오 研磨의 法은 未知홈으로 又二에 分ᄒᆞ야, 其始ᄂᆞᆫ 舊石器時代라 ᄒᆞ고 後ᄂᆞᆫ 新石器時代라 ᄒᆞᄂᆞ니라—卽石斧 · 石劍之代—. / 二曰靑銅時代니 旣 黃金, 銅, 錫을 發見혼즉 銅, 錫을 鎔化ᄒᆞ야 刀劍의 器具를 製造홈이오. / 三曰鉄器時代니 其後에 漸知鑄鉄法홈이 自是로 文化가 漸進ᄒᆞᄂᆞ니라.

閥閱

民族, 階級은 支那 周代에 始ᄒᆞ나 其用人에ᄂᆞᆫ 不拘ᄒᆞ더니, 曹魏 時에 始閥閱로써 用人ᄒᆞᄂᆞᆫ 弊를 成ᄒᆞᄂᆞ니라. / 新羅ᄂᆞᆫ 聖骨, 眞骨의 稱이 有ᄒᆞ고, 高麗에 至ᄒᆞ야 文武兩班의 名이 始有ᄒᆞᄂᆞ니라. / 埃及王 傅蘭哇가 國人을 分爲三等ᄒᆞ니, 閥閱界가 頗嚴ᄒᆞ야 通婚을 不許ᄒᆞᄂᆞ니라.

· 4章 ·

文事

書契文字

古來 文字가 未有홈으로 繩을 結ᄒᆞ야 記事ᄒᆞ더니, 伏羲氏(距今 五千二百年)가 書契를 始造ᄒᆞ니 木에 書字를 刻홈이라. 大抵 書의 功用은 思想의 代表物로써 他人의 目前에 置ᄒᆞ야 一寓目에 能히 其意思를 理會케 홈이나, 然ᄒᆞ나 令人으로 最易理會케 ᄒᆞᆫ 者ᄂᆞᆫ 莫如畵 故로 故로 太古時에ᄂᆞᆫ 以畵로 爲文字ᄒᆞ야 以通思想ᄒᆞᆫ 後에 由此漸進ᄒᆞ야 變而爲象形文字ᄒᆞ고 更進ᄒᆞ야 子母調音의 文字가 되니라. / 距今 五千年頃에 史皇氏 兄弟三人이 一은 竺國 梵字를 造ᄒᆞ고, 一은 伽盧字를 造ᄒᆞ니 左旋法이오, 一은 卽 蒼頡이니 支那 漢字를 造ᄒᆞ니라. / 新羅 薛聰은(距今 一千二百六十年) 俚讀—音 두—을 始製ᄒᆞ야 公私 文狀에 通用케 ᄒᆞ며, 本朝 世宗ᄭᅴ셔 子母 二十八字로 國文을 始製ᄒᆞ시니. / 日本은 應神天皇 時에 百濟 博士 王仁이 論語와 千字文을 持ᄒᆞ고 皇子를 往教ᄒᆞ니, 此ㅣ 日本 文字의 創始홈이라(距今 一千六百二十五年). 聖武天皇 時에 眞吉備〔吉備眞備〕가 唐의 音韻을 學ᄒᆞ야 片假名 四十五字를 始製ᄒᆞ니라. / 泰西ᄂᆞᆫ 亞當之子 塞가 象形文字를 始造라 ᄒᆞ고, 或云 '西紀元前 二一二二年頃'에 埃及王 美尼斯의 子 亞多德斯의 所作이라 ᄒᆞ고, 現今 羅馬字ᄂᆞᆫ '西紀元前 一四九三年'에 非尼西亞國의 王子 加多馬斯가 希臘에 到ᄒᆞ야 當時 文字를 見ᄒᆞ고 始傳ᄒᆞ얏ᄂᆞᆫᄃᆡ, 爾來로 數次 改良을 經ᄒᆞ야 歐美 諸國이 遂通用ᄒᆞ니라. 今 諸國의 所用文字의 數가 如左ᄒᆞ니, / 英吉利 二十六, 法蘭西 二十三, 西班牙 二十七, 希臘 二十四, 斯格拉窩尼亞 二十七, 德意志 二十七, 義大利 二十, 俄羅斯 四十一, 拉丁 二十三, 希伯流 二十二, 梵字 五十, 波斯 三十二, 土耳其 三十三, 亞剌比〔亞〕二十八.

書 (篆, 八分, 隷, 草書, 飛白)

龍書ᄂᆞᆫ 伏羲氏 作이오, 穗書ᄂᆞᆫ 炎帝 作이오, 鳥迹篆은 黃帝臣 蒼頡이 作이오, 蝌蚪

篆—卽 虫書—은 顓頊이 作이오, 倒薤書는 殷時에 務光이 作이오, 大篆은 周 宣王 時에 史籒 作이오, 小篆은 秦 李斯 作이오, 雕虫篆은 漢 楊雄[揚雄]이 作이오, 飛白書는 東漢 蔡邕이 作이오, 玉筋篆은 唐 李陽氷이 作이오, 柳葉篆은 晋 衛瓘이 作이오, 垂露篆은 曹善이 作이오, 垂針篆은 曹喜 作이오, 纓絡篆은 劉德昇이 作이오, 八分書는 秦 始皇 時에 王次仲이 作이오, 隸書—卽今楷字—는 秦始皇 時에 獄吏 程邈이 作ᄒᆞ니 邈은 隸人인 故로 隸書로 名ᄒᆞᆷ이오(距今 二千一百五十年). / 章草—今 草書—는 漢 杜伯度가 作이오, 又曰張竝이 作이라(距今 一千八百二十年頃). / 八體書는 秦始皇이 盡廢古文ᄒᆞ고 八體書를 更用ᄒᆞ니, 一曰大篆이오,—周 史籒 作—二曰小篆—李斯, 趙高 等 所作—이니, 右는 并簡冊所用이오. 三曰刻符니 施於符傳ᄒᆞ고, 四曰摹印이니 施於印璽ᄒᆞ고, 五曰虫書니 施於幡信이오, 六曰署書니 門題所用也오, 七曰殳書니 銘於戈戟也오, 八曰隸書니 通行公府也라. 蜀體는 元時 趙孟頫體니 高麗 忠宣王 時에 始來ᄒᆞ고. 額體는 雪庵兵衛森帖이 是니라.

六經

周易은 伏義가 始劃八卦ᄒᆞ심이 神農이 重爲六十四卦ᄒᆞ고, 黃帝 · 堯 · 舜이 伸ᄒᆞ야 分爲二易ᄒᆞ고, 周 文王이 廣之ᄒᆞ야 周易을 始作ᄒᆞ고, 周公이 辭를 作ᄒᆞ고 孔子가 彖, 象과 繫辭를 作ᄒᆞ니, 凡二萬四千二百七字오. / 尙書는 虞, 夏, 殷, 周 四代의 書라. 孔子가 刪定ᄒᆞ시니, 凡四十一編에 二萬五千七百字오. 秦始皇이 焚ᄒᆞᆫ 後에 伏勝이 口로 誦傳ᄒᆞᆫ 者는 曰今文이오 孔子廟壁 中에셔 出ᄒᆞᆫ 者는 曰古文이니라. / 詩傳은 風 · 雅 · 頌 三體로 分ᄒᆞ야 凡三百十一篇이니 孔子가 刪定ᄒᆞ신 바라. 凡三萬九千一百二十四字오. / 周禮는 周公의 所作이니, 凡 六官에 四萬五千八百六字오. / 禮記는 孔子 門徒의 所撰이니 凡四十九篇에 九萬九千二十字오—中庸, 大學 并在其中 ○ 中庸은 三千五百五字오, 大學은 一千七百三十三字.—/ 春秋는 孔子의 所作이니 魯史에 記ᄒᆞᆫ 二百四十二年의 事라. 左氏傳과 并ᄒᆞ야 凡 十九萬六千八百四十五字니라. / 其外 論語는 一萬二千七百字오, 孟子는 三萬四千六百八十五字오, 孝經은 一千九百三字니라.

史

世本에 曰 黃帝가 始立史官ᄒᆞ야 蒼頡, 沮誦이 任職ᄒᆞ얏더니, 夏禹는 左 · 右史를 分置

ᄒᆞ니라. 禹는 距今 四千六十年이라. / 新羅 眞興王(距今 一千四百十五年)이 金居漆夫를 命ᄒᆞ야 國史를 始述ᄒᆞ고, 高句麗는 嬰陽王 十年에 李文眞을 命ᄒᆞ야 國史 留記를 始修ᄒᆞ고, 百濟 近肖古王은 博士 高興으로 史記를 修ᄒᆞ고(距今 一千五百三十八年), 高麗 金富軾이 三國史를 始撰ᄒᆞ니(距今 七百八十年). / 日本은 履中天皇이 國史를 始置ᄒᆞ니(距今 一千五百七年), 又 推古天皇 十八年에 始撰天皇紀 及 國紀ᄒᆞ니(距今 一千二百九十年), 元明皇 時에 太安麻呂가 古史記를 撰ᄒᆞ고, 又 諸國 風土記를 作ᄒᆞ며, 三宅藤麻呂 等이 日本書記〔紀〕를 始撰ᄒᆞ니라. / 泰西는 希加德亞斯의 系譜와 及 希拉尼加斯의 雅典希臘諸國史와 埃及波斯非尼西〔非尼西亞〕史가 最古나 然而希羅都他斯의 歷史가 最爲史家之祖ᄒᆞ니, 其成이 在西 紀元前 四百四十七年ᄒᆞ니라.

詩歌

四言詩는 堯時에 康衢謠와 虞舜의 賡載歌에 始ᄒᆞ고, 五言詩는 漢 蘇武, 李陵에 始ᄒᆞ고, 七言詩는 漢 武帝 栢梁臺詩에 始ᄒᆞ니라. / 我東은 箕子 麥穗歌로브터 詩歌가 始ᄒᆞ얏는ᄃᆡ 其後 霍里子高의 箜篌引과 高句麗 琉璃王의 黃鳥詩가 始ᄒᆞ니라(距今 一千九百二十年). / 西洋은 希臘에셔 最古로 詩가 有ᄒᆞ니, 如里拉斯之歌와 埃亞里馬斯之歌와 海拉斯之歌가 最古ᄒᆞ되 皆不傳ᄒᆞ고, 詩仙 何馬와〔의〕 衣里壓과 及 柯地施로 爲最古ᄒᆞ니라—日本은 柿本人磨, 山邊赤人 等이 萬葉集을 撰ᄒᆞ니, 世稱歌聖이라—. / 詩有敍情, 敍事, 戲曲 三種之分ᄒᆞ니, / 敍情詩는 如里拉斯의 吊神子와 海拉斯의 吊王子溺水之歌의 類오, 敍事詩는 如何馬와〔의〕 衣里壓과 及 柯地施가 土來戰爭을 記敍ᄒᆞᆫ 詩의 類오, / 戲曲詩는 希臘에 雅典人 埃柯尼亞의 祭神詞가 是也오. 又 西紀元前 四百七十年에 亞里斯德花尼斯가 喜劇을 始作ᄒᆞ고, 衣斯其拉斯에 至ᄒᆞ야 悲劇을 始作ᄒᆞ니, 皆戲詩의 鼻祖ㅣ니라.

韻書

文字의 押韻의 法은 支那 唐堯 賡載歌로브터 始ᄒᆞᆷ이오, 平上去入의 四聲法은 梁 沈約으로 爲始ᄒᆞ고(距今 一千四百年), 字書는 周公의 爾雅에 始ᄒᆞ야 漢 許愼이 說文을 作ᄒᆞ고(距今 一千九百年), 陳 顧野王이 玉篇을 纂ᄒᆞ니(距今 一千三百六十年).

詔勅, 制誥, 章奏, 表疏

書傳에 曰舜이 命龍曰汝作納言이라 ᄒᆞ니, 命은 卽詔라. 秦이 始改命〔名〕曰制라 ᄒᆞ며, 詔ᄂᆞᆫ 秦時에 始起ᄒᆞ고, 漢初에 定有四品ᄒᆞ니 一曰策書니 策封王侯者也오, 二曰制書니 制施敎命者也오, 三曰詔書니 詔誥百官者也오, 四曰戒勅이니 勅諭州郡者也라. / 書傳에 曰敷奏以言이라 ᄒᆞ니, 卽 章奏의 源也라. 漢制에 凡群臣이 上奏於天子者ㅣ 有四ᄒᆞ니, 一曰章이오 二曰奏오 三曰表오 四曰疏니, 其制가 畧同ᄒᆞ니라.

書牘, 檄移

周易에 曰書不盡言이오 言不盡意라 ᄒᆞ니, 書ᄂᆞᆫ 簡牘也라. 其起ᄂᆞᆫ 始於春秋時ᄒᆞ고, 檄은 戰國時에 始起ᄒᆞ니, 張儀 檄楚書가 是也라. 移文은 漢 司馬相如의 難蜀父老文과 劉歆이 移太常辭가 其嚆矢也니라.

賦, 頌, 箴, 銘

賦頌은 詩傳에 有賦 · 比 · 興 · 風 · 雅 · 頌 六義ᄒᆞ니, 楚 屈原이 始作楚辭ᄒᆞ야 爲千古詞賦之祖ᄒᆞ고, 頌은 黃帝 始作龍袞頌ᄒᆞ고 商有商頌 十二篇ᄒᆞ니, 此ᄂᆞᆫ 頌之始也오, 箴은 始起於周 辛甲의 虞人之箴ᄒᆞ고, 銘은 禹 · 湯의 鼎銘 · 盤盂의 銘에 始ᄒᆞ니라.

序, 論, 策

爾雅에 云序ᄂᆞᆫ 始起於詩傳小序라 ᄒᆞ고, 論은 始於孔子 論語와 及 莊周 齊物論ᄒᆞ고, 策은 漢 董仲舒가 始陳ᄒᆞ니라.

連珠體

連珠ᄂᆞᆫ 卽 騈儷의 文이니, 漢 楊雄〔揚雄〕이 始作ᄒᆞ니라.

碑碣

無懷氏가 泰山을 封ᄒᆞ고 刻石紀功ᄒᆞ니, 此ㅣ 刻石의 始라(距今 五千年). 崆峒山에 堯碑, 禹碣이 有ᄒᆞ니 皆籒文이라. 此ㅣ 碑碣의 始오. / 高句麗 廣開土王의 墓碑가 懷仁縣에 在ᄒᆞ니(距今 一千四百九十年頃), 此 我國墓碑의 最古者라—日本은 推古皇의 伊豫

碑文과 大和國 法隆寺의 藥佛背銘 等이 皆最古云ㅡ.

誄文, 哀辭, 挽章

誄文은 周禮에 始ᄒᆞ니, 其後에 柳下惠妻가 始作誄文ᄒᆞ야 曰 夫子之不伐과 夫子之不竭이여 諡宜爲惠라 ᄒᆞ고, 哀辭ᄂᆞᆫ 亦誄之流也니 漢 崔瑗, 馬融 等이 始作ᄒᆞ얏고, 挽章은 漢初에 田横의 客이 薤露歌를 作ᄒᆞ니 盖執紼의 辭라. 此에 始ᄒᆞ니라.

小說

稗官小說은 周, 秦의 代에 始有ᄒᆞ니라. / 西洋은 羅馬 札〔礼〕羅의 寵臣 亞比他가 一篇諷話를 草ᄒᆞ니, 此ㅣ 小說의 源流也라.

新聞紙

西紀 四百七十六年頃에 西羅馬가 將亡ᄒᆞᆯ 際에 一種 新聞紙가 刱有ᄒᆞ야 不許印售ᄒᆞ나 此ㅣ 新聞의 嚆矢라. 其後 一五〇六〔一五五六〕年에 義大利 威尼斯人이 新聞紙를 始印行ᄒᆞ니, 於是에 一六〇五年에 比國 安德范 城에셔 始刊ᄒᆞ얏고, 一六一五年에 德國 法蘭克福 城에셔 日報가 始興ᄒᆞ니, 此 報舘은 至今尙存ᄒᆞ니라. / 按, 一六三一年에 法國 醫師 柯夫拉斯勤諾이 病人의 娛樂을 爲ᄒᆞ야 新聞을 刱刊ᄒᆞ니라. 英京 倫敦은 一六二二年에 創刊ᄒᆞ고, 美國 波斯頓 城은 一七〇四年에 創刊ᄒᆞ고, 日本은 明治 二年에 新聞紙 刊行을 許ᄒᆞ니라.

印刷術 其一 木板

古者에 書籍을 竹簡에 記載ᄒᆞᆷ으로 曰簡編이라 ᄒᆞ더니, 及 造紙의 術이 發明됨ᄋᆡ 紙에 傳寫ᄒᆞᆯ ᄲᅮᆫ이오 印刷ᄒᆞᄂᆞᆫ 法은 未有ᄒᆞᆷ으로 漢儒ᄂᆞᆫ 五經을 刻石ᄒᆞ야 白虎觀에 竪立ᄒᆞ얏더니, 五季 時에 至ᄒᆞ야 宰相 和凝이 嘗少時에 鄰人의 書籍을 欲借ᄒᆞ다가 不得ᄒᆞᆷ으로 遺憾이 되야 及得志ᄒᆞᆷᄋᆡ 乃 書籍의 木板鋟刊ᄒᆞᄂᆞᆫ 法을 始行하니, 自是로 書籍이 廣行ᄒᆞ니라(距今 一千年頃). / 新羅 哀莊王이 大藏經을 始鋟梓ᄒᆞ야 海印寺에 藏ᄒᆞ니(距今 一千一百十五年). / 日本 稱德皇 時에 印刷銅板이 始有ᄒᆞ니(距今 一千一百四十年頃). / 西歷 一千四百三十年에 古典伯이 印書法을 始創ᄒᆞ고, 一四七四年에 英人 偉良考克斯登

이 偉斯德明斯德에셔 格物書를 飜印ᄒᆞ니, 此ᄂᆞᆫ 木板의 紀元이오—又按, 十四世紀間에 英人이 貧民聖書를 始板刻ᄒᆞ니라—. / 又 巴比倫尼亞의 煉化石에 凹字를 刻흠니[이] 有ᄒᆞ니 卽 瓦刻의 始라.

印刷術 其二 活板

鉛銅活字를 鑄홈은 我朝 太宗씌셔 始創ᄒᆞ심이니, 太宗이 書籍 印刷의 未廣홈을 憂ᄒᆞ샤 銅字를 始鑄ᄒᆞ시니 活字가 此에 始ᄒᆞᆫ지라. 名曰丁亥字라 ᄒᆞ고(距今 五百三年)—按 其後 列朝鑄字가 有世宗 庚子字 · 壬子字와 世祖 乙亥字 · 乙酉字와 成宗 辛卯字 · 癸丑字 ᄒᆞ니, 宣祖 壬亂 後에 散失殆盡홈으로 以木字로 印書홈이 甚不精ᄒᆞ더니, 顯宗 戊申에 更鑄校書館銅字ᄒᆞ고, 正祖朝에 加鑄奎章閣銅字ᄒᆞ니 名曰生生字오, 哲宗 戊午에 又鑄整理字, 韓構字ᄒᆞ니라—. / 壬辰戰役에 加藤淸正이가 我國活字를 取去ᄒᆞ야 軍[群]書治要, 大將一覺[大藏一覽集], 소위순 家訓 等의 諸書를 印刷ᄒᆞ얏ᄂᆞᆫᄃᆡ, 家康 沒後에 楠隆氏에게 傳ᄒᆞ야 書籍을 多數 印刷ᄒᆞ얏다 ᄒᆞ고, 其活字의 摠數가 九萬餘字인ᄃᆡ, 現今 德川氏家 南奎[葵]文庫에 藏置ᄒᆞᆫ 活字ᄂᆞᆫ 大字가 千餘字오 小字가 三萬一千五百六十四字니, 凡 二十三櫃에 積置ᄒᆞ얏다더라. / 西歷 一千四百四十年에 荷蘭人 羅連拉斯가 山毛櫸의 皮를 刻ᄒᆞ야 羅馬字를 雕刻ᄒᆞ고 數字를 合ᄒᆞ야 數語를 綴ᄒᆞ며 通常墨汁으로 紙上에 印出ᄒᆞ니, 是爲活版의 嚆矢라. 然而金屬活版을 發明ᄒᆞᆫ 者ᄂᆞᆫ 是가 日耳曼人 古天堡라. 古氏의 發明이 在西歷 一四三六年ᄒᆞ니라.

印刷術 第三 印書機, 石板, 鉛板

西 一四七一年에 英國 加古斯頓이 以所著ᄒᆞᆫ 土來史로 印刷於機械ᄒᆞ야 書價가 甚廉ᄒᆞ니라—其前에ᄂᆞᆫ 書價 甚高ᄒᆞᆫ 故로 法王 路易 十一世에 巴里 醫學會에 借書一卷홀ᄉᆡ 証書及 銀器 若干으로 爲抵當ᄒᆞ고 且 以華族 一人으로 爲擔保ᄒᆞ얏스니, 其貴如此ᄒᆞ니라—. / 印書機架ᄂᆞᆫ 一八○四年에 美國 高判의 始刱홈이오, / 石板 印刷法은 西紀 一七九六年에 日耳曼人이 始創홈이오, / 鉛板澆法은 一八四四年에 美國人이 始創홈이니, 其法이 但將各字ᄒᆞ야 一幅에 排定ᄒᆞ면 頃刻間에 鉛板 多塊를 澆出ᄒᆞ야 機器에 分裝ᄒᆞ고 印刷케 홈이오, 又 火輪機械로써 印書ᄒᆞ면 機器에 送入홀 時ᄂᆞᆫ 一張白紙로써 及至出機ᄒᆞᆫ즉 印字와 裁幅과 摺疊과 裝釘ᄭᆞ지 ᄒᆞ야 便捷이 無比홈으로 一点鍾에 能히 二萬五千紙를 印

出ᄒᆞ니라.

速記法

泰西에 有名政治家 司塞羅가 加底林에서 謀反ᄒᆞᆯ 時에 標識를 用ᄒᆞ야 談話를 筆記ᄒᆞ니, 盖簡易ᄒᆞᆫ 標識로써 文字를 代用ᄒᆞᆷ이라.

紙

古者에 書契를 多以竹簡으로 編ᄒᆞ고, 其或 縑帛을 用ᄒᆞᆫ 者를 爲之幡紙라 ᄒᆞ고 貧者는 以蒲代縑ᄒᆞ더니, 後漢 蔡倫 字 敬仲(距今 一千八百年頃)이 尙方令이 되야 始以樹膚, 麻頭와 及 敝布, 魚網으로써 紙를 造ᄒᆞᆫᄃᆡ, 天下가 咸用ᄒᆞ야 名曰蔡侯紙라 ᄒᆞ니, 紙가 始此ᄒᆞ니라. / 西埃及國 把皮拉斯가 草로써 始造紙 故로 今英語에 名紙曰'披把'라 ᄒᆞ니라. 第十世紀時에 亞剌伯人이 以棉花로 製紙法을 發明ᄒᆞ야 歐羅巴에 傳ᄒᆞ고, 第十四世紀에 德國이 麻布 製紙法을 發明ᄒᆞ고, 十八世紀 以後에 始以藁及他植物로 製紙法을 發明ᄒᆞ니라. / 希臘 史家 希都羅他斯[希羅都他斯]之說에 希臘이 以獸皮로 製紙法을 早知 故로 其羊皮紙는 名曰披耳家曼이라 ᄒᆞ니, 盖 小亞細亞의 披耳家馬斯府에서 發明ᄒᆞᆫ 바라. 希臘이 此紙未有의 前에는 以把布耳斯草의 葉으로 爲書 故로 今 聖書를 稱曰'擺布耳'가 因是也라. / 羅馬人은 以樹皮로 爲書ᄒᆞ야 卷而藏之 故로 拉丁語에 呼書籍曰拉衣巴라 ᄒᆞ니, 卽 樹之內皮之義也오, 英語에 呼書籍爲'ㅏ', ㅏ者는 本'比支'니, 卽 山毛櫸의 轉訛云이라. 又 英語에 呼紙一枚曰'里夫'라 ᄒᆞ니, 里夫는 葉之義也라. 一八○九年에 美人 翟根生이 造紙機를 始刱ᄒᆞ니라. / 我國에는 楮皮紙와 竹清紙와 及 麥藁紙, 桑皮紙 等을 發明ᄒᆞ고, 日本에 有松皮紙ᄒᆞ고, 支那에 有側理紙ᄒᆞ니 卽 苔紙오 又有剡藤紙ᄒᆞ니라.

墨, 墨汁

墨은 刑奚[邢夷]가 始造ᄒᆞ니, 上古에 無墨ᄒᆞ야 竹挺에 点漆畵書ᄒᆞ더니, 中古에 以石으로 磨汁ᄒᆞ니, 是 延安石液의 類라. 後 魏晋時에 墨丸이 始有ᄒᆞ니, 乃漆烟松煤로 造成ᄒᆞᆷ이라. 晋人이 凹心硯을 用ᄒᆞᆷ은 磨墨貯瀋코져 ᄒᆞᆷ이오, 其後에 螺子墨과 隃糜墨이 盛行ᄒᆞ니라. / 日本 推古皇 時에 高句麗로셔 造墨製紙의 術을 傳來라 ᄒᆞ니, 據此則 我國에 紙墨의 發明이 亦已久ᄒᆞ니라. / 延安 高奴縣에 有石脂水ᄒᆞ야 膩가 水面에 浮出如漆 故로

采以注燈ᄒᆞ더니, 宋時에 用以燒烟造墨ᄒᆞ야 謂之延安石液이라. 晁氏 墨經에 云 古用松烟, 石墨 二種이러니, 石墨은 自晋魏以後로 無聞이오, 松烟之製ᄂᆞᆫ 尙矣라. 漢時에 扶風 隃麋와 終南[終南山]의 松煙이오. / 西洋 墨汁의 發明은 不知何代에 爲始나 希臘羅馬之代에 以木炭 或樹脂煤로 黑膠水를 製成ᄒᆞ더니, 西歷 十五世紀之半에 荷蘭人 羅逑拉斯가 活版 等을 發明ᄒᆞᆷ이 通常墨汁이 印刷에 不便ᄒᆞᆫ 故로 遂一種墨汁을 發明ᄒᆞ야 化學의 進步로ᄡᅥ 今日의 改良에 至ᄒᆞ니라.

筆

虞舜이 始造筆ᄒᆞ야 以漆로 書於方簡이라 ᄒᆞ고—物原—, 古者에 以刀로 刻字於方策ᄒᆞ야 謂之削이라 ᄒᆞ더니, 秦始皇 時에 蒙恬이 始造筆ᄒᆞ니 柘木으로 爲管ᄒᆞ고 鹿毛로 爲材ᄒᆞ고 羊毛로 爲皮ᄒᆞ니라—博物志—. / 泰西ᄂᆞᆫ 摩西之時에 用石筆ᄒᆞ야 文字를 石面에 記ᄒᆞ고, 其後에 史家 遮那方과 詩人 哇支兒 等이 皆以蘆管으로 木炭, 墨汁에 濡ᄒᆞ야 羊皮紙에 揮洒ᄒᆞᆯ ᄲᅮᆫ이오, 第六世紀 以後ᄂᆞᆫ 始以羽管으로 爲筆ᄒᆞ더니 自一千八百三年으로 始以金屬爲筆ᄒᆞᆷ이 歐洲 各國이 皆採用ᄒᆞ니, 卽一千八百三十年以來의 事也라.

鉛筆

古者에 竹簡에 以漆로 書ᄒᆞ되 或版을 用ᄒᆞ며 或 鉛筆로ᄡᅥ 劃ᄒᆞᆫ 故로 刀筆, 鉛槧의 稱이 有ᄒᆞ니라. 槧은 今之粉板의 類라. / 西洋에[의] 鉛筆은 十六世紀 以後에 始倡ᄒᆞ니라.

硯

李之彦 硯譜에 云 黃帝가 玉 一紐로ᄡᅥ 始[治]作墨海ᄒᆞ니 其上에 刻篆文曰帝鴻氏之硯이라. 此ㅣ 硯의 始有ᄒᆞᆷ이라.

書籍館

東洋의 書籍은 夏禹 時에 宛委山의 金簡玉字를 發ᄒᆞ니 卽 黃帝의 藏書處오, 荊州 小酉山에 石室은 秦人의 藏書處니라. / 高麗 成宗 九年에 西京에 修書院을 始置ᄒᆞ고 諸生으로 ᄒᆞ야곰 書籍을 抄寫ᄒᆞ야 儲藏케 ᄒᆞ니, 此ㅣ 我國 書籍院의 始라. 忠肅王 元年에 博士 柳衍 等을 支那 江南에 遣ᄒᆞ야 經籍 一萬八百卷을 購入ᄒᆞ고, 又 元에 遣使ᄒᆞ야 元主에

게 請ᄒᆞ야 宋朝 秘閣에 所藏ᄒᆞ얏던 書籍 四千七十一冊을 得來ᄒᆞ니라(距今 五百九十六年). / 埃及國 句希斯의 柯山底亞 書籍舘은 古代 書籍舘이오, 希臘國은 皮斯時脫拉他斯의 執政時에 始置ᄒᆞ고, 羅馬ᄂᆞᆫ 亞斯尼亞와 皮利柯〔亞斯尼亞皮利柯〕로 爲始ᄒᆞ니라.

藏書樓

現世界에 最大ᄒᆞᆫ 藏書樓ᄂᆞᆫ 法京 巴里에 王家書樓니, 一千五百九十五年에 路易 十四의 刱造ᄒᆞᆷ이나 大小本書가 合一百七十萬卷, 抄得書가 十七萬五千卷, 大小各圖 三十萬種, 古錢幣가 十五萬種, 銅板圖像이 一百三十萬張인ᄃᆡ, 每年에 約添新書 四萬五千種云이니라. / 自古 第一藏書樓ᄂᆞᆫ 雅典城에—希臘 京城—在ᄒᆞ니, 紀元前 五百四十年頃에 畢西斯到得의 刱建ᄒᆞᆷ이라. 至今尙存ᄒᆞ고, 此外에 亞歷山大城에 藏書樓ᄂᆞᆫ 紀元前 四十七年에 刱設ᄒᆞᆷ이오, 英國博物院 藏書樓ᄂᆞᆫ 長이 三十二英里오 有一百十萬部以上ᄒᆞ니라.

電筆 印書

西 一千八百七十八年에 英人 艾迭生이 電筆印書法을 始刱ᄒᆞ니, 電力을 借ᄒᆞ야 用筆寫字ᄒᆞ면 其力이 能透千萬層紙ᄒᆞ야 如同刻板ᄒᆞ니 以墨水洒之면 卽成이니라.

· 5章 ·

科學

科學의 說은 近代 泰西 學者의 發明홈이니, 其實은 不過東洋聖賢의 格物學과 及 六藝의 術이라. 泰西人은 近代에 新發明ᄒᆞ야 敎育界의 科程을 作ᄒᆞᆫ 故로 謂之科學이라 홈이라.

火氣

希臘의 哲學者 亞拉克斯美尼斯—西紀元前 七百年의 人—가 以火氣로 爲萬物의 根原이라 ᄒᆞ고,—空氣가 敗[散]則爲火오 凝則爲地爲水ᄒᆞᄂᆞ니 萬物이 雖有疏密濃淡之別이나 無一非空氣라—又云 地與日月이 皆空氣라 ᄒᆞ니라. / 西歷 一千六百四十五年에 義大利人 脫利塞里가 始發見火氣의 壓力ᄒᆞ고, 同 四十七年에 法人 巴斯加耳가 火氣의 高低를 因ᄒᆞ야 壓力의 多少를 發見ᄒᆞ니라.

水分子

西歷 十八世紀의 末에 法人 拉布亞塞가 始發見水ᄂᆞᆫ 是養氣라, 輕氣로 더브러 成ᄒᆞ니라.

比重

斯拉喬斯의 物理學者 亞其美底斯가 始物體가 水中에 在홈을 發見ᄒᆞ니, 其減輕의 重量이 物體로 더브러 水中에 入ᄒᆞ면 水가 爲ᄒᆞ야 溢出ᄒᆞᄂᆞᆫ 重量이 相均ᄒᆞ다 ᄒᆞ니 當初 亞氏가 此를 發明홀 時에 偶然 浴室에 在ᄒᆞ야 湯桶에 入홀ᄉᆡ 桶中에 湯이 滿커ᄂᆞᆯ 己의 身體가 入홈을 因ᄒᆞ야 溢出홈으로써 此理를 悟出ᄒᆞ고 喜不自勝ᄒᆞ야 其身의 裸홈을 頓忘ᄒᆞ고, 大呼曰 予가 發見矣라 予가 發見矣라 ᄒᆞ며 裸身으로 浴湯에 跳出ᄒᆞ야 市街上으로 走歸ᄒᆞ니라.

火

燧人氏가 鑽木出火ᄒᆞ야 人의 火食을 始敎ᄒᆞ믜, 自是로 每四時로 新火를 出ᄒᆞ니, 卽 春에ᄂᆞᆫ 楡柳의 火를 取ᄒᆞ며 夏에ᄂᆞᆫ 槐檀의 火를 取ᄒᆞᄂᆞᆫ 類가 是也라. / 西人은 希臘神代記에 云 布魯美阿斯 神이 一個 火把를 手執ᄒᆞ고 山上에 登ᄒᆞ야 太陽의 火를 火把中의 遷ᄒᆞᆷ의, 由是로 人類가 始得火라 ᄒᆞ니라.

電氣

希臘 碩學 地利斯 氏가 始琥珀을 摩擦ᄒᆞ야 他物體의 引力을 察知ᄒᆞ니, 卽 電氣 發見의 始라. 西 一千六百年에 英國 醫師 基耳拔은 始以摩擦琥珀의 所生引力으로 名曰'일렉츄릭틔' 卽 電氣也라. 同 六十年에 德國 基列其가 發電體와 與發電體의 相反衝ᄒᆞᆷ〔을〕 始發見ᄒᆞ고 電氣機를 創造ᄒᆞ며, 法國人 超肥가 電氣도 有二種說을 倡ᄒᆞ고, 美國人 夫乙蘭克連〔夫蘭克連〕이 電氣ᄂᆞᆫ 原始一種이나 但其作用이 有二ᄒᆞᆷ을 發明ᄒᆞ야 曰 一은 是他物體의 力을 引ᄒᆞᆷ이오, 一은 是互相斥ᄒᆞᄂᆞᆫ 力이니, 其狀을 因ᄒᆞ야 積極과 消極의 名을 附ᄒᆞ고, 夫氏가 又 天上 雷電이 地上 電氣와 同爲一物됨을 發明ᄒᆞ얏스며, 一千八百二十年에 丹麥國 衣耳士鉄이 電氣與磁氣의 間에 親密ᄒᆞᆫ 關係가 有ᄒᆞᆷ을 發見ᄒᆞ니라.

摩擦電氣

電氣의 本은 只有一種이나 然이나 其狀의 分別을 因ᄒᆞ야 其效驗이 亦異ᄒᆞ니, / 甲 摩擦電氣ᄂᆞᆫ 能히 發電ᄒᆞᆯ 만ᄒᆞᆫ 物體를 摩擦하야 所起ᄒᆞᆫ 電氣니, 其發明은 希臘人 地利斯 氏에 始ᄒᆞ고, / 乙 家兒法哇尼電氣ᄂᆞᆫ ― 卽 窩兒他電氣 ― 乃 電池 內에 化學的 作用으로 所起ᄒᆞᆫ 電氣니, 西 一千七百八十六年에 義大利 醫士 家兒法哇尼가 蛙足의 痙攣ᄒᆞᆷ을 見ᄒᆞ고 發明ᄒᆞᆷ이니, 同九十三年에 同國 物理學者 窩兒他가 又 電池로 由起ᄒᆞᄂᆞᆫ 法을 發明ᄒᆞ니라. / 丙 花喇德電氣ᄂᆞᆫ 電氣와 磁氣가 相感應ᄒᆞᆷ이니, 其法이 能히 微弱ᄒᆞᆫ 窩兒他 電流로 ᄒᆞ야곰 捲線을 經ᄒᆞ야 强猛히 感應ᄒᆞᄂᆞᆫ 電流를 生케 ᄒᆞ니, 此ᄂᆞᆫ 西 一千八百二十一年에 英人 花喇德의 發見ᄒᆞᆫ 者ㅣ니라.

筭術

黃帝 時에 隷首가 始作筭術ᄒᆞ니, 周易에 大衍의 數가 五十이라 ᄒᆞ고, 周公이 九章數를

發明ᄒᆞ야 保氏로 ᄒᆞ야곰 國子를 教케 ᄒᆞ니, 卽 六藝의 一이오. 其後에 唐 一行과 宋 邵雍康節이 皆算術을 闡明ᄒᆞ니라. / 西洋은 希臘 學者 地利斯가 埃及 僧侶의게 算術을 學하야 其國에 傳ᄒᆞ니, 由是로 其術이 漸進ᄒᆞ고, 乘算九九의 表ᄂᆞᆫ 希臘人 皮斯哥剌斯의 所作이니라.

代數學

西歷 十四世紀[四世紀] 中에 埃及國 亞歷山大 港의 柯漢德斯가 始發明홈이니, 亞剌伯人이 習得ᄒᆞ야 十五世紀末에 始歐洲에 流入홈이, 坡阿人 那始德[那拉德]이 義大利에 傳ᄒᆞ야 其羅馬子毋[母]로써 代數의 標號를 숨은 者ᄂᆞᆫ 一千五百九十年에 法蘭斯時堯他로 始ᄒᆞ니라.

幾何學

希臘 碩學 地利斯가 埃及에셔 地上의 影을 觀ᄒᆞ고써 金字塔의 高低를 測量ᄒᆞ고, 又 幾何學上의 種種 難題를 解釋ᄒᆞ니, 盖 幾何學은 埃及 上古에 已有ᄒᆞ되 但 直角三角形의 弦과 及 其平方과 與鉤之平方과 及弧之平方의 加合相等홈은 此 乃披沙哥剌斯의 所發明홈이라.

直角三角形

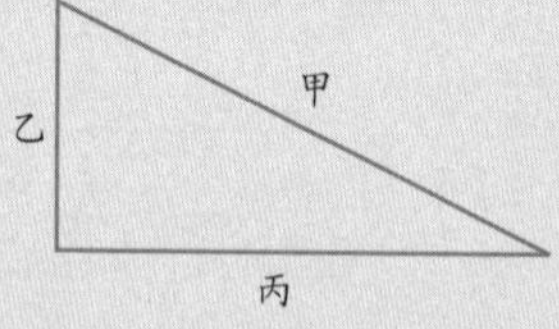

甲弦自乘與丙自乘乙自乘加合相. 等其式如左. $甲^{二}=乙^{二}+丙^{二}$

數學

西人 算學用의 數字ᄂᆞᆫ 二種이 有ᄒᆞ니, 一是亞剌伯數字오 一是羅馬數字니, 羅馬數字ᄂᆞᆫ 是羅馬字中에 V, X, L, C, M 諸字를 採用홈이오, 亞剌比亞數字ᄂᆞᆫ 卽 1, 2, 3, 4, 5, 6, 7, 8, 9가 是希臘字의 轉訛라 ᄒᆞ니라.

地圖

東洋은 三代 以來로 天下 州國의 版圖로써 天府에 藏ᄒᆞ니 蓋 其來ㅣ 已古ᄒᆞ니라. 周官에 曰 大司徒ㅣ 天下 土地의 圖를 掌ᄒᆞ야 九州 地域의 廣輪의 數를 知ᄒᆞᆫ다 ᄒᆞ니라. / 日本은 中御門天皇 亨[享]保時에 輿地圖를 始製ᄒᆞ며 測午表를 建ᄒᆞ니(距今 一百九十三年). / 舊約全書 亞紀[約書亞紀]에 云 汝等이 描寫其地ᄒᆞ되 爲七分云云ᄒᆞ니, 此卽地圖의 濫觴이라. 埃及이 西 紀元前 千四百年頃에 埃及王 地疏斯脫利가 征服四方ᄒᆞ야 疆土를 大擴ᄒᆞ고 新占ᄒᆞᆫ 地圖를 作ᄒᆞ얏다 ᄒᆞ니, 此ㅣ 地圖의 始니라.

地球儀

地球儀는 西紀元前 六世紀頃에 希臘 哲學者 亞拉克斯曼이 始造라 云ᄒᆞ니라.

天球儀

天球儀는 郁多塞時에 始創ᄒᆞ니라.

測地術

周公이 土圭로써 日晷와 地面을 測ᄒᆞᆷ은 周禮에 載ᄒᆞ나, 周公의 先에 夏禹ㅣ 竪亥로 ᄒᆞ야곰 東極으로브터 西極에 步ᄒᆞ니, 五億十萬九千八百八步라. 左手로 把算ᄒᆞ고 右手로 指青邱北이라 ᄒᆞ니 ―在山海經―, 此卽測地의 始라(距今 四千一百四十年頃). / 西洋은 埃及의 尼羅河가 年年漲溢ᄒᆞ야 田畝境界가 沒失ᄒᆞᄂᆞᆫ 故로 水退後에 必土地를 測量ᄒᆞ야 境界를 再定ᄒᆞ니, 此ㅣ 測地發達의 始니라.

· 6章 ·

教育

學校

國曰學이오 鄉曰校니, 支那 唐虞之代에 舜이 大小學을 始立ᄒᆞ야 胄子ᄅᆞᆯ—胄ᄂᆞᆫ 元也—教ᄒᆞ니 大學曰上庠이오 小學曰夏庠〔下庠〕이오, 夏禹ᄂᆞᆫ 曰東序—大學—, 曰西序—小學—오, 殷은 曰左學右學—小學—이오, 周ᄂᆞᆫ 曰東膠—大學—, 虞庠—小學—이니, 天子曰辟雍—音 옹 ○ 辟雍은 璧과 如히 以水環圍 故로 名이라—이오, 諸侯曰泮宮—水一面은 缺 故로 曰泮水라—이니라. / 我東은 箕子가 學校ᄅᆞᆯ 始設ᄒᆞ고 八條의 教ᄅᆞᆯ 習케 ᄒᆞ니 卽 倫理와 禮義와 法律 等이오(距今 三千三十年), / 高麗〔高句麗〕 小獸林王 二年에 太學을 始立ᄒᆞ야 子弟ᄅᆞᆯ 教育ᄒᆞ얏고(距今 一千五百年), / 新羅 眞德女王 五年에 大舍 二人을 始置ᄒᆞ니 卽 國學의 官이라—神文王 二年에 國學卿을 又置ᄒᆞ니라—(距今 一千二百六十年). / 百濟 近肖古王 二十九年에 始以高興으로 博士ᄅᆞᆯ ᄉᆞᆷ으니라. / 高麗 太祖 十三年에 西京에 學校ᄅᆞᆯ 創置ᄒᆞ고 秀才 廷鶚으로 書學博士ᄅᆞᆯ ᄉᆞᆷ아 學院을 別創ᄒᆞ고 六部 生徒ᄅᆞᆯ 教ᄒᆞ니라. 成宗 時에 諸州郡의 子弟ᄅᆞᆯ 選ᄒᆞ야 詣京習業케 ᄒᆞ고 十一年에 國子監을 創立ᄒᆞ다. / 日本은 天智天皇이 學校ᄅᆞᆯ 始創ᄒᆞ니(距今 一千二百四十餘年), 天武天皇이 京師에 大學을 始置ᄒᆞ고 諸國에 國學을 置ᄒᆞ며, 文武天皇이 大學寮에 博士, 助教ᄅᆞᆯ 置ᄒᆞ니라. / 西洋은 希臘에셔 學校가 始ᄒᆞ니 布拉圖의 亞加德美가 爲最ᄒᆞ니라.

鄉學校

高麗 太祖王 十三年에 西京에 學院을 別創ᄒᆞ고 六部 生徒를 教ᄒᆞ니, 此ㅣ 鄉校의 濫觴이라. 其後 成宗 六年 十二牧에 經學博士를 置ᄒᆞ야 子弟를 教育케 ᄒᆞ며, 又 十一年에 教曰 朕이 內開庠序ᄒᆞ고 外置學校 云云 則 此時ᄂᆞᆫ 十二牧에만 學校를 設ᄒᆞ얏고, 睿宗 初年에 制曰 三京 · 八牧 通判 以上과 及知州事와 縣令이 學事를 兼管케 ᄒᆞ얏스나 猶學校

ᄂᆞᆫ 未廣ᄒᆞ고, 仁宗 五年 三月에 始諸州를 命ᄒᆞ야 學校를 設立ᄒᆞ니, 此ㅣ 鄕校 設立의 始라(距今 七百八十一年). 恭愍王 元年에 進士 李穡이 上疏ᄒᆞ야 曰 外而鄕校와 內而學堂에 其才를 考ᄒᆞ야 十二徒에 陞ᄒᆞ고, 十二徒로 成均館에 陞ᄒᆞ야 禮部에 貢케 ᄒᆞ라 ᄒᆞ니, 此ᄂᆞᆫ 鄕校試選의 始니라. / 我太祖 元年에 諸道 按察使로 ᄒᆞ야곰 學校興廢로써 守令의 考課法을 定케 ᄒᆞ시고, 是年에 濟州와 及 孔州, 施北甲山諸郡에 皆建學聚士ᄒᆞ야 子弟를 教訓ᄒᆞᆷᄋᆡ 儒學提調 權近이 鄕學事目을 定ᄒᆞ고. / 禮記에 云 古者에 黨有庠 術有序라 ᄒᆞ니, 此ᄂᆞᆫ 支那의 鄕校가 其來已古ᄒᆞᆫ지라. 漢書에 曰 三代의 道ᄂᆞᆫ 鄕里마다 教가 有ᄒᆞ니, 夏曰教오, 殷曰庠이오, 周曰序라 ᄒᆞ고, 晋 孝武帝 太元 九年에 尙書 謝石이 諸州郡에 普修鄕校라 ᄒᆞ니(距今 一千五百二十五年).

師範學校

新羅 景德王 六年에 國學에 諸業博士, 助教와 司業을 置ᄒᆞ니, 此ㅣ 師範學校의 權輿라. / 高麗 成宗이 通經學者를 選ᄒᆞ야 十二牧에 一人式 各遣ᄒᆞ야 教諭를 行케 ᄒᆞ고, 仁宗 時에 國子, 太學, 四門에 博士, 助教를 置ᄒᆞ야 學優行修에 堪爲師範者를 分經教授케 ᄒᆞ니, 此ㅣ 師範學의 創有나 專門으로 學校를 設立ᄒᆞᆷ은 未有ᄒᆞᆫ지라. / 太皇帝 二十三年에 育英公院을 設ᄒᆞ얏다가 旋廢ᄒᆞ고, 三十二年 四月에 漢城師範學校를 始設ᄒᆞ니라. / 漢 文帝 時에 文翁이 蜀郡太守가 됨ᄋᆡ 蜀地僻陋ᄒᆞᆷ을 見ᄒᆞ고 郡縣小吏中에 通敏有才者 張叔等 十餘人을 選ᄒᆞ야 京師에 詣ᄒᆞ야 博士에 受業ᄒᆞ야 業成歸郡ᄒᆞᆷᄋᆡ 師範을 作케 ᄒᆞ고 學校를 設立ᄒᆞ야 子弟를 教育ᄒᆞ니, 自是로 天下가 倣行ᄒᆞ니라(距今 二千八十年頃). / 西歷 一千六百九十九年에 德國 法蘭克이 學校를 設ᄒᆞ고 教員을 養成ᄒᆞ니, 此ㅣ 師範學의 始創이라.

成均館(國子監, 修學院)

成均은 支那 五帝의 學이니, 周禮에 大司樂이 掌成均之法ᄒᆞ야 以治建國之學政이라 ᄒᆞ니라. / 高麗 成宗 十一年에 國子監을 創置ᄒᆞ고, 仁宗朝에 學式을 定ᄒᆞ되 國子學生은 文武官 三品 以上의 子孫과 及 勳官 二品 縣公 以上의 子로 爲ᄒᆞ고 太學生은 文武官 五品 以上 子孫과 三品의 曾孫과 勳官 三品 以上 有封者의 子로 爲ᄒᆞ니, 麗史 食貨志에 國子祭酒ᄂᆞᆫ 祿이 二百三十三石 五斗오, 司業은 一百五十三石 五斗오, 國子博士ᄂᆞᆫ 三十石이

오, 太學博士는 二十七石이라. / 忠宣王 初年 五月에 國子監을 改ᄒᆞ야 成均館이라 稱ᄒᆞ니, 此ㅣ 成均의 始라. 金恂으로 始爲成均祭酒ᄒᆞ니라. / 支那 晋 武帝 咸寧 四年에 國子學을 始置ᄒᆞ고, 隋 煬帝가 國子監을 始稱이러니, 唐이 因ᄒᆞ야 司成館이라 改ᄒᆞ고 祭酒로 大司成이라 改ᄒᆞ고, 光宅 元年에 成均監이라 改ᄒᆞ니라—太學은 國內 經學英才를 敎ᄒᆞ고, 國子監은 貴遊 子弟를 敎ᄒᆞᆷ—. / 本朝는 太學과 國子를 合ᄒᆞ야 成均館만 置ᄒᆞ얏더니, 光武 十一年에 修學院을 始置ᄒᆞ니 卽 古之國子의 敎育이니라.

小學校(四門學館)

小學校는 前篇—見學校下—에 已記ᄒᆞ얏거니와, 支那 北魏 宣武帝 時에 四門에 小學校을[를] 設立ᄒᆞ고 小學博士 四十人을 置ᄒᆞ니 卽 禮記所云四郊의 學이라(距今 一千四百年). / 高麗 仁宗朝 學式에 四門學生은 以勳官 三品以上 無封과 四品 有封과 及 文武官 七品 以上의 子로 爲ᄒᆞ니 卽 今之小學校의 嚆矢라. / 本朝 太宗 十一年에 四部學을 始立ᄒᆞ시니, 卽 古四門學館이라.

私立學校

古者 家塾의 制가 是라. 新羅 薛聰이 以方言으로 九經을 解ᄒᆞ야 後生을 訓導ᄒᆞ니, 此ㅣ 私塾의 始오(距今 一千二百二十年頃), / 高麗 文宗朝에 太師 崔沖이 九齋를 設ᄒᆞ고 後進을 敎誨ᄒᆞ니, 此ㅣ 私立學校의 權輿라. 時人이 稱曰侍中崔公徒라 ᄒᆞ더니, 同時에 又有侍中 鄭倍傑의 熊川徒와 參政 盧坦[盧旦]의 匡憲公徒와 祭酒 金尙賓의 南山徒와 僕射 金無津[金無滯]의 西園徒와 侍中 殷鼎의 文忠公徒와 平章 金義珍의 良愼公徒와 平章 黃瑩의 貞敬公徒와 柳監의 忠平公徒와 侍中 文正의 貞憲公徒와 徐侍郎碩의 徒와 龜山徒니, 合十二徒라 稱ᄒᆞ니라(距今 七百八十年).

釋奠

釋奠은 亦曰釋菜니, 周制 凡立學에 必先聖, 先師에 釋奠이라 ᄒᆞ니, 蓋祭禮라. 月令에 云 仲春之月 上丁에 命樂正ᄒᆞ야 習舞釋菜라 ᄒᆞ니, 凡祭의 用菜—蘩蘋之屬—無幣曰菜라. 周는 四代之學을 立ᄒᆞ고, 虞庠은 舜이 爲先聖ᄒᆞ고, 夏序는 禹가 爲先聖ᄒᆞ고, 殷校는 湯이 爲先聖ᄒᆞ고, 周膠는 文王으로 爲先聖이러니—漢 高祖 太牢로 祀孔子는 是祀

於曲阜孔子廟오 非祀於學也라ㅡ, 孔子로 國學에 始祀홈은 漢 景帝 時에 蜀郡太守 文翁이 成都에 學宮을 立ᄒᆞ고 孔子를 首祀ᄒᆞ며 又 十二子의 像을 壁에 畵ᄒᆞ니, 此가 萬歲 釋奠의 宗을 開홈이라. 漢 平帝 元始時에 孔子를 追諡ᄒᆞ야 褒成宣尼公을 封ᄒᆞ니, 此ᄂᆞᆫ 追諡의 嚆矢오ㅡ元帝 時에 賜孔覇褒成君ᄒᆞ야 奉孔子祀ᄒᆞ니, 此ᄂᆞᆫ 子孫受封之始(距今 一千九百八年頃)ㅡ. / 東漢 明帝 永平 二年에 詔太學과 及 天下學校에 皆周公과 孔子를 祀ᄒᆞ야 先聖, 先師를 삼게 ᄒᆞ니, 此ᄂᆞᆫ 孔子祀學의 始오, 三國志에 魏主 芳 正始時에 始停周公祀ᄒᆞ고 專以孔子로 祭辟廱ᄒᆞ며 顔回로 爲先師ᄒᆞ야 配享ᄒᆞ니, 此ᄂᆞᆫ 孔子, 顔子 配享의 始오(距今 一千六百七十年頃), / 唐 太宗 貞觀 二十一年에 以左丘明, 卜子夏, 公羊高 등 二十二人으로 從祀ᄒᆞ니, 此ㅣ 諸子從祀의 始오, 玄宗 開元初에 始以顔 · 閔以下 十哲로 塑像配享ᄒᆞ니, 此ㅣ 十哲配享의 始오, 又以七十子 及 二十一經師로 廟壁에 塑像ᄒᆞ니, 此ㅣ 七十子從享의 始오, 三十七年에 文宣王의 諡를 追贈ᄒᆞ고 弟子도 并公 · 侯 · 伯을 追贈ᄒᆞ얏고(距今 一千二百年頃), 宋 眞宗 咸平 五年에 追加至聖文聖王之諡ᄒᆞ고 叔梁紇과 及 顔氏를 追封ᄒᆞ고(距今 九百十八年), / 神宗 元豊 六年에 孟子를 追封ᄒᆞ야 鄒國公을 삼고 顔子와 同配케 ᄒᆞ니, 此ᄂᆞᆫ 孟子配享의 始오, 又 以荀況, 楊雄[揚雄], 韓愈로 從祀ᄒᆞ며(距今 八百四十年), / 哲宗 元祐 二年에 子思로 躋享ᄒᆞ니, 此ㅣ 子思躋享의 始오, / 徽宗 政和 二年에 王安石, 王雱으로 從祀ᄒᆞ야 位次孟子케 ᄒᆞ고ㅡ後因祭酒楊時言, 黜安石ㅡ, / 度宗 咸淳 三年에 以顔 · 曾 · 思 · 孟 四賢 及 十哲과 宋朝 邵雍, 司馬光으로 配享ᄒᆞ고, / 元 成宗 大德 十一年에 大成至聖文宣王을 加封ᄒᆞ고, / 仁宗 皇慶 二年에 周敦頤, 程顥, 程頤, 張載, 朱熹, 張栻, 呂祖謙, 許衡 으로 從祀ᄒᆞ고, 又 孟子의 父母를 并追封ᄒᆞ얏고, / 明 世宗 嘉靖 九年에 張孚敬의 議를 從ᄒᆞ야 祀典을 釐正홀ᄉᆡ, 孔子의 塑像을 木主로 改ᄒᆞ고 又 諡號를 去ᄒᆞ고 但至聖先師孔氏之神位로 書ᄒᆞ며 諸弟子의 諡號도 并去ᄒᆞ고 啓聖祠를 又立ᄒᆞ니라. / 新羅 眞德女主 二年에 武烈王이 唐에 如ᄒᆞ야 國學에 詣ᄒᆞ야 釋奠을 觀ᄒᆞ고 還國홈ᄋᆡ 釋奠의 禮를 始行ᄒᆞ니(距今 一千二百六十一年), / 聖德王 十六年에 太監 守忠이 唐으로브터 文宣王과 十哲과 七十二子 畵像을 摹來ᄒᆞ야 太學에 置ᄒᆞ니라(距今 一千一百九十二年). / 高句麗ᄂᆞᆫ 箕子를 祀ᄒᆞ야 先聖을 삼더니, 其後에 太學을 立ᄒᆞᆫ 後에 釋奠의 儀ᄂᆞᆫ 史闕되얏고, / 高麗 成宗 二年에 博士 任成老[任老成]가 宋으로브터 文宣王廟圖와 祭器圖와 七十二賢贊記 諸冊을 得來ᄒᆞ얏고(距今 九百二十六年), / 文宗 二十七年에 太僕卿 金良鑑이 奉使入宋ᄒᆞ야 國子圖像을 并摹

來ᄒᆞ야 國子壁上에 六十一子와 及 二十一賢을 圖ᄒᆞ야 釋奠에 從祀ᄒᆞ고, / 顯宗 十一年에 文昌侯 崔致遠으로 文廟에 從祀ᄒᆞ얏고, 十三年에 弘儒侯 薛聰으로 從祀ᄒᆞ얏고(距今 八百九十年), / 忠肅王 六年에 文成公 安裕로 從祀ᄒᆞ얏고, / 國朝 太宗 二年에 忠義伯 鄭夢周로 從祀ᄒᆞ얏고, / 光海 二年에 金宏弼, 鄭汝昌, 趙光祖, 李彦迪, 李滉 五賢을 從祀ᄒᆞ얏고, 自後로 李珥, 成渾, 金長生, 宋時烈, 宋浚吉, 金麟厚, 金集, 趙憲 諸賢이 皆 從祀ᄒᆞ니라. / 日本 文武天皇 時에 始幸太學寮ᄒᆞ야 釋奠先聖ᄒᆞ니 釋奠이 始此라(距今 一千二百年). 後에 稱德天皇이 文宣王 謚號를 始用ᄒᆞ고, 德川義直이 江戶 忍岡에 孔子廟를 建ᄒᆞ고 釋奠禮를 行ᄒᆞ니라.

書院

書院은 古者에 山林의 士가 城市學校의 繁囂홈을 厭ᄒᆞ야 山水의 間에 塾堂을 開ᄒᆞ고 講道홈이니, 其事가 唐 李渤의 白鹿洞書室에 始홈이나 宋 朱熹가 書院을 始刱ᄒᆞ얏고(距今 七百四十年頃), / 國朝 周愼齋世鵬이 中宗 三十六年에 豊基郡守가 됨ᄋᆡ 文成公 安裕의 舊基에 祠宇를 建ᄒᆞ고 名曰白雲書院이라 ᄒᆞ야 俊秀者로 講習學問케 ᄒᆞ니, 此가 我東 書院의 嚆矢라. 後 明宗 庚戌에 文純公 李滉이 莅郡홈ᄋᆡ 朝廷에 請ᄒᆞ야 賜額頒書홈을 求ᄒᆞᆫᄃᆡ 紹修書院이라 賜額ᄒᆞ시니, 此ᄂᆞᆫ 書院賜額의 始라. 明宗 九年에 鄭夢周의 古地—永川 烏川書院—에 書院을 創建ᄒᆞ니, 自後로 祠院의 獘가 甚大홈으로 太皇帝 八年에 盡撤ᄒᆞ고 但四十七院만 餘存ᄒᆞ니라.

養賢庫(附 贍學錢)

高麗 睿宗 十四年 秋七月에 國學에 養賢庫를 始立ᄒᆞ야 養士케 ᄒᆞ더니, 高宗 三十年에 崔怡가 米 三百斛을 養賢庫에 納ᄒᆞ얏고, / 忠烈王 三十年에 贊成事 安裕가 百官으로 ᄒᆞ야곰 銀布를 出捐ᄒᆞ야 贍學錢이라 謂ᄒᆞᆫᄃᆡ, 王이 亦以內庫財로 捐助ᄒᆞᆫ지라. 裕가 其奴婢 百餘를 學校에 充ᄒᆞ니라(距今 六百四年). / 日本 桓武天皇이 勸學田 一百二町을 大學에 始置ᄒᆞ니(距今 一千一百十五年).

盲人學校

一七四八年에 法京 巴里人 憂威가 一盲女를 聘ᄒᆞ야 許多盲 人을 教ᄒᆞ니, 是卽盲人學校

의 濫觴이라. 此 盲女ᄂᆞᆫ 一七八十年에 奧地利로브터 法國에 移住ᄒᆞᆫ 者니, 凹字로써 地圖를 造ᄒᆞ야 人을 敎授ᄒᆞ며 風琴을 亦敎ᄒᆞ니라. / 一按, 東洋은 自古 瞽盲의 人은 使之音樂을 學習ᄒᆞ야 樂工을 作ᄒᆞᆷ으로 謂之瞽師라 ᄒᆞ고, 我國은 巫卜의 術에 從事ᄒᆞ니라一.

聾啞學校

一六五九年에 英國 神學者 威廉何他가 亞歷山大波咸에[의] 聾啞 華族을 敎ᄒᆞ야 能히 言語를 互交케 ᄒᆞ니, 盲啞[聾啞]의 敎授ᄂᆞᆫ 此에 始ᄒᆞ니라. 又十八世紀末에 宗教家 衣披가 法京 巴里와 及 波耳德에셔 聾啞學校를 始建ᄒᆞ니라.

博覽會

一七九十年의[에] 法國이 勸業博覽會를 始開ᄒᆞ니, 此ㅣ 博覽會의 嚆矢오, 又繪畫展覽會ᄂᆞᆫ 此前에 有ᄒᆞ니라.

羣學

法國 哲學士 堪德이 羣學專門을 設ᄒᆞ니, 盖人事 · 群交의 原理定則이라. 後에 斯賓塞 氏가 遂히 此學을 完成ᄒᆞ니라.

哲學

西洋哲學은 希臘의 地利斯로 始開러니, 披阿哥刺斯에 至ᄒᆞ야 始以哲學으로 發明ᄒᆞ고, 疏格剌底에 至ᄒᆞ야 稍稍 完成ᄒᆞ며, 亞里斯多에 至ᄒᆞ야ᄂᆞᆫ 十分 完成ᄒᆞ니라. / 十六世紀時에 英國 哲學者 倍根이 實驗哲學을 倡ᄒᆞ니, 自是 古代哲學이 一變ᄒᆞ야 近世哲學을 成ᄒᆞᆷ이 同國 學者 陸克과 斯賓塞 等이 皆 此派에 屬ᄒᆞ고, 又 德國에[의] 堪德, 非德, 塞凌, 希傑耳 等과 法國의 哲學者 德卡兒가 形而上之學으로써 各各立幟相爭ᄒᆞ니라.

體操

體操ᄂᆞᆫ 希臘에 始ᄒᆞ니, 原語에 曰 '占拿斯的'니 乃希臘語라. 其法이 如角力, 競走, 鬪拳等이 皆裸體 或 薄着으로써 演ᄒᆞᆫ 故로 名ᄒᆞᆷ이니, 盖戰爭의 事를 習學ᄒᆞᆷ이라. / 一按, 體

育은 古代 斯巴達에 始ᄒᆞ니, 凡 初生兒는 問案官 前에 掖出ᄒᆞ야 身體檢査를 行ᄒᆞ되 若不健強ᄒᆞ면 卽殺之ᄒᆞ니, 此ㅣ 後世 身體檢査의 濫觴이라—.

大學校

西 第十世紀에 亞剌伯人이 西班牙의 科耳斗法—學校名—에셔 科學을 硏求ᄒᆞ고 大學校를 始建ᄒᆞ니, 此ㅣ 歐洲各國 大學校의 嚆矢라. 然이나 此時는 但 敎師와 生徒가 相集ᄒᆞ야 學術을 授受ᄒᆞᆯ 而已오 校舍 建築ᄒᆞᆷ은 無ᄒᆞ더니, 第十二世紀에 至ᄒᆞ야 保羅喀那에 法科大學이 起ᄒᆞ고 阿來爾那에셔 醫科大學이 起ᄒᆞ고 巴里 及 奧克司法達에셔 神學 及 哲學大學이 起ᄒᆞ니 此亦 專門大學에 不過ᄒᆞ고, 至於科學의 完全ᄒᆞᆫ 大學校는 德王 維廉 第二時에 尼阿培羅로 爲始ᄒᆞ나 其嚆矢는 一千三百四十八年에 德國 嘎羅 第四의 剏立ᄒᆞᆫ 柏拉克이 爲最라. 自是로 敎堂, 寺院의 間에 私立大學이 亦稍稍繼起ᄒᆞ니라.

· 7章 ·

宗教

儒教

儒教의 祖 孔子는 支那 周 靈王 二十一年 庚戌 八月 二十七日에 誕生于魯國昌平鄕ᄒᆞ니 '距今 二千四百六十年'이라. 六經을 述ᄒᆞ샤 儒教의 祖가 되시니라.

道教

道教는 支那 周時에(或云 商 武丁 庚辰) 老子 李聃이 楚國 苦縣에 降生ᄒᆞ야 清淨無爲로 道德經 五千言을 著홈이 道教의 祖가 되니, 其支流가 又 神仙修煉의 術을 行ᄒᆞ야 東漢人 張道陵이 其一派라. 後世 道家의 流가 張天師라 稱ᄒᆞ고 尊奉ᄒᆞ니(距今 一千七百五十年). / 高句麗 營留王 六年에 道教가 始來ᄒᆞ나, 其後에는 崇拜ᄒᆞᆫ 者ㅣ 鮮有ᄒᆞ니라(距今 一千二百八十五年).

佛教

佛教는 距今 二千九百三十八年前 周 昭王 二十四年 壬子 四月 八日에 印度 舍衛國王의 太子 釋迦牟尼가 錫蘭島에서 降生ᄒᆞ야 輪廻 · 地獄之說과 正偏〔正遍〕· 正覺의 意로써 佛教의 祖가 되니라. / 高句麗 小獸林王 元年에 順道和尚이 佛像과 佛經을 持來ᄒᆞ니, 此ㅣ 我國의 佛法이 始來홈이니(距今 一千五百四十年). / 新羅 訥祇王 時에 僧 墨胡와 阿道가 高句麗로 從來ᄒᆞ야 一善郡에 至ᄒᆞ더니, 法興王 十五年에 佛法을 始行ᄒᆞ얏고(距今 一千四百三十二年). / 百濟는 枕流王 初年에 胡僧 摩羅難陀가 晋으로브터 至홈이 佛法이 始此ᄒᆞ니(距今 一千五百二十六年). / 日本은 欽明天皇 十三年에 百濟 聖王이 金銅佛像과 及 經論, 幡盖 等을 送ᄒᆞ니, 此ㅣ 佛法의 始라(距今 一千三百八十四年). 後四十年에 百濟 僧尼가 又來ᄒᆞ고, 其後十二年에 百濟의 工匠이 來ᄒᆞ야 元興寺를 始建ᄒᆞ다. / 支那 漢 武帝 元狩 元年에 休屠王의 祭天ᄒᆞ는 金人을 得ᄒᆞ야 甘泉宮에 置ᄒᆞ고 燒香禮拜ᄒᆞ

니 卽 佛像이라. 後漢 明帝가 金人을 夢ᄒᆞ고 佛法을 始求來ᄒᆞ니, 此ᄂᆞᆫ 支那佛法의 始니라(距今 一千八百四十五年).

寺刹

新羅 訥祇王 時에 沙門 阿道和尙이 一善郡 桃開部曲 冷山에 桃李寺를 始刱ᄒᆞ고, 又 眞興王 四年에 興輪寺를 始刱ᄒᆞ며 度僧法을 行ᄒᆞ니(距今 一千四百十七年), 高句麗 廣開土王 元年에 九寺를 初刱ᄒᆞ니, 此ᄂᆞᆫ 我東 寺刹의 始라(距今 一千五百十九年). / 支那 漢明帝時 佛經이 始來ᄒᆞᆷ애 洛陽에 白馬寺를 始建ᄒᆞ고 佛像을 安ᄒᆞ니라—見上佛教—. / 日本 崇峻天皇 元年에 元興寺를 始建ᄒᆞ니라—見上佛教—.

浮屠塔

新羅 善德主 十二年(距今 一千二百六十五年)에 黃龍寺 九層塔을 始造ᄒᆞ니, 此ᄂᆞᆫ 我東寺塔의 嚆矢라.—塔高 二百二十五尺. 與丈六金像 并爲二寶云—又 於十年에 慈藏法師가 唐으로브터 佛의 頭骨과 佛牙와 舍利 百粒과 金点袈裟를 得還ᄒᆞᆷ으로 梁山郡에 通度寺를 始創ᄒᆞ고 此를 藏ᄒᆞ야 至今 尙存ᄒᆞ니라.

佛經印板

新羅 哀莊王 二年(距今 一千一百十五年)에 陜川郡 伽倻山 海印寺를 始刱ᄒᆞ고 八萬大藏經을 鋟梓ᄒᆞ야 其上에 漆을 加ᄒᆞ고 七十餘間 架에 藏ᄒᆞ니라. 國朝 世祖 戊寅에 五十件을 印出ᄒᆞ시니 凡 三千二百餘冊이라. 我東에 佛經이 始來ᄒᆞᆷ은 新羅 眞興王 十五年에 支那僧 明觀이 陳國을브터 佛經 一千七百卷을 持來ᄒᆞ니라. 又 高麗 忠烈王妃 貞和宮主 王氏가 僧 印奇를 命ᄒᆞ야 宋에 入ᄒᆞ야 大藏經을 印來ᄒᆞ야 江華 傳燈寺에 藏ᄒᆞ니라. / 支那漢 明帝 時에 佛經 四十二章을 白馬에 馱來ᄒᆞ니, 此ㅣ 支那 佛經의 始니라—見上佛教—.

八關會 (附 百高座講會)

新羅 眞興王 開國 元年(距今 一千四百九年)에 惠亮이 爲僧統ᄒᆞᆷ애 百高座의 講會와 及 八關法을 始設ᄒᆞ니, 每歲 仲冬에 僧徒를 闕廷에 會ᄒᆞ고 輪燈 一座를 中置ᄒᆞ고 香燈을 四方에 列置ᄒᆞ며 又 兩 綵棚을 結ᄒᆞ고 百戲와 歌舞를 呈ᄒᆞ니, 高麗時에 此風이 盛行ᄒᆞ

니라.

基督教(附 希臘教, 新舊教)

耶蘇ᄂᆞᆫ 救世의 稱이라. 耶蘇基督이 舊約全書와 及 新約全書의 兩聖書로 經書ᄅᆞᆯ 合으니, 基督의 降生은 實로 西紀前 四年—新羅 始祖王 五十七年, 漢 哀帝 元始[元壽] 二年—庚申 冬十二月 二十五日이오, 三十三年 二月 二十九日에 '耶路撒冷'에셔 十字架의 禍ᄅᆞᆯ 被ᄒᆞ고 同 三月 三十一日에 復活云ᄒᆞᄂᆞ니라. / 西紀 三百四十三年에 教會法制ᄅᆞᆯ 議定ᄒᆞ야 教皇을 遵奉ᄒᆞ고, 六百七年에 教皇의 權을 擴張ᄒᆞ야 教皇의 足指를 舐ᄒᆞᄂᆞᆫ 法을 刱ᄒᆞ고, 七百三十一年에 教皇 格勒革理 第三이 東帝ᄅᆞᆯ 力抗ᄒᆞ야 羅馬, 希臘 二教ᄅᆞᆯ 始分ᄒᆞ얏고, 一千三百七十年에 羅馬에 一教皇이 更立ᄒᆞ고, 一千四百九年에 又立一教皇ᄒᆞ얏고, 時에 英 教師 味格力弗이 天主教ᄅᆞᆯ 力斥ᄒᆞ니, 此ㅣ 新教의 始라. 與波希米人 黑斯—一作胡斯約—로 首創이라가 被殺ᄒᆞᆷ익 波希米人 西斯喀이 起兵戰爭ᄒᆞ야 共立和約[立和約]이러니, 一千五百八年에 馬爾丁路德—一作魯特, 生於千四百八十三年—이 眞道ᄅᆞᆯ 悟ᄒᆞ야 拉丁新約書ᄅᆞᆯ 著ᄒᆞ고 新舊의 爭이 益烈ᄒᆞ니, 其友 菲立麥蘭敦과 西瑞人 烏爾利東盈黎와 甲爾文 等의 三派가 有ᄒᆞᄂᆞ니라. '一千六百十九年'에 匪地難多 第一[第二] 帝日耳曼이 加特力教—舊教—에 沈溺ᄒᆞ야 波希米 新教徒와 戰伐을 開ᄒᆞ야 一千六百四十八年에 始行成ᄒᆞ니, 自是로 新教ᄅᆞᆯ 自由得行ᄒᆞᄂᆞ니라. / 支那ᄂᆞᆫ 唐 太宗 時에 景教碑ᄅᆞᆯ 始立ᄒᆞ니 '距今 一千二百七十年頃'이라. / 日本은 後奈良皇 十二年에 天主教가 始入ᄒᆞ니(距今 三百三十四年), 大友義鎭이 崇奉ᄒᆞᄂᆞ니라. 後 四十二年에 織田信長이 天主閣을 始建ᄒᆞ니, 高七層이라. / 我國은 宣祖 壬辰 後에 日本에셔 我人이 始傳ᄒᆞ고, 其後 仁祖時에 明國으로브터 其書가 始入ᄒᆞ니(距今 二百八十年).

回回教

回回教ᄂᆞᆫ 馬哈麥의 教니, 亞拉比亞ᄂᆞᆫ 印度[印度海]에 濱ᄒᆞ야 波斯灣 西에 在ᄒᆞ고 紅海ᄅᆞᆯ 枕ᄒᆞᆫ 國이라. 本是星月을 事ᄒᆞ야 爲神ᄒᆞ더니, 西紀 五百七十年(距今 一千三百八十九年)에 慕罕默德—一作馬哈默—이 生於麥加ᄒᆞ야 長而梟雄ᄒᆞᆫ지라. 摩西와 耶蘇와 及 本國과 三教ᄅᆞᆯ 合ᄒᆞ야 一教ᄅᆞᆯ 創ᄒᆞ고 名曰伊西蘭이라 ᄒᆞ니, 其言에 云ᄒᆞ되 爲上帝ᄒᆞ야 濺一滴血ᄒᆞ고 能執兵器一日者ᄂᆞᆫ 功勝斷食拜禮ᄒᆞ고, 戰死者ᄂᆞᆫ 生天堂爲侯伯이라 ᄒᆞ야 信

徒日衆이라. 六百二十九年에 大敎師 位에 卽ᄒᆞ야 侵呑鄰國ᄒᆞ며 破羅馬東都ᄒᆞ야 其勢甚張ᄒᆞ니, 今 土耳其諸國이 皆回回敎ᄅᆞᆯ 奉ᄒᆞᄂᆞ니라. 其經典은 曰可蘭經이라.

神敎

日本은 自古로 天照大神을 奉ᄒᆞ야 神敎라 謂ᄒᆞ니, 神武天皇이 靈畤ᄅᆞᆯ 立ᄒᆞ고 天神을 始祀ᄒᆞ니, '距今 二千五百六十九年'이라.

多神敎

多神敎ᄂᆞᆫ 希臘, 羅馬의 所崇拜ᄒᆞᄂᆞᆫ 神이니, 古代브터 十二天神을 尊ᄒᆞᄂᆞ니라.

洗禮

新約全書에 云 約翰者ᄂᆞᆫ 基督 以前의 人인ᄃᆡ 曾히 水로써 洗禮ᄅᆞᆯ 施ᄒᆞᄂᆞ니라.

割禮

割禮ᄂᆞᆫ 男子ᄂᆞᆫ 其陰莖의 包皮ᄅᆞᆯ 割去ᄒᆞ고 女子ᄂᆞᆫ 其陰私의 唇을 割去홈이니, 創世紀에 神이 言於亞布剌罕曰 與汝之世世子孫으로 宜守約勿違ᄒᆞ야 汝等之男子가 皆受割禮云云ᄒᆞ니, 此 其嚆矢也라.

婆羅門敎

婆羅門은 印度 古代의 敎니, 相傳婆蘭瑪ᄂᆞᆫ 天地開闢의 第一人으로 身有四首ᄒᆞ야 以觀四方이라 ᄒᆞ니, 今 西藏, 印度 諸國이 此敎ᄅᆞᆯ 多崇拜ᄒᆞ야 亦曰喇嘛敎라 ᄒᆞᄂᆞ니라.

猶太敎

猶太ᄂᆞᆫ 西亞細의 一小國이니, 西 紀元前 一千四百年頃에 摩西가 埃及에 卒業ᄒᆞ야 律法을 創定ᄒᆞ고 一神을 專奉ᄒᆞ니, 卽 猶太敎의 祖라. 今 其人이 尙舊敎ᄅᆞᆯ 是崇ᄒᆞ고 歐美 各國에도 猶太敎가 多ᄒᆞᄂᆞ니라.

希臘敎

希臘國은 泰西最古ᄒᆞᆫ 國이라. 國人이 十二天神을 敬奉ᄒᆞ야 宗敎를 作ᄒᆞ니, 男神이 六이오 女神이 六이라. 一年에 有四大祭日ᄒᆞ야 男女老少가 歌舞崇拜ᄒᆞ니라.

火敎

瑣羅斯得은 紀元前 六百年頃에 爲波斯國火敎의 祖ᄒᆞ니, 其經은 卽波斯聖書가 是라. 其說이 謂有善惡 二神ᄒᆞ야 治理世人에 相爭不已라 ᄒᆞ니라.

· 8章 ·

禮節

朝賀

管子에 云 黃帝가 有合宮ᄒᆞ야 以聽政ᄒᆞ니, 此ㅣ 朝會의 始오. 通典에 云 唐虞時에 諸侯가 歲一朝覲ᄒᆞ고 漢 高帝 七年에 長樂宮이 成ᄒᆞᆷᄋᆡ 諸侯와 群臣의 朝賀儀ᄅᆞᆯ 始定ᄒᆞ니, 此ㅣ 朝賀의 始라(距今 二千一百八年). / 新羅 眞德王 五年에 始自正月朔으로 受百官朝賀ᄒᆞ니, 賀正之禮가 始此라(距今 一千二百五十九年). / 百濟 古爾王 廿二年〔廿七年〕 春正月에 始坐南堂聽事ᄒᆞ니, 卽朝賀의 始라(距今 一千六百年). / 日本 聖武天皇 四年 春正月에 始冕服受朝ᄒᆞ니(距今 一千一百八十年).

嵩呼萬歲

詩傳에 云虎拜稽首, 天子萬年이라. 此ㅣ 萬歲의 濫觴이라. 漢 武帝가 嵩山에 封禪ᄒᆞᆷᄋᆡ 若有言萬歲者ㅣ 三이라 ᄒᆞᆷ으로 自此로 每朝賀에 萬歲ᄅᆞᆯ 三呼ᄒᆞ니(距今 一千三百年).

盟約

尙書 甘誓에 云 大戰于甘ᄒᆞᆯᄉᆡ 乃召六卿曰 予誓告汝라 ᄒᆞ니, 此ㅣ 盟書의 始라(距今 三千八百年). 春秋傳에 凡諸侯會盟에 割牲歃血ᄒᆞ고 主盟者ㅣ 執牛耳ᄒᆞ니 言背盟者ᄂᆞᆫ 如此牛也라. 周官에 司盟이 有ᄒᆞ니라.

燕享

燕饗은 周禮에 始ᄒᆞ니라. / 新羅 眞平王 三十七年 二月에 大酺三日ᄒᆞ니, 此ㅣ 大酺之始라(距今 一千三百四十四年). / 高句麗 閔中王 二年 三月에 宴群臣ᄒᆞ니, 此ㅣ 燕享之始라(距今 一千八百六十四年).

籍田(親蚕)

籍田은 唐虞에 始ᄒᆞ야 周禮에 始備ᄒᆞ고, 親蚕도 周禮에 始ᄒᆞ니, 曰 内宰가 仲春에 詔后率内外命婦ᄒᆞ야 始蚕于北郊ᄒᆞ니라. / 高麗 成宗이 始置籍田ᄒᆞ니(距今 九百二十年).

巡狩

巡狩ᄂᆞᆫ 黃帝에 始ᄒᆞ니라—出太一密推—.

誕日

高麗 成宗 元年에 以生日로 爲千春節—後改千秋節—ᄒᆞ니, 聖節之名이 始此라(距今 九百二十七年). / 日本 光仁天皇 六年 十月에 始稱生日爲天長節ᄒᆞ니(距今 一千一百三十年). / 泰西 古代에 基督降生日—十二月廿五日—로 慶節을 作ᄒᆞ야 其風이 已古ᄒᆞ니, 盖西例에 生辰에 死者의 功德을 追憶ᄒᆞ고 忌辰은 不用홈으로, 美國人이 每二月念二日로 華盛頓의 記念慶節을 作ᄒᆞ니라. / 其法이 盖印度에셔 始起ᄒᆞ니, 佛祖 釋迦牟尼의 生辰 四月八日로써 令節을 作ᄒᆞ니라.

鄕飮酒 (附 養老)

鄕飮酒ᄂᆞᆫ 周制니 禮記에 詳ᄒᆞ고, 養老禮도 同ᄒᆞ니라. / 新羅 儒理王 五年에 王이 巡國内ᄒᆞ다가 見一老嫗凍餒將死ᄒᆞ고 賜衣食ᄒᆞ며 仍命老病不能自活者賑給ᄒᆞ니, 此ㅣ 養老之權輿라(距今 一千八百七十五年). 婆娑王 十四年에 古所夫里郡에 幸ᄒᆞ야 親問高年賜穀ᄒᆞ고, 訥祇王 七年에 養老於南堂홀ᄉᆡ 親執食 賜穀帛ᄒᆞ니(距今 一千五百三十六年). / 高句麗 太祖王 六十六年에 命鰥寡孤獨 及老不自存者를 給衣食ᄒᆞ니(距今 一千七百八十一年).

祭祀 (附 薦新)

祭祀의 禮ᄂᆞᆫ 黃帝에 始ᄒᆞ고, 薦新은 禮記 月令에 仲春에 獻羔薦廟ᄒᆞ고 季春에 薦鮪라ᄒᆞ니, 此ㅣ 薦新의 始오. 漢 惠帝時에 叔孫通이 始薦櫻桃ᄒᆞ니라.

郊天

黃帝가 封禪天地ᄒᆞ고 顓頊이 命南正重ᄒᆞ야 司天ᄒᆞ니, 此ㅣ 祀天祀地의 始라. / 檀君이 江華에 築壇祀天ᄒᆞ니(距今 四千二百十四〔四千二百四十〕年).

社稷(附 山川望秩)

通典에 云 顓頊이 共工氏의 子 句龍으로 社主를 숨고, 烈山氏의 子 柱로써 稷을 숨으니, 此ㅣ 社稷의 始라(距今 四千四百十四年). 殷時에 至ᄒᆞ야 柱를 改ᄒᆞ고 周棄로써 代ᄒᆞ니라. / 新羅 宣德王 四年에 初立社稷ᄒᆞ고(距今 一千一百廿七年), / 高句麗 故國壤王 九年에 立國社ᄒᆞ니(距今 一千五百廿五年), / 日本 開化天皇 七年에 天社, 國社를 始立ᄒᆞ니(距今 二千六十年). 山川望秩은 黃帝에 始ᄒᆞ니라.

宗廟(附 神主)

唐虞時에 五廟를 始立ᄒᆞ고, 考工記에 夏后氏는 世室이오 殷人은 重屋이라 ᄒᆞ니라. / 神主는 說文에 云祏—音 셕—이니, 周 武王이 文王의 木主를 始造ᄒᆞ니라. / 新羅 南解王 三年에 始祖廟를 始立ᄒᆞ니, 此ㅣ 宗廟의 始라(距今 一千八百九十四年). 惠恭王이 始定五廟之制ᄒᆞ니, 以味鄒王으로 爲金姓始祖ᄒᆞ고 以太宗 · 文武 兩王은 平麗濟有功으로 爲世室ᄒᆞ고 兼父祖爲五ᄒᆞ니라(距今 一千一百四十年). / 高句麗 大武神王이 始祖 東明王廟를 立ᄒᆞ니(距今 一千九百年), / 百濟 始祖 溫祚王 元年에 立東明王廟ᄒᆞ고, 又立始祖優台廟ᄒᆞ며, 十七年에 立國母廟ᄒᆞ니(距今 一千九百二十年).

墓祭

支那 三代 以前에는 墓祭가 無ᄒᆞ더니, 秦始皇에 至ᄒᆞ야 墓側에 寢殿을 始起ᄒᆞ고, 漢은 因ᄒᆞ야 陵寢이라 稱ᄒᆞ고 起居衣服을 生人과 如히 象設ᄒᆞ고, 正月 及 八月 上丁에 上陵의 禮를 行ᄒᆞ니, 此ㅣ 墓祭의 始라(距今 二千一百年). / 漢書에 張良이 黃石과 濟北 穀城山에 葬ᄒᆞ고 每上塚에 伏臘으로 祠黃石이라 ᄒᆞ니라. / 又 朱邑이 桐鄕에 葬ᄒᆞᆷ이 民이 爲起塚立祠ᄒᆞ고 歲時에 祀ᄒᆞ니라. / 國朝는 高麗의 俗을 因ᄒᆞ야 忌辰에 山寺에 就ᄒᆞ야 設齋ᄒᆞ더니, / 中廟 丙子에 始罷ᄒᆞ고 山陵에 設祭ᄒᆞ니라. / 忌辰祭는 宋代 諸賢이 始義起ᄒᆞ니라.

冠禮(附 加元服)

曲禮에 男子 二十이면 冠而字라 ᄒᆞ고, 又 郊特牲에 云 冠은 三加ᄒᆞ니 委皃ᄂᆞᆫ 周道오 章甫ᄂᆞᆫ 般道오 毋追ᄂᆞᆫ 夏道니 冠禮의 始ᄂᆞᆫ 夏末에 始라 ᄒᆞ니(距今 三千七百年). / 加元服은 帝王의 冠禮니, 漢 武帝時에 冠禮를 改ᄒᆞ야 加元服이라 稱ᄒᆞ니(距今 三千七百年〔二千五十年〕), 盖 周制에 成王의 冠禮時 祝辭에 曰—周公 作—, 令月 吉日에 始加元服이라 ᄒᆞᆷ을 取ᄒᆞᆷ이라. / 高麗 光宗 十六年에 加子伷元服ᄒᆞ고 冊立爲正胤ᄒᆞ니, 正胤은 卽 太子라(距今 九百四十四年). / 日本 清和天皇 六年 春正月에 元服을 加ᄒᆞ니, 冠禮가 始此ᄒᆞ니라. / 中古 歐洲 帝王은 卽位之初에 必羅馬法王에 詣ᄒᆞ야 其親手로 加冠ᄒᆞᆷ을 求ᄒᆞ니라.

婚禮

昏時에 行禮 故로 曰婚禮니, 包羲氏가 始制ᄒᆞ야 儷皮로 爲禮ᄒᆞ고 其納采와 問名과 納吉과 納徵과 請期와 親迎 等의 六禮ᄂᆞᆫ 般時에 始備ᄒᆞᆫ 故로 曰帝乙歸妹라 ᄒᆞ니(距今 三千六百年頃), / 東史에 檀君이 娶非西岬河伯之女ᄒᆞ니, 此ㅣ 婚禮之始라. 新羅 始祖 元年에 立閼英爲妃ᄒᆞ니 此ᄂᆞᆫ 冊妃之始오, 又 駕洛國 始祖 首露王이 納許氏—名 黃玉—爲妃ᄒᆞ니(距今 一千八百六十七年), / 高麗 毅宗時에 冊后 及 嘉禮諸儀를 始定ᄒᆞ니라. / 創世紀에 云 亞布剌罕의 僕이 其主人의 命을 奉ᄒᆞ고 金銀 裝飾品 及 衣服을 主人의 媳處女 里伯加와 及 女의 父母에게 送呈이라 ᄒᆞ니, 卽 古代聘禮니라.

媒

路史에 云, 女媧가 佐太昊ᄒᆞ야 禱于神ᄒᆞ되 女婦를 爲ᄒᆞ야 婚姻을 正케 ᄒᆞᆫ다 ᄒᆞᆷ으로 曰神媒라 ᄒᆞ니, 此ㅣ 媒의 始라.

葬棺槨

古者에 死不知葬ᄒᆞ야 溝壑에 委ᄒᆞ다가 後世에 虆—音里音리卽유木얼거〔—音유—梩—音리, 卽물거—〕—로써 掩土ᄒᆞ더니 虞舜時에 始用瓦棺ᄒᆞ고 般時에 木棺을 用ᄒᆞ니, 此ㅣ 棺槨의 始라—. 近時에 德國人 希立伯이 匿波爾古城에셔 瓦棺 數具를 掘得ᄒᆞ니 在紀元前 三千年 古物이라. 據此則 埃及古代에 用瓦棺을 可知라—. / 日本 孝

德天皇이 始定葬禮法ᄒᆞ니(距今 一千二百五十八年). 文武天皇이 始用火葬法ᄒᆞ니(距今 一千二百十餘年). / 歐洲ᄂᆞᆫ 石器時代에도 喪禮가 已有ᄒᆞᆫ 故로 石器時代에[의] 器具를 古穴中에셔 多發見ᄒᆞ니, 以此로 據ᄒᆞᆫ즉 古時代에 亦有ᄒᆞᆷ을 可知로다.

遷葬

呂氏春秋에 云 昔에 周王 季歷이 葬于渦水之尾라가 灤水가 齧墓ᄒᆞ야 棺前의 和가 見ᄒᆞᄂᆞᆫ 故로 文王이 不得已改葬이라 ᄒᆞ니, 此ㅣ 遷墓의 始오. 又 孔子의 父 叔梁紇의 墓가 防山에 在ᄒᆞᆫᄃᆡ, 孔子가 幼而孤ᄒᆞ야 墓處를 不知ᄒᆞᆷ으로 改葬ᄒᆞ야 封築을 加ᄒᆞ니라.

賻賵 — 音 봉 — (附 弔)

賻助ᄂᆞᆫ 周時에 始ᄒᆞ니, 春秋說에 曰 知生則賻ᄒᆞ고 知死則賵이라 ᄒᆞ니, 賻ᄂᆞᆫ 貨財오 賵은 車馬니, 此ㅣ 賻賵의 始라. / 弔ᄂᆞᆫ 亦周禮니, 周禮에 太僕이 掌三公孤卿之弔ᄒᆞ니라.

旌閭墓 (附 贈職)

商書[尚書]에 周 武王이 克商ᄒᆞ고 封比干之墓ᄒᆞ며 式商容之閭ᄒᆞ니, 卽 旌表의 始라. / 新羅 景德王 十四年에 熊川州 板積鄕人 向德이 以孝로 賜租三百斛과 宅一區와 口分田若干ᄒᆞ고 命立石記事ᄒᆞ니(距今 一千一百五十四年). / 訥祇王 三年에 朴堤上이 入日本被殺ᄒᆞᆷ의 贈職厚恤ᄒᆞ니라.

賜几杖

新羅 文武王 四年에 賜金庾信几杖ᄒᆞ니, 此ㅣ 賜几杖之始라(距今 一千二百三十八年).

謚法

謚法은 支那에[의] 周公으로브터 始ᄒᆞ니(距今 三千十餘年). / 我國은 高句麗 始祖 東明王으로 始ᄒᆞ니(距今 一千九百四十年). / 新羅ᄂᆞᆫ 智證王 時에 始ᄒᆞ니([距今] 一千四百餘年). 百濟ᄂᆞᆫ 文周王으로 始ᄒᆞ니 '距今 一千四百二十餘年'이라. / 日本은 孝謙皇 時에 淡海三船이 始定神武以來列帝謚號ᄒᆞ니(距今 一千二百年頃). / 禮記에 云 幼名冠字와 死謚法은 周制에 始ᄒᆞ니, 表記에 云 先王이 謚以尊名ᄒᆞ고 節以壹惠 — 惠, 善也. 言取其一

善以爲諡號—라 ᄒᆞ니라.

握手

我國은 三朝[韓]時代로브터 相見ᄒᆞᆯ 時에 兩手로 據地ᄒᆞ야 敬禮를 表ᄒᆞ니, 至今 其風이 尙存ᄒᆞ니라. / 西洋은 古代에 人이 或兵器를 手에 藏ᄒᆞ얏다가 相遇ᄒᆞᆯ 時에 加害ᄒᆞᄂᆞᆫ 習이 有ᄒᆞᆫ 故로 中世紀에 至ᄒᆞ야ᄂᆞᆫ 人을 相逢ᄒᆞ면 右手를 露出ᄒᆞ야 相握의 禮를 行ᄒᆞ니, 所以兵器가 無ᄒᆞ고 歡迎의 意를 表示ᄒᆞᆷ이라.

敬禮

周史에 曰 箕子敎民禮義ᄒᆞ니, 我國禮俗이 始此라. 魏志에 云 扶餘人은 傳辭則以手據地라 ᄒᆞ고, 通典에 云 新羅俗이 見人에 必跪ᄒᆞ야 以兩手로 據地爲恭이라 ᄒᆞ고, 北史에 百濟人은 拜謁에 以兩手據地爲禮라 ᄒᆞ니, 今嶺南之俗이 猶有此風ᄒᆞ니라—魏志에 云 日本人은 傳辭에 或蹲或跪ᄒᆞ야 兩手據地爲恭이라 ᄒᆞ니라—.

· 9章 ·

儀仗

鹵簿

鹵簿는 漢初에 始有ᄒᆞ니, 叔孫通傳 註에 云 月朝에 出高皇帝衣冠ᄒᆞ야 備法駕라 ᄒᆞ니, 此ㅣ 鹵簿의 始라(距今 二千一百二十年).

警蹕

周禮에 曰 夏官隸僕이 掌蹕宫〔宮〕中이라 ᄒᆞ니, 蹕은 行人을 止케 홈이니, 盖周時에 始홈이라.

節(附 黃鉞)

節은 信節이니, 周禮 掌節이 始有ᄒᆞ니라. / 輿服志에 越은 大斧니, 黃帝가 始造ᄒᆞ야 塗以黃金ᄒᆞ고 行則載車ᄒᆞ야 以行殺戮ᄒᆞ니라.

豹尾

豹尾車는 周에 始ᄒᆞ니, 乘輿의 前에 懸ᄒᆞ니라.

髦頭(附 纛, 翣扇)

秦 文公이 髦頭를 始制ᄒᆞ야 先驅케 ᄒᆞ니(距今 二千二百四十年頃), 纛은 卽牙幢이니 亦秦制라 ᄒᆞ니라. / 翣扇은 舜이 始作扇ᄒᆞ고 周 武王이 始作翣ᄒᆞ니, 惟天子用之ᄒᆞ니라.

盖

古今註에 云 華盖는 黃帝가 始作홈이오, 曲盖는 姜太公의 所作이니(距今 三千三十年), 亦曰繖扇이오 又曰傘이니 有凉傘, 雨傘ᄒᆞ니라.

· 10章 ·

政治

租稅

軒轅氏가 始劃井田ᄒᆞ고 公田什一之稅를 定ᄒᆞ니, 此ㅣ 租稅의 始라. 秦 孝公 十二年에 阡陌을 開ᄒᆞ고 田賦를 始定ᄒᆞ니, 此ㅣ 後世 田賦의 始라(距今 二千二百五十年頃). 晋 成帝 咸和初(距今 一千五百八十年)에 始度 — 量也 — 百姓田ᄒᆞ야 每畝에 稅米三升ᄒᆞ니, 此ㅣ 田稅米의 始오. / 漢 高帝 四年에 初爲算賦 — 人年十五以上으로 至五十六히 出賦錢百二十文 — ᄒᆞ고, 孝昭 四年(距今 一千九百九十年)에 徵口賦 — 每人口七歲로 至十四ᄂᆞᆫ 出口錢二十三 — ᄒᆞ니, 此ㅣ 人口稅의 始라. / — 按, 歷代租賦ᄂᆞᆫ 煩不能盡記ᄒᆞ노라. — / 我國은 箕子ㅣ 定都平壤ᄒᆞ고 始劃井田ᄒᆞ야 租賦之制를 定ᄒᆞ얏고, 新羅 聖德王 二十一年에 百姓에게 丁田을 始給ᄒᆞ니라(距今 一千一百八十六年). / 高句麗ᄂᆞᆫ 稅布 五疋과 穀 五石이오 遊人은 三年一稅호ᄃᆡ 十人이 共細布 一疋과 戶租 一石이오 次ᄂᆞᆫ 七斗오 下ᄂᆞᆫ 五斗니라. / 百濟ᄂᆞᆫ 其賦稅를 以布 · 絹 · 絲 · 麻와 及米로 量歲豐儉ᄒᆞ야 差等輸納ᄒᆞ니라. / 日本은 孝德天皇이 始造戶籍 及 田畝法ᄒᆞ니(距今 一千二百六十五年), 又 定租庸調法과 及 里長ᄒᆞ고, 又 文武天皇 十年에 始定田稅法ᄒᆞ니라(距今 一千二百三年). / 西洋은 羅馬가 始定ᄒᆞ니라.

戶布

周禮에 宅不毛者ᄂᆞᆫ 有里布ᄒᆞ고 田不耕者ᄂᆞᆫ 出屋粟ᄒᆞ고 民無職事者ᄂᆞᆫ 夫家之稅를 出ᄒᆞ니 — 卽 夫稅, 家稅 —, 卽 戶布의 始라. / 晋 武帝가 平吳 後에 始定戶調之式ᄒᆞ니, 丁男의 戶ᄂᆞᆫ 歲輸絹三疋 · 綿三斤ᄒᆞ고 女及次丁男은 半輸ᄒᆞ니라(距今 一千六百四十年頃).

還穀

管子曰 縣州里에 受公錢ᄒᆞ고 秋에 國穀을 去三之一ᄒᆞ야 藏云者ㅣ 此ㅣ 還穀의 始라(距

今 二千五百九十年頃). / 漢 宣帝時(距今 一千九百七十年)에 常平倉을 始置ᄒᆞ야 糶糴을 均平케 ᄒᆞ니, 自後로 代設常平ᄒᆞ니라. / 宋 太宗 淳化 五年에 惠民倉을 始設ᄒᆞ니(距今 九百四十年), 宋 孝宗 淳熙間(距今 七百三十年)에 朱熹가 社倉을 始立ᄒᆞ니, 此ㅣ 社還의 始라. / 我國은 高句麗 故國川王 十六年에 命有司ᄒᆞ야 每年에 自春三月로 至秋七月히 出官穀ᄒᆞ야 以百姓家口多少로 賑貸有差ᄒᆞ고 至冬十月에 還納ᄒᆞ야 以爲恒式ᄒᆞ니, 此ㅣ 我國還穀의 始라(距今 一千七百二十年). / 高麗ᄂᆞᆫ 初置里倉—後改名義倉— ᄒᆞ야 以賑貸窮民으로 著爲常式ᄒᆞ니라. / 日本은 元明天皇이 義倉出粟法을 始定ᄒᆞ고 又 頒祿制ᄅᆞᆯ 定ᄒᆞ니(距今 一千二百年).

國旗

近世 萬國이 交通ᄒᆞ야 商船, 戰艦이 國旗로써 各其國徽ᄅᆞᆯ 表ᄒᆞ니, / 我國은 原來 太極을 尊尙ᄒᆞᆷ으로 各官衙門扉에 皆太極을 畵ᄒᆞ더니, / 太皇帝 十三年에 日本과 修好條規ᄅᆞᆯ 定ᄒᆞᆫ 後로 國徽을〔를〕 太極章으로 仍定ᄒᆞ얏더니, 同 二十二年에 北美合衆國과 通商條約을 定ᄒᆞ고 使節을 派送ᄒᆞᆯ 時에 太極 徽章을 行用ᄒᆞ니, 自此로 世界에 通行케 ᄒᆞ니라. / 日本은 孝明天皇 六年에 國徽의 日章旗ᄅᆞᆯ 始定ᄒᆞ야 各船舶에 樹立케 ᄒᆞ니(距今 五十一年).

證券, 印紙

印契稅ᄂᆞᆫ 東晋에 始ᄒᆞ니(距今 一千六百年頃), 宋 開寶 三年에 人民의 田宅 典賣에 印契稅ᄅᆞᆯ 徵收ᄒᆞ니(距今 九百四十年頃), 此ㅣ 印紙의 嚆矢라. / 西洋 西班牙 非立 二世時에 政府에서 發行ᄒᆞᄂᆞᆫ 印紙ᄅᆞᆯ 帖付ᄒᆞ야 公私에 用ᄒᆞ니라.

投票法

西紀前 五百九年에 雅典人 克力斯敦이 市中에 投票箱을 設ᄒᆞ고 妨害治安者ᄂᆞᆫ 書其名投入케 ᄒᆞ니, 此ㅣ 投票의 始라. / 西 千七百九十七年에 合衆國이 大統領 選擧에 投票法을 用ᄒᆞ야, 最多數의 阿但斯約翰이 摠統이 되고 次數ᄂᆞᆫ 遮非森이 副摠統이 되니라.

賞準

書傳에 曰 德懋ᄂᆞᆫ 懋官ᄒᆞ고 功懋ᄂᆞᆫ 懋賞이라 ᄒᆞ니, 褒賞之法이 盖唐虞之制라. 周禮에 王功曰勳이오 — 輔成王業, 若周公也 —, 國功曰功이오 — 保全民國, 若伊尹也 —, 民功曰庸이오 — 澤施於民, 若后稷也 —, 事功曰勞오 — 以勞定國, 若夏禹也 —, 治功曰力이오 — 制法成治, 若皐陶也 —, 或鑄器以銘之ᄒᆞ며 或鏤石以紀之ᄒᆞ며 或賞賜以樂ᄒᆞ여 以弓矢 · 車馬 · 衣服 · 官爵 — 公侯伯子男也 — · 茅土 — 土地也 — ᄒᆞᄂᆞ니라. / 高句麗ᄂᆞᆫ 賞功에 賜田以褒ᄒᆞᄂᆞ니라. / 西洋은 一三四四年에 英王 衣滑 三世가 華族位의 賞을 發明者의 例로 定ᄒᆞ고, 一五九一年에 女皇 衣沙伯利가 印刷術 發明ᄒᆞᆫ 者의게 華族의 位ᄅᆞᆯ 與ᄒᆞ고 權利財產을 皇帝가 保護ᄒᆞᄂᆞ니라.

國債

昔에 周 赧王이 人民의게 借債ᄒᆞ야 避債臺가 有ᄒᆞ나, 此ᄂᆞᆫ 私債의 類라(距今 二千一百年頃). 唐 德宗時에 富商의 錢을 請債ᄒᆞ야 軍費ᄅᆞᆯ 支撥ᄒᆞᆯᄉᆡ, 判度支 社[杜]佑가 借錢令을 發ᄒᆞ고 罷兵後에 償還ᄒᆞ기로 爲約ᄒᆞ니, 此ㅣ 國債의 始라(距今 一千一百五十年〔頃]). / 高麗 末葉에 用度가 不足ᄒᆞᆷ으로 借錢令을 行ᄒᆞ고, 建陽 元年 乙未에 日本에 三百萬元을 借款ᄒᆞ니, 此ㅣ 外債의 始라 — 度支大臣, 魚允中 —. / 日本은 明治 二年頃에 大隈重信, 伊藤博文 諸氏가 英國人 聶兒宋利에게 海關稅ᄅᆞᆯ 抵當ᄒᆞ야 外債 一百萬磅 — 五百萬圓 — 利子九分으로 借入ᄒᆞ야 東京 · 橫濱間 鉄道ᄅᆞᆯ 敷設ᄒᆞ니, 此ㅣ 日本 外債의 始오, 後에 大藏卿 松方正義가 公債証券을 發行ᄒᆞᄂᆞ니라. / 西洋은 中古時에 常備兵을 置ᄒᆞ고 俸給이 不足ᄒᆞᆷ으로 利子ᄅᆞᆯ 支出ᄒᆞ야 國民에게 借金ᄒᆞ니, 此ㅣ 國債의 始라.

議會

雅典國相 梭倫이 西 紀元前 五百九十三年에 國會議士制ᄅᆞᆯ 剏設ᄒᆞ고 公民會議令을 發布하니, 此ㅣ 後世 議會의 始라.

· 11章 ·

軍事

兵

衛公兵法에 云 黃帝가 始立丘井之法ᄒᆞ야 因以制兵ᄒᆞ니, 此ㅣ 兵의 始라. / 募兵은 春秋戰國에 始ᄒᆞ니라. / 西歷 一四三九年에 法國 沙耳王 七世가 常額兵을 始置ᄒᆞ고 俸給을 與ᄒᆞ니라.

代戰士

舊約全書에 云 他比德이 衣色族의 代戰士가 되고, 哥里亞德이 彼里斯德族의 代戰士가 되니, 此 其始也라. 羅馬 何斯底利亞斯王 時에 亞耳巴倫家와 戰ᄒᆞᆯᄉᆡ 何斯剌利亞斯[何斯剌底亞斯] 兄弟 三人이 代戰士가 되야 戰勝ᄒᆞ니라.

弓矢

弓은 黃帝臣 揮가 始作ᄒᆞᆷ으로 其功을 褒ᄒᆞ야 姓을 張이라 賜ᄒᆞ고, 又 山海經에 云 少昊의 子 般이 弓正이 되야 弓矢를 始製라 ᄒᆞ니라. / 矢ᄂᆞᆫ 黃帝臣 夷則의 所作이오, 或云 牟夷의 所作이라 ᄒᆞ니라. / 西洋은 希臘人 西波羅神[亞波羅神]이 發明ᄒᆞᆷ이라 ᄒᆞ니라. / 楛矢ᄂᆞᆫ 肅愼氏의 發明ᄒᆞᆷ이니, 我國 箕王의 時代니라. / 檀弓은 朝鮮에셔 始造ᄒᆞ니라. / 日本은 淳仁天皇이 始造弓箭ᄒᆞ니(距今 一千一百四十年).

弩

新羅 文武王時 弩師 仇珍川이 弩를 始造ᄒᆞᆷᄋᆡ 千步를 能射ᄒᆞᆷ으로 唐 高宗이 聞ᄒᆞ고 請聘ᄒᆞ니라(距今 一千二百四十年). 古史考에 云 黃帝가 始作弩ᄒᆞ니, 孫臏이 以此로 破龐涓ᄒᆞ니라.

劍刀 (附 匕首)

類書에 云 蚩尤가 始作陌刀라 ᄒᆞ나, 盖刀劍은 古者 銅器時代에 刱有홈이라. 周官에 桃氏가 爲劍이라 ᄒᆞ니, 劍은 兩脊이오 刀ᄂᆞᆫ 一刃이라. / 匕首ᄂᆞᆫ 短劍이니, 其頭가 匕와 如ᄒᆞᆫ 故로 名이라. / 日本 淳仁天皇이 始組鎧刀ᄒᆞ니(距今 一千一百四十年).

戈戟 (附 矛殳, 矟槍)

戈 · 戟 · 矛 · 殳ᄂᆞᆫ 并黃帝의 所作이니, 或曰蚩尤가 始造라 ᄒᆞ니라. 戈ᄂᆞᆫ 句刃戟―旁出者―이오, 戟은 三枝戟이오, 矛ᄂᆞᆫ 冒니 刃下에 矛矜也[冒矜也]오, 殳ᄂᆞᆫ 無有撞[無刃有撞]이오, 矟은 亦矛의 刃類오[亦矛의 類오], 槍은 本木槍이니 後世에 以鉄曰鉄槍이니라.

牙旗 (附 旌旗, 麾旄, 信旛)

牙旗ᄂᆞᆫ 卽將軍旗니, 凡軍中에 牙旗를 必竪 故로 曰牙門이라. 黃帝時에 始有ᄒᆞ고, 旌旗, 麾旄도 亦黃帝의 始造홈이니, 旄麾ᄂᆞᆫ 所以指麾홈이라. 書傳에 云 武王이 左杖黃鉞ᄒᆞ고 右秉白旄以麾가 是也오. / 信旛은 卽今之徽章이니, 各其國의 號를 題홈이라. 其法이 亦支那 三代에 始ᄒᆞ니라.

金鼓

古者에 征伐의[에] 金鼓를 必用ᄒᆞ니, 金은 金鉦과 金鐸이오 鼓ᄂᆞᆫ 鼙鼓니, 并히 軍을 進退ᄒᆞᄂᆞᆫ 節이라.

角

角은 黃帝의 所作이니, 蚩尤와 戰時에 角을 吹ᄒᆞ야 魑魅를 驚케 홈이오, 或云 本羌胡에 出ᄒᆞᆫ 바니 馬를 驚케 홈이라 ᄒᆞ니라.

甲冑

甲은 世本에 云 輿가―少康의 子―始作이니, 周官에 爲函은 犀甲, 兕甲이라 ᄒᆞ니라. / 兜鍪ᄂᆞᆫ 冑也니, 古者에 被甲嬰冑라 ᄒᆞ니라.

鞍(안장 안 又[又曰] 길마 안)

古者에 繩鞚—곳비 공—, 革鞮—샹모 뎨—, 皮韉—언치—而已러니, 其後에 代以革鞍·鉄鑣ᄒᆞ니라. 太公 六韜에 曰馬不具鞍이라 ᄒᆞ니, 盖周時에 已有ᄒᆞᆷ이라. / 西洋은 第四世紀時에 始發明ᄒᆞ얏고, 婦人鞍은 一三八十年에 英皇 理察 二世의 皇后가 始用ᄒᆞ니라. / 轡ᄂᆞᆫ —곳비—御者의 引紱이니 東俗이[에] 謂之革이라 ᄒᆞ고, 勒은—굴레—絡也니 馬頭에 絡ᄒᆞ야 引ᄒᆞᄂᆞᆫ 者라. 字彙에 有御曰勒이오 無曰羈라 ᄒᆞ고, 御ᄂᆞᆫ 口中에 啣ᄒᆞᄂᆞᆫ 鉄이오, 鑣ᄂᆞᆫ—音 표—包也니 勒旁에 在ᄒᆞᆫ 鉄이라. 其口를 包含[領]케 ᄒᆞᆷ이오. 珂ᄂᆞᆫ 馬勒에 飾ᄒᆞᄂᆞᆫ 玉珂니라—三品 以上은 九子오 五品은 五子니라—. 障泥—달ᄋᆡ—ᄂᆞᆫ 魏志에 云 黃地金縷로 織成爲障泥一具라 ᄒᆞ니, 盖漢魏 時에 始ᄒᆞᆷ이니 有錦障泥, 豹皮障泥ᄒᆞ니라. 鞭은 亦曰策이오 箠니, 古者에 用革鞭ᄒᆞ야 罪人을 扑ᄒᆞ며 又以驅馬ᄒᆞ니, 左傳에 云左執鞭弭가 是也라. / 馬蹄鐵은 本羌胡의 制니, 西歷 羅馬[羅馬帝] 底伯里亞斯 時에 始造ᄒᆞᆷ이라.

鹿角

鹿角鐵은 亦曰蒺藜니, 後漢時에 始有ᄒᆞ니라.

雲梯

飛樓, 雲梯ᄂᆞᆫ 攻城의 具니, 太公 六韜에 始有ᄒᆞ고, 魯 公輸般이 雲梯로써 宋城을 攻ᄒᆞ니라(距今 二千四百餘年頃).

火砲, 火箭 (大砲, 石砲)

孫武子의 火攻에 五曰火墜ᄂᆞᆫ 卽今之火箭法이니, 以弩箭으로 發射ᄒᆞᆷ이오. 又 周亮輔纂에 云 孫子가 火砲와 火車와 火牛, 火燕의 類를 始造라 ᄒᆞ니, 此ㅣ 火砲의 始라(距今 二千四百二十年頃). / 元 世祖 時에 大砲를 始造ᄒᆞ니, 重이 百五十斤이라. 機發에 聲震天地ᄒᆞ고 入地七尺ᄒᆞᆷ으로 所向皆克ᄒᆞ야 名曰襄陽砲라 ᄒᆞ니라. / 石砲ᄂᆞᆫ 唐 李密이 雲禬[雲旝] 三百具를 造ᄒᆞ야 以機發石ᄒᆞᆷᄋᆡ 號를 將軍砲라 ᄒᆞ니, 此ᄂᆞᆫ 石砲의 始라. / 我國은 高麗時에 崔茂宣이 大砲[火砲] 製造法을 始刱ᄒᆞᆷ으로, 我朝 梁誠之가 其立祠ᄒᆞᆷ을 請ᄒᆞ니라. / 仁祖 九年에 使臣 鄭斗源이 明國으로브터 西洋製의 砲를 得來ᄒᆞ야 各軍門

에 始有ᄒᆞ니, 卽 舊日制의 毛瑟紅夷砲가 是也라. / 英國 衣滑 三世時에─十四世紀 中葉─大砲ᄅᆞᆯ 始用ᄒᆞ니라. / 克虜泊은 德國人 克虜泊의 所製니, 鋼砲의 重이 百二十噸에 至ᄒᆞ야 天下에 著名ᄒᆞ니라(距今 一百餘年).

彈丸 (附 震天雷, 爆裂彈)

彈丸은 西歷 十六世紀에 鐵丸을 始鑄ᄒᆞ얏스나, 東洋은 元 世祖時에 已有ᄒᆞ얏고, / 爆裂彈은 如'波毋'의 類ᄂᆞᆫ 西洋 十五世紀에 義大利 密尼公爵 斯支士曼馬剌德斯의 新發明홈이나, 我東은 宣祖 壬辰에 朴兵使晋이 震天雷ᄅᆞᆯ 始用ᄒᆞ야 日本과 戰ᄒᆞ니, 其法은 軍器寺 砲匠 李長孫의 創造홈이라. 大碗口로써 發ᄒᆞ면 五六百步에 能히 飛落ᄒᆞ야 良久에 火丸이 自內로 爆發홈이니, 其後에 更히 繼究ᄒᆞᆫ 者ㅣ 無홈으로 遂 寥寥ᄒᆞ니라─懲毖錄에 云 朴晋이 慶州城에 屯據ᄒᆞᆫ 敵을 攻ᄒᆞᆯ시 震天雷ᄅᆞᆯ 發射ᄒᆞ니, 其丸이 城中에 入ᄒᆞ야 客舍 庭中에 墮ᄒᆞᆫ지라. 敵이 其制ᄅᆞᆯ 不曉ᄒᆞ야 相爭聚觀ᄒᆞ며 推轉而諦視홈의 忽火丸이 從中爆發ᄒᆞ야 聲震天地ᄒᆞ고 中者立斃홈으로 遂棄城遁走ᄒᆞ니라─.

火藥

火藥은 支那 中古로브터 已有ᄒᆞ나 其煑製의 方은 近代에 備ᄒᆞ고, 我東은 仁祖時에 平安道人 成根이 其法을 始得ᄒᆞ야 李完〔元〕豊曙가 其方을 刊行ᄒᆞ얏고, 後에 漢〔韓〕世龍者가 日本에셔 其法을 學ᄒᆞ야 成根의 方보다 愈精ᄒᆞ더니, 肅宗 壬申에 閔判書就道가 譯人 金指南으로 淸人의 煑硝方을 密求ᄒᆞ야 其術을 始傳홈의 南相九萬이 提調時에 其方을 遂廣布ᄒᆞ니라. / 西 十三世紀末에 英國僧吒 倍根이 火藥法을 始發明ᄒᆞ니라.

亞毋脫朗 (銃)

十九世紀 中葉에 威廉佐의 亞毋脫朗이 發明홈이라. / 前膛은 拿破崙의 所用이니 其彈及藥을 前膛으로 從入ᄒᆞ야 機栝을 藉ᄒᆞ야 擊石取火ᄒᆞᆫ 然後에 怒彈이 隨發 故로 或中或不中ᄒᆞ며 其力이 六百英尺에 不過ᄒᆞ더니, 後膛은 藥障을 入ᄒᆞᄂᆞᆫ 創〔銃〕管 內에 皆 螺旋形을 作ᄒᆞ야 正偏을 任意홈으로 彈力이 四千二百英尺에 及ᄒᆞ고, 每一分鍾에 二十次發彈이 되니라. 後膛鎗은 一六○四〔一六六四〕年에 歇爾가 發明홈이라.

銃劍[槍]

西 十七世紀 中葉에 法人 巴約尼가 始造ᄒᆞ니라.

短銃

短銃은 一五四〔一五四五〕年에 義大利人 皮斯士〔土〕也의 所造흠이오. / 日本은 後奈良皇 時에 葡國人이 鳥銃의 制를 始傳ᄒᆞ니(距今 三百七十年). / 我國은 宣祖 癸巳에 日本歸化人 金忠善이 始造ᄒᆞ시 名曰鳥銃이라(距今 三百十五年).

風銃

西 十六世紀時에 德人 基德의 發明흠이라. / 又 瀛銃은 亞其美底斯의 發明흠이라.

綿火藥

西 一八四八年에 德人 先倍因의 發明흠이라—或云 宋平의 所刱이라—.

烽火

史記에 幽王이 與諸侯로 約ᄒᆞ되 有急則擧烽이라 ᄒᆞ니, 此ㅣ 烽火의 始라(距今 二千六百九十年). / 我國은 新羅時에 始有ᄒᆞ니라.

十八技

武技ᄂᆞᆫ 本支那 秦漢 時에 始起흠인ᄃᆡ 明將 戚繼光이 其法을 推演ᄒᆞ야 棍棒과 籐牌와 狼筅과 長槍과 鐺鈀와 雙手刀 等의 六技만 有ᄒᆞ더니, 我 莊祖皇帝 代理 己卯에 武技에 留心ᄒᆞ샤 舊制를 悉釐ᄒᆞ시고, 又 竹長槍과 旗槍과 銃〔銳〕刀와 倭劍과 交戰과 月刀와 挾刀와 雙劍과 提督劍과 本國劍과 拳法과 鞭棍 等의 十二技를 刱演ᄒᆞ샤 圖象을 著ᄒᆞ야 調局에 教鍊케 ᄒᆞ시니 合爲十八技라. 海西 馬兵이 此에 善ᄒᆞ니라.

陣法

黃帝가 八十一奇門陣法을 始製ᄒᆞ고, 諸葛亮이 八陣法을 始製ᄒᆞ니라. / 國朝 文宗씌셔 五衛陣法을 始製ᄒᆞ니라. / 日本 天武天皇 十一年에 始習陣法ᄒᆞ니(距今 一千二百二十餘

年). / ─按 陣法은 軒轅이 六十四陣을 刱홈으로 諸葛亮의 八陣과 唐 李靖의 六花陣이 皆因時制變ᄒᆞ고, 常山蛇勢와 元央陣法이 有ᄒᆞ니라─.

砲艦

十九世紀에 西洋에서 始創홈이니, / 日本은 孝明天皇 六年에 兵艦을 始鑄ᄒᆞ고 巨砲를 始造ᄒᆞ며 砲臺를 建築ᄒᆞ니(距今 五十七年).

鐵甲艦 (水雷艇, 魚形艇)

近者ᄂᆞᆫ 軍艦을 皆鐵甲으로 包裹홈으로, 破艦의 法을 一千五百斤의 砲子로 砲中에 裝入ᄒᆞ야 十五里 以外에셔 能히 轟中케 ᄒᆞ며, 水雷艇, 魚形艇은 皆 水雷를 其中에 裝載ᄒᆞ고 敵艦의 底에 潛入ᄒᆞ야 轟擊ᄒᆞ면 艦部[艦底]ᄂᆞᆫ 皆木인 故로 全艦이 轟沈ᄒᆞ고 人衆이 肉飛血洒ᄒᆞ니라.

紋章

新羅史에 凡武將, 諸幢─官名─을 皆以衿色으로 標別을 爲ᄒᆞ니, 衿은 卽書所謂徽織이오, 詩所謂織文鳥章이니, 將帥 以下로 衣皆著章也라. / 新羅 徽章은 青·赤·紫·綠·黃·白·黑으로 爲等ᄒᆞ고 其形은 象半月ᄒᆞ며, 又 罽幢은 以罽로 着於衣上ᄒᆞ니 此ㅣ 後世 軍人肩章의 始라. / 舊約全書 民數記略에 云 衣色之子孫이 各張營於其隊之旗下ᄒᆞ고 各集於其父祖之旗號下라 ᄒᆞ니, 此ᄂᆞᆫ 以旗章而別之也라.

馬車火鎗

馬車火鎗은 西 一七八四年에 英人 勃喇馬가 馬車上에셔 使用ᄒᆞᄂᆞᆫ 火鎗을 始創ᄒᆞ야 盜賊을 以禦ᄒᆞ니라.

祭師

凡出師에 必祭ᄂᆞᆫ 古法也라. 周禮에 大師ㅣ 設軍祀ᄒᆞ고 類于上帝ᄒᆞ며 宜乎社 造乎禰라 ᄒᆞ고, 漢 高帝 祀黃帝·蚩尤於沛庭ᄒᆞ니, 此ㅣ 祀蚩尤之始라. 後代에 仍祭蚩尤牙旗ᄒᆞ니라.

刁斗

刁斗는 軍中銅器니, 晝則炊飯ᄒᆞ고 夜則擊以警敵ᄒᆞ니라.

· 12章 ·

衛生

溫水浴 (附 蒸氣浴)

溫水浴은 三韓 時에 已有ᄒᆞ니, 馬韓의 湯井—今 溫陽溫泉—과 辰韓의 溫水—今 東萊—가 最著名ᄒᆞ니라(距今 二千餘年). / 秦始皇이 驪山에 溫井을 開ᄒᆞ고 沐浴을 始行ᄒᆞ니라. / 西洋에 有名ᄒᆞᆫ 溫泉은 亞堅溫泉과 及 威斯巴典의 溫泉이 始니, 羅馬時에 已有ᄒᆞ니라. / 蒸氣浴은 十九世紀 以後에 其治病ᄒᆞᆷ을 能知ᄒᆞ고 遂採用ᄒᆞ니라.

種痘 (牛痘)

古代에 痘疾이 未有ᄒᆞ더니 支那 周末秦初에 始起ᄒᆞ고, / 我國은 宣祖 以後에 始入ᄒᆞ고, / 日本은 聖武天皇 時에 痘瘡이 始入ᄒᆞ얏고 近代 孝明天皇 二年에 種痘法을 始傳ᄒᆞ니(距今 六十一年). / 歐洲 第十世紀末에 始入ᄒᆞ야 十八世紀에 人痘를 多種ᄒᆞ더니, 一七七六年에 英 醫士 遮拿가 始牛痘種法을 發明ᄒᆞ니라.

麻藥 [亦曰蒙汗藥, 又曰迷藥. 西名底打.]

麻藥은 支那 東漢 醫士 華陀가 麻沸湯으로 病人을 飮케 ᄒᆞ고 針灸等藥을 試ᄒᆞ니, 麻藥이 此에 始ᄒᆞ니라. / 一八四四年에 合衆國 波斯頓 撼醫師 仄純 姓摩耳呑 名偉聯이 硫黃을 始用ᄒᆞ야 病者로 暫時 不省人事케 ᄒᆞᆷ이니, 其後에 蘇格蘭의 醫師 心純이 '可羅羅堪'을 用ᄒᆞ야 硫黃을 以代ᄒᆞ니라.

醫術

支那 神農이 嘗百草ᄒᆞ고 醫藥을 始製ᄒᆞ얏ᄂᆞᆫᄃᆡ, 其後 黃帝 時에 岐伯이 善醫ᄒᆞ야 素聞을 著ᄒᆞ니라. / 西洋 名醫 希波古剌德斯ᄂᆞᆫ 希臘의 名醫니, 稱爲醫家之鼻祖ᄒᆞ니라.

聽肺筒

聽肺筒은 十八世紀 以後에 發明흔 것이니, 其法이 一端은 病人의 肺에 按ᄒᆞ고 一端은 醫士의 耳에 接ᄒᆞ야 肺病의 如何를 無不了然ᄒᆞ니라.

測喉鏡 (附 驗目鏡, 檢陰鏡)

測喉鏡은 以物로 人의 口中에 納하고 口를 不合케 ᄒᆞ야 可以返照入喉케 홈이니, 昔에 扁鵲은 上池水를 飮ᄒᆞ야 五臟을 洞見ᄒᆞ더니, 今에 聽肺, 測喉의 器機는 皆西洋醫士의 近日 新發明홈이라. 驗目鏡은 目力을 驗察ᄒᆞ는 鏡이오, 又 婦人의 牝户를 檢視ᄒᆞ는 鏡이 有ᄒᆞ니라.

解剖法

身體를 解剖홈이니, 亦 古代西醫의 創出홈이라. / 西紀 二百十年頃에 名醫 高倫이 全體解剖法을 始發明ᄒᆞ니라.

養身藥 (附 淸潔法)

近日 西洋 化學家가 一個 合質의 藥物을 發明ᄒᆞ얏는ᄃᆡ, 名曰利思丁이라. 服此則能養人身體ᄒᆞ야 使其速長大케 ᄒᆞ니라. 淸潔法은 一八六七年에 摩爾 氏가 坑廁에 淸潔法을 始創ᄒᆞ니라.

· 13章 ·

工藝

雕象術

雕象術은 東洋 諸國에 其來 已古ᄒᆞ니, 黃帝 以後로 各種 雕繪가 進步되야 夏禹ㅣ 鑄九鼎ᄒᆞ고 五方神鬼之像과 百獸의 形을 雕刻ᄒᆞ니, 此ᄂᆞᆫ 金鐵雕刻의 始오. / 任昉 述異記에 云魯班이—班은 燉煌人이니 巧於工藝ᄒᆞ야 常造木鳶乘之ᄒᆞ니라—夏禹의 九州圖ᄅᆞᆯ 石에 雕刻ᄒᆞ니, 此ᄂᆞᆫ 石의 雕刻의 始라. 今在洛城 石室山ᄒᆞ니라. / 我國은 古代에 木·石·陶·瓦의 雕刻이 極히 發達됨으로 今에 古刹浮屠[古刹古浮屠]에 往往 珍品을 遺傳ᄒᆞ고, / 日本도 鳥佛師가 高句麗로브터 彫刻術을 受[傳受]ᄒᆞ얏고, 百濟로브터 各工人을 求入ᄒᆞ니라. / 西洋은 希臘에 始ᄒᆞ니, 當初에ᄂᆞᆫ 木에 彫ᄒᆞ야 以膠粘合ᄒᆞ더니 後漸進步ᄒᆞ야 象牙, 堅石도 亦彫刻ᄒᆞ니라.

寫眞術 又曰映相術

商書에 殷 高宗이 傳說의 形像으로써 天下에 求홈이 卽 寫眞의 始라. 然而搭影映相의 術은 西洋의 發明ᄒᆞᆫ 者라. / 距今 約 三百年前에 義大利 醫士 坡耳朶가 圓筒과 如ᄒᆞᆫ 暗室 五六座를 築ᄒᆞ고, 各其一方에 透鏡을 置ᄒᆞ며 他方에ᄂᆞᆫ 又厚白紙를 置ᄒᆞ니, 此白紙가 正히 透鏡의 燒点을 當ᄒᆞ야 室外 萬象이 厚白紙上에 盡寫ᄒᆞ니, 是卽映相術의 發明이라. 後來 西歷 一千八百二年에 英國 滑彫와 及 含富利德威가 一種 映相術을 發明ᄒᆞ니, 其法이 先以銀鹽으로 紙柔皮[紙 或 柔皮]에 塗ᄒᆞ고 再히 硝酸銀水에 浸ᄒᆞ고 次에 物體를 其上에 載ᄒᆞ야 乃日光에 曝ᄒᆞ면 外面物体의 所不掩ᄒᆞᆫ 處ᄂᆞᆫ 變爲黑色ᄒᆞ고 物體所掩ᄒᆞᆫ 處ᄂᆞᆫ 仍是白色이니, 物象이 卽印記於此ᄒᆞᆫ지라. 此法이 當時에ᄂᆞᆫ 實爲空前ᄒᆞᆫ 發明이나 所惜者ᄂᆞᆫ 原物로 더부러 其明暗이 全異ᄒᆞ야 原物의 暗影處가 反變爲白ᄒᆞ고 白處ᄂᆞᆫ 却爲陰影ᄒᆞ며 且此物象은 永遠保存에 不能ᄒᆞ더니, 其後 法國에 有名ᄒᆞᆫ 尼布斯와 及 打妓兒 二人이 共히 此術에 專心硏究ᄒᆞ다가 不幸히 尼布斯ᄂᆞᆫ 夭折ᄒᆞ고 打妓兒가 遂完全ᄒᆞᆫ 術

을 發明홈이 法政府는 其功을 褒賞호야 每年에 金六千法朗을 坐受호고 尼布斯의 遺孤도 亦年金四千法朗을 受호더니, 後一千八百三十九年에 至호야는 打妓兒의 年金이 一萬元에 增호니라. / 昔 普法戰時에 法人이 被圍호야 外人과 消息을 莫通호더니, 英人이 其通問의 書札을 彙集호야 太晤士報에 印載호고 其報章을 壁上에 滿貼호야 攝影鏡으로써 寸幅의 紙에 縮印호즉, 雖離婁가 復生호야도 其字語를 難辨홀지라. 印旣成에 鴿의 足에 繫호야 法京에 入케 호되, 法人이 寸紙를 取得호고 攝影鏡으로써 反爲活印호니 俄頃에 一大幅에 展印된지라. 遂一一剪開호야 其姓氏를 按照호야 各人에게 分傳호니라.

腐雕術

腐雕術은 以强水로 金屬板이나 或玻璨板에 注호야 腐蝕케 호야 雕刻을 代홈이니, 十六世紀頃에 此術을 始發明호얏는되 一千六百七十年에 德國人 斯溫哈耳德이 始玻璨板腐雕의 術을 發明호니라.

鑄像術

銅鉄鑄像은 史記에 越王 句踐이 范蠡의 功을 紀念호기 爲호야 黃金으로 鑄像홈이 此 其嚆矢라(距今 二千三百八十二年). / 希臘國 希海他斯가 始銅像鑄造의 術을 發明호야 當時에 雷名이 轟震호 羅德斯島의 大銅像이 卽 彼의 所鑄오. 鑄鉄造像은 近世에 始見호니라.

石板術

石板은 油質의 墨으로 書畵를 石板에 記호야 紙上에 印刷호는 法이니, 一千七百九十五年에 德國人 司門斯密이 此術을 始發明호고 其後 亞剌衣가 改良호니라.

玻璨製造術

魏書에 天竺國—今 西藏—人이 京師에 至호야 自言五色琉璃를 能鑄 故로 乃礦山石을 採호야 鑄成호니, 光澤이 西方에 出셔호[西方에셔 出호] 者에 尤美호지라. 乃行宮을 造호되 百餘人을 能容케 호니 光色이 暎澈이라. 自此로 中國 琉璃가 遂賤호니라(距今 一千四百年頃). / 西洋은 非尼西亞의 商人이 航海의 際에 食物을 煮홀식 海濱에셔 炊火호더니, 鍋를 疏打의 塊의 上에 置호되 疏打가 遇火卽鎔호야 一種 透明物體를 成호지

라. 遂玻璨術을 發明ᄒᆞ니라. / 西歷 三四世紀의 頃에 羅馬가 始以玻璨로써 禮拜堂의 窓壁을 홈이 由是로 其用이 日廣ᄒᆞ니라.

陶器 製造術

東洋 諸國은 陶器 製造術이 甚古ᄒᆞ야, 神農氏가 已陶瓦의 術을 發明홈으로 虞舜이 微時에 陶器로 爲業ᄒᆞ니라. / 日本 雄略天皇 十七年에 土師連 等을 命ᄒᆞ야 陶器를 始ᄒᆞ니(距今 一千四百四十年). / 西洋은 其術이 最晩ᄒᆞ야 夫羅連人 兒加德剌羅比兒가 泖〔泑〕藥의 上에 彩畵를 加ᄒᆞ고 始發明홈이오, 後十六世紀頃에 法人 巴利斯가 辛苦 研究ᄒᆞ야 精巧ᄒᆞᆫ 陶器를 始造出ᄒᆞ니라.

磁器 製造術 (白土로 煮曰磁라)

磁器는 支那의 古代로브터 發明ᄒᆞᆫ 바니, 歷代로 其法이 益精ᄒᆞ고, / 高麗는 磁器 製造術이 新羅, 高句麗로브터〔新羅로브터〕 發明되야 世에 高麗磁器가 著名ᄒᆞ얏고, / 日本은 高麗磁器法을 學ᄒᆞ야 製造가 愈益精美ᄒᆞ니라. / 西 一千四百七十四年에 威尼斯의 使節이 波斯로 從ᄒᆞ야 支那 磁器를 得ᄒᆞ야 本國에 携歸ᄒᆞ니, 此ㅣ 磁器의 西洋에 流入ᄒᆞᆫ 濫觴이라. 其後 十八世紀 中葉에 普國 別斯耳〔別謝耳〕가 磁器 製造法을 發明ᄒᆞ니라(距今 二百年頃).

自來火 (又名火柴. 日本曰燐寸)

古者에 鑽木生火ᄒᆞ다가 後代에 以鉄로 燧石을 敲ᄒᆞ야 取火ᄒᆞ더니, 中古에 硫磺으로써 松柴에 蘸ᄒᆞ야 謂之石黃이라 又曰火柴라 ᄒᆞ고, 距今 七十年前에 泰西人이 自來火를 刱造ᄒᆞ니 其法이 松柴에 硫磺과 燐酸을 合蘸ᄒᆞ야 自然發火케 ᄒᆞ니, 極爲靈便ᄒᆞ니라.

畵學

世本에 〔云〕 史皇氏가 始作圖畵ᄒᆞ니, 古之象形이 卽畵學이라〔卽畵也라〕—與黃帝 同時—. / 日本史에 云 雄略朝에 百濟로 畵工이 始來ᄒᆞ고, 又崇峻時에 百濟 畵工 苩加가 來ᄒᆞ야 繪畵가 進步라 ᄒᆞ고, 又曰 推古天皇 時에(距今 一千三百餘年) 高句麗僧 曇徵이 名畵로 渡來ᄒᆞ야 彩畵法을 始傳ᄒᆞ니, 現今 法隆寺 金堂에 在ᄒᆞᆫ 壁畵가 卽 其筆이니 古

今 稀有의 珍品으로 稱혼다 ᄒᆞ고, 又云百濟太子 阿佐氏의 所畵흔 聖德太子의—推古 皇子니 名厩戶라—像은 日本 最古의 畵風이라 ᄒᆞ니, 據此면 百濟, 高句麗의 繪畵의 工이 最古發達흠을 加徵홀지오, 日本의 繪畵와 及 彩色法은 我國에셔 輸入흠이라. / 新羅 眞興王時에 黃龍寺가 成흠이 僧 率居가 寺壁에 老松을 畵ᄒᆞ니 鳥雀이 往往 望之ᄒᆞ고 飛入ᄒᆞ다가 蹭蹬而落ᄒᆞ더니, 年久色漫흠이 寺僧이 以丹靑으로 補ᄒᆞ니 鳥雀이 不復至라. 世稱神畵ᄒᆞ니라(距今 一千三百五十年頃)—慶州 芬皇寺 觀音菩薩과 晋州 斷俗寺 維摩像이 皆其筆蹟이라—. / 西洋 畵學은 希臘으로 爲始ᄒᆞ나 只以一色으로 圖畵ᄒᆞ더니, 至紀元前 八世紀頃에 布勒剌可斯가 始以各色으로 寫畵ᄒᆞ니라. / 油畵는 乃 西紀 一千四百十八年에 楊漢益의 所發明흠이라.

·14章·

驛遞

郵遞(附 把撥站)

驛遞는 周禮에 野廬氏가 驛路를 掌ᄒᆞ야 賓客의 迎送과 王命의 傳達을 任ᄒᆞ니, 蓋郵遞의 嚆矢라. / 唐時에 三十里에 一驛을 置ᄒᆞ고 水路는 水遞가 有ᄒᆞ니라. / 新羅 炤知王이 驛遞를 始置ᄒᆞ니(距今 一千四百二十一年頃). / 把撥站은 宣祖 癸巳에 兵事의 傳報홈을 爲ᄒᆞ야 西至義州와 東至東英히 把撥馬를 始置홈ᄋᆡ 一日의 內에 能히 千餘里에 傳信ᄒᆞ니, 抑亦迅捷이 無比ᄒᆞ나 猶人民에 均益이 못 되더니 開國 四百九十三年에 郵局을 始設ᄒᆞ니라. / 日本은 元明天皇이 驛亭을 始置ᄒᆞ고(距今 一千二百年), 德川家康이 各道 驛程에 堠樹를 植ᄒᆞ며 以三十六町으로 爲一里ᄒᆞ고 五十三驛을 定ᄒᆞ니(距今 三百十年頃), 其後 江户, 大阪, 京都 間에 書信館이 有ᄒᆞ야 巡城馬의 飛脚으로써 通信ᄒᆞ더니, 明治 元年에 驛遞司를 設ᄒᆞ니, 此 郵政의 始라. / 郵遞는 羅馬帝 柯家斯他士 時에 驛遞局을 設ᄒᆞ고 人民의 書翰을 郵送ᄒᆞ다가 中絶ᄒᆞ고, 一千六百三十年에 法王 路易 十一世가 再興ᄒᆞ나 郵稅가 翔貴홈으로 不便ᄒᆞ더니, 一千八百四十年 八月 十日에 英國 政府가 羅蘭希耳의 意見을 從ᄒᆞ야 二仙 郵稅로 書翰을 送達케 ᄒᆞ니, 自是로 人民이 便利히 녁여 遂發達에 至ᄒᆞ니라.

指南車

古今註에 云 黃帝가 始作指南車ᄒᆞ야 蚩尤를 破홈이라 ᄒᆞ고, 又曰 周公이 刱造ᄒᆞ야 越裳氏를 送歸홈이나 其後에 廢壞ᄒᆞ얏더니, 漢 張衡이(距今 一千八百餘年) 復創造ᄒᆞ얏고, 魏 馬均이 更히 新造ᄒᆞ니(距今 一千六百九十餘年), 今之指南車는 皆 馬氏의 遺法이니라.

郵局打印電機

郵遞局에셔 受信 及 轉送時에 封面上 加印ᄒᆞ는 打印電機는 十九世紀末 近日에 英國에

셔 新發明홈이니, 每 一点鍾에 能히 二萬 乃至 三萬函을 打印ᄒᆞ니라.

郵局積財

西 一八六一年에 英國이 始於郵政局에 積財銀行을 設立ᄒᆞ니라.

郵票

西 一千八百四十年 一月에 英國이 始行一本斯—亦名 便尼—郵票ᄒᆞ고, 同 八十一年 一月에 始〔始行〕匯銀郵票ᄒᆞ고, 同七十年 十月에 始行信片 及 半本斯의 新聞郵票ᄒᆞ고, 同 八十三年에 始行小包物ᄒᆞ니라.

· 15章 ·

商業

市肆

周易 繫辭에 曰神農氏가 日中爲市라 ᄒᆞ니, 此ㅣ 設市의 始라(距今 五千一百廿餘年). 周禮에 司市는 掌市之治敎政刑과 度量禁令ᄒᆞ니, 大市는 日昃而市ᄒᆞ야 百族이 爲主ᄒᆞ고 朝市는 朝時而市ᄒᆞ야 商賈가 爲主ᄒᆞ고 夕市는 夕時而市ᄒᆞ야 販夫販婦가 爲主라 ᄒᆞ니라. / 新羅 炤知王(距今 一千四百廿一年)이 市肆의 制를 始定ᄒᆞ고 市典의 官을 置ᄒᆞ니, 市師〔京師〕에 凡 東 · 西 · 南 三市典이러라—按, 唐書에 曰新羅市는 皆婦女가 貿販이라 ᄒᆞ고, 又 孫穆이 鷄林遺事〔鷄林類事〕에 曰日早晩으로 爲市ᄒᆞ되, 皆婦人이 挈一柳箱ᄒᆞ고 一小升에 有六合爲一刀ᄒᆞ야 以稗米로 定物價而貿易之라 ᄒᆞ니라—. / 高句麗는 方午爲市ᄒᆞ야 不用錢ᄒᆞ고 以布米貿易이라 ᄒᆞ니라. / 日本 文武皇 大寶 年間에 內地 諸方에 市場을 始設ᄒᆞ고, 每午時에 集ᄒᆞ야 日沒에 散ᄒᆞ고 市司를 置ᄒᆞ야 十日一報케 ᄒᆞ니라.

互市 (附 通商)

史記에 云 漢 高后時에 請禁南越互市ᄒᆞ니, 此ㅣ 互市始見於歷史者也오. 又云燕人은 東賈朝鮮眞番之利라 ᄒᆞ니, 此는 支那與我國通商之始也라. 我國이 自箕韓時代로 因地理上關係ᄒᆞ야 西北은 支那 燕 · 齊와 東南은 日本 · 南蠻으로 通商交易이 歷代絡繹ᄒᆞ니라. / 一按, 通典에 云 辰韓國에 出鐵貨ᄒᆞ니 韓 · 濊 · 倭가 皆從取之ᄒᆞ야 諸市買에 皆用鐵이니라. / 高麗 顯宗時에 爲始ᄒᆞ야 女眞 · 南蠻과 及 宋泉州 · 福州의 商船이 互相往來交易ᄒᆞ야 連歲不絶ᄒᆞ니라. / 按, 鴨綠江 開市는 始於元時ᄒᆞ니, 元史에 世祖 中統中에 與高麗로 互市於鴨綠江西라 ᄒᆞ니(距今 六百三十年頃), 又 本朝 宣祖 廿六년에 與明으로 開互市於鴨綠中江이라가 光海 時에 罷之러니 至仁祖 廿四年에 復與淸人으로 開市中江ᄒᆞ고 後에 又 互市於中江西ᄒᆞ고 名曰柵門後市라 ᄒᆞ니라. / 北關 開市는 始於仁祖 中年ᄒᆞ니 與寧古塔 · 烏喇人으로 互市於會寧 · 慶源ᄒᆞ니라. / 三浦 開市는 世宗朝에 對馬島人이 來寓三

浦ᄒᆞ야 互市捕魚ᄒᆞ니, 此三浦互市의 始라. 後에 因中宗 庚子〔午〕之騷ᄒᆞ야 只許釜山에 設館開市ᄒᆞ니라—. / 日本은 自古代로 與我國과 通商互市ᄒᆞ얏고, 至後奈良皇 癸亥〔卯〕에 葡萄牙人이 始來ᄒᆞ야 求通商互市호ᄃᆡ 不聽이나 天主敎與鳥銃이 自此始傳ᄒᆞ니(距今 三百六十年頃), 後陽城〔成〕 慶長 辛丑에 荷蘭이 始互市ᄒᆞ고, 後에 又與南蠻互市ᄒᆞ야 以長崎로 爲市場ᄒᆞ니라. / 亞洲 上古에 商業者ᄂᆞᆫ 腓尼西人—在地中海沿岸—으로 爲首ᄒᆞ니, 駕駛船舶ᄒᆞ고 往來於地中海ᄒᆞ며 又群聚商賈ᄒᆞ야 負販於大陸ᄒᆞ니, 西自英吉利와 東至印度히 皆爲腓人營商之地라 ᄒᆞ니, 此ㅣ 東西洋商業交通의 始라. / 支那와 印度와 通商홈은 秦漢의 代에 始ᄒᆞ니, 漢 武帝時에 希臘, 波斯와 印度, 交趾의 貨物이 中國 商品에 輸入ᄒᆞ니라.

銀行

支那 周代에 九府圜法이 곳 銀行의 濫觴이오. / 日本은 明治 五年에 國立銀行을 始設ᄒᆞ니라. / 西歷 八〇八年—或云一千五十七年—에 倫巴多의 猶太人이 義太利 '威尼斯'에셔 銀行을 始設ᄒᆞ얏고 一六六四年에 英國이 始設銀行ᄒᆞ니라.

匯票

西 一三一八年에 猶太人이 匯票를 始作ᄒᆞ고, 背押은—匯單 背後에 押字爲憑—十七世紀 以後에 始ᄒᆞ니라.

保險會社

海面保險會社ᄂᆞᆫ 西紀 四十三年에 賽都尼가 其必要홈을 倡論ᄒᆞ얏스나 當時ᄂᆞᆫ 未備ᄒᆞ얏고, 至一五九八年에 英國에셔 始設ᄒᆞ니라. / 生命保險會社ᄂᆞᆫ 一千七百六年에 英京에셔 始創ᄒᆞ얏고 一八一二年에 英國에셔 繼設ᄒᆞ니라. / 火災保險會社ᄂᆞᆫ 十八世紀에 始ᄒᆞ얏고, / 貨物保險會社ᄂᆞᆫ 一千一百八十一年에 猶太人이 始設홈이라.

典當鋪

典當은 周禮에 質劑가 卽 典當의 起源이니라—今 清商稱典當鋪曰質屋—. / 西洋은 中古에 藍拔地人이 始開ᄒᆞᆫ 故로 今典當鋪를 稱曰藍拔地라 ᄒᆞ니라.

貨幣(附 銕錢, 銅錢, 銀貨, 紙幣)

上古時代는 物品으로 交換ᄒᆞ야 粟으로 器械를 易ᄒᆞ며 布로 粟을 易ᄒᆞ더니, 黃帝가 泉貨를 始造ᄒᆞ고 周禮에 泉府를 始立ᄒᆞ며 六韜에 武王이 殷에 入ᄒᆞ야 鹿臺의 金錢을 散ᄒᆞ얏다 ᄒᆞ니, 此는 金錢의 始오. 姜太公이 九府圜法을 始制ᄒᆞ며 國語에 周 景王이 大錢을 鑄ᄒᆞ야 母가 子를 權ᄒᆞ야 行ᄒᆞᆫ다 ᄒᆞ니, 本位貨와 補助貨의 區別이 此에 始ᄒᆞ고, / 秦始皇이 二等의 幣를 行ᄒᆞ니 上幣는 黃金이오 其次는 銅錢이니 文曰半兩이라 ᄒᆞ고, 元世祖 忽必烈이 紙幣를 用ᄒᆞ니 此는 紙貨의 始라(距今 六百三十年頃). / 我國은 三韓 時에 辰韓이 鉄貨를 造ᄒᆞ야 濊와 馬韓과 日本과 貿易을 行ᄒᆞ니, 此는 鉄錢의 始오(距今 二千二百年頃), / 新羅는 布幣를 用ᄒᆞ얏고, 高麗 成宗 十五年에 鉄錢을 始用ᄒᆞ고 肅宗 二年에 銅錢을 始鑄ᄒᆞ야 其文曰東國通寶, 曰海東重寶, 曰三韓重寶, 曰東國重寶 等이니, 此ㅣ 我國 銅貨의 始오, / 〔高〕麗 肅宗이 又銀甁貨를 始造ᄒᆞ니, 銀의 重量은 一斤이오 狀은 我國地形을 象ᄒᆞ야 標印을 識ᄒᆞ고 名을 濶口라 ᄒᆞ니, 此는 銀貨의 始라. 其後에 詐僞가 日滋홈으로 忠烈王 十三年에 碎銀을 用케 ᄒᆞ고 忠惠王은 小銀甁을 行케 ᄒᆞ더니, 恭愍王 時에 銀錢을 鑄行코져 ᄒᆞ다가 不果ᄒᆞ고, / 紙幣는 恭讓王 時에 始造ᄒᆞ다가 國이 革홈이 未果ᄒᆞ고, 國初에 定宗이 始造行ᄒᆞ시며 又銅錢 朝鮮通寶도 鑄行ᄒᆞ더니, 世祖 九年에 箭幣를—形如柳葉箭. 面刻八方通貨四字—鑄行ᄒᆞ시고, 仁祖 十二年에 常平倉을 設ᄒᆞ고 常平通寶를 始鑄ᄒᆞ니, 至今 黃銅錢의 大者라. 仍不行ᄒᆞ다가, 孝宗 六年에 暫時行錢ᄒᆞ시고 肅宗 六年에 廣鑄通行ᄒᆞ니라. / 太皇帝 三年에 當百錢을 鑄ᄒᆞ시고 二十年에 當五錢을 鑄行ᄒᆞ고 建陽 元年에 銀銅貨를 始鑄ᄒᆞ니라. / 日本 天武皇 二年에 始造銀錢ᄒᆞ니(距今 一千二百三十六年), 此 有錢之始라. 天武 十二年에 廢銀錢ᄒᆞ고 始用銅錢ᄒᆞ얏고, 持統天皇 八年에 始置鑄錢司ᄒᆞ고, 元明天皇이 和銅開珍錢을 鑄ᄒᆞ고, 淳仁天皇 四年에 金 · 銀 · 銅錢을 始鑄ᄒᆞ니 金錢曰開基勝寶오 銀錢曰太平元寶오 銅錢曰萬年通寶니(距今 一千百五十年), 後醍醐皇 建武 元年에 楮幣를 始用ᄒᆞ니(距今 五百七十餘年), 明正天皇이 寬永通寶를 鑄ᄒᆞ니(距今 二百七十四年), 明治 元年에 太政官鈔票를 發行ᄒᆞ니, 卽 十三年通用之不換紙幣也라. 其後에 又造民部省票와 大藏省兌換証券과 開拓使兌換証券 等ᄒᆞ니라. / 四年 五月에 乃發行新貨ᄒᆞ고 八年에 定貨幣條例ᄒᆞ야 金爲本位貨ᄒᆞ니 自二十元, 十元, 五元, 二元으로 至一元ᄒᆞ니라. / 泰西 古代는 交易의 貨가 不一ᄒᆞ야 或用寶玉ᄒᆞ며 或用貝ᄒᆞ며 或用獸皮ᄒᆞ며 或用鹽ᄒᆞ며 或用牛羊骨角ᄒᆞ며 或用樹木皮

ᄒᆞ며 或用銅鉄ᄒᆞ고, 非尼西亞人은 但銅鉛의 面에 重量과 方位를 刻ᄒᆞ야 用ᄒᆞ더니, 至西紀 一三二〇年에 始鑄金錢ᄒᆞ니, 此ㅣ 金錢의 始라. / 一千七百九十年에 蒲爾等〔蒲爾登〕이 鑄錢器를 始刱ᄒᆞ니라. / 其紙幣ᄂᆞᆫ 十三世紀時에 蒙古人의 制를 倣行ᄒᆞ니, 此ㅣ 泰西紙幣의 始라. / 紙幣—亦曰兌換券—의 價가 金 五十元 或百元 以上에 至ᄒᆞᄂᆞᆫ 者ᄂᆞᆫ 稱曰銀行票라 ᄒᆞ고, 惟一二元에 値ᄒᆞᆫ 者ᄂᆞᆫ 紙幣라 稱ᄒᆞ며, 又 兌換, 不換 兩種이 有ᄒᆞ니, 國庫ᄂᆞᆫ〔ᄂᆞ〕 銀行에서 本金의 積立이 有ᄒᆞ야 能以金貨로 兌換ᄒᆞᄂᆞᆫ 者ᄂᆞᆫ 謂之兌換紙幣오 積立이 匱渴ᄒᆞ야 兌換키 不能ᄒᆞᆫ 者를 謂之不換紙幣라 ᄒᆞ니라.

倉庫業

倉庫ᄂᆞᆫ 物品 貯藏ᄒᆞᄂᆞᆫ 家屋이니, 我國 已往에 所謂客主 · 旅閣의 類오, 近日은 運輸會社와 保險會社 等이 是라. 西 一六九九年에 英國 利巴夫婁에서 始起ᄒᆞ니라.

商業會議所

一七八六年에 美國의 蘇格蘭人이 意珍巴玖府에서 商業會議所를 設立ᄒᆞ니, 此ㅣ 商會所의 嚆矢라. 此 會所ᄂᆞᆫ 至今尚存ᄒᆞ니, 自是로 歐洲諸國이 始倣行ᄒᆞ니라.

· 16章 ·

農事 (附 漁獵)

耕作

支那 神農氏가 耒耟〔耜〕를 製ᄒᆞ야 耕作을 始敎ᄒᆞ니(距今 五千一百廿一年) / 祭法에 云 厲山氏之子 農이 能殖百穀이라 ᄒᆞ고, 山海經에 云 帝俊의 子 叔均이 牛耕을 始敎ᄒᆞ니라(距今 四千一百五十年). / 創世紀에 云 亞當의 子 解因이 乃耕地者라 ᄒᆞ니라. / 新羅 智證王이 牛耕을 始ᄒᆞ니라(距今 一千四百年).

養蠶

蠶은 黃帝의 元妃 西陵氏가 始發明흠이니 其後에 希臘에 流入ᄒᆞ야 亞里斯德이 始硏究ᄒᆞ니라. / 我國은 箕子가 敎民田蠶ᄒᆞ니, 此ㅣ 養蠶의 始라. / 日本은 雄略天皇 六年에 命植桑勸蠶ᄒᆞ니(距今 一千四百五十年).

鋤犂

神農이 斲〔斲〕木爲耟〔耜〕ᄒᆞ고 揉木爲耒라 ᄒᆞ니, 此ㅣ 耒耟〔耜〕의 始오, 夏禹가 治水흠이 身操畚鍤이라 ᄒᆞ니, 此ㅣ 畚鍤의 始라(距今 四千六十年). 周書에 云 神農이 作陶冶斤斧鋤〔鉏〕耰ᄒᆞ니라. / 新羅 儒理王이 始作犂耟〔耜〕ᄒᆞ니 '距今 一千八百八十餘年'이라.

畋獵 (牧畜)

易에 曰 庖犧氏之王天下也에 結繩爲網罟ᄒᆞ야 以畋以漁라 ᄒᆞ니, 此ㅣ 畋獵, 釣漁의 始라. 爾雅에 云 春曰蒐오 夏曰苗오 秋曰獮—音 션—이오 冬曰狩니라. / 高句麗ᄂᆞᆫ 國俗이 每三月 三日에 樂浪原에셔 大獵을 行ᄒᆞ니라. / 牧畜은 庖犧時에 始ᄒᆞ니라.

鯨獵

西 諾威國이 鯨獵으로 大利를 獲ᄒᆞ니, 其時에 始ᄒᆞ니라.

排水溝

西 一八二三年에 英人 惜米德이 田畔에 開溝法을 剏ᄒᆞ니, 其溝가 上寬下窄ᄒᆞ고 中塡碎石ᄒᆞ야 與田平等케 홈의 地中의 水가 盡洩ᄒᆞ니라—盖英人이 每淫霖濕潦 故로 行此法—.

割麥機

西 一八五二年에 英人이 割麥新機械를 發明홈의 從此로 刀鎌을 不用ᄒᆞ니라.

火輪犂 (水車)

一八五五年에 合衆國人이 火輪力으로 墾土機械를 始造ᄒᆞ니, 馬車와 類ᄒᆞᆫᄃᆡ 二犂를 其後에 駕ᄒᆞ고 二馬로 曳ᄒᆞ며 上에 一人이 坐ᄒᆞ야 駕馭ᄒᆞ면 機過處에 泥가 兩行으로 起ᄒᆞ야 一機所作이 一牛를 抵ᄒᆞ며, 又 播種機가 有ᄒᆞ니 亦 二馬로 曳行ᄒᆞ야 數千 畝를 一日에 可播ᄒᆞ며, 刈麥刈草의 機도 亦然ᄒᆞ고, 打麥打稻도 亦以機爲之ᄒᆞ니 一日所打가 數三千石에 至ᄒᆞ고 甚히 潔淨ᄒᆞ며 禾稈도 亦以馬車로 運搬ᄒᆞ니라. / 日本 淳和皇 六年에 始造水車灌漑ᄒᆞ니(距今 一千八十年). / 魏 馬均이 水車를 剏造ᄒᆞ니, 灌漑에 甚便ᄒᆞᆫ지라(距今 一千六百九十年). / 我國은 高麗時에 支那 水車의 制를 倣造ᄒᆞ얏다가 旋又不修ᄒᆞ고, 宣祖朝에 楊萬世가 日本에 往ᄒᆞ야 水車의 制를 得來ᄒᆞ얏스나 亦旋廢不講ᄒᆞ니라.

稻田 (附 井田)

百濟 溫祚王이 稻田을 始作ᄒᆞ니 '距今 一千九百年'이라. 方言에 曰沓이라. 井田은 箕子가 始畫ᄒᆞ니 '距今 三千三十年'이오, 慶州에 又 辰韓時井田이 有ᄒᆞ니 '距今 二千年'이니라. / 支那 黃帝가 井田을 始畫ᄒᆞ고, 周禮에 稻人이 掌稼下地ᄒᆞ야 以瀦畜水ᄒᆞ며 以溝蕩水가 此ㅣ 稻田의 始라. / 日本은 崇神天皇의 時(距今 二千餘年)로브터 河內에 依網, 刈坂〔苅坂〕, 酒折 等의 三池를 掘ᄒᆞ고 水田의 灌漑를 資ᄒᆞ니, 日本은 水田의 作이 最古ᄒᆞᆫ지라. 其後 垂仁 時에 池溝 八百有餘를 開ᄒᆞ고 持統 時에 農民을 勸ᄒᆞ야 大小麥과 桑과

芋와 梨와 栗과 蕪菁의 類를 種植ᄒᆞ야 陸田의 耕作을 奬勵ᄒᆞ니라. / 一按, 齊明天皇 時에 巨勢荒人이 長械[槭]을 造ᄒᆞ야 灌漑의 具에 利用ᄒᆞ니라一.

· 17章 ·

織造物

紡績機

我國은 箕子 時로 田蠶織造의 法을 刱始홈인디, 日本도 亦我國紡績機를 學ᄒᆞ니라. / 西十八世紀에 英人 哈古里布斯의 發明ᄒᆞᆫ 機械가 完全ᄒᆞ더니, 人民이 己의 業務를 恐奪ᄒᆞ야 哈古里를 逐去ᄒᆞ고 其雛形을 設ᄒᆞ더니, 未幾에 英人 亞克毋剌衣—一作冠懷—가 又發明ᄒᆞ야 一七六九年에 專賣特許를 受ᄒᆞ나 馬力을 用홈으로 需費가 巨大ᄒᆞ야 盛行치 못ᄒᆞ다가, 一七七一年에 更히 水車運轉機械를 用ᄒᆞ니라. 又 其後 英人 克林頓—一作克楞呑—이 亦紡績機를 發明ᄒᆞ고, 一七八七年에 牧師 卡土威가 織布自來機器를 作ᄒᆞ니라—雛形은 卽見樣이라—.

彈棉機 (卽 去核機, 亦曰軋花機)

棉花의 紡績機ᄂᆞᆫ 高麗 忠惠王時에(距今 五百七十年頃) 江城君 文益漸이 交趾에 被謫ᄒᆞ얏다가 棉花種을 得來ᄒᆞ고 子車를 始造ᄒᆞ니, 卽 今之去核車오, 其孫 英가 又繅絲車를 刱造ᄒᆞᆫ 故로 謂之文英라 ᄒᆞ니(距今 五百二十年). / 西 一七九二年에 合衆國人 惠尼—一作灰忒尼利—가 始發明ᄒᆞ니, 一日에 棉花去核의 量이 千磅에 至ᄒᆞ니라.

裁縫針機

西 一八四〔一八四一〕年에 美國人 好以利가 裁縫器械를 始發明ᄒᆞ고, 其後에 漸益改良ᄒᆞ야 數十餘 種에 〔至ᄒᆞ니 一分鐘에〕 三千鍼을 可縫ᄒᆞ야 神速이 無比ᄒᆞ니라—好以利가 夢見兵士의 鎗尖에 有眼ᄒᆞ고 乃悟針尖有眼之法ᄒᆞ야 遂作此機ᄒᆞ니, 初貧甚이라가 因此大富ᄒᆞ야 卒於一八六二年이라—.

毛織

爾雅詁[詁]에 云 氂ㅡ牛馬尾曰氂니, 音 리라ㅡ는 罽ㅡ音 계ㅡ니 織毛爲布ᄒᆞ야 今之毛氍毹와 同ᄒᆞ다 ᄒᆞ니, 卽 毛織이라.

麻布

禹貢에 厥貢은 岱畎의 絲枲라 ᄒᆞ니, 麻布의 織造가 其來甚古ᄒᆞ야 我東上古에 已有ᄒᆞ니라. / 泰西는 摩西의 時에 埃及이 織麻를 已解ᄒᆞ니라.

天鵞絨

天鵞絨은 西洋 十三世紀時에 已有ᄒᆞ고, 綿天鵞絨은 一七四七年에 英人이 始發明홈이라.

花氈

氈은 蹂毛成片ᄒᆞ야 毛가 相著旃旃ᄒᆞᆫ 者를 謂홈이니, 周禮에 天官掌皮가 秋領皮[秋斂皮] 冬領革[冬斂革]ᄒᆞ야 供其毳皮爲氈[共其毳毛爲氈]이라 ᄒᆞ니라. / 西洋은 巴比倫人이 始造氈ᄒᆞ니라.

臥褥

希臘 詩人 何馬時가 獸皮로 臥褥를 作ᄒᆞ더니, 其後에 以草木의 葉과 及 禽獸의 羽毛로써 囊中에 充ᄒᆞ야 今日의 褥를 作ᄒᆞ니라. 風俗通에 云 織毛褥를 謂之氍毹라 ᄒᆞ니 毯氈之屬이라. 毯은 毛席也라.

紡織

書 禹貢에 厥篚는 織文이라 ᄒᆞ니, 其來已久라. / 日本은 雄略天皇 十四年에 吳國으로브터 女工이 始至ᄒᆞ니, 漢織과 吳織이 始有라(距今 一千四百四十年). / 西 一三三一年에 英人이 始行織綢法ᄒᆞ고, 一六八五年에 史畢答得爾斐에셔ㅡ英地名ㅡ始行織絨法ᄒᆞ고, 一八九年에 段奇拉이 始刱織麻法ᄒᆞ고, 一八八九年에 生麻의 紡織機器를 刱ᄒᆞ니라.

剪羊毛機

一七四八年에 保羅가 始捌羊毛清理機器ᄒᆞ고, 一七八七年에 哈滿이 始捌剪羊毛機械ᄒᆞ니라.

織布

釋名에 曰布ᄂᆞᆫ 布列諸縷之稱이오, 說文에 曰細布ᄂᆞᆫ 十五升布一十八[八十]縷爲一升一라. 自黃帝以來로 蠶絲와 麻枲와 絺葛로 以織布ᄒᆞ더니, 隋唐時에 白氎布ᄂᆞᆫ 木棉花로써 織成홈이니 緬甸, 交趾에셔 始出ᄒᆞ고, 又 廣州에 竹布가 出ᄒᆞ니 竹皮로 績[續]成홈이오, 又 桂州 藤布ᄂᆞᆫ 古綠藤皮로 績成홈이오, 又 桐布ᄂᆞᆫ 桐木皮로 緝成홈이오, 其他 川蜀의 賓布ᄂᆞᆫ 極細ᄒᆞ야 一疋이 竹筒에 可入 故로 曰筒布라 ᄒᆞ고, 海州에 楚布ᄂᆞᆫ 亦曰蕉布니 以芭蕉로 織成홈이오, 涪州[에] 獠布와 巴州에 蘭干布와 南州에 斑布와 漢州에 彌牟布와 湖州에 黃草布 等의 各種이 有ᄒᆞ니라. / 羊布ᄂᆞᆫ 海西人이 水羊毛로 織成홈이니 亦曰海西毛織布오, 又 廣州에 鷲毳布가 出ᄒᆞ니라. 廣布ᄂᆞᆫ 杜甫拾遺錄[杜寶拾遺錄]에 曰 隋 大業 七年에 自琉球國으로 得來ᄒᆞ니 以木皮로 織成ᄒᆞ야 幅濶이 三尺二寸이오, 又有細班布ᄒᆞ니 幅濶이 四尺이라 ᄒᆞ니라.

· 18章 ·

服飾

衣裳

世本에 云 黃帝臣 胡曾〔胡曹〕이 始作衣裳ᄒᆞ니라. / 我國에 檀君이 衣服의 制를 始定ᄒᆞ고, / 日本은 應神天皇 時에 百濟의 縫衣女와 及 吳服工 西素가 始往ᄒᆞ니, 此ᄂᆞᆫ 日本衣服의 始라(距今 一千六百二十五年). / 創世紀에 云 亞當이 與夏娃 夫婦 二人이 皆裸體러니 上帝가 皮衣를 作ᄒᆞ야 衣케 ᄒᆞ니, 人類의 衣服이 始라 ᄒᆞ니라.

袞衣

黃帝가 袞衣를 作ᄒᆞ야 龍과 華蟲과 山과 火와 宗彝의 五章을 繪ᄒᆞ더니, 唐虞에 至ᄒᆞ야 日, 月, 星辰, 山, 龍, 華蟲과 宗彝, 藻, 火, 粉米, 黼, 黻을 繪ᄒᆞ야 十二章을 作ᄒᆞ고 法服이라 謂ᄒᆞ니라.

袍(俗稱 周衣. 附 道袍, 中單)

詩傳에 云與子同袍라 ᄒᆞ니, 袍制가 亦古也라. 釋名에 云 袍ᄂᆞᆫ 丈夫의 着이니 下至跗者라 ᄒᆞ고, 漢制에 公主, 貴人 以上은 錦繡羅穀의 十二色 緣袍를 用ᄒᆞ고, 凡祀祠에ᄂᆞᆫ 皆皂繪袍를 用ᄒᆞ니라. / 新羅 法興王이 六部人의 服制를 始定ᄒᆞ고, 眞德王은 唐制를 採用ᄒᆞ고, 百濟ᄂᆞᆫ 大袖紫袍를 服ᄒᆞ니라. / 道袍ᄂᆞᆫ 古者 縫掖의 制니 本 道流의 服인 故로 名을 道袍라 ᄒᆞᄂᆞ니, 此ᄂᆞᆫ 宣祖 壬辰 以後에 明制를 倣行홈이라. 亦云直裰이라—隋唐人은 稱曰馮翼이라—.

衫

衫은 釋名에 衣無袖端曰衫이라. 汗衫은 即 中單이니, 禮記 郊特牲에 所云丹朱中衣가 是라. 其制ㅣ 刱自殷周之際ᄒᆞ야 爲朝祭之服이니, 漢 高帝 戰時에 汗透中單 故로 名曰汗衫

이라 ᄒᆞ고, 襴衫은 唐時 士人의 上服이니 古深衣之制에 襴袖와—衣與裳이 連曰襴이오, 袖ᄂᆞᆫ 袂也니 手所出入之口라—褾襈을—褾ᄂᆞᆫ 袖端이오, 襈은 緣이라—加ᄒᆞ야 士子의 上服을 作ᄒᆞ니 是 馬周의 刱議홈이라. / 我國은 進士의 所着이오. / 缺骻衫은 唐時 平民의 服이니, 亦曰四䙆—音 계. 䙆ᄂᆞᆫ 後裾開也라—라. 凡 上馬에 衣分裾者니 如後代邊將士卒의 箭衣ᄒᆞ고, 我國은 謂之〔襏〕衣라 ᄒᆞ며 又稱圓袂衣오, 又曰三裾衫이라. 唐書에 曰 高句麗ᄂᆞᆫ 大袖衫을 服ᄒᆞ고 士人은 缺骻衫을 服ᄒᆞ니라. / 赤衫은 卽襦니, 亦曰〔衽〕衫이라. 新羅時에 取用唐制ᄒᆞ니라.

袴褶

袴ᄂᆞᆫ 脛衣니, 亦曰褶이라. 史記에 晋 趙朔妻가 匿兒袴中이 是也라. / 日本 推古天皇이 始命着褶ᄒᆞ니, 距今 一千三百年이라. / 窮袴ᄂᆞᆫ 漢 昭帝時에 始有ᄒᆞ니, 古者에 袴가 無襠—袴之當隱私處—ᄒᆞ더니 昭帝時에 上官皇后가 欲擅寵有子ᄒᆞ야, 宮人之袴를 前後皆有襠케 ᄒᆞ고 又多其帶ᄒᆞ야 令不得交通ᄒᆞ니, 此ㅣ 窮袴之始라—今之바지라—又曰褌이라.

戎服

今之朝服은 本 戎服이니, 隋 煬帝가 數出幸홈으로 百官이 皆戎服으로 從ᄒᆞ니, 後世에 遂循襲爲朝服이러니 南宋時에 白凉衫을 變成ᄒᆞ니라.

半臂

半臂ᄂᆞᆫ 亦曰褡〔䙬〕니 今之戰服이라. 其制가 隋 煬帝에 始ᄒᆞ니(距今 一千三百年), 隋時에 內官이 多服ᄒᆞ야 謂之半除라 ᄒᆞ더니, 唐 高祖가 又減爲半臂ᄒᆞ야 士子가 常服ᄒᆞ고, 新羅 興德王 九年에 命眞骨以下로 至品官及婦女ᄂᆞᆫ 半臂로 爲表衣ᄒᆞ니(距今 一千二十五年).

襪

襪은 足衣니, 古代에 已有ᄒᆞ니라. / 西洋 古代ᄂᆞᆫ 布로써 包足ᄒᆞ더니 十七世紀初에 始有襪ᄒᆞ고, 一五八九年에 英人 維廉里가 織襪機械를 始發明ᄒᆞ니라. / 希臘의 格鬪에 手襪

로 投地라 ᄒᆞ니, 卽 手套也라.

腰帶

秦 二世가 革帶로 反插垂頭ᄒᆞᆷ을 始刱ᄒᆞ얏고, 又算帒를 佩케 ᄒᆞ니, 後世에 紫緋金魚帒라 稱ᄒᆞ니라.

裘

裘ᄂᆞᆫ 皮衣니, 少昊時에 毛人이 獻羽裘라 ᄒᆞ니, 此ㅣ 裘의 始라.

裲襠

釋名에 一當背 一當胸이니 今之褙子오, 又 臂衣ᄂᆞᆫ 今之吐手라.

冕

冕은 黃帝作이니, 冠上에 覆가 有ᄒᆞ고 前後에 垂旒가 有ᄒᆞ니라.

冠帽

上古ᄂᆞᆫ 被髮이러니, 三代브터 冠帽가 有ᄒᆞ니 以三尺絹으로 聚髮ᄒᆞ야 名曰折上巾이러니, 後周 武帝時에 裁爲四脚ᄒᆞ고 名曰服頭라 ᄒᆞ니(距今 一千三百四十年). / 隋 大業中에 以桐木爲之ᄒᆞ고 内外에 皆漆ᄒᆞ니 卽今之幞頭라. / 隋唐時에 藤織으로 易ᄒᆞ고 漆紗로 冒ᄒᆞ며 後에 高頂을 作ᄒᆞ야 謂之烏紗帽라 ᄒᆞ니, 卽 紗帽의 始라. / 進賢冠은 古之緇布冠이라. / 折風巾은 箕子의 遺制니 卽 羅濟笠의 嚆矢라. / 新羅ᄂᆞᆫ 眞骨 以下로 至平民히 皆着幞頭호ᄃᆡ 但 綾, 錦, 布, 絹이 有差等ᄒᆞ고, 婦女ᄂᆞᆫ 服唐冠ᄒᆞ니라. / 日本 天智天皇 十年에 冠制를 始定ᄒᆞ니(距今 一千二百四十年), 天武天皇 十年에 男女始結髮ᄒᆞ고 著漆紗冠ᄒᆞ고 又定服色及律令ᄒᆞ니(距今 一千二百二十七年), 元正皇이 百姓의 右襟과 及婦女衣服制를 始定ᄒᆞ니라. / 西洋 女子戴帽ᄂᆞᆫ 第十六世紀에 始有ᄒᆞ니라.

簦

禦雨具니 大而有柄ᄒᆞ야 手執以行者니 今之雨傘이 是라. 始於春秋列國ᄒᆞ니라.

長靴

趙 武靈王이(距今 二千二百三十年) 好胡服ᄒᆞ야 以黃皮로 爲鞦러니, 後漸爲長鞦靴ᄒᆞ야 軍戎에 通服ᄒᆞ니 卽長靴의 始라.

履(附 木屐)

黃帝臣 於則이 始作履扉ᄒᆞ니 麻曰屩이오 木曰屐이니라. / 東方朔瑣語에 云 木屐은 晋 文公에 始ᄒᆞ니, 時에 介之推가 抱樹自死흠이 公이 撫樹哀歎ᄒᆞ고 遂以爲屐ᄒᆞ야 每思其功ᄒᆞ며 輒俯視其屐曰 悲乎라 足下여 ᄒᆞ니, 足下의 稱이 此에 始ᄒᆞ니라(距今 二千五百四十四年).

釵, 釧(附 步搖)

釵ᄂᆞᆫ 古笄의 遺制니, 秦 穆公이 始以象牙로 爲釵ᄒᆞ니(距今 二千五百六十年), 此ㅣ 有釵의 始오, 其後 敬王은 以玳瑁爲釵ᄒᆞ고, 始皇은 金銀으로 鳳頭를 刻ᄒᆞ니, 此ㅣ 金鳳釵의 始라(距今 二千一百六十年). / 釧은 臂環이니 亦曰挑脫, 金條라. 漢時에 始有ᄒᆞ니라. / 步搖ᄂᆞᆫ 后妃 首飾이니 古今註에 云商紂가 始作ᄒᆞ니라.

指環

五經要義에 云 古者에 后妃 群妾이 君所에 御흠에 當御者ᄂᆞᆫ 銀環으로 進ᄒᆞ고 有娠ᄒᆞ면 金環으로 退ᄒᆞ니, 進ᄒᆞᆫ 者ᄂᆞᆫ 右手에 着ᄒᆞ고 退ᄒᆞᆫ 者ᄂᆞᆫ 左手에 着ᄒᆞ야[니], 本 三代의 遺制라. 今曰戒指라 ᄒᆞ니라. / 羅馬俗에 議定官은 金指環을 着ᄒᆞ고 貴族은 銀指環을 着ᄒᆞ고 平民은 銅指環을 着이라 ᄒᆞ니라.

鼻環

鼻環은 亞比利加의 婦人이 多用ᄒᆞ니, 創世紀에 云 亞布剌罕의 僕이 重量 半'斯傑耳'—重量 名—되ᄂᆞᆫ 金鼻環 一個와 十斯傑耳 되ᄂᆞᆫ 金手釧 二個로써 亞布의 婦 里伯加의게[에게] 與라 ᄒᆞ니, 其來已古ᄒᆞ니라.

耳環

耳環은 羅馬, 希臘에 已有ᄒᆞ니, 男一女二로 ᄒᆞ니라.

釦鈕

西 十四世紀初에 德人 尼換堡가 象牙, 玻瓈, 獸骨 等으로써 釦鈕를 始製ᄒᆞ니라.

假髻(附 髢)

假髻ᄂᆞᆫ 婦人 首飾이니, 周禮에 王后副笄〔筓〕 註에 副ᄂᆞᆫ 假髻라 ᄒᆞ고, 秦 文王이 珠, 翠, 翹, 花를 加ᄒᆞ고 名曰鳳髻라 ᄒᆞ니, 盖今之花冠이라. / 髢ᄂᆞᆫ 他髮을 束ᄒᆞ야 髻에 飾홈이니, 亦周禮에 記ᄒᆞ니라. 我國은 謂之大髮—큰머리—이라 ᄒᆞ니라.

粉

墨子에 云 禹가 始造粉이라 ᄒᆞ고, 博物志에 云 紂가 燒鉛作粉이라 ᄒᆞ니, 漢時에 侍中이 皆傅粉ᄒᆞ니라.

脂澤

脂ᄂᆞᆫ 面脂니 周時에 已有ᄒᆞ고, 澤은 香澤이니 頭髮에 潤ᄒᆞᄂᆞᆫ 脂膏라. 楚辭에 粉白黛施芳澤〔粉白黛黑 施芳澤只〕이라 ᄒᆞ니, 據此則 周時에 已有ᄒᆞ니라.

黛的

黛ᄂᆞᆫ 畵眉오, 的은 以丹砂注面ᄒᆞ야 月事가 有ᄒᆞᆫ 者를 表홈이니, 皆 古代宮中에셔 姬妾에게 始有ᄒᆞ니라(距今 三千餘年).

燕支

燕支ᄂᆞᆫ 紂가 洪藍花 汁으로 凝脂ᄒᆞ야 桃花粧을 始作ᄒᆞ니, 燕國의 所出 故로 名을 燕脂라 ᄒᆞ고—二儀錄—, 或云 匈奴 焉支山에셔 出ᄒᆞᆫ 故로 名이라.

襪架

一五八九年에 英國人 李氏所製혼 襪架가 始行于世ᄒᆞ니라.

洋服

西洋은 距今 一千年前 羅馬時代에 其衣服이 皆長袖濶幅이오 邊緣을 不飾ᄒᆞ고 冠은 以白羊毛로 織成을 如幅巾樣子러니, 至十四世紀 以後로 從事戰爭ᄒᆞ야 甚覺不便혼 故로 略加變改ᄒᆞ나 然而尚且未善ᄒᆞ더니, 至十八世紀末ᄒᆞ야 英佛諸國이 始改今制ᄒᆞ니 所謂英衣佛帽者ㅣ 是也라. 於是에 各國이 遂倣而行用ᄒᆞ니라.

染色

一八五六年에 西人 潘京이 始發見非由竦—卽 紫蘿蘭—ᄒᆞ야 製阿尼林—藥名—과 及毛物ᄒᆞ야 以染色ᄒᆞ니라.

· 19章 ·

飮食

火食

古者에 但茹毛飮血ᄒᆞ며 木實을 食ᄒᆞ더니, 燧人氏가 首出ᄒᆞ야 火食을 始敎ᄒᆞ나 其烹煮의 法은 只以肉類로 火上에 直置ᄒᆞ야 炙ᄒᆞ더니, 其後에 漸次 進步되야 一穴을 掘ᄒᆞ고 獸皮를 其上에 張ᄒᆞ고 其中에 水를 注充ᄒᆞ야 肉을 其中에 投ᄒᆞ고 許多 細石을 燒紅ᄒᆞ야 亦水中에 混入ᄒᆞ야 水가 甚熱沸騰ᄒᆞ면 肉이 遂熟ᄒᆞ다가, 其後에 又改良ᄒᆞ야 器로써 皮를 代ᄒᆞ니 漸漸 進步되야 今日의 精巧에 至ᄒᆞ니라. / 古史考에 曰神農時에 民이 食穀ᄒᆞᆯ식 釋米로 石上에 加燒ᄒᆞ야 食ᄒᆞ니라.

常食

上古에 東洋諸國 及 希臘은 一日에 二度를 食ᄒᆞ고, 波斯 及 羅馬는 一日一度를 食ᄒᆞ니, 希臘은 常食이 一은 午前이오 一은 夕刻에 在ᄒᆞ야 夕食으로 大餐을 合고, 羅馬는 午後에 用食ᄒᆞ니라. / 蒙古人은 行軍有急ᄒᆞᆯ 時에 唯以馬乳와 及 乾酪을 食ᄒᆞ며 或 馬血을 刺ᄒᆞ야 以充飢ᄒᆞ고 能히 旬日을 支過ᄒᆞᄂᆞᆫ 故로 其進行이 頗速ᄒᆞ니라.

粥

周書에 云 黃帝가 始烹穀爲粥ᄒᆞ니라.

饅頭

三國志에 諸葛亮이 平蠻歸路에 作ᄒᆞ니(距今 一千七百年頃).

酒

會飮酒食[會飮會食]은 古代로 已有ᄒᆞ나, 世本에 云 帝女 儀狄이 始作酒라 ᄒᆞ고(距今

四千六十年), 又少康이 作秫酒ᄒᆞ니(距今 三千九百四十年). / 日本은 百濟로셔 釀酒師 仁番이 始教釀法ᄒᆞ니(距今 一千六百廿五年).

燒酒

燒酒ᄂᆞᆫ 元時에 始造ᄒᆞ니(距今 六百年) 名曰甘露라. 我國은 平壤에셔 甘紅露를 善製ᄒᆞ니라. 暹羅燒酒ᄂᆞᆫ 凡再燒ᄒᆞ니라.

葡萄酒

創世紀에 云 諾亞가 爲農夫ᄒᆞ야 始耕葡萄園ᄒᆞᆯᄉᆡ 飲葡萄酒大醉라 ᄒᆞ니, 盖西域의 刱造ᄒᆞᆷ이라. 漢書 大宛傳 註에 其國이 善釀葡萄酒ᄒᆞ야 富人은 數百石을 積置라 ᄒᆞ니라.

麥酒

麥酒ᄂᆞᆫ 埃及人 柯斯里士—埃及古代之王也—가 始造ᄒᆞ니, 若支那의 所謂麥酒ᄂᆞᆫ 與今之麥酒로 大異ᄒᆞ니라.

亞爾可兒

亞爾可兒ᄂᆞᆫ 卽 酒精이니, 乃 亞諾耳 德 威剌諾哇의 所創造ᄒᆞᆷ이라—亞諾耳ᄂᆞᆫ 法國 鍊金學者로 爲醫學校長者也라. 生於一千二百三十五年ᄒᆞ야 死於一千三百十四年ᄒᆞ니라—.

禁酒會

西 一千八百二十五年에 合衆國이 始設節酒會ᄒᆞ니, 英國, 荷蘭 等이 皆倣行ᄒᆞ야 其後에 遂至禁酒會ᄒᆞ니라.

麵包

創世紀 亞布剌罕의 時에 燒麪包의 竈가 始有ᄒᆞ니라[有ᄒᆞ니라].

砂糖

砂糖은 上古時로붓허 印度에 已有ᄒᆞᆷᄋᆡ 希臘, 羅馬가 倣造ᄒᆞ되, 但當時에 只知甘蔗의 液

을 搾取ᄒᆞ야 用ᄒᆞᆯ ᄲᅮᆫ이오 製糖의 法은 不知ᄒᆞ더니, 其後 亞剌比人이 始創造ᄒᆞ야 歐洲에 傳ᄒᆞ니라. / 支那 古代에 亦只知以甘蔗로 搾汁爲餳 故로 三國志에 吳 孫亮이 命黃門ᄒᆞ야 以銀椀으로 取交州所獻甘蔗餳云ᄒᆞ니, 是ᄂᆞᆫ 飴餳也라. 至唐太宗이 遣使西域ᄒᆞ야 取熬糖法ᄒᆞ야 搾瀋을 如其劑ᄒᆞ니, 色味가 愈於西制라 ᄒᆞ고, 又 王灼 糖譜에 云 唐 大曆中에 僧 有鄒和尙者ㅣ 始以糖霜製造法으로 教黃氏라 ᄒᆞ니라. 糖氷, 糖水도 皆自此始發明ᄒᆞ니라.

鹽

食鹽은 支那 黃帝時에 宿沙氏가 始以海水로 煮乳成鹽ᄒᆞ니, 其色이 有靑白紅黑紫 五樣ᄒᆞᆷᄋᆡ, 鹽이 始此ᄒᆞ니라. / 東方曰斥이오 西方曰鹵오 河内曰鹹이니, 其類가 或引池化鹽ᄒᆞ니 卽 周官 所謂鹽[監]鹽—今曰顆鹽—이오, 或煮海煮井煮鹻而成은 周官 所謂散鹽이라—今曰末鹽—. 鹽이 或出於海ᄒᆞ며 或有鹽池—出於北海—ᄒᆞ며 蜀中은 鹽出於井—以其海遠—ᄒᆞ고, 肅愼 · 勿吉은 鹽出於木—鹽凝結樹上—ᄒᆞ고, 又有出於石ᄒᆞ니라.

乳油 (牛乳, 羊酪)

創世紀에 云 亞布剌罕이 取牛酪與牛乳라 ᄒᆞ나, 未知與今時로 同否오, 或云斯斯德人의 始製라 ᄒᆞ니라. / 晋 劉熙 釋名에 曰酪은 澤也니 乳汁의 所作이니 使人肥澤케 ᄒᆞᆷ이라 ᄒᆞ고, 陶隱居ㅣ 云ᄒᆞ되 乳ᄂᆞᆫ 酪을 成ᄒᆞ고 酪은 酥를 成ᄒᆞ고 酥ᄂᆞᆫ 醍醐를 成ᄒᆞᆫ다 ᄒᆞ니, 其法이 周禮에 始ᄒᆞ니라. / 羊酪ᄂᆞᆫ 羊乳오 又 駝酪은 橐駝의 乳로 成ᄒᆞ니라. / 日本 孝德天皇 時에 百濟 善那使主가 牛乳를 進ᄒᆞᆷᄋᆡ 自此로 諸國에 牛酥가 始有라 ᄒᆞ니, 據此則 此時 我國에 牛乳의 食品이 發明됨을 可推知ᄒᆞᆯ지라.

豉

楚辭에 云大苦鹹酸 辛甘發些라 ᄒᆞ니, 注에 大苦ᄂᆞᆫ 豉라. 史記에 曰蘖麴鹽豉千合이라 ᄒᆞ니라. / 博物志에 豉ᄂᆞᆫ 康伯의 所造 故로 名曰康伯이라 ᄒᆞ니라.

醬醢

周禮에 醢人職에 女醢가 三十人[二十人]이오, 禮記에 醬齊ᄂᆞᆫ 視秋時라 ᄒᆞ니 注에 醬宜

凉也라. 又曰獻熟食者는 醬齊를 操훈다 ᄒᆞ고, 崔寔이 四民月令에 五月 一日에 可作醯라 ᄒᆞ니, 盖支那三代로 始ᄒᆞ니라.

雜菹(又 沈菹, 亦曰沈菜)

蒼頡解詁에 曰蕕—音 고—酢은 菹라 ᄒᆞ니, 其法이 甚古라. 我國 沈菹—석박김치—는 以蝦醢煮汁으로 并蘿葍 及 大蒜과 葱과 番椒와 其他 芥菜, 菘菜와 與螺, 鰒, 石首魚 等으로 淹和磁瓮ᄒᆞ면 經冬味烈ᄒᆞ야 不變ᄒᆞ니라.

氈骨

氈骨은 不知始起나 古者 軍中에 軍士가 其所戴氈笠鉄冠으로 煮肉食之 故로 後의 世[後世에] 製鍋를 如氈笠形ᄒᆞ야 蔬菜를 笠中에 淪ᄒᆞ고 肉은 其沿에 燒灼ᄒᆞ야 食홈을 謂之氈骨이라 ᄒᆞ니라. / 或云 其法이 始於李土亭之菡의 鉄冠煮肉ᄒᆞ니, 盖土亭이 常着鉄冠ᄒᆞ고 往來江海[往來江海間]ᄒᆞ다가 得肉則以冠으로 代鍋煮食ᄒᆞ고 煮已면 還着 故로 名曰 鉄冠子라 ᄒᆞ니라.

肉膏

肉膏는 一八四七年에 英人 李弼格이 始造ᄒᆞ니, 自是로 歐洲에 盛行ᄒᆞ야 一八六六年에 南美洲에셔 製造肉膏公司를 始設ᄒᆞ니라.

蘿葍糖

蘿葍糖은 一七四七年에 西人 馬格喇甫가 始創ᄒᆞ니라. 又 一千八百年에 亞緈得의 蘿葍糖이 始行於世ᄒᆞ니라.

· 20章 ·

建築

住宅

古代에 穴居木巢하더니, 支那 有巢氏가 加橧홈을 始教ᄒᆞ니(距今 五千餘年). / 泰西ᄂᆞᆫ 希臘에 爲始ᄒᆞ니 其術이 三派가 有ᄒᆞ야 曰埃柯尼沠〔派〕, 曰可里斯安沠〔派〕, 曰多列沠〔派〕니, 皆紀元前六世紀時人이니라.

宮殿

白虎通에 云 黃帝始作宮室ᄒᆞ야 以避寒暑ᄒᆞ니, 宮은 穹也니 言屋上이 穹窿然也라. 禮記 儒行에 云 儒有一畝之宮이라 ᄒᆞ니 古者에 貴賤所居를 皆得稱宮이러니, 秦時에 至ᄒᆞ야 始爲至尊所居의 稱號ᄒᆞ니라. / 殿은 商 · 周 以前은 其名不載러니, 史記에 秦 始皇이 始作前殿이라 ᄒᆞ니, 卽 殿稱의 始라(距今 二千一百五十年). 玉海에 曰 秦 孝公이 大築冀闕홈이 由是로 天子의 殿이 初有ᄒᆞ야, 商子 定分篇에 云 臣侍殿上ᄒᆞ고 兵陳殿下라 ᄒᆞ니, 大抵 殿은 秦制也라.

竈(附 庖廚)

淮南子에 云 黃帝ㅣ 始作竈홈으로 後爲竈神이라 ᄒᆞ니, 此ㅣ 有竈之始라. / 庖廚ᄂᆞᆫ 伏羲氏가 始作 故로 稱曰庖羲라 ᄒᆞ니(距今 五千二百三十年).

厠

儀禮에 隸人이 涅—註에 涅은 塞也—厠이라 ᄒᆞ니, 厠制ㅣ 久矣라. 左傳에 晋侯ㅣ 將食麥이라가 脹ᄒᆞ야 如廁에 陷而卒이라 ᄒᆞ니라.

墻壁

淮南子에 云 舜이 作室홀ᄉᆡ 築墻茨屋ᄒᆞ야 令人으로 皆知去岩穴有室家ᄒᆞ니, 此 其始라(距今 四千一百九十年頃).

橋梁

拾遺記에 曰舜이 命禹ᄒᆞ샤 疏川ᄒᆞ시고 以黿鼉爲橋梁ᄒᆞ니, 此ㅣ 橋梁의 始라.

煉化石

古史考에 云夏桀의 臣 昆吾가 始作瓦라 ᄒᆞ고, 史記 龜策傳에 桀이 始作瓦室ᄒᆞ니, 此ㅣ 瓦蓋之始라(距今 三千五十年頃). 瓦屋은 夏桀에 始ᄒᆞ고 又 漢武故事에 云神屋은 銅瓦를 用ᄒᆞ고 漆塗其外라 ᄒᆞ니, 此는 銅瓦의 始오. 又 大秦國은 水精으로 瓦를 作ᄒᆞ고 唐玄宗의 寵姬 虢國夫人은 堅木으로 爲瓦라 ᄒᆞ니라. / 創世紀에 云 煉化石을 燒ᄒᆞ야 巴伯兒塔을 築ᄒᆞᆫ다 ᄒᆞ니, 古代에 已有ᄒᆞᆷ이라. 羅馬의 禮拜堂과 劇場은 皆用煉化石ᄒᆞ니라. / 十七世紀 以後에 屋蓋를 始用ᄒᆞ고, 以前은 藁草로 葺ᄒᆞ니라. / 日本은 崇峻皇 時에 百濟寺工, 鑪盤博士와 瓦博士와 畵工 等이 來ᄒᆞ야 四天王寺를 刱建ᄒᆞ니, 此ㅣ 日本 瓦屋 建築의 嚆矢니라.

占風旗(相風, 占風鐸)

支那 夏禹(距今 四千六十年)가 司風鳥를 始造ᄒᆞ니, 此ㅣ 相風의 始라. 開元遺事에 唐岐王이 碎王〔玉〕片을 簷端에 懸ᄒᆞ고 風吹에 環佩聲을 作ᄒᆞᆷᄋᆡ 謂之占風鐸이라(距今 一千二百年) ᄒᆞ니 卽 今之風鈴의 始오, / 相風旗는 又 開元中에 五王宮에 始有ᄒᆞ니라(距今 一千一百九十年). / 西洋 中古時에 始有ᄒᆞ니, 其形이 軍旗와 相同ᄒᆞ고, 且 紋章을 記ᄒᆞ야 禮拜堂 外에는 非貴族이면 不得建ᄒᆞ더니, 至今은 無論何人ᄒᆞ고 皆建ᄒᆞ니라.

煖爐

周禮에 天官 宮人이 供鑪炭ᄒᆞ니, 卽 今之火鑪라. 冬月에 爇〔爇〕炭以取溫者오, 又有薰籠ᄒᆞ니 取其溫氣者라. / 西洋은 中古에 德人의 始作이니, 希臘人은 火鉢에 入火ᄒᆞ야 煖室의 用에 供ᄒᆞ고, 羅馬人은 導管으로써 室内에 溫煖을 導ᄒᆞ더니, 德人이 發明ᄒᆞᆷ으로써

今日에 遂至ᄒᆞ니라.

旅館 (客棧)

周禮에 曰凡國野의 道ᄂᆞᆫ 十里에 有廬ᄒᆞ니 廬有飮食—卽 料理店—ᄒᆞ고, 三十里에 有宿ᄒᆞ니 宿有路室ᄒᆞ고, 五十里에 有候館ᄒᆞ니 卽 今旅館의 始라(距今 三千三十年頃). / 我東은 新羅 炤智王이 驛館을 始置ᄒᆞ니(距今 一千四百二十年頃). / 小亞細亞ᄂᆞᆫ 里地亞의 創設이오, 歐洲ᄂᆞᆫ 十七世紀로브터 料理飮食이 有ᄒᆞ니라.

井

世本에 云黃帝가 始穿井이라 ᄒᆞ니라.

· 21章 ·

音樂

音律(附 唐樂, 宋樂)

呂氏春秋에 云 黃帝ㅣ 命伶倫ᄒᆞ야 作爲律ᄒᆞᆫᄃᆡ, 伶倫이 取嶰谷竹ᄒᆞ야 吹之爲十二筩ᄒᆞ고 聽鳳鳴ᄒᆞ야 以別十二律ᄒᆞ니, 卽音律之始起也라(距今 四千六百年). / 淮南子에 云 夔―唐堯之臣―가 合六律調五音ᄒᆞ니, 此ᄂᆞᆫ 典樂의 始라. / 樂律에 云 黃帝樂은 曰咸池오 帝嚳은 曰六英이오 顓頊은 曰五莖이오 堯曰大章이오 舜曰簫韶오 禹曰大夏오 殷曰濩―音 호―오 周曰勺이오 又曰武니라. / 我朝 世宗 七年(距今 四百八十四年)에 秬黍―黑黍―가 海州에 生ᄒᆞ고 磬石이 南陽에 產ᄒᆞᆷ으로 朴堧―音 연―, 蔣英〔蔣英實〕 等을 命ᄒᆞ샤 音律을 正ᄒᆞ고 雅樂을 新定ᄒᆞ샤 定大業과 與民樂 等을 始製ᄒᆞ시니, 此ㅣ 我東 雅樂의 始라. / 世宗이 雅樂譜를 親述ᄒᆞ시고, 成宗이 樂學軌範을 撰ᄒᆞ시니라. / 新羅史에 文武王 三年에 人을 熊津府에 遣ᄒᆞ야 唐樂을 學ᄒᆞ니, 此ᄂᆞᆫ 唐樂의 始오(距今 二〔一〕千二百三十七年). / 高麗 樂志에 睿宗 九年에 宋 徽宗이 大晟樂을 贈ᄒᆞ니, 是年 十月브터 太廟와 朝賀에 宋의 新樂을 用ᄒᆞ니라(距今 八百餘年).

俗樂

高麗史 樂志에 云 西京曲과 大同江曲은 箕子時 人民의 樂歌라 ᄒᆞ니, 此ㅣ 我東 樂歌의 始오. 文獻通考에 云 三韓의 俗은 信鬼神ᄒᆞ야 五月로 祭之ᄒᆞ고 鼓瑟歌舞ᄒᆞ며 蹋地爲節이라 ᄒᆞ니, 此ᄂᆞᆫ 三韓의 俗樂이라(距今 二千一百餘年). / 新羅ᄂᆞᆫ 儒理王時에 辛熱樂을 始作ᄒᆞ니―舞監 四人, 琴尺 一人, 舞尺 二人, 歌尺 三人이라―(距今 一千八百七十年). 突阿樂은 脫解王이 作ᄒᆞ고, 枝兒樂은 婆娑王이 作ᄒᆞ고, 思內樂은 奈解王이 作ᄒᆞ고, 碓樂은 慈悲王時에 百結先生이 作ᄒᆞ니라. / 高句麗ᄂᆞᆫ 暮夜則 男女群聚ᄒᆞ야 倡樂을 作ᄒᆞ니, 漢代의 伎樂을 習ᄒᆞᆷ이라. 隋唐時에 七部樂을 始置ᄒᆞ니, 三曰高麗伎가 是라―有箏, 箜篌, 琵琶, 笛, 笙, 簫, 觱栗, 腰鼓, 鐵板―. 李勣이 歸唐에 進傀儡 及 越調夷賓曲ᄒᆞ니

라. / 百濟樂은 亦箏, 笛, 桃皮, 觱栗, 箜篌之器가 有ᄒᆞ니, 舞者 二人이 紫大袖裙襦와 章甫冠과 皮履로써 ᄒᆞ니라. 樂志에 有智異山, 禪雲山, 無等山等曲ᄒᆞ니라. / 日本은 神樂이 天照大神時에 始有ᄒᆞ니, 卽舞踏이라. 鳥笛과 詔琴이 有ᄒᆞ고, 其他ᄂᆞᆫ 百濟樂과 唐樂과 猿樂 等이 有ᄒᆞ니, 推古天皇 十九年(距今 一千二百九十年)에 百濟 樂工 味摩之가 渡去ᄒᆞ야 伎樂을 敎授ᄒᆞ니, 此ㅣ 日本 音樂의 始라. / 一按, 允恭天皇 喪葬에 新羅로셔 樂工 八十人을 派送ᄒᆞ야 鼓吹歌舞로써 弔흠이 其音이 悽惋哀悼ᄒᆞ야 後來 佛敎傳播後에 諸寺 齋會의 音樂에 用ᄒᆞᆫ다 ᄒᆞ니, 據此則 味摩之보다 一百五十八年前에 新羅의 樂工이 先渡흠을 可徵ᄒᆞᆯ지라一. / 其後 文武天皇 大寶年間에 雅樂寮ᄅᆞᆯ 置ᄒᆞ고 文武의 雅曲과 正舞ᄅᆞᆯ 掌케 ᄒᆞ고, 日本 古來의 大歌, 立歌 等 神樂은 朝會에 用ᄒᆞ고 久米舞와 古志舞 等은 大祀時에 奏ᄒᆞ고, 韓樂, 唐樂 等은 內宴과 及 佛事 供養에 用ᄒᆞ되, 惟隼人舞ᄂᆞᆫ 隼人司ᄅᆞᆯ 特置ᄒᆞ고 大嘗, 新嘗 等會와 及 外使迎見時에 演奏ᄒᆞ니라. / 聖武天皇時에 天竺僧侶가 渡來ᄒᆞ야 其國樂을 傳ᄒᆞ니라(距今 一千一百七十年頃). / 一其百濟와 天竺에셔 傳來ᄒᆞᆫ 樂名은 菩薩, 迦陵頻, 胡飮酒, 安摩, 二舞, 倍臚, 散手破陣樂, 拔頭, 蘇合香, 萬秋樂, 蘇莫者, 獅子, 貊桙[狛桙], 貴德, 新鞨鞨, 崑崙八仙, 蘇志摩利 等이오, 樂器ᄂᆞᆫ 腰鼓, 太鼓, 鉦鼓, 銅鈸子, 莫目, 揩鼓, 揭鼓, 奚婁, 篳篥, 簫, 琵琶, 笒生, 箜篌, 方啓, 箏, 橫笛, 五絃, 尺八 等이니라一. / 希臘은 皮斯哥剌斯가 數學의 原理를 據ᄒᆞ야 音樂의 根本을 定ᄒᆞ니, 第十六世紀[第六世紀]에 羅馬法王 古勒哥利 一世가 音樂學校ᄅᆞᆯ 建ᄒᆞ고 音符ᄅᆞᆯ 作ᄒᆞ더니, 其後 法蘭可가 長短音의 區別을 定ᄒᆞ니라.

歌舞

上古에 陰康氏가 王天下에 歌舞ᄅᆞᆯ 始製ᄒᆞ야 關節을 通利케 ᄒᆞ얏고, 或曰葛天氏가 始作歌라 ᄒᆞ니라. / 我國은 箕子時에 麥秀歌가 爲始ᄒᆞ니(距今 三千三十年), 其時 人民男女가 大同江歌와 西京曲이 有ᄒᆞ고, 霍里子高의 妻가 箜篌引을 始作ᄒᆞ니, 此ㅣ 我國 歌謠의 始라. / 馬韓은 嘗以五月로 下田種ᄒᆞ고 因祭鬼神ᄒᆞ며 晝夜로 聚飮歌舞ᄒᆞᆯᄉᆡ 數十人이 踏地低仰ᄒᆞ야 以手足으로 相應爲節흠이 有似鐸舞라 ᄒᆞ고, 辰韓은 俗이 喜歌舞鼓瑟ᄒᆞ고, 濊貊은 十月로 祭天ᄒᆞ고 飮酒歌舞ᄒᆞ야 名爲舞天이라 ᄒᆞ니, 盖自古代로 已有ᄒᆞ니라. 新羅ᄂᆞᆫ 儒理王時에 會蘇曲과 兜率歌가 始有ᄒᆞ고(距今 一千九百年頃), 憲康王時에 處容舞가 始有ᄒᆞ고, 又有黃昌郎舞ᄒᆞ니, 後世에 假面을 作ᄒᆞ야 處容舞와 并陳ᄒᆞ니(距

今 一千年頃), 其法이 至今樂府에 流傳ᄒᆞ니라. / 高句麗ᄂᆞᆫ 舞工이 紫羅帽에 鳥羽ᄅᆞᆯ 飾ᄒᆞ고 黃大袖, 紫羅帶와 大口袴, 赤皮靴로 舞者 四人이 椎髻ᄒᆞ고 以絳抹額으로 金璫을 飾ᄒᆞ며, 二人은 黃裙襦와 赤黃袴로 其袖ᄅᆞᆯ 極長케 ᄒᆞ고 烏皮靴로 雙雙併立而舞ᄒᆞ니, 唐時에 高句麗舞ᄅᆞᆯ 陳ᄒᆞ니라. / 日本은 古來로 八重垣, 龍羅, 大室屋合圖 等의 歌謠, 舞蹈가 有ᄒᆞ고, 又 其後 景行天皇 時(距今 一千七百七十五年)에 日本武尊이 連歌ᄅᆞᆯ 始製ᄒᆞ니라.

琴(附 玄琴)

琴은 支那 伏義가 始作ᄒᆞᆷ이니 本五絃이러니, 周 文王이 少宮, 少商 二絃을 加ᄒᆞ야 七絃이 되니라. / 高句麗時에 晋帝가 七絃琴을 送ᄒᆞᆷᄋᆡ 國相 王山岳이 其制ᄅᆞᆯ 增損ᄒᆞ야 六絃琴을 作ᄒᆞᆷᄋᆡ 至今 遵用ᄒᆞ니라. / —按, 王山岳이 製一百餘曲ᄒᆞ야 以奏之ᄒᆞᆫᄃᆡ 于時에 玄鶴이 來舞 故로 名을 玄鶴琴이라 ᄒᆞ니, 後代에 仍稱玄琹ᄒᆞ니라. 新羅人 玉寶高가 學琹五十年에 自製新調三十曲ᄒᆞ야 傳之續命得ᄒᆞ고, 命得이 傳之貴金先生ᄒᆞ고, 伊飡 允興이 使安長으로 得傳其飄風等之曲ᄒᆞ야, 安長이 傳其子 克宗ᄒᆞ니, 克宗이 製七曲ᄒᆞ고 其後ᄂᆞᆫ 傳其業者ㅣ 不一ᄒᆞ야 有羽調, 平調 共一百八十七曲ᄒᆞ니, 今 玉寶高의 所製ᄒᆞᆫ 上院, 中院, 下院, 南海, 倚岩, 春朝, 秋夕, 老人, 竹庵, 玄合 等 三十曲이 傳于世ᄒᆞ니라—. / 日本은 古代로브터 倭琴이 有ᄒᆞ니라. / 歐羅巴의 琴은 希臘 神代에 由巴耳가 始造라 ᄒᆞ니라.

伽倻琴(通典에 云弁韓瑟)

伽倻琴은 狀如箏ᄒᆞ고 十二絃이니, 大伽倻國王 嘉瑟이 始造ᄒᆞᆷ이라(距今 一千三百六十年). 于勤〔于勒〕이 善彈ᄒᆞ야 十二曲을 製ᄒᆞ고, 注其〔注知〕· 萬德 等이 傳其曲ᄒᆞ야 有河臨, 嫩竹 二調ᄒᆞ니 凡 一百八十五曲이니라.

奚琴

奚琴은 本 奚契丹의 樂이니 唐時에 支那에셔〔支那에〕 始傳ᄒᆞ야 我國에 流入ᄒᆞ니라.

風琴

西歷 七百五十七年에 東羅馬帝 可布羅尼斯가 法蘭克王 披徧의게 風琴을 贈ᄒᆞ니 風琴이

始此나, 然이나 今製의 發明은 第九世紀에 始ᄒᆞ니라.

瑟

瑟은 支那 伏義가 五十絃을 始作ᄒᆞ고, 後에 破ᄒᆞ야 二十五絃을 造ᄒᆞ니라. 或云朱襄氏臣士達이 造라 ᄒᆞ고, 山海經에 云晏龍—帝俊 子—이 作이라 ᄒᆞ니라. / 三國志에 辰韓瑟은 其形이 似筑ᄒᆞ야 彈之, 有音曲이라 ᄒᆞ니라.

琵琶(附 鄕琵琶)

琵琶ᄂᆞᆫ 四絃이니, 本 胡中馬上에셔 所鼓라. 推手前曰琵오 引却[引手却]曰琶니, 或云秦始皇 長城之役에 百姓이 作홈이라. / 鄕琵琶ᄂᆞᆫ 新羅時 所製니 與唐琵琶로 大同小異ᄒᆞ니, 其音이 三調가 有ᄒᆞ야 共二百十一曲이라. / 希臘 古代 亞波羅神이 琵琶를 始造ᄒᆞ니라. / 八絃琵琶ᄂᆞᆫ 北齊 李德忱이 作이오, 七絃琵琶ᄂᆞᆫ 唐人 鄭喜子의 所造오, 六絃琵琶ᄂᆞᆫ 唐 天寶中 史盛의 所造니라.

箏

箏은 支那 秦 蒙恬의 所造니, 秦人이 薄義ᄒᆞ야 父子가 爭瑟ᄒᆞ야 分ᄒᆞ고 因名箏이라 ᄒᆞ니, 蓋十三絃이오 狀如瑟ᄒᆞ니라. / 筑은 箏과 同ᄒᆞ나 項이 細ᄒᆞ니라.

簫(附 洞簫)

伏義의 所作이니—或云女媧作, 或云虞舜作—, 大者ᄂᆞᆫ 二十四管이오 小者ᄂᆞᆫ 十六管이니 狀如鳳翼ᄒᆞ니라. / 洞簫ᄂᆞᆫ 無底簫니, 凡六孔—前五, 後一—이니 漢時에 始有—王褒 作洞簫賦—ᄒᆞ니라.

太平簫

我太祖 三年에 女眞歸化人 一名한 善吹此簫ᄒᆞ니, 此ㅣ 太平簫之始라. 本是軍中所用이나 今 定大業의 樂에도 用ᄒᆞ니라(其制ᄂᆞᆫ 用烏梅, 山柚子 等 性剛之木ᄒᆞ야 穿其中ᄒᆞ고 舌用蔓蘆ᄒᆞ니 凡八孔이니라).

觱篥

觱篥의 一名은 笳管이니, 本 羌胡 龜玆之樂이라. 狀如胡笳而九竅니라. / 我國에 又有鄕觱篥ᄒᆞ니, 捲桃皮爲之라 ᄒᆞ니라.

笛

黃帝가 命伶倫ᄒᆞ야 始造笛ᄒᆞ니, 長이 一尺 四寸이오 有七孔ᄒᆞ니라—楚 宋玉 有笛賦—. 或云漢 李延年이 造라 ᄒᆞ니 非也라. / 義嘴笛은 西洋人[西梁人]이 造ᄒᆞ니라. / 新羅 神文王이 始造玉笛ᄒᆞ니 名曰萬波息笛이라. 今在東京官庫ᄒᆞ니(距今 一千二百三十年頃).

三笒

三竹은 大笒, 中笒, 小笒이니, 新羅時에 摸倣唐笛ᄒᆞ야 始造홈이니 凡 十三孔이오 合二百餘曲이니라.

笙簧, 竽

女媧氏가 始造홈이니(距今 五千二百年頃), 其制가 匏中에 竹管을 列ᄒᆞ고 管端에 簧—金葉—을 施ᄒᆞ니 大者ᄂᆞᆫ 十九簧이오 小者ᄂᆞᆫ 十三簧이오, 竿[竽]ᄂᆞᆫ 三十六簧이니 高麗時에 宋 徽宗이 始送ᄒᆞ니라. 一名은 匏竿[竽]라.

缶

缶ᄂᆞᆫ 堯時에 始造ᄒᆞ니 秦人이 喜擊ᄒᆞ니라. 以陶瓦로 造ᄒᆞ야 今 樂府에 有之ᄒᆞ니라.

土鼓

伊耆氏가 始作土鼓, 蕢桴[蕢桴]ᄒᆞ니라.

鼓

帝王世紀에 云 黃帝殺夔ᄒᆞ고 以其皮로 爲鼓ᄒᆞ니, 此ㅣ 鼓之始라. 又 作書[樂書]에 云鼓ᄂᆞᆫ 始於伊耆氏 · 少昊氏라 ᄒᆞ니라. 小鼓曰應鼓오 有柄曰鼗오 又 銅鼓와 鐃鼓가 有ᄒᆞ니라. / 泰西ᄂᆞᆫ 十四世紀에 始有ᄒᆞ니 亞剌伯人이 作이라 ᄒᆞ니라.

杖鼓

通考에 杖鼓, 腰鼓, 羯鼓는 皆 漢魏時에 始有훈 者니, 大者는 以瓦오 小者는 以木이니 皆 廣首纖腹ᄒᆞ야 右擊以杖ᄒᆞ고 左拍以手ᄒᆞᆫ니라.

鍾

鍾은 炎帝臣 伯陵이 始作이라 ᄒᆞ고, 呂氏春秋에 云黃帝命伶倫ᄒᆞ야 鑄十二鍾이라 ᄒᆞ고, 世本에 云倕가 作이라 ᄒᆞ니, 未知孰是라. / 一按, 以上諸樂器는 皆世宗朝에 使朴堧 等으로 始造ᄒᆞ시고 又 英祖 十七年에 新造ᄒᆞ시니라—.

箜篌

箜篌는 晋 師延의 所作이니, 鄭衛 亡國之音 故로 謂之空侯라(距今 二千四百年頃). 狀似瑟而小ᄒᆞ고 其絃이 有七이라. 古樂府에 公無渡河之曲이 有ᄒᆞ니, 朝鮮人 霍里子高의 妻麗玉의 所作이라.

胡笳

胡笳는 漢 張騫이 始得於西域ᄒᆞ야 傳其摩訶兜勒〔摩訶兜勒〕 一曲ᄒᆞ니(距今 二千三十年頃), 李延年이 因其曲ᄒᆞ야 更造新聲二十八解ᄒᆞ니라.

畫角

角은 本 軍中所吹니, 通考에 云 黃帝가 蚩尤로 與戰훌ᄉᆡ 角으로 龍吟을 作ᄒᆞ야 以禦之라 ᄒᆞ니, 此ㅣ 角의 始라. 宋 樂志에 曰長이 五尺이오 形如竹筒ᄒᆞ고 本細末大라 ᄒᆞ니라. / 胡角은 胡人의 角이니, 胡笳聲을 應흠이라. / 三餘贅筆의〔에〕 曰 譙樓畫角의 曲調가 三弄이 有ᄒᆞ니, 相傳謂曹子建의 所作이라. 其弄〔其初弄〕은 曰爲君難, 爲臣亦難, 難又難이오, 再弄曰創業難, 守成亦難, 難又難이오, 三弄曰起家難, 保家亦難, 難又難이니, 今角音之嗚嗚가 皆難字之曳聲이라 ᄒᆞ니라.

喇叭

紀效新書에 云 喇叭은 軍中에 吹ᄒᆞᄂᆞᆫ 器니 俗稱號筒이라. 埃及에셔 發明ᄒᆞ야 衣色人이

習受ᄒᆞ니라.

拍板

晋時에 宋纖이 善擊節ᄒᆞ야 以木拍板으로 代ᄒᆞ니, 拍板이 始此ᄒᆞ니라.

磬

世本에 云唐堯의 臣 無句가 始作磬이라 ᄒᆞ고, 樂錄에 云磬叔이 始造라 ᄒᆞ니라. / 國朝 世宗 九年에 朴堧이 南陽石을 取ᄒᆞ야 石磬 十二枚를 始造ᄒᆞ니라.

鐸

書에 曰道人이 以木鐸으로 循于路라 ᄒᆞ니, 據此則虞夏時에 始有ᄒᆞᆷ이라. 其制ᄂᆞᆫ 如小鍾ᄒᆞ야 上有柄ᄒᆞ고 金爲口 木爲舌이니라.

銅鈸

通考에 云 南齊人 穆士素가 始造銅鈸ᄒᆞ니(距今 一千四百年), 一曰銅盤이라. 徑이 四寸七分이오, 後懸鹿皮纓子ᄒᆞ니라. 本 印度의 所刱인 故로 今 僧家가 皆有鳴鈸ᄒᆞ니라.

鉦

鉦은 卽鐲也이니, 周制라. 周禮에 云鐲以節鼓ᄒᆞ고 鐃以止鼓라 ᄒᆞ니, 皆相似也라.

洋琴

洋琴은 始創於義太利ᄒᆞ니 約在西紀 七百十年頃ᄒᆞ니라.

四絃琴

四絃琴은 西 一四四○年에 西洋에셔 始製ᄒᆞ니라. 教堂中에 供設風琴은 紀元後 六十五年에 希臘人이 始用之ᄒᆞ고, 英國은 九百五十一年에 始用ᄒᆞ니라—互詳風琴—. 一七七○年에 日耳曼人이 風琴臺를 刱造ᄒᆞ니라.

· 22章 ·

機械

蒸氣機

東洋 古代에ᄂᆞᆫ 璿璣玉衡과 銅渾儀 等을 用水激機ᄂᆞᆫ 只知ᄒᆞ나 尚蒸氣의 妙用은 未知러니, 西洋人이 始發明此法ᄒᆞ니 盖希臘碩學 布拉圖가 水가 熱ᄒᆞ면 蒸氣 生ᄒᆞᄂᆞᆫ 理를 始知ᄒᆞ고, 亞歷山大府의 數學家 希羅가 西歷 紀元前 二世紀의 時에 蒸氣力으로 可以機械를 運轉ᄒᆞ겻〔얏〕다 ᄒᆞ고, 羅馬帝 柯家斯他士의 時에 有名ᄒᆞᆫ 建築學者 域耳威亞斯가 理論上에 蒸氣機械의 造法을 始知ᄒᆞ나 域耳威亞斯ᄂᆞᆫ 誤稱水熱則變爲空氣라 ᄒᆞ야 蒸氣의 理를 眞明치 못ᄒᆞ더니, 其後 十五世紀에 至ᄒᆞ야 義大利에 有名ᄒᆞᆫ 畵伯 勒柯拿 打溫斯가 亞其頓禮耳의 汽銃雛形을 說明ᄒᆞ야 曰亞其頓禮耳ᄂᆞᆫ 乃黃銅으로 製ᄒᆞᆫ 機械니 能히 爆聲과 及鉄丸을 發ᄒᆞ고 其力이 極强ᄒᆞ되, 但此機械ᄂᆞᆫ 其内에 水와 及炭火를 入ᄒᆞ야 蒸氣의 力으로써 鉄丸을 發射ᄒᆞᆫ다 ᄒᆞ고, 又 十六世紀에 西班牙 海軍士官 及布拉斯可德家勒이 一船을 造ᄒᆞ얏ᄂᆞᆫᄃᆡ 帆及棹를 不用ᄒᆞ고 唯火機로써 駛行케 ᄒᆞ야 査理 五世에 獻ᄒᆞ얏스나 蒸氣機關을 實用ᄒᆞᆷ에ᄂᆞᆫ 未供ᄒᆞ니라. / 西歷 十七世紀의 末에 英國人 汲夭 沙威利가 蒸氣機의 喞筒을 始作ᄒᆞ야써 金壙의 水를 吸收케 ᄒᆞ니, 蒸氣機의 實用에 供ᄒᆞᆷ이 始此ᄒᆞᆫ지라. 其後 十八世紀初에 古剌斯哥 大學教授 烏可曼이 復改良이나, 然이나 沙威爾와 及 烏可曼의 機械ᄂᆞᆫ 乃火氣의 壓力으로써 水를 推上ᄒᆞ야 交互造成ᄒᆞᆯ ᄲᅮᆫ이러니, 一千七百六十四年으로 同九年 正月 五日에 至ᄒᆞ야 英人 華忒이 完全ᄒᆞᆫ 蒸氣機를 始發明ᄒᆞ니, 華氏의 蒸氣機ᄂᆞᆫ 乃低度의 機라. 其後에 又 英人 他擻이 高低機를 刱造ᄒᆞ고, 披京이 改良ᄒᆞ니라.

舟船 (附 汽船, 柁, 龜船)

世本에 云 黃帝臣 共鼓, 貨狄이 始刳木爲舟라 ᄒᆞ고, 呂氏春秋에 云 虞姁가 始作舟楫이라 ᄒᆞ니 亦黃帝臣이라. / 一又按, 山海經에 云 淫梁은 番禺人이니 始作南海船이라 ᄒᆞ

고, 楊泉의 物理論에 云 化狐가 始作舟라 ᄒᆞ고, 東晳의 發蒙記에 云 伯益이 始作舟라 ᄒᆞ니, 盖黃帝ㅣ 始作舟船이나 其後 諸人이 追次改良ᄒᆞᆷ이라. 漢時에 張平이 柁를 始造ᄒᆞ니라—. / 我國은 李忠武公舜臣이 龜船을 刱造ᄒᆞ야 宣祖 壬辰에(距今 三百十七年) 狀如龜ᄒᆞ야 利於水戰ᄒᆞ니라. / 一按, 日本風俗史에 云應神天皇 三十一年에 諸國을 詔ᄒᆞ야 船舶을 製造ᄒᆞ야 攝津 武庫港에 集ᄒᆞ얏더니 新羅 使者가 至ᄒᆞᆷ의 失火燒燼ᄒᆞᆫ지라. 新羅王이 聞ᄒᆞ고 船工을 派遣ᄒᆞ야 改造ᄒᆞᆷ을 命ᄒᆞᆫᄃᆡ, 爾後로 韓風의 造船術이 始發明ᄒᆞ얏다 ᄒᆞ니, 據此則新羅時代에 船製의 發達됨을 加徵ᄒᆞᆯ지라—. / 英祖 十六年에 全羅左水使 田雲祥이 海鶻船을 刱造ᄒᆞ니, 其制ᄂᆞᆫ 前大後小ᄒᆞ고 船上左右에 浮板을 置ᄒᆞ야 鶻之兩翼과 如ᄒᆞ니, 其輕疾이 便於水戰ᄒᆞᆷ으로 各水營으로 ᄒᆞ야곰 倣造케 ᄒᆞ니(距今 一百七十年). / 日本은 開化天皇 十七年에 諸國을 命ᄒᆞ야 船舶을 造ᄒᆞ니, 此ㅣ 船舶의 始라(距今 二千四十年〔二千四十八年〕). 又 應神天皇 五年에 伊豆를 命ᄒᆞ야 船 枯野를 造ᄒᆞ니, 長이 十丈이오 輕疾ᄒᆞ니라. 盖 日本 船制ᄂᆞᆫ 兩岐舟와 獨木船과 埴生舟〔埴土舟〕와 豫章舟〔橡樟舟〕와 天盤船과 天鳩船 等이 有ᄒᆞ니라. / 汽船은 西班牙 海軍士官 及布拉斯可德家勒이 汽船을 始造ᄒᆞ얏다 ᄒᆞ나 實用은 未聞ᄒᆞ더니, 合衆國人 夫耳頓—一名 富呑—이 一千七百九十七年으로 同八百七年 八月 四日에 至ᄒᆞ야 汽船 '古力亞門號'를 始造成 上ᄒᆞᆷ으로 哈德孫河上에 運轉을 始ᄒᆞ야 紐育으로 亞耳巴尼의 間에 往復ᄒᆞ니, 此ㅣ 汽船航海의 嚆矢니라. / 一英人 司民頓이 曾於一千七百八十九年에 汽船을 刱造ᄒᆞ니, 長이 六十英尺이라. 科斯及古禮德 運河의 間에 往復ᄒᆞ니 是ᄂᆞᆫ 第三回試驗이라. 此로 觀ᄒᆞ면 司民頓의 發明이 夫耳頓에 先ᄒᆞ얏스나, 但 不幸히 成功치 못ᄒᆞ고 死ᄒᆞ니라—.

車 (附 輿, 輅, 四輪車, 脚踏車, 人力車)

古史考에 云 黃帝가 見轉蓬ᄒᆞ고 始作車輪ᄒᆞ야 引重致遠ᄒᆞ얏고, 少昊時에 駕牛ᄒᆞᆷ을 始ᄒᆞ고, 夏禹時에 奚仲이 爲車正ᄒᆞ야 駕馬ᄒᆞᆷ을 始ᄒᆞ고, 又漢·魏 以來로 鹿車, 羊車, 象車 等이 有ᄒᆞ니라. / 人車ᄂᆞᆫ 夏桀이 人으로써 始駕ᄒᆞ니, 此ㅣ 後代 輿輦의 始라(距今 三千六百九十年頃). 藍輿ᄂᆞᆫ 亦曰筍輿니 以竹木으로 編成 故로 名이니, 史記 張耳傳에 云篴輿가 是라. / 大輅ᄂᆞᆫ 殷湯이 始造ᄒᆞ니라. / 四輪車ᄂᆞᆫ 漢書에 王莽이 始造ᄒᆞ야 六馬를 駕ᄒᆞ니, 此ㅣ 四輪의 始라(距今 一千八百九十餘年). / 脚踏車ᄂᆞᆫ 一名은 自轉車니, 西紀 一千八百十八年에 德國人 安多禮斯가 始造ᄒᆞ니라. / 人力車ᄂᆞᆫ 卽東洋車니, 明

治 三年에 日本人 高山幸助가 創造ᄒᆞ니라. / 日本은 應神天皇이 始用輿ᄒᆞ고, 後에 崇神天皇의 九世孫 射狹이 車上에 帷蓋ᄅᆞᆯ 刱造ᄒᆞᆷᄋᆡ 雄略天皇은 青蓋車ᄅᆞᆯ 乘ᄒᆞ니라(距今 一千四百五十年). / 新羅時에 車制ᄅᆞᆯ 刱造ᄒᆞ야 眞骨 以下ᄂᆞᆫ 沈香, 紫檀, 玳瑁, 金, 玉 等을 不敢粧飾케 ᄒᆞ고 幰은 錦을 禁ᄒᆞ니라. / 西洋은 六七世紀時에 英國이 馬車ᄅᆞᆯ 始發明ᄒᆞ야 爾來로 漸次 改良ᄒᆞ고, 一八二五年에 蘇格蘭의 道路 改良ᄒᆞᆫ 者 馬加担이 完全ᄒᆞᆫ 馬車ᄅᆞᆯ 改良ᄒᆞ니라.

鐵道(附 木道)

西歷 一千六百二年으로 爲始ᄒᆞ야 英國에셔 木道ᄅᆞᆯ 始行ᄒᆞ더니, 一千七百六十七年에 斯底文孫—名 卓耳基—이 始以鐵道로 木道ᄅᆞᆯ 代ᄒᆞ야 石炭 等 小車ᄅᆞᆯ 運搬ᄒᆞ니, 文孫은 一七八一年에 生ᄒᆞ야 汽車를 發明ᄒᆞᆫ 人니라〔發明ᄒᆞ니라〕.

軺軒

軺軒은 我國初에 刱製ᄒᆞᆷ이니, 其制가 藍輿와 如ᄒᆞ고 輿下에 一輪을 繫ᄒᆞ야 前後에 人夫로 駕行케 ᄒᆞᆷ이니, 古之馬軺와 魚軒의 制와ᄂᆞᆫ 大異ᄒᆞᆫ 者라. 二品 卿大夫 以上이 得乘ᄒᆞ니라.

電氣車

西 一八三五年에 荷蘭人 雪辣夭와 及 壁騎耳가 粗鈍ᄒᆞᆫ 電氣車ᄅᆞᆯ 始造ᄒᆞ고, 翌年에 義大利人 撲德이 亦電車ᄅᆞᆯ 造ᄒᆞ니, 此가 電車의 創始나, 一八三九年에 至ᄒᆞ야 蘇格蘭의 德威孫이 重量 五噸 되ᄂᆞᆫ 電氣車ᄅᆞᆯ 造ᄒᆞ니 其速力이 一時間에 四英里ᄅᆞᆯ 走ᄒᆞ고, 又 一八三五年에 合衆國 哇摩頓州 布蘭頓의 鍛工 土馬斯 打溫撲이 小鐵道ᄅᆞᆯ 敷設ᄒᆞ고 電車ᄅᆞᆯ 運行ᄒᆞ나 然ᄒᆞ나 是等은 皆粗鈍을 不免ᄒᆞ더니, / 一八五一年 四月 二十九日에 合衆國人 披治가 巨大ᄒᆞᆫ 電氣車ᄅᆞᆯ 造ᄒᆞ야 華盛頓府로브터 不勒顚斯堡에 運轉ᄒᆞ니, 其速力이 一時間에 十九英里ᄅᆞᆯ 可行이나 其起電之法이 尙未進步ᄒᆞ야 亞鉛을 電池內에 消費ᄒᆞ야 方能起電ᄒᆞᄂᆞᆫ 故로 費用이 過巨ᄒᆞ야 不用ᄒᆞ더니, 其後에 動電機ᄅᆞᆯ 發明ᄒᆞᆷᄋᆡ 德國人 司旬治가 一八七九年에 小電氣車ᄅᆞᆯ 運動ᄒᆞ야 實際 施行케 ᄒᆞ니라.

電信機(附 受信機)

西 一八十九年에 丁抹國 電氣學者 衣耳斯踢이 電氣가 能히 磁針으로 感動ᄒᆞᄂᆞᆫ 理를 發見ᄒᆞ고, 同 三十一年에 合衆國 柯耳巴尼의 大學敎授 約瑟顯理가 始造受信機ᄒᆞ니, 此受信機ᄂᆞᆫ 電生磁器體의 牽引力을 因ᄒᆞ야 其距離의 動으로 可히 打鐘케 ᄒᆞ니, 此卽 今日 電信의 根本이니라. / 其後 英人 惠斯頓이 電信機에 留意ᄒᆞ야 一八三七年에 括克으로 聯合ᄒᆞ야 電信機를 謀設ᄒᆞ더니, 同 四十四年에 實地에 試用ᄒᆞ나 猶打鐘으로써 信號를 傳홈이오. / 今日 印字電信機의 發明者ᄂᆞᆫ 一八四三年에 合衆國의 摩耳斯가一名 撒母耳一始刱ᄒᆞ야 華盛頓府에셔 巴耳底摩亞 間에 電信機를 架設ᄒᆞ고 翌年브터 實施ᄒᆞ니라.

海底電信(地下電線)

西 一八四八年에 合衆國 赫順河 中에 電線을 設立ᄒᆞ야 紐育府의 電信과 聯絡케 ᄒᆞ니, 此卽 海電의 濫觴이라. 其後에 同國 西剌斯威斯脫飛耳가 一八五八年에 大西洋 中에 海底電線을 始設ᄒᆞ야 歐美 兩洲가 連絡ᄒᆞ더니, 其後 同六十六年에 再爲敷設ᄒᆞ야 完全 奏功ᄒᆞ니라. / 空中電綫이 地下電線을 變홈은 德國에셔 倡始ᄒᆞ니 卽 一千八百七十六年(距今 三十三年)이니라.

無線電

無線電은 義大利人 瑪老尼가 始倡홈이니, 只以空氣로 相通 故로 想望之地에만 設立ᄒᆞ니 卽 一千八百八十年頃(距今 三十年)이라. 其後에 漸次 推廣ᄒᆞ니라.

空中飛行船

空中飛行船은 近來 英人의 發明홈이니, 每一隻 飛船에 操縱者 一人과 工夫 百人과 士官 二百人과 及 爆彈武器의 數를 裝載ᄒᆞ고 戰時 敵陣에 投射홈이니, 今 英國이 六十萬元의 經費로 此를 試造ᄒᆞ나 其搆[構]造가 아즉 十分 發達치 못ᄒᆞ야 現今 硏究中이니라.

電話機(一名 德律風)

合衆國 衣底順 氏가 電話機를 始發明ᄒᆞ니라.

蓄音機(亦曰留聲機)

蓄音機ᄂᆞᆫ 亦 衣底順의 發明ᄒᆞᆷ이라.

輕氣球

十三世紀頃에 英國 碩學 羅査倍根이 輕氣球의 類ᄅᆞᆯ 始發明ᄒᆞ야 曰 以薄銅으로 兩個 中虛ᄒᆞᆫ 球ᄅᆞᆯ 造ᄒᆞ야 一機械에 附ᄒᆞ고 球中의 空氣ᄅᆞᆯ 除去ᄒᆞ야 眞空을 成ᄒᆞ면 此ᄅᆞᆯ 空中에 飛揚ᄒᆞᆷ이 鳥類와 如ᄒᆞ다 ᄒᆞ나, 人皆不信ᄒᆞᆷ으로 遂 淪沒ᄒᆞ고, 一六三十年에 英國 僧正 威耳虔斯가 亦 此理ᄅᆞᆯ 說明ᄒᆞ야 車를 作ᄒᆞ면 空中에 可行이라 ᄒᆞ고, / 一六七十年에 僧 剌拿가 以爲金屬으로 中虛ᄒᆞᆫ 球ᄅᆞᆯ 作ᄒᆞ던지 或 極薄且堅ᄒᆞᆫ 材料로 造[遣]ᄒᆞ야 船에 附着ᄒᆞ면 其船이 能航空이라 ᄒᆞ나 畢竟 空想에 止ᄒᆞ고, / 一六○六年[一七○九年]에 葡國 僧 古斯曼이 鳥形機械를 造ᄒᆞ야 管으로써 其羽에 空氣를 貫케 ᄒᆞ고 空中에 飛揚ᄒᆞ랴 ᄒᆞ나 但 座中空談ᄲᅮᆫ이러니, 古斯曼이 三十年 星霜을 費ᄒᆞ고 專力 硏究ᄒᆞ야 更히 新機械를 想出ᄒᆞ니 直徑이 七英寸 되ᄂᆞᆫ 小製의 籃이라. 其外에 紙로 貼ᄒᆞ고 其內部의 空氣ᄂᆞᆫ 抽出ᄒᆞ야 眞空을 ᄉᆞᆷ고 實驗ᄒᆞᆫ즉 高 二百英尺을 可昇ᄒᆞ니, 是卽空氣球의 昇空ᄒᆞᆫ 始初나 尙未完全ᄒᆞ더니, / 一七七六年에 法國 化學者 加溫底斯가 水素를 發見ᄒᆞ고 同國人 可亞兒가 水素로써 囊中에 充ᄒᆞ야 空中에 昇케 ᄒᆞ얏고, / 一七八三年에 法人 門哥耳非의 兄弟가 熱空氣로써 直徑 四十英尺 되ᄂᆞᆫ 絹製球中에 灌ᄒᆞ고 安那尼洲 塞勒斯天에 試驗ᄒᆞ더니, 後에 更以二三動物로써 籠中에 入ᄒᆞ고 輕氣球에 附ᄒᆞ야 試放ᄒᆞᆷᄋᆡ 動物이 別로 苦痛ᄒᆞᄂᆞᆫ 狀을 不覺ᄒᆞᆷ으로, 翌年에 直徑 一百英尺 以上의 大輕氣球ᄅᆞᆯ 造ᄒᆞ고 兄 約瑟門哥耳非가 自乘ᄒᆞ야 空中에 遊行ᄒᆞ고, 其後에 又以水素로 球中에 灌ᄒᆞ며 且輕氣球 製ᄒᆞᄂᆞᆫ 絹을 '他扁泰因' 液中에 浸ᄒᆞ고 膠로 塗ᄒᆞ야 水素의 漏를 防ᄒᆞᆷᄋᆡ 四十五英里의 道를 可行ᄒᆞ니라.

電燈

西 一千八百八年에 英國 化學者 舍富利德維[含富利德維]가 銅板으로써 亞鉛 各 二千枚 所製ᄂᆞᆫ '家耳哇尼' 電池에 先令兩個 木炭板으로 接觸ᄒᆞ야 相互之間에 電氣가 起케 ᄒᆞ고, 次에ᄂᆞᆫ 二片을 漸漸 分離ᄒᆞ야 此 二片木炭板이 電池를 遮斷ᄒᆞ야 煌煌發光케 ᄒᆞ니, 是卽電燈의 胚胎라. 法國 物理學者 夫可가 電燈을 始製ᄒᆞ고, 其後 動電氣가 發明됨ᄋᆡ

德人 思勉之가 圓狀의 電燈을 造ᄒᆞ고, 法國 克林은 輪狀의 燈心을 造ᄒᆞ고, 合衆國의 斯他가 一八四五年에 白熱電燈을 造ᄒᆞ고, 一八七八年에 衣底順이 大加改良ᄒᆞ야 至今 發達ᄒᆞ니라.

煤氣燈 (一曰瓦斯燈)

西 一七九九年에 法人 非立剌般이 始以可燃훌[ᄒᆞᆯ] 物의 氣를 焚ᄒᆞ야 家屋에 照ᄒᆞ고 名을 溫燈이라 ᄒᆞ더니, 後에 英人 哇耳脫과 及 波耳頓이 煤氣를 燃ᄒᆞ야 燈을 作홈이 各工場이 皆採用ᄒᆞ니라.

安全燈

安全燈은 英人 舍富利德維[含富利德維]가 始發明홈이니, 金屬의 細網으로 提打[灯]을 覆ᄒᆞ야 名曰安全燈이라 ᄒᆞ고, 煤鑛內에 携入ᄒᆞ야도 爆裂의 憂가 無ᄒᆞ고 安全 採煤케 ᄒᆞ니라.

燈臺

上古 希臘時代에 已有ᄒᆞ나 風雨夜에는 消滅의 憂가 有ᄒᆞ더니, 十八世紀初에 鏡與玻璨板의 盞燈을 用홈이 其憂가 無ᄒᆞ고 遠方에 能照ᄒᆞ니라.

幻燈

西 一六六五年에 德人 其耳希兒가 始造ᄒᆞᆫ 者니, 其後에 布蘭德과 希塞勒耳의 二人이 大加改良ᄒᆞ니라.

寒暖表

寒暖表는 西 十七世記[紀]初에 惡古馬耳人 可耳涅利斯脫勒巴가 始造ᄒᆞ고, 一七一七年에 普魯士人 華憐黑이 一定의 度를 始附ᄒᆞ야 水熱의 沸騰点은 二百十二度로 定ᄒᆞ고 氷点은 三十二度로 定하얏는ᄃᆡ, 法國 有名ᄒᆞᆫ 淵馬耳는—華氏 同姓—沸騰点을 八十度로 定ᄒᆞ더니, 其後 瑞典人 攝勒簫斯가 沸騰点을 百度로 定ᄒᆞ니, 現今 世人이 稱曰華氏, 攝氏者ㅣ 此也니라. / 一或云百度寒暖針은 瑞西[瑞典]國 博物學家 連尼西斯의 所刱이라

ᄒᆞ니라—.

風雨針

西 一六四三年에 義大利 理學者 脫些利가 風雨針을 發明ᄒᆞ니, 其法이 水銀을 長而彎曲ᄒᆞᆫ 玻瓈管에 灌ᄒᆞ고 其上端은 密塞ᄒᆞ고 下端은 小孔을 通ᄒᆞ야 大氣를 入케 ᄒᆞᆷ이, 大氣의 壓力多少를 因ᄒᆞ야 水銀이 爲之昇降高下ᄒᆞᄂᆞ니 傍에 度數를 表ᄒᆞ야 水銀의 高低를 觀ᄒᆞ면 大氣의 濃淡을 可測ᄒᆞ더니, 其後 荷蘭 理學者 係堅斯가 更히 玻瓈管의 傍에 他玻瓈管을 附ᄒᆞ야 其中에 着色ᄒᆞᆫ 液을 灌ᄒᆞ야 此液의 昇降이 水銀의 昇降과 相反케 ᄒᆞ야 大氣의 壓力如何를 見覘케 ᄒᆞ고, 一六六四年에 英國 數理學者 羅拔福이 又 一機械를 製造ᄒᆞ야 風雨를 占ᄒᆞ니 其法은 尖針으로 大氣壓力의 度를 指示케 ᄒᆞ야 時鍾과 恰似ᄒᆞᆫ지라. 十八世紀時에 基爾索이 改良하고, 一七八〇年에 英人 美謝蘭과 法人 珊夭가 器中에 機關을 更備ᄒᆞ야 機關表로써 大氣壓度를 現케 ᄒᆞ니라.

避雷柱

西 一七五二年에 合衆國人 芙蘭其連이 雷雨之際를 當ᄒᆞ야 紙鳶을 飛ᄒᆞ야 天上雷電이 地上電氣와 同爲一物됨을 知ᄒᆞ고 避雷柱를 發明ᄒᆞ니, 乃金屬의 尖捍이니 以金屬의 鏈이나 或捍을 着ᄒᆞ고 其端을 水中 或 濕土中에 埋ᄒᆞᆫ 故로 雖有落雷라도 必其柱를 沿ᄒᆞ야 鏈이나 捍에 由ᄒᆞ야 水中 或土中에 沈下ᄒᆞᄂᆞ니라.

羅針盤

羅針盤은 支那 黃帝가 指南車를 作ᄒᆞ야 羅針을 發明ᄒᆞᆷ이러니, 其後에 支那人이 亞剌伯의 十字軍에게 傳ᄒᆞᆷ이 亞剌人이 義大利人에 傳ᄒᆞᆫ 故로, 歐人이 以爲磁石은 乃十四世紀時에 義大利人의 發明ᄒᆞᆷ이라 ᄒᆞ고, 十五世紀時에 英國 天文家 溢曼哈里가 其理를 益闡ᄒᆞ니라.

刻漏

玉海에 黃帝가 漏水器를 刱ᄒᆞ야 晝夜를 分ᄒᆞ고, 周禮에 挈壺氏가 掌ᄒᆞ니 凡漏는 五五相遞ᄒᆞ야 二十五点이러니, 宋時에 至ᄒᆞ야 讖書로써 五更 二点과 初更 二点을 去ᄒᆞ니

二十一点이 되니라. / 新羅史에 聖德王 十六年(距今 一千一百九十二年)에 漏刻을 始造ᄒᆞ고, / 本朝 世宗 十四年에 自擊漏를 刱造ᄒᆞ시다. / 我朝 世宗朝에 報漏閣을 設ᄒᆞ고 蔣英〔蔣英實〕을 命ᄒᆞ샤 漏箭을 始造(距今 四百八十年)ᄒᆞ니라. / 日本은 天智天皇이 始置漏刻及鍾鼓ᄒᆞ니(距今 一千二百四十二年). / 埃及은 古代에 已有ᄒᆞ나 歐羅巴ᄂᆞᆫ 希臘人이 埃及에셔 傳來ᄒᆞ야 羅馬와 英國에 傳ᄒᆞ니라.

時表(自鳴鐘)

英國 亞爾夫歷王이 鵲燭時表를 發明ᄒᆞ고, 中古에 沙漏時表가 有ᄒᆞ나 皆未精ᄒᆞ고, 西歷 七百六十五年에 羅馬 法王 保羅 一世가 以時表로 法蘭克王 披扁의게 贈ᄒᆞ니, 是가 時表의 嚆矢오. 又 八百七年에 河耳曼大時에 回教主 哈倫亞兒가 時表를 有獻者라 ᄒᆞ나, 此表ᄂᆞᆫ 黃銅으로 製ᄒᆞ야 每一時에 彈이 鍾上에 落ᄒᆞ야 時를 報ᄒᆞ고 又表中에 十二個 騎兵畵像이 有ᄒᆞ야 每鳴鍾時에 此畵像의 一이 門户로 由ᄒᆞ야 出現ᄒᆞ니, 當時 時表ᄂᆞᆫ 多如此而已니라. / 西 紀元前 二百五十年에 希臘人 德司比亞斯가 銅製 一彈을 漏刻에 附ᄒᆞ야 每時에 令鍾發聲케 ᄒᆞᆫ다 ᄒᆞ니, 此或爲起原也라. / 西 一千三百六十年之頃〔一千三百五六十年之頃〕에 英德 諸國에 大時表의 說이 有ᄒᆞ고, 十四世紀에 至ᄒᆞ야 全歐洲에 擴充ᄒᆞ얏고, 十七世紀에 自鳴鍾이 始出ᄒᆞ나 尚搖錘의 發明은 未有ᄒᆞ고 只令天秤으로 頂上에 動搖ᄒᆞ야 今日 搖錘를 代ᄒᆞᆫ 故로 往往 亂動을 生ᄒᆞ니라. / 一六五七年에 荷蘭 物理學者 海堅斯가 始以搖錘로 時表에 用ᄒᆞᄂᆞᆫ 法을 發明ᄒᆞ되 寒暑의 變化로 因ᄒᆞ야 十分 完全키 不能ᄒᆞ더니, 同 七百二十八年에 英人 約翰哈里孫이 鉄條 擺子를 用ᄒᆞ야 寒暑의 感動을 避ᄒᆞ니, 此時에 完全時表가 始出ᄒᆞ니라—擺子ᄂᆞᆫ 卽搖錘니, 是鋼條與黃銅條와 或亞鉛條로 成ᄒᆞ고 鋼條의 下端에 擺子를 附ᄒᆞ고, 銅〔鋼〕條가 膨脹ᄒᆞᆯ 時에ᄂᆞᆫ 擺子가 增長ᄒᆞ고 黃銅條ᄂᆞᆫ〔나〕 或亞鉛條가 膨脹ᄒᆞᆯ 時에ᄂᆞᆫ 擺子의 長度가 減短ᄒᆞ야 甲乙이 平衡을 相保ᄒᆞᆫ 故로 擺子의 長이 增減이 常無ᄒᆞ니라—.

懷中時表(附 警醒時表)

懷中時表ᄂᆞᆫ 西 一七二五年에 約翰哈里順이 創作ᄒᆞ니라. / 警醒時表ᄂᆞᆫ 十四世紀에 始作ᄒᆞᆷ이라. / 搖錘의 首發明ᄒᆞᆫ 者ᄂᆞᆫ 義大利 理學大家 家利勒柯가 西 一五八三年에 始發明ᄒᆞᆷ이라.

驗濕機

驗濕機는 乃大氣濕潤을 測驗ᄒᆞᄂᆞᆫ 具니, 亞其美底斯가 始發明흠이라.

天秤

亞剌伯人이 始作天秤이라 ᄒᆞ니라.

喞筒

西 紀元前 二百二十年에 斯剌鴆士—西西里之都名—人 亞其美底斯가 螺旋을 發明ᄒᆞ야 起水機를 造ᄒᆞ고, 又 希臘 德司比亞士가 西 一百年頃에 是를 改良ᄒᆞ야 搾水筒을 造ᄒᆞ야 防火에 用ᄒᆞᄂᆞᆫ 水龍에 裝置ᄒᆞ니라.

防火用龍吐水 (一名水龍, 又名水喉)

西 紀元前 百二十年頃에 亞歷山大港에〔의〕 數學 希罷〔希羅〕가 其師 德斯比亞士와 共造ᄒᆞ니라.

排氣鍾

西 一六五四年에 德人 柯德夫安基烈이 始製흠이니, 初에 水管이 能히 水를 吸上흠을 見ᄒᆞ고 管之一端은 水中에 入ᄒᆞ고 一端은 水中에 含ᄒᆞ야 吸收케 흠의 空氣를 吸盡ᄒᆞ면 管中에 眞空이 生ᄒᆞ야 水가 自然 被壓ᄒᆞ야 管上에 昇ᄒᆞᄂᆞ니, 此理에 基ᄒᆞ야 數種 喞筒을 造ᄒᆞ더니, 一六四三年에 義大利 理學者 脫里塞里가 以水銀으로 上端에 注入ᄒᆞ고 下端을 密封ᄒᆞ야 長玻瓈管中에 開放ᄒᆞ되 其滿이 約八分이오, 且 此管을 將ᄒᆞ야 水銀 盛ᄒᆞᆫ 器中에 直立ᄒᆞ면 由是로 證明ᄒᆞ야 眞空을 可得홀지라. 基烈其 氏가 此를 見ᄒᆞ고 排氣鍾을 發明흠의, 其後 英人 杯兒剌와 那勒克剌比山과 斯密頓과 布連斯의 改良으로 今日의 完全에 至ᄒᆞ니라.

泳氣鐘

西 一五三八年에 德帝 鬱理斯 五世時에 希臘 航海者 二人이 泳氣鐘에 入ᄒᆞ야 海底에 沈ᄒᆞ얏다 ᄒᆞ니, 此가 最古ᄒᆞᆫ 者라. 一六八二年에 美人 維廉非立이 改良ᄒᆞ고 英人 哈利가

改良ᄒᆞ야 新空氣를 鐘中 機關에 送케 ᄒᆞᄂᆞ니라.

問辰鐘

我 景宗 三年에 命觀象監ᄒᆞ야 問辰鐘을 始製ᄒᆞ니, 西洋制를 倣흠이라(距今 一百八十七年).

顯微鏡

顯微鏡은 西 一六二○年에 荷蘭人 可涅利斯脫勒伯耳의 發明흠이니, 其後에 英人 氏福〔福氏〕가 改良ᄒᆞᄂᆞ니라.

望遠鏡

望遠鏡은 西 十七世紀初에 義大利人 家利勒柯가 發明흠이라. / 無色望遠鏡은 一七五七年에 英國 眼科醫 多蘭의 發明흠이라.

天眼鏡

天眼鏡은 十八世紀末에 底倫哈化가 始造巨大者ᄒᆞ니, 卽 雙眼으로 望遠ᄒᆞᄂᆞᆫ 大鏡이라.

反射鏡

反射鏡은 西紀前 二百八十七年에 亞其美底斯의 所造니, 羅馬가 馬塞剌斯로 大將을 삼아 西西里를 伐흘ᄉᆡ 其首都를 圍흔ᄃᆡ 亞其美가 金屬으로 一巨大凹形의 反射鏡을 製成ᄒᆞ야 光線으로 ᄒᆞ야곰 燒點에 集케 ᄒᆞ고 此에 日光을 受ᄒᆞ야ᄡᅥ 敵의 軍艦을 斃ᄒᆞ야 燒盡ᄒᆞ얏다 흠으로, 法國 博物家 布夫安이 其眞僞를 欲決ᄒᆞ야 一七四七年에 凸形의 透鏡을 用ᄒᆞ야 驗흔ᄃᆡ 可히 遠距離에 木片을 燒盡ᄒᆞ고 鉛을 能鎔解云ᄒᆞᄂᆞ니라.

各種機器

紀元前 二百六十七年에 亞米克米底가 始製螺絲ᄒᆞ니, 名曰亞克米底螺絲라. 自是로 盛行于世ᄒᆞ고, / 一七五二年에 伯努理가 螺絲行船之理를 推論ᄒᆞ고, 一六三○年에 蘭塞의 發明흔 救火器水車가 始領執照ᄒᆞ고, 一六四九年에 保斯考爾의 水力機器가 始行于世ᄒᆞ고, 一七二一年에 好蘭의 潛水機器가 始行于世ᄒᆞ고, 一七五二年에 鍊生鉄機器를 創ᄒᆞ고,

一七九○年에 葡爾登이 始創鑄錢器ᄒᆞ고, 一七九九年에 勞卑가 始創造紙機ᄒᆞ고, 一八九〔一八○九〕年에 翟根生의 造紙機가 始行ᄒᆞ고, 一八○二〔一八十二〕年에 始創抽水之器機ᄒᆞ고, 一八二四年에 雷得이 始創造針機器ᄒᆞ고, 一八七七年에 赫格氏가 始創聽微器ᄒᆞ야 以助耳力ᄒᆞ니 用此器 則聽蠅行卓上이 如馬行途中之聲ᄒᆞ니라. / 一八七九年에 拔杞가 始創回聲器ᄒᆞ고, 一八八七年에 柏史德이 創唱戲機器ᄒᆞ니 與留聲機로 異曲同工이니라. 一八八九年에 潘金이 創生寒器ᄒᆞ니라. 一八二五年에 勞卑가 始創自行木騾ᄒᆞ고, 一八二八年에 奈勒生이 始創扇風爐機器ᄒᆞ니라.

· 23章 ·

器用

度量衡

雲笈에 云 黃帝가 使伶倫으로 始作權衡ᄒᆞ니, 此ㅣ 度量의 始라. 或云秤과 斗ᄂᆞᆫ 并神農氏가 作이라 ᄒᆞ니라. / 國朝 世宗朝에 律呂를 正ᄒᆞ시고 以銅鑄尺ᄒᆞ야 分藏郡邑이러니, 後經兵亂ᄒᆞ야 皆遺失ᄒᆞ고 獨三陟郡에 有홈으로, 英祖 二十六年에 命取ᄒᆞ사 尺度를 較正ᄒᆞ시니(距今 一百六十年). / 按, 黃鐘尺은 以周尺較之則長이 一尺 五寸이오, 以營造尺으로 較之則 一尺 一釐오, 以造禮器尺較之則 一尺 一寸이라—. 我國 周尺은 許稠가 陳友諒의 子 陳理家의 周尺과 又 元時에 院使 金剛의 象牙周尺과 與家禮周尺으로 參考較正ᄒᆞ니, 以黃鐘尺較之則六寸이오, 以營造尺則六寸 六分 三釐오, 以造禮器尺則七寸三分이니라—. / 太皇帝 光武 六年에 度量衡을 改正ᄒᆞ니, / —度의 制ᄂᆞᆫ 十毫爲釐오 十釐爲分이오 十分爲寸이오 十寸爲尺이오 十尺爲丈이오 一千三百八十六尺이 爲一里니, 泰西尺法에ᄂᆞᆫ 一美利米突이 準我三釐三毫오, 十美利米突이 爲先知米突이니 準我三分三釐오, 十先知가 爲大始美突이니 準我三寸三分이오, 十大始가 爲米突이니 準我三尺三寸이오, 十米突이 爲大可米突이오 十大可가 爲赫得米突이오 十赫得이 爲歧路米突이니 準我三千三百尺이니라—. / 量은 肅宗 四十一年에 銅斗斛을 鑄ᄒᆞ야 八道에 頒ᄒᆞ시니, 其制가 底闊口殺ᄒᆞ고 體小而高ᄒᆞ니라. / —按, 續大典에 曰 諸邑行用大斛은 容入二十斗ᄒᆞ니 長이 兩尺, 廣이 一尺 一寸 二分, 高가 一尺 七寸 二分이오, 小斛은 容入十五斗니 長이 兩尺, 廣이 一尺, 高가 一尺 四寸 七分이오, 斗ᄂᆞᆫ 長廣이 各 七寸 高가 四寸이오, 升은 長이 四寸 九分 深廣이 各 二寸이니, 每秋分日에 京則戶曹와 外則營鎭에셔 收聚公私斗斛ᄒᆞ야 更校烙印ᄒᆞ고 其不如法者ᄂᆞᆫ 以違令律로 論ᄒᆞ니라—. / 日本은 舒明天皇 十二年에 始定斗 · 升 · 斤 · 兩ᄒᆞ니(距今 一千二百六十年). / —測量尺은 十釐가 爲分이오, 十分이 爲一周尺이오—六寸 六分—, 六尺이 爲一步오, 十尺이 爲一間이오, 百尺이 爲一鏈이오, 二千一百尺이 爲一里—三百五十步—오, 三十里가 爲一息이니, 泰

西는 一米突이 準我五尺이니라. ○ 地積은 十勺이 爲合이오, 十合이 爲把오—五周尺平方—, 十把爲束이오 十束爲負오 百負爲結이니, 泰西는 先知戞이 我一把오 百憂〔戞〕爲赫得戞이 當我一結이니라. / 布帛尺은 十分이 爲寸이오, 十寸이 爲尺이오—準原尺一尺七寸—, 十尺이 爲一丈이니라— / 創世紀所載에 神이 謂諾亞曰 (中略)汝以松木으로 造方舟ᄒᆞᄃᆡ 方舟之中에 作房ᄒᆞ고 以瀝青으로 塗其內外ᄒᆞ야, 汝可若是造之ᄒᆞ되 其方舟之長은 三百喬別이오 —一喬別之長, 自腕首至肘相等, 約 英尺十尺英寸云—, 其濶은 十〔五十〕喬別이오 其高는 三十喬別이오, 又方舟에 作導光牖ᄒᆞᄃᆡ 宜作之於上一喬別ᄒᆞ라 ᄒᆞ니 以是觀之면 當時에 已有尺度오, 不然이면 亦有尺度之思想矣라. / 西歷 十七世紀之時에 法國 天文學者 孟頓이 測量地球之平面ᄒᆞ야 定尺度之基礎ᄒᆞ고, 荷蘭之海堅斯가 以顫掉數로 定尺度之長短ᄒᆞ야 漸趨精密이러니, 其後에 至一千七百九十三年ᄒᆞ야 法國政府가 以地球之周分으로 爲四千萬分ᄒᆞ고 以其一分으로—卽 四千萬分之一—名之曰米突이라 ᄒᆞ니, 尺度量衡이 皆由此算出ᄒᆞ니라.

璽印

春秋運斗樞에 曰 黃帝時에 黃龍이 負圖ᄒᆞᆫ 中에 璽章이 有ᄒᆞ야 文曰天王符璽라 ᄒᆞ니, 此ㅣ 符璽의 始라. / 支那 三代에는 皆以金·銀·銅·犀·象으로 方寸璽를 作ᄒᆞ더니, 秦始皇이(距今 二千一百五十年) 藍田山 玉을 採ᄒᆞ야 傳國璽를 始作ᄒᆞ고, 李斯의 篆을 刻ᄒᆞ니 文曰受命名〔命〕於天 旣壽永昌 八字라. 秦漢 以後로 歷代帝王이 相傳ᄒᆞ니라. / 印은 拾遺記에 夏禹가(距今 四千六十三年) 治水ᄒᆞᆷᄋᆡ 玄龜頷下에 印文이 有ᄒᆞ니 皆古文이라. 遂青泥로써 印을 行用ᄒᆞ니, 印章의 法이 此에 肇ᄒᆞ니라. / 新羅 南解王 十五年(距今 一千八百九十年)에 北溟人이 耕田ᄒᆞ다가 濊王印을 得ᄒᆞ야 獻ᄒᆞ니, 蓋古濊國의 墟라. 文武王 十五年에 銅印을 鑄ᄒᆞ야 百司 及 州郡에 始頒ᄒᆞ니 '距今 一千一百二十六年'이라. / 高句麗 太武神王 五年에 攻扶餘ᄒᆞ다가 利勿林에서 金璽를 得ᄒᆞ고 拜受曰天賜라 ᄒᆞ니, 此ㅣ 印璽의 始라(距今 一千八百九十年). 公嶮鎭에 有人이 掘地라가 得銅印ᄒᆞ니 文曰匡州防禦之印이라 ᄒᆞ니, 蓋古渤海의 印이라. / —英祖 十四年에 江原監司가 古印 一顆를 進ᄒᆞ야 曰原州民이 於田疇에셔 得ᄒᆞᆷ이라, 文曰'同簽大宗正事印'이라 ᄒᆞ고 後面에 刻天成—後唐 明宗 年號니, 或曰新羅王의 印이라—ᄒᆞ니라. 又 英祖 二十一年 昌城府民이 耕田ᄒᆞ다가 得古印一顆ᄒᆞ니 上刻萬年字라. 蓋丁卯亂에 府使 金時若이 戰亡時

見失者 故로 監司 李宗城이 下送ᄒᆞ야 使藏之本府케 ᄒᆞ고, ○ 又 廿三年에 晋州 江邊의셔 古印 一枚를 得ᄒᆞ니 刻云慶尚右道兵馬節度使印이라 ᄒᆞ니, 盖癸巳에 右兵使 崔慶會의 抱印投江ᄒᆞᆫ 者라, 命藏於兵營ᄒᆞ니라.— / 日本은 文武天皇 大寶 二年에 諸國印을 始鑄ᄒᆞ니(距今 一千二百年). / 歐羅巴 古代에 蠟印을 用ᄒᆞ야, 其初ᄂᆞᆫ 天然色의 蜡—卽 封蠟—를 用ᄒᆞ더니 後에 青, 赤, 緣[綠], 黑 等色을 用ᄒᆞ고, 又於蜡面이나 或漆面에 印ᄒᆞ야 緘封의 標記를 삼으니라.

笏(附 圭)

殷代에 始有ᄒᆞᆷ이니, 天子ᄂᆞᆫ 珠玉이오, 侯公은 象齒오, 大夫ᄂᆞᆫ 魚鬚오, 士ᄂᆞᆫ 竹札이라. 國朝 中葉에 江陵人 李有根家 先代에 浚井ᄒᆞ다가 一古笏을 得ᄒᆞ니, 烏玉으로 爲ᄒᆞ야 短且狹ᄒᆞ고 上에 刻云箕子笏이라 ᄒᆞᆫ지라. 襄陽 文官 崔逵泰가 緘送于判書李德壽ᄒᆞ야 轉入大内ᄒᆞ니라. / 英祖 十八年에 有人이 得古圭於平壤土中ᄒᆞ야 以獻曰此箕子圭也라. 上이 以問筵官ᄒᆞᆫᄃᆡ 皆曰此圭ᄂᆞᆫ 青色이니 非箕子圭也라. 上曰然ᄒᆞ다, 此明高帝所贈於我國, 而失於壬辰西狩者也라—又 十七年에 襄陽 文官 崔逵泰가 以青玉圭로 送于右議政趙顯命曰, 壬辰亂 江陵留陣地에 得此圭云—.

兵符

兵符ᄂᆞᆫ 黃帝時 玄女가 兵符를 授ᄒᆞ야 蚩尤를 伐케 ᄒᆞ니, 此ㅣ 兵符의 始라. 三代ᄂᆞᆫ 玉을 用ᄒᆞ고 漢은 金과 竹과 及 繻를 用ᄒᆞ고, 又 銅虎符ᄂᆞᆫ 發兵의 符니 漢에 始ᄒᆞᆷ이라.

章綬

章은 古者에 爵品을 隨ᄒᆞ야 圭章을 佩ᄒᆞᆷ이니, 如今勳章이 卽其遺制라. 古詩에 云金章紫綬라 ᄒᆞ니, 綬ᄂᆞᆫ 佩章의 組綬이라. 其長短과 彩色은 品位를 從ᄒᆞ야 各異ᄒᆞ니, 周時에 始ᄒᆞ니라.

鏡(附 鏡臺)

潛確類書에 云 黃帝가 液金ᄒᆞ야 鑑을 始作ᄒᆞ니, 此ㅣ 鏡의 始오. 天中記에 云 舜의 臣 尹壽가 始作鏡이라 ᄒᆞ니라. / 鏡臺ᄂᆞᆫ 曹魏 武帝 時에 始有ᄒᆞ니(距今 一千六百九十年). /

國朝 宣廟朝에 西京人이 掘井ᄒᆞ다가 一古銅鏡을 得ᄒᆞ니, 其上에 篆文이 有ᄒᆞ되 東, 王, 壽 等字이 見홈으로 俗稱箕子鏡이라 ᄒᆞ니라. / 日本은 天照大神이 八尺鏡과 天叢雲劍과 八尺瓊曲玉을 皇孫의게 傳授홈ᄋᆡ 世世로 三種神器로 爲寶ᄒᆞ니 紀元 二千餘年前에 遠在ᄒᆞ니라—按, 十二代 景行天皇의 第二皇子 日本武尊이 東夷를 討伐時에 賊이 荒野에셔 放火ᄒᆞ거늘 皇子가 拔劍薙草 故로 天叢雲劍은 一名을 草薙劍이라 ᄒᆞ니라—. / 西紀元前 二百年頃에 始有鏡ᄒᆞ나, 其大鏡은 一六八八年에 法人 亞布剌罕德華耳가 刱製ᄒᆞ니라. / 廣學編에 云古鏡은 皆以磨光ᄒᆞᆫ 金類로 造ᄒᆞ더니, 西 一千三百年에 義太利 威尼斯—一作文尼斯—人이 始創玻瓈鏡ᄒᆞ니라.

漆器

漆器ᄂᆞᆫ 夏禹가 始作이니, 或云虞舜이 食器에 始加漆이라 ᄒᆞ니라.

熨斗

熨斗ᄂᆞᆫ 火斗니, 帝王世紀에 云紂가 大熨斗를 始造ᄒᆞ야 炮烙의 刑을 作ᄒᆞ고(距今 三千二十年), 漢 董卓이 銅人 十枚를 壞ᄒᆞ야 小錢熨斗를 作ᄒᆞ니라.

澡般(今稱臺匜)

澡般은 洗面器니, 儀禮에 所云設洗於阼階가 是也라.

帳, 帷, 幕, 幔, 幃, 幄

三輔舊事에 燕太子 丹이 云秦始皇이 高漸離를 帳中에 置라 ᄒᆞ니, 此ㅣ 帳의 始오. 帷幕은 歸藏에 曰 女媧가 張雲幕이라 ᄒᆞ고(距今 五千二百年), 左傳에 帷堂而哭이라 ᄒᆞ니, 此ㅣ 帷幕의 始라. 在房〔旁〕曰帷오 在上曰幕이오 廣張曰帳이니, 帷 · 帳이 同ᄒᆞ고, / 幔은 掩幔이니, 車幔, 船幔의 類오, 單曰幃오 複曰幄—大張〔帳〕曰幄—이니라.

屛, 幌

屛風은 禮記에 天子ㅣ 當宁〔扆〕而立이라 ᄒᆞ니, 宁〔扆〕ᄂᆞᆫ 屛風이오. 幌은 屛과 同ᄒᆞ니, 周禮에 始ᄒᆞ니라.

簾

吳越春秋에 吳王 夫差가 美人을 椒華의 房과 細珠의 簾幌에 處케 ᄒᆞ니, 簾箔이 此에 始ᄒᆞ니라(距今 二千三百九十年頃). / 漢記에 諸陵寢에 竹簾을 蔽ᄒᆞ니, 此는 竹簾의 始라.

牀

孟子에 云舜이 在床琴이라 ᄒᆞ니, 牀은 唐에 始홈이라. 胡床은 卽今交椅니, 本 胡地에셔 來ᄒᆞᆫ 故로 胡床이라 名홈이오. 隋時(距今 一千三百三十年)에 交床이라 改稱—亦曰繩床—ᄒᆞ니라.

席

拾遺記에 云黃帝가 始令群臣으로 列圭玉於蒲席ᄒᆞ니, 此ㅣ 席의 始홈이라.

褥(附氈)

拾遺記에 云周 穆王時에 紫羅文褥가 始有ᄒᆞ니(距今 二千八百八十年頃), / 氈은 周禮에 春官이 張氈案이라 ᄒᆞ니라.

扇(附摺扇)

扇은 女媧가 始以草로 結ᄒᆞ야 扇을 造ᄒᆞ니, 其後에 舜은 五明扇이 有ᄒᆞ고 殷 高宗은 雉尾扇이 有ᄒᆞ나, 皆 團扇에 不過ᄒᆞ더니, 摺扇의 制는 我國과 日本에셔 刱造홈이라—或云百濟時에 始有—. 明 文帝 永樂中에(距今 五百年) 支那에 始入홈이 明帝 大喜ᄒᆞ야 其制를 倣造ᄒᆞ고 撒扇이라 稱ᄒᆞ니, 自後로 支那도 取法ᄒᆞ니라.

梳篦

二儀實錄에 云 赫胥氏가 始造木梳二十四齒라 ᄒᆞ고, 漢書에 孝文帝가 匈奴의게 梳, 篦各一을 遺ᄒᆞ니, 篦는 細梳라(距今 二千九十年).

尿器(亦稱伏虎. 附唾壺)

尿器는 古云虎子니, 周禮 褻器注에 曰溺器는 虎子라 ᄒᆞ고, 我國은 謂之溺缸이라 ᄒᆞ니,

蓋周時에 始有홈이라. / 唾壺도 亦周時에 始有ᄒᆞ니, 西京雜記에 云 廣川王이 魏襄王塚을 發(距今 二千二百三十年)ᄒᆞ야 玉唾壺 一枚를 得ᄒᆞ니라.

胡床

今之交椅니, 漢時에 自外國來 故로 稱曰胡床이니, 隋曰交牀이오 唐曰繩床이니라.

針(附鉤)

禮記 內則에 云針管線纊〔箴管線纊〕이라 ᄒᆞ니, 鍼의 有홈이 已久ᄒᆞᆫ지라. 列子에 詹何가 以針鑑으로 爲鉤ᄒᆞ야 引盈車之魚ᄒᆞ니라. 石器時代ᄂᆞᆫ 獸骨로 製針ᄒᆞ더니, 靑銅時代에 金屬으로 始製ᄒᆞᆫ지라. 一五四三年에 英國이 製針會社를 始設ᄒᆞ니라.

箕帚

世本에 云夏 少康이 始作箕帚ᄒᆞ니(距今 一百三十餘年頃).

筐筥

呂氏春秋에 云 有娀氏二女가 爲九成之臺ᄒᆞᆫᄃᆡ 上帝ㅣ 使鷰으로 往遺二卯ᄒᆞᆫᄃᆡ 爭搏之ᄒᆞ야 覆以玉筐이라 ᄒᆞ니, 據此則 '距今 四千三百三十年'前에 筐筥가 已有홈이라. 易에 曰 承筐無實이라 ᄒᆞ니라.

几

黃帝가 始作几ᄒᆞ니, 其几銘에 云予居民上에 搖搖恐夕不至朝ᄒᆞ고 惕惕恐朝不及夕이라, 兢兢慄慄에 日愼一日이라, 人莫顚於山而躓於垤이로다.

鼎(附釜鎗)

史記에 云 黃帝ㅣ 首山銅을 採ᄒᆞ야 荊山下에셔 鑄鼎ᄒᆞ더니 鼎이 旣成홈에 有龍이 垂胡髥下迎이라 ᄒᆞ니, 此ㅣ 鼎之始也라(距今 四千五百一年). / 釜ᄂᆞᆫ 古史考에 云亦黃帝의 始造라 ᄒᆞ고, / 鎗은 釜屬이니 有三足ᄒᆞᆫ 小鐺이라. 漢代에 始ᄒᆞ니라.

盤

搜神記에 云 高辛氏時에 盤瓠의 事가 有ᄒᆞ니, 盤의 始ᄒᆞᆷ이[라](距今 四千三百三十年). 禮記에 殷湯의 盤銘이 有ᄒᆞ니라.

樽(附 壺, 爵)

樽罍의 爵은 太古時代에 以瓦匏로 爲ᄒᆞ니 曰瓦樽匏爵이오, 又 山樽은 山雲의 形을 刻ᄒᆞ고, 犧尊은 牛形을 刻ᄒᆞ고, 象尊은 象을 刻ᄒᆞ고, 著尊은 底가 地에 著ᄒᆞᆫ 者오, 壺尊은 大尊이니, 盖 上古 以來로 歷代의 改稱ᄒᆞᆷ이라.

甑

古史考에 云黃帝가 始作甑이라 ᄒᆞ니라.

舂(附 杵)

黃帝臣 雍文이 始作舂ᄒᆞ고 赤冀가 始作杵ᄒᆞ니, 易에 曰斷木爲杵ᄒᆞ며 掘地爲臼는 取諸小過라 ᄒᆞ니라. / 周禮에 舂人이 掌供米物이라 ᄒᆞ니라.

石碓[石磑]

魯 公輸班이 始作ᄒᆞ니라(距今 二千七百餘年). 漢 許靜이 以馬磨—馬로 ᄒᆞᄂᆞᆫ 磨—自資ᄒᆞ니, 此ᄂᆞᆫ 馬磨의 始오, 晋 杜預가 水磨ᄅᆞᆯ 造ᄒᆞ니(距今 一千六百四十年).

杖

箕子藤杖은 平壤에 有藤杖一雙ᄒᆞ니 世傳箕子杖이라. 一則中絶ᄒᆞ야 以黃錫으로 包束ᄒᆞ고 盛于漆匣几ᄒᆞ야 每監司出衙에 驍騶 兩人이 持而前導ᄒᆞ더니 至壬辰亂에 見失ᄒᆞ니라. 杖은 盖上古에 已有ᄒᆞ니라.

鋸

雅典 工學家 大打利亞斯가 鋸를 刱造ᄒᆞ니, 初에 蛇의 頤骨이 可히 材木을 截斷ᄒᆞᆷ을 見ᄒᆞ고 金屬으로 倣造ᄒᆞᆷ이라. / 古史考에 云孟子[孟莊子]始作鋸ᄒᆞ니 鐵葉이 齟齬其齒ᄒᆞᆫ

者라.

斧

廣韻에 云神農이 始作斤斧ᄒᆞ니라. / 舊約全書 申命篇에 曰 手執斧以斫木ᄒᆞ다가 斧頭의 鉄이 脫柄誤落이라 ᄒᆞ니, 其時에 已有斧ᄒᆞ니라.

錐

左傳에 云錐刀之末이라 ᄒᆞ니, 蓋自古代로 已有ᄒᆞᆷ이라. / 希臘 工學家 大打利斯가 始造錐ᄒᆞ니라.

釘

郭璞이 云釘은 鉄杙이라. / 西西里 理學者 亞其美底斯가 始造釘ᄒᆞ니라.

雨傘

雨傘은 支那 古代에 始有ᄒᆞ고, 一七七八年에 英人이 始從西班牙ᄒᆞ야 輸入洋傘ᄒᆞ얏ᄂᆞᆫᄃᆡ, 其後 歐洲ᄂᆞᆫ 倫敦에셔 有約拿漢韋者가 一日遇雨ᄒᆞ야 街市間에셔 張雨傘以行ᄒᆞᆫᄃᆡ, 羣兒가 指爲異物ᄒᆞ야 爭以木石投之라 ᄒᆞ니, 此ㅣ 歐洲雨傘의 始라. / 蝙蝠傘은 卽涼傘이니, 亦 近日東洋에 所刱造ᄒᆞᆷ이라.

眼鏡

西歷 一二九三年에 義太利人이 始造眼鏡ᄒᆞ니, 明時에 支那에 流入ᄒᆞ니라. 一名靉靆.

洋燈(卽 람푸)

一七八〇年에 基尼法人—瑞士 地名—愛梅伯加氏가 始刱洋燈ᄒᆞ니라.

玻璃瓶

一七四六年에 西人 雷敦이 始製玻璃瓶ᄒᆞ니라.

·24章·

遊戱

演劇, 山戱

支那에[의] 演戱는 秦漢之際에 多起ᄒᆞ니, 如走丸, 跳劍, 山東[山車], 戱車, 興雪, 動雷, 跟挂, 腹旋, 呑刀, 履索[履素], 吐火, 激水[漱霧], 轉石, 噴霧, 扛鼎, 象人, 恠獸, 舍利 等 戱劇이 有ᄒᆞ니라. / 周 穆王時에 巧人 偃師가 木人으로써 能히 歌舞케 ᄒᆞ고, 又 漢 高帝가 平城에 被圍홈ᄋᆡ 陳平이 木偶美人을 造ᄒᆞ야 機關으로써 運轉ᄒᆞ야 戱技를 作ᄒᆞᆫᄃᆡ, 閼支가 望見ᄒᆞ고 下城後에 匈奴가 其美人을 納홀가 恐ᄒᆞ야 解圍홈ᄋᆡ, 自是로 仍爲戱具ᄒᆞ야 謂之傀儡戱라 ᄒᆞ니, 卽 今俗 所謂'山頭廣大'니 此ㅣ 山戱의 始라. / 我朝는 儺禮都監에 屬ᄒᆞ얏ᄉᆞ니, 山戱는 棚을 結ᄒᆞ며 帳을 下ᄒᆞ고 獅子와 曼碩舞를 作ᄒᆞ니, 曼碩은 高麗의 僧名이라. 亦曰鼇棚이라 ᄒᆞ니라. / 希臘國 大柯乃沙斯神의 祭禮에 神德으로 戱劇을 始演ᄒᆞ니라.

生首技

鮮血이 淋漓ᄒᆞᆫ 生人의 首를 卓上에 置ᄒᆞ고 看客으로 喫驚케 홈이니, 此法이 一八六五年에 英國 可羅涅耳 斯脫德兒가 倫敦에셔 始演홈이라.

野戱

野戱는 亦 我朝 儺禮都監에 屬ᄒᆞᆫ 者니, 唐女와 小梅의 舞를 作ᄒᆞ고 戱劇이니, 唐女는 高麗時에 禮成江上에 支那의 娼女가 來住ᄒᆞ야 歌舞에 善ᄒᆞᆫ 者오, 小梅는 亦 古代의 美女名이라.

角觝

角觝는 支那 漢 武帝(距今 二千十年)가 曼衍, 魚龍, 角觝의 戱를 始作홈이니, 其法이 兩

兩相對ᄒᆞ야 力을 互角홈이라—或云蚩尤를 狀ᄒᆞ야 角觝를 作홈이라—. / 我國은 自高麗時로 始ᄒᆞ야 每端午日에 京鄕各處에 隊를 各分ᄒᆞ고 角戲를 作ᄒᆞᄂᆞᆫᄃᆡ, 內句와 外句와 諸勢를 互起ᄒᆞ니, 支那人이 每曰高麗技法이라 ᄒᆞ니라. / 日本 角力相撲은 垂仁皇時에 始ᄒᆞ니(距今 一千九百三十年). / 泰西 創世紀에 云 也及 一人이 與之角力 至天明이라 ᄒᆞ니, 其來甚古ᄒᆞ니라.

投箋 (又曰鬪箋)

投箋은 一曰紙牌니, 未知何時에 創홈이니〔나〕 盖亦古法이라. 其字가 皆古篆과 類似ᄒᆞ나 甚奇恠ᄒᆞ고, 其文은 人 · 魚 · 鳥 · 雉 · 星 · 馬 · 獐 · 兎의 八個 象形이니, 凡用紙八十片ᄒᆞ야 謂之八目이라 ᄒᆞ고 亦曰鬪錢이라 ᄒᆞ니, 或云支那元時에 始造一百二十箋이러니 我國 譯官 張炫이 倣元制而少變이라 ᄒᆞ니라(距今 六百年頃).

骨牌 (亦曰骰子)

骨牌ᄂᆞᆫ 一曰江牌니, 自唐代 白樂天이 始造ᄒᆞ야 與侍史로 爲戲ᄒᆞ니라(距今 一千一百三十年頃). / 西歷 十三世紀에 西班牙人이 耶路撒冷으로브터 歐洲에 始入ᄒᆞ니라.

象棋

象碁ᄂᆞᆫ 支那 後周 武帝 宇文覺이 始造라 ᄒᆞ고, 或云信陵君의 所造라 ᄒᆞ니, 我國은 謂之將棋라 ᄒᆞ니라—周 武帝著象經一篇—.

碁

支那 唐堯가 始造ᄒᆞ야 以教其子 丹朱ᄒᆞ니라. / 我東은 自古 善棋ᄒᆞᆫ 故로 唐宋時에 遣使를 以善棋者로 選送ᄒᆞ니라.

雙陸

雙陸은 亦曰博이니, 卽所謂六博이라. 支那 上古에 烏曹가 始作ᄒᆞ니, 其來古矣라. 唐國史補에 云 今之博戲ᄂᆞᆫ 其具 有局ᄒᆞ며 有子ᄒᆞ니 子의 黑黃이 各十二오, 擲采의 骰—音투—가 有二ᄒᆞ니, 其源이 生於握槊ᄒᆞ야 變於雙陸이라 ᄒᆞ니라.

樗蒲

樗蒲ᄂᆞᆫ 周時에 老子 李耳가 胡地에셔 作ᄒᆞ니 擲戲라. 以五木으로 爲子ᄒᆞ야 梟, 盧, 雉, 犢, 塞 五者로 勝負의 采를 決ᄒᆞᄂᆞ니, 亦今之骰子라.

柶戲

柶ᄂᆞᆫ 四箇木으로 骰子를 造ᄒᆞᆷ이니, 其法이 本 巫卜에셔 出ᄒᆞᆷ이라. 古者 神佛祠廟에 楔을 擲ᄒᆞ야 其俯仰으로 吉凶을 卜ᄒᆞᄂᆞ니, 我國은 此로써 歲初에 一年의 吉凶을 卜ᄒᆞᆷ으로 前代에 此風이 盛行ᄒᆞ더니 後來에 遂長柶를 變成ᄒᆞ니라. / 按, 芝峯類說에 柶ᄂᆞᆫ 攤戲니 攤ᄂᆞᆫ 곳 樗蒲오 樗蒲ᄂᆞᆫ 柶戲라 ᄒᆞ나, 此ᄂᆞᆫ 與樗蒲로 差異ᄒᆞ니라.

藏鉤

支那 漢代에 鉤弋夫人이 始刱ᄒᆞᆷ이니, 鉤ᄂᆞᆫ 一作彄오 亦作鬮니, 歲除 及 臘日에 叟嫗, 兒童이 二曹에 分ᄒᆞ야 勝負를 賭ᄒᆞ니, 盖婦女의 戲니라.

呈才人

本 支那의 俳優幻術이니, 高麗 末年에 魯國大長公主가 東來時에 隨來ᄒᆞ니라.

花郎

新羅 眞興王이 年少 美男子를 取ᄒᆞ야 粉飾艶粧ᄒᆞ고 號를 花郎이라 ᄒᆞ니, 今時ᄂᆞᆫ 倡優로 謂之花郎이라 ᄒᆞ니라.

秋千

秋千은 北方 山戎의 戲니, 輕趫ᄒᆞᆷ을 習ᄒᆞᆷ이라. / 我朝 每五月端午에 都人士女가 秋千을 盛行ᄒᆞ니라.

蹴鞠 (계기[제기])

或云黃帝所作이오, 或曰戰國時에 始起라 ᄒᆞ니, 盖武士를 教鍊ᄒᆞᆷ이라.

紙鳶

支那 梁 武帝 蕭衍이 臺城에 在ᄒᆞ야 侯景의게 被圍ᄒᆞᆷ이 紙鳶을 始造ᄒᆞ야 空中에 縱ᄒᆞ야 外援을 求ᄒᆞ니, 此에 始ᄒᆞᆷ이라. 我國은 陰正月 初春에 兒童이 紙鳶을 盛放ᄒᆞ야 遂風俗을 成ᄒᆞ니라—古者에 墨翟이 始作木鳶이라—.

走索

走索은 亦曰舞絙이니 支那 漢初에 始ᄒᆞ고, 翻筋斗는 亦支那의 古戲니 唐代에 盛行ᄒᆞ야 我國에 流入ᄒᆞ니라.

板舞

板舞ᄂᆞᆫ 未知何時에 刱이나, 或云古者에 一女子가 其鄰居豔情者를 慕ᄒᆞ야 此를 作ᄒᆞ야 顔面을 墻外로 相通이라 ᄒᆞᄂᆞ니, 其法이 婦女가 白板을 藁枕에 橫架ᄒᆞ고 兩端에 分立激盪ᄒᆞ야 數尺의 高를 踴跳ᄒᆞᆷ이니, 按周煌 琉球國記에 云其婦女가 亦板舞를 善ᄒᆞ다 ᄒᆞ니, 此ᄂᆞᆫ 必我國의 俗을 倣慕ᄒᆞᆷ이라.

舞蹈

舞蹈ᄂᆞᆫ 西洋 法 · 義 兩國에셔 始盛行ᄒᆞ야 諸國이 倣行ᄒᆞ니라.

石戰

輿地勝覽에 云 金海 · 安東은 每歲 四月 八日로 五月 五日에 至히 兒童이 羣聚ᄒᆞ야 城南에셔 石戰을 始ᄒᆞᆯ시, 丁壯이 畢會ᄒᆞ야 左右을 分ᄒᆞ고 竪旗鳴鼓ᄒᆞ며 踊躍叫號ᄒᆞ야 投石如雨ᄒᆞ다가 雖至死傷이라도 無悔ᄒᆞᆷ이 守令이 不能禁ᄒᆞᆫ다 ᄒᆞ니, 盖其來已久ᄒᆞ야 新羅時로브터 始有ᄒᆞ니, 支那의 所謂投石超距의 戲가 卽此也라. 唐書 高句麗傳에 云 每年初에 浿水上에 聚ᄒᆞ야 石을 投ᄒᆞ며 水를 濺ᄒᆞ고 馳逐爲戲ᄒᆞᆫ다 ᄒᆞ니, 此卽石戰의 始라. 我朝 中宗 庚午 以後로 每歲 京師에도 石戰이 盛行ᄒᆞ니라.

挽索

挽索은 亦曰挈河니, 我朝 正月 上元日에 村里農民이 盛行ᄒᆞᄂᆞᆫ 角力의 戲라.

拍手

舊約全書에 始有ᄒᆞ니, 希臘 · 羅馬時에 演說者ㅣ 或俳優演에 至ᄒᆞ면 衆이 皆拍手喝采ᄒᆞ니라.

細樂手

凡聲樂之籍於宣傳官廳者ᄂᆞᆫ 內吹라 ᄒᆞ고, 壯勇營 · 訓局 · 禁營者ᄂᆞᆫ 曰細樂手라 ᄒᆞ니라.

雜戱(幻技)

新羅史에 云 崔致遠詩에 有鄕樂雜詠五題ᄒᆞ니, 卽金丸, 月顚, 大面, 束毒, 狻猊 等이라. 今皆不傳ᄒᆞ니라. / 日本史에 有田舞, 踏舞, 田樂, 男舞, 猿樂 等 雜演ᄒᆞ야 不可枚述이니라. / 幻技ᄂᆞᆫ 支那 周時에 始ᄒᆞ니라.

· 25章 ·

方術

醫藥(又見衛生部)

說文에 云 巫彭이 初作醫ᄒᆞ고, 又 帝王世紀에 黃帝가 使岐伯으로 嘗味草木ᄒᆞ니, 今本草經이 此에 出홈이오, 又 難經을 著ᄒᆞ얏고, 或云神農이 嘗百草라 ᄒᆞ니(距今五千一百二十年). / 新羅 神文王 十一年에 醫學博士를 始置ᄒᆞ고 本草와 甲乙經을 教授ᄒᆞ나, 醫術은 其前에 箕子時로브터 始ᄒᆞ니라. / 日本은 欽明天皇時에 百濟로브터 醫藥이 始渡ᄒᆞ니, 此ㅣ 日本 醫藥의 始라(距今 一千四百七年)—前此 允恭皇時에 新羅의 醫를 邀致ᄒᆞ니라—.

卜筮

古史考에 云 庖羲氏가 始劃八卦ᄒᆞ니, 卜筮의 始홈이라(距今 五千二百三十六年). 殷時에 巫咸이 善筮ᄒᆞ고, 龜曰卜이니 灼龜ᄒᆞ야 以兆象의 縱橫으로 爲占홈이오, 筮는 用蓍ᄒᆞ니라. / 日本의 卜筮는 欽明皇時에 百濟로브터 始渡ᄒᆞ니(距今 一千四百七年).

以錢代蓍

儲泳이 曰 以錢代蓍는 漢唐 以來로 有ᄒᆞ니, 以有字로 爲陰ᄒᆞ고 無字로 爲陽ᄒᆞ더니, 宋晦翁 朱熹가 反ᄒᆞ야 有字로 爲陽ᄒᆞ고 無字로 爲陰ᄒᆞ니라.

巫祝

易에 曰用史巫라 ᄒᆞ니, 殷周 以來로 始有ᄒᆞ야 周禮에 女巫가 掌歲時祓除ᄒᆞ니라.

相術

相術은 列國時에 始有ᄒᆞ니(距今 二千五百年).

相地術

漢末에 始有ᄒᆞ니(距今 一千六百年頃). / —按, 巫祝, 卜筮, 相術, 風水 等의 諸術은 皆古者未開時에 愚民의 迷信홈이나, 現今 文化가 進步ᄒᆞᄂᆞᆫ 時代에ᄂᆞᆫ 皆廢棄無用ᄒᆞ니라—.

占夢

周禮에 以日月星辰으로 占六夢之吉凶ᄒᆞ니, 一曰正夢, 二曰噩夢, 三曰思夢, 四曰寤夢, 五曰喜夢, 六曰懼夢이니, 占夢의 等이 其來已久ᄒᆞ니라. / 舊約全書 創世紀에 載約瑟이 告其夢於諸兄弟ᄒᆞ고 又有埃及王判夢之語ᄒᆞ고, 又 沙斯底士之史에 有波斯王 亞剌斯[西剌斯]之祖父가 夢亞細亞大洪水之事ᄒᆞ고, 又 布耳他克 英雄傳에 有馬基頓 非立皇后의 夢腹事ᄒᆞ니, 此皆西洋占夢之術也라.

男女宮合 及 占命擇日

唐 呂才가 始刱此術ᄒᆞ니, 盖當時에 回鶻, 吐蕃 諸國이 請婚於唐公主 故로 呂才가 始作此術ᄒᆞ야 以拒絶ᄒᆞ니라.

· 26章 ·

植物

木棉

木棉은 一名은 吉貝오 梵書에 曰睒婆니, 本 雲南 交趾의 產이니 高麗 恭愍王時에 江城君 文益漸이 元에 使ᄒᆞ얏다가 交趾에 被謫이러니 及宥歸에 木棉 種子를 得來ᄒᆞ니, 此ㅣ 我國 木棉의 始라(距今 五百四十四年).

石榴

安石—國名—榴는 印度의 所產이니, 博物志에 曰 漢 張騫이 西域에 奉使ᄒᆞ얏다가 及還에 安石榴를 得來ᄒᆞ니, 此ㅣ 石榴 東來의 始라(距今 二千三十年頃). 有酸 · 甘兩種ᄒᆞ고 一名은 丹若오 甜者는 名曰天漿이니라.

胡桃

胡桃의 一名은 羌桃니, 亦 印度의 所產이니 張騫이 得來홈이라.

葡萄

葡萄도 亦 西藏, 印度의 產이니, 漢書에 云 李廣利가 爲貳師將軍ᄒᆞ야 破大宛ᄒᆞ고 得葡萄種이라 ᄒᆞ고, 博物志에 葡萄도 亦 張騫이 得來ᄒᆞ니라. / 史記에 云 大宛은 以葡萄로 爲酒ᄒᆞ야 富人은 藏至萬石이라 ᄒᆞ니라.

苜蓿

苜蓿은 胡中菜니, 亦 張騫이 得來ᄒᆞᆫ 者라. 今 張騫의 苜蓿園이 洛陽에 在ᄒᆞ니라—任昉術異記—. / 我國은 醫鑑에 曰'거여목'이라 ᄒᆞ니라.

荔芰

荔芰는 本 閩越의 產이니, 漢 高帝時에 南越王 尉佗가 獻ᄒᆞᆫ 바라. 亦稱十八娘이라.

烟草

烟草는 續文獻通考에 云淡巴國—在西南海中—에셔 出ᄒᆞᆫ 故로 名을 淡巴라 ᄒᆞ니, 今 南海中 呂宋, 甘巴等國이 是라. / 我朝 光海 戊午(距今 三[二]百九十一年)에 烟草가 始自日本으로 來ᄒᆞᆫ 故로 曰南草라 ᄒᆞ고 亦名菸—音 연—이라 ᄒᆞ니, 時에 張維가 最先嗜ᄒᆞ고, 厥後에 人皆通吸ᄒᆞ며, 又 淸人이 偏嗜ᄒᆞ야 使行時에 私商이 無數ᄒᆞᆷᄋᆡ 因此失火ᄒᆞ야 淸人의 燒火者가 多ᄒᆞᆫ지라. 汗이 大怒嚴禁ᄒᆞ되 冒死買賣ᄒᆞ야 南草 一握에 價直 百金이더니, 其後에 我人이 生種子로써 遺彼ᄒᆞᆷᄋᆡ 自是로 淸國이 亦蕃植ᄒᆞ니라. / 日本 後陽城[成]天皇 乙巳에(距今 三百五年) 自南蠻으로 烟草種이 始來ᄒᆞ니, 民이 喜種之ᄒᆞ고 烟管 製造가 徧於天下ᄒᆞ니, 此ㅣ 日本 烟草之始라. 其後에 屢禁不得ᄒᆞ니라. / 今 關西 三登, 成川 等地에 金絲烟이 產ᄒᆞ며 廣州에 金光草가 產ᄒᆞ니라. / 歐洲는 自'西一千五百六十五年' 窩耳他 剌禮가 始移植ᄒᆞᆷ으로 種植이 蕃ᄒᆞ고 人民이 皆吸ᄒᆞ니라. 初에 剌禮가 菸을 携ᄒᆞ고 歐洲에 歸ᄒᆞ야, 一日은 閒吸ᄒᆞ더니 其僕이 主人의 口에 烟出ᄒᆞᆷ을 見ᄒᆞ고 以爲口中에 出火ᄒᆞᆫ다 ᄒᆞ야 急히 一壜麥酒로써 其主人의 頭上에 注ᄒᆞᆫ다 ᄒᆞ고, 又 女皇 衣阿伯里가 剌禮와 烟의 重量을 賭ᄒᆞ니라.

茶

茶는 原來 爾雅에 云檟는 苦茶라 ᄒᆞ니, 茶가 始此라. 晏子春秋에 曰 嬰이 相齊에 食脫粟飯ᄒᆞ고 炙三弋, 五卵, 茗茶라 ᄒᆞ고, 魏晋之代에 茶名이 稍行ᄒᆞ더니, 唐 陸羽가 嗜茶ᄒᆞ야 茶經을 始著ᄒᆞ니라. / 我國은 新羅 興德王 二年에 入唐回使 大廉이 茶種을 得來ᄒᆞᆷ으로 王이 智異山에 始種ᄒᆞ얏스나, 後에 無聞ᄒᆞ고(距今 一千八十一年), 近代는 白頭山 杉芽와 及 南海, 康津의 冬靑茶와 黃茶, 冬橘茶를 用ᄒᆞ니라. / 日本은 嵯峨天皇 時에 支那로브터 茶種을 得ᄒᆞ야 近江, 丹波 等 諸國에 植ᄒᆞ니, 此ㅣ 日本 茶種의 始라(距今 一千九年頃). / 歐羅巴는 一千六百八十年에 茶가 始輸入되니라.

嘉琲

西歷 一千六百二十年에 威尼斯人이 嘉琲茶를 其本國에 携歸홈으로 始有ᄒᆞ니라. 又 一五六三年에 埃及 首府에 有嘉琲館二千家ᄒᆞ니라.

椰子粉

昔에 林邑王이 與越王으로 有怨 故로 遣刺客ᄒᆞ야 刺得其首ᄒᆞ고 懸於樹ᄒᆞᆫᄃᆡ 化爲椰子어ᄂᆞᆯ, 林邑王이 憤之ᄒᆞ야 剖其子ᄒᆞ야 爲飮器ᄒᆞ니 今之椰子瓢杯가 起於此也라. / 西洋은 羅馬人이 始用ᄒᆞ니, 以砂糖으로 和水ᄒᆞ야 飮料를 作홈이라.

柑橘橙

柑橘은 本 支那 江南의 所產이니, 禹貢에 楊州[揚州에] 厥包ᄂᆞᆫ 橘柚가 是也라. / 我國은 耽羅國—今 濟州—에셔 始產ᄒᆞ니, 世傳에 云日本으로 移種홈이라. / 日本은 聖武天皇 時에 播磨의 弟兄이 唐에셔 柑橘을 得來ᄒᆞ야 始植ᄒᆞ니라.

馬鈴薯

薯의 一名은 藷니, 本 南方熱地의 所產이라. 支那 閩, 廣 等地에 多產ᄒᆞ야 亦稱番藷라 ᄒᆞ니라. / 日本 櫻町天皇 時에 番藷가 南方으로 始來홈으로 青木敦書가 番薯考를 著ᄒᆞ니(距今 一百六十八年). / 我國은 中葉에 日本으로브터 始來ᄒᆞ니라. / 歐羅巴ᄂᆞᆫ 初無馬鈴薯러니, 一千五百六十五年에 英國 女皇 衣沙伯里의 寵臣 寫耳他剌禮가 北美殖[植]民地로브터 其種子를 愛蘭에 移來ᄒᆞ야 遂全歐에 蕃殖ᄒᆞ니라.

南瓜

南瓜ᄂᆞᆫ 亦南方所產이니, 日本 後陽城[成]皇 慶長年間에 南瓜가 始入ᄒᆞ니(距今 三百二十餘年頃). / 我國은 世傳에 亦自日本으로 移來云ᄒᆞ니라.

番椒

番椒 一名은 苦椒니, 熱帶地所產이라. 我國은 高麗時에 蒙古로브터 移來ᄒᆞ야 國人이 好食苦椒醬ᄒᆞ니라.

西瓜

西瓜ᄂᆞᆫ 亦南方所產이니, 日本 明正天皇 二十年에(距今 二百六十五年) 西瓜가 始來라 ᄒᆞ니라.

瀝靑

舊約全書 創世紀에 云 洪水後에 人民이 巴比耳塔을 建築ᄒᆞᆯᄉᆡ 用瀝靑塗之라 ᄒᆞ니, 然則 上古에 已有ᄒᆞᆷ이라.

橡膠 (俗云무소ᄃᆡ)

一七三〇年에 歐洲人이 始從南美洲ᄒᆞ야 運入樹膠ᄒᆞ니 俗稱橡皮라. / 一七三六年에 歐人 康代銘이 始製橡膠ᄒᆞ니라.

三葉草

一八九六年에 德人이 三葉草 根中에 有巴德利亞蟲ᄒᆞ야 可沃麥田之用ᄒᆞᆷ을 始發見ᄒᆞ니라.

· 27章 ·

鑛物

黃金

太古 石器時代에는 其人이 只知有石類而已오 不知有金屬ᄒᆞ다가, 其後에 漸漸 金屬을 發見ᄒᆞ니 是爲靑銅時代라. 金屬의 發見ᄒᆞᆷ에 其最始ᄂᆞᆫ 黃金이니 盖黃金이 爛燦ᄒᆞ야 人目을 悅케 ᄒᆞ고, 且 河水中과 及 地面上 岩石中에 在ᄒᆞᆫ 故로 發見이 他金보다 容易ᄒᆞ니라. / 格物論에 金은 兩蕃과 高麗에 出ᄒᆞᆫ 者가 甚佳ᄒᆞ니, 瓜子金—出南番—麩皮金—卽沙中金—皆生金이오, 雲安〔雲南〕葉子金과 西蕃 回回金은 皆熟金이니라. / 日本은 古代에 三韓으로붓허 黃金을 輸入ᄒᆞ니라.

銀 (附 白金)

銀之發見은 金屬 中에 在ᄒᆞ야 最遲ᄒᆞᆫ 者ᄂᆞ, 然而創世紀에 據ᄒᆞᆫ즉 當時에 已與黃金으로 并爲物價之標準ᄒᆞ니라. / 禹貢에 云 楊州貢은 惟金三品이라 ᄒᆞ니, 卽金, 銀, 銅也라. 魏志에 曰濊國은 男女가 繫銀數寸ᄒᆞ야 以爲飾ᄒᆞ니 銀之發見이 已久ᄒᆞ니라. / 西 一千七百四十一年에 白金이 歐洲로 入亞美利加ᄒᆞ고 其後 俄國 山中에셔도 亦發見ᄒᆞ니라.

銅 (附 靑銅, 白銅)

銅之發見도 想亦甚古ᄒᆞ니, 盖銅은 不與他物質과 相混合ᄒᆞ야 黃金과 相同ᄒᆞ니 銅의 發見이 在黃金發見後未幾ᄒᆞ니라. 舊約全書에 精銅器 二個가 其貴如金이라 ᄒᆞ니, 是ᄂᆞᆫ 西洋紀銅之始라. / 白銅曰沃金이오 赤銅曰鉼이라. 黃帝ㅣ 採首山銅이라 ᄒᆞ니, 此ㅣ 銅의 始라. / 靑銅은 銅, 錫을 相雜ᄒᆞᆫ 者니 頗堅硬ᄒᆞ야 武器와 及其他諸器를 鑄造ᄒᆞ기 便利ᄒᆞᆫ 故로 此時代의 人은 靑銅器를 多用ᄒᆞᆫ 故로 名曰靑銅時代라 ᄒᆞ니라.

錫

錫之發見도 銅과 亦 同時代니, 銅의 發見後 未幾에 卽爲靑銅時代ᄒᆞ니라.

鉄

靑銅時代 以來로 許多歲月을 經過ᄒᆞᆫ 後에 鑄鉄法을 始知ᄒᆞ얏ᄂᆞ니, 何則고 ᄒᆞ면 岩石 內의 鑛脉을 鎔解ᄒᆞᆷ을 知ᄒᆞᆫ 然後에 能히 鐵을 分析ᄒᆞᄂᆞᆫ 故이라. 鑄鐵法이 發明ᄒᆞᆫ 以來로 刀劍 等物을 始造ᄒᆞ야 靑銅을 代ᄒᆞᆯ지니, 自有鐵로 至于今日이 爲鐵器時代니라. / 辰韓은 古代로 鐵貨를 用ᄒᆞ야 日本과 濊와 交易을 互行ᄒᆞ니라.

鋼

鋼은 乃鐵을 鍛鍊ᄒᆞ야 成ᄒᆞᆫ 者니, 其鍛鍊法은 自上古로 已知ᄒᆞ고, 西洋은 客巴土斯人이 始發見ᄒᆞ니라.

亞鉛

亞鉛은 西洋 十六世紀時에 始發明ᄒᆞ니라.

金剛石

支那 隨唐之際에 自西域으로 始來ᄒᆞ고, 其磨之之法은 乃 一四四五年에 索遜國人 路易夫安伯耳干의 所發明ᄒᆞᆷ이오, 以此로 爲身體裝飾品은 乃 十五世紀의 初에 法國女子 亞古禮斯琉力이 始刱ᄒᆞ니라.

石炭

漢書 地理志에 云 豫章郡에 出石ᄒᆞ니 可燃爲薪이라 ᄒᆞ니, 此ㅣ 石炭 發見의 始라. 北史에 王劭가 上請曰 在晋時에 有人이 以洛陽火로 渡江者ㅣ 世世傳之ᄒᆞ야 火色이 變靑이라 ᄒᆞ니, 今에 溫酒와 及炙肉에 用石炭, 火炭, 火草, 火麻, 荄火〔用石炭, 木炭火, 竹火, 草火, 麻荄火〕 等ᄒᆞ면 其味〔氣味〕가 各不同이라 ᄒᆞ니, 據此則 石炭의 傳來 已久ᄒᆞᆷ을 可知오. 又 開元遺事에 云 西洋國〔西涼國〕이 進炭百條ᄒᆞ니 各長尺餘오 堅如鐵石ᄒᆞ야 燒於爐中이면 無焰而有光이라 ᄒᆞ니라. / 日本은 天智天皇 時에 越國이 燃土와 燃水를 獻

ᄒᆞ니, 今 泥炭, 石油가 是라. / 西歷 一千一百九十八年에 鍜〔鍛〕工 何耳勞가 比路支의 勒支에서 煤鑛을 始發見ᄒᆞ니라.

石油

水經注에 高拏洧〔高奴洧〕ᄂᆞᆫ 水肥可燃이오 又 孱陵縣에 有白石山ᄒᆞ니 油水所出이라 ᄒᆞ고, 又 夢溪筆談에 云 鄜延脂ᄂᆞᆫ 卽延安石油라 ᄒᆞ니, 據此則 漢魏之際에 始發見ᄒᆞᆷ이라.

·28章·

風俗雜題

正朝年賀

正月 元日을 謂之正朝니, 正朝朝賀는 已見禮節部—第八章—어니와, 我國俗이 每於正朝에 男女悉着新衣ᄒᆞ고 往親戚尊長家ᄒᆞ야 慶賀新年홈을 謂之歲拜라 ᄒᆞ고, 饋以時食홈을 謂之歲饌이라 ᄒᆞ고 酒曰歲酒라 ᄒᆞ고—歲酒不溫은 寓迎春之意라—, 婦人이 遣靚粧少婢ᄒᆞ야 以吉語로 相問曰問安婢라 ᄒᆞ고, 仕宦家ㅣ 置髹案於堂上ᄒᆞ고 司史〔吏〕ㅣ 摺紙具名ᄒᆞ야 來置案上而去曰歲啣이라 ᄒᆞ니라—出柳得恭 京都雜誌—. / 宋〔明〕 王錡 寓圃雜記에 云 京師風俗이 每正朝에 主人이 皆出賀ᄒᆞ고 惟置白紙簿와 及筆硯于几ᄒᆞ면 賀客이 至에 書其名ᄒᆞ고 無迎送이라 ᄒᆞ니, 此 卽支那歲啣의 始라. / 西洋 摩西之時에 新年七日之間은 家家에 食不下酵ᄒᆞ고 以爲祝이라 ᄒᆞ니, 此事는 詳於埃及記 則是古代祝年之一例也라. / 日本은 新年祝賀의 例가 亦百濟로브터 渡去홈으로 我國과 略同ᄒᆞ되, 每正朝에 松竹을 戶外에 雙植ᄒᆞ야 迎新을 表ᄒᆞ니라.

餠湯

陸放翁 歲首書事詩註에 鄕俗이 歲日에 必用餠湯을 謂之年餛飩〔年餛飩〕이라 ᄒᆞ니, 元朝餠湯이 自唐宋時로 已有홈이라. 我國이 亦同ᄒᆞ니라.

燒髮

唐 孫思邈의 千金方에 云 正月 寅日에 燒白髮이라 ᄒᆞ니, 元日에 燒髮홈이 亦唐俗이라. 我國도 黃昏에 必燒髮於門前ᄒᆞ니라. 或云正月 十六日에 燒髮이라 ᄒᆞ니라.

頒囊

正月 上亥 · 子日은 國朝故事에 宮中 小宦이 聯炬曳地ᄒᆞ야 號를 熏豕, 熏鼠라 ᄒᆞ고, 又

穀種을 燒ᄒᆞ야 錦囊에 盛ᄒᆞ고 宰執과 近侍의게 頒賜ᄒᆞ야 祈年之意ᄅᆞᆯ 示ᄒᆞ니 名曰亥囊, 子囊이라 ᄒᆞ니라.

人日人勝

高麗時에 每歲 人日에—正月 七日—必人勝牌ᄅᆞᆯ 諸臣에게 頒賜ᄒᆞ더니, 國朝는 閣臣의게 銅人勝을 頒賜ᄒᆞ니, 制如小圓鏡ᄒᆞ야 有柄ᄒᆞ고 鏤仙人ᄒᆞ니라. / 荊楚歲時記에 云 人日에 以七種菜로 爲羹ᄒᆞ고 剪綵爲人ᄒᆞ거나 或金箔을 鏤爲人ᄒᆞ야 屛風에 帖ᄒᆞ며 頭鬢에 戴ᄒᆞᆷ은 人이 新年에 形容이 改新ᄒᆞᆷ을 像ᄒᆞᆷ이라. 人勝이 始於此ᄒᆞ니라.

上元糯飯

玉燭寶典에 云 正月 十五日에 作膏粥以祀〔祠〕門户라 ᄒᆞ고, / 我國은 是日에 糯米飯을 蒸ᄒᆞ고 棗肉, 柿餅과 蒸栗, 柏子와 蜂蜜, 芝油〔芝麻油〕, 醬〔陳醬〕 等을 調和ᄒᆞ야 謂之藥飯이라 ᄒᆞ니, 卽新羅舊俗이라. 東京雜記에 云 新羅 炤知王 十年 正月 十五日에 天柱寺에 行幸ᄒᆞ얏다가 有飛烏〔烏〕가 王씌 警告ᄒᆞ야 謀逆의 僧을 射殺ᄒᆞᆫ 事이 有ᄒᆞᆷ으로 國俗이 每上元에 糯米飯을 作ᄒᆞ야 以飼烏報賽라 ᄒᆞ니 其俗이 實倣〔昉〕於此라(距今一千四百二十年頃).

觀燈

史記에 曰 漢家ㅣ 以正月 望日로 祀太一ᄒᆞᆯ식 從昏到明이라 ᄒᆞ니, 今人이 正月 望日에 夜遊觀燈이 是其遺跡이니라.

社日

左傳에 共工氏의 子 句龍이 佐顓頊ᄒᆞ야 能平九土ᄒᆞ고 爲后土 故로 祀爲社神이라 ᄒᆞ니, 此ㅣ 社의 始라.

治聾酒

俗傳에 社日에 喫冷酒ᄒᆞ면 治耳聾이라 ᄒᆞ니, 此는 唐宋의 風이라. / 我國은 上元에 飮治聾酒ᄒᆞ니라.

寒食

荊楚歲時記에 曰 去冬至 一百五日에 卽有疾風甚雨를 謂之寒食이라 ᄒᆞ야 禁火三日ᄒᆞ니. 按琴操에 曰 晋 文公時에 介子推가 有功不得賞 故로 作龍蛇之歌ᄒᆞ고 隱於山ᄒᆞ야 求之不出이어ᄂᆞᆯ, 文公이 乃焚其山ᄒᆞᆫᄃᆡ 子推가 抱木而死어ᄂᆞᆯ, 文公이 哀之ᄒᆞ야 每於是日에 不得擧火케 ᄒᆞ니 卽 寒食이라 ᄒᆞ니라. / 一按, 周禮에 司烜氏가 修火禁于國中이라 ᄒᆞ니, 註에 云 季春ᄒᆞ야 將出火也라. 然則 禁火ᄂᆞᆫ 乃周之舊制오 非因於子推也ㅣ 明矣라一.

上墓

唐書에 曰 天寶 二年브터 諸陵에 常以寒食으로 薦餳粥이라 ᄒᆞ고, 又曰寒食上墓라 ᄒᆞ니, 據此則 盖自唐始也라(距今 一千二百年頃). / 我國은 亦從唐俗ᄒᆞ야 每寒食에 拜掃陵墓ᄒᆞ니라.

上巳祓除 (附 上巳宴)

韓詩에 曰 三月 桃花之時 故로 鄭國之俗이 是月 上巳에 於溱 · 洧 兩水之上에셔 執蘭招魂ᄒᆞ고 祓除不祥이라 ᄒᆞ니, 此ㅣ 上巳祓除의 始라. / 晋書에 曰 上巳에 宴于華林園이라 ᄒᆞ니, 此ㅣ 上巳張宴之始라(距今 一千六百四十年頃). 又 荊楚歲時記에 曰 土人이 并出水渚ᄒᆞ야 爲曲水流杯之飮이라 ᄒᆞ니, 曲水流觴이 始此ᄒᆞ니라. / 我國俗은 採杜鵑花ᄒᆞ야 糅糯米粉 作糕煎 食曰花煎이라 ᄒᆞ니라. / 日本은 顯宗天皇 時에 上巳 曲水宴을 始開ᄒᆞ니(距今 一千四百二十三年頃).

八日觀燈

高麗史에 云 國俗이 以四月 八日은 是釋迦生日로 家家燃燈ᄒᆞ니 前期 數旬에 羣童이 剪紙注竿爲旗ᄒᆞ고 周呼城中街里ᄒᆞ야 求米布而爲其費ᄒᆞ고 謂之呼旗라 ᄒᆞ니라. / 一按, 國俗에 燈名이 有蒜, 蓮, 西瓜, 鶴, 鯉, 黿鼈, 瓶, 缸, 船, 鼓, 七星, 壽字 等類ᄒᆞ야 皆象其形象ᄒᆞ니라一.

端午艾糕

五月 五日을 謂之端午오 亦曰天中이오, 俗稱戌衣日이니 戌衣者ᄂᆞᆫ 東語에 車也라. 是日에 以戌衣菜로 作艾糕—本草에 云千年艾ᄂᆞᆫ 華人이 呼作狗舌草ᄒᆞ니, 葉微圓ᄒᆞ고 背白ᄒᆞ야, 曝乾이면 可碎火絨ᄒᆞ고 又爛搗入糕라—ᄒᆞ야 象車輪形 食之 故로 謂之戌衣日이오, 艾名曰戌衣菜—菜音 취—라 ᄒᆞ니라. / —按, 武珪 燕北雜志에 遼俗이 五月 五日에 渤海廚子가 進艾糕라 ᄒᆞ니, 此ᄂᆞᆫ 我俗之所沿也라—. / 日本은 推古天皇이 端午에 藥獵과 蹴鞠을 行ᄒᆞ니라.

端午扇, 艾虎

五月 五日에 賜扇은 唐代의 制라. 國朝에 羣臣의게 新扇을 頒ᄒᆞᆷ을 謂之端午扇이라 ᄒᆞ고, 又 閣臣의게 艾虎ᄅᆞᆯ 頒ᄒᆞ니라.

流頭飮

六月 十五日은 俗稱 流頭節이니, 粉團을 作ᄒᆞ야 澆以蜜水ᄒᆞ고 食ᄒᆞᆷ을 謂之水團이라 ᄒᆞ니, 高麗史에 國俗이 以是日로 浴髮於東流水ᄒᆞ고 因會飮을 謂之流頭飮이라 ᄒᆞ니, 流頭之稱이 高麗時에 起ᄒᆞ니라.

伏日狗漿

史記 秦 德公 二年(距今 二千六百八十五年)에 初作伏祠ᄒᆞ고 磔狗四門ᄒᆞ야 以禦虫災ᄒᆞ니 伏日磔狗가 始此라. / 我國이 伏日에 狗肉을 和蔥爛蒸〔和蔥白爛蒸〕ᄒᆞ고 入鷄, 筍〔笋〕, 椒屑〔番椒屑〕ᄒᆞ야 和作羹ᄒᆞ면 味甚佳ᄒᆞ니 謂之狗磔〔狗漿〕이라 ᄒᆞ니라.

七夕乞巧

崔寔이 四民月令에 云 七月 七日에 曝經書ᄒᆞ고 設酒脯時果ᄒᆞ며 散香粉於筵上ᄒᆞ고 祈請於河鼓 · 織女ᄒᆞ니, 盖此二星이 相會 故로 守夜者ㅣ 咸懷私願이라 ᄒᆞ니, 此ㅣ 乞巧의 始라. / —又按, 周處 風土記에 曰 七夕夜에 洒掃於庭ᄒᆞ고 設酒脯時果ᄒᆞ며 散香粉ᄒᆞ야 祭河鼓—卽 牽牛星—織女ᄒᆞ야 以乞壽乞富乞子라 ᄒᆞ니, 盖自漢代로 爲始ᄒᆞ니라—. / 日本은 孝謙天皇 時에 七月 七日에 銀河에 祭ᄒᆞ니, 此 七夕祭의 始라. 又 日本俗이 七夕에

諸國 力士가 相撲 角力戲를 設ᄒᆞ니라.

百種節

七月 十五日은 俗稱百種節이니, 卽 古之中元節이라. 都人士女가 盛設酒饌ᄒᆞ고 登山歌舞爲樂ᄒᆞ니, 其俗이 盖始於佛家也라. 按, 盂蘭盆經에 目連比丘가 七月 十五日에 具百味五果ᄒᆞ야 以著盆中ᄒᆞ고 供養十方大德이라 ᄒᆞ니, 今所云百種이 卽百味之謂也라. 高麗時에 爲始ᄒᆞ니라.

嘉俳日

八月 十五日은 俗稱 秋夕—古之中秋—이오 亦曰嘉俳니, 三國史에 新羅 儒理王이 使王女二人으로 分率六部女子ᄒᆞ고 自七月望으로 集大〔六〕部之庭ᄒᆞ야 績麻라가 乙夜而罷ᄒᆞ고 至八月望에 考其功之多少ᄒᆞ야 負者ᄂᆞᆫ 置酒食ᄒᆞ야 以謝勝者ᄒᆞᆯᄉᆡ, 於是에 百戲皆作ᄒᆞ야 謂之嘉俳라 ᄒᆞ니, 是時에 負家 一女子가 起舞歎曰會蘇會蘇라 ᄒᆞ니, 其音이 哀雅 故로 後世에 有會蘇曲ᄒᆞ니라(距今 一千八百七十餘年).

重陽菊花糕

九月 九日은 俗稱 重陽佳節이니, 採菊花 煎糕曰菊花煎이라. 其法이 始於支那 漢代ᄒᆞ니, 齊民月令에 曰 重陽日에 必以糕酒로 登高眺回ᄒᆞ야 以暢秋志ᄒᆞ고 採茱萸 · 甘菊ᄒᆞ야 以泛酒盃ᄒᆞ니라. / —按, 西京雜記에 漢 武帝 宮人 賈佩蘭이 九月 九日에 佩茱萸囊ᄒᆞ고 食蓬餌 飮菊花酒ᄒᆞ면 令人長壽라 ᄒᆞ야 相傳自古에 莫知其由라 ᄒᆞ니라—. / 日本도 亦有此俗ᄒᆞ니라.

十月 午日, 亥日

國俗이 十月 上午日로 稱爲馬日ᄒᆞ야 赤豆餠을 蒸ᄒᆞ야 廐中에 設ᄒᆞ고 馬의 健康을 祝ᄒᆞ니라. / 日本은 十月 上亥日에 玄猪餠을 蒸ᄒᆞ야 以相饋遺ᄒᆞ고, 以上元과 曲水와 端午와 乞巧奠과 玄猪餠으로써 國中 五名節이라 稱ᄒᆞ니라.

冬至赤豆粥

荊楚歲時記에 云 共工氏가 有不才子ᄒᆞ야 以冬至로 死爲疫鬼ᄒᆞ니, 鬼畏赤小豆 故로 冬至日에 作赤豆粥ᄒᆞ야 以禳之ᄒᆞ니, 其法이 始此라(距今 五千餘年頃). 我國이 每以是日로 作赤豆粥ᄒᆞ고 用糯米粉 爲鳥卵狀ᄒᆞ야 投其中ᄒᆞ고 和密食之ᄒᆞ며 又潑豆粥於門板ᄒᆞ야 以辟惡鬼ᄒᆞ니라.

除夕放砲

禁中 除夕에 發大砲ᄒᆞ고 號曰年終放砲라 ᄒᆞ니, 其法이 始於燕京ᄒᆞ니라.

守歲

守歲之風이 自漢魏 以來로 已有ᄒᆞ니, 孟元老 東京夢華錄에 云 除夕夜에 士庶之家가 圍爐團坐ᄒᆞ야 達朝不寐ᄅᆞᆯ 謂之守歲라 ᄒᆞ니라. / 我國俗이 除夕에 渾室張燈ᄒᆞ고 達夜不寐ᄒᆞ며 諺傳에 除夜에 睡則雙眉白이라 ᄒᆞ야 以瞞小兒喜으로 乘小兒睡時ᄒᆞ야 以米粉으로 抹其眉ᄒᆞ고 搖使覽鏡ᄒᆞ야 証眉白而戲笑ᄒᆞ니라.

만국사물기원역사
전통과 근대의 지식을 아우른 세계 만물 백과사전

초판 1쇄 인쇄 2014년 4월 30일
초판 1쇄 발행 2014년 5월 12일

지은이 장지연
옮긴이 황재문
펴낸이 이기섭
편집인 김수영
기획편집 김윤정 임선영 정회엽 최선혜 이지은 이조운 김준섭
마케팅 조재성 성기준 정윤성 한성진 정영은 박신영
관리 김미란 장혜정

펴낸곳 한겨레출판(주) www.hanibook.co.kr
등록 2006년 1월 4일 제313-2006-00003호
주소 121-750 서울시 마포구 효창목길6(공덕동) 한겨레신문 4층
전화 02) 6383-1602~1603 **팩스** 02) 6383-1610
대표메일 book@hanibook.co.kr

ISBN 978-89-8431-806-9 93030

* 책값은 뒤표지에 있습니다.
* 파본은 구입하신 서점에서 바꾸어 드립니다.